박상민   2024

JUSTICE
교정학

[교정관계법령]

메가 공무원   박영사

차례

contents

형사정책 관계법령

박상민 *Justice* 교정학

교정관계법령

1

교정 관계법령

01 형의 집행 및 수용자의 처우에 관한 법률

• **법** 2022.12.27. 시행 | **시행령** 2020.8.5. 시행 | **시행규칙** 2022.2.7. 시행

제1편 총칙

제1조 【목적】 ★★

이 법은 수형자의 교정교화와 건전한 사회복귀를 도모하고, 수용자의 처우와 권리 및 교정시설의 운영에 관하여 필요한 사항을 규정함을 목적으로 한다.

제2조 【정의】

이 법에서 사용하는 용어의 뜻은 다음과 같다.

수용자	수형자·미결수용자·사형확정자 등 법률과 적법한 절차에 따라 교도소·구치소 및 그 지소(이하 "교정시설"이라 한다)에 수용된 사람
수형자	징역형·금고형 또는 구류형의 선고를 받아 그 형이 확정되어 교정시설에 수용된 사람과 벌금 또는 과료를 완납하지 아니하여 노역장 유치명령을 받아 교정시설에 수용된 사람
미결수용자	형사피의자 또는 형사피고인으로서 체포되거나 구속영장의 집행을 받아 교정시설에 수용된 사람
사형확정자	사형의 선고를 받아 그 형이 확정되어 교정시설에 수용된 사람

참고 **법률과 적법한 절차에 따라 교정시설에 수용된 사람**

1. **보호관찰대상자의 유치** : 보호관찰 준수사항을 위반하여 수용시설에 유치된 자(보호관찰 등에 관한 법률 제42조)
2. **감치명령을 받은 자** : 법정질서 문란자에게 "법원은 20일 이내의 감치 또는 100만원 이하의 과태료에 처하거나 병과할 수 있다"는 규정에 따라 감치된 자(법원조직법 제61조)
3. **일시수용자** : 피석방자가 질병 등의 이유로 귀가하기 곤란하여 신청에 의해 일시적으로 교정시설에 수용된 자
4. **피보호감호자** : 사회보호법 폐지 경과규정에 의해 형기종료 후 보호감호를 받고 있는 자

시행규칙

제2조 【정의】

자비구매물품	수용자가 교도소·구치소 및 그 지소(이하 "교정시설"이라 한다)의 장의 허가를 받아 자신의 비용으로 구매할 수 있는 물품
교정시설의 보관범위	수용자 1명이 교정시설에 보관할 수 있는 물품의 수량으로서 법무부장관이 정하는 범위
수용자가 지닐 수 있는 범위	수용자 1명이 교정시설 안에서 지닌 채 사용할 수 있는 물품의 수량으로서 법무부장관이 정하는 범위
전달금품	수용자 외의 사람이 교정시설의 장(이하 "소장"이라 한다)의 허가를 받아 수용자에게 건넬 수 있는 금품
처우등급	수형자의 처우 및 관리와 관련하여 수형자를 수용할 시설, 수형자에 대한 계호의 정도, 처우의 수준 및 처우의 내용을 구별하는 기준
외부통근자	건전한 사회복귀와 기술습득을 촉진하기 위하여 외부기업체 또는 교정시설 안에 설치된 외부기업체의 작업장에 통근하며 작업하는 수형자
교정장비	교정시설 안(교도관이 교정시설 밖에서 수용자를 계호하고 있는 경우 그 장소를 포함한다)에서 사람의 생명과 신체의 보호, 도주의 방지 및 교정시설의 안전과 질서유지를 위하여 교도관이 사용하는 장비와 기구 및 그 부속품

제3조 【범죄횟수】 ★

① 수용자의 범죄횟수는 징역 또는 금고 이상의 형을 선고받아 확정된 횟수로 한다. 다만, 집행유예의 선고를 받은 사람이 유예기간 중 고의로 범한 죄로 금고 이상의 실형이 확정되지 아니하고 그 기간이 지난 경우에는 집행이 유예된 형은 범죄횟수에 포함하지 아니한다.

② 형의 집행을 종료하거나 그 집행이 면제된 날부터 다음 각 호의 기간이 지난 경우에는 범죄횟수에 포함하지 아니한다. 다만, 그 기간 중 자격정지 이상의 형을 선고받아 확정된 경우는 제외한다.
1. 3년을 초과하는 징역 또는 금고 : 10년
2. 3년 이하의 징역 또는 금고 : 5년

③ 수용기록부 등 수용자의 범죄횟수를 기록하는 문서에는 필요한 경우 수용횟수(징역 또는 금고 이상의 형을 선고받고 그 집행을 위하여 교정시설에 수용된 횟수를 말한다)를 함께 기록하여 해당 수용자의 처우에 참고할 수 있도록 한다.

제3조 【적용범위】

이 법은 교정시설의 구내와 교도관이 수용자를 계호(戒護)하고 있는 그 밖의 장소로서 교도관의 통제가 요구되는 공간에 대하여 적용한다.

제4조 【인권의 존중】

이 법을 집행하는 때에 수용자의 인권은 최대한으로 존중되어야 한다.

제5조 【차별금지】 ★

수용자는 합리적인 이유 없이 성별, 종교, 장애, 나이, 사회적 신분, 출신지역, 출신국가, 출신민족, 용모 등 신체조건, 병력(病歷), 혼인 여부, 정치적 의견 및 성적(性的) 지향 등을 이유로 차별받지 아니한다.

제5조의2 【기본계획의 수립】

① 법무부장관은 이 법의 목적을 효율적으로 달성하기 위하여 5년마다 형의 집행 및 수용자 처우에 관한 기본계획(이하 "기본계획"이라 한다)을 수립하고 추진하여야 한다.

② 기본계획에는 다음 각 호의 사항이 포함되어야 한다.
  1. 형의 집행 및 수용자 처우에 관한 기본 방향
  2. 인구·범죄의 증감 및 수사 또는 형 집행의 동향 등 교정시설의 수요 증감에 관한 사항
  3. 교정시설의 수용 실태 및 적정한 규모의 교정시설 유지 방안
  4. 수용자에 대한 처우 및 교정시설의 유지·관리를 위한 적정한 교도관 인력 확충 방안
  5. 교도작업과 직업훈련의 현황, 수형자의 건전한 사회복귀를 위한 작업설비 및 프로그램의 확충 방안
  6. 수형자의 교육·교화 및 사회적응에 필요한 프로그램의 추진방향
  7. 수용자 인권보호 실태와 인권 증진 방안
  8. 교정사고의 발생 유형 및 방지에 필요한 사항
  9. 형의 집행 및 수용자 처우와 관련하여 관계 기관과의 협력에 관한 사항
  10. 그 밖에 법무부장관이 필요하다고 인정하는 사항

③ 법무부장관은 기본계획을 수립 또는 변경하려는 때에는 법원, 검찰 및 경찰 등 관계 기관과 협의하여야 한다.

④ 법무부장관은 기본계획을 수립하기 위하여 실태조사와 수요예측 조사를 실시할 수 있다.

⑤ 법무부장관은 기본계획을 수립하기 위하여 필요하다고 인정하는 경우에는 관계 기관의 장에게 필요한 자료를 요청할 수 있다. 이 경우 자료를 요청받은 관계 기관의 장은 특별한 사정이 없으면 요청에 따라야 한다.

제5조의3 【협의체의 설치 및 운영】

① 법무부장관은 형의 집행 및 수용자 처우에 관한 사항을 협의하기 위하여 법원, 검찰 및 경찰 등 관계 기관과 협의체를 설치하여 운영할 수 있다.

② 제1항에 따른 협의체의 설치 및 운영 등에 필요한 사항은 대통령령으로 정한다.

시행령

제1조의2 【협의체의 구성 및 운영 등】

① 「형의 집행 및 수용자의 처우에 관한 법률」(이하 "법"이라 한다) 제5조의3에 따른 협의체(이하 "협의체"라 한다)는 위원장을 포함하여 12명의 위원으로 구성한다.

② 협의체의 위원장은 법무부차관이 되고, 협의체의 위원은 다음 각 호의 사람이 된다.

  1. 기획재정부, 교육부, 법무부, 국방부, 행정안전부, 보건복지부, 고용노동부, 경찰청 및 해양경찰청 소속 고위공무원단에 속하는 공무원(국방부의 경우에는 고위공무원단에 속하는 공무원 또는 이에 상당하는 장성급 장교를, 경찰청 및 해양경찰청의 경우에는 경무관 이상의 경찰공무원을 말한다) 중에서 해당 소속 기관의 장이 지명하는 사람 각 1명

  2. 법원행정처 소속 판사 또는 3급 이상의 법원일반직공무원 중에서 법원행정처장이 지명하는 사람 1명

  3. 대검찰청 소속 검사 또는 고위공무원단에 속하는 공무원 중에서 검찰총장이 지명하는 사람 1명

③ 협의체의 위원장은 협의체 회의를 소집하며, 회의 개최 7일 전까지 회의의 일시·장소 및 안건 등을 각 위원에게 알려야 한다.

④ 협의체의 위원장은 협의체의 회의 결과를 위원이 소속된 기관의 장에게 통보해야 한다.

제6조 【교정시설의 규모 및 설비】 ★

① 신설하는 교정시설은 수용인원이 500명 이내의 규모가 되도록 하여야 한다. 다만, 교정시설의 기능·위치나 그 밖의 사정을 고려하여 그 규모를 늘릴 수 있다.

② 교정시설의 거실·작업장·접견실이나 그 밖의 수용생활을 위한 설비는 그 목적과 기능에 맞도록 설치되어야 한다. 특히, 거실은 수용자가 건강하게 생활할 수 있도록 적정한 수준의 공간과 채광·통풍·난방을 위한 시설이 갖추어져야 한다.

③ 법무부장관은 수용자에 대한 처우 및 교정시설의 유지·관리를 위한 적정한 인력을 확보하여야 한다.

제7조 【교정시설 설치·운영의 민간위탁】

① 법무부장관은 교정시설의 설치 및 운영에 관한 업무의 일부를 법인 또는 개인에게 위탁할 수 있다.

② 제1항에 따라 위탁을 받을 수 있는 법인 또는 개인의 자격요건, 교정시설의 시설기준, 수용대상자의 선정기준, 수용자 처우의 기준, 위탁절차, 국가의 감독, 그 밖에 필요한 사항은 따로 법률로 정한다.

제8조 【교정시설의 순회점검】 ★★

법무부장관은 교정시설의 운영, 교도관의 복무, 수용자의 처우 및 인권실태 등을 파악하기 위하여 매년 1회 이상 교정시설을 순회점검하거나 소속 공무원으로 하여금 순회점검하게 하여야 한다.

제9조【교정시설의 시찰 및 참관】★★
① 판사와 검사는 직무상 필요하면 교정시설을 시찰할 수 있다.
② 제1항의 판사와 검사 외의 사람은 교정시설을 참관하려면 학술연구 등 정당한 이유를 명시하여 교정시설의 장(이하 "소장"이라 한다)의 허가를 받아야 한다.

시행령

제2조【판사 등의 시찰】
① 판사 또는 검사가 법 제9조 제1항에 따라 교도소·구치소 및 그 지소(이하 "교정시설"이라 한다)를 시찰할 경우에는 미리 그 신분을 나타내는 증표를 교정시설의 장(이하 "소장"이라 한다)에게 제시해야 한다.
② 소장은 제1항의 경우에 교도관에게 시찰을 요구받은 장소를 안내하게 해야 한다.

제3조【참관】
① 소장은 법 제9조 제2항에 따라 판사와 검사 외의 사람이 교정시설의 참관을 신청하는 경우에는 그 성명·직업·주소·나이·성별 및 참관 목적을 확인한 후 허가 여부를 결정하여야 한다.
② 소장은 외국인에게 참관을 허가할 경우에는 미리 관할 지방교정청장의 승인을 받아야 한다.
③ 소장은 제1항 및 제2항에 따라 허가를 받은 사람에게 참관할 때의 주의사항을 알려주어야 한다.

참고 **시찰과 참관 비교**

구분	시찰	참관
주체	판사와 검사	판사와 검사 외의 사람
목적	직무상 필요	학술연구 등 정당한 사유
공통점	감독작용 아님	
허가 여부	• 허가 불요 • 신분증표 제시	• 소장의 허가 • 외국인 – 관할 지방교정청장의 승인받아 허가 • 주의사항 고지
범위	제한 없음(미결·사형확정자 거실 모두 가능)	미결·사형확정자 수용거실 불가

제10조【교도관의 직무】
※교도관직무규칙 참조
이 법에 규정된 사항 외에 교도관의 직무에 관하여는 따로 법률로 정한다.

관련판례

[1] 일석점호시에 甲이 번호를 잘못 불렀기 때문에 단체기합을 받은 것이 사실이라면 그들이 혹시 그 분풀이로 甲에 대하여 폭행 등 위해를 가할지도 모를 것이 예상된다 할 것이고, 이와 같은 경우에는 교도소 직원으로서는 통례적인 방법에 의한 감시에 그칠 것이 아니라 특별히 세심한 주의를 다하여 경계함으로써 그와 같은 사고의 발생을 미연에 방지할 직무상의 의무가 있으므로 이를 태만히 한 경우에는 교도소 직원에게 직무상 과실이 있다(대법원 1979.7.10. 79다521).

[2] 형집행법 및 교도관직무규칙의 규정과 구치소라는 수용시설의 특성에 비추어 보면, 공휴일 또는 야간 에는 소장을 대리하는 당직간부에게는 구치소에 수용된 수용자들의 생명·신체에 대한 위험을 방지할 법령상 내지 조리상의 의무가 있다고 할 것이고, 이와 같은 의무를 직무로서 수행하는 교도관들의 업무는 업무상과실치사죄에 말하는 업무에 해당한다(대법원 2007.5.31. 2006도3493).

[3] 교도소 내에서 수용자가 자살한 사안에서, 담당 교도관은 급성정신착란증의 증세가 있는 망인의 자살 사고의 발생위험에 대비하여 보호장비의 사용을 그대로 유지하거나 또는 보호장비의 사용을 일시 해제하는 경우에는 CCTV상으로 보다 면밀히 관찰하여야 하는 등의 직무상 주의의무가 있음에도 이를 위반하였다(대법원 2010.1.28. 2008다75768).

[4] 교도관이 수형자에게 '취침시 출입구 쪽으로 머리를 두면 취침하는 동안 CCTV나 출입문에 부착된 시찰구를 통해서도 얼굴부위를 확인할 수 없으므로, 출입구 반대방향인 화장실 방향으로 머리를 두라' 고 한 교정시설내 특정취침자세 강요행위는 교도관들의 우월적 지위에서 일방적으로 청구인에게 특정 한 취침자세를 강제한 것이 아니므로, 헌법소원심판의 대상인 공권력의 행사라고 보기 어렵다(헌재 2012.10.26. 2012헌마750).

[5] 교정공무원은 범죄자를 상대로 하기 때문에 근무 중 법령을 준수하여야 할 의무가 보다 강하게 요구되 는데 교정공무원인 원고가 야간근무 중 법령에 위배하여 재소자에게 3회에 걸쳐 담배 등을 그것도 1회는 양담배까지 제공하였다면 원고가 8년간 성실하게 근무하였고 또한 생활이 곤란하여 딱한 처지에 있다는 사유만으로 원고에 대한 파면처분이 재량권을 남용하였거나 그 한계를 일탈하였다고 볼 수 없다(대법원 1987.10.10. 84누464).

[6] 교도소 수용자에게 반입이 금지된 일용품 등을 전달하여 주고 그 가족 등으로부터 금품 및 향응을 제공받은 교도관에 대한 해임처분은 적법하다(대법원 1998.11.10. 98두12017).

[7] 사동에서 인원점검을 하면서 청구인을 비롯한 수형자들을 정렬시킨 후 차례로 번호를 외치도록 한 행위는 교정시설의 안전과 질서를 유지하기 위한 것으로, 그 목적이 정당하고 그 목적을 달성하기 위한 적절한 수단이 된다(헌재 2012.7.26. 2011헌마332).

[8] 이 사건 교정시설에서는 라디에이터 등 간접 난방시설이 설치되어 운용되고 있음이 인정되는바, 헌법 의 규정상 또는 헌법의 해석상 특별히 교도소장에게 직접 난방시설 등을 설치해야 할 작위의무가 부여되어 있다고 볼 수 없고, 형집행법 및 관계법령을 모두 살펴보아도 교도소장에게 위와 같은 작위의 무가 있다는 점을 발견할 수 없다(헌재 2012.5.8. 2012헌마328).

제2편 수용자의 처우

제1장 | 수용

제11조【구분수용】
① 수용자는 다음 각 호에 따라 구분하여 수용한다.
   1. 19세 이상 수형자 : 교도소
   2. 19세 미만 수형자 : 소년교도소
   3. 미결수용자 : 구치소
   4. 사형확정자 : 교도소 또는 구치소. 이 경우 구체적인 구분 기준은 법무부령으로 정한다.
② 교도소 및 구치소의 각 지소에는 교도소 또는 구치소에 준하여 수용자를 수용한다.

시행규칙

제150조【구분수용 등】
① 사형확정자는 사형집행시설이 설치되어 있는 교정시설에 수용하되, 다음 각 호와 같이 구분하여 수용한다.

교도소	교도소 수용 중 사형이 확정된 사람, 교도소에서 교육·교화프로그램 또는 신청에 따른 작업을 실시할 필요가 있다고 인정되는 사람
구치소	구치소 수용 중 사형이 확정된 사람, 교도소에서 교육·교화프로그램 또는 신청에 따른 작업을 실시할 필요가 없다고 인정되는 사람

제12조【구분수용의 예외】 ★★
① 다음 각 호의 어느 하나에 해당하는 사유가 있으면 교도소에 미결수용자를 수용할 수 있다.
   1. 관할 법원 및 검찰청 소재지에 구치소가 없는 때
   2. 구치소의 수용인원이 정원을 훨씬 초과하여 정상적인 운영이 곤란한 때
   3. 범죄의 증거인멸을 방지하기 위하여 필요하거나 그 밖에 특별한 사정이 있는 때
② 취사 등의 작업을 위하여 필요하거나 그 밖에 특별한 사정이 있으면 구치소에 수형자를 수용할 수 있다.
③ 수형자가 소년교도소에 수용 중에 19세가 된 경우에도 교육·교화프로그램, 작업, 직업훈련 등을 실시하기 위하여 특히 필요하다고 인정되면 23세가 되기 전까지는 계속하여 수용할 수 있다.
④ 소장은 특별한 사정이 있으면 제11조의 구분수용 기준에 따라 다른 교정시설로 이송하여야 할 수형자를 6개월을 초과하지 아니하는 기간 동안 계속하여 수용할 수 있다.

제13조 【분리수용】

① 남성과 여성은 분리하여 수용한다.

② 제12조에 따라 수형자와 미결수용자, 19세 이상의 수형자와 19세 미만의 수형자를 같은 교정시설에 수용하는 경우에는 서로 분리하여 수용한다.

참고 **구분 · 분리 · 독거수용 비교**

원칙	내용	예외 등
구분수용	19세 미만과 19세 이상 수형자, 미결수용자, 사형확정자	교도소에 미결, 구치소에 수형자 가능
분리수용	• 남성과 여성 • 수형자와 미결수용자를 같은 교정시설에 수용하는 경우 • 19세 이상의 수형자와 19세 미만의 수형자를 같은 교정시설에 수용하는 경우 • 미결수용자로서 사건관련자	(주의) 격리 : 감염병 환자
독거수용	수용자는 독거수용	(예외적 혼거사유 시) 혼거 가능

관련판례

분리수용의 과실로 인한 손해배상의 인정 여부(적극)

행형업무를 담당하는 교도관으로서는 미결수들을 수용함에 있어서는 그 죄질을 감안하여 구별 수용하여야 하고, 수용시설의 사정에 의하여 부득이 죄질의 구분 없이 혼거수용하는 경우에는 그에 따라 발생할 수 있는 미결수들 사이의 폭력에 의한 사적 제재 등 제반 사고를 예상하여 감시와 시찰을 더욱 철저히 하여야 할 주의의무가 있음에도 불구하고, 소년 미결수들을 수용함에 있어 그 죄질이 현저히 다른 강도상해범과 과실범을 같은 방에 수용하고도 철저한 감시의무를 다하지 못함으로써 수감자 상호 간의 폭행치사사고가 일어나도록 한 과실이 인정된다(대법원 1994.10.11. 94다22569).

제14조 【독거수용】 ★

수용자는 독거수용한다. 다만, 다음 각 호의 어느 하나에 해당하는 사유가 있으면 혼거수용할 수 있다.

1. 독거실 부족 등 시설여건이 충분하지 아니한 때
2. 수용자의 생명 또는 신체의 보호, 정서적 안정을 위하여 필요한 때
3. 수형자의 교화 또는 건전한 사회복귀를 위하여 필요한 때

📖 **시행령**

제4조【독거실의 비율】
교정시설을 새로 설치하는 경우에는 법 제14조에 따른 수용자의 거실수용을 위하여 독거실과 혼거실의 비율이 적정한 수준이 되도록 한다.

제5조【독거수용의 구분】
독거수용은 다음 각 호와 같이 구분한다.

처우상 독거수용	주간에는 교육·작업 등의 처우를 위하여 일과에 따른 공동생활을 하도록 하고, 휴업일과 야간에만 독거수용하는 것을 말한다.
계호상 독거수용	사람의 생명·신체의 보호 또는 교정시설의 안전과 질서유지를 위하여 항상 독거수용하고 다른 수용자와의 접촉을 금지하는 것을 말한다. 다만, 수사·재판·실외운동·목욕·접견·진료 등을 위하여 필요한 경우에는 그러하지 아니하다.

제6조【계호상 독거수용자의 시찰】
① 교도관은 제5조 제2호에 따라 독거수용된 사람(이하 "계호상 독거수용자"라 한다)을 수시로 시찰하여 건강상 또는 교화상 이상이 없는지 살펴야 한다.
② 교도관은 제1항의 시찰 결과, 계호상 독거수용자가 건강상 이상이 있는 것으로 보이는 경우에는 교정시설에 근무하는 의사(공중보건의사를 포함한다. 이하 "의무관"이라 한다)에게 즉시 알려야 하고, 교화상 문제가 있다고 인정하는 경우에는 소장에게 지체 없이 보고하여야 한다.
③ 의무관은 제2항의 통보를 받은 즉시 해당 수용자를 상담·진찰하는 등 적절한 의료조치를 하여야 하며, 계호상 독거수용자를 계속하여 독거수용하는 것이 건강상 해롭다고 인정하는 경우에는 그 의견을 소장에게 즉시 보고하여야 한다.
④ 소장은 계호상 독거수용자를 계속하여 독거수용하는 것이 건강상 또는 교화상 해롭다고 인정하는 경우에는 이를 즉시 중단하여야 한다.

제7조【여성수용자에 대한 시찰】 ★
소장은 특히 필요하다고 인정하는 경우가 아니면 남성교도관이 야간에 수용자거실에 있는 여성수용자를 시찰하게 하여서는 아니 된다.

제8조【혼거수용 인원의 기준】
혼거수용 인원은 3명 이상으로 한다. 다만, 요양이나 그 밖의 부득이한 사정이 있는 경우에는 예외로 한다.

제9조【혼거수용의 제한】
소장은 노역장 유치명령을 받은 수형자와 징역형·금고형 또는 구류형을 선고받아 형이 확정된 수형자를 혼거수용해서는 아니 된다. 다만, 징역형·금고형 또는 구류형의 집행을 마친 다음에 계속해서 노역장 유치명령을 집행하거나 그 밖에 부득이한 사정이 있는 경우에는 그러하지 아니하다.

관련판례

[1] 독거수용실에만 TV시청시설을 설치하지 않음으로써 독거수용중인 청구인이 TV시청을 할 수 없도록 한 교도소장의 행위가 TV시청시설을 갖춰 텔레비전시청을 허용하고 있는 혼거실 수용자와 차별대우하여 청구인의 평등권을 침해하였는지 여부(소극)
독거수용자들에 대해서는 교도소내의 범죄를 방지하고, 안전을 도모하며 본래적인 교도행정의 목적을 효과적으로 달성하기 위하여 행정적 제재 및 교정의 필요상 TV시청을 규제할 필요성이 있다. 다른

수용자와 싸움의 우려가 있고, 성격·습관 등이 공동생활에 적합하지 못한다고 인정되어 교도소장이 혼거수용에 적합하지 않다고 판단하여 독거수용된 청구인의 경우, 교도행정의 효율성 및 교정·교화교육의 적절한 실현을 위하여 청구인에게 TV시청을 규제한 조치는 납득할 수 있다. 더구나 청구인은 혼거실의 수용을 스스로 기피하고 TV시설이 설치되지 아니한 독거실의 수용을 자청하였다. 이러한 이유로 독거수용중인 청구인이 TV시청을 제한받게 되어 혼거실 수용자 등 다른 수용자들과 차별적 처우가 이루어지는 결과가 되었다고 하더라도 이러한 행위가 곧 합리적인 이유가 없는 자의적 차별이라고는 할 수 없어 헌법상의 평등원칙에 위배된다고 볼 수 없다(헌재 2005.5.26. 2004헌마571).

[2] 수용자에게 독거실 수용 청구권이 있는지 여부(소극)

형집행법은 독거수용을 원칙으로 하고 있지만, 필요한 경우 혼거수용을 할 수 있도록 하고 그 밖에 수용자의 거실을 지정하는 경우 수용자의 여러 특성을 고려하도록 하고 있는바, 그렇다면 교정시설의 장에게 모든 수용자를 독거수용하여야 할 의무가 있다고 볼 수 없으며, 수용자를 교정시설 내의 어떤 수용거실에 수용할지 여부는 수용자의 교정교화와 건전한 사회복귀를 도모할 수 있도록 구체적인 사항을 참작하여 교정시설의 장이 결정할 수 있다 할 것이다. 나아가 헌법이나 형집행법 등에 수용자가 독거수용 신청을 할 수 있다는 규정이나, 그와 같은 신청이 있는 경우 이를 어떻게 처리할 것인지에 대한 규정도 존재하지 아니한다. 이러한 점을 고려하면 청구인과 같은 수용자에게 독거수용을 신청할 권리가 있다고 할 수 없다(헌재 2013.6.4. 2013헌마287).

제15조 【수용거실 지정】 ★★

소장은 수용자의 거실을 지정하는 경우에는 죄명·형기·죄질·성격·범죄전력·나이·경력 및 수용생활 태도, 그 밖에 수용자의 개인적 특성을 고려하여야 한다.

시행령

제10조 【수용자의 자리 지정】 ★

소장은 수용자의 생명·신체의 보호, 증거인멸의 방지 및 교정시설의 안전과 질서유지를 위하여 필요하다고 인정하면 혼거실·교육실·강당·작업장, 그 밖에 수용자들이 서로 접촉할 수 있는 장소에서 수용자의 자리를 지정할 수 있다.

제11조 【거실의 대용금지】

소장은 수용자거실을 작업장으로 사용해서는 아니 된다. 다만, 수용자의 심리적 안정, 교정교화 또는 사회적응능력 함양을 위하여 특히 필요하다고 인정하면 그러하지 아니하다.

제12조 【현황표 등의 부착 등】

① 소장은 수용자거실에 면적, 정원 및 현재인원을 적은 현황표를 붙여야 한다.

② 소장은 수용자거실 앞에 이름표를 붙이되, 이름표 윗부분에는 수용자의 성명·출생연도·죄명·형명(刑名) 및 형기(刑期)를 적고, 그 아랫부분에는 수용자번호 및 입소일을 적되, 윗부분의 내용이 보이지 않도록 해야 한다.

③ 소장은 수용자가 법령에 따라 지켜야 할 사항과 수용자의 권리구제 절차에 관한 사항을 수용자거실의 보기 쉬운 장소에 붙이는 등의 방법으로 비치하여야 한다.

관련판례

[1] 구치소 내 과밀수용행위가 수형자인 청구인의 인간의 존엄과 가치를 침해하는지 여부(적극)

수형자가 인간 생존의 기본조건이 박탈된 교정시설에 수용되어 인간의 존엄과 가치를 침해당하였는지 여부를 판단함에 있어서는 1인당 수용면적뿐만 아니라 수형자 수와 수용거실 현황 등 수용시설 전반의 운영 실태와 수용기간, 국가 예산의 문제 등 제반 사정을 종합적으로 고려할 필요가 있다. 그러나 교정시설의 1인당 수용면적이 수형자의 인간으로서의 기본 욕구에 따른 생활조차 어렵게 할 만큼 지나치게 협소하다면, 이는 그 자체로 국가형벌권 행사의 한계를 넘어 수형자의 인간의 존엄과 가치를 침해하는 것이다(헌재 2016.12.29. 2013헌마142).

[2] 교도소장이 청구인을 비롯한 ○○교도소 수용자의 동절기 취침시간을 21:00로 정한 행위가 청구인의 일반적 행동자유권을 침해하는지 여부(소극)

교도소는 수용자가 공동생활을 영위하는 장소이므로 질서유지를 위하여 취침시간의 일괄처우가 불가 피한바, 교도소장은 취침시간을 21:00로 정하되 기상시간을 06:20으로 정함으로써 동절기 일조시간의 특성을 수면시간에 반영하였고, 이에 따른 수면시간은 9시간 20분으로 성인의 적정 수면시간 이상을 보장하고 있다. 나아가 21:00 취침은 전국 교도소의 보편적 기준에도 부합하고, 특별한 사정이 있거나 수용자가 부상·질병으로 적절한 치료를 받아야 할 경우에는 관련 규정에 따라 21:00 취침의 예외가 인정될 수 있으므로, 이 사건 취침시간은 청구인의 일반적 행동자유권을 침해하지 아니한다(헌재 2016.6.30. 2015헌마36).

[3] 교도소 내 부당처우행위 위헌확인

○○구치소가 청구인의 수용 거실 변경 요구와 관련하여 각서를 요구하였다는 자료는 없고, 다만 사실조회에 대한 서울구치소장의 회신에 의하면 서울구치소가 청구인의 요구사항을 받아들여 수용 거실을 변경하였고 그 과정에서 청구인이 '추후 어떤 거실이더라도 지정되면 불편함이 있더라도 참고 성실히 수용생활을 잘 하겠다.'는 내용의 자술서를 제출한 사실을 인정할 수 있다. 설사 서울구치소 직원이 청구인의 수용 거실을 변경하여 주는 과정에서 청구인에게 위와 같은 자술서의 작성을 요구하였다 하더라도, 서울구치소장은 수용자의 거실을 지정함에 있어서 광범위한 재량을 가지고 있다는 점(형의 집행 및 수용자의 처우에 관한 법률 제15조 참조)과 위 자술서의 내용을 더하여 보면 위와 같은 내용의 자술서 작성 요구가 청구인에 대한 법률관계의 변동을 가져온다거나 청구인의 헌법상 기본권을 침해한다고 볼 수 없다(헌재 2013.6.25. 2013헌마383).

[4] 청구인의 독거수용 신청에 대한 교도소장의 거부가 헌법소원심판의 대상이 되는 공권력 행사인지 여부(소극)

국민의 신청에 대한 행정청의 거부행위가 헌법소원심판의 대상인 공권력의 행사가 되기 위해서는 국민이 행정청에 대하여 신청에 따른 행위를 해 줄 것을 요구할 수 있는 권리가 있어야 하는바, 수용거실의 지정은 교도소장이 죄명·형기·죄질·성격·범죄전력·나이·경력 및 수용생활 태도, 그 밖에 수용자의 개인적 특성을 고려하여 결정하는 것으로(형의 집행 및 수용자의 처우에 관한 법률 제15조) 소장의 재량적 판단사항이며, 수용자에게 수용거실의 변경을 신청할 권리 내지 특정 수용거실에 대한 신청권이 있다고 볼 수 없다(헌재 2013.8.29. 2012헌마886).

제16조【신입자의 수용 등】

① 소장은 법원·검찰청·경찰관서 등으로부터 처음으로 교정시설에 수용되는 사람(이하 "신입자"라 한다)에 대하여는 집행지휘서, 재판서, 그 밖에 수용에 필요한 서류를 조사한 후 수용한다.

② 소장은 신입자에 대하여는 지체 없이 신체·의류 및 휴대품을 검사하고 건강진단을 하여야 한다.

③ 신입자는 제2항에 따라 소장이 실시하는 검사 및 건강진단을 받아야 한다.

제16조의2【간이입소절차】

다음 각 호의 어느 하나에 해당하는 신입자의 경우에는 법무부장관이 정하는 바에 따라 간이입소절차를 실시한다.

1. 「형사소송법」제200조의2, 제200조의3 또는 제212조에 따라 체포되어 교정시설에 유치된 피의자

2. 「형사소송법」제201조의2 제10항 및 제71조의2에 따른 구속영장 청구에 따라 피의자 심문을 위하여 교정시설에 유치된 피의자

시행령

제13조【신입자의 인수】

① 소장은 법원·검찰청·경찰관서 등으로부터 처음으로 교정시설에 수용되는 사람(이하 "신입자"라 한다)을 인수한 경우에는 호송인(護送人)에게 인수서를 써 주어야 한다. 이 경우 신입자에게 부상·질병, 그 밖에 건강에 이상(이하 이 조에서 "부상등"이라 한다)이 있을 때에는 호송인으로부터 그 사실에 대한 확인서를 받아야 한다.

② 신입자를 인수한 교도관은 제1항의 인수서에 신입자의 성명, 나이 및 인수일시를 적고 서명 또는 날인하여야 한다.

③ 소장은 제1항 후단에 따라 확인서를 받는 경우에는 호송인에게 신입자의 성명, 나이, 인계일시 및 부상등의 사실을 적고 서명 또는 날인하도록 하여야 한다.

제14조【신입자의 신체 등 검사】

소장은 신입자를 인수한 경우에는 교도관에게 신입자의 신체·의류 및 휴대품을 지체 없이 검사하게 하여야 한다.

제15조【신입자의 건강진단】★

법 제16조 제2항에 따른 신입자의 건강진단은 수용된 날부터 3일 이내에 하여야 한다. 다만, 휴무일이 연속되는 등 부득이한 사정이 있는 경우에는 예외로 한다.

제16조【신입자의 목욕】

소장은 신입자에게 질병이나 그 밖의 부득이한 사정이 있는 경우가 아니면 지체 없이 목욕을 하게 하여야 한다.

제17조 【고지사항】 ★
신입자 및 다른 교정시설로부터 이송되어 온 사람에게는 말이나 서면으로 다음 각 호의 사항을 알려 주어야 한다.
1. 형기의 기산일 및 종료일
2. 접견·편지, 그 밖의 수용자의 권리에 관한 사항
3. 청원, 「국가인권위원회법」에 따른 진정, 그 밖의 권리구제에 관한 사항
4. 징벌·규율, 그 밖의 수용자의 의무에 관한 사항
5. 일과(日課) 그 밖의 수용생활에 필요한 기본적인 사항

제18조 【수용의 거절】
① 소장은 다른 사람의 건강에 위해를 끼칠 우려가 있는 감염병에 걸린 사람의 수용을 거절할 수 있다.
② 소장은 제1항에 따라 수용을 거절하였으면 그 사유를 지체 없이 수용지휘기관과 관할 보건소장에게 통보하고 법무부장관에게 보고하여야 한다.

제19조 【사진촬영 등】
① 소장은 신입자 및 다른 교정시설로부터 이송되어 온 사람에 대하여 다른 사람과의 식별을 위하여 필요한 한도에서 사진촬영, 지문채취, 수용자 번호지정, 그 밖에 대통령령으로 정하는 조치를 하여야 한다.
② 소장은 수용목적상 필요하면 수용 중인 사람에 대하여도 제1항의 조치를 할 수 있다.

📖 **시행령**

제17조 【신입자의 신체 특징 기록 등】
① 소장은 신입자의 키·용모·문신·흉터 등 신체 특징과 가족 등 보호자의 연락처를 수용기록부에 기록하여야 하며, 교도관이 업무상 필요한 경우가 아니면 이를 열람하지 못하도록 하여야 한다.
② 소장은 신입자 및 다른 교정시설로부터 이송(移送)되어 온 사람(이하 "이입자"라 한다)에 대하여 수용자번호를 지정하고 수용 중 번호표를 상의의 왼쪽 가슴에 붙이게 하여야 한다. 다만, 수용자의 교화 또는 건전한 사회복귀를 위하여 특히 필요하다고 인정하면 번호표를 붙이지 아니할 수 있다.
제18조 【신입자거실 수용 등】 ★
① 소장은 신입자가 환자이거나 부득이한 사정이 있는 경우가 아니면 수용된 날부터 3일 동안 신입자거실에 수용하여야 한다.
② 소장은 제1항에 따라 신입자거실에 수용된 사람에게는 작업을 부과해서는 아니 된다.
③ 소장은 19세 미만의 신입자 그 밖에 특히 필요하다고 인정하는 수용자에 대하여는 제1항의 기간을 30일까지 연장할 수 있다.

제19조【수용기록부 등의 작성】 ★

소장은 신입자 또는 이입자를 수용한 날부터 3일 이내에 수용기록부, 수용자명부 및 형기종료부를 작성·정비하고 필요한 사항을 기록하여야 한다.

제20조【신입자의 신원조사】

① 소장은 신입자의 신원에 관한 사항을 조사하여 수용기록부에 기록하여야 한다.

② 소장은 신입자의 본인 확인 및 수용자의 처우 등을 위하여 불가피한 경우 「개인정보 보호법」 제23조에 따른 정보, 같은 법 시행령 제18조 제2호에 따른 범죄경력자료에 해당하는 정보, 같은 영 제19조에 따른 주민등록번호, 여권번호, 운전면허의 면허번호 또는 외국인등록번호가 포함된 자료를 처리할 수 있다.

제20조【수용자의 이송】

① 소장은 수용자의 수용·작업·교화·의료, 그 밖의 처우를 위하여 필요하거나 시설의 안전과 질서유지를 위하여 필요하다고 인정하면 법무부장관의 승인을 받아 수용자를 다른 교정시설로 이송할 수 있다.

② 법무부장관은 제1항의 이송승인에 관한 권한을 대통령령으로 정하는 바에 따라 지방교정청장에게 위임할 수 있다.

시행령

제22조【지방교정청장의 이송승인권】 ★

① 지방교정청장은 법 제20조 제2항에 따라 다음 각 호의 어느 하나에 해당하는 경우에는 수용자의 이송을 승인할 수 있다.

1. 수용시설의 공사 등으로 수용거실이 일시적으로 부족한 때
2. 교정시설 간 수용인원의 뚜렷한 불균형을 조정하기 위하여 특히 필요하다고 인정되는 때
3. 교정시설의 안전과 질서유지를 위하여 긴급하게 이송할 필요가 있다고 인정되는 때

② 제1항에 따른 지방교정청장의 이송승인은 관할 내 이송으로 한정한다.

제23조【이송 중지】

소장은 수용자를 다른 교정시설에 이송하는 경우에 의무관으로부터 수용자가 건강상 감당하기 어렵다는 보고를 받으면 이송을 중지하고 그 사실을 이송받을 소장에게 알려야 한다.

제24조【호송 시 분리】

수용자를 이송이나 출정(出廷), 그 밖의 사유로 호송하는 경우에는 수형자는 미결수용자와, 여성수용자는 남성수용자와, 19세 미만의 수용자는 19세 이상의 수용자와 각각 호송 차량의 좌석을 분리하는 등의 방법으로 서로 접촉하지 못하게 하여야 한다.

관련판례

[1] 교도소장의 출정비용 징수행위(상계행위)는 수용자로 인해 소요된 비용을 반환받는 것으로, 사경제 주체로서 행하는 사법상의 법률행위에 불과하므로 헌법소원심판 청구대상으로서의 '공권력의 행사'에는 해당된다고 볼 수 없다(헌재 2010.8.10. 2010헌마470).

[2] 교도소의 수형자 행정소송을 위한 출정제한행위(적극)

교도소장은 수형자가 출정하기 이전에 여비를 납부하지 않았거나 출정비용과 영치금과의 상계에 미리 동의하지 않았다는 이유로 이 사건 출정제한행위를 한 것은, 피청구인에 대한 업무처리지침 내지 사무처리준칙인 이 사건 지침을 위반하여 청구인이 직접 재판에 출석하여 변론할 권리를 침해함으로써, 형벌의 집행을 위하여 필요한 한도를 벗어나서 청구인의 재판청구권을 과도하게 침해하였다고 할 것이다(헌재 2012.3.29. 2010헌마475).

[3] 교도소 내 부당처우행위 위헌확인(소극)

장애인 전담 시설로의 이송불이행 행위 : 소장은 수용자의 수용·작업·교화·의료, 그 밖의 처우를 위하여 필요하거나 시설의 안전과 질서유지를 위해 필요하다고 인정하면 법무부장관의 승인을 받아 수용자를 다른 교정시설로 이송할 수 있는데('형의 집행 및 수용자의 처우에 관한 법률' 제20조 제1항 참조), 이는 교도소장의 재량행위이고 따라서 수용자에게 자신이 원하는 교도소에서의 수용생활을 요구할 권리가 있다고 할 수 없으므로, 피청구인이 청구인을 여주교도소로 이송하지 아니하는 행위를 공권력의 행사 또는 불행사로 볼 수는 없다(헌재 2013.7.2. 2013헌마388 지정재판부).

[4] 피고인이 교도소장의 타교도소로의 이송처분에 대하여 한 관할이전 신청 또는 이의신청의 당부(소극)

항소심에서 유죄판결을 선고받고 이에 불복하여 상고를 제기한 피고인을 교도소 소장이 검사의 이송지휘도 없이 다른 교도소로 이송처분한 경우 피고인은 이에 대하여 형사소송법 제15조 제1호 소정의 관할이전신청이나 동법 제489조 소정의 이의신청을 할 수 없다(대법원 1983.7.5. 83초20).

[5] 미결수용자를 다른 수용시설로 이송하기 위한 요건

미결수용자를 수용하고 있는 교도소장 등은 행형법 제62조에 의하여 미결수용자에게 준용되는 같은 법 제12조의 규정에 근거하여 미결수용자의 수용이나 처우상 특히 필요하다고 인정할 때에는 법무부장관의 승인을 얻어 미결수용자를 다른 수용시설로 이송할 수 있다고 보아야 할 것이며 다만 미결수용자의 특성상 작업이나 교화 등의 필요를 이유로 미결수용자를 다른 수용시설로 이송할 수는 없고, 또한 형사소송법 제361조 제3항과 같은 명문의 규정에 저촉되어서는 안 된다(대법원 1992.8.7. 92두30).

[6] 공권력행사 위헌확인 등

수형자인 청구인에게는 교도소의 이송 신청권이 없으므로 법무부장관이 청구인의 이송 청원을 각하하였다 하여 이를 가리켜 '공권력의 행사'라 할 수 없고, 아울러 법무부장관의 수형자에 대한 이송지휘처분은 '형의 집행 및 수용자의 처우에 관한 법률' 제20조의 규정에 따른 교도소장의 수형자 이송승인신청에 대하여 이를 승인하는 의사표시에 불과하여 이것이 곧 기본권침해의 원인이 된 '공권력의 행사'에 해당한다고 할 수 없다(헌재 2013.8.20. 2013헌마543).

제21조 【수용사실의 알림】

소장은 신입자 또는 다른 교정시설로부터 이송되어 온 사람이 있으면 그 사실을 수용자의 가족(배우자, 직계 존속·비속 또는 형제자매를 말한다. 이하 같다)에게 지체 없이 알려야 한다. 다만, 수용자가 알리는 것을 원하지 아니하면 그러하지 아니하다.

시행령

제21조 【형 또는 구속의 집행정지 사유의 통보】

소장은 수용자에 대하여 건강상의 사유로 형의 집행정지 또는 구속의 집행정지를 할 필요가 있다고 인정하는 경우에는 의무관의 진단서와 인수인에 대한 확인서류를 첨부하여 그 사실을 검사에게, 기소된 상태인 경우에는 법원에도 지체 없이 통보하여야 한다.

> 참고 **비교·구분**
>
> **가족통지·예외규정이 있는 경우(다만, 수용자가 통지를 원하지 아니하면 그러하지 아니함)**
> - 수용사실의 가족(배우자, 직계존속·비속 또는 형제자매) 통지(제21조)
> - 수용자가 외부의료시설에서 진료받거나 치료감호시설로 이송되면 그 사실의 가족(가족이 없는 경우에는 수용자가 지정한 사람) 통지(제37조 제4항)
> - 징벌대상자에 대한 접견·서신수수 또는 전화통화를 제한하는 경우 가족 통지(시행규칙 제222조)
> - 수용자가 징벌처분을 받아 접견·서신수수 또는 전화통화가 제한된 경우 가족 통지(시행령 제133조 제2항)
>
> **가족통지·예외규정이 없는 경우(통지하여야 하는 경우)**
> - 수용자가 위독한 경우(시행령 제56조)
> - 수용자가 사망한 경우(제127조)

제2장 | 물품지급

제22조 【의류 및 침구 등의 지급】

① 소장은 수용자에게 건강유지에 적합한 의류·침구, 그 밖의 생활용품을 지급한다.
② 의류·침구, 그 밖의 생활용품의 지급기준 등에 관하여 필요한 사항은 법무부령으로 정한다.

 시행령

제25조 【생활용품 지급 시의 유의사항】

① 소장은 법 제22조 제1항에 따라 의류·침구, 그 밖의 생활용품(이하 "의류등"이라 한다)을 지급하는 경우에는 수용자의 건강, 계절 등을 고려하여야 한다.
② 소장은 수용자에게 특히 청결하게 관리할 수 있는 재질의 식기를 지급하여야 하며, 다른 사람이 사용한 의류등을 지급하는 경우에는 세탁하거나 소독하여 지급하여야 한다.

제26조 【생활기구의 비치】

① 소장은 거실·작업장, 그 밖에 수용자가 생활하는 장소(이하 이 조에서 "거실등"이라 한다)에 수용생활에 필요한 기구를 갖춰 둬야 한다.

② 거실등에는 갖춰 둔 기구의 품목·수량을 기록한 품목표를 붙여야 한다.

시행규칙

의류의 품목 (제4조)	① 수용자 의류의 품목은 평상복·특수복·보조복·의복부속물·모자 및 신발로 한다. ② 제1항에 따른 품목별 구분은 다음 각 호와 같다. 　1. 평상복은 겨울옷·봄가을옷·여름옷을 수형자용(用), 미결수용자용 및 피보호감호자(종전의 「사회보호법」에 따라 보호감호선고를 받고 교정시설에 수용 중인 사람을 말한다. 이하 같다)용과 남녀용으로 각각 구분하여 18종으로 한다. 　2. 특수복은 모범수형자복·외부통근자복·임산부복·환자복·운동복 및 반바지로 구분하고, 그 중 모범수형자복 및 외부통근자복은 겨울옷·봄가을옷·여름옷을 남녀용으로 각각 구분하여 6종으로 하고, 임산부복은 봄가을옷·여름옷을 수형자용과 미결수용자용으로 구분하여 4종으로 하며, 환자복은 겨울옷·여름옷을 남녀용으로 구분하여 4종으로 하고, 운동복 및 반바지는 각각 1종으로 한다. 　3. 보조복은 위생복·조끼 및 비옷으로 구분하여 3종으로 한다. 　4. 의복부속물은 러닝셔츠·팬티·겨울내의·장갑·양말로 구분하여 5종으로 한다. 　5. 모자는 모범수형자모·외부통근자모·방한모 및 위생모로 구분하여 4종으로 한다. 　6. 신발은 고무신·운동화 및 방한화로 구분하여 3종으로 한다.
의류의 품목별 착용시기 및 대상 (제5조)	수용자 의류의 품목별 착용 시기 및 대상은 다음 각 호와 같다. 1. 평상복 : 실내생활 수용자, 교도작업·직업능력개발훈련(이하 "직업훈련"이라 한다) 수용자, 각종 교육을 받는 수용자 및 다른 교정시설로 이송되는 수용자가 착용 2. 모범수형자복 : 제74조 제1항 제1호의 개방처우급에 해당하는 수형자가 작업·교육 등 일상생활을 하는 때, 가석방예정자가 실외생활을 하는 때 및 수형자가 사회봉사활동 등 대내외 행사 참석 시 소장이 필요하다고 인정하는 때 착용 3. 삭제 <2013.4.16.> 4. 외부통근자복 : 외부통근자로서 실외생활을 하는 때에 착용 5. 임산부복 : 임신하거나 출산한 수용자가 착용 6. 환자복 : 의료거실 수용자가 착용 7. 삭제 <2013.4.16.> 8. 운동복 : 소년수용자로서 운동을 하는 때에 착용 9. 반바지 : 수용자가 여름철에 실내생활 또는 운동을 하는 때에 착용 10. 위생복 : 수용자가 운영지원작업(이발·취사·간병, 그 밖에 교정시설의 시설운영과 관리에 필요한 작업을 말한다. 이하 같다)을 하는 때에 착용 11. 조끼 : 수용자가 겨울철에 겉옷 안에 착용 12. 비옷 : 수용자가 우천 시 실외작업을 하는 때에 착용 13. 러닝셔츠·팬티·겨울내의 및 양말 : 모든 수형자 및 소장이 지급할 필요가 있다고 인정하는 미결수용자가 착용 14. 장갑 : 작업을 하는 수용자 중 소장이 지급할 필요가 있다고 인정하는 자가 착용 15. 삭제 <2013.4.16.> 16. 모자 　가. 모범수형자모 : 모범수형자복 착용자가 착용 　나. 외부통근자모 : 외부통근자복 착용자가 착용

의류의 품목별 착용시기 및 대상 (제5조)	다. 삭제 <2013.4.16.> 라. 방한모 : 외부작업 수용자가 겨울철에 착용 마. 위생모 : 취사장에서 작업하는 수용자가 착용 17. 신발 　가. 고무신 및 운동화 : 수용자가 선택하여 착용 　나. 방한화 : 작업을 하는 수용자 중 소장이 지급할 필요가 있다고 인정하는 사람이 착용
침구의 품목 (제6조)	수용자 침구의 품목은 이불 2종(솜이불·겹이불), 매트리스 2종(일반매트리스·환자매트리스), 담요 및 베개로 구분한다.
침구의 품목별 사용시기 및 대상 (제7조)	수용자 침구의 품목별 사용 시기 및 대상은 다음 각 호와 같다. 1. 이불 　가. 솜이불 : 환자·노인·장애인·임산부 등의 수용자 중 소장이 지급할 필요가 있다고 　　　인정하는 자가 겨울철에 사용 　나. 겹이불 : 수용자가 봄·여름·가을철에 사용 2. 매트리스 　가. 일반매트리스 : 수용자가 겨울철에 사용 　나. 환자매트리스 : 의료거실에 수용된 수용자 중 의무관이 지급할 필요가 있다고 인정하 　　　는 사람이 사용 3. 담요 및 베개 : 모든 수용자가 사용
의류·침구 등 생활용품의 지급기준(제8조)	① 수용자에게 지급하는 의류 및 침구는 1명당 1매로 하되, 작업 여부 또는 난방 여건을 　고려하여 2매를 지급할 수 있다. ② 의류·침구 외에 수용자에게 지급하는 생활용품의 품목, 지급수량, 사용기간, 지급횟수 　등에 대한 기준은 별표 1과 같다. ③ 생활용품 지급일 이후에 수용된 수용자에 대하여는 다음 지급일까지 쓸 적절한 양을 　지급하여야 한다. ④ 신입수용자에게는 수용되는 날에 칫솔, 치약 및 수건 등 수용생활에 필요한 최소한의 　생활용품을 지급하여야 한다.
의류·침구의 색채·규격(제9조)	수용자 의류·침구의 품목별 색채 및 규격은 법무부장관이 정한다.

제84조【물품지급】

① 소장은 수형자의 경비처우급에 따라 물품에 차이를 두어 지급할 수 있다. 다만, 주·부식, 음료, 그 밖에 건강유지에 필요한 물품은 그러하지 아니하다.

② 제1항에 따라 의류를 지급하는 경우 수형자가 개방처우급인 경우에는 색상, 디자인 등을 다르게 할 수 있다.

관련판례

교도소 내 플라스틱컵 사용 위헌확인

구치소 측은 재소자들이 희망하는 경우에 한하여 그의 비용부담으로 외부업체에서 이 사건 플라스틱 컵을 구매하여 당해 재소자에게 지급하였고, 재소자가 희망하지 않는 경우에는 세라믹 재질로 된 밥그릇에 식수를 제공하고 있는 사실을 확인할 수 있는바, 이러한 사정을 고려하면 이 사건 플라스틱 컵 제공행위를 헌법소원의 대상이 되는 권력적 사실행위로 볼 수는 없다 할 것이다(헌재 2012.11.6. 2012헌마828).

참고 **[별표 1] 생활용품의 지급기준(제8조 제2항 관련)**

가. 신입 시 지급기준

구분	1명당 지급기준	1명당 지급횟수
치약	50g	1
칫솔	일반용(1개)	1
세면비누	50g	1
세탁비누	300g	공용
수건	1매(75g)	1
화장지	3개(개당 50m)	1
생리대	18개(낱개)	1

나. 신입 후 정기 지급기준

구분	1명당 지급기준	사용기간(월)	연간 지급횟수(회)
치약	150g	1	12
칫솔	일반용(1개)	2	6
세면비누	140g	1	12
세탁비누	300g	2	6
수건	1매(75g)	2	6
화장지	4개(개당 50m)	1	12
생리대	18개(낱개)	1	12

제23조【음식물의 지급】★

① 소장은 수용자에게 건강상태, 나이, 부과된 작업의 종류, 그 밖의 개인적 특성을 고려하여 건강 및 체력을 유지하는 데에 필요한 음식물을 지급한다.

② 음식물의 지급기준 등에 관하여 필요한 사항은 법무부령으로 정한다.

시행령

제27조【음식물의 지급】

법 제23조에 따라 수용자에게 지급하는 음식물은 주식·부식·음료, 그 밖의 영양물로 한다.

제28조【주식의 지급】

① 수용자에게 지급하는 주식은 쌀로 한다.

② 소장은 쌀 수급이 곤란하거나 그 밖에 필요하다고 인정하면 주식을 쌀과 보리 등 잡곡의 혼합곡으로 하거나 대용식을 지급할 수 있다.

시행규칙

제10조【주식의 지급】
소장이 「형의 집행 및 수용자의 처우에 관한 법률 시행령」(이하 "영"이라 한다) 제28조 제2항에 따라 주식을 쌀과 보리 등 잡곡의 혼합곡으로 하거나 대용식을 지급하는 경우에는 법무부장관이 정하는 바에 따른다.

제11조【주식의 지급】
① 수용자에게 지급하는 주식은 1명당 1일 390 그램을 기준으로 한다.
② 소장은 수용자의 나이, 건강, 작업 여부 및 작업의 종류 등을 고려하여 필요한 경우에는 제1항의 지급 기준량을 변경할 수 있다.
③ 소장은 수용자의 기호 등을 고려하여 주식으로 빵이나 국수 등을 지급할 수 있다.

제12조【주식의 확보】 ★
소장은 수용자에 대한 원활한 급식을 위하여 해당 교정시설의 직전 분기 평균 급식 인원을 기준으로 1개월분의 주식을 항상 확보하고 있어야 한다.

제13조【부식】
① 부식은 주식과 함께 지급하며, 1명당 1일의 영양섭취기준량은 별표 2와 같다.
② 소장은 작업의 장려나 적절한 처우를 위하여 필요하다고 인정하는 경우 특별한 부식을 지급할 수 있다.

제14조【주ㆍ부식의 지급횟수 등】 ★
① 주ㆍ부식의 지급횟수는 1일 3회로 한다.
② 수용자에게 지급하는 음식물의 총열량은 1명당 1일 2천500킬로칼로리를 기준으로 한다.

시행령

제29조【특식의 지급】
소장은 국경일이나 그 밖에 이에 준하는 날에는 특별한 음식물을 지급할 수 있다.

제30조【환자의 음식물】 ★
소장은 의무관의 의견을 고려하여 환자에게 지급하는 음식물의 종류 또는 정도를 달리 정할 수 있다.

시행규칙

제15조【특식 등 지급】
① 영 제29조에 따른 특식은 예산의 범위에서 지급한다.
② 소장은 작업시간을 3시간 이상 연장하는 경우에는 수용자에게 주ㆍ부식 또는 대용식 1회분을 간식으로 지급할 수 있다.

제24조【물품의 자비구매】 ★
① 수용자는 소장의 허가를 받아 자신의 비용으로 음식물ㆍ의류ㆍ침구, 그 밖에 수용생활에 필요한 물품을 구매할 수 있다.
② 물품의 자비구매 허가범위 등에 관하여 필요한 사항은 법무부령으로 정한다.

시행령

제31조 【자비 구매 물품의 기준】
수용자가 자비로 구매하는 물품은 교화 또는 건전한 사회복귀에 적합하고 교정시설의 안전과 질서를 해칠 우려가 없는 것이어야 한다.

제32조 【자비 구매 의류등의 사용】
소장은 수용자가 자비로 구매한 의류등을 보관한 후 그 수용자가 사용하게 할 수 있다.

제33조 【의류등의 세탁 등】
① 소장은 수용자가 사용하는 의류등을 적당한 시기에 세탁·수선 또는 교체(이하 이 조에서 "세탁등"이라 한다)하도록 하여야 한다.

② 자비로 구매한 의류등을 세탁등을 하는 경우 드는 비용은 수용자가 부담한다.

시행규칙

제16조 【자비구매물품의 종류 등】
① 자비구매물품의 종류는 다음 각 호와 같다.

　　1. 음식물

　　2. 의약품 및 의료용품

　　3. 의류·침구류 및 신발류

　　4. 신문·잡지·도서 및 문구류

　　5. 수형자 교육 등 교정교화에 필요한 물품

　　6. 그 밖에 수용생활에 필요하다고 인정되는 물품

② 제1항 각 호에 해당하는 자비구매물품의 품목·유형 및 규격 등은 영 제31조에 어긋나지 아니하는 범위에서 소장이 정하되, 수용생활에 필요한 정도, 가격과 품질, 다른 교정시설과의 균형, 공급하기 쉬운 정도 및 수용자의 선호도 등을 고려하여야 한다.

③ 법무부장관은 자비구매물품 공급의 교정시설 간 균형 및 교정시설의 안전과 질서유지를 위하여 공급물품의 품목 및 규격 등에 대한 통일된 기준을 제시할 수 있다.

제17조 【구매허가 및 신청제한】
① 소장은 수용자가 자비구매물품의 구매를 신청하는 경우에는 법무부장관이 교정성적 또는 제74조에 따른 경비처우급을 고려하여 정하는 보관금의 사용한도, 교정시설의 보관범위 및 수용자가 지닐 수 있는 범위에서 허가한다.

② 소장은 감염병(「감염병의 예방 및 관리에 관한 법률」에 따른 감염병을 말한다)의 유행 또는 수용자의 징벌집행 등으로 자비구매물품의 사용이 중지된 경우에는 구매신청을 제한할 수 있다.

제18조 【우선 공급】
소장은 교도작업제품(교정시설 안에서 수용자에게 부과된 작업에 의하여 생산된 물품을 말한다)으로서 자비구매물품으로 적합한 것은 제21조에 따라 지정받은 자비구매물품 공급자를 거쳐 우선하여 공급할 수 있다.

제19조 【제품 검수】
① 소장은 물품공급업무 담당공무원을 검수관(檢收官)으로 지정하여 제21조에 따라 지정받은 자비구매물품 공급자로부터 납품받은 제품의 수량·상태 및 유통기한 등을 검사하도록 하여야 한다.

② 검수관은 공급제품이 부패, 파손, 규격미달, 그 밖의 사유로 수용자에게 공급하기에 부적당하다고 인정하는 경우에는 소장에게 이를 보고하고 필요한 조치를 하여야 한다.

제20조 【주요사항 고지 등】

① 소장은 수용자에게 자비구매물품의 품목·가격, 그 밖에 구매에 관한 주요사항을 미리 알려주어야 한다.

② 소장은 제품의 변질, 파손, 그 밖의 정당한 사유로 수용자가 교환, 반품 또는 수선을 원하는 경우에는 신속히 적절한 조치를 하여야 한다.

제21조 【공급업무의 담당자 지정】

① 법무부장관은 자비구매물품의 품목·규격·가격 등의 교정시설 간 균형을 유지하고 공급과정의 효율성·공정성을 높이기 위하여 그 공급업무를 담당하는 법인 또는 개인을 지정할 수 있다.

② 제1항에 따라 지정받은 법인 또는 개인은 그 업무를 처리하는 경우 교정시설의 안전과 질서유지를 위하여 선량한 관리자로서의 의무를 다하여야 한다.

③ 자비구매물품 공급업무의 담당자 지정 등에 관한 세부사항은 법무부장관이 정한다.

제3장 | 금품관리

제25조 【휴대금품의 보관 등】

① 소장은 수용자의 휴대금품을 교정시설에 보관한다. 다만, 휴대품이 다음 각 호의 어느 하나에 해당하는 것이면 수용자로 하여금 자신이 지정하는 사람에게 보내게 하거나 그 밖에 적당한 방법으로 처분하게 할 수 있다.

1. 썩거나 없어질 우려가 있는 것
2. 물품의 종류·크기 등을 고려할 때 보관하기에 적당하지 아니한 것
3. 사람의 생명 또는 신체에 위험을 초래할 우려가 있는 것
4. 시설의 안전 또는 질서를 해칠 우려가 있는 것
5. 그 밖에 보관할 가치가 없는 것

② 소장은 수용자가 제1항 단서에 따라 처분하여야 할 휴대품을 상당한 기간 내에 처분하지 아니하면 폐기할 수 있다.

시행령

제34조 【휴대금품의 정의 등】 ★

① 법 제25조에서 "휴대금품"이란 신입자가 교정시설에 수용될 때에 지니고 있는 현금(자기앞수표를 포함한다. 이하 같다)과 휴대품을 말한다.

② 법 제25조 제1항 각 호의 어느 하나에 해당하지 아니한 신입자의 휴대품은 보관한 후 사용하게 할 수 있다.

③ 법 제25조 제1항 단서에 따라 신입자의 휴대품을 팔 경우에는 그 비용을 제외한 나머지 대금을 보관할 수 있다.

④ 소장은 신입자가 법 제25조 제1항 각 호의 어느 하나에 해당하는 휴대품을 법무부장관이 정한 기간에 처분하지 않은 경우에는 본인에게 그 사실을 고지한 후 폐기한다.

제35조【금품의 보관】

수용자의 현금을 보관하는 경우에는 그 금액을 보관금대장에 기록하고 수용자의 물품을 보관하는 경우에는 그 품목·수량 및 규격을 보관품대장에 기록해야 한다.

제36조【귀중품의 보관】

소장은 보관품이 금·은·보석·유가증권·인장, 그 밖에 특별히 보관할 필요가 있는 귀중품인 경우에는 잠금장치가 되어 있는 견고한 용기에 넣어 보관해야 한다.

제37조【보관품 매각대금의 보관】

소장은 수용자의 신청에 따라 보관품을 팔 경우에는 그 비용을 제외한 나머지 대금을 보관할 수 있다.

제38조【보관품의 사용 등】

① 소장은 수용자가 그의 가족(배우자, 직계존비속 또는 형제자매를 말한다. 이하 같다) 또는 배우자의 직계존속에게 도움을 주거나 그 밖에 정당한 용도로 사용하기 위하여 보관금의 사용을 신청한 경우에는 그 사정을 고려하여 허가할 수 있다.

② 제1항에 따라 보관금을 사용하는 경우 발생하는 비용은 수용자가 부담한다.

③ 보관금의 출납·예탁(預託), 보관금품의 보관 등에 관하여 필요한 사항은 법무부장관이 정한다.

제44조【보관의 예외】★

음식물은 보관의 대상이 되지 않는다.

관련판례

[1] 등기우편발송료과다지출 위헌확인(소극)

형집행법상 교도소 등의 장이 수용자의 영치금품 사용을 허용한 이후에 이를 지출하는 행위 자체는 공법상의 행정처분이 아니라 사경제의 주체로서 행하는 사법상의 법률행위 또는 사실행위에 불과하므로 헌법소원의 대상이 되는 공권력의 행사로 볼 수 없다. 따라서 피청구인이 청구인의 영치금품 사용신청을 받고 동 신청에 따라 이를 지출한 이 사건 등기우편발송료 과다지출행위는 헌법소원심판의 청구대상으로서의 '공권력'에는 해당된다고 볼 수 없다(헌재 2004.8.31. 2004헌마674).

[2] 영치금품관리규정 제28조 위헌확인

청구인에게 소포로 송부되어 온 단추 달린 남방형 티셔츠에 대하여 이를 청구인에게 교부하지 아니한 채 영치, 즉 휴대를 불허한데 대하여 불허행위는 이른바 "권력적 사실행위"로서 행정소송법 및 행정심판법의 대상이 되는 "행정청이 행하는 구체적 사실에 대한 법집행으로서의 공권력의 행사"에 해당하므로, 헌법소원 심판청구를 하기 위하여서는 먼저 행정소송 등 권리구제절차를 거쳐야 할 것인 바, 청구인이 위와 같은 권리구제절차를 거쳤음을 인정할 자료가 없으므로 이 심판청구 부분 역시 부적법하다(헌재 2003.5.27. 2003헌마329).

[3] 행정처분을 취소하더라도 원상회복이 불가능한 경우 그 처분의 취소를 구할 이익이 있는지 여부(원칙적 소극)

원고의 긴 팔 티셔츠 2개(앞 단추가 3개 있고 칼라가 달린 것, 이하 '이 사건 영치품'이라 한다)에 대한 사용신청 불허처분(이하 '이 사건 처분'이라 한다) 이후 이루어진 원고의 다른 교도소로의 이송이라는 사정에 의하여 원고의 권리와 이익의 침해 등이 해소되지 아니한 점, 원고의 형기가 만료되기까지는 아직 상당한 기간이 남아 있을 뿐만 아니라, 진주교도소가 전국 교정시설의 결핵 및 정신질환 수형자들을 수용·관리하는 의료교도소인 사정을 감안할 때 원고의 진주교도소로의 재이송 가능성이 소멸하였다고 단정하기 어려운 점 등을 종합하면, 원고로서는 이 사건 처분의 취소를 구할 이익이 있다고 봄이 상당하다(대법원 2008.2.14. 2007두13203).

제26조【수용자가 지니는 물품 등】

① 수용자는 편지·도서, 그 밖에 수용생활에 필요한 물품을 법무부장관이 정하는 범위에서 지닐 수 있다.

② 소장은 제1항에 따라 법무부장관이 정하는 범위를 벗어난 물품으로서 교정시설에 특히 보관할 필요가 있다고 인정하지 아니하는 물품은 수용자로 하여금 자신이 지정하는 사람에게 보내게 하거나 그 밖에 적당한 방법으로 처분하게 할 수 있다.

③ 소장은 수용자가 제2항에 따라 처분하여야 할 물품을 상당한 기간 내에 처분하지 아니하면 폐기할 수 있다.

시행령

제39조【지닐 수 없는 물품의 처리】

법 제26조 제2항 및 제3항에 따라 지닐 수 있는 범위를 벗어난 수용자의 물품을 처분하거나 폐기하는 경우에는 제34조 제3항 및 제4항을 준용한다.

제40조【물품의 폐기】

수용자의 물품을 폐기하는 경우에는 그 품목·수량·이유 및 일시를 관계 장부에 기록하여야 한다.

제27조【수용자에 대한 금품 전달】

① 수용자 외의 사람이 수용자에게 금품을 건네줄 것을 신청하는 때에는 소장은 다음 각 호의 어느 하나에 해당하지 아니하면 허가하여야 한다.

  1. 수형자의 교화 또는 건전한 사회복귀를 해칠 우려가 있는 때

  2. 시설의 안전 또는 질서를 해칠 우려가 있는 때

② 소장은 수용자 외의 사람이 수용자에게 주려는 금품이 제1항 각 호의 어느 하나에 해당하거나 수용자가 금품을 받지 아니하려는 경우에는 해당 금품을 보낸 사람에게 되돌려 보내야 한다.

③ 소장은 제2항의 경우에 금품을 보낸 사람을 알 수 없거나 보낸 사람의 주소가 불분명한 경우에는 금품을 다시 가지고 갈 것을 공고하여야 하며, 공고한 후 6개월이 지나도 금품을 돌려달라고 청구하는 사람이 없으면 그 금품은 국고에 귀속된다.

④ 소장은 제2항 또는 제3항에 따른 조치를 하였으면 그 사실을 수용자에게 알려 주어야 한다.

📖 시행령

제41조【금품전달 신청자의 확인】

소장은 수용자가 아닌 사람이 법 제27조 제1항에 따라 수용자에게 금품을 건네줄 것을 신청하는 경우에는 그의 성명·주소 및 수용자와의 관계를 확인해야 한다.

제42조【전달 허가금품의 사용 등】

① 소장은 법 제27조 제1항에 따라 수용자에 대한 금품의 전달을 허가한 경우에는 그 금품을 보관한 후 해당 수용자가 사용하게 할 수 있다.

② 법 제27조 제1항에 따라 수용자에게 건네주려고 하는 금품의 허가범위 등에 관하여 필요한 사항은 법무부령으로 정한다.

제43조【전달 허가물품의 검사】

소장은 법 제27조 제1항에 따라 건네줄 것을 허가한 물품은 검사할 필요가 없다고 인정되는 경우가 아니면 교도관으로 하여금 검사하게 해야 한다. 이 경우 그 물품이 의약품인 경우에는 의무관으로 하여금 검사하게 해야 한다.

📖 시행규칙

제22조【전달금품의 허가】

① 소장은 수용자 외의 사람이 수용자에게 금원(金員)을 건네줄 것을 신청하는 경우에는 현금·수표 및 우편환의 범위에서 허가한다. 다만, 수용자 외의 사람이 온라인으로 수용자의 예금계좌에 입금한 경우에는 금원을 건네줄 것을 허가한 것으로 본다.

② 소장은 수용자 외의 사람이 수용자에게 음식물을 건네줄 것을 신청하는 경우에는 법무부장관이 정하는 바에 따라 교정시설 안에서 판매되는 음식물 중에서 허가한다. 다만, 제30조 각 호에 해당하는 종교행사 및 제114조 각 호에 해당하는 교화프로그램의 시행을 위하여 특히 필요하다고 인정하는 경우에는 교정시설 안에서 판매되는 음식물이 아니더라도 건네줄 것을 허가할 수 있다.

③ 소장은 수용자 외의 사람이 수용자에게 음식물 외의 물품을 건네줄 것을 신청하는 경우에는 다음 각 호의 어느 하나에 해당하지 아니하면 법무부장관이 정하는 교정시설의 보관범위 및 수용자가 지닐 수 있는 범위에서 허가한다.

1. 오감 또는 통상적인 검사장비로는 내부검색이 어려운 물품
2. 음란하거나 현란한 그림·무늬가 포함된 물품
3. 사행심을 조장하거나 심리적인 안정을 해칠 우려가 있는 물품
4. 도주·자살·자해 등에 이용될 수 있는 금속류, 끈 또는 가죽 등이 포함된 물품
5. 위화감을 조성할 우려가 있는 높은 가격의 물품
6. 그 밖에 수형자의 교화 또는 건전한 사회복귀를 해칠 우려가 있거나 교정시설의 안전 또는 질서를 해칠 우려가 있는 물품

제28조【유류금품의 처리】 ★

① 소장은 사망자 또는 도주자가 남겨두고 간 금품이 있으면 사망자의 경우에는 그 상속인에게, 도주자의 경우에는 그 가족에게 그 내용 및 청구절차 등을 알려 주어야 한다. 다만, 썩거나

없어질 우려가 있는 것은 폐기할 수 있다.

② 소장은 상속인 또는 가족이 제1항의 금품을 내어달라고 청구하면 지체 없이 내어주어야 한다. 다만, 제1항에 따른 알림을 받은 날(알려줄 수가 없는 경우에는 청구사유가 발생한 날)부터 1년이 지나도 청구하지 아니하면 그 금품은 국고에 귀속된다.

시행령

제45조【유류금품의 처리】

① 소장은 사망자의 유류품을 건네받을 사람이 원거리에 있는 등 특별한 사정이 있는 경우에는 유류품을 받을 사람의 청구에 따라 유류품을 팔아 그 대금을 보낼 수 있다.

② 법 제28조에 따라 사망자의 유류금품을 보내거나 제1항에 따라 유류품을 팔아 대금을 보내는 경우에 드는 비용은 유류금품의 청구인이 부담한다.

제29조【보관금품의 반환 등】★

① 소장은 수용자가 석방될 때 제25조에 따라 보관하고 있던 수용자의 휴대금품을 본인에게 돌려주어야 한다. 다만, 보관품을 한꺼번에 가져가기 어려운 경우 등 특별한 사정이 있어 수용자가 석방 시 소장에게 일정 기간 동안(1개월 이내의 범위로 한정한다) 보관품을 보관하여 줄 것을 신청하는 경우에는 그러하지 아니하다.

② 제1항 단서에 따른 보관 기간이 지난 보관품에 관하여는 제28조를 준용한다. 이 경우 "사망자" 및 "도주자"는 "피석방자"로, "금품"은 "보관품"으로, "상속인" 및 "가족"은 "피석방자 본인 또는 가족"으로 본다.

제4장 | 위생과 의료

제30조【위생 · 의료 조치의무】

소장은 수용자가 건강한 생활을 하는 데에 필요한 위생 및 의료상의 적절한 조치를 하여야 한다.

제31조【청결유지】

소장은 수용자가 사용하는 모든 설비와 기구가 항상 청결하게 유지되도록 하여야 한다.

📖 **시행령**

제46조【보건 · 위생관리계획의 수립 등】

소장은 수용자의 건강, 계절 및 시설여건 등을 고려하여 보건 · 위생관리계획을 정기적으로 수립하여 시행하여야 한다.

제47조【시설의 청소 · 소독】

① 소장은 거실 · 작업장 · 목욕탕, 그 밖에 수용자가 공동으로 사용하는 시설과 취사장, 주식 · 부식 저장고, 그 밖에 음식물 공급과 관련된 시설을 수시로 청소 · 소독하여야 한다.
② 소장은 저수조 등 급수시설을 6개월에 1회 이상 청소 · 소독하여야 한다.

제32조【청결의무】

① 수용자는 자신의 신체 및 의류를 청결히 하여야 하며, 자신이 사용하는 거실 · 작업장, 그 밖의 수용시설의 청결유지에 협력하여야 한다.
② 수용자는 위생을 위하여 머리카락과 수염을 단정하게 유지하여야 한다.

📖 **시행령**

제48조【청결의무】

수용자는 교도관이 법 제32조 제1항에 따라 자신이 사용하는 거실, 작업장, 그 밖의 수용시설의 청결을 유지하기 위하여 필요한 지시를 한 경우에는 이에 따라야 한다.

> **관련판례**
>
> 교도소 내 두발규제 위헌확인(소극)
> 교도소장이 수형자에 대하여 지속적이고 조직적으로 실시한 생활지도 명목의 이발 지도행위 및 앞머리는 눈썹이 보이도록, 옆머리는 귀를 가리지 않도록, 뒷머리는 목을 가리지 않도록 실시한 이발행위는 공권력의 행사라고 보기 어렵다(헌재 2012.04.24. 2010헌마751).

제33조【운동 및 목욕】★

① 소장은 수용자가 건강유지에 필요한 운동 및 목욕을 정기적으로 할 수 있도록 하여야 한다.
② 운동시간 · 목욕횟수 등에 관하여 필요한 사항은 대통령령으로 정한다.

📖 **시행령**

제49조【실외운동】★

소장은 수용자가 매일(공휴일 및 법무부장관이 정하는 날은 제외한다)「국가공무원 복무규정」제9조에 따른 근무시간 내에서 1시간 이내의 실외운동을 할 수 있도록 하여야 한다. 다만, 다음 각 호의 어느 하나에 해당하면 실외운동을 실시하지 아니할 수 있다.
1. 작업의 특성상 실외운동이 필요 없다고 인정되는 때
2. 질병 등으로 실외운동이 수용자의 건강에 해롭다고 인정되는 때
3. 우천, 수사, 재판, 그 밖의 부득이한 사정으로 실외운동을 하기 어려운 때

제50조 【목욕횟수】 ★
소장은 작업의 특성, 계절, 그 밖의 사정을 고려하여 수용자의 목욕횟수를 정하되 부득이한 사정이 없으면 매주 1회 이상이 되도록 한다.

제34조 【건강검진】 ★★
① 소장은 수용자에 대하여 건강검진을 정기적으로 하여야 한다.
② 건강검진의 횟수 등에 관하여 필요한 사항은 대통령령으로 정한다.

시행령

제51조 【건강검진횟수】 ★★
① 소장은 수용자에 대하여 1년에 1회 이상 건강검진을 하여야 한다. 다만, 19세 미만의 수용자와 계호상 독거수용자에 대하여는 6개월에 1회 이상 하여야 한다.
② 제1항의 건강검진은 「건강검진기본법」 제14조에 따라 지정된 건강검진기관에 의뢰하여 할 수 있다.

참고 건강검진

대상자		횟수 및 근거
수용자		1년 1회 이상(시행령 제51조 제1항)
• 19세 미만의 수용자 • 65세 이상의 노인수용자	• 계호상 독거수용자 • 소년수용자	6개월 1회 이상(시행령 제51조, 시행규칙 제47조 제2항, 제59조의 6)
임산부		정기적인 검진(제52조)

제35조 【감염병 등에 관한 조치】
소장은 감염병이나 그 밖에 감염의 우려가 있는 질병의 발생과 확산을 방지하기 위하여 필요한 경우 수용자에 대하여 예방접종·격리수용·이송, 그 밖에 필요한 조치를 하여야 한다.

시행령

제52조 【감염병의 정의】
법 제18조 제1항(수용의 거절), 법 제53조 제1항 제3호(감염병으로 인한 유아양육 불허사유) 및 법 제128조 제2항(감염병 예방을 위한 화장)에서 "감염병"이란 「감염병의 예방 및 관리에 관한 법률」에 따른 감염병을 말한다.

제53조【감염병에 관한 조치】★

① 소장은 수용자가 감염병에 걸렸다고 의심되는 경우에는 1주 이상 격리수용하고 그 수용자의 휴대품을 소독하여야 한다.

② 소장은 감염병이 유행하는 경우에는 수용자가 자비로 구매하는 음식물의 공급을 중지할 수 있다.

③ 소장은 수용자가 감염병에 걸린 경우에는 즉시 격리수용하고 그 수용자가 사용한 물품과 설비를 철저히 소독하여야 한다.

④ 소장은 제3항의 사실을 지체 없이 법무부장관에게 보고하고 관할 보건기관의 장에게 알려야 한다.

제36조【부상자 등 치료】

① 소장은 수용자가 부상을 당하거나 질병에 걸리면 적절한 치료를 받도록 하여야 한다.

② 제1항의 치료를 위하여 교정시설에 근무하는 간호사는 야간 또는 공휴일 등에「의료법」제27조에도 불구하고 대통령령으로 정하는 경미한 의료행위를 할 수 있다.

시행령

제54조【의료거실 수용 등】

소장은 수용자가 부상을 당하거나 질병에 걸린 경우에는 그 수용자를 의료거실에 수용하거나, 다른 수용자에게 그 수용자를 간병하게 할 수 있다.

제54조의2【간호사의 의료행위】★

법 제36조 제2항에서 "대통령령으로 정하는 경미한 의료행위"란 다음 각 호의 의료행위를 말한다.

1. 외상 등 흔히 볼 수 있는 상처의 치료
2. 응급을 요하는 수용자에 대한 응급처치
3. 부상과 질병의 악화방지를 위한 처치
4. 환자의 요양지도 및 관리
5. 제1호부터 제4호까지의 의료행위에 따르는 의약품의 투여

제37조【외부의료시설 진료 등】★

① 소장은 수용자에 대한 적절한 치료를 위하여 필요하다고 인정하면 교정시설 밖에 있는 의료시설(이하 "외부의료시설"이라 한다)에서 진료를 받게 할 수 있다.

② 소장은 수용자의 정신질환 치료를 위하여 필요하다고 인정하면 법무부장관의 승인을 받아 치료감호시설로 이송할 수 있다.

③ 제2항에 따라 이송된 사람은 수용자에 준하여 처우한다.

④ 소장은 제1항 또는 제2항에 따라 수용자가 외부의료시설에서 진료받거나 치료감호시설로 이송되면 그 사실을 그 가족(가족이 없는 경우에는 수용자가 지정하는 사람)에게 지체 없이 알려야 한다. 다만, 수용자가 알리는 것을 원하지 아니하면 그러하지 아니하다.

⑤ 소장은 수용자가 자신의 고의 또는 중대한 과실로 부상 등이 발생하여 외부의료시설에서 진료를 받은 경우에는 그 진료비의 전부 또는 일부를 그 수용자에게 부담하게 할 수 있다.

시행령

제55조【외부의사의 치료】
소장은 특히 필요하다고 인정하면 외부 의료시설에서 근무하는 의사(이하 "외부의사"라 한다)에게 수용자를 치료하게 할 수 있다.

제56조【위독 사실의 알림】★
소장은 수용자가 위독한 경우에는 그 사실을 가족에게 지체 없이 알려야 한다.

제57조【외부 의료시설 입원 등 보고】
소장은 법 제37조 제1항에 따라 수용자를 외부 의료시설에 입원시키거나 입원 중인 수용자를 교정시설로 데려온 경우에는 그 사실을 법무부장관에게 지체 없이 보고하여야 한다.

> **관련판례**
>
> 외부의료시설 진료 후 환소차를 기다리는 과정에서 병원 밖 주차장 의자에 앉아 있을 것을 지시한 행위는 甲의 신청에 의한 외부의료시설 진료에 이미 예정되어 있던 부수적 행위로서 강제성의 정도가 미약한 단순한 비권력적 사실행위에 불과하다(헌재 2012.10.25. 2011헌마429).

제38조【자비치료】★
소장은 수용자가 자신의 비용으로 외부의료시설에서 근무하는 의사(이하 "외부의사"라 한다)에게 치료받기를 원하면 교정시설에 근무하는 의사(공중보건의사를 포함하며, 이하 "의무관"이라 한다)의 의견을 고려하여 이를 허가할 수 있다.

> **관련판례**
>
> 청구인에게는 교도소장에게 자비로 외부의료시설의 치료를 요구할 법상 혹은 조리상의 신청권이 인정된다 할 것이고 이를 거부한 교도소장의 거부행위는 행정심판 및 행정소송의 대상이 되고 따라서 구제절차를 거치지 아니한 채 곧바로 제기한 이 사건 심판청구는 보충성 요건을 흠결하여 부적법하다(헌재 2013.7.30. 2013헌마477).

제39조【진료환경 등】
① 교정시설에는 수용자의 진료를 위하여 필요한 의료 인력과 설비를 갖추어야 한다.
② 소장은 정신질환이 있다고 의심되는 수용자가 있으면 정신건강의학과 의사의 진료를 받을

수 있도록 하여야 한다.

③ 외부의사는 수용자를 진료하는 경우에는 법무부장관이 정하는 사항을 준수하여야 한다.

④ 교정시설에 갖추어야 할 의료설비의 기준에 관하여 필요한 사항은 법무부령으로 정한다.

■ 시행규칙

제23조【의료설비의 기준】

① 교정시설에는 「의료법」 제3조에 따른 의료기관 중 의원(醫院)이 갖추어야 하는 시설 수준 이상의 의료시설 (진료실 등의 의료용 건축물을 말한다. 이하 같다)을 갖추어야 한다.

② 교정시설에 갖추어야 하는 의료장비(혈압측정기 등의 의료기기를 말한다)의 기준은 별표 3과 같다.

③ 의료시설의 세부종류 및 설치기준은 법무부장관이 정한다.

제24조【비상의료용품 기준】

① 소장은 수용정원과 시설여건 등을 고려하여 적정한 양의 비상의료용품을 갖추어 둔다.

② 교정시설에 갖추어야 하는 비상의료용품의 기준은 별표 4와 같다.

제40조【수용자의 의사에 반하는 의료조치】 ★

① 소장은 수용자가 진료 또는 음식물의 섭취를 거부하면 의무관으로 하여금 관찰·조언 또는 설득을 하도록 하여야 한다.

② 소장은 제1항의 조치에도 불구하고 수용자가 진료 또는 음식물의 섭취를 계속 거부하여 그 생명에 위험을 가져올 급박한 우려가 있으면 의무관으로 하여금 적당한 진료 또는 영양보급 등의 조치를 하게 할 수 있다.

관련판례

[1] 불이익 처우에 대한 수용자 청원제도 위헌확인

수용자의 의사에 반하는 의료조치를 취할 수 있도록 규정한 '형의 집행 및 수용자의 처우에 관한 법률' 제40조 제2항에 대한 위헌확인 청구로 선해한다고 하더라도, 위 조항은 "소장은 수용자가 진료 또는 음식물의 섭취를 계속 거부하여 그 생명에 위험을 가져올 급박한 우려가 있으면 의무관으로 하여금 적당한 진료 또는 영양보급 등의 조치를 하게 할 수 있다"고 규정하여 소장에게 재량의 여지를 부여하고 있으므로, 위 조항으로 인한 기본권 침해는 소장의 개별·구체적인 의료조치에 의하여 비로소 현실화되는 것일 뿐 위 조항 자체에 의하여 직접 기본권이 침해되는 것으로 볼 수 없다(헌재 2011.8.30. 2011헌마432).

[2] 교정시설 내 부당처우행위 위헌확인

의무관은 수용자에 대한 진찰·진료 등의 의료행위를 하는 경우 수용자의 생명·신체·건강을 관리하는 업무의 성질에 비추어 환자의 구체적인 증상이나 상황에 따라 위험을 방지하기 위하여 요구되는 최선의 조치를 행하여야 할 주의의무가 있을 뿐, 그 구체적인 치료 방법에 있어서는 의학적인 소견과 형의 집행 및 수용자의 처우와 관련된 판단에 따르는 것이므로, 헌법상 서울구치소장에게 수용자가 원하는 특정한 치료방법에 따른 치료행위를 하여야 할 작위의무가 있다고 보기는 어렵다. 따라서 위와 같은 부작위에 대한 심판청구는 헌법에서 유래하는 작위의무 없는 부작위에 대한 헌법소원으로서 부적법하다(헌재 2013.7.16. 2013헌마446).

[3] 상습 자해수용자 치료비 구상(적극)

수용자가 수용 중 발생한 사고 및 지병에 대하여 치료가 필요한 경우 그 치료비는 원칙적으로 국가가 부담하여야 할 것이나, 수용자 간의 싸움과 같이 제3자의 범죄행위에 기인한 경우에는 원칙적으로 가해자가 부담하여야 하는 것이고, 수용자가 스스로 자해하거나 난동을 부려 부상을 입은 경우 역시 상해를 야기 시킨 것은 수용자 본인이므로 스스로 치료비를 부담해야 하고 국가가 그 치료비까지 지급할 의무는 없다고 할 것이다. 피고가 수용생활을 하면서 자신의 몸을 자해하는 등 총 5회에 걸쳐 외부병원에서 치료 및 수술을 받는 등 국가로 하여금 치료비를 지출하게 하는 방법으로 부당이득을 취하였으므로 위 진료비 상당의 금액을 지급해야 한다(부산지법 2007.1.18. 2006나12388).

제5장 | 접견 · 편지수수(便紙授受) 및 전화통화

제41조 【접견】 ★★

① 수용자는 교정시설의 외부에 있는 사람과 접견할 수 있다. 다만, 다음 각 호의 어느 하나에 해당하는 사유가 있으면 그러하지 아니하다.

1. 형사법령에 저촉되는 행위를 할 우려가 있는 때
2. 「형사소송법」이나 그 밖의 법률에 따른 접견금지의 결정이 있는 때
3. 수형자의 교화 또는 건전한 사회복귀를 해칠 우려가 있는 때
4. 시설의 안전 또는 질서를 해칠 우려가 있는 때

② 수용자의 접견은 접촉차단시설이 설치된 장소에서 하게 한다. 다만, 다음 각 호의 어느 하나에 해당하는 경우에는 접촉차단시설이 설치되지 아니한 장소에서 접견하게 한다.

1. 미결수용자(형사사건으로 수사 또는 재판을 받고 있는 수형자와 사형확정자를 포함한다)가 변호인(변호인이 되려는 사람을 포함한다. 이하 같다)과 접견하는 경우
2. 수용자가 소송사건의 대리인인 변호사와 접견하는 경우 등 수용자의 재판청구권 등을 실질적으로 보장하기 위하여 대통령령으로 정하는 경우로서 교정시설의 안전 또는 질서를 해칠 우려가 없는 경우

③ 제2항에도 불구하고 다음 각 호의 어느 하나에 해당하는 경우에는 접촉차단시설이 설치되지 아니한 장소에서 접견하게 할 수 있다.

1. 수용자가 미성년자인 자녀와 접견하는 경우
2. 그 밖에 대통령령으로 정하는 경우

④ 소장은 다음 각 호의 어느 하나에 해당하는 사유가 있으면 교도관으로 하여금 수용자의 접견

내용을 청취·기록·녹음 또는 녹화하게 할 수 있다.
1. 범죄의 증거를 인멸하거나 형사법령에 저촉되는 행위를 할 우려가 있는 때
2. 수형자의 교화 또는 건전한 사회복귀를 위하여 필요한 때
3. 시설의 안전과 질서유지를 위하여 필요한 때
⑤ 제4항에 따라 녹음·녹화하는 경우에는 사전에 수용자 및 그 상대방에게 그 사실을 알려
주어야 한다.
⑥ 접견의 횟수·시간·장소·방법 및 접견내용의 청취·기록·녹음·녹화 등에 관하여 필요한
사항은 대통령령으로 정한다.

시행령

제58조【접견】 ★
① 수용자의 접견은 매일(공휴일 및 법무부장관이 정한 날은 제외한다)「국가공무원 복무규정」제9조에 따른
근무시간 내에서 한다.
② 변호인(변호인이 되려고 하는 사람을 포함한다. 이하 같다)과 접견하는 미결수용자를 제외한 수용자의 접견
시간은 회당 30분 이내로 한다.
③ 수형자의 접견 횟수는 매월 4회로 한다.
④ 삭제 <2019.10.22.>
⑤ 법 및 이 영에 규정된 사항 외에 수형자, 사형확정자 및 미결수용자를 제외한 수용자의 접견 횟수·시간
·장소 등에 관하여 필요한 사항은 법무부장관이 정한다.
⑥ 소장은 교정시설의 외부에 있는 사람의 수용자 접견에 관한 사무를 수행하기 위하여 불가피한 경우「개인정
보 보호법」시행령 제19조에 따른 주민등록번호, 여권번호, 운전면허의 면허번호 또는 외국인등록번호가
포함된 자료를 처리할 수 있다.
※ 2019.10.22. 대통령령 제30134호에 의하여 2013.8.29. 헌법재판소에서 헌법불합치 결정된 제58조 제4항을 삭제
※ 2016.6.28. 대통령령 제27262호에 의하여 2015.11.26. 헌법재판소에서 헌법불합치 결정된 제58조 제2항 중 '수형자'
부분 및 같은 조 제3항을 신설된 제59조의2에 반영

관련판례

[1] 형의 집행 및 수용자의 처우에 관한 법률 시행령 제58조 제4항 위헌확인
　　형집행법 시행령 제58조 제4항에 따르면 수용자가 형사사건이 아닌 민사, 행정, 헌법소송 등 법률적
분쟁과 관련하여 변호사의 도움을 받는 경우에는 원칙적으로 접촉차단시설이 설치된 장소에서 접견을
해야 한다. 그 결과 수용자는 효율적인 재판준비를 하는 것이 곤란하게 되고, 특히 교정시설 내에서의
처우에 대하여 국가 등을 상대로 소송을 하는 경우에는 소송의 상대방에게 소송자료를 그대로 노출하게
되어 무기대등의 원칙을 훼손할 수 있다. 변호사 직무의 공공성, 윤리성 및 사회적 책임성은 변호사
접견권을 이용한 증거인멸, 도주 및 마약 등 금지물품 반입 시도 등의 우려를 최소화시킬 수 있으며,
변호사접견이라 하더라도 교정시설의 질서 등을 해할 우려가 있는 특별한 사정이 있는 경우에는 예외를
두도록 한다면 악용될 가능성도 방지할 수 있다. 따라서 형집행법 시행령 제58조 제4항은 과잉금지원칙에
위반하여 청구인의 재판청구권을 지나치게 제한하고 있으므로, 헌법에 위반된다. 다만, 위 조항의 효력을

즉시 상실시킬 경우 수용자 일반을 접촉차단시설이 설치된 장소에서 접견하게 하는 장소 제한의 일반적 근거조항 및 미결수용자가 변호인을 접견하는 경우의 예외 근거조항마저 없어지게 되어 법적 안정성에서 문제가 있을 수 있으므로, 행정입법자가 합헌적인 내용으로 위 조항을 개정할 때가지 계속 조속하게 할 필요가 있다. 행정입법자는 늦어도 2014.7.31.까지 개선입법을 하여야 하며, 그때까지 개선입법이 이루어지지 않으면 위 조항은 2014.8.1.부터 그 효력을 상실한다(헌재 2013.8.29. 2011헌마122).

[2] '변호인이 되려는 자'의 피의자 접견교통권이 헌법상 기본권인지 여부(적극)

변호인 선임을 위하여 피의자·피고인(이하 '피의자 등'이라 한다)이 가지는 '변호인이 되려는 자'와의 접견교통권은 헌법상 기본권으로 보호되어야 하고, '변호인이 되려는 자'의 접견교통권은 피의자 등이 변호인을 선임하여 그로부터 조력을 받을 권리를 공고히 하기 위한 것으로서, 그것이 보장되지 않으면 피의자 등이 변호인 선임을 통하여 변호인으로부터 충분한 조력을 받는다는 것이 유명무실하게 될 수밖에 없다. 이와 같이 '변호인이 되려는 자'의 접견교통권은 피의자 등을 조력하기 위한 핵심적인 부분으로서, 피의자 등이 가지는 헌법상의 기본권인 '변호인이 되려는 자'와의 접견교통권과 표리의 관계에 있다. 따라서 피의자 등이 가지는 '변호인이 되려는 자'의 조력을 받을 권리가 실질적으로 확보되기 위해서는 '변호인이 되려는 자'의 접견교통권 역시 헌법상 기본권으로서 보장되어야 한다(헌제 2019.2.28. 2015헌마1204).

[3] 수형자인 청구인이 헌법소원 사건의 국선대리인인 변호사를 접견함에 있어서 그 접견내용을 녹음, 기록한 피청구인의 행위가 청구인의 재판을 받을 권리를 침해하는지 여부(적극)

수형자와 변호사와의 접견내용을 녹음, 녹화하게 되면 그로 인해 제3자인 교도소 측에 접견내용이 그대로 노출되므로 수형자와 변호사는 상담과정에서 상당히 위축될 수밖에 없고, 특히 소송의 상대방이 국가나 교도소 등의 구금시설로서 그 내용이 구금시설 등의 부당처우를 다투는 내용일 경우에 접견내용에 대한 녹음, 녹화는 실질적으로 당사자대등의 원칙에 따른 무기평등을 무력화시킬 수 있다. 변호사는 다른 전문직에 비하여도 더욱 엄격한 직무의 공공성 등이 강조되고 있는 지위에 있으므로, 소송사건의 변호사가 접견을 통하여 수형자와 모의하는 등으로 법령에 저촉되는 행위를 하거나 이에 가담하는 등의 행위를 할 우려는 거의 없다. 또한, 접견의 내용이 소송준비를 위한 상담내용일 수밖에 없는 변호사와의 접견에 있어서 수형자의 교화나 건전한 사회복귀를 위해 접견내용을 녹음, 녹화할 필요성을 생각하는 것도 어렵다. 이 사건에 있어서 청구인과 헌법소원 사건의 국선대리인인 변호사의 접견내용에 대해서는 접견의 목적이나 접견의 상대방 등을 고려할 때 녹음, 기록이 허용되어서는 아니 될 것임에도, 이를 녹음, 기록한 행위는 청구인의 재판을 받을 권리를 침해한다(헌재 2013.9.26. 2011헌마398).

[4] 징벌혐의의 조사를 받고 있는 청구인이 변호인 아닌 자와 접견할 당시 교도관이 참여하여 대화내용을 기록하게 한 행위가 청구인의 사생활의 비밀과 자유를 침해하는지 여부(소극)

접견내용을 녹음·녹화하는 경우 수용자 및 그 상대방에게 그 사실을 말이나 서면 등으로 알려주어야 하고 취득한 접견기록물은 법령에 의해 보호·관리되고 있으므로 사생활의 비밀과 자유에 대한 침해를 최소화하는 수단이 마련되어 있다는 점, 청구인이 나눈 접견내용에 대한 사생활의 비밀로서의 보호가 치에 비해 증거인멸의 위험을 방지하고 교정시설 내의 안전과 질서유지에 기여하려는 공익이 크고 중요하다는 점에 비추어 볼 때, 이 사건 접견참여·기록이 청구인의 사생활의 비밀과 자유를 침해하였다고 볼 수 없다(헌재 2014.9.25. 2012헌마523).

[5] 형집행법 제41조 제2항 제1호, 제3호 중 '미결수용자의 접견내용의 녹음·녹화'에 관한 부분(이하 '이 사건 녹음조항'이라 한다)이 영장주의 및 평등원칙에 위배되는지 여부(소극)

이 사건 녹음조항에 따라 접견내용을 녹음·녹화하는 것은 직접적으로 물리적 강제력을 수반하는 강제처분이 아니므로 영장주의가 적용되지 않아 영장주의에 위배된다고 할 수 없다. 또한, 미결수용자와 불구속 피의자·피고인을 본질적으로 동일한 집단이라고 할 수 없고, 불구속 피의자·피고인과는 달리 미결수용자에 대하여 법원의 허가 없이 접견내용을 녹음·녹화하도록 하는 것도 충분히 합리적 이유가 있으므로 이 사건 녹음조항은 평등원칙에 위배되지 않는다. … 미결수용자는 수사 중이거나 재판이 진행 중인 자로서, 타인과의 접견을 제한 없이 허용할 경우, 접견을 통하여 증인 등을 협박하는 등 범죄의 증거를 인멸하거나 형사법령에 저촉되는 행위를 할 우려가 있다. 이 사건 녹음조항은 이러한 경우 수용자의 접견내용을 녹음 또는 녹화할 수 있게 하고 있는바, 이는 수용자의 증거인멸의 가능성 및 추가범죄의 발생 가능성을 차단하고, 교정시설 내의 안전과 질서유지를 위한 것으로 목적의 정당성이 인정된다(현재 2016.11.24. 2014헌바401).

제59조 【접견의 예외】 ★★

① 소장은 제58조 제1항 및 제2항에도 불구하고 수형자의 교화 또는 건전한 사회복귀를 위하여 특히 필요하다고 인정하면 접견 시간대 외에도 접견을 하게 할 수 있고 접견시간을 연장할 수 있다.

② 소장은 제58조 제3항에도 불구하고 수형자가 다음 각 호의 어느 하나에 해당하면 접견 횟수를 늘릴 수 있다.

  1. 19세 미만인 때
  2. 교정성적이 우수한 때
  3. 교화 또는 건전한 사회복귀를 위하여 특히 필요하다고 인정되는 때

③ 법 제41조 제3항 제2호에서 "대통령령으로 정하는 경우"란 다음 각 호의 어느 하나에 해당하는 경우를 말한다.

  1. 수형자가 제2항 제2호 또는 제3호에 해당하는 경우
  2. 미결수용자의 처우를 위하여 소장이 특별히 필요하다고 인정하는 경우
  3. 사형확정자의 교화나 심리적 안정을 위하여 소장이 특별히 필요하다고 인정하는 경우

🔖 시행규칙

제87조 【접견】 ★★

① 수형자의 경비처우급별 접견의 허용횟수는 다음 각 호와 같다.

  1. 개방처우급 : 1일 1회
  2. 완화경비처우급 : 월 6회
  3. 일반경비처우급 : 월 5회
  4. 중(重)경비처우급 : 월 4회

② 제1항 제2호부터 제4호까지의 경우 접견은 1일 1회만 허용한다. 다만, 처우상 특히 필요한 경우에는 그러하지 아니하다.

③ 소장은 교화 및 처우상 특히 필요한 경우에는 수용자가 다른 교정시설의 수용자와 통신망을 이용하여 화상으로 접견하는 것(이하 "화상접견"이라 한다)을 허가할 수 있다. 이 경우 화상접견은 제1항의 접견 허용횟수에 포함한다.

제88조 【접견장소】 ★

소장은 개방처우급 수형자에 대하여는 법무부장관이 정하는 바에 따라 접촉차단시설이 설치된 장소 외의 적당한 곳에서 접견을 실시할 수 있다. 다만, 처우상 특히 필요하다고 인정하는 경우에는 그 밖의 수형자에 대하여도 이를 허용할 수 있다.

📖 시행령

제59조의2 【변호사와의 접견】 ★

① 제58조 제2항에도 불구하고 수용자가 다음 각 호의 어느 하나에 해당하는 변호사와 접견하는 시간은 회당 60분으로 한다.
  1. 소송사건의 대리인인 변호사
  2. 「형사소송법」에 따른 상소권회복 또는 재심 청구사건의 대리인이 되려는 변호사
② 수용자가 제1항 각 호의 변호사와 접견하는 횟수는 다음 각 호의 구분에 따르되, 이를 제58조 제3항, 제101조 및 제109조의 접견횟수에 포함시키지 아니한다.
  1. 소송사건의 대리인인 변호사 : 월 4회
  2. 「형사소송법」에 따른 상소권회복 또는 재심 청구사건의 대리인이 되려는 변호사 : 사건 당 2회
③ 소장은 제58조 제1항과 이 조 제1항 및 제2항에도 불구하고 소송사건의 수 또는 소송내용의 복잡성 등을 고려하여 소송의 준비를 위하여 특히 필요하다고 인정하면 접견 시간대 외에도 접견을 하게 할 수 있고, 접견 시간 및 횟수를 늘릴 수 있다.
④ 소장은 제1항 및 제2항에도 불구하고 접견 수요 또는 접견실 사정 등을 고려하여 원활한 접견사무 진행에 현저한 장애가 발생한다고 판단하면 접견시간 및 횟수를 줄일 수 있다. 이 경우 줄어든 시간과 횟수는 다음 접견 시에 추가하도록 노력하여야 한다.
⑤ 수용자가 「형사소송법」에 따른 상소권회복 또는 재심 청구사건의 대리인이 되려는 변호사와 접견하는 경우에는 교정시설의 안전 또는 질서를 해칠 우려가 없는 한 접촉차단시설이 설치되지 않은 장소에서 접견하게 한다.
⑥ 제1항부터 제5항까지에서 규정한 사항 외에 수용자와 제1항 각 호의 변호사의 접견에 관하여 필요한 사항은 법무부령으로 정한다.

📖 시행규칙

제29조의2 【소송사건의 대리인인 변호사의 접견 등 신청】

① 소송사건의 대리인인 변호사가 수용자를 접견하고자 하는 경우에는 별지 제32호서식의 신청서에 다음 각 호의 자료를 첨부하여 소장에게 제출하여야 한다.
  1. 소송위임장 사본 등 소송사건의 대리인임을 소명할 수 있는 자료
  2. 소송계속 사실을 소명할 수 있는 자료
② 소송사건의 대리인인 변호사가 영 제59조의2 제3항에 따라 접견 시간을 연장하거나 접견 횟수를 추가하고자 하는 경우에는 별지 제33호서식의 신청서에 해당 사유를 소명할 수 있는 자료를 첨부하여 소장에게 제출하여야 한다.

관련판례

수형자와 소송대리인인 변호사의 접견을 일반 접견에 포함시켜 시간은 30분 이내로, 횟수는 월 4회로 제한한 구 '형의 집행 및 수용자의 처우에 관한 법률 시행령' 제58조 제2항 및 '형의 집행 및 수용자의 처우에 관한 법률 시행령' 제58조 제2항 중 각 '수형자'에 관한 부분, '형의 집행 및 수용자의 처우에 관한 법률 시행령' 제58조 제3항이 청구인의 재판청구권을 침해하는지 여부(적극)

수형자와 소송대리인인 변호사가 접견 이외에 서신, 전화통화를 통해 소송준비를 하는 것이 가능하다고 하더라도, 서신, 전화통화는 검열, 청취 등을 통해 그 내용이 교정시설 측에 노출되어 상담과정에서 위축되거나 공정한 재판을 받을 권리가 훼손될 가능성이 있으며, 서신은 접견에 비해 의견교환이 효율적이지 않고 전화통화는 시간이 원칙적으로 3분으로 제한되어 있어 소송준비의 주된 수단으로 사용하기에는 한계가 있다. 따라서 수형자의 재판청구권을 실효적으로 보장하기 위해서는 소송대리인인 변호사와의 접견 시간 및 횟수를 적절하게 보장하는 것이 필수적이다.

변호사 접견 시 접견 시간의 최소한을 정하지 않으면 접견실 사정 등 현실적 문제로 실제 접견 시간이 줄어들 가능성이 있고, 변호사와의 접견 횟수와 가족 등과의 접견 횟수를 합산함으로 인하여 수형자가 필요한 시기에 변호사의 조력을 받지 못할 가능성도 높아진다. 접견의 최소시간을 보장하되 이를 보장하기 어려운 특별한 사정이 있는 경우에는 예외적으로 일정한 범위 내에서 이를 단축할 수 있도록 하고, 횟수 또한 별도로 정하면서 이를 적절히 제한한다면, 교정시설 내의 수용질서 및 규율의 유지를 도모하면서도 수형자의 재판청구권을 실효적으로 보장할 수 있을 것이다.

이와 같이 심판대상조항들은 법률전문가인 변호사와의 소송상담의 특수성을 고려하지 않고 소송대리인인 변호사와의 접견을 그 성격이 전혀 다른 일반 접견에 포함시켜 접견 시간 및 횟수를 제한함으로써 청구인의 재판청구권을 침해한다(헌재 2015.11.26. 2012헌마858).

시행령

제60조【접견 시 외국어 사용】
① 수용자와 교정시설 외부의 사람이 접견하는 경우에 법 제41조 제4항에 따라 접견내용이 청취·녹음 또는 녹화될 때에는 외국어를 사용해서는 아니 된다. 다만, 국어로 의사소통하기 곤란한 사정이 있는 경우에는 외국어를 사용할 수 있다.
② 소장은 제1항 단서의 경우에 필요하다고 인정하면 교도관 또는 통역인으로 하여금 통역하게 할 수 있다.

제61조【접견 시 유의사항 고지】
소장은 법 제41조에 따라 접견을 하게 하는 경우에는 수용자와 그 상대방에게 접견 시 유의사항을 방송이나 게시물 부착 등 적절한 방법으로 알려줘야 한다.

제62조【접견내용의 청취·기록·녹음·녹화】
① 소장은 법 제41조 제4항의 청취·기록을 위하여 다음 각 호의 사람을 제외한 수용자의 접견에 교도관을 참여하게 할 수 있다.
　1. 변호인과 접견하는 미결수용자
　2. 소송사건의 대리인인 변호사와 접견하는 수용자
② 소장은 특별한 사정이 없으면 교도관으로 하여금 법 제41조 제5항에 따라 수용자와 그 상대방에게 접견내용의 녹음·녹화 사실을 수용자와 그 상대방이 접견실에 들어가기 전에 미리 말이나 서면 등 적절한 방법으로 알려 주게 하여야 한다.

③ 소장은 법 제41조 제4항에 따라 청취·녹음·녹화한 경우의 접견기록물에 대한 보호·관리를 위하여 접견정보 취급자를 지정하여야 하고, 접견정보 취급자는 직무상 알게 된 접견정보를 누설하거나 권한 없이 처리하거나 다른 사람이 이용하도록 제공하는 등 부당한 목적을 위하여 사용해서는 아니 된다.

④ 소장은 관계기관으로부터 다음 각 호의 어느 하나에 해당하는 사유로 제3항의 접견기록물의 제출을 요청받은 경우에는 기록물을 제공할 수 있다.

1. 법원의 재판업무 수행을 위하여 필요한 때
2. 범죄의 수사와 공소의 제기 및 유지에 필요한 때

⑤ 소장은 제4항에 따라 녹음·녹화 기록물을 제공할 경우에는 제3항의 접견정보 취급자로 하여금 녹음·녹화기록물을 요청한 기관의 명칭, 제공받는 목적, 제공 근거, 제공을 요청한 범위, 그 밖에 필요한 사항을 녹음·녹화기록물 관리프로그램에 입력하게 하고, 따로 이동식 저장매체에 옮겨 담아 제공한다.

제42조【접견의 중지 등】★

교도관은 접견 중인 수용자 또는 그 상대방이 다음 각 호의 어느 하나에 해당하면 접견을 중지할 수 있다.

1. 범죄의 증거를 인멸하거나 인멸하려고 하는 때
2. 제92조의 금지물품을 주고받거나 주고받으려고 하는 때
3. 형사법령에 저촉되는 행위를 하거나 하려고 하는 때
4. 수용자의 처우 또는 교정시설의 운영에 관하여 거짓사실을 유포하는 때
5. 수형자의 교화 또는 건전한 사회복귀를 해칠 우려가 있는 행위를 하거나 하려고 하는 때
6. 시설의 안전 또는 질서를 해하는 행위를 하거나 하려고 하는 때

시행령

제63조【접견중지 사유의 고지】

교도관이 법 제42조에 따라 수용자의 접견을 중지한 경우에는 그 사유를 즉시 알려주어야 한다.

제88조【준용규정】

형사사건으로 수사 또는 재판을 받고 있는 수형자와 사형확정자에 대하여는 제82조(미결수용자의 사복착용), 제84조(미결수용자의 변호인과의 접견 및 서신수수) 및 제85조(미결수용자의 조사·징벌 중의 권리행사 보장 특칙)를 준용한다.

관련판례

[1] 피청구인이 7회에 걸쳐 수형자인 청구인에게 화상접견시간을 각 10분 내외로 부여한 행위가 행정재량을 벗어나 과잉금지원칙에 위반하여 청구인의 헌법상 기본권을 침해한 것인지 여부(소극)

피청구인 대전교도소장이 7회에 걸쳐 청구인에게 화상접견시간을 각 10분 내외로 부여한 것은 당시 대전교도소의 인적, 물적 접견설비의 범위 내에서 다른 수형자와 미결수용자의 접견교통권도 골고루

적절하게 보장하기 위한 행정목적에 따른 합리적인 필요최소한의 제한이었다 할 것이고, 청구인의 접견교통권을 과도하게 제한한 것으로는 보이지 아니한다. 따라서, 피청구인의 이 사건 각 화상접견시간 부여행위가 행정재량을 벗어나 과잉금지원칙에 위반하여 청구인의 헌법상 기본권을 침해한 것이라고는 볼 수 없다(헌재 2009.09.24. 2007헌마738).

[2] 부산구치소장이 청구인과 배우자의 접견을 녹음하여 부산지방검찰청 검사장에게 그 접견녹음파일을 제공한 행위가 청구인의 기본권을 침해한 것인지 여부(소극)

녹음행위는 교정시설 내의 안전과 질서유지에 기여하기 위한 것으로서 그 목적이 정당할 뿐 아니라 수단이 적절하고, 제공행위는 형사사법의 실체적 진실을 발견하고 이를 통해 형사사법의 적정한 수행을 도모하기 위한 것으로 그 목적이 정당하고, 수단 역시 적합하다. 그러므로 부산구치소장이 청구인과 배우자의 접견을 녹음하여 부산지방검찰청 검사장에게 그 접견녹음파일을 제공한 행위가 청구인의 기본권을 침해하지 않는다(헌재 2012.12.27. 2010헌마153).

[3] 형집행법 제88조가 형사재판의 피고인으로 출석하는 수형자에 대하여, 사복착용을 허용하는 형집행법 제82조를 준용하지 아니한 것이 공정한 재판을 받을 권리, 인격권, 행복추구권을 침해하는지 여부(적극)

수형자라 하더라도 확정되지 않은 별도의 형사재판에서만큼은 미결수용자와 같은 지위에 있으므로, 이러한 수형자로 하여금 형사재판 출석 시 아무런 예외 없이 사복착용을 금지하고 재소자용 의류를 입도록 하여 인격적인 모욕감과 수치심 속에서 재판을 받도록 하는 것은 재판부나 검사 등 소송관계자들에게 유죄의 선입견을 줄 수 있고, 이미 수형자의 지위로 인해 크게 위축된 피고인의 방어권을 필요 이상으로 제약하는 것이다. 또한 형사재판에 피고인으로 출석하는 수형자의 사복착용을 추가로 허용함으로써 통상의 미결수용자와 구별되는 별도의 계호상 문제점이 발생된다고 보기 어렵다. 따라서 심판대상조항이 형사재판의 피고인으로 출석하는 수형자에 대하여 사복착용을 허용하지 아니한 것은 청구인의 공정한 재판을 받을 권리, 인격권, 행복추구권을 침해한다(헌재 2015.12.23. 2013헌마712).

[4] 형집행법 제88조가 민사재판의 당사자로 출석하는 수형자에 대하여, 사복착용을 허용하는 형집행법 제82조를 준용하지 아니한 것이 공정한 재판을 받을 권리, 인격권, 행복추구권을 침해하는지 여부(소극)

민사재판에서 법관이 당사자의 복장에 따라 불리한 심증을 갖거나 불공정한 재판진행을 하게 되는 것은 아니므로, 심판대상조항이 민사재판의 당사자로 출석하는 수형자에 대하여 사복착용을 불허하는 것으로 공정한 재판을 받을 권리가 침해되는 것은 아니다. 수형자가 민사법정에 출석하기까지 교도관이 반드시 동행하여야 하므로 수용자의 신분이 드러나게 되어 있어 재소자용 의류를 입었다는 이유로 인격권과 행복추구권이 제한되는 정도는 제한적이고, 형사법정 이외의 법정 출입 방식은 미결수용자와 교도관 전용 통로 및 시설이 존재하는 형사재판과 다르며, 계호의 방식과 정도도 확연히 다르다. 따라서 심판대상조항이 민사재판에 출석하는 수형자에 대하여 사복착용을 허용하지 아니한 것은 청구인의 인격권과 행복추구권을 침해하지 아니한다(헌재 2015.12.23. 2013헌마712).

[5] 교도소장의 접견불허처분에 대한 헌법소원은 구제절차를 거친 후에 하여야 하는지 여부(적극)

미결수용자 접견신청에 대한 교도소장의 불허처분에 대하여는 행정심판법, 행정소송법에 의하여 행정심판, 행정소송이 가능할 것이므로 이러한 구제절차를 거치지 아니하고 제기한 헌법소원은 부적법하다(헌재 1998.2.27. 96헌마179).

[6] 피의자신문 중에 교도관이 '변호인이 되려는 자'의 접견 신청을 허용할 수 없다고 통보하면서 그 근거로 '형집행법 시행령' 제58조 제1항을 제시한 경우, 동 조항에 대하여 기본권 침해의 자기관련성을 인정할 수 있는지 여부(소극)

수용자에 대한 접견신청이 있는 경우 이는 수용자의 처우에 관한 사항이므로 그 장소가 교도관의 수용자 계호 및 통제가 요구되는 공간이라면 교도소장·구치소장 또는 그 위임을 받은 교도관이 그 허가 여부를 결정하는 것이 원칙이라 할 것이다.

다만 형사소송법 제243조의2 제1항은 "검사 또는 사법경찰관은 피의자 또는 그 변호인·법정대리인·배우자·직계친족·형제자매의 신청에 따라 변호인을 피의자와 접견하게 하거나 정당한 사유가 없는 한 피의자에 대한 신문에 참여하게 하여야 한다."라고 규정함으로써, 위와 같은 원칙에 대한 특별규정을 두어 피의자신문 중 변호인 접견신청이 있는 경우에는 검사 또는 사법경찰관으로 하여금 그 허가 여부를 결정하도록 하고 있다.

그런데 형사소송법 제34조는 변호인의 접견교통권과 '변호인이 되려는 자'의 접견교통권에 차이를 두지 않고 함께 규정하고 있으므로, '변호인이 되려는 자'가 피의자신문 중에 형사소송법 제34조에 따라 접견신청을 한 경우에도 그 허가 여부를 결정할 주체는 검사 또는 사법경찰관이라고 보아야 할 것이고, 그러한 해석이 형사소송법 제243조의2 제1항의 내용에도 부합한다.

이와 같이 피의자신문 중 변호인 등의 접견신청이 있는 경우에는 앞서 본 바와 같이 검사 또는 사법경찰관이 그 허가 여부를 결정하여야 하므로, 피의자를 수사기관으로 호송한 교도관에게 이를 허가하거나 제한할 권한은 인정되지 않는다고 할 것이다(헌재 2019.2.28. 2015헌마1204).

[7] 피의자신문 중에 교도관이 '변호인이 되려는 자'의 접견신청을 허용할 수 없다고 통보하면서 그 근거로 '형집행법' 제58조 제1항을 제시한 경우, 동 조항에 대하여 기본권 침해의 자기관련성을 인정할 수 있는지 여부(소극)

이 사건 접견시간 조항은 수용자의 접견을 '국가공무원 복무규정'에 따른 근무시간 내로 한정함으로써 피의자와 변호인 등의 접견교통을 제한하고 있는데, 위 조항은 교도소장·구치소장이 그 허가 여부를 결정하는 변호인 등의 접견신청의 경우에 적용되는 조항으로서, 형사소송법 제243조의2 제1항에 따라 검사 또는 사법경찰관이 그 허가 여부를 결정하는 피의자신문 중 변호인 등의 접견신청의 경우에는 적용된다고 볼 수 없으므로, 위 조항을 근거로 피의자신문 중 변호인 등의 접견신청을 불허하거나 제한할 수도 없다. 따라서 피의자신문 중에 교도관이 '변호인이 되려는 자'의 접견 신청을 허용할 수 없다고 통보하면서 그 근거로 이 사건 접견시간 조항을 제시한 경우, 동 조항에 대하여 기본권 침해의 자기관련성을 인정할 수 없다(헌재 2019.2.28. 2015헌마1204).

제43조 【편지수수】 ★★

① 수용자는 다른 사람과 편지를 주고받을 수 있다. 다만, 다음 각 호의 어느 하나에 해당하는 사유가 있으면 그러하지 아니하다.

1. 「형사소송법」이나 그 밖의 법률에 따른 편지의 수수금지 및 압수의 결정이 있는 때
2. 수형자의 교화 또는 건전한 사회복귀를 해칠 우려가 있는 때
3. 시설의 안전 또는 질서를 해칠 우려가 있는 때

② 제1항 각 호 외의 부분 본문에도 불구하고 같은 교정시설의 수용자 간에 편지를 주고받으려면 소장의 허가를 받아야 한다.

③ 소장은 수용자가 주고받는 편지에 법령에 따라 금지된 물품이 들어 있는지 확인할 수 있다.

④ 수용자가 주고받는 편지의 내용은 검열받지 아니한다. 다만, 다음 각 호의 어느 하나에 해당하

는 사유가 있으면 그러하지 아니하다.

1. 편지의 상대방이 누구인지 확인할 수 없는 때
2. 「형사소송법」이나 그 밖의 법률에 따른 편지검열의 결정이 있는 때
3. 제1항 제2호 또는 제3호에 해당하는 내용이나 형사법령에 저촉되는 내용이 기재되어 있다고 의심할 만한 상당한 이유가 있는 때
4. 대통령령으로 정하는 수용자 간의 편지인 때

⑤ 소장은 제3항 또는 제4항 단서에 따라 확인 또는 검열한 결과 수용자의 편지에 법령으로 금지된 물품이 들어 있거나 편지의 내용이 다음 각 호의 어느 하나에 해당하면 발신 또는 수신을 금지할 수 있다.

1. 암호·기호 등 이해할 수 없는 특수문자로 작성되어 있는 때
2. 범죄의 증거를 인멸할 우려가 있는 때
3. 형사법령에 저촉되는 내용이 기재되어 있는 때
4. 수용자의 처우 또는 교정시설의 운영에 관하여 명백한 거짓사실을 포함하고 있는 때
5. 사생활의 비밀 또는 자유를 침해할 우려가 있는 때
6. 수형자의 교화 또는 건전한 사회복귀를 해칠 우려가 있는 때
7. 시설의 안전 또는 질서를 해칠 우려가 있는 때

⑥ 소장이 편지를 발송하거나 내어주는 경우에는 신속히 하여야 한다.

⑦ 소장은 제1항 단서 또는 제5항에 따라 발신 또는 수신이 금지된 편지는 그 구체적인 사유를 서면으로 작성해 관리하고, 수용자에게 그 사유를 알린 후 교정시설에 보관한다. 다만, 수용자가 동의하면 폐기할 수 있다.

⑧ 편지발송의 횟수, 편지 내용물의 확인방법 및 편지 내용의 검열절차 등에 관하여 필요한 사항은 대통령령으로 정한다.

시행령

제64조【편지수수의 횟수】

수용자가 보내거나 받는 편지는 법령에 어긋나지 않으면 횟수를 제한하지 않는다.

제65조【편지 내용물의 확인】 ★

① 수용자는 편지를 보내려는 경우 해당 편지를 봉함하여 교정시설에 제출한다. 다만, 소장은 다음 각 호의 어느 하나에 해당하는 경우로서 법 제43조 제3항에 따른 금지물품의 확인을 위하여 필요한 경우에는 편지를 봉함하지 않은 상태로 제출하게 할 수 있다.

1. 다음 각 목의 어느 하나에 해당하는 수용자가 변호인 외의 자에게 편지를 보내려는 경우
   가. 법 제104조 제1항에 따른 마약류사범·조직폭력사범 등 법무부령으로 정하는 수용자
   나. 제84조 제2항에 따른 처우등급이 법 제57조 제2항 제4호의 중(重)경비시설 수용대상인 수형자
2. 수용자가 같은 교정시설에 수용 중인 다른 수용자에게 편지를 보내려는 경우
3. 규율위반으로 조사 중이거나 징벌집행 중인 수용자가 다른 수용자에게 편지를 보내려는 경우

② 소장은 수용자에게 온 편지에 금지물품이 들어 있는지를 개봉하여 확인할 수 있다.

제66조【편지 내용의 검열】★

① 소장은 법 제43조 제4항 제4호에 따라 다음 각 호의 어느 하나에 해당하는 수용자가 다른 수용자와 편지를 주고받는 때에는 그 내용을 검열할 수 있다.

  1. 법 제104조 제1항에 따른 마약류사범·조직폭력사범 등 법무부령으로 정하는 수용자인 때

  2. 편지를 주고받으려는 수용자와 같은 교정시설에 수용 중인 때

  3. 규율위반으로 조사 중이거나 징벌집행 중인 때

  4. 범죄의 증거를 인멸할 우려가 있는 때

② 수용자 간에 오가는 편지에 대한 제1항의 검열은 편지를 보내는 교정시설에서 한다. 다만, 특히 필요하다고 인정되는 경우에는 편지를 받는 교정시설에서도 할 수 있다.

③ 소장은 수용자가 주고받는 편지가 법 제43조 제4항 각 호의 어느 하나에 해당하면 이를 개봉한 후 검열할 수 있다.

④ 소장은 제3항에 따라 검열한 결과 편지의 내용이 법 제43조 제5항의 발신 또는 수신 금지사유에 해당하지 아니하면 발신편지는 봉함한 후 발송하고, 수신편지는 수용자에게 건네준다.

⑤ 소장은 편지의 내용을 검열했을 때에는 그 사실을 해당 수용자에게 지체 없이 알려주어야 한다.

제67조【관계기관 송부문서】

소장은 법원·경찰관서, 그 밖의 관계기관에서 수용자에게 보내온 문서는 다른 법령에 특별한 규정이 없으면 열람한 후 본인에게 전달하여야 한다.

제68조【편지 등의 대서】

소장은 수용자가 편지, 소송서류, 그 밖의 문서를 스스로 작성할 수 없어 대신 써 달라고 요청하는 경우에는 교도관이 대신 쓰게 할 수 있다.

제69조【편지 등 발송비용의 부담】

수용자의 편지·소송서류, 그 밖의 문서를 보내는 경우에 드는 비용은 수용자가 부담한다. 다만, 소장은 수용자가 그 비용을 부담할 수 없는 경우에는 예산의 범위에서 해당 비용을 부담할 수 있다.

`관련판례`

[1] 교도소장으로 하여금 수용자가 주고받는 서신에 금지 물품이 들어 있는지를 확인할 수 있도록 규정하고 있는 '형의 집행 및 수용자의 처우에 관한 법률' 제43조 제3항이 청구인의 기본권을 직접 침해하는지 여부(소극)

이 사건 법률조항은 수용자의 서신에 금지물품이 들어 있는지 여부에 대한 확인을 교도소장의 재량에 맡기고 있으므로 교도소장의 금지물품 확인이라는 구체적인 집행행위를 매개로 하여 수용자인 청구인의 권리에 영향을 미치게 되는바, 위 법률조항이 청구인의 기본권을 직접 침해한다고 할 수 없다(헌재 2012.2.23. 2009헌마333).

[2] 수용자가 밖으로 내보내는 모든 서신을 봉함하지 않은 상태로 교정시설에 제출하도록 규정하고 있는 형집행법 시행령 제65조 제1항이 청구인의 통신 비밀의 자유를 침해하는지 여부(적극)

이 사건 시행령조항은 교정시설의 안전과 질서유지, 수용자의 교화 및 사회복귀를 원활하게 하기 위해 수용자가 밖으로 내보내는 서신을 봉함하지 않은 상태로 제출하도록 한 것이나, 이와 같은 목적은 ① 교도관이 수용자의 면전에서 서신에 금지물품이 들어 있는지를 확인하고 수용자로 하여금 서신을 봉함하게 하는 방법, ② 봉함된 상태로 제출된 서신을 X-ray 검색기 등으로 확인한 후 의심이 있는 경우에만 개봉하여 확인하는 방법, ③ 서신에 대한 검열이 허용되는 경우에만 무봉함 상태로 제출하도

록 하는 방법 등으로도 얼마든지 달성할 수 있다고 할 것인바, 위 시행령 조항이 수용자가 보내려는 모든 서신에 대해 무봉함 상태의 제출을 강제함으로써 수용자의 발송 서신 모두를 사실상 검열 가능한 상태에 놓이도록 하는 것은 기본권 제한의 최소 침해성 요건을 위반하여 수용자인 청구인의 통신비밀의 자유를 침해하는 것이다(헌재 2012.2.23. 2009헌마333).

[3] 미결수용자와 변호인이 아닌 자 사이의 서신을 검열한 행위가 헌법에 위반되는지 여부(소극)

질서유지 또는 공공복리를 위하여 구속제도가 헌법 및 법률상 이미 용인되어 있는 이상, 미결수용자는 구속제도 자체가 가지고 있는 일면의 작용인 사회적 격리의 점에 있어 외부와의 자유로운 교통과는 상반되는 성질을 가지고 있으므로, 증거인멸이나 도망을 예방하고 교도소 내의 질서를 유지하여 미결구금제도를 실효성 있게 운영하고 일반사회의 불안을 방지하기 위하여 미결수용자의 서신에 대한 검열은 그 필요성이 인정된다(헌재 1995.07.21. 92헌마144).

[4] 미결수용자와 변호인 사이의 서신을 검열한 행위가 헌법에 위반되는지 여부

신체구속을 당한 사람에게 변호인과 사이의 충분한 접견교통을 허용함은 물론 교통내용에 대하여 비밀이 보장되고 부당한 간섭이 없어야 하는 것이며, 이러한 취지는 접견의 경우뿐만 아니라 변호인과 미결수용자 사이의 서신에도 적용되어 그 비밀이 보장되어야 할 것이다. 다만 미결수용자와 변호인 사이의 서신으로서 그 비밀을 보장받기 위하여는, 첫째, 교도소측에서 상대방이 변호인이라는 사실을 확인할 수 있어야 하고, 둘째, 서신을 통하여 마약 등 소지금지품의 반입을 도모한다든가 그 내용에 도주·증거인멸·수용시설의 규율과 질서의 파괴·기타 형벌법령에 저촉되는 내용이 기재되어 있다고 의심할 만한 합리적인 이유가 있는 경우가 아니어야 한다(헌재 1995.07.21. 92헌마144).

[5] 수형자의 서신을 검열하는 것이 수형자의 통신의 자유 등 기본권을 침해하는 것인지 여부(소극)

구금시설은 다수의 수형자를 집단으로 관리하는 시설로서 규율과 질서유지가 필요하므로 수형자의 서신수발의 자유에는 내재적 한계가 있고, 구금의 목적을 달성하기 위하여 수형자의 서신에 대한 검열은 불가피하다. 현행법령과 제도하에서 수형자가 수발하는 서신에 대한 검열로 인하여 수형자의 통신의 비밀이 일부 제한되는 것은 국가안전보장·질서유지 또는 공공복리라는 정당한 목적을 위하여 부득이할 뿐만 아니라 유효적절한 방법에 의한 최소한의 제한이며 통신의 자유의 본질적 내용을 침해하는 것이 아니다(헌재 1998.08.27. 96헌마398).

제44조【전화통화】★★

① 수용자는 소장의 허가를 받아 교정시설의 외부에 있는 사람과 전화통화를 할 수 있다.
② 제1항에 따른 허가에는 통화내용의 청취 또는 녹음을 조건으로 붙일 수 있다.
③ 제42조(접견의 중지)는 수용자의 전화통화에 관하여 준용한다.

[전화통화 중지사유]

1. 범죄의 증거를 인멸하거나 인멸하려고 하는 때
3. 형사법령에 저촉되는 행위를 하거나 하려고 하는 때
4. 수용자의 처우 또는 교정시설의 운영에 관하여 거짓사실을 유포하는 때
5. 수형자의 교화 또는 건전한 사회복귀를 해칠 우려가 있는 행위를 하거나 하려고 하는 때
6. 시설의 안전 또는 질서를 해하는 행위를 하거나 하려고 하는 때

④ 제2항에 따라 통화내용을 청취 또는 녹음하려면 사전에 수용자 및 상대방에게 그 사실을 알려 주어야 한다.

⑤ 전화통화의 허가범위, 통화내용의 청취·녹음 등에 관하여 필요한 사항은 법무부령으로 정한다.

시행령

제70조【전화통화】
수용자의 전화통화에 관하여는 제60조 제1항(접견 시 외국어 사용) 및 제63조(접견중지사유의 고지)를 준용한다.

제71조【참고사항의 기록】
교도관은 수용자의 접견, 편지수수, 전화통화 등의 과정에서 수용자의 처우에 특히 참고할 사항을 알게 된 경우에는 그 요지를 수용기록부에 기록해야 한다.

시행규칙

제25조【전화통화의 허가】★
① 소장은 전화통화(발신하는 것만을 말한다. 이하 같다)를 신청한 수용자에 대하여 다음 각 호의 어느 하나에 해당하는 사유가 없으면 전화통화를 허가할 수 있다.
1. 범죄의 증거를 인멸할 우려가 있을 때
2. 형사법령에 저촉되는 행위를 할 우려가 있을 때
3. 「형사소송법」 제91조(비변호인과의 접견, 교통의 접견) 및 같은 법 제209조(피의자 구속에 관하여 제 91조 준용)에 따라 접견·편지수수 금지결정을 하였을 때
4. 교정시설의 안전 또는 질서를 해칠 우려가 있을 때
5. 수형자의 교화 또는 건전한 사회복귀를 해칠 우려가 있을 때
② 소장은 제1항에 따른 허가를 하기 전에 전화번호와 수신자(수용자와 통화할 상대방을 말한다. 이하 같다)를 확인하여야 한다. 이 경우 수신자에게 제1항 각 호에 해당하는 사유가 있으면 제1항의 허가를 아니할 수 있다.
③ 전화통화의 통화시간은 특별한 사정이 없으면 3분 이내로 한다.

제26조【전화이용시간】
① 수용자의 전화통화는 매일(공휴일 및 법무부장관이 정한 날은 제외한다) 「국가공무원 복무규정」 제9조에 따른 근무시간 내에서 실시한다.
② 소장은 제1항에도 불구하고 평일에 전화를 이용하기 곤란한 특별한 사유가 있는 수용자에 대해서는 전화이용시간을 따로 정할 수 있다.

제27조【통화허가의 취소】★
소장은 다음 각 호의 어느 하나에 해당할 때에는 전화통화의 허가를 취소할 수 있다.
1. 수용자 또는 수신자가 전화통화 내용의 청취·녹음에 동의하지 아니할 때
2. 수신자가 수용자와의 관계 등에 대한 확인 요청에 따르지 아니하거나 거짓으로 대답할 때
3. 전화통화 허가 후 제25조 제1항 각 호의 어느 하나에 해당되는 사유가 발견되거나 발생하였을 때

제28조【통화내용의 청취·녹음】
① 소장은 제25조 제1항(전화통화 불허사유)각 호의 어느 하나에 해당하지 아니한다고 명백히 인정되는 경우가

아니면 통화내용을 청취하거나 녹음한다.

② 제1항의 녹음기록물은 「공공기록물 관리에 관한 법률」에 따라 관리하고, 특히 녹음기록물이 손상되지 아니하도록 유의해서 보존하여야 한다.

③ 교도관은 수용자의 전화통화를 청취하거나 녹음하면서 알게 된 내용을 누설 또는 권한 없이 처리하거나 타인이 이용하도록 제공하는 등 부당한 목적으로 사용하여서는 아니 된다.

④ 전화통화 녹음기록물을 관계기관에 제공하는 경우에는 영 제62조 제4항(접견기록물의 제공 : 법원의 재판업무 수행, 범죄의 수사와 공소제기 및 유지에 필요할 때)을 준용한다.

제29조【통화요금의 부담】

① 수용자의 전화통화 요금은 수용자가 부담한다.

② 소장은 교정성적이 양호한 수형자 또는 보관금이 없는 수용자 등에 대하여는 제1항에도 불구하고 예산의 범위에서 요금을 부담할 수 있다.

제90조【전화통화의 허용횟수】 ★★

① 수형자의 경비처우급별 전화통화의 허용횟수는 다음 각 호와 같다.

  1. 개방처우급 : 월 5회 이내
  2. 완화경비처우급 : 월 3회 이내
  3. 일반경비처우급·중경비처우급 : 처우상 특히 필요한 경우 월 2회 이내

② 소장은 제1항에도 불구하고 처우상 특히 필요한 경우에는 개방처우급·완화경비처우급 수형자의 전화통화 허용횟수를 늘릴 수 있다.

③ 제1항 각 호의 경우 전화통화는 1일 1회만 허용한다. 다만, 처우상 특히 필요한 경우에는 그러하지 아니하다.

제156조【전화통화】 ★★

소장은 사형확정자의 심리적 안정과 원만한 수용생활을 위하여 필요하다고 인정하는 경우에는 월 3회 이내의 범위에서 전화통화를 허가할 수 있다.

참고 접견 · 전화통화 · 편지수수 제한사유

접견	원칙적 권리(제41조 제1항), 예외적 제한(동조 동항 단서)	
접견 제한사유 (제41조 제1항 단서)	청취 · 기록 · 녹음 · 녹화사유 (제41조 제4항)	접견 중지사유 (제42조)
1. 형사법령에 저촉되는 행위를 할 우려가 있는 때 2. 「형사소송법」이나 그 밖의 법률에 따른 접견금지의 결정이 있는 때 3. 수형자의 교화 또는 건전한 사회복귀를 해칠 우려가 있는 때 4. 시설의 안전 또는 질서를 해칠 우려가 있는 때	1. 범죄의 증거를 인멸하거나 형사법령에 저촉되는 행위를 할 우려가 있는 때 2. 수형자의 교화 또는 건전한 사회복귀를 위하여 필요한 때 3. 시설의 안전과 질서유지를 위하여 필요한 때	1. 범죄의 증거를 인멸하거나 인멸하려고 하는 때 2. 제92조의 금지물품을 주고받거나 주고받으려고 하는 때 3. 형사법령에 저촉되는 행위를 하거나 하려고 하는 때 4. 수용자의 처우 또는 교정시설의 운영에 관하여 거짓사실을 유포하는 때 5. 수형자의 교화 또는 건전한 사회복귀를 해칠 우려가 있는 행위를

		하거나 하려고 하는 때 6. 시설의 안전 또는 질서를 해하는 행위를 하거나 하려고 하는 때
전화통화	**소장의 허가(제44조 제1항, 시행규칙 제25조 제1항)**	
전화통화 불허사유 (시행규칙 제25조 제1항)	허가취소 사유 (시행규칙 제27조)	전화통화 중지사유 (제42조 준용)
1. 범죄의 증거를 인멸할 우려가 있을 때 2. 형사법령에 저촉되는 행위를 할 우려가 있을 때 3. 「형사소송법」 제91조(비변호인과의 접견, 교통) 및 같은 법 제209조(검사 또는 사법경찰관의 피의자구속에 관한 제91조 준용규정)에 따라 접견·편지수수 금지결정을 하였을 때 4. 교정시설의 안전 또는 질서를 해칠 우려가 있을 때 5. 수형자의 교화 또는 건전한 사회복귀를 해칠 우려가 있을 때	1. 수용자 또는 수신자가 전화통화 내용의 청취·녹음에 동의하지 아니할 때 2. 수신자가 수용자와의 관계 등에 대한 확인 요청에 따르지 아니하거나 거짓으로 대답할 때 3. 전화통화 허가 후 제25조 제1항 각 호(불허사유)의 어느 하나에 해당되는 사유가 발견되거나 발생하였을 때	1. 범죄의 증거를 인멸하거나 인멸하려고 하는 때 2. 제92조의 금지물품을 주고받거나 주고받으려고 하는 때 3. 형사법령에 저촉되는 행위를 하거나 하려고 하는 때 4. 수용자의 처우 또는 교정시설의 운영에 관하여 거짓사실을 유포하는 때 5. 수형자의 교화 또는 건전한 사회복귀를 해칠 우려가 있는 행위를 하거나 하려고 하는 때 6. 시설의 안전 또는 질서를 해하는 행위를 하거나 하려고 하는 때
편지	**원칙적 권리(제43조 제1항), 예외적 제한(동조 동항 단서)**	
편지수수 제한사유 (제43조 제1항 단서)	편지검열 사유 (제43조 제4항)	(확인·검열결과) 수·발신 금지사유(제43조 제5항)
1. 「형사소송법」이나 그 밖의 법률에 따른 편지의 수수금지 및 압수의 결정이 있는 때 2. 수형자의 교화 또는 건전한 사회복귀를 해칠 우려가 있는 때 3. 시설의 안전 또는 질서를 해칠 우려가 있는 때	1. 편지의 상대방이 누구인지 확인할 수 없는 때 2. 「형사소송법」이나 그 밖의 법률에 따른 편지검열의 결정이 있는 때 3. 수형자의 교화 또는 건전한 사회복귀를 해칠 우려가 있는 내용, 시설의 안전 또는 질서를 해칠 우려가 있는 내용이나 형사법령에 저촉되는 내용이 기재되어 있다고 의심할 만한 상당한 이유가 있는 때 4. 대통령령으로 정하는 수용자 간의 편지인 때	수용자의 편지에 금지물품이 들어있거나, 편지의 내용이 1. 암호·기호 등 이해할 수 없는 특수문자로 작성되어 있는 때 2. 범죄의 증거를 인멸할 우려가 있는 때 3. 형사법령에 저촉되는 내용이 기재되어 있는 때 4. 수용자의 처우 또는 교정시설의 운영에 관하여 명백한 거짓사실을 포함하고 있는 때 5. 사생활의 비밀 또는 자유를 침해할 우려가 있는 때 6. 수형자의 교화 또는 건전한 사회복귀를 해칠 우려가 있는 때

	[시행령 제66조]	7. 시설의 안전 또는 질서를 해칠 우려가 있는 때
	1. 마약류사범·조직폭력사범 등 법무부령으로 정하는 수용자인 때 2. 편지를 주고받으려는 수용자와 같은 교정시설에 수용 중인 때 3. 규율위반으로 조사 중이거나 징벌집행 중인 때 4. 범죄의 증거를 인멸할 우려가 있는 때	

제6장 | 종교와 문화

제45조【종교행사의 참석 등】
① 수용자는 교정시설의 안에서 실시하는 종교의식 또는 행사에 참석할 수 있으며, 개별적인 종교상담을 받을 수 있다.
② 수용자는 자신의 신앙생활에 필요한 책이나 물품을 지닐 수 있다.
③ 소장은 다음 각 호의 어느 하나에 해당하는 사유가 있으면 제1항 및 제2항에서 규정하고 있는 사항을 제한할 수 있다.
  1. 수형자의 교화 또는 건전한 사회복귀를 위하여 필요한 때
  2. 시설의 안전과 질서유지를 위하여 필요한 때
④ 종교행사의 종류·참석대상·방법, 종교상담의 대상·방법 및 종교도서·물품을 지닐 수 있는 범위 등에 관하여 필요한 사항은 법무부령으로 정한다.

시행규칙

제30조【종교행사의 종류】
「형의 집행 및 수용자의 처우에 관한 법률」(이하 "법"이라 한다) 제45조에 따른 종교행사의 종류는 다음 각 호와 같다.
1. 종교집회 : 예배·법회·미사 등
2. 종교의식 : 세례·수계·영세 등
3. 교리 교육 및 상담
4. 그 밖에 법무부장관이 정하는 종교행사

제31조【종교행사의 방법】
① 소장은 교정시설의 안전과 질서를 해치지 아니하는 범위에서 종교단체 또는 종교인이 주재하는 종교행사를

실시한다.

② 소장은 종교행사를 위하여 각 종교별 성상·성물·성화·성구가 구비된 종교상담실·교리교육실 등을 설치할 수 있으며, 특정 종교행사를 위하여 임시행사장을 설치하는 경우에는 성상 등을 임시로 둘 수 있다.

제32조【종교행사의 참석대상】

수용자는 자신이 신봉하는 종교행사에 참석할 수 있다. 다만, 소장은 다음 각 호의 어느 하나에 해당할 때에는 수용자의 종교행사 참석을 제한할 수 있다.

1. 종교행사용 시설의 부족 등 여건이 충분하지 아니할 때
2. 수용자가 종교행사 장소를 허가 없이 벗어나거나 다른 사람과 연락을 할 때
3. 수용자가 계속 큰 소리를 내거나 시끄럽게 하여 종교행사를 방해할 때
4. 수용자가 전도를 핑계삼아 다른 수용자의 평온한 신앙생활을 방해할 때
5. 그 밖에 다른 법령에 따라 공동행사의 참석이 제한될 때

제33조【종교상담】

소장은 수용자가 종교상담을 신청하거나 수용자에게 종교상담이 필요한 경우에는 해당 종교를 신봉하는 교도관 또는 교정참여인사(법 제130조의 교정위원, 그 밖에 교정행정에 참여하는 사회 각 분야의 사람 중 학식과 경험이 풍부한 사람을 말한다)로 하여금 상담하게 할 수 있다.

제34조【종교물품 등을 지닐 수 있는 범위】

① 소장은 수용자의 신앙생활에 필요하다고 인정하는 경우에는 외부에서 제작된 휴대용 종교도서 및 성물을 수용자가 지니게 할 수 있다.

② 소장이 수용자에게 제1항의 종교도서 및 성물을 지니는 것을 허가하는 경우에는 그 재질·수량·규격·형태 등을 고려해야 하며, 다른 수용자의 수용생활을 방해하지 않도록 해야 한다.

관련판례

[1] 종교집회행사참여금지 위헌확인(소극)

청구인은 천주교를 신봉하는 자로서 피청구인은 청구인의 천주교집회에는 참석을 모두 허용하였으나 청구인이 평소 신봉하지 않던 불교집회에 참석하겠다고 신청을 하여 이를 거부하였는바, 이는 수형자가 그가 신봉하는 종파의 교의에 의한 특별교회를 청원할 때에는 당해 소장은 그 종파에 위촉하여 교회할 수 있다고 규정하고 있는 형집행법 규정에 따른 것이다. 뿐만 아니라, 수형자가 원한다고 하여 종교집회의 참석을 무제한 허용한다면, 효율적인 수형관리와 계호상의 어려움이 발생하고, 진정으로 그 종파를 신봉하는 다른 수형자가 종교집회에 참석하지 못하게 되는 결과를 초래하므로, 피청구인의 위와 같은 조치는 청구인의 기본권을 본질적으로 침해하는 것이 아니다(헌재 2005.2.15. 2004헌마911).

[2] 구치소장이 내 미결수용자를 대상으로 한 개신교 종교행사를 4주에 1회, 일요일이 아닌 요일에 실시한 행위가 청구인의 종교의 자유를 침해하는지 여부(소극)

구치소에 종교행사 공간이 1개뿐이고, 종교행사는 종교, 수형자와 미결수용자, 성별, 수용동 별로 진행되며, 미결수용자는 공범이나 동일사건 관련자가 있는 경우 이를 분리하여 참석하게 해야 하는 점을 고려하면 피청구인이 미결수용자 대상 종교행사를 4주에 1회 실시했더라도 종교의 자유를 과도하게 제한하였다고 보기 어렵고, 구치소의 인적·물적 여건상 하루에 여러 종교행사를 동시에 하기 어려우며, 개신교의 경우에만 그 교리에 따라 일요일에 종교행사를 허용할 경우 다른 종교와의 형평에 맞지 않고, 공휴일인 일요일에 종교행사를 할 행정적 여건도 마련되어 있지 않다는 점을 고려하면, 이 사건 종교행사 처우는 청구인의 종교의 자유를 침해하지 않는다(헌재 2015.4.30. 2013헌마190).

[3] 구치소장이 구치소 내에서 실시하는 종교의식 또는 행사에 미결수용자인 청구인의 참석을 금지한 행위가
청구인의 종교의 자유를 침해하였는지 여부(적극)

형집행법 제 45조는 종교행사 등에의 참석 대상을 "수용자"로 규정하고 있어 수형자와 미결수용자를
구분하고 있지도 아니하고, 무죄추정의 원칙이 적용되는 미결수용자들에 대한 기본권 제한은 징역형
등의 선고를 받아 그 형이 확정된 수형자의 경우보다는 더 완화되어야 할 것임에도, 구치소장이 수용자
중 미결수용자에 대하여만 일률적으로 종교행사 등에의 참석을 불허한 것은 미결수용자의 종교의
자유를 나머지 수용자의 종교의 자유보다 더욱 엄격하게 제한한 것이다. 나아가 공범 등이 없는 경우
내지 공범 등이 있는 경우라도 공범이나 동일사건 관련자를 분리하여 종교행사 등에의 참석을 허용하
는 등의 방법으로 미결수용자의 기본권을 덜 침해하는 수단이 존재함에도 불구하고 이를 전혀 고려하
지 아니하였으므로 이 사건 종교행사 등 참석불허 처우는 침해의 최소성 요건 및 과잉금지원칙을
위반하여 청구인의 종교의 자유를 침해하였다(헌재 2011.12.29. 2009헌마527).

[4] 미결수용자 및 미지정 수형자 종교집회 참석제한 위헌확인(적극)

교정시설의 종교집회도 교정교화를 목적으로 실시되는 한 피청구인이 원칙적으로 수형자를 대상으로
종교집회를 실시하는 것에는 나름의 합리적 이유가 있다. 그런데 피청구인은 앞에서 살펴본 바와
같이 수형자 중 출력수에 대하여는 그 인원이 미결수용자와 미지정 수형자에 비하여 1/8정도임에도
불구하고 매월 3~4회의 참석기회를 주고, 미결수용자와 미지정 수형자에 대하여는 매월 1회의 기회밖
에 주지 않고, 그것도 미결수용자 및 미지정 수형자의 인원의 많음을 이유로 수용동별로 돌아가며
실시하여 미결수용자 및 미지정 수형자에게는 연간 1회 정도의 종교집회 참석기회를 부여하고 있다.
이는 미결수용자 및 미지정 수형자의 구금기간을 고려하면 사실상 종교집회 참석 기회가 거의 보장되
지 않는 결과를 초래할 수도 있어, 구치소의 열악한 시설을 감안하더라도 종교의 자유를 과도하게
제한한다고 할 것이다(헌재 2014.6.26. 2012헌마782).

[5] 구치소장 甲이 사빠트리안(sabbatarian, 안식일 엄수주의자)인 미결수용자 乙에게 구치소에서 실시하는
종교의식 또는 행사에 참석하는 것을 금지하자, 乙이 종교의 자유 등 기본권 침해를 이유로 국가배상을
청구한 사안에서, 국가배상책임을 인정한 사례

구치소장 甲이 사빠트리안(sabbatarian, 안식일 엄수주의자)인 미결수용자 乙에게 구치소에서 실시하
는 종교의식 또는 행사에 참석하는 것을 금지하자, 乙이 종교의 자유 등 기본권 침해를 이유로 국가배상
을 청구한 사안에서, 甲은 乙이 참석 요구를 하였는지와 관계없이 乙로 하여금 종교행사 등에 참석할
수 있도록 보장하여야 할 직무상 의무가 있고, 이를 위반한 종교행사 등 참석불허 처우는 乙의 종교의
자유, 특히 종교적 행위와 종교적 집회·결사의 자유를 침해한 것으로서 위법한 공무집행에 해당하므
로, 국가는 그로 인하여 乙이 입은 정신적 고통에 따른 손해를 배상할 책임이 있다(대구지법 2012.9.14.
2012가단16763).

제46조 【도서비치 및 이용】

소장은 수용자의 지식함양 및 교양습득에 필요한 도서를 비치하고 수용자가 이용할 수 있도록
하여야 한다.

시행령

제72조 【비치도서의 이용】
① 소장은 수용자가 쉽게 이용할 수 있도록 비치도서의 목록을 정기적으로 공개하여야 한다.
② 비치도서의 열람방법, 열람기간 등에 관하여 필요한 사항은 법무부장관이 정한다.

제47조 【신문 등의 구독】 ★
① 수용자는 자신의 비용으로 신문·잡지 또는 도서(이하 "신문등" 이라 한다)의 구독을 신청할 수 있다.
② 소장은 제1항에 따라 구독을 신청한 신문등이 「출판문화산업 진흥법」에 따른 유해간행물인 경우를 제외하고는 구독을 허가하여야 한다.
③ 제1항에 따라 구독을 신청할 수 있는 신문등의 범위 및 수량은 법무부령으로 정한다.

시행규칙

제35조 【구독신청 수량】 ★★
법 제47조에 따라 수용자가 구독을 신청할 수 있는 신문·잡지 또는 도서(이하 이 절에서 "신문등"이라 한다)는 교정시설의 보관범위 및 수용자가 지닐 수 있는 범위를 벗어나지 않는 범위에서 신문은 월 3종 이내로, 도서(잡지를 포함한다)는 월 10권 이내로 한다. 다만, 소장은 수용자의 지식함양 및 교양습득에 특히 필요하다고 인정하는 경우에는 신문등의 신청 수량을 늘릴 수 있다.

제36조 【구독허가의 취소 등】
① 소장은 신문 등을 구독하는 수용자가 다음 각 호의 어느 하나에 해당하는 사유가 있으면 구독의 허가를 취소할 수 있다.
  1. 허가 없이 다른 거실 수용자와 신문 등을 주고받을 때
  2. 그 밖에 법무부장관이 정하는 신문 등과 관련된 지켜야 할 사항을 위반하였을 때
② 소장은 소유자가 분명하지 아니한 도서를 회수하여 비치도서로 전환하거나 폐기할 수 있다.

관련판례

교화상 또는 구금목적에 특히 부적당하다고 인정되는 기사, 조직범죄 등 수용자 관련 범죄기사에 대해 신문을 삭제한 후 수용자에게 구독케 한 행위의 위헌 여부(소극)

교화상 또는 구금목적에 특히 부적당하다고 인정되는 기사, 조직범죄 등 수용자 관련 범죄기사에 대한 신문기사 삭제행위는 구치소내 질서유지와 보안을 위한 것으로, 신문기사 중 탈주에 관한 사항이나 집단단식, 선동 등 구치소내 단체생활의 질서를 교란하는 내용이 미결수용자에게 전달될 때 과거의 예와 같이 동조단식이나 선동 등 수용의 내부질서와 규율을 해하는 상황이 전개될 수 있고, 이는 수용자가 과밀하게 수용되어 있는 현 구치소의 실정과 과소한 교도인력을 볼 때 구치소내의 질서유지와 보안을 어렵게 할 우려가 있다. 이 사건 신문기사의 삭제 내용은 그러한 범위내에 그치고 있을 뿐 신문기사 중 주요기사 대부분이 삭제된 바 없음이 인정되므로, 구치소의 질서유지와 보안에 대한 공익을 비교할 때 청구인의 알 권리를 과도하게 침해한 것은 아니다(헌재 1998.10.29. 98헌마4).

제48조 【라디오 청취와 텔레비전 시청】 ★
① 수용자는 정서안정 및 교양습득을 위하여 라디오 청취와 텔레비전 시청을 할 수 있다.
② 소장은 다음 각 호의 어느 하나에 해당하는 사유가 있으면 수용자에 대한 라디오 및 텔레비전의 방송을 일시 중단하거나 개별 수용자에 대하여 라디오 및 텔레비전의 청취 또는 시청을 금지할 수 있다.
　1. 수형자의 교화 또는 건전한 사회복귀를 해칠 우려가 있는 때
　2. 시설의 안전과 질서유지를 위하여 필요한 때
③ 방송설비·방송프로그램·방송시간 등에 관하여 필요한 사항은 법무부령으로 정한다.

시행령

제73조 【라디오 청취 등의 방법】
법 제48조 제1항에 따른 수용자의 라디오 청취와 텔레비전 시청은 교정시설에 설치된 방송설비를 통하여 할 수 있다.

시행규칙

제37조 【방송의 기본원칙】
① 수용자를 대상으로 하는 방송은 무상으로 한다.
② 법무부장관은 방송의 전문성을 강화하기 위하여 외부전문가의 협력을 구할 수 있고, 모든 교정시설의 수용자를 대상으로 통합방송을 할 수 있다.
③ 소장은 방송에 대한 의견수렴을 위하여 설문조사 등의 방법으로 수용자의 반응도 및 만족도를 측정할 수 있다.

제38조 【방송설비】
① 소장은 방송을 위하여 텔레비전, 라디오, 스피커 등의 장비와 방송선로 등의 시설을 갖추어야 한다.
② 소장은 물품관리법령에 따라 제1항의 장비와 시설을 정상적으로 유지·관리하여야 한다.

제39조 【방송편성시간】 ★
소장은 수용자의 건강과 일과시간 등을 고려하여 1일 6시간 이내에서 방송편성시간을 정한다. 다만, 토요일·공휴일, 작업·교육실태 및 수용자의 특성을 고려하여 방송편성시간을 조정할 수 있다.

제40조 【방송프로그램】
① 소장은 「방송법」 제2조의 텔레비전방송 또는 라디오방송을 녹음·녹화하여 방송하거나 생방송할 수 있으며, 비디오테이프에 의한 영상물 또는 자체 제작한 영상물을 방송할 수 있다.
② 방송프로그램은 그 내용에 따라 다음 각 호와 같이 구분한다.
　1. 교육콘텐츠 : 한글·한자·외국어 교육, 보건위생 향상, 성(性)의식 개선, 약물남용 예방 등
　2. 교화콘텐츠 : 인간성 회복, 근로의식 함양, 가족관계 회복, 질서의식 제고, 국가관 고취 등
　3. 교양콘텐츠 : 다큐멘터리, 생활정보, 뉴스, 직업정보, 일반상식 등
　4. 오락콘텐츠 : 음악, 연예, 드라마, 스포츠 중계 등
　5. 그 밖에 수용자의 정서안정에 필요한 콘텐츠

③ 소장은 방송프로그램을 자체 편성하는 경우에는 다음 각 호의 어느 하나에 해당하는 내용이 포함되지 아니하 도록 특히 유의하여야 한다.

  1. 폭력조장, 음란 등 미풍양속에 반하는 내용

  2. 특정 종교의 행사나 교리를 찬양하거나 비방하는 내용

  3. 그 밖에 수용자의 정서안정 및 수용질서 확립에 유해하다고 판단되는 내용

제41조 【수용자가 지켜야 할 사항 등】

① 수용자는 소장이 지정한 장소에서 지정된 채널을 통하여 텔레비전을 시청하거나 라디오를 청취하여야 한다. 다만, 제86조(자치생활)에 따른 자치생활 수형자는 법무부장관이 정하는 방법에 따라 텔레비전을 시청할 수 있다.

② 수용자는 방송설비 또는 채널을 임의 조작·변경하거나 임의수신 장비를 지녀서는 안 된다.

③ 수용자가 방송시설과 장비를 손상하거나 그 밖의 방법으로 그 효용을 해친 경우에는 배상을 하여야 한다.

제49조 【집필】 ★ ★

① 수용자는 문서 또는 도화를 작성하거나 문예·학술, 그 밖의 사항에 관하여 집필할 수 있다. 다만, 소장이 시설의 안전 또는 질서를 해칠 명백한 위험이 있다고 인정하는 경우는 예외로 한다.

② 제1항에 따라 작성 또는 집필한 문서나 도화를 지니거나 처리하는 것에 관하여는 제26조를 준용한다.

> [작성·집필한 문서나 도화의 소지 및 처리]
> ① 수용자는 작성 또는 집필한 문서나 도화를 법무부장관이 정하는 범위에서 소지할 수 있다.
> ② 소장은 제1항의 소지범위를 벗어난 문서나 도화로서 교정시설에 특히 보관할 필요가 있다고 인정하지 아니하는 문서나 도화는 수용자로 하여금 자신이 지정하는 사람에게 보내게 하거나 그 밖에 적당한 방법으로 처분하게 할 수 있다.
> ③ 소장은 수용자가 제2항에 따라 처분하여야 할 문서나 도화를 상당한 기간 내에 처분하지 아니하면 폐기할 수 있다.

③ 제1항에 따라 작성 또는 집필한 문서나 도화가 제43조 제5항(편지의 발신·수신 금지사유) 각 호의 어느 하나에 해당하면 제43조 제7항(발신·수신이 금지된 편지의 보관 및 폐기)을 준용한다.

> [금지문서나 도화의 영치 및 폐기]
> ① 보관 및 폐기사유
>   1. 암호·기호 등 이해할 수 없는 특수문자로 작성되어 있는 때
>   2. 범죄의 증거를 인멸할 우려가 있는 때
>   3. 형사법령에 저촉되는 내용이 기재되어 있는 때
>   4. 수용자의 처우 또는 교정시설의 운영에 관하여 명백한 거짓사실을 포함하고 있는 때
>   5. 사생활의 비밀 또는 자유를 침해할 우려가 있는 때
>   6. 수형자의 교화 또는 건전한 사회복귀를 해칠 우려가 있는 때
>   7. 시설의 안전 또는 질서를 해칠 우려가 있는 때
> ② 소장은 외부발송 금지문서나 도화는 그 구체적인 사유를 서면으로 작성해 관리하고, 수용자에게 그 사유를 알린 후 교정시설에 보관한다. 다만, 수용자가 동의하면 폐기할 수 있다.

④ 집필용구의 관리, 집필의 시간·장소, 집필한 문서 또는 도화의 외부반출 등에 관하여 필요한 사항은 대통령령으로 정한다.

시행령

제74조【집필용구의 구입비용】
집필용구의 구입비용은 수용자가 부담한다. 다만, 소장은 수용자가 그 비용을 부담할 수 없는 경우에는 필요한 집필용구를 지급할 수 있다.

제75조【집필의 시간대 · 시간 및 장소】★★
① 수용자는 휴업일 및 휴게시간 내에 시간의 제한 없이 집필할 수 있다. 다만, 부득이한 사정이 있는 경우에는 그러하지 아니하다.
② 수용자는 거실·작업장, 그 밖에 지정된 장소에서 집필할 수 있다.

제76조【문서 · 도화의 외부 발송 등】
① 소장은 수용자 본인이 작성 또는 집필한 문서나 도화를 외부에 보내거나 내가려고 할 때에는 그 내용을 확인하여 법 제43조 제5항(편지수수·발신 금지사유) 각 호의 어느 하나에 해당하지 않으면 허가해야 한다.
② 제1항에 따라 문서나 도화를 외부로 보내거나 내갈 때 드는 비용은 수용자가 부담한다.
③ 법 및 이 영에 규정된 사항 외에 수용자의 집필에 필요한 사항은 법무부장관이 정한다.

제7장 | 특별한 보호

제50조【여성수용자의 처우】★
① 소장은 여성수용자에 대하여 여성의 신체적·심리적 특성을 고려하여 처우하여야 한다.
② 소장은 여성수용자에 대하여 건강검진을 실시하는 경우에는 나이·건강 등을 고려하여 부인과질환에 관한 검사를 포함시켜야 한다.
③ 소장은 생리 중인 여성수용자에 대하여는 위생에 필요한 물품을 지급하여야 한다.

제51조【여성수용자 처우 시의 유의사항】★
① 소장은 여성수용자에 대하여 상담·교육·작업 등(이하 이 조에서 "상담 등"이라 한다)을 실시하는 때에는 여성교도관이 담당하도록 하여야 한다. 다만, 여성교도관이 부족하거나 그 밖의 부득이한 사정이 있으면 그러하지 아니하다.
② 제1항 단서에 따라 남성교도관이 1인의 여성수용자에 대하여 실내에서 상담 등을 하려면 투명한 창문이 설치된 장소에서 다른 여성을 입회시킨 후 실시하여야 한다.

시행령

제7조 【여성수용자에 대한 시찰】
소장은 특히 필요하다고 인정하는 경우가 아니면 남성교도관이 야간에 수용자거실에 있는 여성수용자를 시찰하게 하여서는 아니된다.

제77조 【여성수용자의 목욕】
① 소장은 제50조(목욕횟수 매주 1회 이상)에 따라 여성수용자의 목욕횟수를 정하는 경우에는 그 신체적 특성을 특히 고려하여야 한다.
② 소장은 여성수용자가 목욕을 하는 경우에 계호가 필요하다고 인정하면 여성교도관이 하도록 하여야 한다.

제52조 【임산부인 수용자의 처우】
① 소장은 수용자가 임신 중이거나 출산(유산·사산을 포함한다)한 경우에는 모성보호 및 건강유지를 위하여 정기적인 검진 등 적절한 조치를 하여야 한다.
② 소장은 수용자가 출산하려고 하는 경우에는 외부의료시설에서 진료를 받게 하는 등 적절한 조치를 하여야 한다.

시행령

제78조 【출산의 범위】 ★
법 제52조 제1항에서 "출산(유산·사산을 포함한다)한 경우"란 출산(유산·사산한 경우를 포함한다) 후 60일이 지나지 아니한 경우를 말한다.

제53조 【유아의 양육】 ★★
① 여성수용자는 자신이 출산한 유아를 교정시설에서 양육할 것을 신청할 수 있다. 이 경우 소장은 다음 각 호의 어느 하나에 해당하는 사유가 없으면, 생후 18개월에 이르기까지 허가하여야 한다.
　1. 유아가 질병·부상, 그 밖의 사유로 교정시설에서 생활하는 것이 특히 부적당하다고 인정되는 때
　2. 수용자가 질병·부상, 그 밖의 사유로 유아를 양육할 능력이 없다고 인정되는 때
　3. 교정시설에 감염병이 유행하거나 그 밖의 사정으로 유아양육이 특히 부적당한 때
② 소장은 제1항에 따라 유아의 양육을 허가한 경우에는 필요한 설비와 물품의 제공, 그 밖에 양육을 위하여 필요한 조치를 하여야 한다.

시행령

제79조 【유아의 양육】

소장은 법 제53조 제1항에 따라 유아의 양육을 허가한 경우에는 교정시설에 육아거실을 지정·운영하여야 한다.

시행규칙

제42조 【임산부수용자 등에 대한 특칙】

소장은 임산부인 수용자 및 법 제53조에 따라 유아의 양육을 허가받은 수용자에 대하여 필요하다고 인정하는 경우에는 교정시설에 근무하는 의사(공중보건의사를 포함한다. 이하 "의무관"이라 한다)의 의견을 들어 필요한 양의 죽 등의 주식과 별도로 마련된 부식을 지급할 수 있으며, 양육유아에 대하여는 분유 등의 대체식품을 지급할 수 있다.

시행령

제80조 【유아의 인도】 ★

① 소장은 유아의 양육을 허가하지 아니하는 경우에는 수용자의 의사를 고려하여 유아보호에 적당하다고 인정하는 법인 또는 개인에게 그 유아를 보낼 수 있다. 다만, 적당한 법인 또는 개인이 없는 경우에는 그 유아를 해당 교정시설의 소재지를 관할하는 시장·군수 또는 구청장에게 보내서 보호하게 하여야 한다.

② 법 제53조 제1항에 따라 양육이 허가된 유아가 출생 후 18개월이 지나거나, 유아양육의 허가를 받은 수용자가 허가의 취소를 요청하는 때 또는 법 제53조 제1항 각 호의 어느 하나에 해당되는 때에도 제1항과 같다.

제53조의2 【수용자의 미성년 자녀 보호에 대한 지원】

① 소장은 신입자에게 「아동복지법」 제15조에 따른 보호조치를 의뢰할 수 있음을 알려주어야 한다.

② 소장은 수용자가 「아동복지법」 제15조에 따른 보호조치를 의뢰하려는 경우 보호조치 의뢰가 원활하게 이루어질 수 있도록 지원하여야 한다.

③ 제1항에 따른 안내 및 제2항에 따른 보호조치 의뢰 지원의 방법·절차, 그 밖에 필요한 사항은 법무부장관이 정한다.

제54조 【수용자에 대한 특별한 처우】

① 소장은 노인수용자에 대하여 나이·건강상태 등을 고려하여 그 처우에 있어 적정한 배려를 하여야 한다.

② 소장은 장애인수용자에 대하여 장애의 정도를 고려하여 그 처우에 있어 적정한 배려를 하여야 한다.

③ 소장은 외국인수용자에 대하여 언어·생활문화 등을 고려하여 적정한 처우를 하여야 한다.

④ 소장은 소년수용자에 대하여 나이·적성 등을 고려하여 적정한 처우를 하여야 한다.

⑤ 노인수용자·장애인수용자·외국인수용자 및 소년수용자에 대한 적정한 배려 또는 처우에 관하여 필요한 사항은 법무부령으로 정한다.

📖 시행령

제81조【노인수용자 등의 정의】
① 법 제54조 제1항에서 "노인수용자"란 65세 이상인 수용자를 말한다.

📖 시행규칙

제43조【전담교정시설】
① 법 제57조 제6항(전담교정시설 수용)에 따라 법무부장관이 노인수형자의 처우를 전담하도록 정하는 시설(이하 "노인수형자 전담교정시설"이라 한다)에는 「장애인·노인·임산부 등의 편의증진보장에 관한 법률 시행령」 별표 2의 교도소·구치소 편의시설의 종류 및 설치기준에 따른 편의시설을 갖추어야 한다.
② 노인수형자 전담교정시설에는 별도의 공동휴게실을 마련하고 노인이 선호하는 오락용품 등을 갖춰두어야 한다.

제44조【수용거실】
① 노인수형자 전담교정시설이 아닌 교정시설에서는 노인수용자를 수용하기 위하여 별도의 거실을 지정하여 운용할 수 있다.
② 노인수용자의 거실은 시설부족 또는 그 밖의 부득이한 사정이 없으면 건물의 1층에 설치하고, 특히 겨울철 난방을 위하여 필요한 시설을 갖추어야 한다.

제45조【주·부식 등 지급】
소장은 노인수용자의 나이·건강상태 등을 고려하여 필요하다고 인정하면 제4조부터 제8조까지의 규정, 제10조, 제11조, 제13조 및 제14조에 따른 수용자의 지급기준을 초과하여 주·부식, 의류·침구, 그 밖의 생활용품을 지급할 수 있다.

제46조【운동·목욕】
① 소장은 노인수용자의 나이·건강상태 등을 고려하여 필요하다고 인정하면 영 제49조에 따른 운동시간을 연장하거나 영 제50조에 따른 목욕횟수를 늘릴 수 있다.
② 소장은 노인수용자가 거동이 불편하여 혼자서 목욕하기 어려운 경우에는 교도관, 자원봉사자 또는 다른 수용자로 하여금 목욕을 보조하게 할 수 있다.

제47조【전문의료진 등】★
① 노인수형자 전담교정시설의 장은 노인성 질환에 관한 전문적인 지식을 가진 의료진과 장비를 갖추고, 외부의료시설과 협력체계를 강화하여 노인수형자가 신속하고 적절한 치료를 받을 수 있도록 노력하여야 한다.
② 소장은 노인수용자에 대하여 6개월에 1회 이상 건강검진을 하여야 한다.

제48조【교육·교화프로그램 및 작업】
① 노인수형자 전담교정시설의 장은 노인문제에 관한 지식과 경험이 풍부한 외부전문가를 초빙하여 교육하게 하는 등 노인수형자의 교육 받을 기회를 확대하고, 노인전문오락, 그 밖에 노인의 특성에 알맞은 교화프로그램을 개발·시행하여야 한다.
② 소장은 노인수용자가 작업을 원하는 경우에는 나이·건강상태 등을 고려하여 해당 수용자가 감당할 수 있는

정도의 작업을 부과한다. 이 경우 의무관의 의견을 들어야 한다.

 시행령

제81조【장애인 수용자 등의 정의】 ★
② 법 제54조 제2항에서 "장애인수용자"란 시각·청각·언어·지체 등의 장애로 통상적인 수용생활이 특히 곤란하다고 인정되는 사람으로서 법무부령으로 정하는 수용자를 말한다.

시행규칙

제49조【정의】
"장애인수용자"란 「장애인복지법 시행령」 별표 1의 제1호부터 제15호까지의 규정에 해당하는 사람으로서 시각·청각·언어·지체 등의 장애로 통상적인 수용생활이 특히 곤란하다고 인정되는 수용자를 말한다.

제50조【전담교정시설】
① 법 제57조 제6항(전담교정시설 수용)에 따라 법무부장관이 장애인수형자의 처우를 전담하도록 정하는 시설(이하 "장애인수형자 전담교정시설"이라 한다)의 장은 장애종류별 특성에 알맞은 재활치료프로그램을 개발하여 시행하여야 한다.
② 장애인수형자 전담교정시설 편의시설의 종류 및 설치기준에 관하여는 제43조 제1항(편의시설 완비)을 준용한다.

제51조【수용거실】
① 장애인수형자 전담교정시설이 아닌 교정시설에서는 장애인수용자를 수용하기 위하여 별도의 거실을 지정하여 운용할 수 있다.
② 장애인수용자의 거실은 시설부족 또는 그 밖의 부득이한 사정이 없으면 건물의 1층에 설치하고, 특히 장애인이 이용할 수 있는 변기 등의 시설을 갖추도록 하여야 한다.

제52조【전문의료진 등】
장애인수형자 전담교정시설의 장은 장애인의 재활에 관한 전문적인 지식을 가진 의료진과 장비를 갖추도록 노력하여야 한다.

제53조【직업훈련】
장애인수형자 전담교정시설의 장은 장애인수형자에 대한 직업훈련이 석방 후의 취업과 연계될 수 있도록 그 프로그램의 편성 및 운영에 특히 유의하여야 한다.

제54조【준용규정】
장애인수용자의 장애정도, 건강 등을 고려하여 필요하다고 인정하는 경우 주·부식 등의 지급, 운동·목욕 및 교육·교화프로그램·작업에 관하여 제45조(주·부식 등 지급)·제46조(운동·목욕) 및 제48조(교육·교화프로그램)를 준용한다.

시행령

제81조【외국인 수용자 등의 정의】
③ 법 제54조 제3항에서 "외국인수용자"란 대한민국의 국적을 가지지 아니한 수용자를 말한다.

📖 시행규칙

제55조【전담교정시설】

법 제57조 제6항(전담교정시설 수용)에 따라 법무부장관이 외국인수형자의 처우를 전담하도록 정하는 시설의 장은 외국인의 특성에 알맞은 교화프로그램 등을 개발하여 시행하여야 한다.

제56조【전담요원 지정】 ★

① 외국인수용자를 수용하는 소장은 외국어에 능통한 소속 교도관을 전담요원으로 지정하여 일상적인 개별면담, 고충해소, 통역·번역 및 외교공관 또는 영사관 등 관계기관과의 연락 등의 업무를 수행하게 하여야 한다.

② 제1항의 전담요원은 외국인 미결수용자에게 소송 진행에 필요한 법률지식을 제공하는 등의 조력을 하여야 한다.

제57조【수용거실 지정】

① 소장은 외국인수용자의 수용거실을 지정하는 경우에는 종교 또는 생활관습이 다르거나 민족감정 등으로 인하여 분쟁의 소지가 있는 외국인수용자는 거실을 분리하여 수용하여야 한다.

② 소장은 외국인수용자에 대하여는 그 생활양식을 고려하여 필요한 수용설비를 제공하도록 노력하여야 한다.

제58조【주·부식 지급】 ★

① 외국인수용자에게 지급하는 음식물의 총열량은 제14조 제2항(1명당 1일 2천500칼로리)에도 불구하고 소속 국가의 음식문화, 체격 등을 고려하여 조정할 수 있다.

② 외국인수용자에 대하여는 쌀, 빵 또는 그 밖의 식품을 주식으로 지급하되, 소속 국가의 음식문화를 고려하여야 한다.

③ 외국인수용자에게 지급하는 부식의 지급기준은 법무부장관이 정한다.

제59조【위독 또는 사망 시의 조치】 ★

소장은 외국인수용자가 질병 등으로 위독하거나 사망한 경우에는 그의 국적이나 시민권이 속하는 나라의 외교공관 또는 영사관의 장이나 그 관원 또는 가족에게 이를 즉시 알려야 한다.

📖 시행령

제81조【소년수용자 등의 정의】

④ 법 제54조 제4항에서 "소년수용자"란 다음 각 호의 사람을 말한다.

1. 19세 미만의 수형자
2. 법 제12조 제3항에 따라 소년교도소에 수용 중인 수형자
3. 19세 미만의 미결수용자

📖 시행규칙

제59조의2【전담교정시설】

① 법 제57조 제6항(전담교정시설 수용)에 따라 법무부장관이 19세 미만의 수형자(이하 "소년수형자"라 한다)의 처우를 전담하도록 정하는 시설(이하 "소년수형자 전담교정시설"이라 한다)의 장은 소년의 나이·적성 등 특성에 알맞은 교육·교화프로그램을 개발하여 시행하여야 한다.

② 소년수형자 전담교정시설에는 별도의 공동학습공간을 마련하고 학용품 및 소년의 정서 함양에 필요한 도서, 잡지 등을 갖춰 두어야 한다.

제59조의3 【수용거실】

① 소년수형자 전담교정시설이 아닌 교정시설에서는 소년수용자(영 제81조 제4항에 따른 소년수용자를 말한다. 이하 같다)를 수용하기 위하여 별도의 거실을 지정하여 운용할 수 있다.

② 소년수형자 전담교정시설이 아닌 교정시설에서 소년수용자를 수용한 경우 교육·교화프로그램에 관하여는 제59조의2 제1항을 준용한다.

제59조의4 【접견 · 전화】

소장은 소년수형자등의 나이·적성 등을 고려하여 필요하다고 인정하면 제87조(경비처우급별 접견의 허용횟수) 및 제90조(경비처우급별 전화통화의 허용횟수)에 따른 접견 및 전화통화 횟수를 늘릴 수 있다.

제59조의5 【사회적 처우】

제92조 제1항(경비처우급별 사회적 처우)에도 불구하고 소장은 소년수형자등의 나이·적성 등을 고려하여 필요하다고 인정하면 소년수형자등에게 같은 항 각 호(사회견학, 사회봉사, 자신이 신봉하는 종교행사 참석, 연극·영화·그 밖의 문화공연 관람)에 해당하는 활동을 허가할 수 있다. 이 경우 소장이 허가할 수 있는 활동에는 발표회 및 공연 등 참가활동을 포함한다.

제59조의6 【준용규정】

소년수용자의 나이·건강상태 등을 고려하여 필요하다고 인정하는 경우 주·부식의 등의 지급, 운동·목욕, 전문 의료진 등 및 작업에 관하여 제45조부터 제48조까지의 규정을 준용한다.

제8장 | 수형자의 처우

제1절 통칙

제55조 【수형자 처우의 원칙】

수형자에 대하여는 교육·교화프로그램, 작업, 직업훈련 등을 통하여 교정교화를 도모하고 사회생활에 적응하는 능력을 함양하도록 처우하여야 한다.

제56조 【개별처우계획의 수립 등】

① 소장은 제62조의 분류처우위원회의 의결에 따라 수형자의 개별적 특성에 알맞은 교육·교화프로그램, 작업, 직업훈련 등의 처우에 관한 계획(이하 "개별처우계획"이라 한다)을 수립하여 시행한다.

② 소장은 수형자가 스스로 개선하여 사회에 복귀하려는 의욕이 고취되도록 개별처우계획을 정기적으로 또는 수시로 점검하여야 한다.

제82조 【수형자로서의 처우 개시】

① 소장은 미결수용자로서 자유형이 확정된 사람에 대하여는 검사의 집행 지휘서가 도달된 때부터 수형자로 처우할 수 있다.

② 제1항의 경우 검사는 집행 지휘를 한 날부터 10일 이내에 재판서나 그 밖에 적법한 서류를 소장에게 보내야 한다.

제57조 【처우】 ★★

① 수형자는 제59조의 분류심사의 결과에 따라 그에 적합한 교정시설에 수용되며, 개별처우계획에 따라 그 특성에 알맞은 처우를 받는다.

② 교정시설은 도주방지 등을 위한 수용설비 및 계호의 정도(이하 "경비등급"이라 한다)에 따라 다음 각 호로 구분한다. 다만, 동일한 교정시설이라도 구획을 정하여 경비등급을 달리할 수 있다.

개방시설	도주방지를 위한 통상적인 설비의 전부 또는 일부를 갖추지 아니하고 수형자의 자율적 활동이 가능하도록 통상적인 관리·감시의 전부 또는 일부를 하지 아니하는 교정시설
완화경비시설	도주방지를 위한 통상적인 설비 및 수형자에 대한 관리·감시를 일반경비시설보다 완화한 교정시설
일반경비시설	도주방지를 위한 통상적인 설비를 갖추고 수형자에 대하여 통상적인 관리·감시를 하는 교정시설
중(重)경비시설	도주방지 및 수형자 상호 간의 접촉을 차단하는 설비를 강화하고 수형자에 대한 관리·감시를 엄중히 하는 교정시설

③ 수형자에 대한 처우는 교화 또는 건전한 사회복귀를 위하여 교정성적에 따라 상향 조정될 수 있으며, 특히 그 성적이 우수한 수형자는 개방시설에 수용되어 사회생활에 필요한 적정한 처우를 받을 수 있다.

④ 소장은 가석방 또는 형기 종료를 앞둔 수형자 중에서 법무부령으로 정하는 일정한 요건을 갖춘 사람에 대해서는 가석방 또는 형기 종료 전 일정 기간 동안 지역사회 또는 교정시설에 설치된 개방시설에 수용하여 사회적응에 필요한 교육, 취업지원 등의 적정한 처우를 할 수 있다.

⑤ 수형자는 교화 또는 건전한 사회복귀를 위하여 교정시설 밖의 적당한 장소에서 봉사활동·견학, 그 밖에 사회적응에 필요한 처우를 받을 수 있다.

⑥ 학과교육생·직업훈련생·외국인·여성·장애인·노인·환자·소년(19세 미만인 자를 말한다), 제4항에 따른 처우(이하 "중간처우"라 한다)의 대상자, 그 밖에 별도의 처우가 필요한 수형자는 법무부장관이 특히 그 처우를 전담하도록 정하는 시설(이하 "전담교정시설"이라 한다)에 수용되며, 그 특성에 알맞은 처우를 받는다. 다만, 전담교정시설의 부족이나 그 밖의 부득이한 사정이 있는 경우에는 예외로 할 수 있다.

⑦ 제2항 각 호의 시설의 설비 및 계호의 정도에 관하여 필요한 사항은 대통령령으로 정한다.

제83조【경비등급별 설비 및 계호】

법 제57조 제2항(경비등급에 따른 교정시설) 각 호의 수용설비 및 계호의 정도는 다음 각 호의 규정에 어긋나지 않는 범위에서 법무부장관이 정한다.

1. 수형자의 생명이나 신체, 그 밖의 인권 보호에 적합할 것
2. 교정시설의 안전과 질서유지를 위하여 필요한 최소한의 범위일 것
3. 법 제56조 제1항의 개별처우계획의 시행에 적합할 것

제84조【수형자의 처우등급 부여 등】

① 법 제57조 제3항(교정성적에서 따른 단계별 처우) "교정성적"이란 수형자의 수용생활 태도, 상벌 유무, 교육 및 작업의 성과 등을 종합적으로 평가한 결과를 말한다.

② 소장은 수형자의 처우수준을 개별처우계획의 시행에 적합하게 정하거나 조정하기 위하여 교정성적에 따라 처우등급을 부여할 수 있다.

③ 수형자에게 부여하는 처우등급에 관하여 필요한 사항은 법무부령으로 정한다.

제58조【외부전문가의 상담 등】

소장은 수형자의 교화 또는 건전한 사회복귀를 위하여 필요하면 교육학·교정학·범죄학·사회학·심리학·의학 등에 관한 학식 또는 교정에 관한 경험이 풍부한 외부전문가로 하여금 수형자에 대한 상담·심리치료 또는 생활지도 등을 하게 할 수 있다.

제2절 분류심사

제59조【분류심사】

① 소장은 수형자에 대한 개별처우계획을 합리적으로 수립하고 조정하기 위하여 수형자의 인성, 행동특성 및 자질 등을 과학적으로 조사·측정·평가(이하 "분류심사"라 한다)하여야 한다. 다만, 집행할 형기가 짧거나 그 밖의 특별한 사정이 있는 경우에는 예외로 할 수 있다.

② 수형자의 분류심사는 형이 확정된 경우에 개별처우계획을 수립하기 위하여 하는 심사와 일정한 형기가 지나거나 상벌 또는 그 밖의 사유가 발생한 경우에 개별처우계획을 조정하기 위하여 하는 심사로 구분한다.

③ 소장은 분류심사를 위하여 수형자를 대상으로 상담 등을 통한 신상에 관한 개별사안의 조사, 심리·지능·적성 검사, 그 밖에 필요한 검사를 할 수 있다.

④ 소장은 분류심사를 위하여 외부전문가로부터 필요한 의견을 듣거나 외부전문가에게 조사를 의뢰할 수 있다.

⑤ 이 법에 규정된 사항 외에 분류심사에 관하여 필요한 사항은 법무부령으로 정한다.

수용자에 대한 분류심사는 수용자의 개별적인 요청이나 희망에 따라 행하여지는 것이 아니라 행형기관의 교정정책 또는 형사정책적 판단에 따라 이루어지는 재량적 조치로서, 청구인이 분류심사에서 어떠한 처우등급을 받을 것인지 여부는 행형기관의 재량적 판단에 달려 있고, 청구인에게 등급의 상향조정을 청구할 권리가 있는 것이 아니다. 따라서 행형기관이 청구인에 대한 분류심사를 함에 있어 청구인의 과거 범죄전력을 반영하여 낮은 처우등급으로 결정하였다고 하더라도 이러한 분류심사행위는 행형기관이 여러 고려사항들을 반영하여 결정하는 재량적 조치로서, 청구인의 법률관계나 법적지위를 직접적이고 구체적으로 불리하게 변경시키는 것이라고 할 수 없으므로 헌법소원심판의 대상이 되는 공권력의 행사에 해당한다고 할 수 없다(헌재 2018.5.29. 2018헌마458).

제60조 【관계기관등에 대한 사실조회 등】
① 소장은 분류심사와 그 밖에 수용목적의 달성을 위하여 필요하면 수용자의 가족 등을 면담하거나 법원·경찰관서, 그 밖의 관계 기관 또는 단체(이하 "관계기관등"이라 한다)에 대하여 필요한 사실을 조회할 수 있다.
② 제1항의 조회를 요청받은 관계기관 등의 장은 특별한 사정이 없으면 지체 없이 그에 관하여 답하여야 한다.

제61조 【분류전담시설】
법무부장관은 수형자를 과학적으로 분류하기 위하여 분류심사를 전담하는 교정시설을 지정·운영할 수 있다.

시행령

제86조 【분류전담시설】
법무부장관은 법 제61조(분류전담시설)의 분류심사를 전담하는 교정시설을 지정·운영하는 경우에는 지방교정청별로 1개소 이상이 되도록 하여야 한다.

시행규칙

제60조 【이송·재수용 수형자의 개별처우계획 등】 ★
① 소장은 해당 교정시설의 특성 등을 고려하여 필요한 경우에는 다른 교정시설로부터 이송되어 온 수형자의 개별처우계획(법 제56조 제1항에 따른 개별처우계획을 말한다. 이하 같다)을 변경할 수 있다.
② 소장은 형집행정지 중에 있는 사람이 기간만료 또는 그 밖의 정지사유가 없어져 재수용된 경우에는 석방 당시와 동일한 처우등급을 부여할 수 있다.
③ 소장은 제260조(가석방 취소사유)에 따른 가석방의 취소로 재수용되어 남은 형기가 집행되는 경우에는 석방

당시보다 한 단계 낮은 처우등급(제74조의 경비처우급에만 해당한다)을 부여한다. 다만, 「가석방자관리규정」 제5조 단서(천재지변, 질병, 부득이한 사유로 출석의무 위반 시)를 위반하여 가석방이 취소되는 등 가석방 취소사유에 특히 고려할 만한 사정이 있는 때에는 석방 당시와 동일한 처우등급을 부여할 수 있다.

④ 소장은 형집행정지 중이거나 가석방기간 중에 있는 사람이 형사사건으로 재수용되어 형이 확정된 경우에는 개별처우계획을 새로 수립하여야 한다.

> **참고** **가석방자의 출석의무**
>
> 가석방자는 가석방증에 적힌 기한 내에 관할경찰서에 출석하여 가석방증에 출석확인을 받아야 한다. 다만, 천재지변, 질병, 그 밖의 부득이한 사유로 기한 내에 출석할 수 없거나 출석하지 아니하였을 때에는 지체 없이 그 사유를 가장 가까운 경찰서의 장에게 신고하고 확인서를 받아 관할경찰서의 장에게 제출하여야 한다(가석방자관리규정 제5조).

제61조【국제수형자 및 군수형자의 개별처우계획】 ★

① 소장은 「국제수형자이송법」에 따라 외국으로부터 이송되어 온 수형자에 대하여는 개별처우계획을 새로 수립하여 시행한다. 이 경우 해당 국가의 교정기관으로부터 접수된 그 수형자의 수형생활 또는 처우 등에 관한 내용을 고려할 수 있다.

② 소장은 군사법원에서 징역형 또는 금고형이 확정되거나 그 형의 집행 중에 있는 사람이 이송되어 온 경우에는 개별처우계획을 새로 수립하여 시행한다. 이 경우 해당 군교도소로부터 접수된 그 수형자의 수형생활 또는 처우 등에 관한 내용을 고려할 수 있다.

> **참고** **개별처우계획 정리**
>
> | 구분 | 처우(시행규칙) |
> |---|---|
> | 다른 교정시설로부터 이송되어 온 수형자 | 개별처우계획을 변경할 수 있다(제60조 제1항) |
> | 가석방의 취소로 재수용되어 잔형이 집행되는 경우 | 석방 당시보다 한 단계 낮은 처우등급을 부여한다(제60조 제3항 본문). |
> | 형집행정지 중에 있는 사람이 기간만료 또는 그 밖의 정지사유 소멸로 재수용된 경우 | 석방 당시와 동일한 처우등급을 부여할 수 있다(제60조 제2항·제3항 단서). |
> | 「가석방자관리규정」 제5조 단서(천재지변, 질병, 부득이한 사유로 출석의무를 위반시)를 위반하여 가석방이 취소되는 등 가석방 취소사유에 특히 고려할 만한 사정이 있는 때 | |
> | 형집행정지 중이거나 가석방기간 중에 있는 사람이 형사사건으로 재수용되어 형이 확정된 경우 | 개별처우계획을 새로 수립하여야 한다(제60조 제4항, 제61조 제1항·제2항). |
> | 「국제수형자이송법」에 따라 외국으로부터 이송되어 온 수형자 | |
> | 군사법원에서 징역형 또는 금고형이 확정되거나 그 형의 집행 중에 있는 사람이 이송되어 온 경우 | |

제62조【분류심사 제외 및 유예】 ★★

① 다음 각 호의 사람에 대해서는 분류심사를 하지 아니한다.

1. 징역형·금고형이 확정된 사람으로서 집행할 형기가 형집행지휘서 접수일부터 3개월 미만인 사람

2. 구류형이 확정된 사람

② 소장은 수형자가 다음 각 호의 어느 하나에 해당하는 사유가 있으면 분류심사를 유예한다.

1. 질병 등으로 분류심사가 곤란한 때

2. 법 제107조 제1호부터 제5호까지의 규정에 해당하는 행위 및 이 규칙 제214조 각 호에 해당하는 행위(이하 "징벌대상행위"라 한다)의 혐의가 있어 조사 중이거나 징벌집행 중인 때

3. 그 밖의 사유로 분류심사가 특히 곤란하다고 인정하는 때

③ 소장은 제2항 각 호에 해당하는 사유가 소멸한 경우에는 지체 없이 분류심사를 하여야 한다. 다만, 집행할 형기가 사유 소멸일부터 3개월 미만인 경우에는 분류심사를 하지 아니한다.

제63조【분류심사 사항】 ★

분류심사 사항은 다음 각 호와 같다.

1. 처우등급에 관한 사항

2. 작업, 직업훈련, 교육 및 교화프로그램 등의 처우방침에 관한 사항

3. 보안상의 위험도 측정 및 거실 지정 등에 관한 사항

4. 보건 및 위생관리에 관한 사항

5. 이송에 관한 사항

6. 가석방 및 귀휴심사에 관한 사항

7. 석방 후의 생활계획에 관한 사항

8. 그 밖에 수형자의 처우 및 관리에 관한 사항

제64조【신입심사 시기】 ★

개별처우계획을 수립하기 위한 분류심사(이하 "신입심사"라 한다)는 매월 초일부터 말일까지 형집행지휘서가 접수된 수형자를 대상으로 하며, 그 다음 달까지 완료하여야 한다. 다만, 특별한 사유가 있는 경우에는 그 기간을 연장할 수 있다.

제65조【재심사의 구분】

개별처우계획을 조정할 것인지를 결정하기 위한 분류심사(이하 "재심사"라 한다)는 다음 각 호와 같이 구분한다.

1. 정기재심사 : 일정한 형기가 도달한 때 하는 재심사

2. 부정기재심사 : 상벌 또는 그 밖의 사유가 발생한 경우에 하는 재심사

제66조【정기재심사】 ★★

① 정기재심사는 다음 각 호의 어느 하나에 해당하는 경우에 한다. 다만, 형집행지휘서가 접수된 날부터 6개월이 지나지 아니한 경우에는 그러하지 아니하다.

1. 형기의 3분의 1에 도달한 때   2. 형기의 2분의 1에 도달한 때

3. 형기의 3분의 2에 도달한 때   4. 형기의 6분의 5에 도달한 때

② 부정기형의 재심사 시기는 단기형을 기준으로 한다.

③ 무기형과 20년을 초과하는 징역형·금고형의 재심사 시기를 산정하는 경우에는 그 형기를 20년으로 본다.

④ 2개 이상의 징역형 또는 금고형을 집행하는 수형자의 재심사 시기를 산정하는 경우에는 그 형기를 합산한다. 다만, 합산한 형기가 20년을 초과하는 경우에는 그 형기를 20년으로 본다.

제67조【부정기재심사】 ★★

1. 분류심사에 오류가 있음이 발견된 때

2. 수형자가 교정사고(교정시설에서 발생하는 화재, 수용자의 자살·도주·폭행·소란, 그 밖에 사람의 생명·신체를 해하거나 교정시설의 안전과 질서를 위태롭게 하는 사고를 말한다. 이하 같다)의 예방에 뚜렷한 공로가 있는 때

3. 수형자를 징벌하기로 의결한 때

4. 수형자가 집행유예의 실효 또는 추가사건(현재 수용의 근거가 된 사건 외의 형사사건을 말한다. 이하 같다)으로 금고이상의 형이 확정된 때

5. 수형자가 「숙련기술장려법」 제20조 제2항에 따른 전국기능경기대회 입상, 기사 이상의 자격취득, 학사 이상의 학위를 취득한 때

6. 삭제 <2014.11.17. 가석방 심사와 관련하여 필요할 때>

7. 그 밖에 수형자의 수용 또는 처우의 조정이 필요한 때

제68조 【재심사 시기 등】 ★

① 소장은 재심사를 할 때에는 그 사유가 발생한 달의 다음 달까지 완료하여야 한다.

② 재심사에 따라 제74조의 경비처우급을 조정할 필요가 있는 경우에는 한 단계의 범위에서 조정한다. 다만, 수용 및 처우를 위하여 특히 필요한 경우에는 두 단계의 범위에서 조정할 수 있다.

제69조 【분류조사 사항】 ★

① 신입심사를 할 때에는 다음 각 호의 사항을 조사한다.

1. 성장과정
2. 학력 및 직업경력
3. 생활환경
4. 건강상태 및 병력사항
5. 심리적 특성
6. 마약·알코올 등 약물중독 경력
7. 가족 관계 및 보호자 관계
8. 범죄경력 및 범행내용
9. 폭력조직 가담여부 및 정도
10. 교정시설 총 수용기간
11. 교정시설 수용(과거에 수용된 경우를 포함한다) 중에 받은 징벌 관련 사항
12. 도주(음모, 예비 또는 미수에 그친 경우를 포함한다) 또는 자살기도(企圖) 유무와 횟수
13. 상담관찰 사항
14. 수용생활태도
15. 범죄피해의 회복 노력 및 정도
16. 석방 후의 생활계획
17. 재범의 위험성
18. 처우계획 수립에 관한 사항
19. 그 밖에 수형자의 처우 및 관리에 필요한 사항

② 재심사를 할 때에는 제1항 각 호의 사항 중 변동된 사항과 다음 각 호의 사항을 조사한다.

1. 교정사고 유발 및 징벌 관련 사항
2. 제77조의 소득점수를 포함한 교정처우의 성과
3. 교정사고 예방 등 공적 사항
4. 추가사건 유무

5. 재범의 위험성

6. 처우계획 변경에 관한 사항

7. 그 밖에 재심사를 위하여 필요한 사항

제70조【분류조사 방법】

분류조사의 방법은 다음 각 호와 같다.

1. 수용기록 확인 및 수형자와의 상담

2. 수형자의 가족 등과의 면담

3. 검찰청, 경찰서, 그 밖의 관계기관에 대한 사실조회

4. 외부전문가에 대한 의견조회

5. 그 밖에 효율적인 분류심사를 위하여 필요하다고 인정되는 방법

제71조【분류검사】 ★

① 소장은 분류심사를 위하여 수형자의 인성, 지능, 적성 등의 특성을 측정·진단하기 위한 검사를 할 수 있다.

② 인성검사는 신입심사 대상자 및 그 밖에 처우상 필요한 수형자를 대상으로 한다. 다만, 수형자가 다음 각 호의 어느 하나에 해당하면 인성검사를 하지 아니할 수 있다.

  1. 제62조 제2항에 따라 분류심사가 유예된 때

  2. 그 밖에 인성검사가 곤란하거나 불필요하다고 인정되는 사유가 있는 때

③ 이해력의 현저한 부족 등으로 인하여 인성검사를 하지 아니한 경우에는 상담 내용과 관련 서류를 토대로 인성을 판정하여 경비처우급 분류지표를 결정할 수 있다.

④ 지능 및 적성 검사는 제2항 각 호의 어느 하나에 해당하지 아니하는 신입심사 대상자로서 집행할 형기가 형집행지휘서 접수일부터 1년 이상이고 나이가 35세 이하인 경우에 한다. 다만, 직업훈련 또는 그 밖의 처우를 위하여 특히 필요한 경우에는 예외로 할 수 있다.

제72조【처우등급】 ★★

수형자의 처우등급은 다음 각 호와 같이 구분한다.

1. 기본수용급 : 성별·국적·나이·형기 등에 따라 수용할 시설 및 구획 등을 구별하는 기준

2. 경비처우급 : 도주 등의 위험성에 따라 수용시설과 계호의 정도를 구별하고, 범죄성향의 진전과 개선정도, 교정성적에 따라 처우수준을 구별하는 기준

3. 개별처우급 : 수형자의 개별적인 특성에 따라 중점처우의 내용을 구별하는 기준

제73조【기본수용급】

기본수용급은 다음 각 호와 같이 구분한다.

1. 여성수형자
2. 외국인수형자
3. 금고형수형자
4. 19세 미만의 소년수형자
5. 23세 미만의 청년수형자
6. 65세 이상의 노인수형자
7. 형기가 10년 이상인 장기수형자
8. 정신질환 또는 장애가 있는 수형자
9. 신체질환 또는 장애가 있는 수형자

제74조【경비처우급】

① 경비처우급은 다음 각 호와 같이 구분한다.

  1. 개방처우급 : 법 제57조 제2항 제1호의 개방시설에 수용되어 가장 높은 수준의 처우가 필요한 수형자

  2. 완화경비처우급 : 법 제57조 제2항 제2호의 완화경비시설에 수용되어 통상적인 수준보다 높은 수준의 처우가 필요한 수형자

  3. 일반경비처우급 : 법 제57조 제2항 제3호의 일반경비시설에 수용되어 통상적인 수준의 처우가 필요한

수형자

    4. 중(重)경비처우급 : 법 제57조 제2항 제4호의 중(重)경비시설(이하 "중경비시설"이라 한다)에 수용되어 기본적인 처우가 필요한 수형자

② 경비처우급에 따른 작업기준은 다음 각 호와 같다.

    1. 개방처우급 : 외부통근작업 및 개방지역작업 가능

    2. 완화경비처우급 : 개방지역작업 및 필요시 외부통근작업 가능

    3. 일반경비처우급 : 구내작업 및 필요시 개방지역작업 가능

    4. 중(重)경비처우급 : 필요시 구내작업 가능

참고 경비처우급 정리

개방처우급	개방시설에 수용되어 가장 높은 수준의 처우가 필요한 수형자	외부통근작업 및 개방지역작업 가능
완화경비처우급	완화경비시설에 수용되어 통상적인 수준보다 높은 수준의 처우가 필요한 수형자	개방지역작업 및 필요시 외부통근작업 가능
일반경비처우급	일반경비시설에 수용되어 통상적인 수준의 처우가 필요한 수형자	구내작업 및 필요시 개방지역작업 가능
중(重)경비처우급	중경비시설에 수용되어 기본적인 처우가 필요한 수형자	필요시 구내작업 가능

제76조 【개별처우급】

개별처우급은 다음 각 호와 같이 구분한다.

1. 직업훈련   2. 학과교육

3. 생활지도   4. 작업지도

5. 운영지원작업   6. 의료처우

7. 자치처우   8. 개방처우

9. 집중처우

제77조 【소득점수】 ★★

소득점수는 다음 각 호의 범위에서 산정한다.

1. 수형생활 태도 : 5점 이내

2. 작업 또는 교육 성적 : 5점 이내

제78조 【소득점수 평가기간 및 방법】

① 소장은 수형자(제62조에 따라 분류심사에서 제외되거나 유예되는 사람은 제외한다)의 소득점수를 별지 제1호서식의 소득점수 평가 및 통지서에 따라 매월 평가하여야 한다. 이 경우 대상기간은 매월 초일부터 말일까지로 한다.

② 수형자의 소득점수 평가 방법은 다음 각 호로 구분한다.

    1. 수형생활 태도 : 품행·책임감 및 협동심의 정도에 따라 매우양호(수, 5점)·양호(우, 4점)·보통(미, 3점)·개선요망(양, 2점)·불량(가, 1점)으로 구분하여 채점한다.

    2. 작업 또는 교육성적 : 법 제63조·제65조에 따라 부과된 작업·교육의 실적 정도와 근면성 등에 따라 매우우수(수, 5점)·우수(우, 4점)·보통(미, 3점)·노력요망(양, 2점)·불량(가, 1점)으로 구분하여 채점한다.

③ 제2항에 따라 수형자의 작업 또는 교육 성적을 평가하는 경우에는 작업 숙련도, 기술력, 작업기간, 교육태도, 시험성적 등을 고려할 수 있다.

④ 보안·작업 담당교도관 및 관구(교정시설의 효율적인 운영과 수용자의 적정한 관리 및 처우를 위하여 수용동별 또는 작업장별로 나누어진 교정시설 안의 일정한 구역을 말한다. 이하 같다)의 책임교도관은 서로 협의하여 소득점수 평가 및 통지서에 해당 수형자에 대한 매월 초일부터 말일까지의 소득점수를 채점한다.

제79조 【소득점수 평가기준】 ★

① 수형생활 태도 점수와 작업 또는 교육성적 점수는 제78조 제2항의 방법에 따라 채점하되, 수는 소속 작업장 또는 교육장 전체 인원의 10퍼센트를 초과할 수 없고, 우는 30퍼센트를 초과할 수 없다. 다만, 작업장 또는 교육장 전체인원이 4명 이하인 경우에는 수·우를 각각 1명으로 채점할 수 있다.

② 소장이 작업장 중 작업의 특성이나 난이도 등을 고려하여 필수 작업장으로 지정하는 경우 소득점수의 수는 5퍼센트 이내, 우는 10퍼센트 이내의 범위에서 각각 확대할 수 있다.

③ 소장은 수형자가 부상이나 질병, 그 밖의 부득이한 사유로 작업 또는 교육을 받지 못한 경우에는 3점 이내의 범위에서 작업 또는 교육 성적을 부여할 수 있다.

제80조 【소득점수 평정 등】

① 소장은 제66조(정기재심사) 및 제67조(부정기재심사)에 따라 재심사를 하는 경우에는 그 때마다 제78조에 따라 평가한 수형자의 소득점수를 평정하여 경비처우급을 조정할 것인지를 고려하여야 한다. 다만, 부정기재심사의 소득점수 평정대상기간은 사유가 발생한 달까지로 한다.

② 제1항에 따라 소득점수를 평정하는 경우에는 평정 대상기간 동안 매월 평가된 소득점수를 합산하여 평정 대상기간의 개월 수로 나누어 얻은 점수(이하 "평정소득점수"라 한다)로 한다.

제81조 【경비처우급 조정】 ★

경비처우급을 상향 또는 하향 조정하기 위하여 고려할 수 있는 평정소득점수의 기준은 다음 각 호와 같다. 다만, 수용 및 처우를 위하여 특히 필요한 경우 법무부장관이 달리 정할 수 있다.

1. 상향 조정 : 8점 이상(제66조 제1항 제4호에 따른 재심사의 경우에는 7점 이상)
2. 하향 조정 : 5점 이하

제82조 【조정된 처우등급의 처우 등】

① 조정된 처우등급에 따른 처우는 그 조정이 확정된 다음 날부터 한다. 이 경우 조정된 처우등급은 그 달 초일부터 적용된 것으로 본다.

② 소장은 수형자의 경비처우급을 조정한 경우에는 지체 없이 해당 수형자에게 그 사항을 알려야 한다.

제83조 【처우등급별 수용 등】 ★

① 소장은 수형자를 기본수용급별·경비처우급별로 구분하여 수용하여야 한다. 다만 처우상 특히 필요하거나 시설의 여건상 부득이한 경우에는 기본수용급·경비처우급이 다른 수형자를 함께 수용하여 처우할 수 있다.

② 소장은 제1항에 따라 수형자를 수용하는 경우 개별처우의 효과를 증진하기 위하여 경비처우급·개별처우급이 같은 수형자 집단으로 수용하여 처우할 수 있다.

제84조 【물품지급】

① 소장은 수형자의 경비처우급에 따라 물품에 차이를 두어 지급할 수 있다. 다만, 주·부식, 음료, 그 밖에 건강유지에 필요한 물품은 그러하지 아니하다.

② 제1항에 따라 의류를 지급하는 경우 수형자가 개방처우급인 경우에는 색상, 디자인 등을 다르게 할 수 있다.

제85조 【봉사원 선정】

① 소장은 개방처우급·완화경비처우급·일반경비처우급 수형자로서 교정성적, 나이, 인성 등을 고려하여 다른 수형자의 모범이 된다고 인정되는 경우에는 봉사원으로 선정하여 담당교도관의 사무처리와 그 밖의 업무를

보조하게 할 수 있다.

② 소장은 봉사원의 활동기간을 1년 이하로 정하되, 필요한 경우에는 그 기간을 연장할 수 있다.

③ 소장은 봉사원의 활동과 역할 수행이 부적당하다고 인정하는 경우에는 그 선정을 취소할 수 있다.

④ 소장은 제1항부터 제3항까지의 봉사원 선정, 기간연장 및 선정취소에 관한 사항을 결정할 때에는 법무부장관이 정하는 바에 따라 분류처우위원회의 심의·의결을 거쳐야 한다.

제86조 【자치생활】 ★

① 소장은 개방처우급·완화경비처우급 수형자에게 자치생활을 허가할 수 있다.

② 수형자 자치생활의 범위는 인원점검, 취미활동, 일정한 구역 안에서의 생활 등으로 한다.

③ 소장은 자치생활 수형자들이 교육실, 강당 등 적당한 장소에서 월 1회 이상 토론회를 할 수 있도록 하여야 한다.

④ 소장은 자치생활 수형자가 법무부장관 또는 소장이 정하는 자치생활 중 지켜야 할 사항을 위반한 경우에는 자치생활 허가를 취소할 수 있다.

제87조 【접견】

① 수형자의 경비처우급별 접견의 허용횟수는 다음 각 호와 같다.

　　1. 개방처우급 : 1일 1회　　　　2. 완화경비처우급 : 월 6회

　　3. 일반경비처우급 : 월 5회　　　4. 중(重)경비처우급 : 월 4회

② 제1항 제2호부터 제4호까지의 경우 접견은 1일 1회만 허용한다. 다만, 처우상 특히 필요한 경우에는 그러하지 아니하다.

③ 소장은 교화 및 처우상 특히 필요한 경우에는 수용자가 다른 교정시설의 수용자와 통신망을 이용하여 화상으로 접견하는 것(이하 "화상접견"이라 한다)을 허가할 수 있다. 이 경우 화상접견은 제1항의 접견 허용횟수에 포함한다.

제88조 【접견장소】

소장은 개방처우급 수형자에 대하여는 법무부장관이 정하는 바에 따라 접촉차단시설이 설치된 장소 외의 적당한 곳에서 접견을 실시할 수 있다. 다만, 처우상 특히 필요하다고 인정하는 경우에는 그 밖의 수형자에 대하여도 이를 허용할 수 있다.

제89조 【가족만남의 날 행사 등】

① 소장은 개방처우급·완화경비처우급 수형자에 대하여 가족만남의 날 행사에 참여하게 하거나 가족만남의 집을 이용하게 할 수 있다. 이 경우 제87조의 접견 허용횟수에는 포함되지 아니한다.

② 제1항의 경우 소장은 가족이 없는 수형자에 대하여는 결연을 맺었거나 그 밖에 가족에 준하는 사람으로 하여금 그 가족을 대신하게 할 수 있다.

③ 소장은 제1항에도 불구하고 교화를 위하여 특히 필요한 경우에는 일반경비처우급 수형자에 대하여도 가족만남의 날 행사 참여 또는 가족만남의 집 이용을 허가할 수 있다.

④ 제1항 및 제3항에서 "가족만남의 날 행사"란 수형자와 그 가족이 교정시설의 일정한 장소에서 다과와 음식을 함께 나누면서 대화의 시간을 갖는 행사를 말하며, "가족만남의 집"이란 수형자와 그 가족이 숙식을 함께 할 수 있도록 교정시설에 수용동과 별도로 설치된 일반주택 형태의 건축물을 말한다.

제90조 【전화통화의 허용횟수】

① 수형자의 경비처우급별 전화통화의 허용횟수는 다음 각 호와 같다.

　　1. 개방처우급 : 월 5회 이내

　　2. 완화경비처우급 : 월 3회 이내

　　3. 일반경비처우급·중(重)경비처우급 : 처우상 특히 필요한 경우 월 2회 이내

② 소장은 제1항에도 불구하고 처우상 특히 필요한 경우에는 개방처우급·완화경비처우급 수형자의 전화통화 허용횟수를 늘릴 수 있다.

③ 제1항 각 호의 경우 전화통화는 1일 1회만 허용한다. 다만, 처우상 특히 필요한 경우에는 그러하지 아니하다.

제91조【경기 또는 오락회 개최 등】★★

① 소장은 개방처우급·완화경비처우급 또는 자치생활 수형자에 대하여 월 2회 이내에서 경기 또는 오락회를 개최하게 할 수 있다. 다만, 소년수형자에 대하여는 그 횟수를 늘릴 수 있다.

② 제1항에 따라 경기 또는 오락회가 개최되는 경우 소장은 해당 시설의 사정을 고려하여 참석인원, 방법 등을 정할 수 있다.

③ 제1항에 따라 경기 또는 오락회가 개최되는 경우 소장은 관련 분야의 전문지식과 자격을 가지고 있는 외부강사를 초빙할 수 있다.

제92조【사회적 처우】

① 소장은 개방처우급·완화경비처우급 수형자에 대하여 교정시설 밖에서 이루어지는 다음 각 호에 해당하는 활동을 허가할 수 있다. 다만, 처우상 특히 필요한 경우에는 일반경비처우급 수형자에게도 이를 허가할 수 있다.

1. 사회견학
2. 사회봉사
3. 자신이 신봉하는 종교행사 참석
4. 연극, 영화, 그 밖의 문화공연 관람

② 제1항 각 호의 활동을 허가하는 경우 소장은 별도의 수형자 의류를 지정하여 입게 한다. 다만, 처우상 필요한 경우에는 자비구매의류를 입게 할 수 있다.

③ 제1항 제4호의 활동에 필요한 비용은 수형자가 부담한다. 다만, 처우상 필요한 경우에는 예산의 범위에서 그 비용을 지원할 수 있다.

제93조【중간처우】★★

① 소장은 개방처우급 혹은 완화경비처우급 수형자가 다음 각 호의 사유에 모두 해당하는 경우에는 교정시설에 설치된 개방시설에 수용하여 사회 적응에 필요한 교육, 취업지원 등 적정한 처우를 할 수 있다.

1. 형기가 3년 이상인 사람
2. 범죄 횟수가 2회 이하인 사람
3. 중간처우를 받는 날부터 가석방 또는 형기 종료 예정일까지 기간이 3개월 이상 1년 6개월 이하인 사람

② 소장은 제1항에 따른 처우의 대상자 중 중간처우를 받는 날부터 가석방 또는 형기 종료 예정일까지의 기간이 9개월 미만인 수형자에 대해서는 지역사회에 설치된 개방시설에 수용하여 제1항에 따른 처우(사회 적응에 필요한 교육, 취업지원 등 적정한 처우)를 할 수 있다.

③ 제1항에 따른 중간처우 대상자의 선발절차는 법무부장관이 정한다.

제94조【작업·교육 등의 지도보조】

소장은 수형자가 개방처우급 또는 완화경비처우급으로서 작업·교육 등의 성적이 우수하고 관련 기술이 있는 경우에는 교도관의 작업지도를 보조하게 할 수 있다.

제95조【개인작업】

① 소장은 수형자가 개방처우급 또는 완화경비처우급으로서 작업기술이 탁월하고 작업성적이 우수한 경우에는 수형자 자신을 위한 개인작업을 하게 할 수 있다. 이 경우 개인작업 시간은 교도작업에 지장을 주지 아니하는 범위에서 1일 2시간 이내로 한다.

② 소장은 제1항에 따라 개인작업을 하는 수형자에게 개인작업 용구를 사용하게 할 수 있다. 이 경우 작업용구는 특정한 용기에 보관하도록 하여야 한다.

③ 제1항의 개인작업에 필요한 작업재료 등의 구입비용은 수형자가 부담한다. 다만, 처우상 필요한 경우에는

예산의 범위에서 그 비용을 지원할 수 있다.

제96조【외부 직업훈련】

① 소장은 수형자가 개방처우급 또는 완화경비처우급으로서 직업능력 향상을 위하여 특히 필요한 경우에는 교정시설 외부의 공공기관 또는 기업체 등에서 운영하는 직업훈련을 받게 할 수 있다.

② 제1항에 따른 직업훈련의 비용은 수형자가 부담한다. 다만, 처우상 특히 필요한 경우에는 예산의 범위에서 그 비용을 지원할 수 있다.

참고 **경비처우급별 처우기준**

경비처우급	처우내용
개방처우급	• 의류를 지급하는 경우 : 색상, 디자인 등을 다르게 할 수 있다(시행규칙 §84②). • 접견횟수 : 1일 1회(시행규칙 §87①) • 접촉차단시설이 설치된 장소 외의 적당한 곳에서 접견 가능(시행규칙 §88) • 전화통화 : 월 5회 이내(시행규칙 §90①)
개방·완화 경비처우급	• 자치생활(시행규칙 §86①) • 경기·오락회 개최(시행규칙 §91①) • 작업·교육 등의 지도보조(시행규칙 §94) • 개인작업(시행규칙 §95①) • 외부 직업훈련 대상자(시행규칙 §96①) • 중간처우 대상자(시행규칙 §93①)
완화경비처우급	• 접견횟수 : 월 6회(시행규칙 §87①) − 1일 1회만 허용(처우상 특히 필요한 경우 예외 가능) • 처우상 특히 필요하다고 인정하는 경우에는 접촉차단시설이 설치된 장소 외의 적당한 곳에서 접견가능(시행규칙 §88) • 전화통화 : 월 3회 이내(시행규칙 §90①)
개방·완화(원칙) 일반(필요시 가능)	• 가족만남의 날 행사 참여·가족 만남의 집 이용(시행규칙 §89①·③) • 사회적 처우 : 사회견학, 사회봉사, 자신이 신봉하는 종교행사 참석, 연극·영화·문화공연 관람(시행규칙 §92①) • 일반귀휴 허가요건(시행규칙 §129②)
개방·완화(원칙) 그 외(필요시 가능)	외부통근작업 대상자(시행규칙 §120①·③)
일반경비처우급	• 봉사원 선정 : 개방·완화·일반경비처우급만 가능(시행규칙 §85①) • 접견횟수 : 월 5회(시행규칙 §87①) − 1일 1회만 허용(처우상 특히 필요한 경우 예외 가능) • 처우상 특히 필요하다고 인정하는 경우에는 접촉차단시설이 설치된 장소 외의 적당한 곳에서 접견가능(시행규칙 §88) • 전화통화 : 처우상 특히 필요한 경우 월 2회 이내(시행규칙 §90①) • 방송통신대학과정·전문대학 위탁교육과정·외국어 교육과정 교육대상자 : 개방·완화·일반경비처우급만 가능(시행규칙 §111~§113)

일반경비처우급	• 개방지역작업 대상자 : 개방·완화·일반경비처우급, 예외가능(시행규칙 §120②·③)
중경비처우급	• 접견횟수 : 월 4회(시행규칙 §87①) - 1일 1회만 허용(처우상 필요시 예외 가능) • 처우상 특히 필요하다고 인정하는 경우에는 접촉차단시설이 설치된 장소 외의 적당한 곳에서 접견가능(시행규칙 §88) • 전화통화 : 처우상 특히 필요한 경우 월 2회 이내(시행규칙 §90①)

제62조 【분류처우위원회】

① 수형자의 개별처우계획, 가석방심사신청 대상자 선정, 그 밖에 수형자의 분류처우에 관한 중요 사항을 심의·의결하기 위하여 교정시설에 분류처우위원회(이하 이 조에서 "위원회"라 한다)를 둔다.

② 위원회는 위원장을 포함한 5명 이상 7명 이하의 위원으로 구성하고, 위원장은 소장이 되며, 위원은 위원장이 소속 기관의 부소장 및 과장(지소의 경우에는 7급 이상의 교도관) 중에서 임명한다.

③ 위원회는 그 심의·의결을 위하여 외부전문가로부터 의견을 들을 수 있다.

④ 이 법에 규정된 사항 외에 위원회에 관하여 필요한 사항은 법무부령으로 정한다.

📗 시행규칙

제97조 【심의·의결 대상】

법 제62조의 분류처우위원회(이하 이 절에서 "위원회"라 한다)는 다음 각 호의 사항을 심의·의결한다.

1. 처우등급 판단 등 분류심사에 관한 사항
2. 소득점수 등의 평가 및 평정에 관한 사항
3. 수형자 처우와 관련하여 소장이 심의를 요구한 사항
4. 가석방 적격심사 신청 대상자 선정 등에 관한 사항
5. 그 밖에 수형자의 수용 및 처우에 관한 사항

제98조 【위원장의 직무】

① 위원장은 위원회를 소집하고 위원회의 사무를 총괄한다.

② 위원장이 부득이한 사유로 그 직무를 수행할 수 없을 때에는 위원장이 미리 지정한 위원이 그 직무를 대행할 수 있다.

제99조 【회의】 ★

① 위원회의 회의는 매월 10일에 개최한다. 다만, 위원회의 회의를 개최하는 날이 토요일, 공휴일, 그 밖에 법무부장관이 정한 휴무일일 때에는 그 다음 날에 개최한다.

② 위원장은 수형자의 처우와 관련하여 필요한 경우에는 임시회의를 개최할 수 있다.

③ 위원회의 회의는 재적위원 3분의 2이상의 출석으로 개의하고, 출석위원 과반수의 찬성으로 의결한다.

제100조【간사】

① 위원회의 사무를 처리하기 위하여 분류심사 업무를 담당하는 교도관 중에서 간사 1명을 둔다.

② 간사는 위원회의 회의록을 작성하여 유지하여야 한다.

제3절 교육과 교화프로그램

제63조【교육】 ★

① 소장은 수형자가 건전한 사회복귀에 필요한 지식과 소양을 습득하도록 교육할 수 있다.

② 소장은 「교육기본법」 제8조의 의무교육을 받지 못한 수형자에 대하여는 본인의 의사·나이·지식정도, 그 밖의 사정을 고려하여 그에 알맞게 교육하여야 한다.

③ 소장은 제1항 및 제2항에 따른 교육을 위하여 필요하면 수형자를 중간처우를 위한 전담교정시설에 수용하여 다음 각 호의 조치를 할 수 있다.

  1. 외부 교육기관에의 통학

  2. 외부 교육기관에서의 위탁교육

④ 교육과정·외부통학·위탁교육 등에 관하여 필요한 사항은 법무부령으로 정한다.

시행령

제87조【교육】

① 소장은 법 제63조에 따른 교육을 효과적으로 시행하기 위하여 교육실을 설치하는 등 교육에 적합한 환경을 조성하여야 한다.

② 소장은 교육 대상자, 시설 여건 등을 고려하여 교육계획을 수립하여 시행하여야 한다.

시행규칙

제101조【교육관리 기본원칙】 ★

① 소장은 교육대상자를 소속기관(소장이 관할하고 있는 교정시설을 말한다. 이하 같다)에서 선발하여 교육한다. 다만, 소속기관에서 교육대상자를 선발하기 어려운 경우에는 다른 기관에서 추천한 사람을 모집하여 교육할 수 있다.

② 소장은 교육대상자의 성적불량, 학업태만 등으로 인하여 교육의 목적을 달성하기 어려운 경우에는 그 선발을 취소할 수 있다.

③ 소장은 교육대상자 및 시험응시 희망자의 학습능력을 평가하기 위하여 자체 평가시험을 실시할 수 있다.

④ 소장은 교육의 효과를 거두지 못하였다고 인정하는 교육대상자에 대하여 다시 교육을 할 수 있다.

⑤ 소장은 기관의 교육전문인력, 교육시설, 교육대상인원 등의 사정을 고려하여 단계별 교육과 자격취득 목표를 설정할 수 있으며, 자격취득·대회입상 등을 하면 처우에 반영할 수 있다.

제102조【교육대상자가 지켜야 할 기본원칙】

① 교육대상자는 교육의 시행에 관한 관계법령, 학칙 및 교육관리지침을 성실히 지켜야 한다.

② 제110조부터 제113조까지의 규정(독학에 의한 학위 취득과정, 방송통신대학과정, 전문대학 위탁교육과정, 정보화 및 외국어 교육과정)에 따른 교육을 실시하는 경우 소요되는 비용은 특별한 사정이 없으면 교육대상자의 부담으로 한다.

③ 교육대상자로 선발된 수형자는 소장에게 다음의 선서를 하고 서약서를 제출해야 한다.

"나는 교육대상자로서 긍지를 가지고 제반규정을 지키며, 교정시설 내 교육을 성실히 이수할 것을 선서합니다."

제103조【교육대상자 선발 등】

① 소장은 각 교육과정의 선정 요건과 수형자의 나이, 학력, 교정성적, 자체 평가시험 성적, 정신자세, 성실성, 교육계획과 시설의 규모, 교육대상인원 등을 고려하여 교육대상자를 선발하거나 추천하여야 한다.

② 소장은 정당한 이유 없이 교육을 기피한 사실이 있거나 자퇴(제적을 포함한다)한 사실이 있는 수형자는 교육대상자로 선발하거나 추천하지 아니할 수 있다.

제104조【교육대상자 관리 등】

① 학과교육대상자의 과정수료 단위는 학년으로 하되, 학기의 구분은 국공립학교의 학기에 준한다. 다만, 독학에 의한 교육은 수업 일수의 제한을 받지 아니한다.

② 소장은 교육을 위하여 필요한 경우에는 외부강사를 초빙할 수 있으며, 카세트 또는 재생전용기기의 사용을 허용할 수 있다.

③ 소장은 교육의 실효성을 확보하기 위하여 교육실을 설치·관리하여야 하며, 교육목적을 위하여 필요한 경우 신체장애를 보완하는 교육용 물품의 사용을 허가하거나 예산의 범위에서 학용품과 응시료를 지원할 수 있다.

제105조【교육 취소 등】

① 소장은 교육대상자가 다음 각 호의 어느 하나에 해당하는 경우에는 교육대상자 선발을 취소할 수 있다.
  1. 각 교육과정의 관계법령, 학칙, 교육관리지침 등을 위반한 때
  2. 학습의욕이 부족하여 구두경고를 하였는데도 개선될 여지가 없거나 수학능력이 현저히 부족하다고 판단되는 때
  3. 징벌을 받고 교육 부적격자로 판단되는 때
  4. 중대한 질병, 부상, 그 밖의 부득이한 사정으로 교육을 받을 수 없다고 판단되는 때

② 교육과정의 변경은 교육대상자의 선발로 보아 제103조를 준용한다.

③ 소장은 교육대상자에게 질병, 부상, 그 밖의 부득이한 사정이 있는 경우에는 교육과정을 일시 중지할 수 있다.

제106조【이송 등】

① 소장은 특별한 사유가 없으면 교육기간 동안에 교육대상자를 다른 기관으로 이송할 수 없다.

② 교육대상자의 선발이 취소되거나 교육대상자가 교육을 수료하였을 때에는 선발 당시 소속기관으로 이송한다. 다만, 다음 각 호의 어느 하나에 해당하는 경우에는 소속기관으로 이송하지 아니하거나 다른 기관으로 이송할 수 있다.
  1. 집행할 형기가 이송 사유가 발생한 날부터 3개월 이내인 때
  2. 제105조 제1항 제3호의 사유로 인하여 교육대상자 선발이 취소된 때
  3. 소속기관으로의 이송이 부적당하다고 인정되는 특별한 사유가 있는 때

제107조【작업 등】

① 교육대상자에게는 작업·직업훈련 등을 면제한다.

② 작업·직업훈련 수형자 등도 독학으로 검정고시·학사고시 등에 응시하게 할 수 있다. 이 경우 자체 평가시험 성적 등을 고려해야 한다.

제108조【검정고시반 설치 및 운영】

① 소장은 매년 초 다음 각 호의 시험을 준비하는 수형자를 대상으로 검정고시반을 설치·운영할 수 있다.
  1. 초등학교 졸업학력 검정고시
  2. 중학교 졸업학력 검정고시
  3. 고등학교 졸업학력 검정고시

② 소장은 교육기간 중에 검정고시에 합격한 교육대상자에 대하여는 해당 교육과정을 조기 수료시키거나 상위 교육과정에 임시 편성시킬 수 있다.

③ 소장은 고등학교 졸업 또는 이와 동등한 수준 이상의 학력이 인정되는 수형자를 대상으로 대학입학시험 준비반을 편성·운영할 수 있다.

제109조【방송통신고등학교과정 설치 및 운영】

① 소장은 수형자에게 고등학교 과정의 교육기회를 부여하기 위하여 「초·중등교육법」 제51조에 따른 방송통신 고등학교 교육과정을 설치·운영할 수 있다.

② 소장은 중학교 졸업 또는 이와 동등한 수준 이상의 학력이 인정되는 수형자가 제1항의 방송통신고등학교 교육과정을 지원하여 합격한 경우에는 교육대상자로 선발할 수 있다.

③ 소장은 제1항의 방송통신고등학교 교육과정의 입학금, 수업료, 교과용 도서 구입비 등 교육에 필요한 비용을 예산의 범위에서 지원할 수 있다.

제110조【독학에 의한 학위 취득과정 설치 및 운영】 ★

① 소장은 수형자에게 학위취득 기회를 부여하기 위하여 독학에 의한 학사학위 취득과정(이하 "학사고시반 교육"이라 한다)을 설치·운영할 수 있다.

② 소장은 다음 각 호의 요건을 갖춘 수형자가 제1항의 학사고시반 교육을 신청하는 경우에는 교육대상자로 선발할 수 있다.
  1. 고등학교 졸업 또는 이와 동등한 수준 이상의 학력이 인정될 것
  2. 교육개시일을 기준으로 형기의 3분의 1(21년 이상의 유기형 또는 무기형의 경우에는 7년)이 지났을 것
  3. 집행할 형기가 2년 이상일 것

제111조【방송통신대학과정 설치 및 운영】

① 소장은 대학 과정의 교육기회를 부여하기 위하여 「고등교육법」 제2조에 따른 방송통신대학 교육과정을 설치·운영할 수 있다.

② 소장은 제110조 제2항 각 호의 요건을 갖춘 개방처우급·완화경비처우급·일반경비처우급 수형자가 제1항의 방송통신대학 교육과정에 지원하여 합격한 경우에는 교육대상자로 선발할 수 있다.

제112조【전문대학 위탁교육과정 설치 및 운영】

① 소장은 전문대학과정의 교육기회를 부여하기 위하여 「고등교육법」 제2조에 따른 전문대학 위탁교육과정을 설치·운영할 수 있다.

② 소장은 제110조 제2항 각 호의 요건을 갖춘 개방처우급·완화경비처우급·일반경비처우급 수형자가 제1항의 전문대학 위탁교육과정에 지원하여 합격한 경우에는 교육대상자로 선발할 수 있다.

③ 제1항의 전문대학 위탁교육과정의 교과과정, 시험응시 및 학위취득에 관한 세부사항은 위탁자와 수탁자 간의 협약에 따른다.

④ 소장은 제1항부터 제3항까지의 규정에 따른 교육을 위하여 필요한 경우 수형자를 중간처우를 위한 전담교정 시설에 수용할 수 있다.

제113조【정보화 및 외국어 교육과정 설치 및 운영 등】

① 소장은 수형자에게 지식정보사회에 적응할 수 있는 교육기회를 부여하기 위하여 정보화 교육과정을 설치

· 운영할 수 있다.

② 소장은 개방처우급·완화경비처우급·일반경비처우급 수형자에게 다문화 시대에 대처할 수 있는 교육기회를 부여하기 위하여 외국어 교육과정을 설치·운영할 수 있다.

③ 소장은 외국어 교육대상자가 교육실 외에서의 어학학습장비를 이용한 외국어학습을 원하는 경우에는 계호 수준, 독거 여부, 교육 정도 등에 대한 교도관회의(「교도관 직무규칙」 제21조에 따른 교도관회의를 말한다. 이하 같다)의 심의를 거쳐 허가할 수 있다.

④ 소장은 이 규칙에서 정한 교육과정 외에도 법무부장관이 수형자로 하여금 건전한 사회복귀에 필요한 지식과 소양을 습득하게 하기 위하여 정하는 교육과정을 설치·운영할 수 있다.

참고 | 교육의 종류

과정	선발요건	경비처우급	비용
검정고시반	조건 없음	수형자	규정 없음
방송통신고	중학교 졸업 또는 이와 동등한 수준의 학력이 인정되는 자		예산범위 내 지원가능
독학에 의한 학위 취득과정(학사고시반)	• 고등학교 졸업 또는 이와 동등한 수준 이상의 학력이 인정될 것 • 교육개시일을 기준으로 형기의 3분의 1(21년 이상의 유기형 또는 무기형의 경우에는 7년)이 지났을 것 • 집행할 형기가 2년 이상일 것	개방·완화·일반	(특별한 사정이 없으면) 자비부담
방송통신대학과정			
전문대학 위탁교육과정			
정보화 교육과정	조건 없음	수형자	
외국어 교육과정		개방·완화·일반	

참고 | 교육 · 교화프로그램 · 작업

구분	교육	교화프로그램	작업
징역수형자	○	○	○
노역장유치자	×	×	○
금고 · 구류수형자	○	○	신청
사형확정자	○	○	신청
미결수용자	신청	신청	신청

제64조 【교화프로그램】

① 소장은 수형자의 교정교화를 위하여 상담·심리치료, 그 밖의 교화프로그램을 실시하여야 한다.

② 소장은 제1항에 따른 교화프로그램의 효과를 높이기 위하여 범죄원인별로 적절한 교화프로그

램의 내용, 교육장소 및 전문인력의 확보 등 적합한 환경을 갖추도록 노력하여야 한다.
③ 교화프로그램의 종류·내용 등에 관하여 필요한 사항은 법무부령으로 정한다.

시행령

제88조 【정서교육】
소장은 수형자의 정서 함양을 위하여 필요하다고 인정하면 연극·영화관람, 체육행사, 그 밖의 문화예술활동을 하게 할 수 있다.

시행규칙

제114조 【교화프로그램의 종류】 ★★
교화프로그램의 종류는 다음 각 호와 같다.
1. 문화프로그램　　　　　　　　　　2. 문제행동예방프로그램
3. 가족관계회복프로그램　　　　　　4. 교화상담
5. 그 밖에 법무부장관이 정하는 교화프로그램

제115조 【문화프로그램】
소장은 수형자의 인성 함양, 자아존중감 회복 등을 위하여 음악, 미술, 독서 등 문화예술과 관련된 다양한 프로그램을 도입하거나 개발하여 운영할 수 있다.

제116조 【문제행동예방프로그램】
소장은 수형자의 죄명, 죄질 등을 구분하여 그에 따른 심리측정·평가·진단·치료 등의 문제행동예방프로그램을 도입하거나 개발하여 실시할 수 있다.

제117조 【가족관계회복프로그램】 ★
① 소장은 수형자와 그 가족의 관계를 유지·회복하기 위하여 수형자의 가족이 참여하는 각종 프로그램을 운영할 수 있다. 다만, 가족이 없는 수형자의 경우 교화를 위하여 필요하면 결연을 맺었거나 그 밖에 가족에 준하는 사람의 참여를 허가할 수 있다.
② 제1항의 경우 대상 수형자는 교도관회의의 심의를 거쳐 선발하고, 참여인원은 5명 이내의 가족으로 한다. 다만, 특히 필요하다고 인정하는 경우에는 참여인원을 늘릴 수 있다.

제118조 【교화상담】
① 소장은 수형자의 건전한 가치관 형성, 정서안정, 고충해소 등을 위하여 교화상담을 실시할 수 있다.
② 소장은 제1항의 교화상담을 위하여 교도관이나 제33조의 교정참여인사를 교화상담자로 지정할 수 있으며, 수형자의 안정을 위하여 결연을 주선할 수 있다.

제119조 【교화프로그램 운영 방법】
① 소장은 교화프로그램을 운영하는 경우 약물중독·정신질환·신체장애·건강·성별·나이 등 수형자의 개별 특성을 고려하여야 하며, 프로그램의 성격 및 시설 규모와 인원을 고려하여 이송 등의 적절한 조치를 할 수 있다.
② 소장은 교화프로그램을 운영하기 위하여 수형자의 정서적인 안정이 보장될 수 있는 장소를 따로 정하거나 방송설비 및 방송기기를 이용할 수 있다.
③ 소장은 교정정보시스템(교정시설에서 통합적으로 정보를 관리하는 시스템을 말한다)에 교화프로그램의 주

요 진행내용을 기록하여 수형자 처우에 활용하여야 하며, 상담내용 등 개인정보가 유출되지 아니하도록 하여야 한다.

④ 교화프로그램 운영에 관하여는 제101조부터 제107조까지의 규정을 준용한다.

제4절 작업과 직업훈련

제65조 【작업의 부과】 ★★

① 수형자에게 부과하는 작업은 건전한 사회복귀를 위하여 기술을 습득하고 근로의욕을 고취하는 데에 적합한 것이어야 한다.

② 소장은 수형자에게 작업을 부과하려면 나이·형기·건강상태·기술·성격·취미·경력·장래 생계, 그 밖의 수형자의 사정을 고려하여야 한다.

제66조 【작업의무】

수형자는 자신에게 부과된 작업과 그 밖의 노역을 수행하여야 할 의무가 있다.

시행령

제89조 【작업의 종류】 ★
소장은 법무부장관의 승인을 받아 수형자에게 부과하는 작업의 종류를 정한다.

제90조 【소년수형자의 작업 등】 ★★
소장은 19세 미만의 수형자에게 작업을 부과하는 경우에는 정신적·신체적 성숙 정도, 교육적 효과 등을 고려하여야 한다.

제91조 【작업의 고지 등】 ★
① 소장은 수형자에게 작업을 부과하는 경우에는 작업의 종류 및 작업과정을 정하여 고지하여야 한다.

② 제1항의 작업과정은 작업성적, 작업시간, 작업의 난이도 및 숙련도를 고려하여 정한다. 작업과정을 정하기 어려운 경우에는 작업시간을 작업과정으로 본다.

제92조 【작업실적의 확인】 ★
소장은 교도관에게 매일 수형자의 작업실적을 확인하게 하여야 한다.

시행규칙

제94조 【작업·교육 등의 지도보조】
소장은 수형자가 개방처우급 또는 완화경비처우급으로서 작업·교육 등의 성적이 우수하고 관련 기술이 있는 경우에는 교도관의 작업지도를 보조하게 할 수 있다.

제95조 【개인작업】 ★
① 소장은 수형자가 개방처우급 또는 완화경비처우급으로서 작업기술이 탁월하고 작업성적이 우수한 경우에는

수형자 자신을 위한 개인작업을 하게 할 수 있다. 이 경우 개인작업 시간은 교도작업에 지장을 주지 아니하는 범위에서 1일 2시간 이내로 한다.
② 소장은 제1항에 따라 개인작업을 하는 수형자에게 개인작업 용구를 사용하게 할 수 있다. 이 경우 작업용구는 특정한 용기에 보관하도록 하여야 한다.
③ 제1항의 개인작업에 필요한 작업재료 등의 구입비용은 수형자가 부담한다. 다만, 처우상 필요한 경우에는 예산의 범위에서 그 비용을 지원할 수 있다.

관련판례

형집행법 제66조 위헌확인
이 사건 법률조항은 수형자의 교정교화와 건전한 사회복귀를 도모하고, 노동의 강제를 통하여 범죄에 대한 응보 및 일반예방에 기여하기 위한 것으로서 그 목적이 정당하고, 수단의 적합성도 인정된다. 나아가 이 사건 법률조항으로 말미암아 작업이 강제됨으로써 제한되는 수형자의 개인적 이익에 비하여 징역형 수형자 개개인에 대한 재사회화와 이를 통한 사회질서 유지 및 공공복리라는 공익이 더 크므로 법익의 균형성도 인정되므로, 이 사건 법률조항은 신체의 자유를 침해하지 아니한다.
이 사건 법률조항은 징역형의 집행방법으로 구금과 의무적인 작업을 규정하고 있을 뿐, 징역형 수형자를 금고형 수형자에 비하여 차별하려는 의도로 만들어진 것이 아니고, 결과적으로 징역형 수형자에게만 작업 의무를 부과한다는 점에서 차별이 있다 하더라도 이는 책임에 따른 형벌의 개별화를 실현하려는 입법자의 의사가 반영된 것으로 그 차별에 합리적 이유도 인정되므로, 청구인의 평등권을 침해하지 아니한다(헌재 2012.11.29. 2011헌마318).

제67조 【신청에 따른 작업】
소장은 금고형 또는 구류형의 집행 중에 있는 사람에 대하여는 신청에 따라 작업을 부과할 수 있다.

시행령

제93조 【신청작업의 취소】
소장은 법 제67조에 따라 작업이 부과된 수형자가 작업의 취소를 요청하는 경우에는 그 수형자의 의사(意思), 건강 및 교도관의 의견 등을 고려하여 작업을 취소할 수 있다.

참고 비교·구분

신청작업의 취소	소장은 제67조(신청에 따른 작업)에 따라 작업이 부과된 수형자가 작업의 취소를 요청하는 경우에는 그 수형자의 의사, 건강 및 교도관의 의견 등을 고려하여 작업을 취소할 수 있다(시행령 제93조).

사형확정자의 작업취소	소장은 작업이 부과된 사형확정자가 작업의 취소를 요청하면 사형확정자의 의사·건강, 담당교도관의 의견 등을 고려하여 작업을 취소할 수 있다(시행규칙 제153조 제3항).
미결수용자의 작업취소	소장은 법 제86조 제1항(신청에 의한 작업)에 따라 작업이 부과된 미결수용자가 작업의 취소를 요청하는 경우에는 그 미결수용자의 의사, 건강 및 교도관의 의견 등을 고려하여 작업을 취소할 수 있다(시행령 제103조 제2항).
노인수용자의 작업부과	소장은 노인수용자가 작업을 원하는 경우에는 나이·건강상태 등을 고려하여 해당 수용자가 감당할 수 있는 정도의 작업을 부과한다. 이 경우 의무관의 의견을 들어야 한다(시행규칙 제48조 제2항).

제68조【외부 통근 작업 등】

① 소장은 수형자의 건전한 사회복귀와 기술습득을 촉진하기 위하여 필요하면 외부기업체 등에 통근 작업하게 하거나 교정시설의 안에 설치된 외부기업체의 작업장에서 작업하게 할 수 있다.

② 외부 통근 작업 대상자의 선정기준 등에 관하여 필요한 사항은 법무부령으로 정한다.

시행규칙

제120조【선정기준】 ★★

① 외부기업체에 통근하며 작업하는 수형자는 다음 각 호의 요건을 갖춘 수형자 중에서 선정한다.

1. 18세 이상 65세 미만일 것
2. 해당 작업 수행에 건강상 장애가 없을 것
3. 개방처우급·완화경비처우급에 해당할 것
4. 가족·친지 또는 법 제130조의 교정위원(이하 "교정위원"이라 한다) 등과 접견·편지수수·전화통화 등으로 연락하고 있을 것
5. 집행할 형기가 7년 미만이고 가석방이 제한되지 아니할 것

② 교정시설 안에 설치된 외부기업체의 작업장에 통근하며 작업하는 수형자는 제1항 제1호부터 제4호까지의 요건(같은 항 제3호의 요건의 경우에는 일반경비처우급에 해당하는 수형자도 포함한다)을 갖춘 수형자로서 집행할 형기가 10년 미만이거나 형기기산일부터 10년 이상이 지난 수형자 중에서 선정한다.

③ 소장은 제1항 및 제2항에도 불구하고 작업 부과 또는 교화를 위하여 특히 필요하다고 인정하는 경우에는 제1항 및 제2항의 수형자 외의 수형자에 대하여도 외부통근자로 선정할 수 있다.

제121조【선정 취소】

소장은 외부통근자가 법령에 위반되는 행위를 하거나 법무부장관 또는 소장이 정하는 지켜야 할 사항을 위반한 경우에는 외부통근자 선정을 취소할 수 있다.

제122조【외부통근자 교육】

소장은 외부통근자로 선정된 수형자에 대하여는 자치활동·행동수칙·안전수칙·작업기술 및 현장적응훈련에 대한 교육을 하여야 한다.

제123조【자치활동】
소장은 외부통근자의 사회적응능력을 기르고 원활한 사회복귀를 촉진하기 위하여 필요하다고 인정하는 경우에는 수형자 자치에 의한 활동을 허가할 수 있다.

제69조【직업능력개발훈련】
① 소장은 수형자의 건전한 사회복귀를 위하여 기술 습득 및 향상을 위한 직업능력개발훈련(이하 "직업훈련"이라 한다)을 실시할 수 있다.
② 소장은 수형자의 직업훈련을 위하여 필요하면 외부의 기관 또는 단체에서 훈련을 받게 할 수 있다.
③ 직업훈련 대상자의 선정기준 등에 관하여 필요한 사항은 법무부령으로 정한다.

시행령

제94조【직업능력개발훈련 설비 등의 구비】
소장은 법 제69조에 따른 직업능력개발훈련을 하는 경우에는 그에 필요한 설비 및 실습 자재를 갖추어야 한다.

시행규칙

제96조【외부 직업훈련】
① 소장은 수형자가 개방처우급 또는 완화경비처우급으로서 직업능력 향상을 위하여 특히 필요한 경우에는 교정시설 외부의 공공기관 또는 기업체 등에서 운영하는 직업훈련을 받게 할 수 있다.
② 제1항에 따른 직업훈련의 비용은 수형자가 부담한다. 다만, 처우상 특히 필요한 경우에는 예산의 범위에서 그 비용을 지원할 수 있다.

제124조【직업훈련 직종 선정 등】
① 직업훈련 직종 선정 및 훈련과정별 인원은 법무부장관의 승인을 받아 소장이 정한다.
② 직업훈련 대상자는 소속기관의 수형자 중에서 소장이 선정한다. 다만, 집체직업훈련(직업훈련 전담 교정시설이나 그 밖에 직업훈련을 실시하기에 적합한 교정시설에 수용하여 실시하는 훈련을 말한다) 대상자는 집체직업훈련을 실시하는 교정시설의 관할 지방교정청장이 선정한다.

제125조【직업훈련 대상자 선정기준】
① 소장은 수형자가 다음 각 호의 요건을 갖춘 경우에는 수형자의 의사, 적성, 나이, 학력 등을 고려하여 직업훈련 대상자로 선정할 수 있다.
  1. 집행할 형기 중에 해당 훈련과정을 이수할 수 있을 것(기술숙련과정 집체직업훈련 대상자는 제외한다)
  2. 직업훈련에 필요한 기본소양을 갖추었다고 인정될 것
  3. 해당 과정의 기술이 없거나 재훈련을 희망할 것
  4. 석방 후 관련 직종에 취업할 의사가 있을 것
② 소장은 소년수형자의 선도를 위하여 필요한 경우에는 제1항의 요건을 갖추지 못한 경우에도 직업훈련 대상자로 선정하여 교육할 수 있다.

제126조【직업훈련 대상자 선정의 제한】★★
소장은 제125조에도 불구하고 수형자가 다음 각 호의 어느 하나에 해당하는 경우에는 직업훈련 대상자로 선정해

서는 아니 된다.

1. 15세 미만인 경우
2. 교육과정을 수행할 문자해독능력 및 강의 이해능력이 부족한 경우
3. 징벌대상행위의 혐의가 있어 조사 중이거나 징벌집행 중인 경우
4. 작업, 교육·교화프로그램 시행으로 인하여 직업훈련의 실시가 곤란하다고 인정되는 경우
5. 질병·신체조건 등으로 인하여 직업훈련을 감당할 수 없다고 인정되는 경우

제127조【직업훈련 대상자 이송】

① 법무부장관은 직업훈련을 위하여 필요한 경우에는 수형자를 다른 교정시설로 이송할 수 있다.
② 소장은 제1항에 따라 이송된 수형자나 직업훈련 중인 수형자를 다른 교정시설로 이송해서는 아니 된다. 다만, 훈련취소 등 특별한 사유가 있는 경우에는 그러하지 아니하다.

제128조【직업훈련의 보류 및 취소 등】

① 소장은 직업훈련 대상자가 다음 각 호의 어느 하나에 해당하는 경우에는 직업훈련을 보류할 수 있다.
  1. 징벌대상행위의 혐의가 있어 조사를 받게 된 경우
  2. 심신이 허약하거나 질병 등으로 훈련을 감당할 수 없는 경우
  3. 소질·적성·훈련성적 등을 종합적으로 고려한 결과 직업훈련을 계속할 수 없다고 인정되는 경우
  4. 그 밖에 직업훈련을 계속할 수 없다고 인정되는 경우
② 소장은 제1항에 따라 직업훈련이 보류된 수형자가 그 사유가 소멸되면 본래의 과정에 복귀시켜 훈련하여야 한다. 다만, 본래 과정으로 복귀하는 것이 부적당하다고 인정하는 경우에는 해당 훈련을 취소할 수 있다.

관련판례

성폭력방지교육 미이수자 집체훈련대상제외 위헌확인

교도소장은 엄중관리대상자로 지정되어 있었고 개방작업장에 취업하여 교육활동에 제한이 있으며 성폭력사범 기본교육과정을 이수하지 아니한 청구인을 직업훈련대상에서 제외하였는바, 이는 교도소장이 적절하게 재량권을 행사한 것으로 보이고 달리 청구인을 집체직업훈련대상에 포함시켜야 할 법적 의무가 존재한다고 볼 만한 사정이 없다(헌재 2013.2.5. 2013헌마6).

시행령

제85조【수형자 취업알선 등 협의기구】

① 수형자의 건전한 사회복귀를 지원하기 위하여 교정시설에 취업알선 및 창업지원에 관한 협의기구를 둘 수 있다.
② 제1항의 협의기구의 조직·운영, 그 밖에 활동에 필요한 사항은 법무부령으로 정한다.

시행규칙

◀ 취업지원협의회 ▶

제144조【기능】

영 제85조 제1항에 따른 수형자 취업지원협의회(이하 이 장에서 "협의회"라 한다)의 기능은 다음 각 호와 같다.
1. 수형자 사회복귀 지원 업무에 관한 자문에 대한 조언

2. 수형자 취업·창업 교육

3. 수형자 사회복귀 지원을 위한 지역사회 네트워크 추진

4. 취업 및 창업 지원을 위한 자료제공 및 기술지원

5. 직업적성 및 성격검사 등 각종 검사 및 상담

6. 불우수형자 및 그 가족에 대한 지원 활동

7. 그 밖에 수형자 취업알선 및 창업지원을 위하여 필요한 활동

제145조【구성】

① 협의회는 회장 1명을 포함하여 3명 이상 5명 이하의 내부위원과 10명 이상의 외부위원으로 구성한다.

② 협의회의 회장은 소장이 되고, 부회장은 2명을 두되 1명은 소장이 내부위원 중에서 지명하고 1명은 외부위원 중에서 호선한다.

③ 내부위원은 소장이 지명하는 소속기관의 부소장·과장(지소의 경우에는 7급 이상의 교도관)으로 구성한다.

④ 회장·부회장 외에 협의회 운영을 위하여 기관실정에 적합한 수의 임원을 둘 수 있다.

제146조【외부위원】

① 법무부장관은 위원회의 외부위원을 다음 각 호의 사람 중에서 소장의 추천을 받아 위촉한다.

　　1. 고용노동부 고용지원센터 등 지역 취업·창업 유관 공공기관의 장 또는 기관 추천자

　　2. 취업컨설턴트, 창업컨설턴트, 기업체 대표, 시민단체 및 기업연합체의 임직원

　　3. 변호사, 「고등교육법」에 따른 대학(이하 "대학"이라 한다)에서 법률학을 가르치는 강사 이상의 직에 있는 사람

　　4. 그 밖에 교정에 관한 학식과 경험이 풍부하고 수형자 사회복귀 지원에 관심이 있는 외부인사

② 외부위원의 임기는 3년으로 하며, 연임할 수 있다.

③ 법무부장관은 외부위원이 다음 각 호의 어느 하나에 해당하는 경우에는 소장의 건의를 받아 해당 위원을 해촉할 수 있다.

　　1. 심신장애로 직무수행이 불가능하거나 현저히 곤란하다고 인정되는 경우

　　2. 직무와 관련된 비위사실이 있는 경우

　　3. 직무태만, 품위손상, 그 밖의 사유로 인하여 위원으로 적합하지 아니하다고 인정되는 경우

　　4. 위원 스스로 직무를 수행하는 것이 곤란하다고 의사를 밝히는 경우

제147조【회장의 직무】

① 회장은 협의회를 소집하고 협의회 업무를 총괄한다.

② 회장이 부득이한 사유로 직무를 수행할 수 없을 때에는 소장이 지정한 부회장이 그 직무를 대행한다.

제148조【회의】 ★

① 협의회의 회의는 반기마다 개최한다. 다만, 다음 각 호의 어느 하나에 해당하는 경우에는 임시회의를 개최할 수 있다.

　　1. 수형자의 사회복귀 지원을 위하여 협의가 필요할 때

　　2. 회장이 필요하다고 인정하는 때

　　3. 위원 3분의 1 이상의 요구가 있는 때

② 협의회의 회의는 회장이 소집하고 그 의장이 된다.

③ 협의회의 회의는 재적위원 과반수의 출석으로 개의하고, 출석위원 과반수의 찬성으로 의결한다.

제149조【간사】

① 협의회의 사무를 처리하기 위하여 수형자 취업알선 및 창업지원 업무를 전담하는 직원 중에서 간사 1명을 둔다.

② 간사는 별지 제8호서식에 따른 협의회의 회의록을 작성하여 유지하여야 한다.

제70조 【집중근로에 따른 처우】 ★★

① 소장은 수형자의 신청에 따라 제68조의 작업(외부통근작업), 제69조 제2항의 훈련(외부직업훈련), 그 밖에 집중적인 근로가 필요한 작업을 부과하는 경우에는 접견·전화통화·교육·공동행사 참가 등의 처우를 제한할 수 있다. 다만, 접견 또는 전화통화를 제한한 때에는 휴일이나 그 밖에 해당 수용자의 작업이 없는 날에 접견 또는 전화통화를 할 수 있게 하여야 한다.

② 소장은 제1항에 따라 작업을 부과하거나 훈련을 받게 하기 전에 수형자에게 제한되는 처우의 내용을 충분히 설명하여야 한다.

📖 시행령

제95조 【집중근로】 ★

법 제70조 제1항에서 "집중적인 근로가 필요한 작업"이란 수형자의 신청에 따라 1일 작업시간 중 접견·전화통화·교육 및 공동행사 참가 등을 하지 아니하고 휴게시간을 제외한 작업시간 내내 하는 작업을 말한다.

제71조 【작업시간 등】

① 1일의 작업시간(휴식·운동·식사·접견 등 실제 작업을 실시하지 않는 시간을 제외한다. 이하 같다)은 8시간을 초과할 수 없다.

② 제1항에도 불구하고 취사·청소·간병 등 교정시설의 운영과 관리에 필요한 작업의 1일 작업시간은 12시간 이내로 한다.

③ 1주의 작업시간은 52시간을 초과할 수 없다. 다만, 수형자가 신청하는 경우에는 1주의 작업시간을 8시간 이내의 범위에서 연장할 수 있다.

④ 제2항 및 제3항에도 불구하고 19세 미만 수형자의 작업시간은 1일에 8시간을, 1주에 40시간을 초과할 수 없다.

⑤ 공휴일·토요일과 대통령령으로 정하는 휴일에는 작업을 부과하지 아니한다. 다만, 다음 각 호의 어느 하나에 해당하는 경우에는 작업을 부과할 수 있다.

1. 제2항에 따른 교정시설의 운영과 관리에 필요한 작업을 하는 경우
2. 작업장의 운영을 위하여 불가피한 경우
3. 공공의 안전이나 공공의 이익을 위하여 긴급히 필요한 경우
4. 수형자가 신청하는 경우

📖 시행령

제96조 【휴업일】

법 제71조에서 "그 밖의 휴일"이란 「각종 기념일 등에 관한 규정」에 따른 교정의 날 및 소장이 특히 지정하는 날을 말한다.

제72조【작업의 면제】 ★

① 소장은 수형자의 가족 또는 배우자의 직계존속이 사망하면 2일간, 부모 또는 배우자의 제삿날에는 1일간 해당 수형자의 작업을 면제한다. 다만, 수형자가 작업을 계속하기를 원하는 경우는 예외로 한다.

② 소장은 수형자에게 부상·질병, 그 밖에 작업을 계속하기 어려운 특별한 사정이 있으면 그 사유가 해소될 때까지 작업을 면제할 수 있다.

제73조【작업수입 등】 ★★

① 작업수입은 국고수입으로 한다.

② 소장은 수형자의 근로의욕을 고취하고 건전한 사회복귀를 지원하기 위하여 법무부장관이 정하는 바에 따라 작업의 종류, 작업성적, 교정성적, 그 밖의 사정을 고려하여 수형자에게 작업장려금을 지급할 수 있다.

③ 제2항의 작업장려금은 석방할 때에 본인에게 지급한다. 다만, 본인의 가족생활 부조, 교화 또는 건전한 사회복귀를 위하여 특히 필요하면 석방 전이라도 그 전부 또는 일부를 지급할 수 있다.

제74조【위로금·조위금】 ★★

① 소장은 수형자가 다음 각 호의 어느 하나에 해당하면 법무부장관이 정하는 바에 따라 위로금 또는 조위금을 지급한다.

1. 작업 또는 직업훈련으로 인한 부상 또는 질병으로 신체에 장해가 발생한 때

2. 작업 또는 직업훈련 중에 사망하거나 그로 인하여 사망한 때

② 위로금은 본인에게 지급하고, 조위금은 그 상속인에게 지급한다.

제75조【다른 보상·배상과의 관계】

위로금 또는 조위금을 지급받을 사람이 국가로부터 동일한 사유로「민법」이나 그 밖의 법령에 따라 제74조의 위로금 또는 조위금에 상당하는 금액을 지급받은 경우에는 그 금액을 위로금 또는 조위금으로 지급하지 아니한다.

제76조【위로금·조위금을 지급받을 권리의 보호】

① 제74조의 위로금 또는 조위금을 지급받을 권리는 다른 사람 또는 법인에게 양도하거나 담보로 제공할 수 없으며, 다른 사람 또는 법인은 이를 압류할 수 없다.

② 제74조에 따라 지급받은 금전을 표준으로 하여 조세와 그 밖의 공과금(公課金)을 부과하여서는 아니 된다.

작업수입 · 위로금 · 조위금 규정의 위헌 여부

수형자들에게 부과되는 교도작업은 경제적 이윤추구보다는 교화차원에서 이루어지는 기술습득에 목표가 있고 경제성을 따지지 아니하고 실시하는 것이므로 작업장려금은 급료가 될 수 없는 은혜적 금전인데다 석방시 본인에게 또는 석방전 가족에게 지급되는 것으로서 헌법에 위반되지 아니하고, 작업중 재해에 대하여도 수용자는 사법상의 계약관계를 맺고 작업하는 것이 아니라 형집행의 일부로서 정역에 복무하는 것이므로 각종 산재보험 등에 상당한 보험료를 지불하는 대가로 받는 사회일반인의 재해보상과 동일한 보상을 할 수 없는 이치로서 정상을 참작하여 위로금이나 조위금을 지급한다고 하여도 이는 헌법에 위반되지 아니한다(헌재 1998.07.16. 96헌마268).

제5절 귀휴

제77조 【귀휴】 ★★

① 소장은 6개월 이상 형을 집행받은 수형자로서 그 형기의 3분의 1(21년 이상의 유기형 또는 무기형의 경우에는 7년)이 지나고 교정성적이 우수한 사람이 다음 각 호의 어느 하나에 해당하면 1년 중 20일 이내의 귀휴를 허가할 수 있다.
   1. 가족 또는 배우자의 직계존속이 위독한 때
   2. 질병이나 사고로 외부의료시설에의 입원이 필요한 때
   3. 천재지변이나 그 밖의 재해로 가족, 배우자의 직계존속 또는 수형자 본인에게 회복할 수 없는 중대한 재산상의 손해가 발생하였거나 발생할 우려가 있는 때
   4. 그 밖에 교화 또는 건전한 사회복귀를 위하여 법무부령으로 정하는 사유가 있는 때
② 소장은 다음 각 호의 어느 하나에 해당하는 사유가 있는 수형자에 대하여는 제1항에도 불구하고 5일 이내의 특별귀휴를 허가할 수 있다.
   1. 가족 또는 배우자의 직계존속이 사망한 때
   2. 직계비속의 혼례가 있는 때
③ 소장은 귀휴를 허가하는 경우에 법무부령으로 정하는 바에 따라 거소의 제한이나 그 밖에 필요한 조건을 붙일 수 있다.
④ 제1항 및 제2항의 귀휴기간은 형 집행기간에 포함한다.

📖 시행령

제97조 【귀휴자에 대한 조치】

① 소장은 법 제77조에 따라 2일 이상의 귀휴를 허가한 경우에는 귀휴를 허가받은 사람(이하 "귀휴자"라 한다)의 귀휴지를 관할하는 경찰관서의 장에게 그 사실을 통보하여야 한다.

② 귀휴자는 귀휴 중 천재지변이나 그 밖의 사유로 자신의 신상에 중대한 사고가 발생한 경우에는 가까운 교정시설이나 경찰관서에 신고하여야 하고 필요한 보호를 요청할 수 있다.

③ 제2항의 보호 요청을 받은 교정시설이나 경찰관서의 장은 귀휴를 허가한 소장에게 그 사실을 지체 없이 통보하고 적절한 보호조치를 하여야 한다.

📖 시행규칙

제129조 【귀휴 허가】 ★

① 소장은 법 제77조에 따른 귀휴(일반귀휴·특별귀휴)를 허가하는 경우에는 제131조의 귀휴심사위원회의 심사를 거쳐야 한다.

② 소장은 개방처우급·완화경비처우급 수형자에게 법 제77조 제1항에 따른 귀휴(일반귀휴)를 허가할 수 있다. 다만, 교화 또는 사회복귀 준비 등을 위하여 특히 필요한 경우에는 일반경비처우급 수형자에게도 이를 허가할 수 있다.

③ 법 제77조 제1항 제4호에 해당하는 귀휴사유는 다음 각 호와 같다.

1. 직계존속, 배우자, 배우자의 직계존속 또는 본인의 회갑일이나 고희일인 때
2. 본인 또는 형제자매의 혼례가 있는 때
3. 직계비속이 입대하거나 해외유학을 위하여 출국하게 된 때
4. 직업훈련을 위하여 필요한 때
5. 「숙련기술장려법」 제20조 제2항에 따른 국내기능경기대회의 준비 및 참가를 위하여 필요한 때
6. 출소 전 취업 또는 창업 등 사회복귀 준비를 위하여 필요한 때
7. 입학식·졸업식 또는 시상식에 참석하기 위하여 필요한 때
8. 출석수업을 위하여 필요한 때
9. 각종 시험에 응시하기 위하여 필요한 때
10. 그 밖에 가족과의 유대강화 또는 사회적응능력 향상을 위하여 특히 필요한 때

제130조 【형기기준 등】

① 법 제77조 제1항의 형기를 계산할 때 부정기형은 단기를 기준으로 하고, 2개 이상의 징역 또는 금고의 형을 선고받은 수형자의 경우에는 그 형기를 합산한다.

② 법 제77조 제1항의 "1년 중 20일 이내의 귀휴" 중 "1년"이란 매년 1월 1일부터 12월 31일까지를 말한다.

◀ 귀휴심사위원회 ▶

제131조 【설치 및 구성】 ★★

① 법 제77조에 따른 수형자의 귀휴허가에 관한 심사를 하기 위하여 교정시설에 귀휴심사위원회(이하 이 절에서 "위원회"라 한다)를 둔다.

② 위원회는 위원장을 포함한 6명 이상 8명 이하의 위원으로 구성한다.

③ 위원장은 소장이 되며, 위원은 소장이 소속기관의 부소장·과장(지소의 경우에는 7급 이상의 교도관) 및 교정에

관한 학식과 경험이 풍부한 외부인사 중에서 임명 또는 위촉한다. 이 경우 외부위원은 2명 이상으로 한다.

제132조【위원장의 직무】

① 위원장은 위원회를 소집하고 위원회의 업무를 총괄한다.

② 위원장이 부득이한 사유로 직무를 수행할 수 없을 때에는 부소장인 위원이 그 직무를 대행하고, 부소장이 없거나 부소장인 위원이 사고가 있는 경우에는 위원장이 미리 지정한 위원이 그 직무를 대행한다.

제133조【회의】

① 위원회의 회의는 위원장이 수형자에게 법 제77조 제1항 및 제2항에 따른 귀휴사유가 발생하여 귀휴심사가 필요하다고 인정하는 때에 개최한다.

② 위원회의 회의는 재적위원 과반수의 출석으로 개의하고, 출석위원 과반수의 찬성으로 의결한다.

제134조【심사의 특례】

① 소장은 토요일, 공휴일, 그 밖에 위원회의 소집이 매우 곤란한 때에 법 제77조 제2항 제1호(가족 또는 배우자의 직계존속이 사망한 때)의 사유가 발생한 경우에는 제129조 제1항(귀휴허가 시 귀휴심사위원회의 심사)에도 불구하고 위원회의 심사를 거치지 아니하고 귀휴를 허가할 수 있다. 다만, 이 경우 다음 각 호에 해당하는 부서의 장의 의견을 들어야 한다.

1. 수용관리를 담당하고 있는 부서
2. 귀휴업무를 담당하고 있는 부서

② 제1항 각 호에 해당하는 부서의 장은 제137조 제3항의 서류(귀휴심사부, 수용기록부, 그밖에 귀휴심사에 필요하다고 인정되는 서류)를 검토하여 그 의견을 지체 없이 소장에게 보고하여야 한다.

제135조【심사사항】

위원회는 귀휴심사대상자(이하 이 절에서 "심사대상자"라 한다)에 대하여 다음 각 호의 사항을 심사해야 한다.

1. 수용관계	2. 범죄관계	3. 환경관계
가. 건강상태 나. 징벌유무 등 수용생활 태도 다. 작업·교육의 근면·성실 정도 라. 작업장려금 및 보관금 마. 사회적 처우의 시행 현황 바. 공범·동종범죄자 또는 심사대상자가 속한 범죄단체 구성원과의 교류 정도	가. 범행 시의 나이 나. 범죄의 성질 및 동기 다. 공범관계 라. 피해의 회복 여부 및 피해자의 감정 마. 피해자에 대한 보복범죄 가능성 바. 범죄에 대한 사회의 감정	가. 가족 또는 보호자 나. 가족과의 결속 정도 다. 보호자의 생활상태 라. 접견·전화통화의 내용 및 횟수 마. 귀휴예정지 및 교통·통신 관계 바. 공범·동종범죄자 또는 심사대상자가 속한 범죄단체의 활동상태 및 이와 연계한 재범 가능성

제136조【외부위원】

① 외부위원의 임기는 2년으로 하며, 연임할 수 있다.

② 소장은 외부위원이 다음 각 호의 어느 하나에 해당하는 경우에는 해당 위원을 해촉할 수 있다.

1. 심신장애로 직무수행이 불가능하거나 현저히 곤란하다고 인정되는 경우
2. 직무와 관련된 비위사실이 있는 경우
3. 직무태만, 품위손상, 그 밖의 사유로 인하여 위원으로 적합하지 아니하다고 인정되는 경우
4. 위원 스스로 직무를 수행하는 것이 곤란하다고 의사를 밝히는 경우

③ 외부위원에게는 예산의 범위에서 수당과 여비를 지급할 수 있다.

제137조【간사】

① 위원회의 사무를 처리하기 위하여 귀휴업무를 담당하는 교도관 중에서 간사 1명을 둔다.

② 간사는 위원장의 명을 받아 위원회의 사무를 처리한다.

③ 간사는 다음 각 호의 서류를 위원회에 제출하여야 한다.

    1. 별지 제2호서식의 귀휴심사부

    2. 수용기록부

    3. 그 밖에 귀휴심사에 필요하다고 인정되는 서류

④ 간사는 별지 제3호서식에 따른 위원회 회의록을 작성하여 유지하여야 한다.

제138조 【사실조회 등】

① 소장은 수형자의 귀휴심사에 필요한 경우에는 법 제60조 제1항에 따라 사실조회를 할 수 있다.

② 소장은 심사대상자의 보호관계 등을 알아보기 위하여 필요하다고 인정하는 경우에는 그의 가족 또는 보호관계에 있는 사람에게 위원회 회의의 참석을 요청할 수 있다.

◀ 귀휴허가 후 조치 ▶

제139조 【귀휴허가증 발급 등】

소장은 귀휴를 허가한 때에는 별지 제4호서식의 귀휴허가부에 기록하고 귀휴허가를 받은 수형자(이하 "귀휴자"라 한다)에게 별지 제5호서식의 귀휴허가증을 발급하여야 한다.

제140조 【귀휴조건】 ★★

귀휴를 허가하는 경우 법 제77조 제3항에 따라 붙일 수 있는 조건(이하 "귀휴조건"이라 한다)은 다음 각 호와 같다.

1. 귀휴지 외의 지역 여행 금지

2. 유흥업소, 도박장, 성매매업소 등 건전한 풍속을 해치거나 재범 우려가 있는 장소 출입 금지

3. 피해자 또는 공범·동종범죄자 등과의 접촉금지

4. 귀휴지에서 매일 1회 이상 소장에게 전화보고(제141조 제1항에 따른 귀휴는 제외한다)

5. 그 밖에 귀휴 중 탈선 방지 또는 귀휴 목적 달성을 위하여 필요한 사항

제141조 【동행귀휴 등】

① 소장은 수형자에게 귀휴를 허가한 경우 필요하다고 인정하면 교도관을 동행시킬 수 있다.

② 소장은 귀휴자의 가족 또는 보호관계에 있는 사람으로부터 별지 제6호서식의 보호서약서를 제출받아야 한다.

③ 영 제97조 제1항에 따라 경찰관서의 장에게 귀휴사실을 통보하는 경우에는 별지 제7호서식에 따른다.

제142조 【귀휴비용 등】 ★

① 귀휴자의 여비와 귀휴 중 착용할 복장은 본인이 부담한다.

② 소장은 귀휴자가 신청할 경우 작업장려금의 전부 또는 일부를 귀휴비용으로 사용하게 할 수 있다.

제78조 【귀휴의 취소】

소장은 귀휴 중인 수형자가 다음 각 호의 어느 하나에 해당하면 그 귀휴를 취소할 수 있다.

1. 귀휴의 허가사유가 존재하지 아니함이 밝혀진 때

2. 거소의 제한이나 그 밖에 귀휴허가에 붙인 조건을 위반한 때

시행규칙

제143조【귀휴조건 위반에 대한 조치】

소장은 귀휴자가 귀휴조건을 위반한 경우에는 법 제78조에 따라 귀휴를 취소하거나 이의 시정을 위하여 필요한 조치를 하여야 한다.

제9장 | 미결수용자의 처우

제79조【미결수용자 처우의 원칙】★

미결수용자는 무죄의 추정을 받으며 그에 합당한 처우를 받는다.

시행령

제82조【수형자로서의 처우 개시】

① 소장은 미결수용자로서 자유형이 확정된 사람에 대하여는 검사의 집행 지휘서가 도달된 때부터 수형자로 처우할 수 있다.

② 제1항의 경우 검사는 집행 지휘를 한 날부터 10일 이내에 재판서나 그 밖에 적법한 서류를 소장에게 보내야 한다.

제98조【미결수용시설의 설비 및 계호의 정도】

미결수용자를 수용하는 시설의 설비 및 계호의 정도는 법 제57조 제2항 제3호의 일반경비시설에 준한다.

제99조【법률구조 지원】★

소장은 미결수용자가 빈곤하거나 무지하여 수사 및 재판 과정에서 권리를 충분히 행사하지 못한다고 인정하는 경우에는 법률구조에 필요한 지원을 할 수 있다.

> **관련판례**
>
> 기초생활보장제도의 보장단위인 개별가구에서 교도소 · 구치소에 수용 중인 자를 제외토록 규정한 국민기초생활 보장법이 교도소 · 구치소에 수용 중인 자를 기초생활보장급여의 지급 대상에서 제외시켜 헌법상 인간다운 생활을 할 권리를 침해하는지 여부(소극)
>
> 형의 집행 및 수용자의 처우에 관한 법률에 의한 교도소 · 구치소에 수용 중인 자는 당해 법률에 의하여 생계유지의 보호를 받고 있으므로 이러한 생계유지의 보호를 받고 있는 교도소 · 구치소에 수용 중인 자에 대하여 국민기초생활 보장법에 의한 중복적인 보장을 피하기 위하여 개별가구에서 제외키로 한 입법자의 판단이 헌법상 용인될 수 있는 재량의 범위를 일탈하여 인간다운 생활을 할 권리를 침해한다고 볼 수 없다(헌재 2011.03.31, 2009헌마617).

제80조【참관금지】★★
미결수용자가 수용된 거실은 참관할 수 없다.

제81조【분리수용】
소장은 미결수용자로서 사건에 서로 관련이 있는 사람은 분리수용하고 서로 간의 접촉을 금지하여야 한다.

시행령

제100조【공범 분리】
소장은 이송이나 출정, 그 밖의 사유로 미결수용자를 교정시설 밖으로 호송하는 경우에는 해당 사건에 관련된 사람과 호송 차량의 좌석을 분리하는 등의 방법으로 서로 접촉하지 못하게 하여야 한다.

제82조【사복착용】
미결수용자는 수사·재판·국정감사 또는 법률로 정하는 조사에 참석할 때에는 사복을 착용할 수 있다. 다만, 소장은 도주우려가 크거나 특히 부적당한 사유가 있다고 인정하면 교정시설에서 지급하는 의류를 입게 할 수 있다.

관련판례

[1] 미결수용자가 수감되어 있는 동안 구치소 등 수용시설 안에서 사복을 입지 못하게 하고 재소자용 의류를 입게 한 행위로 인하여 기본권침해가 있는지 여부(소극)

구치소 등 수용시설 안에서는 재소자용 의류를 입더라도 일반인의 눈에 띄지 않고, 수사 또는 재판에서 변해·방어권을 행사하는데 지장을 주는 것도 아닌 반면에, 미결수용자에게 사복을 입도록 하면 의복의 수선이나 세탁 및 계절에 따라 의복을 바꾸는 과정에서 증거인멸 또는 도주를 기도하거나 흉기, 담배, 약품 등 소지금지품이 반입될 염려 등이 있으므로 미결수용자에게 시설 안에서 재소자용 의류를 입게 하는 것은 구금 목적의 달성, 시설의 규율과 안전유지를위한 필요최소한의 제한으로서 정당성·합리성을 갖춘 재량의 범위 내의 조치이다(헌재 1999.05.27. 97헌마137).

[2] 미결수용자가 수감되어 있는 동안 수사 또는 재판을 받을 때에도 사복을 입지 못하게 하고 재소자용 의류를 입게 한 행위로 인하여 기본권침해가 있는지 여부(적극)

수사 및 재판단계에서 유죄가 확정되지 아니한 미결수용자에게 재소자용 의류를 입게 하는 것은 미결수용자로 하여금 모욕감이나 수치심을 느끼게 하고, 심리적인 위축으로 방어권을 제대로 행사할 수 없게 하여 실체적 진실의 발견을 저해할 우려가 있으므로, 도주 방지 등 어떠한 이유를 내세우더라도 그 제한은 정당화될 수 없어 헌법 제37조 제2항의 기본권 제한에서의 비례원칙에 위반되는 것으로서, 무죄추정의 원칙에 반하고 인간으로서의 존엄과 가치에서 유래하는 인격권과 행복추구권, 공정한 재판을 받을 권리를 침해하는 것이다(헌재 1999.05.27. 97헌마137).

[3] 외부 재판에 출정할 때 운동화를 착용하게 해달라는 청구인의 신청에 대한 교도소장의 불허행위가 청구인의 인격권과 행복추구권을 침해한 것인지 여부(소극)

이 사건 운동화착용불허행위는 시설 바깥으로의 외출이라는 기회를 이용한 도주를 예방하기 위한 것으로서 그 목적이 정당하고, 위와 같은 목적을 달성하기 위한 적합한 수단이라 할 것이다. 또한 신발의 종류를 제한하는 것에 불과하여 법익침해의 최소성과 균형성도 갖추었다 할 것이므로, 이 사건 운동화착용불허행위가 기본권제한에 있어서의 과잉금지원칙에 반하여 청구인의 인격권과 행복추구권을 침해하였다고 볼 수 없다(현재 2011.02.24, 2009헌마209).

제83조 【이발】

미결수용자의 머리카락과 수염은 특히 필요한 경우가 아니면 본인의 의사에 반하여 짧게 깎지 못한다.

제84조 【변호인과의 접견 및 편지수수】 ★★

① 제41조 제4항(접견내용의 청취·기록·녹음 또는 녹화)에도 불구하고 미결수용자와 변호인과의 접견에는 교도관이 참여하지 못하며 그 내용을 청취 또는 녹취하지 못한다. 다만, 보이는 거리에서 미결수용자를 관찰할 수 있다.
② 미결수용자와 변호인 간의 접견은 시간과 횟수를 제한하지 아니한다.
③ 제43조 제4항 단서(편지 검열사유)에도 불구하고 미결수용자와 변호인 간의 편지는 교정시설에서 상대방이 변호인임을 확인할 수 없는 경우를 제외하고는 검열할 수 없다.

시행령

제101조 【접견횟수】
미결수용자의 접견횟수는 매일 1회로 하되, 변호인과의 접견은 그 횟수에 포함시키지 않는다.
제102조 【접견의 예외】
소장은 미결수용자의 처우를 위하여 특히 필요하다고 인정하면 제58조 제1항(근무시간 내 접견)에도 불구하고 접견 시간대 외에도 접견하게 할 수 있고, 변호인이 아닌 사람과 접견하는 경우에도 제58조 제2항(30분 이내의 접견) 및 제101조(매일 1회의 접견횟수)에도 불구하고 접견시간을 연장하거나 접견 횟수를 늘릴 수 있다.

제85조 【조사 등에서의 특칙】

소장은 미결수용자가 징벌대상자로서 조사받고 있거나 징벌집행 중인 경우에도 소송서류의 작성, 변호인과의 접견·편지수수, 그 밖의 수사 및 재판 과정에서의 권리행사를 보장하여야 한다.

제86조【작업과 교화】

① 소장은 미결수용자에 대하여는 신청에 따라 교육 또는 교화프로그램을 실시하거나 작업을 부과할 수 있다.

② 제1항에 따라 미결수용자에게 교육 또는 교화프로그램을 실시하거나 작업을 부과하는 경우에는 제63조부터 제65조(교육, 교화프로그램, 작업의 부과) 및 제70조부터 제76조(집중근로에 따른 처우, 휴일의 작업, 작업의 면제, 작업수입 등, 위로금·조의금, 다른 보상·배상과의 관계, 위로금·조위금을 지급받을 권리 보호)의 규정을 준용한다.

시행령

제103조【교육·교화와 작업】 ★

① 법 제86조 제1항(신청에 의한 교육·교화프로그램 또는 작업의 부과)의 미결수용자에 대한 교육·교화프로그램 또는 작업은 교정시설 밖에서 행하는 것은 포함하지 아니한다.

② 소장은 법 제86조 제1항에 따라 작업이 부과된 미결수용자가 작업의 취소를 요청하는 경우에는 그 미결수용자의 의사, 건강 및 교도관의 의견 등을 고려하여 작업을 취소할 수 있다.

제87조【유치장】

경찰관서에 설치된 유치장은 교정시설의 미결수용실로 보아 이 법을 준용한다.

시행령

제107조【유치장 수용기간】

경찰관서에 설치된 유치장에는 수형자를 30일 이상 수용할 수 없다.

제88조【준용규정】 ★★

형사사건으로 수사 또는 재판을 받고 있는 수형자와 사형확정자에 대하여는 제82조(미결수용자의 사복착용), 제84조(미결수용자의 변호인과 접견 및 편지수수) 및 제85조(미결수용자의 조사·징벌 중의 권리행사 보장 특칙)를 준용한다.

시행령

제104조【도주 등 통보】

소장은 미결수용자가 도주하거나 도주한 미결수용자를 체포한 경우에는 그 사실을 검사에게 통보하고, 기소된 상태인 경우에는 법원에도 지체 없이 통보하여야 한다.

제105조【사망 등 통보】

소장은 미결수용자가 위독하거나 사망한 경우에는 그 사실을 검사에게 통보하고, 기소된 상태인 경우에는 법원에도 지체 없이 통보하여야 한다.

제106조 【외부의사의 진찰 등】

미결수용자가 「형사소송법」 제34조, 제89조 및 제209조에 따라 외부의사의 진료를 받는 경우에는 교도관이 참여하고 그 경과를 수용기록부에 기록하여야 한다.

관련판례

[1] '변호인이 되려는 자'의 피의자 접견교통권이 헌법상 기본권인지 여부(적극)

변호인 선임을 위하여 피의자·피고인(피의자 등)이 가지는 '변호인이 되려는 자'와의 접견교통권은 헌법상 기본권으로 보호되어야 하고, '변호인이 되려는 자'의 접견교통권은 피의자 등이 변호인을 선임하여 그로부터 조력을 받을 권리를 공고히 하기 위한 것으로서, 그것이 보장되지 않으면 피의자 등이 변호인 선임을 통하여 변호인으로부터 충분한 조력을 받는다는 것이 유명무실하게 될 수밖에 없다. 이와 같이 '변호인이 되려는 자'의 접견교통권은 피의자 등을 조력하기 위한 핵심적인 부분으로서, 피의자 등이 가지는 헌법상의 기본권인 '변호인이 되려는 자'와의 접견교통권과 표리의 관계에 있다. 따라서 피의자 등이 가지는 '변호인이 되려는 자'의 조력을 받을 권리가 실질적으로 확보되기 위해서는 '변호인이 되려는 자'의 접견교통권 역시 헌법상 기본권으로서 보장되어야 한다. 그러므로 청구인이 변호인이 되려는 자의 자격으로 피의자 접견 신청을 하였음에도 이를 허용하기 위한 조치를 취하지 않은 검사의 행위는 헌법상 기본권인 청구인의 접견교통권을 침해하였다(헌재 2019.2.28. 2015헌마1204).

※ 이 판례로 인해 '헌법상 변호인과의 접견교통권은 피의자·피고인에게만 한정되는 신체의 자유에 관한 기본권이고, 변호인 자신의 피의자·피고인과의 접견교통권은 헌법상의 권리라고 볼 수 없으며, 단지 형사소송법 제34조에 의하여 비로소 보장되는 권리에 불과하다는 판례(헌재 1991.7.8. 89헌마181)는 폐기될 것으로 예상된다.

※ 헌재가 변경 또는 폐기 결정을 하지 않았기 때문에 두 개(89헌마181와 2015헌마1204)의 판례가 공존하고 있는 상태이다.

[2] 미결수용자의 가족이 미결수용자와 접견하는 것 역시 헌법 제10조가 보장하고 있는 인간으로서의 존엄과 가치 및 행복추구권 가운데 포함되는 헌법상의 기본권이라고 보아야 할 것이다(헌재2003.11.27. 2002헌마193).

[3] 임의동행된 피의자 또는 피내사자에게도 변호인과의 접견교통권이 인정되는지의 여부(적극)

임의동행의 형식으로 수사기관에 연행된 피해자에게도 변호인 또는 변호인이 되려는 자와의 접견교통권은 당연히 인정된다고 보아야 하고 임의동행의 형식으로 연행된 피내사자의 경우에도 이는 마찬가지이다(대법원 1996.6.3. 96모18).

[4] 형집행 중에 있는 수형자에 대하여도 변호인과의 접견교통권이 인정되는지 여부

형사절차가 종료되어 교정시설에 수용 중인 수형자는 원칙적으로 변호인의 조력을 받을 권리의 주체가 될 수 없다(대법원 1996.6.3 96헌마398).

[5] (피고인의) 변호인과의 자유로운 접견은 신체구속을 당한 사람에게 보장된 변호인의 조력을 받을 권리의 가장 중요한 내용이어서 (법령에 근거가 없는 한)국가안전보장, 질서유지, 공공복리 등 어떠한 명분으로도 제한될 수 있는 성질의 것이 아니다(헌재 1992.1.28. 91헌마111).

[6] 변호인 접견시 교도관 참여의 위헌 여부(적극)

미결수용자의 변호인 접견 시 교도관이 참여할 수 있도록 한 것은 신체구속을 당한 미결수용자에게 보장된 변호인이 조력을 받을 권리를 침해하는 것이어서 헌법에 위반된다(헌재 1922.1.28. 91헌마111).

[7] 미결수용자의 변호인 접견권에 대한 제한가능성

헌법재판소가 91헌마111 결정에서 미결수용자와 변호인과의 접견에 대해 어떠한 명분으로도 제한할 수 없다고 한 것은 구속된 자와 변호인 간의 접견이 실제로 이루어지는 경우에 있어서의 자유로운 접견, 즉 대화내용에 대하여 비밀이 완전히 보장되고 어떠한 제한, 영향, 압력 또는 부당한 간섭 없이 자유롭게 대화할 수 있는 접견을 제한할 수 없다는 것이지, 변호인과의 접견 자체에 대해 아무런 제한도 가할 수 없다는 것을 의미하는 것이 아니므로 미결수용자의 변호인 접견권 역시 국가안전보장 · 질서유지 또는 공공복리를 위해 필요한 경우에는 법률로써 제한될 수 있음은 당연하다(헌재 2011.05.26 2009헌마341).

[8] 형집행법 제41조 제4항에서 접견의 횟수 · 시간 · 장소 · 방법 및 접견내용의 청취 · 기록 · 녹음 · 녹화 등에 관하여 필요한 사항은 대통령령으로 정한다고 하여 수용자의 접견 시간 등에 관하여 필요한 사항을 대통령령에 위임하면서도 제84조 제2항에서 "미결수용자와 변호인 간의 접견은 시간과 횟수를 제한하지 아니한다."고 규정한 것의 의미

제84조 제2항에 의해 금지되는 접견시간 제한의 의미는 접견에 관한 일체의 시간적 제한이 금지된다는 것으로 볼 수는 없고, 수용자와 변호인의 접견이 현실적으로 실시되는 경우, 그 접견이 미결수용자와 변호인의 접견인 때에는 미결수용자의 방어권 행사로서의 중요성을 감안하여 자유롭고 충분한 변호인의 조력을 보장하기 위해 접견 시간을 양적으로 제한하지 못한다는 의미로 이해하는 것이 타당하므로, 수용자의 접견이 이루어지는 일반적인 시간대를 대통령령으로 규정하는 것은 가능하다(헌재 2011.5.26. 2009헌마341).

[9] 신체구속을 당한 피고인 또는 피의자가 범하였다고 의심받는 범죄행위에 자신의 변호인이 관련되었다는 사정만으로 그 변호인과의 접견교통을 금지할 수 있는지 여부(소극)

변호인의 접견교통의 상대방인 신체구속을 당한 사람이 그 변호인을 자신의 범죄행위에 공범으로 가담시키려고 하였다는 등의 사정만으로 그 변호인의 신체구속을 당한 사람과의 접견교통을 금지하는 것이 정당화될 수는 없다. 이러한 법리는 신체구속을 당한 사람의 변호인이 1명이 아니라 여러 명이라고 하여 달라질 수 없고, 어느 변호인의 접견교통권의 행사가 그 한계를 일탈한 것인지의 여부는 해당 변호인을 기준으로 하여 개별적으로 판단하여야 할 것이다(대법원 2007.1.31. 2006모656).

[10] 공휴일이라는 이유로 변호인과의 접견이 불허되었으나 그 후 충분히 접견이 이루어진 경우, 변호인의 조력을 받을 권리가 침해된 것인지 여부(소극)

불구속 상태에서 재판을 받은 후 선고기일에 출석하지 않아 구속된 피고인을, 국선변호인이 접견하고자 하였으나 공휴일이라는 이유로 접견이 불허되었으나 그로부터 이틀 후 접견이 이루어지고, 다시 그로부터 열흘 넘게 지난 후 공판이 이루어진 경우 피고인의 변호인이 조력을 받을 권리를 침해했다고 할 수 없다(헌재 2011.5.26. 2009헌마341).

[11] 법정 옆 피고인 대기실에서 재판대기중인 피고인이 공판을 앞두고 호송교도관에게 변호인 접견을 신청하였으나, 교도관이 이를 허용하지 아니한 것이 피고인의 변호인의 조력을 받을 권리를 침해한 것인지 여부(소극)

구속피고인 변호인 면접 · 교섭권은 독자적으로 존재하는 것이 아니라 국가형벌권의 적정한 행사와 피고인의 인권보호라는 형사소송절차의 전체적인 체계 안에서 의미를 갖고 있는 것이다. 따라서 구속피고인의 변호인 면접 · 교섭권은 최대한 보장되어야 하지만, 형사소송절차의 위와 같은 목적을 구현하기 위하여 제한될 수 있다. 다만 이 경우에도 그 제한은 엄격한 비례의 원칙에 따라야 하고, 시간 · 장소 · 방법 등 일반적 기준에 따라 중립적이어야 한다.

청구인의 면담 요구는 구속피고인의 변호인과의 면접·교섭권으로서 현실적으로 보장할 수 있는 한계 범위 밖이라고 아니할 수 없다. 따라서 청구인의 변호인 면담 요구를 받아들이지 아니한 교도관의 접견불허행위는 청구인의 기본권을 침해하는 위헌적인 공권력의 행사라고 보기 어렵다(헌재 2009.10.29. 2007헌마992).

[12] 구치소장이 변호인접견실에 CCTV를 설치하여 미결수용자와 변호인 간의 접견을 관찰한 행위(이하 '이 사건 CCTV 관찰행위'라고 한다)가 법률유보원칙에 위배되는지 여부(소극)

변호인접견실에 설치된 CCTV는 교도관이 CCTV를 통해 미결수용자와 변호인 간의 접견을 관찰하더라도 접견내용의 비밀이 침해되거나 접견교통에 방해가 되지 않도록 조치를 취하고 있는 점, 금지물품의 수수를 적발하거나 교정사고를 효과적으로 방지하고 교정사고가 발생하였을 때 신속하게 대응하기 위하여는 CCTV를 통해 관찰하는 외에 더 효과적인 다른 방법을 찾기 어려운 점 등에 비추어 보면, 이 사건 CCTV 관찰행위는 그 목적을 달성하기 위하여 필요한 범위 내의 제한으로 침해의 최소성을 갖추었다. 따라서 이 사건 CCTV 관찰행위가 청구인의 변호인의 조력을 받을 권리를 침해한다고 할 수 없다(헌재 2016.4.28. 2015헌마243).

[13] 교도관이 미결수용자와 변호인 간에 주고받는 서류를 확인하고, 소송관계서류처리부에 그 제목을 기재하여 등재한 행위(서류 확인 및 등재행위)가 법률유보원칙에 위배되는지 여부(소극)

서류확인 및 등재는 변호인 접견이 종료된 뒤 이루어지고, 교도관은 변호인과 미결수용자가 지켜보는 가운데 서류를 확인하여 그 제목 등을 소송관계처리부에 기재하여 등재하므로 내용에 대한 검열이 이루어질 수도 없는 점에 비추어 보면 침해의 최소성 요건을 갖추었다. 따라서 이 사건 서류 확인 및 등재행위는 청구인의 변호인의 조력을 받을 권리를 침해한다고 할 수 없다(헌재 2016.4.28. 2015헌마243).

[14] 미결수용자를 다른 수용시설로 이송하기 위한 요건

미결수용자를 수용하고 있는 교도소장 등은 형집행법에 근거하여 미결수용자의 수용이나 처우상 특히 필요하다고 인정할 때에는 법무부장관의 승인을 얻어 미결수용자를 다른 수용시설로 이송할 수 있다고 보아야 할 것이며, 다만 미결수용자의 특성상 작업이나 교화 등의 필요를 이유로 미결수용자를 다른 수용시설로 이송할 수는 없으며, 또 교도소의 수용능력이 부족하다는 사유만으로 이송처분이 적법한 것이라고 단정할 수 없다(대법원 1992.8.7. 92두30).

[15] 사법경찰관이 경찰서 유치장에 수용된 피의자에 대한 변호인의 수진권행사에 의무관의 참여를 요구한 것이 변호인의 수진권을 침해하는 위법한 처분인지 여부(소극)

경찰서 유치장은 미결수용실에 준하는 것이어서 그 곳에 수용된 피의자에 대하여는 행형법 및 그 시행령이 적용된다, 국가정보원 사법경찰관이 경찰서 유치장에 구금되어 있던 피의자에 대하여 의사의 진료를 받게 할 것을 신청한 변호인에게 국가정보원이 추천하는 의사의 참여를 요구한 것은 형집행법 시행령에 근거한 것으로서 적법하고, 이를 가리켜 변호인의 수진권을 침해하는 위법한 처분이라고 할 수는 없다(대법원 2002.5.6. 2000모112).

[16] 경찰서 대용감방에 배치된 경찰관 등으로서는 감방 내의 상황을 잘 살펴 수감자들 사이에서 폭력행위 등이 일어나지 않도록 예방하고 나아가 폭력행위 등이 일어난 경우에는 이를 제지하여야 할 의무가 있음에도 불구하고 이러한 주의의무를 게을리 하였다면 국가는 감방 내의 폭력행위로 인한 손해를 배상할 책임이 있다(대법원 1993.9.28. 93다17546).

[17] 밀폐시설이 불충분하여 사용과정에서 신체부위가 다른 유치인들 및 경찰관들에게 관찰될 수 있고

냄새가 유출되는 유치실 내 화장실을 사용하도록 강제한 것은 인간의 존엄과 가치로부터 유래하는 인격권을 침해하는 정도에 이르렀다고 판단된다(헌재 2001.7.19. 2000헌마546).

[18] 구치소장이 구치소 내에서 실시하는 종교의식 또는 행사에 미결수용자인 청구인의 참석을 금지한 행위 역시 종교의 자유를 침해하는 것이다(헌재 2014.6.26. 2009헌마572).

[19] 원칙적으로 미결수용자에게 종교집회 참석 기회를 보장하더라도 실제 참석 기회가 지나치게 적은 것 역시 종교의 자유를 침해하는 것이다(헌재 2014.6.26. 2012헌마782).

[20] 형법 제57조 제1항 중 일부에 대한 헌법재판소의 위헌결정에 따라 판결에서 별도로 '판결선고 전 미결구금일수 산입에 관한 사항'을 판단할 필요가 없어졌는지 여부(적극)
형법 제57조 제1항 중 "또는 일부" 부분은 헌법재판소 2009.6.25. 선고 2007헌바25 사건의 위헌결정으로 효력이 상실되었다. 그리하여 판결선고 전 미결구금일수는 그 전부가 법률상 당연히 본형에 산입하게 되었으므로, 판결에서 별도로 미결구금일수 산입에 관한 사항을 판단할 필요가 없다고 할 것이다(대법원 2009.12.10. 2009도11448).

제10장 | 사형확정자

제89조 【사형확정자의 수용】 ★★
① 사형확정자는 독거수용한다. 다만, 자살방지, 교육·교화프로그램, 작업, 그 밖의 적절한 처우를 위하여 필요한 경우에는 법무부령으로 정하는 바에 따라 혼거수용할 수 있다.
② 사형확정자가 수용된 거실은 참관할 수 없다.

시행령

제108조 【사형확정자 수용시설의 설비 및 계호의 정도】 ★
사형확정자를 수용하는 시설의 설비 및 계호의 정도는 법 제57조 제2항 제3호의 일반경비시설 또는 같은 항 제4호의 중경비시설에 준한다.

제109조 【접견 횟수】 ★
사형확정자의 접견 횟수는 매월 4회로 한다.

제110조 【접견의 예외】
소장은 제58조 제1항(근무시간 내 접견)·제2항(30분 이내의 접견) 및 제109조(매월 4회의 접견횟수)에도 불구하고 사형확정자의 교화나 심리적 안정을 도모하기 위하여 특히 필요하다고 인정하면 접견 시간대 외에도 접견을 하게 할 수 있고 접견시간을 연장하거나 접견 횟수를 늘릴 수 있다.

시행규칙

제150조【구분수용 등】 ★

① 사형확정자는 사형집행시설이 설치되어 있는 교정시설에 수용하되, 다음 각 호와 같이 구분하여 수용한다.

교도소	교도소 수용 중 사형이 확정된 사람, 교도소에서 교육·교화프로그램 또는 신청에 따른 작업을 실시할 필요가 있다고 인정되는 사람
구치소	구치소 수용 중 사형이 확정된 사람, 교도소에서 교육·교화프로그램 또는 신청에 따른 작업을 실시할 필요가 없다고 인정되는 사람

② 사형확정자의 심리적 안정 도모 또는 교정시설의 안전과 질서유지를 위하여 특히 필요하다고 인정하는 경우에는 제1항 각 호에도 불구하고 교도소에 수용할 사형확정자를 구치소에 수용할 수 있고, 구치소에 수용할 사형확정자를 교도소에 수용할 수 있다.

③ 소장은 사형확정자의 자살·도주 등의 사고를 방지하기 위하여 필요한 경우에는 사형확정자와 미결수용자를 혼거수용할 수 있고, 사형확정자의 교육·교화프로그램, 작업 등의 적절한 처우를 위하여 필요한 경우에는 사형확정자와 수형자를 혼거수용할 수 있다.

④ 사형확정자의 번호표 및 거실표의 색상은 붉은색으로 한다.

제151조【이송】

소장은 사형확정자의 교육·교화프로그램, 작업 등을 위하여 필요하거나 교정시설의 안전과 질서유지를 위하여 특히 필요하다고 인정하는 경우에는 법무부장관의 승인을 받아 사형확정자를 다른 교정시설로 이송할 수 있다.

제90조【개인상담 등】

① 소장은 사형확정자의 심리적 안정 및 원만한 수용생활을 위하여 교육 또는 교화프로그램을 실시하거나 신청에 따라 작업을 부과할 수 있다.

② 사형확정자에 대한 교육·교화프로그램, 작업, 그 밖의 처우에 필요한 사항은 법무부령으로 정한다.

 시행규칙

제152조【상담】

① 소장은 사형확정자의 심리적 안정 및 원만한 수용생활을 위하여 소속 교도관으로 하여금 지속적인 상담을 하게 하여야 한다.

② 제1항의 사형확정자에 대한 상담시기, 상담책임자 지정, 상담결과 처리절차 등에 관하여는 제196조(엄중관리 대상자의 지속적인 상담)를 준용한다.

제153조【작업】 ★

① 소장은 사형확정자가 작업을 신청하면 교도관회의의 심의를 거쳐 교정시설 안에서 실시하는 작업을 부과할 수 있다. 이 경우 부과하는 작업은 심리적 안정과 원만한 수용생활을 도모하는 데 적합한 것이어야 한다.

② 소장은 작업이 부과된 사형확정자에 대하여 교도관회의의 심의를 거쳐 제150조 제4항(번호표 및 거실표의 색상 붉은색)을 적용하지 아니할 수 있다.

③ 소장은 작업이 부과된 사형확정자가 작업의 취소를 요청하면 사형확정자의 의사(意思)·건강, 담당교도관의

의견 등을 고려하여 작업을 취소할 수 있다.

④ 사형확정자에게 작업을 부과하는 경우에는 법 제71조부터 제76조까지(휴일의 작업, 작업의 면제, 작업수입 등, 위로금·조의금, 다른 보상·배상과의 관계, 위로금·조위금을 지급받을 권리의 보호)의 규정 및 이 규칙 제200조(수용자를 대표하는 직책 부여 금지)를 준용한다.

제154조【교화프로그램】

소장은 사형확정자에 대하여 심리상담, 종교상담, 심리치료 등의 교화프로그램을 실시하는 경우에는 전문가에 의하여 집중적이고 지속적으로 이루어질 수 있도록 계획을 수립·시행하여야 한다.

제155조【전담교정시설 수용】

사형확정자에 대한 교육·교화프로그램, 작업 등의 처우를 위하여 법무부장관이 정하는 전담교정시설에 수용할 수 있다.

제156조【전화통화】 ★

소장은 사형확정자의 심리적 안정과 원만한 수용생활을 위하여 필요하다고 인정하는 경우에는 월 3회 이내의 범위에서 전화통화를 허가할 수 있다.

제91조【사형의 집행】

① 사형은 교정시설의 사형장에서 집행한다.
② 공휴일과 토요일에는 사형을 집행하지 아니한다.

시행령

제111조【사형집행 후의 검시】

소장은 사형을 집행하였을 경우에는 시신을 검사한 후 5분이 지나지 아니하면 교수형에 사용한 줄을 풀지 못한다.

제88조【준용규정】

형사사건으로 수사 또는 재판을 받고 있는 수형자와 사형확정자에 대하여는 제82조(미결수용자의 사복착용), 제84조(미결수용자의 변호인과의 접견 및 편지수수) 및 제85조(미결수용자의 조사·징벌 중의 권리행사 보장 특칙)를 준용한다.

참고 **사형집행절차**	
사형판결 확정	사형판결이 확정된 때에는 검사는 지체 없이 소송기록을 법무부장관에게 제출(형사소송법 제464조)
▼	
사형집행 명령시기	• 사형은 법무부장관의 명령에 의하여 집행(동법 제463조) • 사형집행의 명령은 판결이 확정된 날로부터 6월 이내(동법 제465조 제1항)

사형집행 기간	법무부장관이 사형의 집행을 명한 때에는 5일 이내에 집행(동법 제466조)
사형집행 참여	검사·검찰청서기관, 교도소장(구치소장)이나 그 대리자(동법 제467조)
사형집행 조서·검시	• 사형의 집행에 참여한 검찰청서기관은 집행조서를 작성(동법 제468조) • 소장은 사형을 집행하였을 경우에는 시신을 검시한 후 5분이 지나지 아니하면 교수형에 사용한 줄을 풀지 못한다(형집행법 시행령 제111조).

관련판례

사형제도가 헌법 제37조 제2항에 위반하여 생명권을 침해하는지 여부(소극)

사형은 일반국민에 대한 심리적 위하를 통하여 범죄의 발생을 예방하며 극악한 범죄에 대한 정당한 응보를 통하여 정의를 실현하고, 당해 범죄인의 재범 가능성을 영구히 차단함으로써 사회를 방어하려는 것으로 그 입법목적은 정당하고, 가장 무거운 형벌인 사형은 입법목적의 달성을 위한 적합한 수단이다.

한편, 오판가능성은 사법제도의 숙명적 한계이지 사형이라는 형벌제도 자체의 문제로 볼 수 없으며 심급제도, 재심제도 등의 제도적 장치 및 그에 대한 개선을 통하여 해결할 문제이지, 오판가능성을 이유로 사형이라는 형벌의 부과 자체가 위헌이라고 할 수는 없다.

사형제도에 의하여 달성되는 범죄예방을 통한 무고한 일반국민의 생명 보호 등 중대한 공익의 보호와 정의의 실현 및 사회방위라는 공익은 사형제도로 발생하는 극악한 범죄를 저지른 자의 생명권이라는 사익보다 결코 작다고 볼 수 없을 뿐만 아니라, 다수의 인명을 잔혹하게 살해하는 등의 극악한 범죄에 대하여 한정적으로 부과되는 사형이 그 범죄의 잔혹함에 비하여 과도한 형벌이라고 볼 수 없으므로, 사형제도는 법익균형성원칙에 위배되지 아니한다(헌재 2010.2.25. 2008헌가23).

제11장 | 안전과 질서

제92조【금지물품】★★

① 수용자는 다음 각 호의 물품을 지녀서는 아니 된다.

1. 마약·총기·도검·폭발물·흉기·독극물, 그 밖에 범죄의 도구로 이용될 우려가 있는 물품
2. 무인비행장치, 전자·통신기기, 그 밖에 도주나 다른 사람과의 연락에 이용될 우려가 있는 물품
3. 주류·담배·화기·현금·수표, 그 밖에 시설의 안전 또는 질서를 해칠 우려가 있는 물품
4. 음란물, 사행행위에 사용되는 물품, 그 밖에 수형자의 교화 또는 건전한 사회복귀를 해칠 우려가 있는 물품

② 제1항에도 불구하고 소장이 수용자의 처우를 위하여 허가하는 경우에는 제1항 제2호의 물품을 지닐 수 있다.

제93조【신체검사 등】★★
① 교도관은 시설의 안전과 질서유지를 위하여 필요하면 수용자의 신체·의류·휴대품·거실 및 작업장 등을 검사할 수 있다.
② 수용자의 신체를 검사하는 경우에는 불필요한 고통이나 수치심을 느끼지 아니하도록 유의하여야 하며, 특히 신체를 면밀하게 검사할 필요가 있으면 다른 수용자가 볼 수 없는 차단된 장소에서 하여야 한다.
③ 교도관은 시설의 안전과 질서유지를 위하여 필요하면 교정시설을 출입하는 수용자 외의 사람에 대하여 의류와 휴대품을 검사할 수 있다. 이 경우 출입자가 제92조의 금지물품을 지니고 있으면 교정시설에 맡기도록 하여야 하며, 이에 따르지 아니하면 출입을 금지할 수 있다.
④ 여성의 신체·의류 및 휴대품에 대한 검사는 여성교도관이 하여야 한다.
⑤ 소장은 제1항에 따라 검사한 결과 제92조의 금지물품이 발견되면 형사법령으로 정하는 절차에 따라 처리할 물품을 제외하고는 수용자에게 알린 후 폐기한다. 다만, 폐기하는 것이 부적당한 물품은 교정시설에 보관하거나 수용자로 하여금 자신이 지정하는 사람에게 보내게 할 수 있다.

시행령

제112조【거실 등에 대한 검사】
소장은 교도관에게 수용자의 거실, 작업장, 그 밖에 수용자가 생활하는 장소(이하 이 조에서 "거실 등"이라 한다)를 정기적으로 검사하게 하여야 한다. 다만, 법 제92조의 금지물품을 숨기고 있다고 의심되는 수용자와 법 제104조 제1항의 마약류사범·조직폭력사범 등 법무부령으로 정하는 수용자의 거실 등은 수시로 검사하게 할 수 있다.

제113조【신체 등에 대한 검사】
소장은 교도관에게 작업장이나 실외에서 수용자거실로 돌아오는 수용자의 신체·의류 및 휴대품을 검사하게 하여야 한다. 다만, 교정성적 등을 고려하여 그 검사가 필요하지 아니하다고 인정되는 경우에는 예외로 할 수 있다.

제114조【검사장비의 이용】
교도관은 법 제93조에 따른 검사를 위하여 탐지견, 금속탐지기, 그 밖의 장비를 이용할 수 있다.

제115조【외부인의 출입】
① 교도관 외의 사람은「국가공무원 복무규정」제9조에 따른 근무시간 외에는 소장의 허가 없이 교정시설에 출입하지 못한다.
② 소장은 외부인의 교정시설 출입에 관한 사무를 수행하기 위하여 불가피한 경우「개인정보 보호법 시행령」제19조에 따른 주민등록번호, 여권번호, 운전면허의 면허번호 또는 외국인등록번호가 포함된 자료를 처리할 수 있다.

제116조 【외부와의 차단】

① 교정시설의 바깥문, 출입구, 거실, 작업장, 그 밖에 수용자를 수용하고 있는 장소는 외부와 차단하여야 한다. 다만, 필요에 따라 일시 개방하는 경우에는 그 장소를 경비하여야 한다.

② 교도관은 접견·상담·진료, 그 밖에 수용자의 처우를 위하여 필요한 경우가 아니면 수용자와 외부인이 접촉하게 해서는 아니 된다.

제117조 【거실 개문 등 제한】

교도관은 수사·재판·운동·접견·진료 등 수용자의 처우 또는 자살방지, 화재진압 등 교정시설의 안전과 질서유지를 위하여 필요한 경우가 아니면 수용자거실의 문을 열거나 수용자를 거실 밖으로 나오게 해서는 아니 된다.

제118조 【장애물 방치 금지】

교정시설의 구내에는 시야를 가리거나 그 밖에 계호상 장애가 되는 물건을 두어서는 아니 된다

관련판례

[1] 교도소장이 수용자가 없는 상태에서 실시한 거실 및 작업장 검사행위가 수용자의 사생활의 비밀 및 자유를 침해하는지 여부(소극) 및 적법절차원칙에 위배되는지 여부(소극)

이 사건 검사행위는 교도소의 안전과 질서를 유지하고, 수형자의 교화·개선에 지장을 초래할 수 있는 물품을 차단하기 위한 것으로서 그 목적이 정당하고, 수단도 적절하며, 검사의 실효성을 확보하기 위한 최소한의 조치로 보이고, 달리 덜 제한적인 대체수단을 찾기 어려운 점 등에 비추어 보면 이 사건 검사행위가 과잉금지원칙에 위배하여 사생활의 비밀 및 자유를 침해하였다고 할 수 없고, 이 사건 검사행위가 추구하는 목적의 중대성, 검사행위의 불가피성과 은밀성이 요구되는 특성, 이에 비하여 수형자의 부담이 크지 아니한 점, 수형자의 이의나 불복이 있을 경우 그 구제를 위해 일정한 절차적 장치를 두고 있는 점 등을 종합해 볼 때 이 사건 검사행위는 적법절차원칙에 위배되지 아니한다(헌재 2011.10.25. 2009헌마691).

[2] 피청구인이 청구인들로 하여금 경찰관에게 등을 보인 채 상의를 속옷과 함께 겨드랑이까지 올리고 하의를 속옷과 함께 무릎까지 내린 상태에서 3회에 걸쳐 앉았다 일어서게 하는 방법으로 실시한 정밀신체수색은 인간의 존엄과 가치로부터 유래하는 인격권 및 신체의 자유를 침해하는 정도에 이르렀다고 판단된다(헌재 2002.7.18. 2000헌마327).

[3] 수용자들이 공직선거 및 선거부정방지법상 배포가 금지된 인쇄물을 배포한 혐의로 현행범으로 체포된 여자들로서, 체포될 당시 신체의 은밀한 부위에 흉기 등 반입 또는 소지가 금지되어 있는 물품을 은닉하고 있었을 가능성은 극히 낮았다고 할 것이고, 그 후 변호인 접견시 변호인이나 다른 피의자들로부터 흉기 등을 건네 받을 수도 있었다고 의심할 만한 상황이 발생하였기는 하나, 변호인 접견절차 및 접견실의 구조 등에 비추어, 가사 수용자들이 흉기 등을 건네 받았다고 하더라도 유치장에 다시 수감되기 전에 이를 신체의 은밀한 부위에 은닉할 수 있었을 가능성은 극히 낮다고 할 것이어서, 신체검사 당시 다른 방법으로는 은닉한 물품을 찾아내기 어렵다고 볼 만한 합리적인 이유가 있었다고 할 수 없으므로, 수용자들의 옷을 전부 벗긴 상태에서 앉았다 일어서기를 반복하게 한 신체검사는 그 한계를 일탈한 위법한 것이다(대법원 2001.10.26. 2001다51466).

[4] 수용자를 교정시설에 수용할 때마다 전자영상 검사기를 이용하여 수용자의 항문 부위에 대한 신체검사를 하는 것이 수용자의 인격권 등을 침해하는지 여부(소극)

이 사건 신체검사는 교정시설의 안전과 질서를 유지하기 위한 것으로 그 목적이 정당하고, 항문 부위에

대한 금지물품의 은닉여부를 효과적으로 확인할 수 있는 적합한 검사방법으로 그 수단이 적절하다. 교정시설을 이감·수용할 때마다 전자영상 신체검사를 실시하는 것은, 수용자가 금지물품을 취득하여 소지·은닉하고 있을 가능성을 배제할 수 없고, 외부관찰 등의 방법으로는 쉽게 확인할 수 없기 때문이다. 이 사건 신체검사는 필요한 최소한도를 벗어나 과잉금지원칙에 위배되어 청구인의 인격권 내지 신체의 자유를 침해한다고 볼 수 없다(헌재 2011.5.26. 2010헌마775).

[5] 교도소장이 교도소 독거실 내 화장실 창문과 철격자 사이에 안전 철망을 설치한 행위가 청구인의 환경권, 인격권 등 기본권을 침해하는지 여부(소극)

교정시설 내 자살사고는 수용자 본인이 생명을 잃는 중대한 결과를 초래할 뿐만 아니라 다른 수용자들에게도 직접적으로 부정적인 영향을 미치고 나아가 교정시설이나 교정정책 전반에 대한 불신을 야기할 수 있다는 점에서 이를 방지할 필요성이 매우 크고, 그에 비해 청구인에게 가해지는 불이익은 채광·통풍이 다소 제한되는 정도에 불과하다. 따라서 이 사건 설치행위는 청구인의 환경권 등 기본권을 침해하지 아니한다(헌재 2014.6.26. 2011헌마150).

[6] 교정시설 소장에 의하여 허용된 범위를 넘어 사진 또는 그림 등을 부착한 수용자에 대해 교도관이 부착물의 제거를 지시한 행위가 적법한 직무집행에 해당하는지 여부(원칙적 적극)

수용자에게 부착물의 내용, 부착의 경위 등에 비추어 교정시설의 소장에 의하여 허용된 범위를 넘은 부착 행위를 하게 된 정당한 사유가 인정되는 등의 특별한 사정이 없는 한, 교정시설의 소장에 의하여 허용된 범위를 넘어 사진 또는 그림 등을 부착한 수용자에 대하여 교도관이 부착물의 제거를 지시한 행위는 수용자가 복종하여야 할 직무상 지시로서 적법한 직무집행이라고 보아야 한다(대법원 2014.9.25. 2013도1198).

[7] 수형자가 호송관서에서 출발하여 법원에 도착한 후 행정법정 방청석에서 대기하고, 행정재판을 받는 전 과정에서의 계호업무는 그 성격상 호송의 개념 범위 내에 있는 업무로 보아야 한다(헌재 2018.7.26. 2017헌마1238).

[8] 행정소송사건의 원고인 수용자가 행정법정 방청석에서 자신의 변론 순서가 될 때까지 대기하는 동안 그 수용자에게 재판장의 허가 없이 수갑 1개를 착용하도록 한 행위는 과잉금지원칙을 위반하여 수용자의 신체의 자유와 인격권을 침해하지 않는다(헌재 2018.7.26. 2017헌마1238).

참고 교정장비의 사용요건

구분	전자장비	보호장비	보안장비		무기의 사용	
객체	수용자 또는 시설	수용자	수용자	수용자 외	수용자	수용자 외
주체	교도관					
장비 종류	① 영상정보처리기기 ② 전자감지기 ③ 전자경보기 ④ 물품검색기 ⑤ 증거수집장비	① 수갑 ② 머리보호장비 ③ 발목보호장비 ④ 보호대 ⑤ 보호의자	① 교도봉 ② 전기교동봉 ③ 가스분사기 ④ 가스총 ⑤ 최루탄		① 권총 ② 소총 ③ 기관총 ④ 그 밖에 법무부장관이 정하는 무기	

장비 종류	⑥ 그 밖에 법무부장관이 정하는 전자장비	⑥ 보호침대 ⑦ 보호복 ⑧ 포승	⑥ 전자충격기 ⑦ 그 밖에 법무부장관이 정하는 보안장비	–
사용 요건	영상장비 → 거실 → 자살 등의 우려가 큰 때	• 필요한 최소한도 • 사유소멸 시 사용중단 • 징벌수단으로 사용불가	필요한 최소한도	• 필요한 최소한도 • 최후의 수단

시행규칙

제157조【교정장비의 종류】

교정장비의 종류는 다음 각 호와 같다.

1. 전자장비
2. 보호장비
3. 보안장비
4. 무기

제158조【교정장비의 관리】

① 소장은 교정장비의 보관 및 관리를 위하여 관리책임자와 보조자를 지정한다.

② 제1항의 관리책임자와 보조자는 교정장비가 적절한 상태로 보관·관리될 수 있도록 수시로 점검하는 등 필요한 조치를 하여야 한다.

③ 특정 장소에 고정식으로 설치되는 장비 외의 교정장비는 별도의 장소에 보관·관리하여야 한다.

제159조【교정장비 보유기준 등】

교정장비의 교정시설별 보유기준 및 관리방법 등에 관하여 필요한 사항은 법무부장관이 정한다.

제94조【전자장비를 이용한 계호】★★

① 교도관은 그 밖에 수용자의 생명·신체를 해하거나 시설의 안전 또는 질서를 해하는 행위(이하 "자살등"이라 한다)를 방지하기 위하여 필요한 범위에서 전자장비를 이용하여 수용자 또는 시설을 계호할 수 있다. 다만, 전자영상장비로 거실에 있는 수용자를 계호하는 것은 자살등의 우려가 큰 때에만 할 수 있다.

② 제1항 단서에 따라 거실에 있는 수용자를 전자영상장비로 계호하는 경우에는 계호직원·계호시간 및 계호대상 등을 기록하여야 한다. 이 경우 수용자가 여성이면 여성교도관이 계호하여야 한다.

③ 제1항 및 제2항에 따라 계호하는 경우에는 피계호자의 인권이 침해되지 아니하도록 유의하여야 한다.

④ 전자장비의 종류·설치장소·사용방법 및 녹화기록물의 관리 등에 관하여 필요한 사항은 법무부령으로 정한다.

📖 **시행규칙**

제160조 【전자장비의 종류】

교도관이 법 제94조에 따라 수용자 또는 시설을 계호하는 경우 사용할 수 있는 전자장비는 다음 각 호와 같다.

1. 영상정보처리기기 : 일정한 공간에 지속적으로 설치되어 사람 또는 사물의 영상 및 이에 따르는 음성·음향 등을 수신하거나 이를 유·무선망을 통하여 전송하는 장치
2. 전자감지기 : 일정한 공간에 지속적으로 설치되어 사람 또는 사물의 움직임을 빛·온도·소리·압력 등을 이용하여 감지하고 전송하는 장치
3. 전자경보기 : 전자파를 발신하고 추적하는 원리를 이용하여 사람의 위치를 확인하거나 이동경로를 탐지하는 일련의 기계적 장치
4. 물품검색기(고정식 물품검색기와 휴대식 금속탐지기로 구분한다)
5. 증거수집장비 : 디지털카메라, 녹음기, 비디오카메라, 음주측정기 등 증거수집에 필요한 장비
6. 그 밖에 법무부장관이 정하는 전자장비

제161조 【중앙통제실의 운영】

① 소장은 전자장비의 효율적인 운용을 위하여 각종 전자장비를 통합적으로 관리할 수 있는 시스템이 설치된 중앙통제실을 설치하여 운영한다.
② 소장은 중앙통제실에 대한 외부인의 출입을 제한하여야 한다. 다만, 시찰, 참관, 그 밖에 소장이 특별히 허가한 경우에는 그러하지 아니하다.
③ 전자장비의 통합관리시스템, 중앙통제실의 운영·관리 등에 관하여 필요한 사항은 법무부장관이 정한다.

제162조 【영상정보처리기기 설치】

① 영상정보처리기기 카메라는 교정시설의 주벽(周壁)·감시대·울타리·운동장·거실·작업장·접견실·전화실·조사실·진료실·복도·중문, 그 밖에 법 제94조 제1항(전자장비 사용요건)에 따라 전자장비를 이용하여 계호하여야 할 필요가 있는 장소에 설치한다.
② 영상정보처리기기 모니터는 중앙통제실·관구실 그 밖에 교도관이 계호하기에 적정한 장소에 설치한다.
③ 거실에 영상정보처리기기 카메라를 설치하는 경우에는 용변을 보는 하반신의 모습이 촬영되지 아니하도록 카메라의 각도를 한정하거나 화장실 차폐시설을 설치하여야 한다.

제163조 【거실수용자 계호】

① 교도관이 법 제94조 제1항(전자장비 사용요건)에 따라 거실에 있는 수용자를 계호하는 경우에는 별지 제9호서식의 거실수용자 영상계호부에 피계호자의 인적사항 및 주요 계호내용을 개별적으로 기록하여야 한다. 다만, 중경비시설의 거실에 있는 수용자를 전자장비를 이용하여 계호하는 경우에는 중앙통제실 등에 비치된 현황표에 피계호인원 등 전체 현황만을 기록할 수 있다.
② 교도관이 법 제94조 제1항에 따라 계호하는 과정에서 수용자의 처우 및 관리에 특히 참고할만한 사항을 알게 된 경우에는 그 요지를 수용기록부에 기록하여 소장에게 지체 없이 보고하여야 한다.

제164조 【전자감지기의 설치】

전자감지기는 교정시설의 주벽·울타리, 그 밖에 수용자의 도주 및 외부로부터의 침입을 방지하기 위하여 필요한 장소에 설치한다.

제165조 【전자경보기의 사용】

교도관은 외부의료시설 입원, 이송·출정, 그 밖의 사유로 교정시설 밖에서 수용자를 계호하는 경우 보호장비나 수용자의 팔목 등에 전자경보기를 부착하여 사용할 수 있다.

제166조 【물품검색기 설치 및 사용】

① 고정식 물품검색기는 정문, 수용동 입구, 작업장 입구, 그 밖에 수용자 또는 교정시설을 출입하는 수용자 외의 사람에 대한 신체·의류·휴대품의 검사가 필요한 장소에 설치한다.

② 교도관이 법 제93조 제1항(수용자의 신체검사 등)에 따라 수용자의 신체·의류·휴대품을 검사하는 경우에는 특별한 사정이 없으면 고정식 물품검색기를 통과하게 한 후 휴대식 금속탐지기 또는 손으로 이를 확인한다.

③ 교도관이 법 제93조 제3항에 따라 교정시설을 출입하는 수용자 외의 사람의 의류와 휴대품을 검사하는 경우에는 고정식 물품검색기를 통과하게 하거나 휴대식 금속탐지기로 이를 확인한다.

제167조 【증거수집장비의 사용】

교도관은 수용자가 사후에 증명이 필요하다고 인정되는 행위를 하거나 사후 증명이 필요한 상태에 있는 경우 수용자에 대하여 증거수집장비를 사용할 수 있다.

제168조 【녹음·녹화 기록물의 관리】

소장은 전자장비로 녹음·녹화된 기록물을 「공공기록물 관리에 관한 법률」에 따라 관리하여야 한다.

관련판례

[1] 엄중격리대상자의 수용거실에 CCTV를 설치하여 24시간 감시하는 행위가 법률유보의 원칙에 위배되어 사생활의 자유·비밀을 침해하는 것인지의 여부(소극)

이 사건 CCTV 설치행위는 행형법 및 교도관직무규칙 등에 규정된 교도관의 계호활동 중 육안에 의한 시선계호를 CCTV 장비에 의한 시선계호로 대체한 것에 불과하므로, 이 사건 CCTV 설치행위에 대한 특별한 법적 근거가 없더라도 일반적인 계호활동을 허용하는 법률규정에 의하여 허용된다고 보아야 한다. 한편 CCTV에 의하여 감시되는 엄중격리대상자에 대하여 지속적이고 부단한 감시가 필요하고 자살·자해나 흉기 제작 등의 위험성 등을 고려하면, 제반사정을 종합하여 볼 때 기본권 제한의 최소성 요건이나 법익균형성의 요건도 충족하고 있다(헌재 2008.05.29, 2005헌마137).

[2] 구치소장이 수용자의 거실에 폐쇄회로 텔레비전(CCTV)을 설치하여 계호한 행위가 과잉금지원칙에 위배하여 수용자의 사생활의 비밀 및 자유를 침해하는지 여부(소극)

이 사건 CCTV 계호행위는 청구인의 생명·신체의 안전을 보호하기 위한 것으로서 그 목적이 정당하고, 교도관의 시선에 의한 감시만으로는 자살·자해 등의 교정사고 발생을 막는 데 시간적·공간적 공백이 있으므로 이를 메우기 위하여 CCTV를 설치하여 수형자를 상시적으로 관찰하는 것은 과잉금지원칙을 위배하여 청구인의 사생활의 비밀 및 자유를 침해하였다고는 볼 수 없다(헌재 2011.09.29. 2010헌마413).

제95조 【보호실 수용】 ★★

① 소장은 수용자가 다음 각 호의 어느 하나에 해당하면 의무관의 의견을 고려하여 보호실(자살 및 자해 방지 등의 설비를 갖춘 거실을 말한다. 이하 같다)에 수용할 수 있다.

1. 자살 또는 자해의 우려가 있는 때
2. 신체적·정신적 질병으로 인하여 특별한 보호가 필요한 때

② 수용자의 보호실 수용기간은 15일 이내로 한다. 다만, 소장은 특히 계속하여 수용할 필요가 있으면 의무관의 의견을 고려하여 1회당 7일의 범위에서 기간을 연장할 수 있다.

③ 제2항에 따라 수용자를 보호실에 수용할 수 있는 기간은 계속하여 3개월을 초과할 수 없다.

④ 소장은 수용자를 보호실에 수용하거나 수용기간을 연장하는 경우에는 그 사유를 본인에게 알려 주어야 한다.

⑤ 의무관은 보호실 수용자의 건강상태를 수시로 확인하여야 한다.

⑥ 소장은 보호실 수용사유가 소멸한 경우에는 보호실 수용을 즉시 중단하여야 한다.

제96조 【진정실 수용】 ★★

① 소장은 수용자가 다음 각 호의 어느 하나에 해당하는 경우로서 강제력을 행사하거나 제98조의 보호장비를 사용하여도 그 목적을 달성할 수 없는 경우에만 진정실(일반 수용거실로부터 격리되어 있고 방음설비 등을 갖춘 거실을 말한다. 이하 같다)에 수용할 수 있다.
1. 교정시설의 설비 또는 기구 등을 손괴하거나 손괴하려고 하는 때
2. 교도관의 제지에도 불구하고 소란행위를 계속하여 다른 수용자의 평온한 수용생활을 방해하는 때

② 수용자의 진정실 수용기간은 24시간 이내로 한다. 다만, 소장은 특히 계속하여 수용할 필요가 있으면 의무관의 의견을 고려하여 1회당 12시간의 범위에서 기간을 연장할 수 있다.

③ 제2항에 따라 수용자를 진정실에 수용할 수 있는 기간은 계속하여 3일을 초과할 수 없다.

④ 진정실 수용자에 대하여는 제95조 제4항부터 제6항까지의 규정을 준용한다.

참고 보호실과 진정실 비교

구분	보호실(제95조)	진정실(제96조)
정의	자살 및 자해 방지 등의 설비를 갖춘 거실	일반 수용거실로부터 격리되어 있고 방음설비 등을 갖춘 거실
요건	소장은 수용자가 다음의 어느 하나에 해당하면 의무관의 의견을 고려하여 보호실에 수용할 수 있다(제1항). • 자살 또는 자해의 우려가 있는 때 • 신체적·정신적 질병으로 인하여 특별한 보호가 필요한 때	소장은 수용자가 다음의 어느 하나에 해당하는 경우로서 강제력을 행사하거나 보호장비를 사용하여도 그 목적을 달성할 수 없는 경우에만 진정실에 수용할 수 있다(제1항). • 교정시설의 설비 또는 기구 등을 손괴하거나 손괴하려고 하는 때 • 교도관 및 경비교도(교도관등)의 제지에도 불구하고 소란행위를 계속하여 다른 수용자의 평온한 수용생활을 방해하는 때
기간 및 연장	• 수용자의 보호실 수용기간은 15일 이내로 한다. 다만, 소장은 특히 계속하여 수용할 필요가 있으면 의무관의 의견을 고려하여 연장할 수 있다	• 수용자의 진정실 수용기간은 24시간 이내로 한다. 다만, 소장은 특히 계속하여 수용할 필요가 있으면 의무관의 의견을 고려하여 연장할 수

기간 및 연장	(제2항). • 기간연장은 7일 이내로 하되, 계속하여 3개월을 초과할 수 없다(제3항).	있다(제2항). • 기간연장은 12시간 이내로 하되, 계속하여 3일을 초과할 수 없다(제3항).
고지	소장은 수용자를 보호실 또는 진정실에 수용하거나 수용기간을 연장하는 경우에는 그 사유를 본인에게 알려 주어야 한다(제4항).	
확인 및 조치	• 의무관은 보호실 또는 진정실 수용자의 건강상태를 수시로 확인하여야 한다(제5항). • 소장은 보호실 또는 진정실 수용사유가 소멸한 경우에는 보호실 또는 진정실 수용을 즉시 중단하여야 한다(제6항).	
수용 중지	• 보호실 수용자의 수시 건강상태 확인 및 진정실 수용자의 건강상태 수시확인에 따라 의무관이 보호실이나 진정실 수용자의 건강을 확인한 결과 보호실 또는 진정실에 계속 수용하는 것이 부적당하다고 인정하는 경우에는 소장에게 즉시 보고하여야 한다. 이 경우 소장은 특별한 사유가 없으면 보호실 또는 진정실 수용을 즉시 중지하여야 한다(시행령 제119조 제1항). • 소장은 의무관이 출장·휴가, 그 밖의 부득이한 사유로 보호실 수용자의 수시 건강상태 확인 및 진정실 수용자의 건강상태 수시확인 직무를 수행할 수 없을 때에는 그 교정시설에 근무하는 의료관계 직원에게 대행하게 할 수 있다(동조 제2항).	

시행령

제119조 【보호실 등 수용중지】

① 법 제95조 제5항(보호실 수용자 건강상태 수시로 확인) 및 법 제96조 제4항(진정실 수용자 건강상태 수시로 확인)에 따라 의무관이 보호실이나 진정실 수용자의 건강을 확인한 결과 보호실 또는 진정실에 계속 수용하는 것이 부적당하다고 인정하는 경우에는 소장에게 즉시 보고하여야 한다. 이 경우 소장은 특별한 사유가 없으면 보호실 또는 진정실 수용을 즉시 중지하여야 한다.

② 소장은 의무관이 출장·휴가, 그 밖의 부득이한 사유로 법 제95조 제5항 및 법 제96조 제4항의 직무를 수행할 수 없을 때에는 그 교정시설에 근무하는 의료관계 직원에게 대행하게 할 수 있다.

제97조 【보호장비의 사용】 ★★

① 교도관은 수용자가 다음 각 호의 어느 하나에 해당하면 보호장비를 사용할 수 있다.

  1. 이송·출정, 그 밖에 교정시설 밖의 장소로 수용자를 호송하는 때

  2. 도주·자살·자해 또는 다른 사람에 대한 위해의 우려가 큰 때

  3. 위력으로 교도관의 정당한 직무집행을 방해하는 때

  4. 교정시설의 설비·기구 등을 손괴하거나 그 밖에 시설의 안전 또는 질서를 해칠 우려가 큰 때

② 보호장비를 사용하는 경우에는 수용자의 나이, 건강상태 및 수용생활 태도 등을 고려하여야 한다.

③ 교도관이 교정시설의 안에서 수용자에 대하여 보호장비를 사용한 경우 의무관은 그 수용자의 건강상태를 수시로 확인하여야 한다.

제98조 【보호장비의 종류 및 사용요건】 ★★

① 보호장비의 종류는 다음 각 호와 같다.

   1. 수갑   2. 머리보호장비

   3. 발목보호장비   4. 보호대

   5. 보호의자   6. 보호침대

   7. 보호복   8. 포승

② 보호장비의 종류별 사용요건은 다음 각 호와 같다.

   1. 수갑·포승 : 제97조 제1항 제1호부터 제4호까지의 어느 하나에 해당하는 때

   2. 머리보호장비 : 머리부분을 자해할 우려가 큰 때

   3. 발목보호장비·보호대·보호의자 : 제97조 제1항 제2호부터 제4호까지의 어느 하나에 해
      당하는 때

   4. 보호침대·보호복 : 자살·자해의 우려가 큰 때

수갑 · 포승	1. 이송·출정, 그 밖에 교정시설 밖의 장소로 수용자를 호송하는 때 2. 도주·자살·자해 또는 다른 사람에 대한 위해의 우려가 큰 때 3. 위력으로 교도관 등의 정당한 직무집행을 방해하는 때 4. 교정시설의 설비·기구 등을 손괴하거나 그 밖에 시설의 안전 또는 질서를 해칠 우려가 큰 때
머리보호장비	머리부분을 자해할 우려가 큰 때
발목보호장비 · 보호대 · 보호의자	2. 도주·자살·자해 또는 다른 사람에 대한 위해의 우려가 큰 때 3. 위력으로 교도관 등의 정당한 직무집행을 방해하는 때 4. 교정시설의 설비·기구 등을 손괴하거나 그 밖에 시설의 안전 또는 질서를 해칠 우려가 큰 때
보호침대 · 보호복	자살·자해의 우려가 큰 때

③ 보호장비의 사용절차 등에 관하여 필요한 사항은 대통령령으로 정한다.

📖 **시행령**

제120조 【보호장비의 사용】

① 교도관은 소장의 명령 없이 수용자에게 보호장비를 사용하여서는 아니 된다. 다만, 소장의 명령을 받을
시간적 여유가 없는 경우에는 사용 후 소장에게 즉시 보고하여야 한다.

② 법 및 이 영에 규정된 사항 외에 보호장비의 규격과 사용방법 등에 관하여 필요한 사항은 법무부령으로
정한다.

제121조 【보호장비 사용중지 등】

① 의무관은 수용자에게 보호장비를 계속 사용하는 것이 건강상 부적당하다고 인정하는 경우에는 소장에게
즉시 보고하여야 한다. 이 경우 소장은 특별한 사유가 없으면 보호장비 사용을 즉시 중지하여야 한다.

② 의무관이 출장·휴가, 그 밖의 부득이한 사유로 법 제97조 제3항(건강상태 수시확인)의 직무를 수행할 수
없을 때에는 제119조 제2항(의료관계 직원에게 대행)을 준용한다.

제122조【보호장비 사용사유의 고지】 ★

보호장비를 사용하는 경우에는 수용자에게 그 사유를 알려주어야 한다.

제123조【보호장비 착용 수용자의 거실 지정】

보호장비를 착용 중인 수용자는 특별한 사정이 없으면 계호상 독거수용한다.

시행규칙

제169조【보호장비의 종류】

교도관이 법 제98조 제1항(보호장비의 종류)에 따라 사용할 수 있는 보호장비는 다음 각 호로 구분한다.

1. 수갑 : 양손수갑, 일회용수갑, 한손수갑
2. 머리보호장비
3. 발목보호장비 : 양발목보호장비, 한발목보호장비
4. 보호대 : 금속보호대, 벨트보호대
5. 보호의자
6. 보호침대
7. 보호복
8. 포승 : 일반포승, 벨트형포승, 조끼형포승

제170조【보호장비의 규격】

① 보호장비의 규격은 별표 5와 같다.

② 교도관은 제1항에 따른 보호장비 규격에 맞지 아니한 보호장비를 수용자에게 사용해서는 아니 된다.

참고 **[별표 5] 보호장비의 규격(제170조 제1항 관련)**

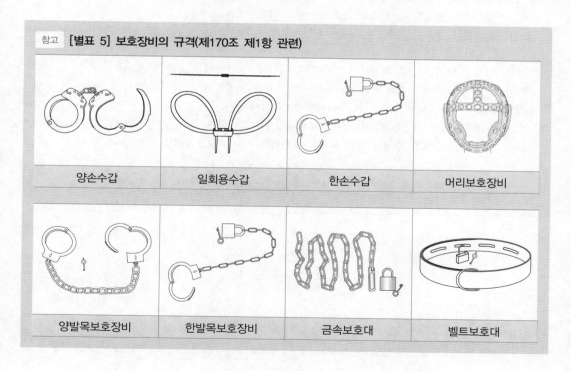

| 양손수갑 | 일회용수갑 | 한손수갑 | 머리보호장비 |
| 양발목보호장비 | 한발목보호장비 | 금속보호대 | 벨트보호대 |

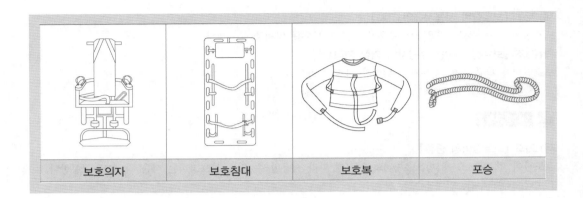

| 보호의자 | 보호침대 | 보호복 | 포승 |

제171조【보호장비 사용 명령】

소장은 영 제120조 제1항(보호장비의 사용)에 따라 보호장비 사용을 명령하거나 승인하는 경우에는 보호장비의 종류 및 사용방법을 구체적으로 지정하여야 하며, 이 규칙에서 정하지 아니한 방법으로 보호장비를 사용하게 해서는 아니 된다.

제172조【수갑의 사용방법】

① 수갑의 사용방법은 다음 각 호와 같다.

　1. 법 제97조 제1항(보호장비의 사용요건) 각 호의 어느 하나에 해당하는 경우에는 별표 6의 방법(앞으로 사용)으로 할 것

　2. 법 제97조 제1항 제2호부터 제4호까지의 규정의 어느 하나에 해당하는 경우 별표 6의 방법(앞으로 사용)으로는 사용목적을 달성할 수 없다고 인정되면 별표 7의 방법(뒤로 사용)으로 할 것

　3. 진료를 받거나 입원 중인 수용자에 대하여 한손수갑을 사용하는 경우에는 별표 8의 방법(침대 철구조물에 열쇠로 부착)으로 할 것

② 제1항 제1호에 따라 수갑을 사용하는 경우에는 수갑보호기를 함께 사용할 수 있다.

③ 제1항 제2호에 따라 별표 7의 방법(뒤로 사용)으로 수갑을 사용하여 그 목적을 달성한 후에는 즉시 별표 6의 방법(앞으로 사용)으로 전환하거나 사용을 중지하여야 한다.

④ 수갑은 구체적 상황에 적합한 종류를 선택하여 사용할 수 있다. 다만, 일회용수갑은 일시적으로 사용하여야 하며, 사용목적을 달성한 후에는 즉시 사용을 중단하거나 다른 보호장비로 교체하여야 한다.

참고 **수갑의 사용방법**

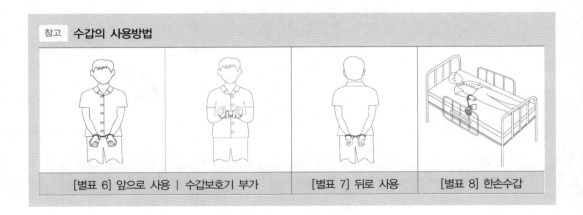

| [별표 6] 앞으로 사용 ㅣ 수갑보호기 부가 | [별표 7] 뒤로 사용 | [별표 8] 한손수갑 |

제173조【머리보호장비의 사용방법】

머리보호장비는 별표 9의 방법(전·후면)으로 사용하며, 수용자가 머리보호장비를 임의로 해제하지 못하도록 다른 보호장비를 함께 사용할 수 있다.

제174조【발목보호장비의 사용방법】

발목보호장비의 사용방법은 다음 각 호와 같다.

1. 양발목보호장비의 사용은 별표 10의 방법으로 할 것
2. 진료를 받거나 입원 중인 수용자에 대하여 한발목보호장비를 사용하는 경우에는 별표 11의 방법으로 할 것

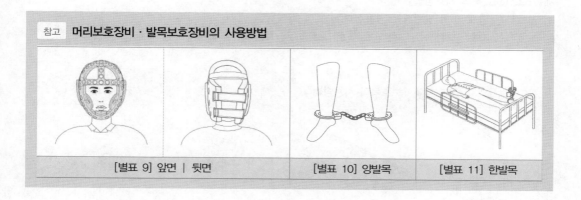

참고 **머리보호장비 · 발목보호장비의 사용방법**

[별표 9] 앞면 | 뒷면　　[별표 10] 양발목　　[별표 11] 한발목

제175조【보호대의 사용방법】

보호대의 사용방법은 다음 각 호와 같다.

1. 금속보호대는 수갑과 수갑보호기를 보호대에 연결하여 별표 12의 방법으로 할 것
2. 벨트보호대는 보호대에 부착된 고리에 수갑을 연결하여 별표 13의 방법으로 할 것

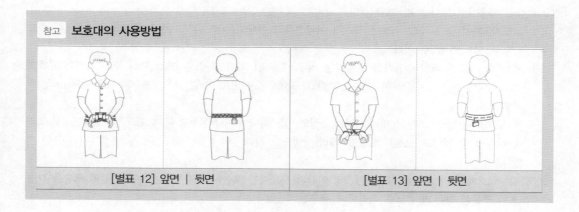

참고 **보호대의 사용방법**

[별표 12] 앞면 | 뒷면　　[별표 13] 앞면 | 뒷면

제176조【보호의자의 사용방법】 ★

① 보호의자는 별표 14의 방법으로 사용하며, 다른 보호장비로는 법 제97조 제1항(보호장비 사용요건) 제2호부터 제4호까지의 규정의 어느 하나에 해당하는 행위를 방지하기 어려운 특별한 사정이 있는 경우에만 사용하여야 한다.

② 보호의자는 제184조 제2항(목욕, 식사, 용변, 치료 등을 위한 보호장비 사용의 일시중지·완화)에 따라 그 사용을 일시 중지하거나 완화하는 경우를 포함하여 8시간을 초과하여 사용할 수 없으며, 사용 중지 후 4시간이 경과하지 아니하면 다시 사용할 수 없다.

제177조【보호침대의 사용방법】★

① 보호침대는 별표 15의 방법으로 사용하며, 다른 보호장비로는 자살·자해를 방지하기 어려운 특별한 사정이 있는 경우에만 사용하여야 한다.

② 보호침대의 사용에 관하여는 제176조 제2항(보호의자의 사용시간)을 준용한다.

제178조【보호복의 사용방법】★

① 보호복은 별표 16의 방법으로 사용한다.

② 보호복의 사용에 관하여는 제176조 제2항(보호의자의 사용시간)을 준용한다.

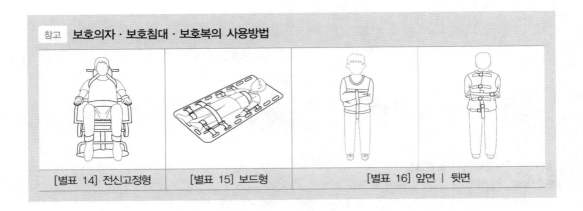

참고 **보호의자·보호침대·보호복의 사용방법**

[별표 14] 전신고정형	[별표 15] 보드형	[별표 16] 앞면 ┃ 뒷면

제179조【포승의 사용방법】

① 포승의 사용방법은 다음 각 호와 같다.

1. 고령자·환자 등 도주의 위험성이 크지 아니하다고 판단되는 수용자를 개별 호송하는 경우에는 별표 17의 방법으로 할 수 있다.

2. 제1호의 수용자 외의 수용자를 호송하는 경우 또는 법 제97조 제1항 제2호부터 제4호까지의 규정의 어느 하나에 해당하는 경우에는 별표 18(벨트형포승의 경우 별표 18의2, 조끼형포승의 경우 별표 18의3)의 방법으로 한다.

3. 법 제97조 제1항 제2호부터 제4호까지의 규정의 어느 하나에 해당하는 경우 제2호의 방법으로는 사용목적을 달성할 수 없다고 인정되면 별표 19의 방법으로 한다. 이 경우 2개의 포승을 연결하여 사용할 수 있다.

② 제1항 제2호에 따라 포승을 사용하여 2명 이상의 수용자를 호송하는 경우에는 수용자 간에 포승을 다음 각 호의 구분에 따른 방법으로 연결하여 사용할 수 있다.

1. 별표 18의 방법으로 포승하는 경우 : 일반포승으로 연결

2. 별표 18의2의 방법으로 포승하는 경우 : 별표 20에 따른 연승줄로 연결

3. 별표 18의3의 방법으로 포승하는 경우 : 별표 20에 따른 연승줄로 연결

참고 **포승의 사용방법**

[별표 17] 간이승	[별표 18] 상체승
[별표 18의2] 벨트형	[별표 18의3] 조끼형
[별표 19] 하체승	[별표 20] 연승줄

제180조【둘 이상의 보호장비 사용】★★
하나의 보호장비로 사용목적을 달성할 수 없는 경우에는 둘 이상의 보호장비를 사용할 수 있다. 다만, 다음 각 호의 어느 하나에 해당하는 경우에는 다른 보호장비와 같이 사용할 수 없다.
1. 보호의자를 사용하는 경우
2. 보호침대를 사용하는 경우

제181조【보호장비 사용의 기록】
교도관은 법 제97조 제1항에 따라 보호장비를 사용하는 경우에는 별지 제10호서식의 보호장비 사용 심사부에 기록하여야 한다. 다만, 법 제97조 제1항 제1호(이송·출정, 그 밖에 교정시설 밖의 장소로 수용자를 호송하는 때)에 따라 보호장비를 사용하거나 중경비시설 안에서 수용자의 동행계호를 위하여 양손수갑을 사용하는 경우에는 호송계획서나 수용기록부의 내용 등으로 그 기록을 갈음할 수 있다.

제182조 【의무관의 건강확인】

의무관은 법 제97조 제3항(건강상태 수시확인)에 따라 보호장비 착용 수용자의 건강상태를 확인한 결과 특이사항을 발견한 경우에는 별지 제10호 서식의 보호장비 사용 심사부에 기록하여야 한다.

제183조 【보호장비의 계속사용】

① 소장은 보호장비를 착용 중인 수용자에 대하여 별지 제10호 서식의 보호장비 사용 심사부 및 별지 제11호 서식의 보호장비 착용자 관찰부 등의 기록과 관계직원의 의견 등을 토대로 보호장비의 계속사용 여부를 매일 심사하여야 한다.

② 소장은 영 제121조(보호장비 사용중지)에 따라 의무관 또는 의료관계 직원으로부터 보호장비의 사용 중지 의견을 보고받았음에도 불구하고 해당 수용자에 대하여 보호장비를 계속하여 사용할 필요가 있는 경우에는 의무관 또는 의료관계 직원에게 건강유지에 필요한 조치를 취할 것을 명하고 보호장비를 사용할 수 있다. 이 경우 소장은 별지 제10호서식의 보호장비 사용 심사부에 보호장비를 계속 사용할 필요가 있다고 판단하는 근거를 기록하여야 한다.

제184조 【보호장비 사용의 중단】

① 교도관은 법 제97조 제1항 각 호에 따른 보호장비 사용 사유가 소멸한 경우에는 소장의 허가를 받아 지체 없이 보호장비 사용을 중단하여야 한다. 다만, 소장의 허가를 받을 시간적 여유가 없을 때에는 보호장비 사용을 중단한 후 지체 없이 소장의 승인을 받아야 한다.

② 교도관은 보호장비 착용 수용자의 목욕, 식사, 용변, 치료 등을 위하여 필요한 경우에는 보호장비 사용을 일시 중지하거나 완화할 수 있다.

제185조 【보호장비 착용 수용자의 관찰 등】

소장은 제169조 제5호부터 제7호까지(보호의자. 보호침대, 보호복)의 규정에 따른 보호장비를 사용하거나 같은 조 제8호의 보호장비를 별표 19의 방법(하체승)으로 사용하게 하는 경우에는 교도관으로 하여금 수시로 해당 수용자의 상태를 확인하고 매 시간마다 별지 제11호서식의 보호장비 착용자 관찰부에 기록하게 하여야 한다. 다만, 소장은 보호장비 착용자를 법 제94조(전자장비를 이용한 계호)에 따라 전자영상장비로 계호할 때에는 별지 제9호서식의 거실수용자 영상계호부에 기록하게 할 수 있다.

제99조 【보호장비 남용 금지】

① 교도관은 필요한 최소한의 범위에서 보호장비를 사용하여야 하며, 그 사유가 없어지면 사용을 지체 없이 중단하여야 한다.

② 보호장비는 징벌의 수단으로 사용되어서는 아니 된다.

시행령

제124조 【보호장비 사용의 감독】

① 소장은 보호장비의 사용을 명령한 경우에는 수시로 그 사용 실태를 확인·점검하여야 한다.

② 지방교정청장은 소속 교정시설의 보호장비 사용 실태를 정기적으로 점검하여야 한다.

관련판례

[1] 형집행법상 보호장비 사용의 적정성에 관한 판단기준 및 방법

보호장비의 사용은 사용 목적과 필요성, 그 사용으로 인한 기본권의 침해 정도, 목적 달성을 위한 다른 방법의 유무 등 제반 사정에 비추어 상당한 이유가 있는 경우에 한하여 그 목적 달성에 필요한 최소한의 범위 내에서만 허용되어야 하지만, 보호장비 사용에 상당한 이유가 있었는지 여부를 판단할 때에는 교정시설의 특수성을 충분히 감안하여 보호장비 사용 당시를 전후한 수용자의 구체적 행태는 물론이고 수용자의 나이, 기질, 성행, 건강상태, 수용생활 태도, 교정사고의 전력, 교정사고 유발의 위험성 등까지 종합적으로 고려하여 보호장비 사용의 적정성을 객관적·합리적으로 평가하여야 한다 (대법원 2012.6.28. 2011도15990).

[2] 피청구인이 청구인을 경북북부 제1교도소로 이송함에 있어 4시간 정도에 걸쳐 상체승의 포승과 앞으로 수갑 2개를 채운 행위는 장시간 호송하는 경우에 수형자가 수갑을 끊거나 푸는 것을 최대한 늦추거나 어렵게 하기 위하여 수갑 2개를 채운 행위가 과하다고 보기 어렵고, 청구인과 같이 강력범죄를 범하고 중한 형을 선고받았으며 선고형량에 비하여 형집행이 얼마 안 된 수형자의 경우에는 좀 더 엄중한 계호가 요구된다고 보이므로, 상체승의 포승과 앞으로 사용한 수갑 2개는 이송 도중 도주 등의 교정사고를 예방하기 위한 최소한의 보호장비라 할 것이어서 최소한의 범위 내에서 보호장비가 사용되었다고 할 수 있다(헌재 2012.07.26. 2011헌마426).

[3] 수감자에 대한 보호장비 사용 자체는 적법하나 그 기간이 필요한 범위를 넘어선 것이어서 위법하다고 본 사례
교도소장이 교도관의 멱살을 잡는 등 소란행위를 하고 있는 원고에 대하여 수갑과 포승 등 보호장비를 사용한 조치는 적법하나, 원고가 소란행위를 종료하고 독거실에 수용된 이후 별다른 소란행위 없이 단식하고 있는 상태에서는 원고에 대하여 더 이상 보호장비를 사용할 필요는 없는 것이고, 그럼에도 불구하고 원고에 대하여 9일 동안이나 계속하여 보호장비를 사용한 것은 위법한 행위라는 이유로 피고는 원고에 대한 손해배상의무가 있다(대법원 1998.1.20. 96다18922).

[4] 교도관이 소년인 미결수용자에 대하여 27시간 동안 수갑과 포승의 보호장비를 사용하여 독거실에 격리 수용하였는데 위 미결수용자가 포승을 이용하여 자살한 경우, 위 보호장비 사용은 위법한 조치에 해당한다는 이유로 국가배상책임을 인정한 사례
소년인 미결수용자가 단지 같은 방에 수감되어 있던 다른 재소자와 몸싸움을 하는 것이 적발되어 교도관으로부터 화해할 것을 종용받고도 이를 거절하였다는 이유로 교도관이 위 미결수용자를 양 손목에 수갑을 채우고 포승으로 양 손목과 어깨를 묶은 후 독거실에 격리수용하였고 그 다음날 위 미결수용자가 수갑과 포승을 풀고 포승을 이용하여 자살하였는바, 소년수인 위 미결수용자에 대하여 반드시 계구를 사용하였어야 할 필요성이 있었다고 보기 어렵다 할 것임에도 불구하고 교도관이 위 미결수용자를 포승으로 묶고 수갑을 채운 상태로 독거수감하였을 뿐 아니라, 그 이후 위 미결수용자가 별다른 소란행위 없이 싸운 경위의 조사에 응하고 식사를 하는 등의 상태에서는 더 이상 보호장비를 사용할 필요가 없다고 할 것임에도 그가 자살한 상태로 발견되기까지 무려 27시간 동안이나 계속하여 계구를 사용한 것은 그 목적 달성에 필요한 한도를 넘은 것으로서 위법한 조치에 해당한다(대법원 1998.11.27. 98다17374).

[5] 교도소장이 총 392일(가죽수갑 388일)동안 교도소에 수용되어 있는 청구인에게 상시적으로 양팔을 사용할 수 없도록 금속수갑과 가죽수갑을 착용하게 한 것이 청구인의 신체의 자유 등 기본권을 침해하였다고 판시한 사례
청구인에게 도주의 경력이나 정신적 불안과 갈등으로 인하여 자살, 자해의 위험이 있었다 하더라도 그러한 전력과 성향이 1년 이상의 교도소 수용기간동안 상시적으로 양팔을 몸통에 완전히 고정시켜둘

정도의 계구사용을 정당화 할 만큼 분명하고 구체적인 사유가 된다고 할 수 없다. 따라서 이 사건 계구사용행위는 기본권제한의 한계를 넘어 필요 이상으로 장기간, 그리고 과도하게 청구인의 신체거동의 자유를 제한하고 최소한의 인간적인 생활을 불가능하도록 하여 청구인의 신체의 자유를 침해하고, 나아가 인간의 존엄성을 침해한 것으로 판단된다(헌재 2003.12.18. 2001헌마163).

[6] 청구인이 검사조사실에 소환되어 피의자신문을 받을 때 계호교도관이 포승으로 청구인의 팔과 상반신을 묶고 양손에 수갑을 채운 상태에서 피의자조사를 받도록 한 보호장비사용행위가 과잉금지원칙에 어긋나게 청구인의 신체의 자유를 침해하여 위헌인 공권력행사인지 여부(적극)

경찰조사 단계에서나 검찰조사 단계에서도 자해나 소란 등 특이한 행동을 보인 정황이 엿보이지 아니하고 혐의사실을 대부분 시인하였으며 다만 시위를 주도하거나 돌을 던지는 등 과격한 행위를 한 사실은 없다고 진술하였다. 그렇다면 당시 청구인은 도주·폭행·소요 또는 자해 등의 우려가 없었다고 판단되고, 수사검사도 이러한 사정 및 당시 검사조사실의 정황을 종합적으로 고려하여 청구인에 대한 보호장비의 해제를 요청하였던 것으로 보인다. 그럼에도 불구하고 피청구인 소속 계호교도관이 이를 거절하고 청구인으로 하여금 수갑 및 포승을 계속 사용한 채 피의자조사를 받도록 하였는바, 이로 말미암아 청구인은 신체의 자유를 과도하게 제한당하였고 이와 같은 보호장비의 사용은 무죄추정원칙 및 방어권 행사 보장원칙의 근본취지에도 반한다고 할 것이다(헌재 2005.05.26. 2001헌마728).

[7] 검사조사실에서의 보호사용을 원칙으로 정한 위 계호근무준칙조항과, 도주, 폭행, 소요, 자해 등의 위험이 구체적으로 드러나거나 예견되지 않음에도 여러 날 장시간 피의자신문을 하면서 계구로 피의자를 속박한 행위가 신체의 자유를 침해하는지 여부(적극)

검사실에서의 보호장비사용을 원칙으로 하면서 심지어는 검사의 계구해제 요청이 있더라도 이를 거절하도록 규정한 계호근무준칙의 이 사건 준칙조항은 원칙과 예외를 전도한 것으로서 신체의 자유를 침해하므로 헌법에 위반된다.

청구인이 도주를 하거나 소요, 폭행 또는 자해를 할 위험이 있었다고 인정하기 어려움에도 불구하고 여러 날, 장시간에 걸쳐 피의자 신문을 하는 동안 계속 보호장비를 사용한 것은 막연한 도주나 자해의 위험 정도에 비해 과도한 대응으로서 신체의 자유를 제한함에 있어 준수되어야 할 피해의 최소성 요건을 충족하지 못하였고, 심리적 긴장과 위축으로 실질적으로 열등한 지위에서 신문에 응해야 하는 피의자의 방어권행사에도 지장을 주었다는 점에서 법익 균형성도 갖추지 못하였다(헌재 2005.05.26. 2004헌마49).

[8] 교도소 내 엄중격리대상자에 대하여 이동 시 계구를 사용하고 교도관이 동행계호하는 행위 및 1인 운동장을 사용하게 하는 처우가 신체의 자유를 과도하게 제한하는 것인지의 여부(소극)

청구인들은 상습적으로 교정질서를 문란케 하는 등 교정사고의 위험성이 높은 엄중격리대상자들인바, 이들에 대한 계구사용행위, 동행계호행위 및 1인 운동장을 사용하게 하는 처우는 그 목적의 정당성 및 수단의 적정성이 인정되며, 필요한 경우에 한하여 부득이한 범위 내에서 실시되고 있다고 할 것이고, 이로 인하여 수형자가 입게 되는 자유 제한에 비하여 교정사고를 예방하고 교도소 내의 안전과 질서를 확보하는 공익이 더 크다고 할 것이다(헌재 2008.05.29. 2005헌마137).

[9] 상체승의 포승과 수갑을 채우고 별도의 포승으로 다른 수용자와 연승한 행위(이하 '이 사건 호송행위'라 한다)가 청구인의 인격권 내지 신체의 자유를 침해하는지 여부(소극)

이 사건 호송행위는 교정시설 안에서보다 높은 수준의 계호가 요구되는 호송과정에서 교정사고와 타인에 대한 위해를 예방하기 위한 것이다. 교도인력만으로 수형자를 호송한다면 많은 인력을 필요로 하고, 그것이 교정사고 예방에 효과적이라 단정할 수도 없으며, 이 사건에서 보호장비가 사용된 시간과 일반에 공개된 시간이 최소한도로 제한되었으며, 최근 그 동선이 일반에의 공개를 최소화하는 구조로 설계되는 추세에 있다. 교정사고의 예방 등을 통한 공익이 수형자가 입게 되는 자유 제한보다 훨씬 크므로, 이 사건 호송행위는 청구인의 인격권 내지 신체의 자유를 침해하지 아니한다(헌재 2014.5.29. 2013헌마280).

[10] 검사가 조사실에서 피의자를 신문할 때 도주, 자해, 다른 사람에 대한 위해 등 형집행법 제97조 제1항 각 호에 규정된 위험이 분명하고 구체적으로 드러나는 경우에만 예외적으로 보호장비를 사용하여야 하는지 여부(적극)

검사가 조사실에서 피의자를 신문할 때 피의자가 신체적으로나 심리적으로 위축되지 않은 상태에서 자기의 방어권을 충분히 행사할 수 있도록 피의자에게 보호장비를 사용하지 말아야 하는 것이 원칙이고, 다만 도주, 자해, 다른 사람에 대한 위해 등 형집행법 제97조 제1항 각 호에 규정된 위험이 분명하고 구체적으로 드러나는 경우에만 예외적으로 보호장비를 사용하여야 한다(대법원 2020.3.17. 2015모2357).

[11] 검사가 조사실에서 피의자를 신문할 때 피의자에게 위와 같은 특별한 사정이 없는 이상 교도관에게 보호장비의 해제를 요청할 의무가 있고, 교도관은 이에 응하여야 하는지 여부(적극)

구금된 피의자는 형집행법 제97조 제1항 각 호에 규정된 사유에 해당하지 않는 이상 보호장비 착용을 강제당하지 않을 권리를 가진다. 검사는 조사실에서 피의자를 신문할 때 해당 피의자에게 그러한 특별한 사정이 없는 이상 교도관에게 보호장비의 해제를 요청할 의무가 있고, 교도관은 이에 응하여야 한다(대법원 2020.3.17. 2015모2357).

제100조【강제력의 행사】★★

① 교도관은 수용자가 다음 각 호의 어느 하나에 해당하면 강제력을 행사할 수 있다.
  1. 도주하거나 도주하려고 하는 때
  2. 자살하려고 하는 때
  3. 자해하거나 자해하려고 하는 때
  4. 다른 사람에게 위해를 끼치거나 끼치려고 하는 때
  5. 위력으로 교도관의 정당한 직무집행을 방해하는 때
  6. 교정시설의 설비·기구 등을 손괴하거나 손괴하려고 하는 때
  7. 그 밖에 시설의 안전 또는 질서를 크게 해치는 행위를 하거나 하려고 하는 때
② 교도관은 수용자 외의 사람이 다음 각 호의 어느 하나에 해당하면 강제력을 행사할 수 있다.
  1. 수용자를 도주하게 하려고 하는 때
  2. 교도관 또는 수용자에게 위해를 끼치거나 끼치려고 하는 때
  3. 위력으로 교도관의 정당한 직무집행을 방해하는 때
  4. 교정시설의 설비·기구 등을 손괴하거나 하려고 하는 때
  5. 교정시설에 침입하거나 하려고 하는 때
  6. 교정시설의 안(교도관이 교정시설의 밖에서 수용자를 계호하고 있는 경우 그 장소를 포함한다)에서 교도관의 퇴거요구를 받고도 이에 따르지 아니하는 때

③ 제1항 및 제2항에 따라 강제력을 행사하는 경우에는 보안장비를 사용할 수 있다.

④ 제3항에서 "보안장비"란 교도봉·가스분사기·가스총·최루탄 등 사람의 생명과 신체의 보호, 도주의 방지 및 시설의 안전과 질서유지를 위하여 교도관이 사용하는 장비와 기구를 말한다.

⑤ 제1항 및 제2항에 따라 강제력을 행사하려면 사전에 상대방에게 이를 경고하여야 한다. 다만, 상황이 급박하여 경고할 시간적인 여유가 없는 때에는 그러하지 아니하다.

⑥ 강제력의 행사는 필요한 최소한도에 그쳐야 한다.

⑦ 보안장비의 종류, 종류별 사용요건 및 사용절차 등에 관하여 필요한 사항은 법무부령으로 정한다.

참고 강제력 행사 및 보안장비 사용

수용자에게 행사	수용자 외에 행사
① 도주하거나 도주하려고 하는 때	① 수용자를 도주하게 하려고 하는 때
② 자살하려고 하는 때	② 교도관 또는 수용자에게 위해를 끼치거나 끼치려고 하는 때
③ 자해하거나 자해하려고 하는 때	
④ 다른 사람에게 위해를 끼치거나 끼치려고 하는 때	③ 위력으로 교도관등의 정당한 직무집행을 방해하는 때
⑤ 위력으로 교도관의 정당한 직무집행을 방해하는 때	④ 교정시설의 설비·기구 등을 손괴하거나 하려고 하는 때
⑥ 교정시설의 설비·기구 등을 손괴하거나 손괴하려고 하는 때	⑤ 교정시설에 침입하거나 하려고 하는 때
⑦ 그 밖에 시설의 안전 또는 질서를 크게 해치는 행위를 하거나 하려고 하는 때	⑥ 교정시설의 안(교도관이 교정시설의 밖에서 수용자를 계호하고 있는 경우 그 장소를 포함한다)에서 교도관의 퇴거요구를 받고도 이에 따르지 아니하는 때

📖 시행령

제125조【강제력의 행사】

교도관은 소장의 명령 없이 법 제100조에 따른 강제력을 행사해서는 아니 된다. 다만, 그 명령을 받을 시간적 여유가 없는 경우에는 강제력을 행사한 후 소장에게 즉시 보고하여야 한다.

📖 시행규칙

제186조【보안장비의 종류】

교도관이 법 제100조에 따라 강제력을 행사하는 경우 사용할 수 있는 보안장비는 다음 각 호와 같다.

1. 교도봉(접이식을 포함한다. 이하 같다)
2. 전기교도봉
3. 가스분사기
4. 가스총(고무탄 발사겸용을 포함한다. 이하 같다)
5. 최루탄 : 투척용, 발사용(그 발사장치를 포함한다. 이하 같다)

6. 전자충격기

7. 그 밖에 법무부장관이 정하는 보안장비

제187조【보안장비의 종류별 사용요건】

① 교도관이 수용자에 대하여 사용할 수 있는 보안장비의 종류별 사용요건은 다음 각 호와 같다.

1. 교도봉·가스분사기·가스총·최루탄 : 법 제100조 제1항 각 호의 어느 하나에 해당하는 경우

2. 전기교도봉·전자충격기 : 법 제100조 제1항 각 호의 어느 하나에 해당하는 경우로서 상황이 긴급하여 제1호의 장비만으로는 그 목적을 달성할 수 없는 때

② 교도관이 수용자 외의 사람에 대하여 사용할 수 있는 보안장비의 종류별 사용요건은 다음 각 호와 같다.

1. 교도봉·가스분사기·가스총·최루탄 : 법 제100조 제2항 각 호의 어느 하나에 해당하는 경우

2. 전기교도봉·전자충격기 : 법 제100조 제2항 각 호의 어느 하나에 해당하는 경우로서 상황이 긴급하여 제1호의 장비만으로는 그 목적을 달성할 수 없는 때

③ 제186조 제7호에 해당하는 보안장비의 사용은 법무부장관이 정하는 바에 따른다.

제188조【보안장비의 종류별 사용기준】

보안장비의 종류별 사용기준은 다음 각 호와 같다.

1. 교도봉·전기교도봉 : 얼굴이나 머리부분에 사용해서는 아니 되며, 전기교도봉은 타격 즉시 떼어야 함

2. 가스분사기·가스총 : 1미터 이내의 거리에서는 상대방의 얼굴을 향하여 발사해서는 안 됨

3. 최루탄 : 투척용 최루탄은 근거리용으로 사용하고, 발사용 최루탄은 50미터 이상의 원거리에서 사용하되, 30도 이상의 발사각을 유지하여야 함

4. 전자충격기 : 전극침 발사장치가 있는 전자충격기를 사용할 경우 전극침을 상대방의 얼굴을 향해 발사해서는 안 됨

제101조【무기의 사용】★★

① 교도관은 다음 각 호의 어느 하나에 해당하는 사유가 있으면 수용자에 대하여 무기를 사용할 수 있다.

1. 수용자가 다른 사람에게 중대한 위해를 끼치거나 끼치려고 하여 그 사태가 위급한 때

2. 수용자가 폭행 또는 협박에 사용할 위험물을 지니고 있어 교도관이 버릴 것을 명령하였음에도 이에 따르지 아니하는 때

3. 수용자가 폭동을 일으키거나 일으키려고 하여 신속하게 제지하지 아니하면 그 확산을 방지하기 어렵다고 인정되는 때

4. 도주하는 수용자에게 교도관이 정지할 것을 명령하였음에도 계속하여 도주하는 때

5. 수용자가 교도관의 무기를 탈취하거나 탈취하려고 하는 때

6. 그 밖에 사람의 생명·신체 및 설비에 대한 중대하고도 뚜렷한 위험을 방지하기 위하여 무기의 사용을 피할 수 없는 때

② 교도관은 교정시설의 안(교도관이 교정시설의 밖에서 수용자를 계호하고 있는 경우 그 장소를 포함한다)에서 자기 또는 타인의 생명·신체를 보호하거나 수용자의 탈취를 저지하거나 건물 또는 그 밖의 시설과 무기에 대한 위험을 방지하기 위하여 급박하다고 인정되는 상당한 이유가 있으면 수용자 외의 사람에 대하여도 무기를 사용할 수 있다.

③ 교도관은 소장 또는 그 직무를 대행하는 사람의 명령을 받아 무기를 사용한다. 다만, 그 명령을 받을 시간적 여유가 없으면 그러하지 아니하다.

④ 제1항 및 제2항에 따라 무기를 사용하려면 공포탄을 발사하거나 그 밖에 적당한 방법으로 사전에 상대방에 대하여 이를 경고하여야 한다.

⑤ 무기의 사용은 필요한 최소한도에 그쳐야 하며, 최후의 수단이어야 한다.

⑥ 사용할 수 있는 무기의 종류, 무기의 종류별 사용요건 및 사용절차 등에 관하여 필요한 사항은 법무부령으로 정한다.

참고 무기의 사용

수용자에 대한 무기사용	수용자 외의 자에 대한 무기사용
① 중대한 위해 → 사태가 위급 ② 위험물 소지 → 버릴 것을 명령 ③ 폭동 → 확산방지 ④ 도주 → 정지명령 → 계속 도주 ⑤ 무기 탈취 ⑥ 생명·신체·설비에 대한 중대하고 뚜렷한 위험	자기 또는 타인의 생명·신체를 보호 수용자의 탈취를 저지 건물 또는 그 밖의 시설과 무기에 대한 위험을 방지 ▼ 급박하다고 인정되는 상당한 이유

시행령

제126조【무기사용 보고】

교도관은 법 제101조에 따라 무기를 사용한 경우에는 소장에게 즉시 보고하고, 보고를 받은 소장은 그 사실을 법무부장관에게 즉시 보고하여야 한다.

시행규칙

제189조【무기의 종류】

교도관이 법 제101조에 따라 사용할 수 있는 무기의 종류는 다음 각 호와 같다.

1. 권총
2. 소총
3. 기관총
4. 그 밖에 법무부장관이 정하는 무기

제190조【무기의 종류별 사용요건】

① 교도관이 수용자에 대하여 사용할 수 있는 무기의 종류별 사용요건은 다음 각 호와 같다.

  1. 권총·소총 : 법 제101조 제1항 각 호의 어느 하나에 해당하는 경우

  2. 기관총 : 법 제101조 제1항 제3호에 해당하는 경우

② 교도관이 수용자 외의 사람에 대하여 사용할 수 있는 무기의 종류별 사용요건은 다음 각 호와 같다.

  1. 권총·소총 : 법 제101조 제2항에 해당하는 경우

  2. 기관총 : 법 제101조 제2항에 해당하는 경우로서 제1호의 무기만으로는 그 목적을 달성할 수 없다고 인정하는 경우

③ 제189조 제4호에 해당하는 무기의 사용은 법무부장관이 정하는 바에 따른다.

제191조 【기관총의 설치】
기관총은 대공초소 또는 집중사격이 가장 용이한 장소에 설치하고, 유사 시 즉시 사용할 수 있도록 충분한 인원의 사수(射手)·부사수·탄약수를 미리 지정하여야 한다.

제192조 【총기의 사용절차】
교도관이 총기를 사용하는 경우에는 구두경고, 공포탄 발사, 위협사격, 조준사격의 순서에 따라야 한다. 다만, 상황이 긴급하여 시간적 여유가 없을 때에는 예외로 한다.

제193조 【총기 교육 등】
① 소장은 소속 교도관에 대하여 연 1회 이상 총기의 조작·정비·사용에 관한 교육을 한다.
② 제1항의 교육을 받지 아니하였거나 총기 조작이 미숙한 사람, 그 밖에 총기휴대가 부적당하다고 인정되는 사람에 대하여는 총기휴대를 금지하고 별지 제12호서식의 총기휴대 금지자 명부에 그 명단을 기록한 후 총기를 지급할 때마다 대조·확인하여야 한다.
③ 제2항의 총기휴대 금지자에 대하여 금지사유가 소멸한 경우에는 그 사유를 제2항에 따른 총기휴대 금지자 명부에 기록하고 총기휴대금지를 해제하여야 한다.

제102조 【재난 시의 조치】 ★
① 천재지변이나 그 밖의 재해가 발생하여 시설의 안전과 질서유지를 위하여 긴급한 조치가 필요하면 소장은 수용자로 하여금 피해의 복구나 그 밖의 응급용무를 보조하게 할 수 있다.
② 소장은 교정시설의 안에서 천재지변이나 그 밖의 사변에 대한 피난의 방법이 없는 경우에는 수용자를 다른 장소로 이송할 수 있다.
③ 소장은 제2항에 따른 이송이 불가능하면 수용자를 일시 석방할 수 있다.
④ 제3항에 따라 석방된 사람은 석방 후 24시간 이내에 교정시설 또는 경찰관서에 출석하여야 한다.

시행령

제127조 【재난 시의 조치】
① 소장은 법 제102조 제1항에 따른 응급용무의 보조를 위하여 교정성적이 우수한 수형자를 선정하여 필요한 훈련을 시킬 수 있다.
② 소장은 법 제102조 제3항에 따라 수용자를 일시석방하는 경우에는 같은 조 제4항의 출석 시한과 장소를 알려주어야 한다.

제103조 【수용을 위한 체포】 ★★
① 교도관은 수용자가 도주 또는 제134조 각 호(출석의무 위반, 귀휴·외부통근·그 밖의 사유로 소장의 허가를 받아 교도관의 계호 없이 교정시설 밖으로 나간 후에 정당한 사유 없이 기한까지 돌아오지 아니하는 행위)의 어느 하나에 해당하는 행위(이하 "도주 등"이라 한다)를 한 경우에는 도주 후 또는 출석기한이

지난 후 72시간 이내에만 그를 체포할 수 있다.

② 교도관은 제1항에 따른 체포를 위하여 긴급히 필요하면 도주 등을 하였다고 의심할 만한 상당한 이유가 있는 사람 또는 도주등을 한 사람의 이동경로나 소재를 안다고 인정되는 사람을 정지시켜 질문할 수 있다.

③ 교도관은 제2항에 따라 질문을 할 때에는 그 신분을 표시하는 증표를 제시하고 질문의 목적과 이유를 설명하여야 한다.

④ 교도관은 제1항에 따른 체포를 위하여 영업시간 내에 공연장·여관·음식점·역, 그 밖에 다수인이 출입하는 장소의 관리자 또는 관계인에게 그 장소의 출입이나 그 밖에 특히 필요한 사항에 관하여 협조를 요구할 수 있다.

⑤ 교도관은 제4항에 따라 필요한 장소에 출입하는 경우에는 그 신분을 표시하는 증표를 제시하여야 하며, 그 장소의 관리자 또는 관계인의 정당한 업무를 방해하여서는 아니 된다.

시행령

제128조【도주 등에 따른 조치】

① 소장은 수용자가 도주하거나 법 제134조 각 호의 어느 하나에 해당하는 행위(이하 이 조에서 "도주 등"이라 한다)를 한 경우에는 교정시설의 소재지 및 인접지역 또는 도주 등을 한 사람(이하 이 조에서 "도주자"라 한다)이 숨을 만한 지역의 경찰관서에 도주자의 사진이나 인상착의를 기록한 서면을 첨부하여 그 사실을 지체 없이 통보하여야 한다.

② 소장은 수용자가 도주 등을 하거나 도주자를 체포한 경우에는 법무부장관에게 지체 없이 보고하여야 한다.

제128조의2【포상금 지급】

① 법무부장관은 「형법」 제145조(도주, 집합명령위반)·제146조(특수도주) 또는 법 제134조(출석의무 위반 등) 각 호에 규정된 죄를 지은 수용자를 체포하거나 행정기관 또는 수사기관에 정보를 제공하여 체포하게 한 사람에게 예산의 범위에서 포상금을 지급할 수 있다.

② 포상금의 지급기준·지급방법, 그 밖에 필요한 사항은 법무부장관이 정한다.

제128조의3【포상금의 지급 신청】

① 포상금을 받으려는 사람은 법무부장관이 정하는 바에 따라 포상금 지급 신청서를 지방교정청장에게 제출해야 한다.

② 제1항에 따른 신청서를 접수한 지방교정청장은 그 신청서에 법무부장관이 정하는 서류를 첨부하여 법무부장관에게 제출하여야 한다.

제128조의4【포상금의 환수】

법무부장관은 제128조의2 제1항에 따라 포상금을 지급한 후 다음 각 호의 어느 하나에 해당하는 사실이 발견된 경우에는 해당 포상금을 환수할 수 있다.

1. 위법 또는 부당한 방법의 증거수집, 허위신고, 거짓진술, 증거위조 등 부정한 방법으로 포상금을 지급받은 경우
2. 동일한 원인으로 다른 법령에 따라 포상금 등을 지급받은 경우
3. 그 밖에 착오 등의 사유로 포상금이 잘못 지급된 경우

구분	관심대상수용자	조직폭력수용자	마약류수용자
참고 **엄중관리대상자 비교**			
색상	노란색		파란색
지정 절차	소장은 분류처우위원회의 의결을 거쳐 관심대상수용자로 지정한다. 다만, 미결수용자등 분류처우위원회의 의결 대상자가 아닌 경우에도 관심대상수용자로 지정할 필요가 있다고 인정되는 수용자에 대하여는 교도관회의의 심의를 거쳐 관심대상수용자로 지정할 수 있다.	소장은 조직폭력수용자로 지정한다.	소장은 마약류수용자로 지정하여야 한다.
해제 절차	소장은 관심대상수용자의 수용생활태도 등이 양호하고 지정사유가 해소되었다고 인정하는 경우에는 분류처우위원회의 의결을 거쳐 관심대상수용자 지정을 해제한다. 다만, 미결수용자등 분류처우위원회의 의결 대상자가 아닌 경우에도 관심대상수용자 지정을 해제할 필요가 있다고 인정되는 경우에는 교도관회의의 심의를 거쳐 지정을 해제할 수 있다(지정절차와 해제절차가 동일).	소장은 조직폭력수용자로 지정된 사람에 대하여는 석방할 때까지 지정을 해제할 수 없다. 다만, 공소장 변경 또는 재판확정에 따라 지정사유가 해소되었다고 인정되는 경우에는 교도관회의의 심의 또는 분류처우위원회의 의결을 거쳐 지정을 해제한다.	소장은 마약류수용자로 지정된 사람에 대하여는 석방할 때까지 지정을 해제할 수 없다. 다만, 공소장 변경 또는 재판확정에 따라 지정사유가 해소되었다고 인정되는 경우, 지정 후 5년이 지난 마약류수용자(마약류에 관한 형사법률 외의 법률이 같이 적용된 마약류수용자로 한정한다.)로서 수용생활태도, 교정성적 등이 양호한 경우에는 교도관회의의 심의 또는 분류처우위원회의 의결을 거쳐 지정을 해제할 수 있다.
상담	• 지속적인 상담이 필요하다고 인정되는 사람에 대하여 상담책임자를 지정 • 상담책임자는 감독교도관 또는 상담 관련 전문교육을 이수한 교도관을 우선하여 지정 • 상담대상자는 상담책임자 1명당 10명 이내 • 수시로 개별상담 • 상담책임자가 상담을 하였을 때에는 그 요지와 처리결과 등을 교정정보시스템에 입력하여야 한다. 이 경우 엄중관리대상자의 처우를 위하여 필요하면 엄중관리대상자 상담결과 보고서를 작성하여 소장에게 보고하여야 한다.		
작업 부과	소장은 엄중관리대상자에게 작업을 부과할 때에는 분류심사를 위한 조사나 검사 등의 결과를 고려하여야 한다.		

제104조 【마약류사범 등의 관리】

① 소장은 마약류사범·조직폭력사범 등 법무부령으로 정하는 수용자에 대하여는 시설의 안전과

질서유지를 위하여 필요한 범위에서 다른 수용자와의 접촉을 차단하거나 계호를 엄중히 하는
등 법무부령으로 정하는 바에 따라 다른 수용자와 달리 관리할 수 있다.
② 소장은 제1항에 따라 관리하는 경우에도 기본적인 처우를 제한하여서는 아니 된다.

시행규칙

◀ 엄중관리대상자 ▶ ★★

제194조【엄중관리대상자의 구분】

법 제104조에 따라 교정시설의 안전과 질서유지를 위하여 다른 수용자와의 접촉을 차단하거나 계호를 엄중히
하여야 하는 수용자(이하 이 장에서 "엄중관리대상자"라 한다)는 다음 각 호와 같이 구분한다.

1. 조직폭력수용자(제199조 제1항에 따라 지정된 수용자를 말한다. 이하 같다)
2. 마약류수용자(제205조 제1항에 따라 지정된 수용자를 말한다. 이하 같다)
3. 관심대상수용자(제211조 제1항에 따라 지정된 수용자를 말한다. 이하 같다)

제195조【번호표 등 표시】

① 엄중관리대상자의 번호표 및 거실표의 색상은 다음 각 호와 같이 구분한다.

    1. 관심대상수용자 : 노란색

    2. 조직폭력수용자 : 노란색

    3. 마약류수용자 : 파란색

② 제194조의 엄중관리대상자 구분이 중복되는 수용자의 경우 그 번호표 및 거실표의 색상은 제1항 각 호의
    순서에 따른다.

제196조【상담】

① 소장은 엄중관리대상자 중 지속적인 상담이 필요하다고 인정되는 사람에 대하여는 상담책임자를 지정한다.
② 제1항의 상담책임자는 감독교도관 또는 상담 관련 전문교육을 이수한 교도관을 우선하여 지정하여야 하며,
    상담대상자는 상담책임자 1명당 10명 이내로 하여야 한다.
③ 상담책임자는 해당 엄중관리대상자에 대하여 수시로 개별상담을 함으로써 신속한 고충처리와 원만한 수용생
    활 지도를 위하여 노력하여야 한다.
④ 제3항에 따라 상담책임자가 상담을 하였을 때에는 그 요지와 처리결과 등을 제119조 제3항에 따른 교정정보
    시스템에 입력하여야 한다. 이 경우 엄중관리대상자의 처우를 위하여 필요하면 별지 제13호서식의 엄중관리
    대상자 상담결과 보고서를 작성하여 소장에게 보고하여야 한다.

제197조【작업 부과】

소장은 엄중관리대상자에게 작업을 부과할 때에는 법 제59조 제3항(분류심사를 위한 조사나 검사)에 따른 조사나
검사 등의 결과를 고려하여야 한다.

관련판례

교도소 내 엄중격리대상자에 대하여 이동 시 계구를 사용하고 교도관이 동행계호하는 행위 및 1인 운동장을
사용하게 하는 처우가 신체의 자유를 과도하게 제한하는 것인지의 여부(소극)
청구인들은 상습적으로 교정질서를 문란케 하는 등 교정사고의 위험성이 높은 엄중격리대상자들인바,
이들에 대한 보호장비사용행위, 동행계호행위 및 1인 운동장을 사용하게 하는 처우는 그 목적의 정당성

및 수단의 적정성이 인정되며, 필요한 경우에 한하여 부득이한 범위 내에서 실시되고 있다고 할 것이고, 이로 인하여 수형자가 입게 되는 자유 제한에 비하여 교정사고를 예방하고 교도소 내의 안전과 질서를 확보하는 공익이 더 크다고 할 것이다(헌재 2008.5.29. 2005헌마137).

◀ 조직폭력수용자 ▶

제198조 【지정대상】
조직폭력수용자의 지정대상은 다음 각 호와 같다.
1. 체포영장, 구속영장, 공소장 또는 재판서에 조직폭력사범으로 명시된 수용자
2. 공소장 또는 재판서에 조직폭력사범으로 명시되어 있지는 아니하나 「폭력행위 등 처벌에 관한 법률」 제4조(단체 등의 구성·활동)·제5조(단체 등의 이용·지원). 또는 「형법」 제114조가 적용된 수용자
3. 공범·피해자 등의 체포영장·구속영장·공소장 또는 재판서에 조직폭력사범으로 명시된 수용자
4. 삭제 <2013.4.16.>

제199조 【지정 및 해제】
① 소장은 제198조 각 호의 어느 하나에 해당하는 수용자에 대하여는 조직폭력수용자로 지정한다. 현재의 수용생활 중 집행되었거나 집행할 형이 제198조 제1호 또는 제2호에 해당하는 경우에도 또한 같다.
② 소장은 제1항에 따라 조직폭력수용자로 지정된 사람에 대하여는 석방할 때까지 지정을 해제할 수 없다. 다만, 공소장 변경 또는 재판 확정에 따라 지정사유가 해소되었다고 인정되는 경우에는 교도관회의의 심의 또는 분류처우위원회의 의결을 거쳐 지정을 해제한다.

제200조 【수용자를 대표하는 직책 부여 금지】
소장은 조직폭력수용자에게 거실 및 작업장 등의 봉사원, 반장, 조장, 분임장, 그 밖에 수용자를 대표하는 직책을 부여해서는 아니 된다.

제201조 【수형자 간 연계활동 차단을 위한 이송】
소장은 조직폭력수형자가 작업장 등에서 다른 수형자와 음성적으로 세력을 형성하는 등 집단화할 우려가 있다고 인정하는 경우에는 법무부장관에게 해당 조직폭력수형자의 이송을 지체 없이 신청하여야 한다.

제202조 【처우상 유의사항】
소장은 조직폭력수용자가 다른 사람과 접견할 때에는 외부 폭력조직과의 연계가능성이 높은 점 등을 고려하여 접촉차단시설이 있는 장소에서 하게 하여야 하며, 귀휴나 그 밖의 특별한 이익이 되는 처우를 결정하는 경우에는 해당 처우의 허용 요건에 관한 규정을 엄격히 적용하여야 한다.

제203조 【특이사항의 통보】
소장은 조직폭력수용자의 편지 및 접견의 내용 중 특이사항이 있는 경우에는 검찰청, 경찰서 등 관계기관에 통보할 수 있다.

◀ 마약류수용자 ▶

제204조 【지정대상】
마약류수용자의 지정대상은 다음 각 호와 같다.
1. 체포영장·구속영장·공소장 또는 재판서에 「마약류관리에 관한 법률」, 「마약류 불법거래방지에 관한 특례법」, 그 밖에 마약류에 관한 형사법률이 적용된 수용자
2. 제1호에 해당하는 형사법률을 적용받아 집행유예가 선고되어 그 집행유예 기간 중에 별건으로 수용된 수용자

제205조 【지정 및 해제】

① 소장은 제204조 각 호의 어느 하나에 해당하는 수용자에 대하여는 마약류수용자로 지정하여야 한다. 현재의 수용생활 중 집행되었거나 집행할 형이 제204조 제1호에 해당하는 경우에도 또한 같다.

② 소장은 제1항에 따라 마약류수용자로 지정된 사람에 대하여는 석방할 때까지 지정을 해제할 수 없다. 다만, 다음 각 호의 어느 하나에 해당하는 경우에는 교도관회의의 심의 또는 분류처우위원회의 의결을 거쳐 지정을 해제할 수 있다.

1. 공소장 변경 또는 재판 확정에 따라 지정사유가 해소되었다고 인정되는 경우
2. 지정 후 5년이 지난 마약류수용자로서 수용생활태도, 교정성적 등이 양호한 경우. 다만, 마약류에 관한 형사법률 외의 법률이 같이 적용된 마약류수용자로 한정한다.

제206조 【마약반응검사】

① 마약류수용자에 대하여 다량 또는 장기간 복용할 경우 환각증세를 일으킬 수 있는 의약품을 투약할 때에는 특히 유의하여야 한다.

② 소장은 교정시설에 마약류를 반입하는 것을 방지하기 위하여 필요하면 강제에 의하지 아니하는 범위에서 수용자의 소변을 채취하여 마약반응검사를 할 수 있다.

③ 소장은 제2항의 검사 결과 양성반응이 나타난 수용자에 대하여는 관계기관에 혈청검사, 모발검사, 그 밖의 정밀검사를 의뢰하고 그 결과에 따라 적절한 조치를 하여야 한다.

제207조 【물품전달 제한】

소장은 수용자 외의 사람이 마약류수용자에게 물품을 건네줄 것을 신청하는 경우에는 마약류 반입 등을 차단하기 위하여 신청을 허가하지 않는다. 다만, 다음 각 호의 어느 하나에 해당하는 물품을 건네줄 것을 신청한 경우에는 예외로 할 수 있다.

1. 법무부장관이 정하는 바에 따라 교정시설 안에서 판매되는 물품
2. 그 밖에 마약류 반입을 위한 도구로 이용될 가능성이 없다고 인정되는 물품

제208조 【보관품 등 수시점검】

담당교도관은 마약류수용자의 보관품 및 지니는 물건의 변동 상황을 수시로 점검하고, 특이사항이 있는 경우에는 감독교도관에게 보고해야 한다.

제209조 【재활교육】

① 소장은 마약류수용자가 마약류 근절(根絶) 의지를 갖고 이를 실천할 수 있도록 해당 교정시설의 여건에 적합한 마약류수용자 재활교육계획을 수립하여 시행하여야 한다.

② 소장은 마약류수용자의 마약류 근절 의지를 북돋울 수 있도록 마약 퇴치 전문강사, 성직자 등과 자매결연을 주선할 수 있다.

관련판례

[1] 마약류사범이 구치소에 수용되는 과정에서 반입금지물품의 소지·은닉 여부를 확인하기 위하여 실시한 구치소 수용자에 대한 정밀신체검사는 수용자에게 일방적으로 강제하는 성격을 가지는 권력적 사실행위로서 헌법재판소법 제68조 제1항의 공권력의 행사에 해당한다(헌재 2006.6.29. 2004헌마826).

[2] 교도관이 마약류사범에게 검사의 취지와 방법을 설명하고 반입금지품을 제출하도록 안내한 후 외부와 차단된 검사실에서 같은 성별의 교도관 앞에 돌아서서 하의속옷을 내린 채 상체를 숙이고 양손으로 둔부를 벌려 항문을 보이는 방법으로 실시한 정밀신체검사는 마약류 사범인 청구인의 기본권을 침해하였다고 할 수 없다(헌재 2006.6.29. 2004헌마826).

[3] 마약류 관련 수형자에 대하여 마약류반응검사를 위하여 소변을 받아 제출하게 한 것은 권력적 사실행위로서 공권력의 행사에 해당한다(헌재 2006.7.27. 2005헌마277).

[4] 마약류사범인 청구인에게 마약류반응검사를 위하여 소변을 받아 제출하게 한 것은 교도소의 안전과 질서유지를 위한 것으로 수사에 필요한 처분이 아닐 뿐만 아니라 검사대상자들의 협력이 필수적이어서 강제처분이라고 할 수도 없어 영장주의의 원칙이 적용되지 않는다(헌재 2006.7.27. 2005헌마277).

[5] 마약류사범인 청구인에게 마약류반응검사를 위하여 소변을 받아 제출하게 한 것은 소변채위의 목적 및 검사방법 등에 비추어 과잉금지의 원칙에 반한다고 할 수 없다(헌재 2006.7.27. 2005헌마277).

[6] 형의 집행 및 수용자의 처우에 관한 법률 제104조 위헌소원
마약류사범에 대한 다른 처우는 마약류에 대한 중독성 및 높은 재범률 등 마약류사범의 특성에 대한 전문적 이해를 필요로 하므로 하위 법령에 위임할 필요성이 인정되고, 그 요건으로서 '시설의 안전과 질서유지를 위하여 필요한 범위'라 함은 마약류사범에 의한 교정시설 내 마약류 반입 및 이로 인한 교정사고의 발생을 차단하기 위한 범위를 의미하며, 그 방법으로서 '다른 수용자와의 접촉을 차단하거나 계호를 엄중히 하는 등'이란 다른 수용자와의 대면 또는 서신수수의 제한, 물품교부의 원칙적 금지 등 강화된 기본권 제한 조치는 물론 마약류사범의 특성을 고려한 재활교육, 치료 등의 조치를 의미함을 충분히 예측할 수 있으므로, 이 사건 법률조항은 포괄위임금지원칙에 위반되지 아니한다. 이 사건 법률조항은 마약류사범인 수용자에 대하여서는 그가 미결수용자인지 또는 수형자인지 여부를 불문하고 마약류에 대한 중독성 및 높은 재범률 등 마약류사범의 특성을 고려한 처우를 할 수 있음을 규정한 것일 뿐, 마약류사범인 미결수용자에 대하여 범죄사실의 인정 또는 유죄판결을 전제로 불이익을 가하는 것이 아니므로 무죄추정원칙에 위반되지 아니하고, 이 사건 법률조항이 마약류사범을 다른 수용자와 달리 관리할 수 있도록 한 것은 마약류사범의 특성을 고려한 것으로서 합리적인 이유가 있으므로, 이 사건 법률조항은 평등원칙에도 위반되지 아니한다(헌재 2013.7.25. 2012헌바63).

◀ 관심대상수용자 ▶
제210조 【지정대상】
관심대상수용자의 지정대상은 다음 각 호와 같다.
1. 다른 수용자에게 상습적으로 폭력을 행사하는 수용자
2. 교도관을 폭행하거나 협박하여 징벌을 받은 전력(前歷)이 있는 사람으로서 같은 종류의 징벌대상행위를 할 우려가 큰 수용자
3. 수용생활의 편의 등 자신의 요구를 관철할 목적으로 상습적으로 자해를 하거나 각종 이물질을 삼키는 수용자
4. 다른 수용자를 괴롭히거나 세력을 모으는 등 수용질서를 문란하게 하는 조직폭력수용자(조직폭력사범으로 행세하는 경우를 포함한다)
5. 조직폭력수용자로서 무죄 외의 사유로 출소한 후 5년 이내에 교정시설에 다시 수용된 사람
6. 상습적으로 교정시설의 설비·기구 등을 파손하거나 소란행위를 하여 공무집행을 방해하는 수용자
7. 도주(음모, 예비 또는 미수에 그친 경우를 포함한다)한 전력이 있는 사람으로서 도주의 우려가 있는 수용자
8. 중형선고 등에 따른 심적 불안으로 수용생활에 적응하기 곤란하다고 인정되는 수용자
9. 자살을 기도한 전력이 있는 사람으로서 자살할 우려가 있는 수용자
10. 사회적 물의를 일으킨 사람으로서 죄책감 등으로 인하여 자살 등 교정사고를 일으킬 우려가 큰 수용자
11. 징벌집행이 종료된 날부터 1년 이내에 다시 징벌을 받는 등 규율 위반의 상습성이 인정되는 수용자

12. 상습적으로 법령에 위반하여 연락을 하거나 금지물품을 반입하는 등의 방법으로 부조리를 기도하는 수용자
13. 그 밖에 교정시설의 안전과 질서유지를 위하여 엄중한 관리가 필요하다고 인정되는 수용자

제211조 【지정 및 해제】

① 소장은 제210조 각 호의 어느 하나에 해당하는 수용자에 대하여는 분류처우위원회의 의결을 거쳐 관심대상수용자로 지정한다. 다만, 미결수용자 등 분류처우위원회의 의결 대상자가 아닌 경우에도 관심대상수용자로 지정할 필요가 있다고 인정되는 수용자에 대하여는 교도관회의의 심의를 거쳐 관심대상수용자로 지정할 수 있다.

② 소장은 관심대상수용자의 수용생활태도 등이 양호하고 지정사유가 해소되었다고 인정하는 경우에는 제1항의 절차에 따라 그 지정을 해제한다.

③ 제1항 및 제2항에 따라 관심대상수용자로 지정하거나 지정을 해제하는 경우에는 담당교도관 또는 감독교도관의 의견을 고려하여야 한다.

제212조

삭제 <2010.5.31.>

제213조 【수용동 및 작업장 계호 배치】

소장은 다수의 관심대상수용자가 수용되어 있는 수용동 및 작업장에는 사명감이 투철한 교도관을 엄선하여 배치하여야 한다.

관련판례

[1] 청구인은 시행규칙 제210조 제2호의 사유(교도관 등을 폭행하거나 협박하여 징벌을 받은 전력이 있는 사람으로서 같은 종류의 징벌대상행위를 할 우려가 큰 수용자)로 인하여 관심대상수용자로 지정되었고, 위 시행규칙 제211조 제2항은 "소장은 관심대상수용자의 수용생활태도 등이 양호하여 지정사유가 해소되었다고 인정하는 경우에는 제1항 본문의 절차(現 제1항의 절차)에 따라 그 지정을 해제한다."고 규정하고 있다. 시행규칙 제211조 제2항은 동 조항에 따른 요건이 갖추어지면 법률상 당연히 관심대상수용자 지정이 해제되도록 정하고 있는 것이 아니고, 수용생활태도 등 여러 가지의 사정을 참작하여 소장의 재량인인 행정처분으로써 관심대상수용자 지정해제를 할 수 있도록 하는 원칙을 정하고 있는 규정에 불과하다. 즉, 관심대상수용자 지정해제는 행형기관의 교정정책 혹은 형사정책적 판단에 따라 수형자에게 적합한 처우를 선택하는 조치일 뿐이므로, 수형자가 행형당국에 대하여 관심대상수용자 지정해제를 요구할 주관적 권리를 가지는 것도 아니다(헌재 2010.2.2, 2009헌마750).

[2] 수형자에 대한 기본권제한의 정도와 동행계호행위의 목적 등에 비추어 볼 때 청구인에 대한 동행계호행위는 법률에 따라 그 기본권제한의 범위 내에서 이루어진 것으로서 청구인의 신체의 자유 등을 침해하지 아니할 뿐만 아니라 관심대상수용자인 청구인에 대하여 특별히 계호를 엄중히 하는 것은 교도소 내의 안전과 질서유지를 위한 것으로서 그 차별에 합리적인 이유가 있으므로 청구인의 평등권을 침해한다고 볼 수 없다(헌재 2010.10.28, 2009헌마438).

제12장 | 규율과 상벌

제105조 【규율 등】
① 수용자는 교정시설의 안전과 질서유지를 위하여 법무부장관이 정하는 규율을 지켜야 한다.
② 수용자는 소장이 정하는 일과시간표를 지켜야 한다.
③ 수용자는 교도관의 직무상 지시에 따라야 한다.

관련판례

[1] 다른 수용자들과 함께 있는 입·출소자 대기실에서 교정공무원으로부터 신분대조에 필요한 청구인의 개인 신상에 관한 질문을 받고, 다른 수용자들과 차단된 장소에서 답변하겠다고 요청하였으나, "수형자는 교도관의 지시에 복종하여야 한다."라는 규정에 따라 거부되자, 헌법소원심판을 청구하였다. 형집행법 제105조 제3항 등은 교도소에 수용 중인 자는 교도관의 직무상 지시에 복종하여야 한다거나, 당직간부는 교도소에 수용되거나 석방되는 자의 신상을 직접 확인해야 한다는 일반적인 준수사항을 규정한 조항들일 뿐이므로, 이 사건 심판대상 조항들이 직접·구체적으로 청구인으로 하여금 다른 수형자와 차단되지 아니한 장소에서 청구인의 개인 신상에 관한 답변을 강요함으로써 청구인의 기본권을 침해한다고 볼 수는 없다(헌재 2011.8.23. 2011헌마422).

[2] 청구인은 노역장유치명령의 집행으로 구치소에 수용되어 있던 중 교도관으로부터 '담요를 개어서 정리정돈하라'는 지시를 받게 되자 정리정돈을 수용자 준수사항으로 정한 관련 규정이 명확성원칙과 과잉금지원칙 등에 위배된다며 이 사건 헌법소원을 제기하였다. 교도관이 수용자에 대하여 정리정돈을 지시할 수 있는 근거규정이 되는 형집행법 제105조 제3항과 교도관직무규칙 제39조 등은 교도소에 수용 중인자는 교도관의 직무상 지시에 복종하여야 한다는 일반적인 준수사항을 규정한 것이거나 지시감독을 위한 교정시설 내부의 규칙을 정한데 불과하다. 청구인의 기본권 침해는 위 조항들에 의하여 직접 발생하는 것이 아니라 이에 근거한 구체적인 집행행위에 의하여 발생하게 된다(헌재 2013.5.28. 2013헌마322).

제106조 【포상】 ★
소장은 수용자가 다음 각 호의 어느 하나에 해당하면 법무부령으로 정하는 바에 따라 포상할 수 있다.
1. 사람의 생명을 구조하거나 도주를 방지한 때
2. 제102조 제1항에 따른(천재지변·재해 발생 시의 피해의 복구나 응급용무 보조에 따른) 응급용무에 공로가 있는 때
3. 시설의 안전과 질서유지에 뚜렷한 공이 인정되는 때
4. 수용생활에 모범을 보이거나 건설적이고 창의적인 제안을 하는 등 특히 포상할 필요가 있다고 인정되는 때

🔖 시행규칙

제214조의2 【포상】
법 제106조에 따른 포상기준은 다음 각 호와 같다.
1. 법 제106조 제1호 및 제2호에 해당하는 경우 소장표창 및 제89조에 따른 가족만남의 집 이용 대상자 선정
2. 법 제106조 제3호 및 제4호에 해당하는 경우 소장표창 및 제89조에 따른 가족만남의 날 행사 참여 대상자 선정

참고 **포상기준**

사유	포상
• 사람의 생명을 구조하거나 도주를 방지한 때 • 응급용무에 공로가 있는 때	• 소장표창 • 가족만남의 집 이용 대상자 선정
• 시설의 안전과 질서유지에 뚜렷한 공이 인정되는 때 • 수용생활에 모범을 보이거나 건설적이고 창의적인 제안을 하는 등 특히 포상할 필요가 있다고 인정되는 때	• 소장표창 • 가족만남의 날 행사 참여 대상자 선정

제107조 【징벌】 ★★
소장은 수용자가 다음 각 호의 어느 하나에 해당하는 행위를 하면 제111조의 징벌위원회의 의결에 따라 징벌을 부과할 수 있다.
1. 「형법」, 「폭력행위 등 처벌에 관한 법률」, 그 밖의 형사법률에 저촉되는 행위
2. 수용생활의 편의 등 자신의 요구를 관철할 목적으로 자해하는 행위
3. 정당한 사유 없이 작업·교육·교화프로그램 등을 거부하거나 태만히 하는 행위
4. 제92조의 금지물품을 지니거나 반입·제작·사용·수수·교환·은닉하는 행위
5. 다른 사람을 처벌받게 하거나 교도관의 직무집행을 방해할 목적으로 거짓 사실을 신고하는 행위
6. 그 밖에 시설의 안전과 질서유지를 위하여 법무부령으로 정하는 규율을 위반하는 행위

🔖 시행규칙

제214조 【규율】
수용자는 다음 각 호에 해당하는 행위를 해서는 안 된다.
1. 교정시설의 안전 또는 질서를 해칠 목적으로 다중(多衆)을 선동하는 행위
2. 허가되지 아니한 단체를 조직하거나 그에 가입하는 행위
3. 교정장비, 도주방지시설, 그 밖의 보안시설의 기능을 훼손하는 행위
4. 음란한 행위를 하거나 다른 사람에게 성적(性的) 언동 등으로 성적 수치심 또는 혐오감을 느끼게 하는 행위
5. 다른 사람에게 부당한 금품을 요구하는 행위

5의2. 허가 없이 다른 수용자에게 금품을 교부하거나 수용자 외의 사람을 통하여 다른 수용자에게 금품을 교부하는 행위

6. 작업·교육·접견·집필·전화통화·운동, 그 밖에 교도관의 직무 또는 다른 수용자의 정상적인 일과 진행을 방해하는 행위

7. 문신을 하거나 이물질을 신체에 삽입하는 등 의료 외의 목적으로 신체를 변형시키는 행위

8. 허가 없이 지정된 장소를 벗어나거나 금지구역에 출입하는 행위

9. 허가 없이 다른 사람과 만나거나 연락하는 행위

10. 수용생활의 편의 등 자신의 요구를 관철할 목적으로 이물질을 삼키는 행위

11. 인원점검을 회피하거나 방해하는 행위

12. 교정시설의 설비나 물품을 고의로 훼손하거나 낭비하는 행위

13. 고의로 수용자의 번호표, 거실표 등을 지정된 위치에 붙이지 아니하거나 그 밖의 방법으로 현황파악을 방해하는 행위

14. 큰 소리를 내거나 시끄럽게 하여 다른 수용자의 평온한 수용생활을 현저히 방해하는 행위

15. 허가 없이 물품을 지니거나 반입·제작·변조·교환 또는 주고받는 행위

16. 도박이나 그 밖에 사행심을 조장하는 놀이나 내기를 하는 행위

17. 지정된 거실에 입실하기를 거부하는 등 정당한 사유 없이 교도관의 직무상 지시나 명령을 따르지 아니하는 행위

관련판례

[1] 교정시설은 수형자 등을 구금함으로써 그 형을 집행하고 이들의 교정교화와 건전한 사회복귀를 도모하는 것을 목적으로 하는 시설이고, 수용자는 이처럼 격리된 시설에서 강제적인 공동생활을 하게 되므로 헌법이 보장하는 신체의 자유 등 기본권에 대한 제한은 불가피하다. 그러나 수용자의 경우에도 모든 기본권의 제한이 정당화될 수 없으며 국가가 개인의 불가침의 기본적인 인권을 확인하고 보장할 의무(헌법 제10조 후문)로부터 자유로워질 수는 없다. 따라서 수용자의 지위에서 예정되어 있는 기본권 제한이라도 형의 집행과 도주 방지라는 구금의 목적과 관련되어야 하고 그 필요한 범위를 벗어날 수 없으며, 교도소의 안전 및 질서유지를 위하여 행해지는 규율과 징계로 인한 기본권의 제한도 다른 방법으로는 그 목적을 달성할 수 없는 경우에만 예외적으로 허용되어야 한다(헌재 2016.6.30. 2015헌마36).

[2] 법령에서 명한 금지행위의 위반과 위계에 의한 공무집행방해죄의 성립 여부(소극)
법령에서 어떤 행위의 금지를 명하면서 이를 위반하는 행위에 대한 벌칙을 두는 한편, 공무원으로 하여금 그 금지규정의 위반 여부를 감시, 단속하게 하고 있는 경우 그 공무원에게는 금지규정 위반행위의 유무를 감시하여 확인하고 단속할 권한과 의무가 있으므로 단순히 공무원의 감시, 단속을 피하여 금지규정에 위반하는 행위를 한 것에 불과하다면 그에 대하여 벌칙을 적용하는 것은 별론으로 하고 그 행위가 위계에 의한 공무집행방해죄에 해당하는 것이라고는 할 수 없다(대법원 2003.11.13. 2001도7045).

[3] 교도관과 재소자가 상호 공모하여 재소자가 교도관으로부터 담배를 교부받아 이를 흡연한 행위 및 휴대폰을 교부받아 외부와 통화한 행위 등이 위계에 의한 공무집행방해죄에 해당하지 않는다고 한 사례
구체적이고 현실적으로 감시·단속업무를 수행하는 교도관에 대하여 위계를 사용하여 그 업무집행을 못하게 한다면 이에 대하여 위계에 의한 공무집행방해죄가 성립한다고 할 것이지만, 수용자가 교도관의 감시, 단속을 피하여 규율위반행위를 하는 것만으로는 단순히 금지규정에 위반되는 행위를 한

것에 지나지 아니할 뿐 이로써 위계에 의한 공무집행방해죄가 성립한다고는 할 수 없고, 수용자가 아닌 자가 교도관의 검사 또는 감시를 피하여 금지물품을 교도소 내로 반입되도록 하였다고 하더라도 교도관에게 교도소 등의 출입자와 반출·입 물품을 단속, 검사하거나 수용자의 거실 또는 신체 등을 검사하여 금지물품 등을 회수하여야 할 권한과 의무가 있는 이상, 그러한 수용자 아닌 자의 행위를 위계에 의한 공무집행방해죄에 해당하는 것으로는 볼 수 없으며, 교도관이 수용자의 규율위반행위를 알면서도 이를 방치하거나 도와주었더라도, 이를 다른 교도관 등에 대한 관계에서 위계에 의한 공무집행방해죄가 성립한다고 볼 수는 없다(대법원 2003.11.13. 2001도7045).

[4] 수용자 또는 수용자 아닌 자가 교도관의 감시·단속을 피하여 규율위반행위를 하는 경우, 위계에 의한 공무집행방해죄의 성립 여부(한정 적극)(대법원 2005.8.25. 2005도1731)

① 수용자가 교도관의 감시·단속을 피하여 규율위반행위를 하는 것만으로는 단순히 금지규정에 위반되는 행위를 한 것에 지나지 아니할 뿐 위계에 의한 공무집행방해죄가 성립한다고 할 수 없고, 또 수용자가 아닌 자가 교도관의 검사 또는 감시를 피하여 금지물품을 반입하거나 허가 없이 전화 등의 방법으로 다른 사람과 연락하도록 하였더라도 교도관에게 교도소 등의 출입자와 반출·입 물품을 단속·검사할 권한과 의무가 있는 이상, 수용자 아닌 자의 그러한 행위는 특별한 사정이 없는 한 위계에 의한 공무집행방해죄에 해당하는 것으로는 볼 수 없다.

② 구체적이고 현실적으로 감시·단속업무를 수행하는 교도관에 대하여 그가 충실히 직무를 수행한다고 하더라도 통상적인 업무처리과정하에서는 사실상 적발이 어려운 위계를 적극적으로 사용하여 그 업무집행을 하지 못하게 하였다면 이에 대하여 위계에 의한 공무집행방해죄가 성립한다.

③ 피고인은 휴대전화와 증권거래용 단말기를 구치소 내로 몰래 반입하고, 교도관에게 적발되지 않기 위해 휴대전화의 핸즈프리를 상의 호주머니 속에 숨긴 다음 수용자인 공소외인 등과 머리를 맞대고 변호인과 수용자가 상담하는 것처럼 가장하였는바, 구체적이고 현실적으로 접견호실통제 업무를 담당하는 교도관들에 대하여 그들의 통상적인 업무처리과정 하에서는 사실상 적발이 어려운 위계를 사용하여 그 직무집행에 지장을 주거나 곤란하게 하는 행위임이 명백하다.

제108조 【징벌의 종류】 ★★
징벌의 종류는 다음 각 호와 같다.
1. 경고
2. 50시간 이내의 근로봉사
3. 3개월 이내의 작업장려금 삭감
4. 30일 이내의 공동행사 참가 정지
5. 30일 이내의 신문열람 제한
6. 30일 이내의 텔레비전 시청 제한
7. 30일 이내의 자비구매물품(의사가 치료를 위하여 처방한 의약품을 제외한다) 사용 제한
8. 30일 이내의 작업 정지(신청에 따른 작업에 한정한다)
9. 30일 이내의 전화통화 제한
10. 30일 이내의 집필 제한

11. 30일 이내의 편지수수 제한
12. 30일 이내의 접견 제한
13. 30일 이내의 실외운동 정지
14. 30일 이내의 금치(禁置)

제109조 【징벌의 부과】 ★★
① 제108조 제4호부터 제13호까지의 처분은 함께 부과할 수 있다.
② 수용자가 다음 각 호의 어느 하나에 해당하면 제108조 제2호부터 제14호까지의 규정에서 정한 징벌의 장기의 2분의 1까지 가중할 수 있다.
　1. 2 이상의 징벌사유가 경합하는 때
　2. 징벌이 집행 중에 있거나 징벌의 집행이 끝난 후 또는 집행이 면제된 후 6개월 내에 다시 징벌사유에 해당하는 행위를 한 때
③ 징벌은 동일한 행위에 관하여 거듭하여 부과할 수 없으며, 행위의 동기 및 경중, 행위 후의 정황, 그 밖의 사정을 고려하여 수용목적을 달성하는 데에 필요한 최소한도에 그쳐야 한다.
④ 징벌사유가 발생한 날부터 2년이 지나면 이를 이유로 징벌을 부과하지 못한다.

📖 **시행규칙**

제215조 【징벌 부과기준】
수용자가 징벌대상행위를 한 경우 부과하는 징벌의 기준은 다음 각 호의 구분에 따른다.
1. 법 제107조 제1호·제4호 및 이 규칙 제214조 제1호부터 제3호까지의 규정 중 어느 하나에 해당하는 행위는 21일 이상 30일 이하의 금치(禁置)에 처할 것. 다만, 위반의 정도가 경미한 경우 그 기간의 2분의 1의 범위에서 감경할 수 있다.
2. 법 제107조 제5호, 이 규칙 제214조 제4호·제5호·제5호의2 및 제6호부터 제8호까지의 규정 중 어느 하나에 해당하는 행위는 다음 각 목의 어느 하나에 처할 것
　가. 16일 이상 20일 이하의 금치. 다만, 위반의 정도가 경미한 경우 그 기간의 2분의 1의 범위에서 감경할 수 있다.
　나. 3개월의 작업장려금 삭감
3. 법 제107조 제2호·제3호 및 이 규칙 제214조 제9호부터 제14호까지의 규정 중 어느 하나에 해당하는 행위는 다음 각 목의 어느 하나에 처할 것
　가. 10일 이상 15일 이하의 금치
　나. 2개월의 작업장려금 삭감
4. 제214조 제15호부터 제17호까지의 규정 중 어느 하나에 해당하는 행위는 다음 각 목의 어느 하나에 처할 것
　가. 9일 이하의 금치
　나. 30일 이내의 실외운동 및 공동행사참가 정지
　다. 30일 이내의 접견·편지수수·집필 및 전화통화 제한

라. 30일 이내의 텔레비전시청 및 신문열람 제한

마. 1개월의 작업장려금 삭감

5. 징벌대상행위를 하였으나 그 위반 정도가 경미한 경우에는 제1호부터 제4호까지의 규정에도 불구하고 다음 각 목의 어느 하나에 처할 것

가. 30일 이내의 접견 제한   나. 30일 이내의 편지수수 제한

다. 30일 이내의 집필 제한   라. 30일 이내의 전화통화 제한

마. 30일 이내의 작업정지   바. 30일 이내의 자비구매물품 사용 제한

사. 30일 이내의 텔레비전 시청 제한   아. 30일 이내의 신문 열람 제한

자. 30일 이내의 공동행사 참가 정지   차. 50시간 이내의 근로봉사

카. 경고

참고 징벌 부과기준

부과기준(시행규칙 제215조)	실효	근거	징벌 대상행위
21일 이상 30일 이하의 금치에 처할 것. 다만, 위반의 정도가 경미한 경우 그 기간의 2분의 1의 범위에서 감경할 수 있다.	2년 6월	법 제107조	1. 「형법」, 「폭력행위 등 처벌에 관한 법률」, 그 밖의 형사법률에 저촉되는 행위 4. 금지물품을 반입·제작·소지·사용·수수·교환 또는 은닉하는 행위
		규칙 제214조	1. 교정시설의 안전 또는 질서를 해칠 목적으로 다중을 선동하는 행위 2. 허가되지 아니한 단체를 조직하거나 그에 가입하는 행위 3. 교정장비, 도주방지시설, 그 밖의 보안시설의 기능을 훼손하는 행위
가. 16일 이상 20일 이하의 금치에 처할 것. 다만, 위반의 정도가 경미한 경우 그 기간의 2분의 1의 범위에서 감경할 수 있다. 나. 3개월의 작업장려금 삭감	2년	법 제107조	5. 다른 사람을 처벌받게 하거나 교도관의 직무집행을 방해할 목적으로 거짓 사실을 신고하는 행위
		규칙 제214조	4. 음란한 행위를 하거나 다른 사람에게 성적 언동 등으로 성적 수치심 또는 혐오감을 느끼게 하는 행위 5. 다른 사람에게 부당한 금품을 요구하는 행위 5의2. 허가 없이 다른 수용자에게 금품을 교부하거나 수용자 외의 사람을 통하여 다른 수용자에게 금품을 교부하는 행위 6. 작업·교육·접견·집필·전화통화·운동, 그 밖에 교도관의 직무 또는 다른 수용자의 정상적인 일과 진행을 방해하는 행위 7. 문신을 하거나 이물질을 신체에 삽입하는 등 의료 외의 목적으로 신체를 변형시키는 행위 8. 허가 없이 지정된 장소를 벗어나거나 금지구역에 출입하는 행위

가. 10일 이상 15일 이하의 금치 나. 2개월의 작업장려금 삭감	1년 6월	법 제107 조	2. 수용생활의 편의 등 자신의 요구를 관철할 목적으로 자해 하는 행위 3. 정당한 사유 없이 작업·교육 등을 거부하거나 태만히 하는 행위
		규칙 제214 조	9. 허가 없이 다른 사람과 만나거나 연락하는 행위 10. 수용생활의 편의 등 자신의 요구를 관철할 목적으로 이 물질을 삼키는 행위 11. 인원점검을 회피하거나 방해하는 행위 12. 교정시설의 설비나 물품을 고의로 훼손하거나 낭비하는 행위 13. 고의로 수용자의 번호표, 거실표 등을 지정된 위치에 붙이지 아니하거나 그 밖의 방법으로 현황파악을 방해 하는 행위 14. 큰 소리를 내거나 시끄럽게 하여 다른 수용자의 평온한 수용생활을 현저히 방해하는 행위
가. 9일 이하의 금치 나. 30일 이내의 실외운동 및 공 동행사참가 정지 다. 30일 이내의 접견·서신수수· 집필 및 전화통화 제한 라. 30일 이내의 텔레비전시청 및 신문열람 제한 마. 1개월의 작업장려금 삭감	1년	규칙 제214 조	15. 허가 없이 물품을 반입·제작·소지·변조·교환 또는 주고받는 행위 16. 도박이나 그 밖에 사행심을 조장하는 놀이나 내기를 하 는 행위 17. 지정된 거실에 입실하기를 거부하는 등 정당한 사유 없이 교도관의 직무상 지시나 명령을 따르지 아니하는 행위
가. 30일 이내의 접견 제한 나. 30일 이내의 서신수수 제한 다. 30일 이내의 집필 제한 라. 30일 이내의 전화통화 제한 마. 30일 이내의 작업정지 바. 30일 이내의 자비구매물품 사 용 제한 사. 30일 이내의 텔레비전 시청 제한 아. 30일 이내의 신문 열람 제한 자. 30일 이내의 공동행사 참가 정지 차. 50시간 이내의 근로봉사 카. 경고	6월	규칙 제215 조 제5호	징벌대상행위를 하였으나, 그 위반의 정도가 경미한 경우

제216조 【징벌부과 시 고려사항】
제215조의 기준에 따라 징벌을 부과하는 경우에는 다음 각 호의 사항을 고려하여야 한다.
1. 징벌대상행위를 하였다고 의심할 만한 상당한 이유가 있는 수용자(이하 "징벌대상자"라 한다)의 나이·성격·지능·성장환경·심리상태 및 건강
2. 징벌대상행위의 동기·수단 및 결과
3. 자수 등 징벌대상행위 후의 정황
4. 교정성적 또는 그 밖의 수용생활태도

제217조 【교사와 방조】 ★
① 다른 수용자를 교사(敎唆)하여 징벌대상행위를 하게 한 수용자에게는 그 징벌대상행위를 한 수용자에게 부과되는 징벌과 같은 징벌을 부과한다.
② 다른 수용자의 징벌대상행위를 방조(幇助)한 수용자에게는 그 징벌대상행위를 한 수용자에게 부과되는 징벌과 같은 징벌을 부과하되, 그 정황을 고려하여 2분의 1까지 감경할 수 있다.

제218조 【징벌대상행위의 경합】
① 둘 이상의 징벌대상행위가 경합하는 경우에는 각각의 행위에 해당하는 징벌 중 가장 중한 징벌의 2분의 1까지 가중할 수 있다.
② 제1항의 경우 징벌의 경중(輕重)은 제215조 각 호의 순서에 따른다. 이 경우 같은 조 제2호부터 제5호까지의 경우에는 각 목의 순서에 따른다.

제110조 【징벌대상자의 조사】 ★
① 소장은 징벌사유에 해당하는 행위를 하였다고 의심할 만한 상당한 이유가 있는 수용자(이하 "징벌대상자"라 한다)가 다음 각 호의 어느 하나에 해당하면 조사기간 중 분리하여 수용할 수 있다.
　1. 증거를 인멸할 우려가 있는 때
　2. 다른 사람에게 위해를 끼칠 우려가 있거나 다른 수용자의 위해로부터 보호할 필요가 있는 때
② 소장은 징벌대상자가 제1항 각 호의 어느 하나에 해당하면 접견·편지수수·전화통화·실외운동·작업·교육훈련, 공동행사 참가, 중간처우 등 다른 사람과의 접촉이 가능한 처우의 전부 또는 일부를 제한할 수 있다.

시행규칙

제219조 【조사 시 지켜야 할 사항】
징벌대상행위에 대하여 조사하는 교도관이 징벌대상자 또는 참고인 등을 조사할 때에는 다음 각 호의 사항을 지켜야 한다.
1. 인권침해가 발생하지 아니하도록 유의할 것
2. 조사의 이유를 설명하고, 충분한 진술의 기회를 제공할 것
3. 공정한 절차와 객관적 증거에 따라 조사하고, 선입견이나 추측에 따라 처리하지 아니할 것
4. 형사법률에 저촉되는 행위에 대하여 징벌 부과 외에 형사입건조치가 요구되는 경우에는 형사소송절차에 따라 조사대상자에게 진술을 거부할 수 있다는 것과 변호인을 선임할 수 있다는 것을 알릴 것

제219조의2 【징벌대상자에 대한 심리상담】

소장은 특별한 사유가 없으면 교도관으로 하여금 징벌대상자에 대한 심리상담을 하도록 해야 한다.

제220조 【조사기간】

① 수용자의 징벌대상행위에 대한 조사기간(조사를 시작한 날부터 법 제111조 제1항의 징벌위원회의 의결이 있는 날까지를 말한다. 이하 같다)은 10일 이내로 한다. 다만, 특히 필요하다고 인정하는 경우에는 1회에 한하여 7일을 초과하지 아니하는 범위에서 그 기간을 연장할 수 있다.

② 소장은 제1항의 조사기간 중 조사결과에 따라 다음 각 호의 어느 하나에 해당하는 조치를 할 수 있다.

  1. 법 제111조 제1항의 징벌위원회(이하 "징벌위원회"라 한다)로의 회부

  2. 징벌대상자에 대한 무혐의 통고

  3. 징벌대상자에 대한 훈계

  4. 징벌위원회 회부 보류

  5. 조사 종결

③ 제1항의 조사기간 중 법 제110조 제2항(징벌대상자에 대한 처우의 제한)에 따라 징벌대상자에 대하여 처우를 제한하는 경우에는 징벌위원회의 의결을 거쳐 처우를 제한한 기간의 전부 또는 일부를 징벌기간에 포함할 수 있다.

④ 소장은 징벌대상행위가 징벌대상자의 정신병적인 원인에 따른 것으로 의심할 만한 충분한 사유가 있는 경우에는 징벌절차를 진행하기 전에 의사의 진료, 전문가 상담 등 필요한 조치를 하여야 한다.

⑤ 소장은 징벌대상행위에 대한 조사 결과 그 행위가 징벌대상자의 정신병적인 원인에 따른 것이라고 인정하는 경우에는 그 행위를 이유로 징벌위원회에 징벌을 요구할 수 없다.

⑥ 제1항의 조사기간 중 징벌대상자의 생활용품 등의 보관에 대해서는 제232조(금치집행 중 생활용품 등의 별도 보관)를 준용한다.

제221조 【조사의 일시정지】

① 소장은 징벌대상자의 질병이나 그 밖의 특별한 사정으로 인하여 조사를 계속하기 어려운 경우에는 조사를 일시 정지할 수 있다.

② 제1항에 따라 정지된 조사기간은 그 사유가 해소된 때부터 다시 진행한다. 이 경우 조사가 정지된 다음 날부터 정지사유가 소멸한 전날까지의 기간은 조사기간에 포함되지 아니한다.

제222조 【징벌대상자 처우제한의 알림】

소장은 법 제110조 제2항에 따라 접견·편지수수 또는 전화통화를 제한하는 경우에는 징벌대상자의 가족 등에게 그 사실을 알려야 한다. 다만, 징벌대상자가 알리기를 원하지 않는 경우에는 그렇지 않다.

관련판례

[1] 징벌사유에 해당하는 행위를 하였다고 의심할 만한 상당한 이유가 있는 수용자에 대하여 조사가 필요한 경우, 수용자를 조사거실에 분리 수용할 수 있는지 여부(한정 적극)

징벌사유에 해당하는 행위를 하였다고 의심할 만한 상당한 이유가 있는 수용자에 대하여 조사가 필요한 경우라 하더라도, 특히 그 수용자에 대한 조사거실에의 분리 수용은 형집행법 에 따라 그 수용자가 증거를 인멸할 우려가 있는 때 또는 다른 사람에게 위해를 끼칠 우려가 있거나 다른 수용자의 위해로부터 보호할 필요가 있는 때에 한하여 인정된다(대법원 2014.9.25. 2013도1198).

[2] 교도소장이 징벌혐의의 조사를 위하여 14일간 청구인을 조사실에 분리수용하고 공동행사참가 등 처우를 제한한 행위가 적법절차원칙에 위반되는지 여부(소극)

분리수용과 처우제한은 징벌제도의 일부로서 징벌 혐의의 입증을 위한 과정이고, 그 과정을 거쳐 징벌처분을 내리기 위해서는 징벌위원회의 의결이라는 사전 통제절차를 거쳐야 하며, 내려진 징벌처분에 대해서는 행정소송을 통해 불복할 수 있다는 점, 조사단계에서의 분리수용이나 처우제한에까지 일일이 법원에 의한 사전 또는 사후통제를 요구한다면 징벌제도 시행에 있어서 비효율을 초래할 수 있다는 점, 조사단계에서 징벌혐의의 고지와 의견진술의 기회 부여가 이루어진다는 점 등을 종합하여 볼 때, 분리수용 및 처우제한에 대해 법원에 의한 개별적인 통제절차를 두고 있지 않다는 점만으로 이 사건 분리수용 및 이 사건 분리수용 및 처우제한이 적법절차원칙에 위반된 것이라고 볼 수는 없다(헌재 2014.9.25. 2012헌마523).

[3] 징벌혐의의 조사를 받고 있는 청구인이 변호인 아닌 자와 접견할 당시 교도관이 참여하여 대화내용을 기록하게 한 행위가 청구인의 사생활의 비밀과 자유를 침해하는지 여부(소극)

접견내용을 녹음·녹화하는 경우 수용자 및 그 상대방에게 그 사실을 말이나 서면 등으로 알려주어야 하고 취득된 접견기록물은 법령에 의해 보호·관리되고 있으므로 사생활의 비밀과 자유에 대한 침해를 최소화하는 수단이 마련되어 있다는 점, 청구인이 나눈 접견내용에 대한 사생활의 비밀로서의 보호가치에 비해 증거인멸의 위험을 방지하고 교정시설 내의 안전과 질서유지에 기여하려는 공익이 크고 중요하다는 점에 비추어 볼 때, 이 사건 접견참여·기록이 청구인의 사생활의 비밀과 자유를 침해하였다고 볼 수 없다(헌재 2014.9.25. 2012헌마523).

제111조 【징벌위원회】 ★★

① 징벌대상자의 징벌을 결정하기 위하여 교정시설에 징벌위원회(이하 이 조에서 "위원회"라 한다)를 둔다.
② 위원회는 위원장을 포함한 5명 이상 7명 이하의 위원으로 구성하고, 위원장은 소장의 바로 다음 순위자가 되며, 위원은 소장이 소속 기관의 과장(지소의 경우에는 7급 이상의 교도관) 및 교정에 관한 학식과 경험이 풍부한 외부인사 중에서 임명 또는 위촉한다. 이 경우 외부위원은 3명 이상으로 한다.
③ 위원회는 소장의 징벌요구에 따라 개회하며, 징벌은 그 의결로써 정한다.
④ 위원이 징벌대상자의 친족이거나 그 밖에 공정한 심의·의결을 기대할 수 없는 특별한 사유가 있는 경우에는 위원회에 참석할 수 없다.
⑤ 징벌대상자는 위원에 대하여 기피신청을 할 수 있다. 이 경우 위원회의 의결로 기피 여부를 결정하여야 한다.
⑥ 위원회는 징벌대상자가 위원회에 출석하여 충분한 진술을 할 수 있는 기회를 부여하여야 하며, 징벌대상자는 서면 또는 말로써 자기에게 유리한 사실을 진술하거나 증거를 제출할 수 있다.
⑦ 위원회의 위원 중 공무원이 아닌 사람은 「형법」 제127조(공무상 비밀의 누설) 및 제129조부터 제132조까지(수뢰·사전수뢰, 제3자 뇌물제공, 수뢰후 부정처사·사후수뢰, 알선수뢰)의 규정을 적용할 때에는 공무원으로 본다.

📖 시행령

제129조【징벌위원회의 소집】

법 제111조에 따른 징벌위원회(이하 이 장에서 "위원회"라 한다)의 위원장은 소장의 징벌요구에 따라 위원회를 소집한다.

제130조【위원장의 직무대행】

위원회의 위원장이 불가피한 사정으로 그 직무를 수행하기 어려운 경우에는 위원장이 미리 지정한 위원이 그 직무를 대행한다.

제131조【위원의 제척】

위원회의 위원이 해당 징벌대상 행위의 조사를 담당한 경우에는 해당 위원회에 참석할 수 없다.

제132조【징벌의결 통고】

위원회가 징벌을 의결한 경우에는 이를 소장에게 즉시 통고하여야 한다.

📖 시행규칙

제223조【징벌위원회 외부위원】

① 소장은 법 제111조 제2항에 따른 징벌위원회의 외부위원을 다음 각 호의 사람 중에서 위촉한다.

1. 변호사
2. 대학에서 법률학을 가르치는 조교수 이상의 직에 있는 사람
3. 교정협의회(교정위원 전원으로 구성된 협의체를 말한다)에서 추천한 사람
4. 그 밖에 교정에 관한 학식과 경험이 풍부한 사람

② 제1항에 따라 위촉된 위원의 임기는 2년으로 하며, 연임할 수 있다.

③ 소장은 외부위원이 다음 각 호의 어느 하나에 해당하는 경우에는 해당 위원을 해촉할 수 있다.

1. 심신장애로 직무수행이 불가능하거나 현저히 곤란하다고 인정되는 경우
2. 직무와 관련된 비위사실이 있는 경우
3. 직무태만, 품위 손상, 그 밖의 사유로 인하여 위원으로서 직무를 수행하기 적합하지 아니하다고 인정되는 경우
4. 위원 스스로 직무를 수행하는 것이 곤란하다고 의사를 밝히는 경우
5. 특정 종파나 특정 사상에 편향되어 징벌의 공정성을 해칠 우려가 있는 경우

④ 제1항에 따라 위촉된 위원이 징벌위원회에 참석한 경우에는 예산의 범위에서 수당, 여비, 그 밖에 필요한 경비를 지급할 수 있다.

제224조【징벌위원회 위원장】

법 제111조 제2항에서 "소장의 바로 다음 순위자"는 「법무부와 그 소속기관 직제 시행규칙」의 직제순위에 따른다.

제225조【징벌위원회 심의·의결대상】★

징벌위원회는 다음 각 호의 사항을 심의·의결한다.

1. 징벌대상행위의 사실 여부
2. 징벌의 종류와 내용
3. 제220조 제3항(조사기간 중 처우상의 제한)에 따른 징벌기간 산입
4. 법 제111조 제5항(징벌위원에 대한 기피신청)에 따른 징벌위원에 대한 기피신청의 심의·의결
5. 법 제114조 제1항(징벌집행의 유예)에 따른 징벌집행의 유예여부와 그 기간

6. 그 밖에 징벌내용과 관련된 중요 사항

제226조 【징벌의결의 요구】

① 소장이 징벌대상자에 대하여 징벌의결을 요구하는 경우에는 별지 제14호서식의 징벌의결 요구서를 작성하여 징벌위원회에 제출하여야 한다.

② 제1항에 따른 징벌의결 요구서에는 징벌대상행위의 입증에 필요한 관계서류를 첨부할 수 있다.

제227조 【징벌대상자에 대한 출석 통지】

① 징벌위원회가 제226조에 따른 징벌의결 요구서를 접수한 경우에는 지체 없이 징벌대상자에게 별지 제15호서식의 출석통지서를 전달하여야 한다.

② 제1항에 따른 출석통지서에는 다음 각 호의 내용이 포함되어야 한다.

1. 혐의사실 요지
2. 출석 장소 및 일시
3. 징벌위원회에 출석하여 자기에게 이익이 되는 사실을 말이나 서면으로 진술할 수 있다는 사실
4. 서면으로 진술하려면 징벌위원회를 개최하기 전까지 진술서를 제출하여야 한다는 사실
5. 증인신청 또는 증거제출을 할 수 있다는 사실
6. 형사절차상 불리하게 적용될 수 있는 사실에 대하여 진술을 거부할 수 있다는 것과 진술하는 경우에는 형사절차상 불리하게 적용될 수 있다는 사실

③ 제1항에 따라 출석통지서를 전달받은 징벌대상자가 징벌위원회에 출석하기를 원하지 아니하는 경우에는 별지 제16호서식의 출석포기서를 징벌위원회에 제출하여야 한다.

제228조 【징벌위원회의 회의】

① 징벌위원회는 출석한 징벌대상자를 심문하고, 필요하다고 인정하는 경우에는 교도관이나 다른 수용자 등을 참고인으로 출석하게 하여 심문할 수 있다.

② 징벌위원회는 필요하다고 인정하는 경우 제219조의2(징벌대상자에 대한 심리상담)에 따라 심리상담을 한 교도관으로 하여금 그 심리상담 결과를 제출하게 하거나 해당 교도관을 징벌위원회에 출석하게 하여 심리상담 결과를 진술하게 할 수 있다.

③ 징벌위원회는 징벌대상자에게 제227조 제1항에 따른 출석통지서를 전달하였음에도 불구하고 징벌대상자가 같은 조 제3항에 따른 출석포기서를 제출하거나 정당한 사유 없이 출석하지 아니한 경우에는 그 사실을 별지 제17호서식의 징벌위원회 회의록에 기록하고 서면심리만으로 징벌을 의결할 수 있다.

④ 징벌위원회는 재적위원 과반수의 출석으로 개의하고, 출석위원 과반수의 찬성으로 의결한다. 이 경우 외부위원 1명 이상이 출석한 경우에만 개의할 수 있다.

⑤ 징벌의 의결은 별지 제18호서식의 징벌의결서에 따른다.

⑥ 징벌위원회가 작업장려금 삭감을 의결하려면 사전에 수용자의 작업장려금을 확인하여야 한다.

⑦ 징벌위원회의 회의에 참여한 사람은 직무상 알게 된 비밀을 누설하여서는 아니 된다.

참고 **징벌위원회와 귀휴심사위원회 비교**

구분	징벌위원회	귀휴심사위원회
정족수	위원장 포함 5~7명	위원장 포함 6~8명
외부인사	3명 이상	2명 이상
위원장	소장 다음 순위자	소장

성격	의결기관	허가·심사기관
근거규정	형집행법	법무부령
직무대행	미리 지정한 위원	부소장
개최	소장의 징벌요구에 따라	귀휴사유가 발생하여 귀휴심사가 필요하다고 인정하는 때
실무적 차이	소장은 징벌위원회의 의결을 따라서 집행	귀휴심사위원회의 심사 결과에 소장이 따라야 할 의무 ×

제111조의2 【징벌대상행위에 관한 양형 참고자료 통보】

소장은 미결수용자에게 징벌을 부과한 경우에는 그 징벌대상행위를 양형(量刑) 참고자료로 작성하여 관할 검찰청 검사 또는 관할 법원에 통보할 수 있다.

제112조 【징벌의 집행】 ★

① 징벌은 소장이 집행한다.

② 소장은 징벌집행을 위하여 필요하다고 인정하면 수용자를 분리하여 수용할 수 있다.

③ 제108조 제14호(30일 이내의 금치)의 처분을 받은 사람에게는 그 기간 중 같은 조 제4호(30일 이내의 공동행사 참가 정지)부터 제12호(30일 이내 접견 제한)까지의 처우제한이 함께 부과된다. 다만, 소장은 수용자의 권리구제, 수형자의 교화 또는 건전한 사회복귀를 위하여 특히 필요하다고 인정하면 집필·편지수수 또는 접견을 허가할 수 있다.

④ 소장은 제108조 제14호(30일 이내의 금치)의 처분을 받은 사람에게 다음 각 호의 어느 하나에 해당하는 사유가 있어 필요하다고 인정하는 경우에는 건강유지에 지장을 초래하지 아니하는 범위에서 실외운동을 제한할 수 있다.

1. 도주의 우려가 있는 경우
2. 자해의 우려가 있는 경우
3. 다른 사람에게 위해를 끼칠 우려가 있는 경우
4. 그 밖에 시설의 안전 또는 질서를 크게 해칠 우려가 있는 경우로서 법무부령으로 정하는 경우

> **[법무부령으로 정하는 경우(시행규칙 제215조의 2)]**
> 1. 다른 사람으로부터 위해를 받을 우려가 있는 경우
> 2. 위력으로 교도관의 정당한 직무집행을 방해할 우려가 있는 경우
> 3. 소란행위를 계속하여 다른 수용자의 평온한 수용생활을 방해할 우려가 있는 경우
> 4. 교정시설의 설비·기구 등을 손괴할 우려가 있는 경우

⑤ 소장은 제108조 제13호(30일 이내의 실외운동 정지)에 따른 실외운동 정지를 부과하는 경우 또는 제4항에 따라 실외운동을 제한하는 경우라도 수용자가 매주 1회 이상 실외운동을 할 수 있도록 하여야 한다.

⑥ 소장은 제108조 제13호(30일 이내의 실외운동 정지) 또는 제14호(30일 이내의 금치)의 처분을 집행하는 경우에는 의무관으로 하여금 사전에 수용자의 건강을 확인하도록 하여야 하며, 집행 중인 경우에도 수시로 건강상태를 확인하여야 한다.

시행령

제133조【징벌의 집행】

① 소장은 제132조의 통고(징벌의결 통고)를 받은 경우에는 징벌을 지체 없이 집행하여야 한다.

② 소장은 수용자가 징벌처분을 받아 접견, 편지수수 또는 전화통화가 제한된 경우에는 그의 가족에게 그 사실을 알려야 한다. 다만, 수용자가 알리는 것을 원하지 않으면 알리지 않는다.

③ 삭제 <2017.9.19.>

④ 소장은 법 제108조 제13호(30일 이내의 실외운동 정지) 및 제14호(30일 이내의 금치)의 징벌집행을 마친 경우에는 의무관에게 해당 수용자의 건강을 지체 없이 확인하게 하여야 한다.

⑤ 의무관이 출장, 휴가, 그 밖의 부득이한 사유로 법 제112조 제5항(30일 이내의 실외운동 정지 및 30일 이내의 금치처분을 받은 수용자의 사전 건강상태 및 집행 중 건강상태 확인) 및 이 조 제4항(30일 이내의 실외운동 정지 및 30일 이내의 금치처분을 받은 수용자의 집행 후 지체 없이 건강상태 확인)의 직무를 수행할 수 없는 경우에는 제119조 제2항(의료관계 직원 대행 건강상태 확인)을 준용한다.

제134조【징벌집행의 계속】

법 제108조 제4호(30일 이내의 공동행사 참가 정지)부터 제14호(30일 이내의 금치)까지의 징벌 집행 중인 수용자가 다른 교정시설로 이송되거나 법원 또는 검찰청 등에 출석하는 경우에는 징벌집행이 계속되는 것으로 본다.

시행규칙

제229조【집행절차】

① 징벌위원회는 영 제132조(징벌의결 통고)에 따라 소장에게 징벌의결 내용을 통고하는 경우에는 징벌의결서 정본(正本)을 첨부하여야 한다.

② 소장은 징벌을 집행하려면 징벌의결의 내용과 징벌처분에 대한 불복방법 등을 기록한 별지 제19호서식의 징벌집행통지서에 징벌의결서 부본(副本)을 첨부하여 해당 수용자에게 전달하여야 한다.

③ 영 제137조에 따른 징벌집행부는 별지 제19호의2 서식에 따른다.

④ 소장은 영 제137조(징벌사항의 기록)에 따라 수용자의 징벌에 관한 사항을 징벌집행부에 기록한 때에는 그 내용을 제119조 제3항에 따른 교정정보시스템에 입력해야 한다.

제230조【징벌의 집행순서】

① 금치와 그 밖의 징벌을 집행할 경우에는 금치를 우선하여 집행한다. 다만, 작업장려금의 삭감과 경고는 금치와 동시에 집행할 수 있다.

② 같은 종류의 징벌은 그 기간이 긴 것부터 집행한다.

③ 금치를 제외한 두 가지 이상의 징벌을 집행할 경우에는 함께 집행할 수 있다.

제231조【징벌의 집행방법】

① 작업장려금의 삭감은 징벌위원회가 해당 징벌을 의결한 날이 속하는 달의 작업장려금부터 이미 지급된 작업장려금에 대하여 역순으로 집행한다.

② 소장은 금치를 집행하는 경우에는 징벌집행을 위하여 별도로 지정한 거실(이하 "징벌거실"이라 한다)에 해당 수용자를 수용하여야 한다.

③ 소장은 금치 외의 징벌을 집행하는 경우 그 징벌의 목적을 달성하기 위하여 필요하다고 인정하면 해당 수용자를 징벌거실에 수용할 수 있다.

④ 소장은 징벌집행을 받고 있거나 집행을 앞둔 수용자가 같은 행위로 형사법률에 따른 처벌이 확정되어 징벌을 집행할 필요가 없다고 인정하면 징벌집행을 감경하거나 면제할 수 있다.

제232조【금치집행 중 생활용품 등의 별도 보관】

소장은 금치 중인 수용자가 생활용품 등으로 자살·자해할 우려가 있거나 교정시설의 안전과 질서를 해칠 우려가 있는 경우에는 그 물품을 따로 보관하고 필요한 경우에만 이를 사용하게 할 수 있다.

제233조【징벌집행 중인 수용자의 심리상담 등】

① 소장은 징벌집행 중인 수용자의 심리적 안정과 징벌대상행위의 재발방지를 위해서 교도관으로 하여금 징벌집행 중인 수용자에 대한 심리상담을 하게 해야 한다.

② 소장은 징벌대상행위의 재발방지에 도움이 된다고 인정하는 경우에는 징벌집행 중인 수용자가 교정위원, 자원봉사자 등 전문가의 상담을 받게 할 수 있다.

제215조의2【금치집행 중 실외운동의 제한】

법 제112조 제4항 제4호에서 "법무부령으로 정하는 경우"란 다음 각 호와 같다.

1. 다른 사람으로부터 위해를 받을 우려가 있는 경우
2. 위력으로 교도관의 정당한 직무집행을 방해할 우려가 있는 경우
3. 소란행위를 계속하여 다른 수용자의 평온한 수용생활을 방해할 우려가 있는 경우
4. 교정시설의 설비·기구 등을 손괴할 우려가 있는 경우

제113조【징벌집행의 정지·면제】

① 소장은 질병이나 그 밖의 사유로 징벌집행이 곤란하면 그 사유가 해소될 때까지 그 집행을 일시 정지할 수 있다.

② 소장은 징벌집행 중인 사람이 뉘우치는 빛이 뚜렷한 경우에는 그 징벌을 감경하거나 남은 기간의 징벌집행을 면제할 수 있다.

시행령

제135조【징벌기간의 계산】

소장은 법 제113조(징벌집행의 일시정지)에 따라 제1항에 따라 징벌집행을 일시 정지한 경우 그 정지사유가 해소되었을 때에는 지체 없이 징벌집행을 재개하여야 한다. 이 경우 집행을 정지한 다음날부터 집행을 재개한 전날까지의 일수는 징벌기간으로 계산하지 아니한다.

제136조【이송된 사람의 징벌】

수용자가 이송 중에 징벌대상 행위를 하거나 다른 교정시설에서 징벌대상 행위를 한 사실이 이송된 후에 발각된 경우에는 그 수용자를 인수한 소장이 징벌을 부과한다.

제137조【징벌사항의 기록】
소장은 수용자의 징벌에 관한 사항을 수용기록부 및 징벌집행부에 기록하여야 한다.

제114조【징벌집행의 유예】 ★★
① 징벌위원회는 징벌을 의결하는 때에 행위의 동기 및 정황, 교정성적, 뉘우치는 정도 등 그 사정을 고려할 만한 사유가 있는 수용자에 대하여 2개월 이상 6개월 이하의 기간 내에서 징벌의 집행을 유예할 것을 의결할 수 있다.
② 소장은 징벌집행의 유예기간 중에 있는 수용자가 다시 제107조의 징벌대상행위를 하여 징벌이 결정되면 그 유예한 징벌을 집행한다.
③ 수용자가 징벌집행을 유예받은 후 징벌을 받음이 없이 유예기간이 지나면 그 징벌의 집행은 종료된 것으로 본다.

제115조【징벌의 실효 등】 ★★
① 소장은 징벌의 집행이 종료되거나 집행이 면제된 수용자가 교정성적이 양호하고 법무부령으로 정하는 기간 동안 징벌을 받지 아니하면 법무부장관의 승인을 받아 징벌을 실효시킬 수 있다.
② 제1항에도 불구하고 소장은 수용자가 교정사고 방지에 뚜렷한 공로가 있다고 인정되면 분류처우위원회의 의결을 거친 후 법무부장관의 승인을 받아 징벌을 실효시킬 수 있다.
③ 이 법에 규정된 사항 외에 징벌에 관하여 필요한 사항은 법무부령으로 정한다.

■ 시행규칙

제234조【징벌의 실효】 ★
① 법 제115조 제1항에서 "법무부령으로 정하는 기간"이란 다음 각 호와 같다.
  1. 제215조 제1호부터 제4호까지의 징벌 중 금치의 경우에는 다음 각 목의 기간
    가. 21일 이상 30일 이하의 금치 : 2년 6개월
    나. 16일 이상 20일 이하의 금치 : 2년
    다. 10일 이상 15일 이하의 금치 : 1년 6개월
    라. 9일 이하의 금치 : 1년
  2. 제215조 제2호에 해당하는 금치 외의 징벌 : 2년
  3. 제215조 제3호에 해당하는 금치 외의 징벌 : 1년 6개월
  4. 제215조 제4호에 해당하는 금치 외의 징벌 : 1년
  5. 제215조 제5호에 해당하는 징벌 : 6개월
② 소장은 법 제115조 제1항·제2항에 따라 징벌을 실효시킬 필요가 있으면 징벌실효기간이 지나거나 분류처우위원회의 의결을 거친 후에 지체 없이 법무부장관에게 그 승인을 신청하여야 한다.
③ 소장은 법 제115조에 따라 실효된 징벌을 이유로 그 수용자에게 처우상 불이익을 주어서는 아니 된다.

관련판례

[1] 형집행법상의 징벌을 받은 자에 대한 형사처벌이 일사부재리의 원칙에 위반되는지 여부(소극)

피고인이 형집행법에 의한 징벌을 받아 그 집행을 종료하였다고 하더라도 형집행법상의 징벌은 수형자의 교도소 내의 준수사항위반에 대하여 과하는 행정상의 질서벌의 일종으로서 형법 법령에 위반한 행위에 대한 형사책임과는 그 목적, 성격을 달리하는 것이므로 징벌을 받은 뒤에 형사처벌을 한다고 하여 일사부재리의 원칙에 반하는 것은 아니다(대법원 2000.10.27. 선고 2000도3874).

[2] 징벌의 일종인 금치처분을 받은 자에 대하여 금치기간 중 집필 전면 금지의 위헌 여부(적극)

금치처분을 받은 수형자의 집필에 관한 권리를 법률의 근거나 위임 없이 제한하는 것으로서 법률유보의 원칙에 위반되고, 규율 위반자에 대해 불이익을 가한다는 면만을 강조하여 금치처분을 받은 자에 대하여 집필의 목적과 내용 등을 묻지 않고, 또 대상자에 대한 교화 또는 처우상 필요한 경우까지도 예외 없이 일체의 집필행위를 금지하고 있음은 입법목적 달성을 위한 필요최소한의 제한이라는 한계를 벗어난 것으로서 과잉금지의 원칙에 위반된다(헌재 2005.2.24. 2003헌마289).

[3] 금치기간 중 집필을 금지하도록 한 형집행법 제112조 제3항 본문 중 미결수용자에게 적용되는 제108조 제10호에 관한 부분(집필제한 조항)이 청구인의 표현의 자유를 침해하는지 여부(소극)

금치 처분을 받은 수용자들은 이미 수용시설의 안전과 질서유지에 위반되는 행위, 그 중에서도 가장 중한 평가를 받은 행위를 한 자들이라는 점에서, 집필과 같은 처우 제한의 해제는 예외적인 경우로 한정될 수밖에 없고, 선례가 금치기간 중 집필을 전면 금지한 조항을 위헌으로 판단한 이후, 입법자는 집필을 허가할 수 있는 예외를 규정하고 금치처분의 기간도 단축하였다. 나아가 미결수용자는 징벌집행 중 소송서류의 작성 등 수사 및 재판 과정에서의 권리행사는 제한 없이 허용되는 점 등을 감안하면, 이 사건 집필제한 조항은 청구인의 표현의 자유를 침해하지 아니한다(헌재 2014.8.28. 2012헌마623).

[4] 금치 처분을 받은 수형자에 대하여 금치 기간 중 접견, 서신수발 금지의 위헌 여부(소극)

금치 징벌의 목적 자체가 징벌실에 수용하고 엄격한 격리에 의하여 개전을 촉구하고자 하는 것이므로 접견·서신수발의 제한은 불가피하며, 금치 기간 중의 접견·서신수발을 금지하면서도, 소장으로 하여금 "교화 또는 처우상 특히 필요하다고 인정되는 때"에는 금치 기간 중이라도 접견·서신수발을 허가할 수 있도록 예외를 둠으로써 과도한 규제가 되지 않도록 조치하고 있으므로, 금치 수형자에 대한 접견·서신수발의 제한은 수용시설 내의 안전과 질서 유지라는 정당한 목적을 위하여 필요·최소한의 제한이다(헌재 2004.12.16. 2002헌마478).

[5] 금치처분을 받은 미결수용자에 대하여 금치기간 중 서신수수, 접견, 전화통화를 제한하는 것은 대상자를 구속감과 외로움 속에 반성에 전념하게 함으로써 수용시설 내 안전과 질서를 유지하기 위한 것이다. 접견이나 서신수수의 경우에는 교정시설의 장이 수용자의 권리구제 등을 위해 필요하다고 인정한 때에는 예외적으로 허용할 수 있도록 하여 기본권 제한을 최소화하고 있다. 전화통화의 경우에는 위와 같은 예외가 규정되어 있지는 않으나, 증거인멸 우려 등의 측면에서 미결수용자의 전화통화의 자유를 제한할 필요성이 더 크다고 할 수 있다. 나아가 금치처분을 받은 자는 수용시설의 안전과 질서유지에 위반되는 행위, 그 중에서도 가장 중하다고 평가된 행위를 한 자이므로 이에 대하여 금치기간 중 일률적으로 전화통화를 금지한다 하더라도 과도하다고 보기 어렵다. 따라서 이 사건 서신수수·접견·전화통화 제한 조항은 청구인의 통신의 자유를 침해하지 아니한다(헌재 2016.4.28. 2012헌마549).

[6] 미결수용자의 규율위반행위 등에 대한 제재로서 금치처분과 함께 금치기간 중 신문과 자비구매도서의 열람을 제한하는 것은, 규율위반자에 대해서는 반성을 촉구하고 일반 수용자에 대해서는 규율 위반에

대한 불이익을 경고하여 수용자들의 규율 준수를 유도하며 궁극적으로 수용질서를 확립하기 위한 것이다. 이 사건 신문 및 도서열람제한 조항은 최장 30일의 기간 내에서만 신문이나 도서의 열람을 금지하고 열람을 금지하는 대상에 수용시설 내 비치된 도서는 포함시키지 않고 있으므로 위 조항들이 청구인의 알 권리를 과도하게 제한한다고 보기 어렵다(헌재 2016.4.28. 2012헌마549).

[7] 금치기간 중 공동행사 참가 정지, 텔레비전 시청 제한, 신문·도서·잡지 외 자비구매물품의 사용을 제한하는 형집행법 제112조 제3항 본문 중 제108조 제4호·제6호·제7호는 헌법에 위반되지 아니한다(헌재 2016.5.26. 2014헌마45).

[8] 금치 처분을 받은 수형자에 대하여 금치 기간 중 운동 금지의 위헌 여부(적극)
실외운동은 구금되어 있는 수형자의 신체적·정신적 건강 유지를 위한 최소한의 기본적 요청이라고 할 수 있으므로 금치 수형자에 대하여 일체의 운동을 금지하는 것은 수형자의 신체적 건강뿐만 아니라 정신적 건강을 해칠 위험성이 현저히 높다. 따라서 금치 처분을 받은 수형자에 대한 절대적인 운동의 금지는 징벌의 목적을 고려하더라도 그 수단과 방법에 있어서 필요한 최소한도의 범위를 벗어난 것이다 (헌재 2004.12.16. 2002헌마478).

[9] 금치기간 중 실외운동을 원칙적으로 제한하는 형집행법 제112조 제3항 본문 중 제108조 제13호에 관한 부분이 청구인의 신체의 자유를 침해하는지 여부(적극)
실외운동을 원칙적으로 정지하는 불이익을 가함으로써, 규율의 준수를 강제하여 수용시설 내의 안전과 질서를 유지하기 위한 것으로서 목적의 정당성 및 수단의 적합성이 인정된다. 실외운동은 구금되어 있는 수용자의 신체적·정신적 건강을 유지하기 위한 최소한의 기본적 요청이고, 수용자의 건강 유지는 교정교화와 건전한 사회복귀라는 형 집행의 근본적 목표를 달성하는 데 필수적이다. 그런데 위 조항은 금치처분을 받은 사람에 대하여 실외운동을 원칙적으로 금지하고, 다만 소장의 재량에 의하여 이를 예외적으로 허용하고 있다.
소란, 난동을 피우거나 다른 사람을 해할 위험이 있어 실외운동을 허용할 경우 금치처분의 목적 달성이 어려운 예외적인 경우에 한하여 실외운동을 제한하는 덜 침해적인 수단이 있음에도 불구하고, 위 조항은 금치처분을 받은 사람에게 원칙적으로 실외운동을 금지한다.
나아가 위 조항은 예외적으로 실외운동을 허용하는 경우에도, 실외운동의 기회가 부여되어야 하는 최저기준을 법령에서 명시하고 있지 않으므로, 침해의 최소성 원칙에 위배된다. 위 조항은 수용자의 정신적·신체적 건강에 필요 이상의 불이익을 가하고 있고, 이는 공익에 비하여 큰 것이므로 위 조항은 법익의 균형성 요건도 갖추지 못하였다. 따라서 위 조항은 청구인의 신체의 자유를 침해하여 헌법에 위반된다(헌재 2016.5.26. 2014헌마45).

[10] 교도소장이 아닌 관구교감에 의한 징벌처분 고지의 위법성 여부(소극)
교도소장이 아닌 관구교감에 의해 징벌처분이 고지되었다는 사유만으로는 위 징벌처분이 손해의 전보 책임을 국가에게 부담시켜야 할 만큼 객관적 정당성을 상실한 정도라고 볼 수 없다(대법원 2004.12.9. 2003다50184).

[11] 교도소장이 금치기간 중에 있는 피징벌자와 변호사와의 접견을 불허한 조치의 위법성 여부(적극)
금치기간 중의 접견허가 여부가 교도소장의 재량행위에 속한다고 하더라도 피징벌자가 금치처분 자체를 다툴 목적으로 소제기 등을 대리할 권한이 있는 변호사와의 접견을 희망한다면 이는 예외적인 접견허가사유인 '처우상 특히 필요하다고 인정하는 때'에 해당하고, 그 외 제반 사정에 비추어 교도소장이 금치기간 중에 있는 피징벌자와 변호사와의 접견을 불허한 조치는 피징벌자의 접견권과 재판청구권

을 침해하여 위법하다(대법원 2004.12.9. 2003다50184).

[12] 징벌실에서 청구인에게 징벌처분을 받게 하면서 다른 일반거실에 비하여 너무 좁고 바닥이 경사진 화장실을 이용하게 함으로써 기본권을 침해하였다고 주장하며 헌법소원심판을 청구한 사안에서, 심판대상인 개별적인 행위에 대한 당부판단을 넘어서 일반적인 헌법적 해명의 필요성이 인정된다고 보기 어렵고, 징벌실 수용 처우에 관한 이 사안을 통하여 독자적으로 헌법질서의 수호 유지를 위하여 특별히 헌법적 해명을 할 필요성은 크지 아니하다 할 것인바, 결국, 이 사건 심판청구는 주관적 권리보호이익이 없고 예외적으로 헌법적 해명의 필요성이 인정되는 사안도 아니므로 부적법하다고 판시하였다(헌재 2009.3.17. 2009헌마113).

[13] 다른 수용자 등을 해칠 우려가 있는 징벌혐의자의 운동을 제한할 것인지가 교도소장의 재량에 속하는지 여부(적극)

징벌혐의자가 다른 수용자 또는 출입자를 해칠 우려가 있어 그에 대한 운동을 제한할 것인지 여부는 교도소장의 판단에 의하는 재량행위로서 사회통념상 현저하게 타당성을 결하고 이를 남용한 것이라고 인정되지 않는 한 위법하다고 보기는 어렵다(대법원 2009.6.25. 2008다24050).

[14] 금치처분을 받은 수형자에 대하여 그 기간 동안 일반 수형자에게 부여된 권리인 운동을 제한하는 것이 비례의 원칙에 어긋나는지 여부(소극)

수형자가 규율위반을 한 경우 교도소의 안전과 질서를 유지하기 위해서는 조사 과정을 거쳐 징벌을 부과하는 등 일반 수형자에 비하여 더 강하게 기본권을 제한하는 것은 불가피하고, 징벌 중에서 가장 중한 징벌인 금치처분을 받은 자를 엄격한 격리에 의하여 외부와의 접촉을 금지시켜 수용 질서를 확립할 필요가 있으므로 금치 기간 동안 징벌실에 수용하는 것 이외에 일반 수형자에게 허용된 권리인 운동에 제한을 가하는 것은 위와 같은 목적을 달성하기 위하여 필요 적절한 수단이라 할 것이며, 실외운동이 원고의 신체적·정신적 건강에 미치는 영향을 고려하더라도 조사실 수용기간을 포함하여 10일 동안 원고에게 실외운동의 기회를 부여하지 않은 것이 그 수단과 방법에 있어 징벌의 목적을 위해 필요한 최소한도의 범위를 벗어나 원고의 신체의 자유를 침해하는 정도에 이르렀다고 보기는 어렵다(대법원 2009.6.25. 2008다24050).

제13장 | 권리구제

제116조【소장 면담】★★

① 수용자는 그 처우에 관하여 소장에게 면담을 신청할 수 있다.

② 소장은 수용자의 면담신청이 있으면 다음 각 호의 어느 하나에 해당하는 사유가 있는 경우를 제외하고는 면담을 하여야 한다.

  1. 정당한 사유 없이 면담사유를 밝히지 아니하는 때

  2. 면담목적이 법령에 명백히 위배되는 사항을 요구하는 것인 때

3. 동일한 사유로 면담한 사실이 있음에도 불구하고 정당한 사유 없이 반복하여 면담을 신청하는 때

4. 교도관의 직무집행을 방해할 목적이라고 인정되는 상당한 이유가 있는 때

③ 소장은 특별한 사정이 있으면 소속 교도관으로 하여금 그 면담을 대리하게 할 수 있다. 이 경우 면담을 대리한 사람은 그 결과를 소장에게 지체 없이 보고하여야 한다.

④ 소장은 면담한 결과 처리가 필요한 사항이 있으면 그 처리결과를 수용자에게 알려야 한다.

시행령

제138조 【소장 면담】

① 소장은 법 제116조 제1항(소장 면담)에 따라 수용자가 면담을 신청한 경우에는 그 인적사항을 면담부에 기록하고 특별한 사정이 없으면 신청한 순서에 따라 면담하여야 한다.

② 소장은 제1항에 따라 수용자를 면담한 경우에는 그 요지를 면담부에 기록하여야 한다.

③ 소장은 법 제116조 제2항 각 호의 어느 하나에 해당하여 수용자의 면담 신청을 받아들이지 아니하는 경우에는 그 사유를 해당 수용자에게 알려주어야 한다.

관련판례

[1] 소장면담 요구를 거절한 교도관의 직무유기죄 성립여부(소극)

청구인은 교도관들에게 소장 면담 절차를 밟아 줄 것을 몇 차례 요구하였으나, 청구인이 면담사유를 밝히지 않는다거나 또는 3급수인 청구인에게 전화사용을 허락될 수 없으므로 전화사용 허락을 받기 위한 소장면담은 소용이 없다는 등의 이유로 거절하였다. 교도관은 면담요청사유를 파악하여 상관에 보고하여야 할 직무상 의무가 있고, 수형자에 대하여 형벌을 집행하고 그들을 교정교화하는 임무를 띠고 있는 자들이므로, 청구인이 교도소장을 면담하려는 사유가 무엇인지를 구체적으로 파악하여 교도소장면담까지 하지 않더라고 그들 자신이나 그 윗선에서 단계적으로 해결할 수 있는 사항인지 혹은 달리 해결을 도모하여야 할 사항인지의 여부를 먼저 확인하는 것이 마땅하고, 또한 전화통화요구와 같이 교도소장을 면담하여 허락받지 못할 것이 확실시되는 사항에 대하여는 무용한 시도임을 알려 이를 포기토록 하는 것 또한 그들의 직무의 하나라고 할 것이지, 청구인이 교도소장면담을 요청한다고 하여 기계적으로 그 절차를 밟아주어야 하고 그렇게 하지 아니하는 경우는 곧바로 형법상의 직무유기죄가 성립한다고 할 수 없다(헌재 2001.5.31. 2001헌마85).

[2] 국민의 신청에 대한 행정청의 거부행위가 헌법소원심판의 대상인 공권력의 행사가 되기 위해서는 국민이 행정청에 대하여 신청에 따른 행위를 해 줄 것을 요구할 수 있는 권리가 있어야 하는데, 수용자에게 특정 교도관과의 면담을 신청할 권리가 있다고 할 수 없으므로, 이 사건 면담신청거부행위 중 교도관 면담신청거부행위는 헌법소원의 대상이 되는 공권력의 행사에 해당하지 아니한다(헌재 2013.7.2. 2013헌마388).

[3] 교도소장의 접견불허처분에 대한 헌법소원은 구제절차를 거친 후에 하여야 하는지 여부(적극)

미결수용자 접견신청에 대한 교도소장의 불허처분에 대하여는 행정심판법, 행정소송법에 의하여 행정심판, 행정소송이 가능할 것이므로 이러한 구제절차를 거치지 아니하고 제기한 헌법소원은 부적법하다(헌재 1998.2.27. 96헌마179).

제117조 【청원】 ★★

① 수용자는 그 처우에 관하여 불복하는 경우 법무부장관·순회점검공무원 또는 관할 지방교정청장에게 청원할 수 있다.

② 제1항에 따라 청원하려는 수용자는 청원서를 작성하여 봉한 후 소장에게 제출하여야 한다. 다만, 순회점검공무원에 대한 청원은 말로도 할 수 있다.

③ 소장은 청원서를 개봉하여서는 아니 되며, 이를 지체 없이 법무부장관·순회점검공무원 또는 관할 지방교정청장에게 보내거나 순회점검공무원에게 전달하여야 한다.

④ 제2항 단서에 따라 순회점검공무원이 청원을 청취하는 경우에는 해당 교정시설의 교도관이 참여하여서는 아니 된다.

⑤ 청원에 관한 결정은 문서로 하여야 한다.

⑥ 소장은 청원에 관한 결정서를 접수하면 청원인에게 지체 없이 전달하여야 한다.

시행령

제139조 【순회점검공무원에 대한 청원】

① 소장은 법 제117조 제1항에 따라 수용자가 순회점검공무원(법 제8조에 따라 법무부장관으로부터 순회점검의 명을 받은 법무부 또는 그 소속기관에 근무하는 공무원을 말한다. 이하 같다)에게 청원하는 경우에는 그 인적사항을 청원부에 기록하여야 한다.

② 순회점검공무원은 법 제117조 제2항 단서(말에 의한 청원)에 따라 수용자가 말로 청원하는 경우에는 그 요지를 청원부에 기록하여야 한다.

③ 순회점검공무원은 법 제117조 제1항의 청원에 관하여 결정을 한 경우에는 그 요지를 청원부에 기록하여야 한다.

④ 순회점검공무원은 법 제117조 제1항의 청원을 스스로 결정하는 것이 부적당하다고 인정하는 경우에는 그 내용을 법무부장관에게 보고하여야 한다.

⑤ 수용자의 청원처리의 기준·절차 등에 관하여 필요한 사항은 법무부장관이 정한다.

관련판례

[1] 청구인이 이전에 수용되었던 구치소에서 "다른 수용자와 교도관의 규율위반행위를 신고하였다"는 이유로 형집행법에 근거한 포상을 요청하는 청원을 하고, 피청구인이 이를 수리·심사하여 그 결과를 통보하였다면, 비록 그 결정의 내용이 청구인이 기대하는 바에 미치지 못한다고 하더라고, 그러한 조치가 헌법소원 대상이 되는 구체적인 공권력의 행사 내지 불행사에 해당한다고 볼 수 없다(헌재 2013.6.27. 2012헌마128).

[2] 청원이 헌법소원의 요건인 사전권리구제절차에 해당하는지 여부(소극)
행형법 제6조의 청원제도(現는. 형집행법 제117조)는 그 처리기관이나 절차 및 효력면에서 권리구제절차로서는 불충분하고 우회적인 제도이므로 헌법소원에 앞서 반드시 거쳐야 하는 사전구제절차라고 보기는 어렵고, 미결수용자에 대하여 재소자용 의류를 입게 한 행위는 이미 종료된 권력적 사실행위로

서 행정심판이나 행정소송의 대상으로 인정되기 어려울 뿐만 아니라 소의 이익이 부정될 가능성이
많아 헌법소원심판을 청구하는 외에 달리 효과적인 구제방법이 없으므로 보충성의 원칙에 대한 예외에
해당한다(헌재 1999.5.27. 97헌마137).

제117조의2【정보공개청구】 ★

① 수용자는「공공기관의 정보공개에 관한 법률」에 따라 법무부장관, 지방교정청장 또는 소장에
게 정보의 공개를 청구할 수 있다.

② 현재의 수용기간 동안 법무부장관, 지방교정청장 또는 소장에게 제1항에 따른 정보공개청구
를 한 후 정당한 사유 없이 그 청구를 취하하거나「공공기관의 정보공개에 관한 법률」제17조
(청구인 비용부담 원칙)에 따른 비용(정보공개결정 후 정보공개 등에 소요되는 비용)을 납부하지 아니한
사실이 2회 이상 있는 수용자가 제1항에 따른 정보공개청구를 한 경우에 법무부장관, 지방교
정청장 또는 소장은 그 수용자에게 정보의 공개 및 우송 등에 들 것으로 예상되는 비용을
미리 납부하게 할 수 있다.

③ 제2항에 따라 정보의 공개 및 우송 등에 들 것으로 예상되는 비용을 미리 납부하여야 하는
수용자가 비용을 납부하지 아니한 경우 법무부장관, 지방교정청장 또는 소장은 그 비용을
납부할 때까지「공공기관의 정보공개에 관한 법률」제11조(정보공개 여부의 결정)에 따른 정보공
개 여부의 결정을 유예할 수 있다.

④ 제2항에 따른 예상비용의 산정방법, 납부방법, 납부기간, 그 밖에 비용납부에 관하여 필요한
사항은 대통령령으로 정한다.

시행령

제139조의2【정보공개의 예상비용 등】

① 법 제117조의2 제2항에 따른 예상비용은「공공기관의 정보공개에 관한 법률 시행령」제17조에 따른 수수료
와 우편요금(공개되는 정보의 사본·출력물·복제물 또는 인화물을 우편으로 송부하는 경우로 한정한다)을
기준으로 공개를 청구한 정보가 모두 공개되었을 경우에 예상되는 비용으로 한다.

② 법무부장관, 지방교정청장 또는 소장은 법 제117조의2 제2항에 해당하는 수용자(정보공개청구를 한 후 정당
한 수용자)가 정보공개의 청구를 한 경우에는 청구를 한 날부터 7일 이내에 제1항에 따른 비용을 산정하여
해당 수용자에게 미리 납부할 것을 통지할 수 있다.

③ 제2항에 따라 비용납부의 통지를 받은 수용자는 그 통지를 받은 날부터 7일 이내에 현금 또는 수입인지로
법무부장관, 지방교정청장 또는 소장에게 납부하여야 한다.

④ 법무부장관, 지방교정청장 또는 소장은 수용자가 제1항에 따른 비용을 제3항에 따른 납부기한까지 납부하지
아니한 경우에는 해당 수용자에게 정보공개 여부 결정의 유예를 통지할 수 있다.

⑤ 법무부장관, 지방교정청장 또는 소장은 제1항에 따른 비용이 납부되면 신속하게 정보공개 여부의 결정을
하여야 한다.

⑥ 법무부장관, 지방교정청장 또는 소장은 비공개 결정을 한 경우에는 제3항에 따라 납부된 비용의 전부를 반환하고
부분공개 결정을 한 경우에는 공개 결정한 부분에 대하여 드는 비용을 제외한 금액을 반환하여야 한다.

⑦ 제2항부터 제5항까지의 규정에도 불구하고 법무부장관, 지방교정청장 또는 소장은 제1항에 따른 비용이 납부되기 전에 정보공개 여부의 결정을 할 수 있다.

⑧ 제1항에 따른 비용의 세부적인 납부방법 및 반환방법 등에 관하여 필요한 사항은 법무부장관이 정한다.

관련판례

수용자가 교도관의 가혹행위를 이유로 형사고소 및 민사소송을 제기하면서 그 증명자료 확보를 위해 '근무보고서'와 '징벌위원회 회의록' 등의 정보공개를 요청하였으나 교도소장이 이를 거부한 사안에서, 근무보고서는 비공개대상정보에 해당한다고 볼 수 없고, 징벌위원회 회의록 중 비공개 심사 · 의결 부분은 비공개사유에 해당하지만 징벌절차 진행 부분은 비공개사유에 해당하지 않는다고 보아 분리 공개가 허용된다고 한 사례

교도소에 수용 중이던 수용자가 담당 교도관들을 상대로 가혹행위를 이유로 형사고소 및 민사소송을 제기하면서 그 증명자료 확보를 위해 '근무보고서'와 '징벌위원회 회의록' 등의 정보공개를 요청하였으나 교도소장이 이를 거부한 사안에서, 근무보고서는 공공기관의 정보공개에 관한 법률 제9조 제1항 제4호에 정한 비공개대상정보에 해당한다고 볼 수 없고, 징벌위원회 회의록 중 비공개 심사 · 의결 부분은 위 법 제9조 제1항 제5호의 비공개사유에 해당하지만 수용자의 진술, 위원장 및 위원들과 수용자 사이의 문답 등 징벌절차 진행 부분은 비공개사유에 해당하지 않는다고 보아 분리 공개가 허용된다(대법원 2009.12.10. 2009두12785).

제118조【불이익처우 금지】

수용자는 청원, 진정, 소장과의 면담, 그 밖의 권리구제를 위한 행위를 하였다는 이유로 불이익한 처우를 받지 아니한다.

관련판례

[1] 집행유예기간 중인 자와 수형자의 선거권을 제한하고 있는 공직선거법 제18조 제1항 제2호 중 '유기징역 또는 유기금고의 선고를 받고 그 집행이 종료되지 아니한 자(수형자)'에 관한 부분과 '유기징역 또는 유기금고의 선고를 받고 그 집행유예기간 중인 자(집행유예자)'에 관한 부분 및 형법 제43조 제2항 중 수형자와 집행유예자의 '공법상의 선거권'에 관한 부분이 헌법 제37조 제2항에 위반하여 청구인들의 선거권을 침해하고, 보통선거원칙에 위반하여 평등원칙에도 어긋나는지 여부(적극)

심판대상조항은 집행유예자와 수형자에 대하여 전면적 · 획일적으로 선거권을 제한하고 있다. 심판대상조항의 입법목적에 비추어 보더라도, 구체적인 범죄의 종류나 내용 및 불법성의 정도 등과 관계없이 일률적으로 선거권을 제한하여야 할 필요성이 있다고 보기는 어렵다. 범죄자가 저지른 범죄의 경중을 전혀 고려하지 않고 수형자와 집행유예자 모두의 선거권을 제한하는 것은 침해의 최소성원칙에 어긋난다. 특히 집행유예자는 집행유예 선고가 실효되거나 취소되지 않는 한 교정시설에 구금되지 않고 일반인과 동일한 사회생활을 하고 있으므로, 그들의 선거권을 제한해야 할 필요성이 크지 않다. 따라서 심판대상조항은 청구인들의 선거권을 침해하고, 보통선거원칙에 위반하여 집행유예자와 수형자를 차별취급하는 것이므로 평등원칙에도 어긋난다.

수형자에 관한 부분의 위헌성은 지나치게 전면적 · 획일적으로 수형자의 선거권을 제한한다는 데 있다. 그런데 그 위헌성을 제거하고 수형자에게 헌법합치적으로 선거권을 부여하는 것은 입법자의 형성재량

에 속하므로 심판대상조항 중 수형자에 관한 부분에 대하여 헌법불합치결정을 선고한다(헌재 2014.1.28. 2012헌마409).

> ▶ 이 판례로 인해 형법 제43조 제2항 및 공직선거법 제18조 제1항 제2호가 개정되었다.
>
> **공직선거법 제18조(선거권이 없는 자)**
> ① 선거일 현재 다음의 어느 하나에 해당하는 사람은 서거권이 없다.
>   2. 1년 이상의 징역 또는 금고의 형의 선고를 받고 그 집행이 종료되지 아니하거나 그 집행을 받지 아니하기로 확정되지 아니한 사람, 다만, 그 형의 집행유예를 선고받고 유예기간 중에 있는 사람은 제외한다.

[2] 교도소에 수용된 때에는 국민건강보험급여를 정지하도록 한 국민건강보험법 제49조 제4호가 수용자의 건강권, 인간의 존엄성, 행복추구권, 인간다운 생활을 할 권리를 침해하는지 여부(소극)(헌재 2005.02.24. 2003헌마31)

① 수용자의 의료보장수급권을 직접 제약하는 규정이 아니며, 입법재량을 벗어나 수용자의 건강권을 침해하거나 국가의 보건의무를 저버린 것으로 볼 수 없으므로 수용자의 건강권, 인간의 존엄성, 행복추구권, 인간다운 생활을 할 권리를 침해하는 것이라 할 수 없다.

② 수용자에게 보험급여가 정지되는 경우 보험료 납부의무도 면제되므로, 수급자의 자기기여가 없는 상태에서 수용자가 위 조항을 재산권 침해로 다툴 수는 없다.

제3편 수용의 종료

제1장 | 가석방

참고 **가석방 절차**

순서	내용	근거
소장 (분류처우위원회)	• 사전조사 및 적격심사신청 대상자 선정 • 5일 이내 가석방심사위원회에 적격심사신청	시행규칙 제249조, 제250조
▼		
가석방심사위원회	• 가석방 적격결정 • 5일 이내 법무부장관에 허가신청 • 보호관찰심사위원회 : 보호관찰 필요성 여부 심사결정	제119조
▼		
법무부장관	허가(임의적)	제122조
▼		
선고 및 석방	증서교부, 12시간 이내 석방	제124조

참고 **소년의 가석방 · 퇴원 · 임시퇴원 절차**

순서	내용
기간경과자 통보	• 기간경과자에 대한 교도소장 등의 통보(소년법 제65조) • 수용 후 6월 경과한 때 소년원장의 통보
▼	
보호관찰심사위원회	• 신청 또는 직권에 의한 적부심사결정 • 보호관찰의 필요성 여부 심사 • 본인의 인격 · 교정성적 · 직업 · 생활태도 · 가족관계 및 재범위험성 등 모든 사정 고려
▼	
법무부장관	허가(임의적)

제119조 【가석방심사위원회】

「형법」제72조에 따른 가석방의 적격 여부를 심사하기 위하여 법무부장관 소속으로 가석방심사위원회(이하 이 장에서 "위원회"라 한다)를 둔다.

제120조 【위원회의 구성】

① 위원회는 위원장을 포함한 5명 이상 9명 이하의 위원으로 구성한다.

② 위원장은 법무부차관이 되고, 위원은 판사, 검사, 변호사, 법무부 소속 공무원, 교정에 관한 학식과 경험이 풍부한 사람 중에서 법무부장관이 임명 또는 위촉한다.

③ 위원회의 심사과정 및 심사내용의 공개범위와 공개시기는 다음 각 호와 같다. 다만, 제2호 및 제3호의 내용 중 개인의 신상을 특정할 수 있는 부분은 삭제하고 공개하되, 국민의 알권리를 충족할 필요가 있는 등의 사유가 있는 경우에는 위원회가 달리 의결할 수 있다.

  1. 위원의 명단과 경력사항은 임명 또는 위촉한 즉시

  2. 심의서는 해당 가석방 결정 등을 한 후부터 즉시

  3. 회의록은 해당 가석방 결정 등을 한 후 5년이 경과한 때부터

④ 위원회의 위원 중 공무원이 아닌 사람은 「형법」제127조(공무상 비밀의 누설) 및 제129조부터 제132조까지(수뢰·사전수뢰, 제3자 뇌물제공, 수뢰후 부정처사·사후수뢰, 알선수뢰)의 규정을 적용할 때에는 공무원으로 본다.

⑤ 그 밖에 위원회에 관하여 필요한 사항은 법무부령으로 정한다.

🔖 시행규칙

제236조 【심사대상】
법 제119조의 가석방심사위원회(이하 이 편에서 "위원회"라 한다)는 법 제121조에 따른 가석방 적격 여부 및 이 규칙 제262조에 따른 가석방 취소 등에 관한 사항을 심사한다.

제237조 【심사의 기본원칙】

① 가석방심사는 객관적 자료와 기준에 따라 공정하게 하여야 하며, 심사 과정에서 알게 된 비밀은 누설해서는 아니 된다.

② 삭제 <2013.4.16>

제238조 【위원장의 직무】

① 위원장은 위원회를 소집하고 위원회의 업무를 총괄한다.

② 위원장이 부득이한 사정으로 직무를 수행할 수 없을 때에는 위원장이 미리 지정한 위원이 그 직무를 대행한다.

제239조 【위원의 임명 또는 위촉】
법무부장관은 다음 각 호의 사람 중에서 위원회의 위원을 임명하거나 위촉한다.

1. 법무부 검찰국장·범죄예방정책국장 및 교정본부장

2. 고등법원 부장판사급 판사, 변호사, 대학에서 교정학·형사정책학·범죄학·심리학·교육학 등 교정에 관한 전문분야를 가르치는 부교수 이상의 직에 있는 사람

3. 그 밖에 교정에 관한 학식과 경험이 풍부한 사람

제239조의2 【위원의 해촉】

법무부장관은 위원회의 위원이 다음 각 호의 어느 하나에 해당하는 경우에는 해당 위원을 해촉할 수 있다.

1. 심신장애로 직무수행이 불가능하거나 현저히 곤란하다고 인정되는 경우
2. 직무와 관련된 비위사실이 있는 경우
3. 직무태만, 품위손상, 그 밖의 사유로 인하여 위원으로 적합하지 아니하다고 인정되는 경우
4. 위원 스스로 직무를 수행하는 것이 곤란하다고 의사를 밝히는 경우

제240조 【위원의 임기】

제239조 제2호 및 제3호의 위원의 임기는 2년으로 하며, 한 차례만 연임할 수 있다.

제241조 【간사와 서기】

① 위원장은 위원회의 사무를 처리하기 위하여 소속 공무원 중에서 간사 1명과 서기 약간 명을 임명한다.
② 간사는 위원장의 명을 받아 위원회의 사무를 처리하고 회의에 참석하여 발언할 수 있다.
③ 서기는 간사를 보조한다.

제242조 【회의】

① 위원회의 회의는 재적위원 과반수의 출석으로 개의하고, 출석위원 과반수의 찬성으로 의결한다.
② 간사는 위원회의 결정에 대하여 결정서를 작성하여야 한다.

제243조 【회의록의 작성】

① 간사는 별지 제20호서식의 가석방심사위원회 회의록을 작성하여 유지하여야 한다.
② 회의록에는 회의의 내용을 기록하고 위원장 및 간사가 기명날인 또는 서명하여야 한다.

제244조 【수당 등】

위원회의 회의에 출석한 위원에게는 예산의 범위에서 수당과 여비를 지급할 수 있다.

제121조 【가석방 적격심사】

① 소장은 「형법」 제72조 제1항의 기간(무기형은 20년, 유기형은 형기의 3분의 1)이 지난 수형자에 대하여는 법무부령으로 정하는 바에 따라 위원회에 가석방 적격심사를 신청하여야 한다.
② 위원회는 수형자의 나이, 범죄동기, 죄명, 형기, 교정성적, 건강상태, 가석방 후의 생계능력, 생활환경, 재범의 위험성, 그 밖에 필요한 사정을 고려하여 가석방의 적격 여부를 결정한다.

시행규칙

제245조 【적격심사신청 대상자 선정】

① 소장은 「형법」 제72조 제1항의 기간(무기형은 20년, 유기형은 형기의 3분의 1)을 경과한 수형자로서 교정성적이 우수하고 뉘우치는 빛이 뚜렷하여 재범의 위험성이 없다고 인정하는 경우에는 분류처우위원회의 의결을 거쳐 가석방 적격심사신청 대상자를 선정한다.
② 소장은 가석방 적격심사신청에 필요하다고 인정하면 분류처우위원회에 담당교도관을 출석하게 하여 수형자의 가석방 적격심사사항에 관한 의견을 들을 수 있다.

제246조 【사전조사】 ★

소장은 수형자의 가석방 적격심사신청을 위하여 다음 각 호의 사항을 사전에 조사해야 한다. 이 경우 특히 필요하다고 인정할 때에는 수형자, 가족, 그 밖의 사람과 면담 등을 할 수 있다.

1. 신원에 관한 사항	2. 범죄에 관한 사항	3. 보호에 관한 사항
가. 건강상태 나. 정신 및 심리 상태 다. 책임감 및 협동심 라. 경력 및 교육 정도 마. 노동 능력 및 의욕 바. 교정성적 사. 작업장려금 및 작업상태 아. 그 밖의 참고사항	가. 범행 시의 나이 나. 형기 다. 범죄횟수 라. 범죄의 성질·동기·수단 및 내용 마. 범죄 후의 정황 바. 공범관계 사. 피해 회복 여부 아. 범죄에 대한 사회의 감정 자. 그 밖의 참고사항	가. 동거할 친족·보호자 및 고용할 자의 성명·직장명·나이·직업·주소·생활 정도 및 수형자와의 관계 나. 가정환경 다. 접견 및 편지의 수신·발신 내역 라. 가족의 수형자에 대한 태도·감정 마. 석방 후 돌아갈 곳 바. 석방 후의 생활계획 사. 그 밖의 참고사항
수용한 날부터 1개월 이내 조사	수용한 날부터 2개월 이내 조사	형기의 3분의 1이 지나기 전에 조사

제247조【사전조사 유의사항】
제246조에 따른 사전조사 중 가석방 적격심사신청과 관련하여 특히 피해자의 감정 및 합의여부, 출소 시 피해자에 대한 보복성 범죄 가능성 등에 유의하여야 한다.

제248조【사전조사 결과】
① 소장은 제246조(사전조사)에 따라 조사한 사항을 매월 분류처우위원회의 회의 개최일 전날까지 분류처우심사표에 기록하여야 한다.
② 제1항의 분류처우심사표는 법무부장관이 정한다.

제249조【사전조사 시기 등】
① 제246조 제1호의 사항(신원에 관한 사항)에 대한 조사는 수형자를 수용한 날부터 1개월 이내에 하고, 그 후 변경할 필요가 있는 사항이 발견되거나 가석방 적격심사신청을 위하여 필요한 경우에 한다.
② 제246조 제2호의 사항(범죄에 관한 사항)에 대한 조사는 수형자를 수용한 날부터 2개월 이내에 하고, 조사에 필요하다고 인정하는 경우에는 소송기록을 열람할 수 있다.
③ 제246조 제3호의 사항(보호에 관한 사항)에 대한 조사는 형기의 3분의 1이 지나기 전에 하여야 하고, 그 후 변경된 사항이 있는 경우에는 지체 없이 그 내용을 변경하여야 한다.

제250조【적격심사신청】 ★
① 소장은 법 제121조 제1항(위원회에 가석방 적격심사 신청)에 따라 가석방 적격심사를 신청할 때에는 별지 제21호서식의 가석방 적격심사신청서에 별지 제22호서식의 가석방 적격심사 및 신상조사표를 첨부하여야 한다.
② 소장은 가석방 적격심사신청 대상자를 선정한 경우 선정된 날부터 5일 이내에 위원회에 가석방 적격심사신청을 하여야 한다.
③ 소장은 위원회에 적격심사신청한 사실을 수형자의 동의를 받아 보호자 등에게 알릴 수 있다.

제251조【재신청】
소장은 가석방이 허가되지 아니한 수형자에 대하여 그 후에 가석방을 허가하는 것이 적당하다고 인정하는 경우에는 다시 가석방 적격심사신청을 할 수 있다.

제252조【누범자에 대한 심사】
위원회가 동일하거나 유사한 죄로 2회 이상 징역형 또는 금고형의 집행을 받은 수형자에 대하여 적격심사할 때에는 뉘우치는 정도, 노동 능력 및 의욕, 근면성, 그 밖에 정상적인 업무에 취업할 수 있는 생활계획과 보호관계에 관하여 중점적으로 심사하여야 한다.

제253조【범죄동기에 대한 심사】

① 위원회가 범죄의 동기에 관하여 심사할 때에는 사회의 통념 및 공익 등에 비추어 정상을 참작할 만한 사유가 있는지를 심사하여야 한다.

② 범죄의 동기가 군중의 암시 또는 도발, 감독관계에 의한 위협, 그 밖에 이와 유사한 사유로 인한 것일 때에는 특히 수형자의 성격 또는 환경의 변화에 유의하고 가석방 후의 환경이 가석방처분을 받은 사람(「보호관찰 등에 관한 법률」에 따른 보호관찰대상자는 제외한다. 이하 "가석방자"라 한다)에게 미칠 영향을 심사하여야 한다.

제254조【사회의 감정에 대한 심사】

다음 각 호에 해당하는 수형자에 대하여 적격심사할 때에는 특히 그 범죄에 대한 사회의 감정에 유의하여야 한다.

1. 범죄의 수단이 참혹 또는 교활하거나 극심한 위해(危害)를 발생시킨 경우
2. 해당 범죄로 무기형에 처해진 경우
3. 그 밖에 사회적 물의를 일으킨 죄를 지은 경우

제255조【재산범에 대한 심사】

① 재산에 관한 죄를 지은 수형자에 대하여는 특히 그 범행으로 인하여 발생한 손해의 배상 여부 또는 손해를 경감하기 위한 노력 여부를 심사하여야 한다.

② 수형자 외의 사람이 피해자의 손해를 배상한 경우에는 그 배상이 수형자 본인의 희망에 따른 것인지를 심사하여야 한다.

제256조【관계기관 조회】

① 위원회는 가석방 적격심사에 필요하다고 인정하면 수형자의 주소지 또는 연고지 등을 관할하는 시·군·구·경찰서, 그 밖에 학 교·직업알선기관·보호단체·종교단체 등 관계기관에 사실조회를 할 수 있다.

② 위원회는 가석방 적격심사를 위하여 필요하다고 인정하면 위원이 아닌 판사·검사 또는 군법무관에게 의견을 묻거나 위원회에 참여시킬 수 있다.

제257조【감정의 촉탁】

① 위원회는 가석방 적격심사를 위하여 필요하다고 인정하면 심리학·정신의학·사회학 또는 교육학을 전공한 전문가에게 수형자의 정신상태 등 특정 사항에 대한 감정을 촉탁할 수 있다.

② 제1항에 따른 촉탁을 받은 사람은 소장의 허가를 받아 수형자와 접견할 수 있다.

제258조【가석방 결정】

위원회가 법 제121조 제2항(가석방 적격 여부 결정)에 따라 가석방의 적격 여부에 대한 결정을 한 경우에는 별지 제23호서식의 결정서를 작성하여야 한다.

관련판례

[1] 가석방의 권리성 인정 여부(소극)

가석방이란 수형자의 사회복귀를 촉진하기 위하여 형을 집행 중에 있는 자 가운데서 행장이 양호하고 개전의 정이 현저한 자를 그 형의 집행종료 전에 석방함으로써 갱생한 수형자에 대한 무용한 구금을 피하고 수형자의 윤리적 자기형성을 촉진하고자 하는 의미에서 취해지는 형사정책적 행정처분이다. 가석방은 수형자의 개별적인 요청이나 희망에 따라 행하여지는 것이 아니라 행형기관의 교정정책 혹은 형사정책적 판단에 따라 수형자에게 주어지는 은혜적 조치일 뿐이므로, 어떤 수형자가 형법 제72조 제1항에 규정된 요건을 갖추었다고 하더라도 그것만으로 당국에 대하여 가석방을 요구할 주관

적 권리를 취득하거나 행형당국이 그에게 가석방을 하여야 할 법률상의 의무를 부담하게 되는 것이 아니다. 수형자는 동조에 근거한 행형당국의 가석방이라는 구체적인 행정처분이 있을 때 비로소 형기 만료 전 석방이라는 사실상의 이익을 얻게 될 뿐이다(헌재 1995.3.23. 93헌마12).

[2] 오직 교도소장만을 가석방 적격심사의 신청권자로 규정하고 있어 수형자 자신 또는 그 가족이나 법정대 리인 등은 애초에 가석방 적격심사 자체를 신청할 수 없게 되어 있는 것이 평등권, 행복추구권 등을 침해하여 헌법에 위반되는 것인지의 여부(소극)

가석방은 수형자의 개별적인 요청이나 희망에 따라 행하여지는 것이 아니라 행형기관의 교정정책 혹은 형사정책적 판단에 따라 수형자에게 주어지는 은혜적 조치일 뿐으로 가석방신청이 이루어지지 않는다 하더라도 법원의 유죄판결을 통해 확정된 청구인의 법적 지위에 보다 불리한 어떠한 결과가 초래된다고 볼 수 없다. 그렇다면 가석방 적격심사 신청자격을 청구인에게 부여하지 않는다 하더라도 이것이 청구인의 기본권에 어떠한 영향을 준다고 할 수 없으므로 이 사건 심판청구는 부적법하다(헌재 2009.3.24. 2009헌마119).

[3] 가석방은 형기만료 전에 조건부로 수형자를 석방하는 제도로서 수형자의 원활한 사회복귀를 주된 목적으로 하고 있으며, 간접적으로는 수용질서를 유지하는 기능도 수행한다(헌재 20174.4. 2017헌마260).

제122조 【가석방 허가】 ★
① 위원회는 가석방 적격결정을 하였으면 5일 이내에 법무부장관에게 가석방 허가를 신청하여야 한다.
② 법무부장관은 제1항에 따른 위원회의 가석방 허가신청이 적정하다고 인정하면 허가할 수 있다.

시행령

제140조 【가석방자가 지켜야 할 사항의 알림 등】
소장은 법 제122조 제2항(법무부장관의 가석방 허가)의 가석방 허가에 따라 수형자를 가석방하는 경우에는 가석방 자 교육을 하고, 지켜야 할 사항을 알려준 후 증서를 발급해야 한다.

시행규칙

제259조 【가석방증】
소장은 수형자의 가석방이 허가된 경우에는 주거지, 관할 경찰서 또는 보호관찰소에 출석할 기한 등을 기록한 별지 제24호서식의 가석방증을 가석방자에게 발급하여야 한다.

제260조 【취소사유】
가석방자는 가석방 기간 중 「가석방자관리규정」 제5조부터 제7조까지(가석방자의 출석의무, 가석방자의 신고의무, 관할경찰서의 장의 조치), 제10조(국내 주거지 이전 및 여행), 제13조(국외 이주 및 여행) 제1항, 제15조(국외 이주 등 중지의 신고) 및 제16조(국외 여행자의 귀국신고)에 따른 지켜야 할 사항 및 관할 경찰서장의 명령 또는 조치를 따라야 하며 이를 위반하는 경우에는 「형법」 제75조(가석방의 취소)에 따라 가석방을 취소할 수 있다.

제261조 【취소신청】 ★
① 수형자를 가석방한 소장 또는 가석방자를 수용하고 있는 소장은 가석방자가 제260조의 가석방 취소사유에 해당하는 사실이 있음을 알게 되거나 관할 경찰서장으로부터 그 사실을 통보받은 경우에는 지체 없이 별지

제25호서식의 가석방 취소심사신청서에 별지 제26호서식의 가석방 취소심사 및 조사표를 첨부하여 위원회에 가석방 취소심사를 신청하여야 한다.

② 위원회가 제1항의 신청을 받아 심사를 한 결과 가석방을 취소하는 것이 타당하다고 결정한 경우에는 별지 제23호서식의 결정서에 별지 제26호서식의 가석방 취소심사 및 조사표를 첨부하여 지체 없이 법무부장관에게 가석방의 취소를 신청하여야 한다.

③ 소장은 가석방을 취소하는 것이 타당하다고 인정하는 경우 긴급한 사유가 있을 때에는 위원회의 심사를 거치지 아니하고 전화, 전산망 또는 그 밖의 통신수단으로 법무부장관에게 가석방의 취소를 신청할 수 있다. 이 경우 소장은 지체 없이 별지 제26호서식의 가석방 취소심사 및 조사표를 송부하여야 한다.

제262조【취소심사】

① 위원회가 가석방 취소를 심사하는 경우에는 가석방자가 「가석방자관리규정」 등의 법령을 위반하게 된 경위와 그 위반이 사회에 미치는 영향, 가석방 기간 동안의 생활 태도, 직업의 유무와 종류, 생활환경 및 친족과의 관계, 그 밖의 사정을 고려하여야 한다.

② 위원회는 제1항의 심사를 위하여 필요하다고 인정하면 가석방자를 위원회에 출석하게 하여 진술을 들을 수 있다.

제263조【남은 형기의 집행】

① 소장은 가석방이 취소된 경우에는 지체 없이 남은 형기 집행에 필요한 조치를 취하고 법무부장관에게 별지 제27호서식의 가석방취소자 남은 형기 집행보고서를 송부해야 한다.

② 소장은 가석방자가 「형법」 제74조(가석방의 실효)에 따라 가석방이 실효된 것을 알게 된 경우에는 지체 없이 남은 형기 집행에 필요한 조치를 취하고 법무부장관에게 별지 제28호서식의 가석방실효자 남은 형기 집행보고서를 송부해야 한다.

③ 소장은 가석방이 취소된 사람(이하 "가석방취소자"라 한다) 또는 가석방이 실효된 사람(이하 "가석방실효자"라 한다)이 교정시설에 수용되지 아니한 사실을 알게 된 때에는 관할 지방검찰청 검사 또는 관할 경찰서장에게 구인하도록 의뢰하여야 한다.

④ 제3항에 따라 구인 의뢰를 받은 검사 또는 경찰서장은 즉시 가석방취소자 또는 가석방실효자를 구인하여 소장에게 인계하여야 한다.

⑤ 가석방취소자 및 가석방실효자의 남은 형기 기간은 가석방을 실시한 다음 날부터 원래 형기의 종료일까지로 하고, 남은 형기 집행 기산일은 가석방의 취소 또는 실효로 인하여 교정시설에 수용된 날부터 한다.

⑥ 가석방 기간 중 형사사건으로 구속되어 교정시설에 미결수용 중인 자의 가석방 취소 결정으로 남은 형기를 집행하게 된 경우에는 가석방된 형의 집행을 지휘하였던 검찰청 검사에게 남은 형기 집행지휘를 받아 우선 집행해야 한다.

제2장 | 석방

제123조【석방】 ★
소장은 사면·형기종료 또는 권한이 있는 사람의 명령에 따라 수용자를 석방한다.

제124조【석방시기】 ★★

① 사면, 가석방, 형의 집행면제, 감형에 따른 석방은 그 서류가 교정시설에 도달한 후 12시간 이내에 하여야 한다. 다만, 그 서류에서 석방일시를 지정하고 있으면 그 일시에 한다.
② 형기종료에 따른 석방은 형기종료일에 하여야 한다.
③ 권한이 있는 사람의 명령에 따른 석방은 서류가 도달한 후 5시간 이내에 하여야 한다.

시행령

제141조【석방예정자 상담 등】
소장은 수형자의 건전한 사회복귀를 위하여 필요하다고 인정하면 석방 전 3일 이내의 범위에서 석방예정자를 별도의 거실에 수용하여 장래에 관한 상담과 지도를 할 수 있다.

제142조【형기종료 석방예정자의 사전조사】
소장은 형기종료로 석방될 수형자에 대하여는 석방 10일 전까지 석방 후의 보호에 관한 사항을 조사하여야 한다.

제144조【석방예정자의 보호조치】
소장은 수형자를 석방하는 경우 특히 필요하다고 인정하면 한국법무보호복지공단에 그에 대한 보호를 요청할 수 있다.

제125조【피석방자의 일시수용】

소장은 피석방자가 질병이나 그 밖에 피할 수 없는 사정으로 귀가하기 곤란한 경우에 본인의 신청이 있으면 일시적으로 교정시설에 수용할 수 있다.

제126조【귀가여비의 지급 등】

소장은 피석방자에게 귀가에 필요한 여비 또는 의류가 없으면 법무부장관이 정하는 범위에서 이를 지급하거나 빌려 줄 수 있다.

시행령

제145조【귀가여비 등의 회수】
소장은 법 제126조에 따라 피석방자에게 귀가 여비 또는 의류를 빌려준 경우에는 특별한 사유가 없으면 이를 회수한다.

제145조의2【증명서의 발급】
소장은 다음 각 호에 해당하는 사람의 신청에 따라 교정시설에 수용된 사실 또는 수용되었다가 석방된 사실에 관한 증명서를 발급할 수 있다.

1. 수용자
2. 수용자가 지정한 사람
3. 피석방자
4. 피석방자가 지정한 사람

제145조의3 【고유식별정보의 처리】

소장은 제145조의2에 따른 사무를 수행하기 위하여 불가피한 경우 「개인정보 보호법 시행령」 제19조에 따른 주민등록번호, 여권번호, 운전면허의 면허번호 또는 외국인등록번호가 포함된 자료를 처리할 수 있다.

제126조의2 【석방예정자의 수용이력 등 통보】

① 소장은 석방될 수형자의 재범방지, 자립지원 및 피해자 보호를 위하여 필요하다고 인정하면 해당 수형자의 수용이력 또는 사회복귀에 관한 의견을 그의 거주지를 관할하는 경찰관서나 자립을 지원할 법인 또는 개인에게 통보할 수 있다. 다만, 법인 또는 개인에게 통보하는 경우에는 해당 수형자의 동의를 받아야 한다.

② 제1항에 따라 통보하는 수용이력 또는 사회복귀에 관한 의견의 구체적인 사항은 대통령령으로 정한다.

시행령

제143조 【석방예정자의 수용이력 등 통보】

① 법 제126조의2 제1항 본문에 따라 통보하는 수용이력에는 다음 각 호의 사항이 포함되어야 한다.
1. 성명
2. 주민등록번호 또는 외국인등록번호
3. 주민등록상 주소 및 석방 후 거주지 주소
4. 죄명
5. 범죄횟수
6. 형명
7. 형기
8. 석방종류
9. 최초입소일
10. 형기종료일
11. 출소일
12. 범죄개요
13. 그 밖에 수용 중 특이사항으로서 석방될 수형자의 재범방지나 관련된 피해자 보호를 위해 특히 알릴 필요가 있는 사항

② 법 제126조의2 제1항 본문에 따라 통보하는 사회복귀에 관한 의견에는 다음 각 호의 사항이 포함되어야 한다.
1. 성명
2. 생년월일
3. 주민등록상 주소 및 석방 후 거주지 주소
4. 수용기간 중 받은 직업훈련에 관한 사항
5. 수용기간 중 수상이력
6. 수용기간 중 학력변동사항
7. 수용기간 중 자격증 취득에 관한 사항
8. 그 밖에 석방될 수형자의 자립지원을 위해 특히 알릴 필요가 있는 사항

③ 법 제126조의2 제1항 본문에 따른 통보를 위한 수용이력 통보서와 사회복귀에 관한 의견 통보서의 서식은 법무부령으로 정한다.

④ 법 제126조의2 제1항 본문에 따라 석방될 수형자의 수용이력 또는 사회복귀에 관한 의견을 그의 거주지를 관할하는 경찰관서에 통보하는 경우에는 「형사사법절차 전자화 촉진법」 제2조 제4호에 따른 형사사법정보시스템을 통해 통보할 수 있다.

시행규칙

제263조의2 【석방예정자의 수용이력 등 통보】
영 제143조 제3항에 따른 석방예정자의 수용이력 통보서의 양식은 별지 제28호의2서식에 따르고, 석방예정자의 사회복귀에 관한 의견 통보서의 양식은 별지 제28호의3서식에 따른다.

> **관련판례**
>
> **[1]** 무죄 등 판결선고 후 석방대상 피고인이 교도소에서 지급한 각종 지급품의 회수, 수용시의 휴대금품 또는 수용 중 영치된 금품의 반환 내지 환급문제 때문에 임의로 교도관과 교도소에 동행하는 것은 무방하나 피고인의 동의를 얻지 않고 의사에 반하여 교도소로 연행하는 것은 헌법 제12조의 규정에 비추어 도저히 허용될 수 없다(헌재1997.12.24. 95헌마247).
>
> **[2]** 형법 및 형집행법의 관련 규정을 종합하여 볼 때 수형자가 형기종료일의 24:00 이전에 석방을 요구할 권리를 가진다고는 볼 수 없고, 위 법률조항 때문에 노역장 유치명령을 받은 청구인이 원하는 특정한 시간에 석방되지 못하여 귀가에 어려움을 겪었다거나 추가 비용을 지출하는 등으로 경제적 불이익을 겪었다고 하더라도 이는 간접적, 반사적 불이익에 불과하고 그로 인하여 청구인의 헌법상 기본권이 직접 침해될 여지가 있다고 보기 어렵다(헌재 2013.5.21. 2013헌마301).

제3장 | 사망

제127조 【사망 알림】
소장은 수용자가 사망한 경우에는 그 사실을 즉시 그 가족(가족이 없는 경우에는 다른 친족)에게 알려야 한다.

제128조 【시신의 인도 등】 ★★
① 소장은 사망한 수용자의 친족 또는 특별한 연고가 있는 사람이 그 시신 또는 유골의 인도를 청구하는 경우에는 인도하여야 한다. 다만, 제3항에 따라 자연장(自然葬)을 하거나 집단으로 매장을 한 후에는 그러하지 아니하다.
② 소장은 제127조에 따라 수용자가 사망한 사실을 알게 된 사람이 다음 각 호의 어느 하나에 해당하는 기간 이내에 그 시신을 인수하지 아니하거나 시신을 인수할 사람이 없으면 임시로 매장하거나 화장(火葬) 후 봉안하여야 한다. 다만, 감염병 예방 등을 위하여 필요하면 즉시 화장하여야 하며, 그 밖에 필요한 조치를 할 수 있다.

1. 임시로 매장하려는 경우 : 사망한 사실을 알게 된 날부터 3일
2. 화장하여 봉안하려는 경우 : 사망한 사실을 알게 된 날부터 60일
③ 소장은 제2항에 따라 시신을 임시로 매장하거나 화장하여 봉안한 후 2년이 지나도록 시신의 인도를 청구하는 사람이 없을 때에는 다음 각 호의 구분에 따른 방법으로 처리할 수 있다.
1. 임시로 매장한 경우 : 화장 후 자연장을 하거나 일정한 장소에 집단으로 매장
2. 화장하여 봉안한 경우 : 자연장
④ 소장은 병원이나 그 밖의 연구기관이 학술연구상의 필요에 따라 수용자의 시신인도를 신청하면 본인의 유언 또는 상속인의 승낙이 있는 경우에 한하여 인도할 수 있다.
⑤ 소장은 수용자가 사망하면 법무부장관이 정하는 범위에서 화장·시신인도 등에 필요한 비용을 인수자에게 지급할 수 있다.

📖 **시행령**

제146조【사망 알림】
소장은 법 제127조에 따라 수용자의 사망 사실을 알리는 경우에는 사망 일시·장소 및 사유도 같이 알려야 한다.

제147조【검시】
소장은 수용자가 사망한 경우에는 그 시신을 검사하여야 한다.

제148조【사망 등 기록】
① 의무관은 수용자가 질병으로 사망한 경우에는 사망장에 그 병명·병력(病歷)·사인 및 사망일시를 기록하고 서명하여야 한다.
② 소장은 수용자가 자살이나 그 밖에 변사한 경우에는 그 사실을 검사에게 통보하고, 기소된 상태인 경우에는 법원에도 통보하여야 하며 검시가 끝난 후에는 검시자·참여자의 신분·성명과 검시 결과를 사망장에 기록하여야 한다.
③ 소장은 법 제128조에 따라 시신을 인도, 화장(火葬), 임시 매장, 집단 매장 또는 자연장(自然葬)을 한 경우에는 그 사실을 사망장에 기록하여야 한다.

제149조
삭제 <2015.12.10.>

제150조【임시 매장지의 표지 등】
① 소장은 시신을 임시 매장하거나 봉안한 경우에는 그 장소에 사망자의 성명을 적은 표지를 비치하고, 별도의 장부에 가족관계 등록기준지, 성명, 사망일시를 기록하여 관리하여야 한다.
② 소장은 시신 또는 유골을 집단 매장한 경우에는 집단 매장된 사람의 가족관계 등록기준지, 성명, 사망일시를 집단 매장부에 기록하고 그 장소에 묘비를 세워야 한다.

제4편 교정자문위원회 등

제129조【교정자문위원회】★★
① 수용자의 관리·교정교화 등 사무에 관한 지방교정청장의 자문에 응하기 위하여 지방교정청에 교정자문위원회(이하 이 조에서 "위원회"라 한다)를 둔다.
② 위원회는 10명 이상 15명 이하의 위원으로 성별을 고려하여 구성하고, 위원장은 위원 중에서 호선하며, 위원은 교정에 관한 학식과 경험이 풍부한 외부인사 중에서 지방교정청장의 추천을 받아 법무부장관이 위촉한다.
③ 이 법에 규정된 사항 외에 위원회에 관하여 필요한 사항은 법무부령으로 정한다.

시행규칙

제264조【기능】
법 제129조 제1항의 교정자문위원회(이하 이 편에서 "위원회"라 한다)의 기능은 다음 각 호와 같다.
1. 교정시설의 운영에 관한 자문에 대한 응답 및 조언
2. 수용자의 음식·의복·의료·교육 등 처우에 관한 자문에 대한 응답 및 조언
3. 노인·장애인수용자 등의 보호, 성차별 및 성폭력 예방정책에 관한 자문에 대한 응답 및 조언
4. 그 밖에 지방교정청장이 자문하는 사항에 대한 응답 및 조언

제265조【구성】★
① 위원회에 부위원장을 두며, 위원 중에서 호선한다.
② 위원 중 4명 이상은 여성으로 한다.
③ 지방교정청장이 위원을 추천하는 경우에는 별지 제29호 서식의 교정자문위원회 위원 추천서를 법무부장관에게 제출하여야 한다. 다만, 재위촉의 경우에는 지방교정청장의 의견서로 추천서를 갈음한다.

제266조【임기】
① 위원의 임기는 2년으로 하며, 연임할 수 있다.
② 지방교정청장은 위원의 결원이 생긴 경우에는 결원이 생긴 날부터 30일 이내에 후임자를 법무부장관에게 추천해야 한다.
③ 결원이 된 위원의 후임으로 위촉된 위원의 임기는 전임자 임기의 남은 기간으로 한다.

제267조【위원장의 직무】
① 위원장은 위원회를 소집하고 위원회의 업무를 총괄한다.
② 위원장이 부득이한 사유로 직무를 수행할 수 없을 때에는 부위원장이 그 직무를 대행하고, 부위원장도 부득이한 사유로 직무를 수행할 수 없을 때에는 위원장이 미리 지명한 위원이 그 직무를 대행한다.

제268조【회의】
① 위원회의 회의는 위원 과반수의 요청이 있거나 지방교정청장이 필요하다고 인정하는 경우에 개최한다.
② 위원회는 재적위원 과반수의 출석으로 개의하고 출석위원 과반수의 찬성으로 의결한다.
③ 위원회의 회의는 공개하지 아니한다. 다만, 위원회의 의결을 거친 경우에는 공개할 수 있다.

제269조 【지켜야 할 사항】

① 위원은 다음 사항을 지켜야 한다.

1. 직위를 이용하여 영리 행위를 하거나 업무와 관련하여 금품·접대를 주고받지 아니할 것
2. 자신의 권한을 특정인이나 특정 단체의 이익을 위하여 행사하지 아니할 것
3. 업무 수행 중 알게 된 사실이나 개인 신상에 관한 정보를 누설하거나 개인의 이익을 위하여 이용하지 아니할 것

② 위원은 별지 제30호 서식의 서약서에 규정된 바에 따라 제1항의 내용을 지키겠다는 서약을 해야 한다.

제270조 【위원의 해촉】

법무부장관은 외부위원이 다음 각 호의 어느 하나에 해당하는 경우에는 지방교정청장의 건의를 받아 해당 위원을 해촉할 수 있다.

1. 심신장애로 직무수행이 불가능하거나 현저히 곤란하다고 인정되는 경우
2. 직무와 관련된 비위사실이 있는 경우
3. 제269조에 따라 지켜야 할 사항을 위반하였을 경우
4. 직무태만, 품위 손상, 그 밖의 사유로 인하여 위원으로서 직무를 수행하기 적합하지 아니하다고 인정되는 경우
5. 위원 스스로 직무를 수행하는 것이 곤란하다고 의사를 밝히는 경우

제271조 【간사】

① 위원회의 사무를 처리하기 위하여 위원회에 간사 1명을 둔다. 간사는 해당 지방교정청의 총무과장 또는 6급 이상의 교도관으로 한다.

② 간사는 회의에 참석하여 위원회의 심의사항에 대한 설명을 하거나 필요한 발언을 할 수 있으며, 별지 제31호 서식의 교정자문위원회 회의록을 작성하여 유지하여야 한다.

제272조 【수당】

지방교정청장은 위원회의 회의에 참석한 위원에게는 예산의 범위에서 수당을 지급할 수 있다.

제130조 【교정위원】

① 수용자의 교육·교화·의료, 그 밖에 수용자의 처우를 후원하기 위하여 교정시설에 교정위원을 둘 수 있다.

② 교정위원은 명예직으로 하며 소장의 추천을 받아 법무부장관이 위촉한다.

시행령

제151조 【교정위원】

① 소장은 법 제130조에 따라 교정위원을 두는 경우 수용자의 개선을 촉구하고 안정된 수용생활을 하게 하기 위하여 교정위원에게 수용자를 교화상담하게 할 수 있다.

② 교정위원은 수용자의 고충 해소 및 교정·교화를 위하여 필요한 의견을 소장에게 건의할 수 있다.

③ 교정위원의 임기, 위촉 및 해촉, 지켜야 할 사항 등에 관하여 필요한 사항은 법무부장관이 정한다.

제152조 【외부인사가 지켜야 할 사항】

교정위원, 교정자문위원, 그 밖에 교정시설에서 활동하는 외부인사는 활동 중에 알게 된 교정시설의 안전과 질서 및 수용자의 신상에 관한 사항을 외부에 누설하거나 공개해서는 안 된다.

제131조 【기부금품의 접수】

소장은 기관·단체 또는 개인이 수용자의 교화 등을 위하여 교정시설에 자발적으로 기탁하는 금품을 받을 수 있다.

시행령

제153조 【기부금품의 접수 등】

① 소장은 법 제131조의 기부금품을 접수하는 경우에는 기부한 기관·단체 또는 개인(이하 이 장에서 "기부자"라 한다)에게 영수증을 발급하여야 한다. 다만, 익명으로 기부하거나 기부자를 알 수 없는 경우에는 그러하지 아니하다.

② 소장은 기부자가 용도를 지정하여 금품을 기부한 경우에는 기부금품을 그 용도에 사용하여야 한다. 다만, 지정한 용도로 사용하기 어려운 특별한 사유가 있는 경우에는 기부자의 동의를 받아 다른 용도로 사용할 수 있다.

③ 교정시설의 기부금품 접수·사용 등에 관하여 필요한 사항은 법무부장관이 정한다.

참고 교정자문위원과 교정위원 비교

구분	교정자문위원(제129조)	교정위원(제130조)
목적	교정시설의 운영과 수용자 처우 등에 관한 지방 교정청장의 자문에 응하기 위함	수용자의 교육·교화·의료 그 밖에 수용자의 처우를 후원하기 위함
구성 등	10인 이상 15인 이하의 외부위원(여성 4명 이상), 임기 2년, 연임가능	명예직
위촉절차	지방교정청장의 추천 법무부장관이 위촉	소장의 추천 법무부장관이 위촉
준수사항	활동 중 알게 된 교정시설의 안전과 질서 및 수용자의 신상에 관한 사항을 외부에 누설하거나 공개해서는 아니 된다.	

제5편 벌칙

제132조【금지물품을 지닌 경우】★★

① 수용자가 제92조 제2항을 위반하여 소장의 허가 없이 무인비행장치, 전자·통신기기를 지닌 경우 2년 이하의 징역 또는 2천만원 이하의 벌금에 처한다.

② 수용자가 제92조 제1항 제3호를 위반하여 주류·담배·화기·현금·수표를 지닌 경우 1년 이하의 징역 또는 1천만원 이하의 벌금에 처한다.

제133조【금지물품의 반입】★

① 소장의 허가 없이 무인비행장치, 전자·통신기기를 교정시설에 반입한 사람은 3년 이하의 징역 또는 3천만원 이하의 벌금에 처한다.

② 주류·담배·화기·현금·수표·음란물·사행행위에 사용되는 물품을 수용자에게 전달할 목적으로 교정시설에 반입한 사람은 1년 이하의 징역 또는 1천만원 이하의 벌금에 처한다.

③ 상습적으로 제2항의 죄를 범한 사람은 2년 이하의 징역 또는 2천만원 이하의 벌금에 처한다.

제134조【출석의무 위반 등】

다음 각 호의 어느 하나에 해당하는 행위를 한 수용자는 1년 이하의 징역에 처한다.

1. 정당한 사유 없이 제102조 제4항(일시석방된 사람의 석방 후 24시간 이내에 출석의무)을 위반하여 일시 석방 후 24시간 이내에 교정시설 또는 경찰관서에 출석하지 아니하는 행위

2. 귀휴·외부통근, 그 밖의 사유로 소장의 허가를 받아 교도관의 계호 없이 교정시설 밖으로 나간 후에 정당한 사유 없이 기한까지 돌아오지 아니하는 행위

제135조【녹화 등의 금지】

소장의 허가 없이 교정시설 내부를 녹화·촬영한 사람은 1년 이하의 징역 또는 1천만원 이하의 벌금에 처한다.

제136조【미수범】

제133조 및 제135조의 미수범은 처벌한다.

제137조【몰수】

제132조 및 제133조에 해당하는 금지물품은 몰수한다.

02 민영교도소 등의 설치 · 운영에 관한 법률

• **법** 2021.4.21. 시행 | **시행령** 2021.4.21. 시행 | **시행규칙** 2022.2.7. 시행

제1장 | 총칙

제1조 【목적】

이 법은 「형의 집행 및 수용자의 처우에 관한 법률」 제7조에 따라 교도소 등의 설치 · 운영에 관한 업무의 일부를 민간에 위탁하는 데에 필요한 사항을 정함으로써 교도소 등의 운영의 효율성을 높이고 수용자의 처우 향상과 사회 복귀를 촉진함을 목적으로 한다.

제2조 【정의】

이 법에서 사용하는 용어의 뜻은 다음과 같다.

교정업무	「형의 집행 및 수용자의 처우에 관한 법률」 제2조 제4호에 따른 수용자(이하 "수용자"라 한다)의 수용 · 관리, 교정교화, 직업교육, 교도작업, 분류 · 처우, 그 밖에 「형의 집행 및 수용자의 처우에 관한 법률」에서 정하는 업무
수탁자	제3조에 따라 교정업무를 위탁받기로 선정된 자
교정법인	법무부장관으로부터 교정업무를 포괄적으로 위탁받아 교도소 · 소년교도소 또는 구치소 및 그 지소(이하 "교도소등"이라 한다)를 설치 · 운영하는 법인
민영교도소등	교정법인이 운영하는 교도소등

제3조 【교정업무의 민간 위탁】 ★★

① 법무부장관은 필요하다고 인정하면 이 법에서 정하는 바에 따라 교정업무를 공공단체 외의 법인 · 단체 또는 그 기관이나 개인에게 위탁할 수 있다. 다만, 교정업무를 포괄적으로 위탁하여 한 개 또는 여러 개의 교도소등을 설치 · 운영하도록 하는 경우에는 법인에만 위탁할 수 있다.

② 법무부장관은 교정업무의 수탁자를 선정하는 경우에는 수탁자의 인력 · 조직 · 시설 · 재정능력 · 공신력 등을 종합적으로 검토한 후 적절한 자를 선정하여야 한다.

③ 제2항에 따른 선정방법, 선정절차, 그 밖에 수탁자의 선정에 관하여 필요한 사항은 법무부장관이 정한다.

제4조【위탁계약의 체결】 ★★
① 법무부장관은 교정업무를 위탁하려면 수탁자와 대통령령으로 정하는 방법으로 계약(이하 "위탁계약"이라 한다)을 체결하여야 한다.
② 법무부장관은 필요하다고 인정하면 민영교도소등의 직원이 담당할 업무와 민영교도소등에 파견된 소속 공무원이 담당할 업무를 구분하여 위탁계약을 체결할 수 있다.
③ 법무부장관은 위탁계약을 체결하기 전에 계약 내용을 기획재정부장관과 미리 협의하여야 한다.
④ 위탁계약의 기간은 다음 각 호와 같이 하되, 그 기간은 갱신할 수 있다.
   1. 수탁자가 교도소등의 설치비용을 부담하는 경우 : 10년 이상 20년 이하
   2. 그 밖의 경우 : 1년 이상 5년 이하

제5조【위탁계약의 내용】
① 위탁계약에는 다음 각 호의 사항이 포함되어야 한다.
   1. 위탁업무를 수행할 때 수탁자가 제공하여야 하는 시설과 교정업무의 기준에 관한 사항
   2. 수탁자에게 지급하는 위탁의 대가와 그 금액의 조정 및 지급 방법에 관한 사항
   3. 계약기간에 관한 사항과 계약기간의 수정·갱신 및 계약의 해지에 관한 사항
   4. 교도작업에서의 작업장려금·위로금 및 조위금 지급에 관한 사항
   5. 위탁업무를 재위탁할 수 있는 범위에 관한 사항
   6. 위탁수용 대상자의 범위에 관한 사항
   7. 그 밖에 법무부장관이 필요하다고 인정하는 사항
② 법무부장관은 제1항 제6호에 따른 위탁수용 대상자의 범위를 정할 때에는 수탁자의 관리능력, 교도소등의 안전과 질서, 위탁수용이 수용자의 사회 복귀에 유용한지 등을 고려하여야 한다.

시행령

제4조【위탁계약의 성립 등】
① 「민영교도소 등의 설치·운영에 관한 법률」(이하 "1법"이라 한다) 제4조 제1항에 따른 위탁계약은 법무부장관과 법 제3조 제2항에 따라 선정된 수탁자가 법 제5조 제1항 각 호의 사항에 관하여 약정하고 해당 계약서에 각각 서명날인함으로써 성립한다.
② 법무부장관은 위탁계약을 체결할 때 계약사항의 누락을 방지하고, 계약내용의 일관성을 유지하며, 계약체결의 효율성과 공정성을 높이기 위하여 교정업무의 민간위탁에 관한 표준계약서를 정할 수 있다.

제6조【위탁업무의 정지】
① 법무부장관은 수탁자가 이 법 또는 이 법에 따른 명령이나 처분을 위반하면 6개월 이내의

기간을 정하여 위탁업무의 전부 또는 일부의 정지를 명할 수 있다.

② 법무부장관은 제1항에 따른 정지명령을 한 경우에는 소속 공무원에게 정지된 위탁업무를 처리하도록 하여야 한다.

③ 법무부장관은 제1항에 따른 정지명령을 할 때 제2항을 적용하기 어려운 사정이 있으면 그 사정이 해결되어 없어질 때까지 정지명령의 집행을 유예할 수 있다.

제7조 【위탁계약의 해지】

① 법무부장관은 수탁자가 다음 각 호의 어느 하나에 해당하면 위탁계약을 해지할 수 있다.

　　1. 제22조 제2항에 따른 보정명령(補正命令)을 받고 상당한 기간이 지난 후에도 이행하지 아니한 경우

　　2. 이 법 또는 이 법에 따른 명령이나 처분을 크게 위반한 경우로서 제6조 제1항에 따른 위탁업무의 정지명령으로는 감독의 목적을 달성할 수 없는 경우

　　3. 사업 경영의 현저한 부실 또는 재무구조의 악화, 그 밖의 사유로 이 법에 따른 위탁업무를 계속하는 것이 적합하지 아니하다고 인정되는 경우

② 법무부장관과 수탁자는 위탁계약으로 정하는 바에 따라 계약을 해지할 수 있다.

제8조 【위탁계약 해지 시의 업무 처리】

위탁계약이 해지된 경우 국가가 부득이한 사정으로 위탁업무를 즉시 처리할 수 없을 때에는 수탁자나 그의 승계인은 국가가 업무를 처리할 수 있을 때까지 종전의 위탁계약에 따라 업무 처리를 계속하여야 한다.

제9조 【청문】

법무부장관이 제7조 제1항에 따라 위탁계약을 해지하려면 청문을 하여야 한다.

제2장 │ 교정법인

제10조 【교정법인의 정관 변경 등】

① 제3조 제1항 단서(법인에만 위탁)에 따라 교정업무를 위탁받은 법인은 위탁계약을 이행하기

전에 법인의 목적사업에 민영교도소등의 설치·운영이 포함되도록 정관(定款)을 변경하여야 한다.

② 제1항에 따른 정관 변경과 교정법인의 정관 변경은 법무부장관의 인가를 받아야 한다. 다만, 대통령령으로 정하는 경미한 사항의 변경은 법무부장관에게 신고하여야 한다.

📖 **시행령**

제5조 【교정법인의 정관변경】

법 제10조 제2항 단서에서 "대통령령으로 정하는 경미한 사항"이란 다음 각 호의 어느 하나에 해당하는 사항을 말한다.

1. 명칭
2. 사무소의 소재지
3. 공고와 그 방법에 관한 사항

제11조 【임원】 ★

① 교정법인은 이사 중에서 위탁업무를 전담하는 자를 선임하여야 한다.

② 교정법인의 대표자 및 감사와 제1항에 따라 위탁업무를 전담하는 이사(이하 "임원"이라 한다)는 법무부장관의 승인을 받아 취임한다.

③ 교정법인 이사의 과반수는 대한민국 국민이어야 하며, 이사의 5분의 1 이상은 교정업무에 종사한 경력이 5년 이상이어야 한다.

④ 다음 각 호의 어느 하나에 해당하는 자는 교정법인의 임원이 될 수 없으며, 임원이 된 후 이에 해당하게 되면 임원의 직을 상실한다.

1. 「국가공무원법」 제33조 각 호의 어느 하나에 해당하는 자
2. 제12조에 따라 임원취임 승인이 취소된 후 2년이 지나지 아니한 자
3. 제36조에 따른 해임명령으로 해임된 후 2년이 지나지 아니한 자

⑤ 교정법인 임원의 임기, 직무, 결원 보충 및 임시이사 선임에 필요한 사항은 대통령령으로 정한다.

📖 **시행령**

제6조 【교정법인 임원의 임기 등】

① 교정법인의 임원의 임기는 해당 법인의 정관에서 정하는 바에 따르고, 정관에서 특별히 정하지 않은 경우에는 3년으로 하며, 연임할 수 있다.

② 교정법인은 해당 법인의 이사(위탁업무를 전담하는 이사만 해당한다. 이하 이 조에서 같다) 또는 감사 중에 결원이 생겼을 때에는 그 사유가 발생한 날부터 2개월 이내에 보충하여야 한다.

③ 법무부장관은 교정법인이 제2항에 따라 이사의 결원을 보충하지 않아 해당 교정법인의 목적을 달성할 수

없거나 손해가 생길 우려가 있다고 인정되면 이해관계인의 청구나 직권에 의하여 임시이사를 선임할 수 있다.

제12조 【임원취임의 승인 취소】

임원이 다음 각 호의 어느 하나에 해당하는 행위를 하면 법무부장관은 취임 승인을 취소할 수 있다.

1. 제13조(임원 등의 겸직 금지)를 위반하여 겸직하는 경우
2. 제25조 제2항(수용거절을 할 수 없음)을 위반하여 수용을 거절하는 경우
3. 제42조(벌칙)에 따라 징역형 또는 벌금형의 선고를 받아 그 형이 확정된 경우
4. 임원 간의 분쟁, 회계부정, 법무부장관에게 허위로 보고하거나 허위자료를 제출하는 행위 또는 정당한 사유 없이 위탁업무 수행을 거부하는 행위 등의 현저한 부당행위 등으로 해당 교정법인의 설립목적을 달성할 수 없게 한 경우

제13조 【임원 등의 겸직 금지】 ★★

① 교정법인의 대표자는 그 교정법인이 운영하는 민영교도소등의 장을 겸할 수 없다.
② 이사는 감사나 해당 교정법인이 운영하는 민영교도소등의 직원(민영교도소등의 장은 제외한다)을 겸할 수 없다.
③ 감사는 교정법인의 대표자·이사 또는 직원(그 교정법인이 운영하는 민영교도소등의 직원을 포함한다)을 겸할 수 없다.

시행령

제7조 【임원의 직무】
① 교정법인의 대표자(이하 "대표자"라 한다)는 교정법인을 대표하며, 법인의 업무를 총괄한다.
② 대표자가 공석이 되거나 부득이한 사유로 직무를 수행할 수 없을 때에는 정관에서 미리 정한 사람이 그 직무를 대행하되, 정관에서 특별히 정하지 않은 경우에는 이사 중에서 호선(互選)한 사람이 그 직무를 대행한다.
③ 이사는 이사회에 출석하여 교정법인의 업무에 관한 사항을 심의·의결하며, 이사회나 대표자로부터 위임받은 사항을 처리한다.
④ 감사는 다음 각 호의 직무를 수행한다.
  1. 교정법인의 재산 상황과 회계를 감사하는 일
  2. 이사회의 운영과 그 업무에 관한 사항을 감사하는 일
  3. 제1호 또는 제2호의 감사 결과 부정 또는 부당한 점을 발견한 경우 이사회와 법무부장관에게 보고하는 일
  4. 제3호의 보고를 하기 위하여 이사회의 소집을 요구하는 일
  5. 교정법인의 재산 상황 또는 이사회의 운영과 그 업무에 관한 사항에 대하여 대표자 또는 이사에게 의견을 진술하는 일

제8조 【이사회의 회의 등】

① 대표자는 이사회를 소집하고, 그 의장이 된다.

② 이사회는 다음 각 호의 사항을 심의·의결한다.

　1. 교정법인의 예산, 결산, 차입금 및 재산의 취득·처분과 관리에 관한 사항

　2. 정관의 변경에 관한 사항

　3. 교정법인의 합병 또는 해산에 관한 사항

　4. 임원의 임면에 관한 사항

　5. 교정법인이 운영할 민영교도소등의 장과 정관에서 정한 직원의 임면에 관한 사항

　6. 위탁업무의 처리에 관한 중요사항

　7. 그 밖에 법령이나 정관에 따라 그 권한에 속하는 사항

제14조 【재산】

① 교정법인은 대통령령으로 정하는 기준에 따라 민영교도소등의 운영에 필요한 기본재산을 갖추어야 한다.

② 교정법인은 기본재산에 대하여 다음 각 호의 행위를 하려면 법무부장관의 허가를 받아야 한다. 다만, 대통령령으로 정하는 경미한 사항은 법무부장관에게 신고하여야 한다.

　1. 매도·증여 또는 교환　　　2. 용도 변경

　3. 담보 제공　　　　　　　　4. 의무의 부담이나 권리의 포기

③ 교정법인의 재산 중 교도소등 수용시설로 직접 사용되고 있는 것으로서 대통령령으로 정하는 것은 국가 또는 다른 교정법인 외의 자에게 매도·증여 또는 교환하거나 담보로 제공할 수 없다.

시행령

제9조 【재산의 구분 등】

① 교정법인의 재산 중 다음 각 호의 어느 하나에 해당하는 재산은 법 제14조 제1항에 따른 기본재산으로 한다.

　1. 부동산(위탁계약에서 위탁업무 수행에 필요한 재원으로 사용하거나 제공하기로 한 부동산으로 한정한다)

　2. 정관에서 기본재산으로 정한 재산

　3. 총회나 이사회의 결의에 의하여 기본재산에 편입되는 재산

　4. 세계잉여금 중 적립금

② 교정법인의 재산 중 제1항 각 호 외의 재산은 보통재산으로 한다.

③ 제1항에 따른 기본재산은 교도소·소년교도소 또는 구치소 및 그 지소(이하 "교도소등"이라 한다)의 부지매입, 설계 및 건축에 필요한 재원(교정법인이 교도소등의 설치비용을 부담하는 경우만 해당한다)과 직원교육, 손해배상 등 교도소등의 운영에 드는 경비를 충당할 수 있어야 한다.

제10조 【기본재산의 처분】

법 제14조 제2항 단서에서 "대통령령으로 정하는 경미한 사항"이란 다음 각 호의 어느 하나에 해당하는 경우를 말한다. 다만, 법 제14조 제2항 본문에 따른 허가를 받지 아니할 목적으로 기본재산을 분할하거나 법, 이 영

또는 관계 법령을 위반하는 경우는 제외한다.

1. 가액 5천만원 미만인 기본재산의 매도, 증여, 교환, 용도 변경 또는 담보의 제공
2. 가액 5천만원 미만의 의무의 부담 또는 권리의 포기

제11조 【처분할 수 없는 재산의 범위】

법 제14조 제3항에서 "대통령령으로 정하는 것"이란 다음 각 호의 것을 말한다.

1. 교도소등의 부지(운동장을 포함한다)
2. 수용동
3. 작업장(재료창고와 직업훈련시설을 포함한다)
4. 접견실 및 그 부대시설
5. 취사장 및 그 부대시설
6. 체육관, 목욕탕, 이발관 등 수용자의 후생복지시설
7. 교육·집회시설
8. 청사(구내 업무용 사무실을 포함한다)
9. 그 밖에 수용자의 수용관리, 교정교화 등 교정업무에 직접 사용되는 시설·설비, 보안장비 및 교재·교구

참고	법무부장관의 권한		
법무부장관	허가	교정법인은 기본재산에 대하여 다음의 하려면 법무부장관의 허가를 받아야 한다. 다만, 대통령령으로 정하는 경미한 사항은 법무부장관에게 신고하여야 한다(제14조 제2항). • 매도·증여 또는 교환 • 용도 변경 • 담보 제공 • 의무의 부담이나 권리의 포기	
	인가	정관 변경과 교정법인의 정관 변경은 법무부장관의 인가를 받아야 한다. 다만, 대통령령으로 정하는 경미한 사항의 변경은 법무부장관에게 신고하여야 한다(제10조 제2항).	
		교정법인이 다음의 어느 하나에 해당하는 행위를 하려면 법무부장관의 인가를 받아야 한다(법 제17조 제1항). • 다른 법인과의 합병 • 회사인 경우 분할 또는 분할합병 • 해산	
	승인	교정법인의 대표자 및 감사와 위탁업무를 전담하는 이사(임원)는 법무부장관의 승인을 받아 취임한다(제11조 제2항).	
		교정법인의 대표자는 민영교도소등의 직원을 임면한다. 다만, 민영교도소등의 장 및 대통령령으로 정하는 직원(교도소 등에 두는 과의 과장이상의 직에 준하는 직위의 직원)을 임면할 때에는 미리 법무부장관의 승인을 받아야 한다(제29조 제1항).	

제15조 【회계의 구분】

① 교정법인의 회계는 그가 운영하는 민영교도소등의 설치·운영에 관한 회계와 법인의 일반업무에 관한 회계로 구분한다.

② 제1항에 따른 민영교도소등의 설치·운영에 관한 회계는 교도작업회계와 일반회계로 구분하

며, 각 회계의 세입·세출에 관한 사항은 대통령령으로 정한다.

③ 제1항에 따른 법인의 일반업무에 관한 회계는 일반업무회계와 수익사업회계로 구분할 수 있다.

④ 제2항에 따른 민영교도소등의 설치·운영에 관한 회계의 예산은 민영교도소등의 장이 편성하여 교정법인의 이사회가 심의·의결하고 민영교도소등의 장이 집행한다.

시행령

제12조【일반회계와 교도작업회계의 세입·세출】

① 법 제15조 제2항에 따른 민영교도소등의 설치·운영에 관한 회계 중 일반회계의 세입은 다음 각 호의 수입으로 한다.

 1. 위탁계약에 의하여 지급받은 교도소등 운영 경비
 2. 다른 회계로부터 전입되는 전입금
 3. 일반회계의 운용 과정에서 생기는 이자수입
 4. 교도소등 시설·설비 등의 불용품 매각수입
 5. 일반회계의 세출에 충당하기 위한 차입금
 6. 그 밖에 교정법인의 수입으로서 다른 회계에 속하지 아니하는 수입

② 일반회계의 세출은 다음 각 호의 경비로 한다.

 1. 교도소등 운영에 드는 인건비 및 물건비
 2. 수용관리, 교정교화 등 교정업무에 직접 필요한 시설·설비비
 3. 제1항 제5호의 차입금의 상환원리금
 4. 그 밖에 수용관리, 교정교화 등 교정업무에 필요한 경비

③ 법 제15조 제2항에 따른 민영교도소등의 설치·운영에 관한 회계 중 교도작업회계의 세입은 다음 각 호의 수입으로 한다.

 1. 교도작업회계의 세출에 충당하기 위한 차입금
 2. 일반회계로부터 전입되는 전입금
 3. 그 밖에 교도작업에 따른 각종 수입

④ 교도작업회계의 세출은 교도작업을 위하여 필요한 모든 경비로 한다.

제16조【예산 및 결산】

① 교정법인의 회계연도는 정부의 회계연도에 따른다.

② 교정법인은 대통령령으로 정하는 바에 따라 법무부장관에게 매 회계연도가 시작되기 전에 다음 회계연도에 실시할 사업계획과 예산을 제출하고, 매 회계연도가 끝난 후에 사업 실적과 결산을 보고하여야 한다.

③ 법무부장관은 교정법인이 제2항에 따라 결산서를 제출하는 경우 교정법인으로부터 독립된 공인회계사나 회계법인의 감사증명서를 첨부하게 할 수 있다.

④ 교정법인의 회계규칙이나 그 밖에 예산 또는 회계에 관하여 필요한 사항은 법무부장관이 정한다.

시행령

제13조【예산 · 결산 등의 제출】

① 교정법인은 법 제16조 제2항에 따라 법무부장관에게 법 제15조 제2항에 따른 민영교도소등의 설치 · 운영에 관한 회계의 사업계획과 예산을 매 회계연도가 시작되기 8개월 이전에 제출하고, 사업실적과 결산을 매 회계연도가 끝난 후 2개월 이내에 제출하여야 한다.

② 교정법인은 연도 중에 해당 예산을 추가하거나 경정(更正)할 때에는 추가하거나 경정한 날부터 15일 이내에 해당 예산을 법무부장관에게 제출하여야 한다.

③ 법 제16조 제3항에 따른 공인회계사 등의 감사증명서를 제출하여야 할 교정법인의 범위는 다음 각 호와 같다.

1. 해당 회계연도의 수용 정원이 300명 이상인 교도소등을 설치 · 운영하는 교정법인

2. 해당 회계연도의 수용 정원이 300명 미만인 교도소등을 설치 · 운영하는 교정법인으로서 회계부정, 결산서의 허위작성과 그 밖에 현저히 부당한 회계처리 등으로 회계질서를 문란하게 하여 법무부장관이 특별히 감사증명서를 제출하게 할 필요가 있다고 인정하는 교정법인

제17조【합병 및 해산의 인가】

① 교정법인이 다음 각 호의 어느 하나에 해당하는 행위를 하려면 법무부장관의 인가를 받아야 한다.

1. 다른 법인과의 합병

2. 회사인 경우 분할 또는 분할합병

3. 해산

② 법무부장관은 제1항에 따른 인가에 조건을 붙일 수 있다.

제18조【잔여재산의 귀속】

① 해산한 교정법인의 잔여재산 귀속은 합병하거나 파산한 경우가 아니면 정관으로 정하는 바에 따른다.

② 제1항에 따라 처분되지 아니한 교정법인의 재산은 국고에 귀속한다.

③ 국가는 제2항에 따라 국고에 귀속된 재산을 다른 민영교도소등의 사업에 사용할 수 있다.

④ 제2항에 따라 국고에 귀속된 재산은 법무부장관이 관리한다.

제19조【다른 법률과의 관계】
교정법인에 관하여는 이 법에 규정된 것 외에는 그 법인의 설립 형태에 따라「민법」중 사단법인이나 재단법인에 관한 규정,「상법」중 회사에 관한 규정, 그 밖의 설립 근거 법률을 적용한다.

제3장 | 민영교도소등의 설치·운영

제20조【민영교도소등의 시설】
교정법인이 민영교도소등을 설치·운영할 때에는 대통령령으로 정하는 기준에 따른 시설을 갖추어야 한다.

시행령

제14조【민영교도소등의 시설기준】
① 교정법인이 설치·운영하는 교도소등은 위탁수용 대상자의 특성을 고려하여 위탁계약에서 달리 정한 경우를 제외하고는 다음 각 호의 시설을 갖추어야 한다.
1. 거실 및 수용동
2. 작업장 및 직업훈련시설
3. 접견실 및 그 부대시설
4. 교육·집회시설
5. 위생·의료시설
6. 운동장
7. 취사장 및 그 부대시설
8. 목욕탕, 이발관 등 수용자 후생복지시설
9. 그 밖에 위탁계약으로 정하는 시설
② 교정법인은「형의 집행 및 수용자의 처우에 관한 법률」제45조에 따른 종교행사를 치르기 위하여 마련된 장소를 제외하고는 그 법인이 운영하는 교도소등의 시설에서 수용자가 항상 출입하거나 접근할 수 있는 장소에 특정종교의 상징물을 설치해서는 아니 된다. 다만, 법무부장관이 국가의 종교적 중립성과 종파간의 형평성을 해치지 아니하는 범위에서 특별히 허가한 경우에는 그러하지 아니하다.

제21조【민영교도소등의 조직 등】
① 민영교도소등은「형의 집행 및 수용자의 처우에 관한 법률」제2조 제4호에 규정된 교도소등에 준하는 조직을 갖추어야 한다.
② 교정법인은 민영교도소등을 운영할 때 시설 안의 수용자를 수용·관리하고 교정서비스를 제공하기에 적합한 직원을 확보하여야 한다.

제22조【민영교도소등의 검사】

① 교정법인은 민영교도소등의 시설이 이 법과 이 법에 따른 명령 및 위탁계약의 내용에 적합한 지에 관하여 법무부장관의 검사를 받아야 한다.

② 법무부장관은 제1항에 따른 검사를 한 결과 해당 시설이 이 법에 따른 수용시설로서 적당하지 아니하다고 인정되면 교정법인에 대하여 보정을 명할 수 있다.

③ 제1항과 제2항에 따른 시설의 검사 방법·절차 등에 관하여 필요한 사항은 법무부장관이 정한다.

📖 시행규칙

제13조【시설 등 검사절차】

① 교정법인이 법 제22조 제1항에 따른 시설검사를 받으려는 경우 검사를 받으려는 날의 30일 전까지 시설검사 신청서에 공사일정에 관한 서류를 첨부하여 법무부장관에게 제출하여야 한다.

② 법무부장관은 법 제22조 제1항에 따라 시설검사를 하기 위하여 필요하다고 인정되는 경우에는 소속 공무원에게 이를 검사하게 하거나, 외부의 건축·토목전문가 등에게 검사를 대행하게 할 수 있다.

③ 제2항에 따라 검사를 하려는 경우에는 그 권한을 표시하는 증표를 지니고, 이를 관계인에게 보여주어야 한다.

④ 법무부장관이 법 제22조 제1항 또는 법 제34조 제2항에 따른 검사를 하려는 경우에는 미리 검사의 목적·대상 및 기간을 정하여 해당 교정법인 또는 민영교도소등의 장에게 통지하여야 한다.

제14조【시설검사 방법】

법 제22조에 따라 민영교도소등의 시설을 검사를 하는 경우 유의할 사항은 다음 각 호와 같다.

1. 위탁수용 대상자를 위한 교화(教化)프로그램과의 적합성
2. 수용정원을 고려한 수용공간의 확보 여부
3. 건축·토목과 관련되는 흠의 여부
4. 시설·장비의 안전과 보안기능
5. 소방·환기시설 등 구비 여부
6. 수용생활에 적합한 조명·난방시설 구비 여부
7. 그 밖에 「형의 집행 및 수용자의 처우에 관한 법률」 등 관계 법령 및 위탁계약에서 정하는 시설기준

제23조【운영 경비】 ★

① 법무부장관은 사전에 기획재정부장관과 협의하여 민영교도소등을 운영하는 교정법인에 대하여 매년 그 교도소등의 운영에 필요한 경비를 지급한다.

② 제1항에 따른 연간 지급 경비의 기준은 다음 각 호의 사항 등을 고려하여 예산의 범위에서 법무부장관이 정한다.

1. 투자한 고정자산의 가액
2. 민영교도소등의 운영 경비
3. 국가에서 직접 운영할 경우 드는 경비

제24조【수용 의제】

민영교도소등에 수용된 수용자는「형의 집행 및 수용자의 처우에 관한 법률」에 따른 교도소등에 수용된 것으로 본다.

제25조【수용자의 처우】★★

① 교정법인은 위탁업무를 수행할 때 같은 유형의 수용자를 수용·관리하는 국가운영의 교도소 등과 동등한 수준 이상의 교정서비스를 제공하여야 한다.

② 교정법인은 민영교도소등에 수용되는 자에게 특별한 사유가 있다는 이유로 수용을 거절할 수 없다. 다만, 수용·작업·교화, 그 밖의 처우를 위하여 특별히 필요하다고 인정되는 경우에 는 법무부장관에게 수용자의 이송을 신청할 수 있다.

③ 교정법인의 임직원과 민영교도소등의 장 및 직원은 수용자에게 특정 종교나 사상을 강요하여 서는 아니 된다.

시행령

제15조【수용자의 처우】

① 민영교도소등의 장과 직원은 수용자에게 특정 종교의 교리·교의에 따른 교육·교화·의식과 그 밖에 행사의 참가를 강요해서는 아니 된다.

② 민영교도소등의 장과 직원은 수용자가 특정 종교를 신봉하지 아니한다는 이유로 불리한 처우를 해서는 아니 된다.

제26조【작업 수입】★★

민영교도소등에 수용된 수용자가 작업하여 생긴 수입은 국고수입으로 한다.

제27조【보호장비의 사용 등】

① 민영교도소등의 장은 제40조 에 따라 준용되는「형의 집행 및 수용자의 처우에 관한 법률」 제37조 제1항(외부의료시설 진료)·제2항, 제63조 제3항(외부교육기관 통학), 제68조 제1항(외부통근작업), 제77조 제1항(일반귀휴), 제97조(보호장비착용), 제100조(강제력 행사)부터 제102조(재난시의 조치)까지 및 제107조(징벌)부터 제109조(징벌의 종류)까지의 규정에 따른 처분 등을 하려면 제33조 제2항(민영교도소 등의 업무지도·감독)에 따라 법무부장관이 민영교도소등의 지도·감독을 위하여 파견한 소속 공무원(이하 이 조에서 "감독관"이라 한다)의 승인을 받아야 한다. 다만, 긴급한 상황으로 승인을 받을 만한 시간적 여유가 없을 때에는 그 처분 등을 한 후 즉시 감독관에게 알려서 승인을 받아야 한다.

② 민영교도소등의 장은 제40조에 따라 준용되는 「형의 집행 및 수용자의 처우에 관한 법률」 제121조 제1항(가석방 적격심사 신청)에 따른 가석방 적격심사를 신청하려면 감독관의 의견서를 첨부하여야 한다.

③ 민영교도소등의 장은 제40조에 따라 준용되는 「형의 집행 및 수용자의 처우에 관한 법률」 제123조(석방)에 따른 석방을 하려면 관계 서류를 조사한 후 감독관의 확인을 받아 석방하여야 한다.

> 참고 **민영교도소등의 장이 사전에 감독관의 승인을 받아야 하는 사항**
> • 외부의료시설 진료 및 정신질환 치료목적의 치료감호시설 이송
> • 수형자를 외부교육기관에 통학하게 하거나 위탁하여 교육받게 하는 경우
> • 사회복귀와 기술습득을 위한 외부기업체 통근작업이나 교정시설 안의 외부업체작업장 작업
> • 일반귀휴를 보내고자 할 경우
> • 수용자에게 보호장비를 사용하고자 할 경우
> • 강제력을 행사할 경우
> • 무기를 사용할 경우
> • 재난시의 조치에 필요한 경우
> • 징벌, 징벌의 종류, 징벌의 부과을 하고자 하는 경우

제4장 | 민영교도소등의 직원

제28조 【결격사유】

다음 각 호의 어느 하나에 해당하는 자는 민영교도소등의 직원으로 임용될 수 없으며, 임용 후 다음 각 호의 어느 하나에 해당하는 자가 되면 당연히 퇴직한다.

1. 대한민국 국민이 아닌 자
2. 「국가공무원법」 제33조 각 호의 어느 하나에 해당하는 자
3. 제12조에 따라 임원취임 승인이 취소된 후 2년이 지나지 아니한 자
4. 제36조에 따른 해임명령으로 해임된 후 2년이 지나지 아니한 자

제29조 【임면 등】 ★

① 교정법인의 대표자는 민영교도소등의 직원을 임면(任免)한다. 다만, 민영교도소등의 장 및

대통령령으로 정하는 직원을 임면할 때에는 미리 법무부장관의 승인을 받아야 한다.

② 교정법인의 대표자는 민영교도소등의 장 외의 직원을 임면할 권한을 민영교도소등의 장에게 위임할 수 있다.

③ 민영교도소등의 직원의 임용 자격, 임용 방법, 교육 및 징계에 관하여는 대통령령으로 정한다.

시행령

제16조 【직원의 임면 승인 범위】

법 제29조 제1항 단서에서 "대통령령으로 정하는 직원"이란 「법무부와 그 소속기관 직제」에 따라 교도소등에 두는 과의 과장 이상의 직에 준하는 직위의 직원을 말한다.

제17조 【직원의 임용 자격 등】

① 법 제29조 제3항에 따른 민영교도소등의 직원의 임용 자격은 다음 각 호와 같다.

1. 18세 이상인 사람

2. 법무부령으로 정하는 신체조건에 해당하는 사람

② 교정법인은 민영교도소등의 직원을 임용하였을 때에는 10일 이내에 그 임용사항을 법무부장관에게 보고하여야 한다. 민영교도소등의 직원이 퇴직하였을 때에도 또한 같다.

제18조 【직무교육】

① 교정법인은 민영교도소등의 직원으로 임용된 사람에 대하여 민영교도소 등에 배치하기 전에 자체 교육기관이나 교정공무원 교육기관에서 직무수행에 필요한 교육을 받게 하여야 한다. 다만, 자체 교육기관이나 교정공무원 교육기관의 교육계획상 부득이 하다고 인정되는 경우에는 임용 후 1년 이내에 교육을 받게 할 수 있다.

② 교정공무원이나 민영교도소등의 직원으로 근무하다가 퇴직한 사람이 퇴직한 날부터 2년 이내에 민영교도소등의 직원으로 임용된 경우에는 제1항에 따른 교육을 면제할 수 있다.

③ 제1항의 교육기간, 교육과목, 수업시간과 그 밖에 교육 실시에 필요한 사항은 법무부장관이 정한다.

제20조 【직권면직】

① 교정법인은 민영교도소등의 직원이 신체적·정신적 이상으로 직무를 감당하지 못하거나 인원의 감축으로 정원이 초과되었을 때 또는 위탁업무의 정지명령을 받았거나 위탁계약이 해지되었을 때에는 직권으로 면직시킬 수 있다.

② 교정법인이 제1항에 따라 민영교도소등의 직원을 직권으로 면직시켰을 때에는 5일 이내에 그 사실을 법무부장관에게 보고하여야 한다.

제30조 【직원의 직무】

① 민영교도소등의 직원은 대통령령으로 정하는 바에 따라 「형의 집행 및 수용자의 처우에 관한 법률」에 따른 교도관의 직무를 수행한다.

② 민영교도소등의 직원의 복무에 관하여는 「국가공무원법」 제56조부터 제61조까지, 제63조, 제64조 제1항, 제65조 제1항부터 제3항까지 및 제66조 제1항 본문을 준용한다.

시행령

제19조 【직원의 직무】

민영교도소등의 직원은 「형의 집행 및 수용자의 처우에 관한 법률」에 따른 교도관의 직무 중 위탁계약에서 정하는 범위에서 그 직무를 수행한다.

제31조 【제복 착용과 무기 구입】 ★

① 민영교도소등의 직원은 근무 중 법무부장관이 정하는 제복을 입어야 한다.

② 민영교도소등의 운영에 필요한 무기는 해당 교정법인의 부담으로 법무부장관이 구입하여 배정한다.

③ 민영교도소등의 무기 구입·배정에 필요한 사항은 법무부장관이 정한다.

시행규칙

제20조 【제복 및 사복 착용】

① 민영교도소등의 직원이 착용할 제복의 종류 및 제작 양식과 그 착용 방법은 교정공무원 복제에 관한 규정을 준용하여 해당 민영교도소등의 장이 정하되, 법무부장관의 승인을 받아야 한다.

② 민영교도소등의 장은 제1항에 따른 복제를 정하는 경우 계급 및 소속 기관의 표시 등을 교정직공무원의 것과 구별되도록 하여야 한다.

③ 민영교도소등의 장은 교화·분류심사·교육훈련 등 직무상 필요한 경우와 근무지역의 여건상 필요하다고 인정되는 경우에는 소속 직원에게 근무 중 사복을 착용하게 할 수 있다.

제21조 【신분증명서】

① 민영교도소등의 직원의 신분증명서는 민영교도소등의 장이 발행하되, 그 제작 양식은 법무부장관의 승인을 받아야 한다.

② 민영교도소등의 직원은 근무 중 신분증명서를 지녀야 한다.

제22조 【무기·탄약의 배정 등】

① 민영교도소등의 장이 법 제31조 제2항에 따라 무기 및 탄약을 배정받으려는 경우에는 무기 및 탄약의 종류·수량 등을 명시하여 매년 2월 말까지 법무부장관에게 신청하여야 한다.

② 법무부장관은 제1항에 따른 신청을 검토하여 민영교도소등의 운영에 필요하다고 인정되는 범위에서 무기 및 탄약을 구입하여 배정한다.

③ 제2항에 따라 무기 및 탄약을 배정받은 민영교도소등의 장은 위탁계약에서 달리 정한 경우를 제외하고는 국가가 운영하는 교도소 등에서의 보안장비의 관리 및 사용에 관하여 법무부장관이 정한 지침에 따라 이를 관리하여야 한다.

제5장 | 지원 · 감독 등

제32조【지원】

법무부장관은 필요하다고 인정하면 직권으로 또는 해당 교정법인이나 민영교도소등의 장의 신청을 받아 민영교도소등에 소속 공무원을 파견하여 업무를 지원하게 할 수 있다.

제33조【감독 등】

① 법무부장관은 민영교도소등의 업무 및 그와 관련된 교정법인의 업무를 지도·감독하며, 필요한 경우 지시나 명령을 할 수 있다. 다만, 수용자에 대한 교육과 교화프로그램에 관하여는 그 교정법인의 의견을 최대한 존중하여야 한다.

② 법무부장관은 제1항에 따른 지도·감독상 필요하다고 인정하면 민영교도소등에 소속 공무원을 파견하여 그 민영교도소등의 업무를 지도·감독하게 하여야 한다.

③ 교정법인 및 민영교도소등의 장은 항상 소속 직원의 근무 상황을 감독하고 필요한 교육을 하여야 한다.

🔖 시행규칙

제19조【교육 등】

① 법무부장관은 법 제33조 제2항에 따라 파견한 소속공무원에게 민영교도소등의 직원에 대하여 매주 1시간의 범위에서 직무수행에 필요한 교육을 실시하게 할 수 있다.

② 민영교도소등의 장은 소속 직원에 대하여 법 제33조 제3항에 따른 직무수행에 필요한 교육을 매주 1시간 이상 실시하여야 한다.

③ 법무부장관은 직원연수·업무협조 등을 위하여 민영교도소등의 장이 요청하는 경우에는 민영교도소등의 직원을 국가가 운영하는 교도소등에 일정기간 근무하게 할 수 있다.

제34조【보고 · 검사】 ★

① 민영교도소등의 장은 대통령령으로 정하는 바에 따라 매월 또는 분기마다 다음 각 호의 사항을 법무부장관에게 보고하여야 한다.

1. 수용 현황
2. 교정 사고의 발생 현황 및 징벌 현황
3. 무기 등 보안장비의 보유·사용 현황
4. 보건의료서비스와 주식·부식의 제공 현황
5. 교육·직업훈련 등의 실시 현황
6. 외부 통학, 외부 출장 직업훈련, 귀휴, 사회 견학, 외부 통근 작업 및 외부 병원 이송

등 수용자의 외부 출입 현황
7. 교도작업의 운영 현황
8. 직원의 인사·징계에 관한 사항
9. 그 밖에 법무부장관이 필요하다고 인정하는 사항

② 법무부장관은 필요하다고 인정하면 수시로 교정법인이나 민영교도소등에 대하여 그 업무·회계 및 재산에 관한 사항을 보고하게 하거나, 소속 공무원에게 장부·서류·시설, 그 밖의 물건을 검사하게 할 수 있다. 이 경우 위법 또는 부당한 사실이 발견되면 이에 따른 필요한 조치를 명할 수 있다.

시행령

제22조 【보고】

① 민영교도소등의 장은 매월 법 제34조 제1항 제1호·제2호·제4호 및 제6호부터 제8호까지의 사항을 법무부장관에게 보고하여야 한다.

> [매월 보고사항]
> 1. 수용 현황
> 2. 교정 사고의 발생 현황 및 징벌 현황
> 4. 보건의료서비스와 주식·부식의 제공 현황
> 6. 외부 통학, 외부 출장 직업훈련, 귀휴, 사회 견학, 외부 통근 작업 및 외부 병원 이송 등 수용자의 외부 출입 현황
> 7. 교도작업의 운영 현황
> 8. 직원의 인사·징계에 관한 사항

② 민영교도소등의 장은 매 분기 법 제34조 제1항 제3호·제5호 및 제9호의 사항을 법무부장관에게 보고하여야 한다.

> [분기별 보고사항]
> 3. 무기 등 보안장비의 보유· 사용현황
> 5. 교육·직업훈련 등의 실시 현황
> 9. 그 밖에 법무부장관이 필요하다고 인정하는 사항

제35조 【위탁업무의 감사】

① 법무부장관은 위탁업무의 처리 결과에 대하여 매년 1회 이상 감사를 하여야 한다.
② 법무부장관은 제1항에 따른 감사 결과 위탁업무의 처리가 위법 또는 부당하다고 인정되면 해당 교정법인이나 민영교도소등에 대하여 적절한 시정조치를 명할 수 있으며, 관계 임직원에 대한 인사 조치를 요구할 수 있다.

제36조 【징계처분명령 등】 ★

① 법무부장관은 민영교도소등의 직원이 위탁업무에 관하여 이 법 또는 이 법에 따른 명령이나 처분을 위반하면 그 직원의 임면권자에게 해임이나 정직·감봉 등 징계처분을 하도록 명할 수 있다.

② 교정법인 또는 민영교도소등의 장은 제1항에 따른 징계처분명령을 받으면 즉시 징계처분을 하고 법무부장관에게 보고하여야 한다.

시행령

제21조 【징계처분】

① 교정법인은 민영교도소등의 직원이 다음 각 호의 어느 하나에 해당하는 경우에는 그에 대하여 징계처분을 하여야 한다.

1. 법 제36조 제1항에 따라 징계처분의 명을 받은 경우
2. 법 및 이 영의 규정 또는 이에 따른 명령을 위반한 경우
3. 직무상의 의무를 위반하거나 직무를 태만히 한 경우
4. 품위를 손상하는 행위를 한 경우

② 민영교도소등의 직원에 대한 징계의 종류는 해임·정직·감봉·견책으로 하되, 정직은 1개월 이상 3개월 이하의 기간 동안 직무에 종사하지 못하게 하고 보수의 3분의 2를 줄이며, 감봉은 1개월 이상 3개월 이하의 기간 동안 보수의 3분의 1을 줄인다.

제6장 | 보칙

제37조 【공무원 의제 등】

① 민영교도소등의 직원은 법령에 따라 공무(公務)에 종사하는 것으로 본다.

② 교정법인의 임직원 중 교정업무를 수행하는 자와 민영교도소등의 직원은 「형법」이나 그 밖의 법률에 따른 벌칙을 적용할 때에는 공무원으로 본다.

③ 민영교도소등의 장 및 직원은 「형사소송법」이나 「사법경찰관리의 직무를 수행할 자와 그 직무범위에 관한 법률」을 적용할 때에는 교도소장·구치소장 또는 교도관리로 본다.

제38조 【손해배상】

① 교정법인의 임직원과 민영교도소등의 직원이 위탁업무를 수행할 때 고의 또는 과실로 법령을 위반하여 국가에 손해를 입힌 경우 그 교정법인은 손해를 배상하여야 한다.

② 교정법인은 제1항에 따른 손해배상을 위하여 대통령령으로 정하는 기준에 따라 현금·유가증권 또는 물건을 공탁하거나 이행보증보험에 가입하여야 한다.

시행령

제23조【손해배상의 담보】
교정법인은 법 제38조 제1항에 따른 손해배상을 위하여 1억원 이상의 현금 또는 유가증권을 공탁하거나 이행보증보험에 가입하여야 한다.

제39조【권한의 위임】★
법무부장관은 이 법에 따른 권한의 일부를 관할 지방교정청장에게 위임할 수 있다.

제40조【「형의 집행 및 수용자의 처우에 관한 법률」의 준용】
민영교도소등에 수용된 자에 관하여 성질상 허용되지 아니하는 경우와 이 법 및 위탁계약으로 달리 정한 경우 외에는 「형의 집행 및 수용자의 처우에 관한 법률」을 준용한다.

제41조【부분위탁】
국가가 운영하는 교도소등의 업무 중 직업훈련·교도작업 등 일부 교정업무를 특정하여 위탁하는 경우 그 수탁자에 관하여는 성질상 허용되지 아니하는 경우와 위탁계약으로 달리 정한 경우 외에는 교정법인에 관한 규정을 준용한다.

제7장 | 벌칙

제42조【벌칙】
① 다음 각 호의 어느 하나에 해당하는 자는 3년 이하의 징역 또는 3천만원 이하의 벌금에 처한다.
   1. 위탁계약을 위반하여 다른 사람에게 민영교도소등을 운영하도록 하거나 위탁업무를 처리하도록 한 자 또는 이에 따라 민영교도소등을 운영하거나 위탁업무를 처리한 자

2. 제6조나 제7조에 따라 위탁업무의 정지명령을 받거나 위탁계약이 해지된 후에 권한 없이 위탁업무의 처리를 계속한 자

3. 제14조 제2항 본문 또는 같은 조 제3항을 위반하여 매도 등의 행위를 한 자

② 다음 각 호의 어느 하나에 해당하는 자는 2년 이하의 징역 또는 2천만원 이하의 벌금에 처한다.

1. 제8조에 따른 위탁계약 해지 시의 업무 처리를 하지 아니한 자

2. 제22조 제1항에 따른 검사를 거부하거나 기피 또는 방해한 자

3. 제25조 제3항을 위반하여 수용자에게 특정 종교나 사상을 강요한 자

4. 제27조 제1항에 따른 처분 등에 관하여 감독관의 승인을 받지 아니한 자

5. 제27조 제3항을 위반하여 감독관의 확인을 받지 아니하고 수용자를 석방한 자

6. 제33조 제1항 본문이나 제34조 제2항에 따른 법무부장관의 지시 또는 명령에 따르지 아니한 자

7. 제35조 제1항에 따른 감사를 거부하거나 기피 또는 방해한 자

8. 제35조 제2항에 따른 법무부장관의 시정조치명령이나 인사 조치 요구에 따르지 아니한 자

9. 제36조 제2항을 위반하여 징계처분을 하지 아니한 자

10. 정당한 사유 없이 위탁업무의 수행을 거부하거나 위탁업무를 유기(遺棄)한 자

제43조 【양벌규정】

교정법인의 임직원(교정법인이 운영하는 민영교도소등의 직원을 포함한다)이 그 법인의 업무에 관하여 제42조의 위반행위를 하면 그 행위자를 벌하는 외에 그 법인에도 해당 조문의 벌금형을 과(科)한다. 다만, 법인이 그 위반행위를 방지하기 위하여 해당 업무에 관하여 상당한 주의와 감독을 게을리하지 아니한 경우에는 그러하지 아니하다.

제44조 【과태료】

① 다음 각 호의 어느 하나에 해당하는 자에게는 1천만원 이하의 과태료를 부과한다.

1. 제10조 제2항 본문을 위반하여 법무부장관의 인가를 받지 아니한 자

2. 제17조 제1항을 위반하여 법무부장관의 인가를 받지 아니한 자

3. 제29조 제1항 단서에 따른 법무부장관의 승인을 받지 아니하고 민영교도소등의 장과 직원을 임면한 자

② 다음 각 호의 어느 하나에 해당하는 자에게는 500만원 이하의 과태료를 부과한다.

1. 제10조 제2항 단서를 위반하여 신고를 하지 아니한 자

2. 제14조 제2항 각 호 외의 부분 단서를 위반하여 신고를 하지 아니한 자

3. 제15조 제1항을 위반하여 회계를 구분하지 아니한 자

4. 제16조 제2항 또는 제3항을 위반하여 사업계획과 예산의 제출 및 사업 실적과 결산의 보고를 하지 아니한 자 또는 결산서에 공인회계사나 회계법인의 감사증명서를 첨부하지 아니한 자

③ 다음 각 호의 어느 하나에 해당하는 자에게는 300만원 이하의 과태료를 부과한다.

1. 제34조 제1항 및 제2항에 따른 보고를 게을리하거나 부실한 보고를 한 자
2. 제36조 제2항에 따른 보고를 게을리하거나 부실한 보고를 한 자

④ 제1항부터 제3항까지의 규정에 따른 과태료는 대통령령으로 정하는 기준에 따라 법무부장관이 부과·징수한다.

시행령

제24조 【과태료의 부과기준】
법 제44조 제1항부터 제3항까지의 규정에 따른 과태료의 부과기준은 별표와 같다.

> **참고** **[별표] 과태료의 부과기준(제24조 관련)**
>
> 1. 일반기준
>   가. 법무부장관은 다음의 어느 하나에 해당하는 경우에는 제2호의 개별기준에 따른 과태료의 2분의 1 범위에서 그 금액을 줄여 부과할 수 있다. 다만, 과태료를 체납하고 있는 위반행위자에 대해서는 그렇지 않다.
>   1) 위반행위가 사소한 부주의나 오류로 인한 것으로 인정되는 경우
>   2) 위반의 내용·정도가 경미하여 교정업무에 미치는 피해가 적다고 인정되는 경우
>   3) 위반행위자가 법 위반상태를 시정하거나 해소하기 위하여 노력한 사실이 인정되는 경우
>   4) 그 밖에 위반행위의 정도, 위반행위의 동기와 그 결과 등을 고려하여 과태료를 줄여 부과할 필요가 있다고 인정되는 경우
>   나. 법무부장관은 다음의 어느 하나에 해당하는 경우에는 제2호의 개별기준에 따른 과태료의 2분의 1 범위에서 그 금액을 늘려 부과할 수 있다. 다만, 늘려 부과하는 경우에도 법 제44조에 따른 과태료의 상한을 넘을 수 없다.
>   1) 위반의 내용·정도가 중대하여 교정업무에 미치는 피해가 크다고 인정되는 경우
>   2) 법 위반상태의 기간이 6개월 이상인 경우
>   3) 그 밖에 위반행위의 정도, 위반행위의 동기와 그 결과 등을 고려하여 과태료를 늘려 부과할 필요가 있다고 인정되는 경우
>
> 2. 개별기준
>
> | 위반행위 | 근거 법조문 | 과태료 |
> | --- | --- | --- |
> | 가. 법 제10조 제2항 본문을 위반하여 법무부장관의 인가를 받지 않은 경우 | 법 제44조 제1항 제1호 | 700 |
> | 나. 법 제10조 제2항 단서를 위반하여 신고를 하지 않은 경우 | 법 제44조 제2항 제1호 | 350 |
> | 다. 법 제14조 제2항 각 호 외의 부분 단서를 위반하여 신고를 하지 않은 경우 | 법 제44조 제2항 제2호 | 350 |

라. 법 제15조 제1항을 위반하여 회계를 구분하지 않은 경우	법 제44조 제2항 제3호	350
마. 법 제16조 제2항 또는 제3항을 위반하여 사업계획과 예산의 제출 및 사업 실적과 결산의 보고를 하지 않은 경우 또는 결산서에 공인회계사나 회계법인의 감사증명서를 첨부하지 않은 경우	법 제44조 제2항 제4호	300
바. 법 제17조 제1항을 위반하여 법무부장관의 인가를 받지 않은 경우	법 제44조 제1항 제2호	700
사. 법 제29조 제1항 단서에 따른 법무부장관의 승인을 받지 않고 민영교도 소등의 장과 직원을 임면한 경우	법 제44조 제1항 제3호	
1) 민영교도소등의 장을 임면한 경우		700
2) 민영교도소등의 장 외의 직원을 임면한 경우		600
아. 법 제34조 제1항 및 제2항에 따른 보고를 게을리하거나 부실한 보고를 한 경우	법 제44조 제3항 제1호	200
자. 법 제36조 제2항에 따른 보고를 게을리하거나 부실한 보고를 한 경우	법 제44조 제3항 제2호	200

03 교도작업의 운영 및 특별회계에 관한 법률

• **법** 2013.4.5. 시행 | **시행령** 2010.10.22. 시행 | **시행규칙** 2015.11.25. 시행

제1조 【목적】
이 법은 교도작업의 관리 및 교도작업특별회계의 설치·운용에 관한 사항을 규정함으로써 효율적이고 합리적인 교도작업의 운영을 도모함을 목적으로 한다.

제2조 【정의】
이 법에서 사용하는 용어의 정의는 다음과 같다.

교도작업	교정시설의 수용자에게 부과하는 작업
공공기관	「공공기관의 운영에 관한 법률」 제4조부터 제6조까지의 규정에 따라 지정·고시된 기관

제3조 【다른 법률의 적용】
교도작업에 관하여 이 법에 규정된 것을 제외하고는 「형의 집행 및 수용자의 처우에 관한 법률」을 적용한다.

제4조 【교도작업제품의 공고】
법무부장관은 교도작업으로 생산되는 제품의 종류와 수량을 회계연도 개시 1개월 전까지 공고하여야 한다.

시행령

제3조 【생산공급계획의 보고】
교도작업으로 생산되는 제품(이하 "교도작업제품"이라 한다)을 생산하는 교정시설의 장(이하 "소장"이라 한다)은 국가, 지방자치단체 또는 공공기관(이하 "수요기관"이라 한다)의 수요량과 해당지역의 생산실태 등을 조사하여 법무부령으로 정하는 사항이 포함된 다음 연도의 생산공급계획을 수립하여 매년 10월 30일까지 법무부장관에게 보고하여야 한다.

시행규칙

제3조 【생산공급계획의 보고】
교정시설의 장(이하 "소장"이라 한다)이 「교도작업의 운영 및 특별회계에 관한 법률 시행령」(이하 "영"이라 한다)

제3조에 따라 법무부장관에게 보고하는 다음 연도의 생산공급계획서에는 다음 각 호의 사항이 포함되어야 한다.
1. 교정시설의 생산 가능량
2. 교정시설의 자체 수요량
3. 해당 연도 수요기관의 수 및 수요량
4. 해당 지역의 생산실태와 수요량
5. 생산공급계획량
6. 그 밖에 교도작업제품의 생산과 관련하여 필요한 사항

시행령

제4조【공고에 필요한 조사】
① 법무부장관은 수요기관에 대하여 법 제4조에 따른 공고에 필요한 자료의 제출을 요청할 수 있다.
② 제1항에 따른 요청을 받은 수요기관은 지정된 기간 내에 필요한 자료를 성실하게 작성하여 제출하여야 한다.

제5조【교도작업제품의 종류 및 수량의 공고】
① 법무부장관은 제3조에 따라 제출된 생산공급계획과 제4조에 따라 제출된 자료를 검토하고 다음 각 호의 사항을 고려하여 법 제4조에서 정한 기한까지 다음 연도에 생산할 교도작업제품의 종류와 수량을 결정하여 공고하여야 한다.
    1. 교정시설의 자체 수요품이 우선적으로 포함될 것
    2. 국민생활에 도움이 될 것
    3. 특별회계의 건전한 운영에 도움을 줄 수 있을 것
② 법무부장관은 교도작업제품을 공급할 수 없을 때에는 해당 지역 또는 해당 수요기관을 미리 공고하여야 한다.

제6조【교도작업의 종류】
① 소장은 다음 각 호의 사항을 고려하여 법무부장관의 승인을 받아 교도작업의 시행방법에 따른 교도작업의 종류를 교도작업제품별로 정한다. 교도작업의 종류를 변경하는 경우에도 또한 같다.
    1. 교도작업의 운영 여건에 적합할 것
    2. 수용자의 근로의식을 함양할 수 있을 것
    3. 수용자의 안정적 사회복귀와 기술 습득에 도움을 줄 수 있을 것
② 제1항에 따른 교도작업의 종류 및 그 승인 절차는 법무부령으로 정한다.

시행규칙

제6조【교도작업의 종류】★
① 영 제6조에 따른 교도작업의 종류는 다음 각 호와 같다

직영작업	법 제6조에 따른 민간기업의 참여 없이 교도작업제품을 생산하는 작업
위탁작업	법 제6조에 따라 교도작업에 참여한 민간기업을 통하여 교도작업제품을 생산하는 작업
노무작업	수용자의 노무를 제공하여 교도작업제품을 생산하는 작업
도급작업	국가와 제3자 간의 공사 도급계약에 따라 수용자에게 부과하는 작업

② 소장은 제1항에 따른 작업을 중지하려면 지방교정청장의 승인을 받아야 한다.

제5조 【교도작업제품의 우선구매】

국가, 지방자치단체 또는 공공기관은 그가 필요로 하는 물품이 제4조에 따라 공고된 것인 경우에는 공고된 제품 중에서 우선적으로 구매하여야 한다.

제6조 【교도작업에의 민간참여】 ★★

① 법무부장관은 「형의 집행 및 수용자의 처우에 관한 법률」 제68조(외부통근작업 등)에 따라 수형자가 외부기업체 등에 통근 작업하거나 교정시설의 안에 설치된 외부기업체의 작업장에서 작업할 수 있도록 민간기업을 참여하게 하여 교도작업을 운영할 수 있다.

② 교정시설의 장은 제1항에 따라 민간기업이 참여할 교도작업(이하 이 조에서 "민간참여작업"이라 한다)의 내용을 해당 기업체와의 계약으로 정하고 이에 대하여 법무부장관의 승인(재계약의 경우에는 지방교정청장의 승인)을 받아야 한다. 다만, 법무부장관이 정하는 단기(2개월)의 계약에 대하여는 그러하지 아니하다.

③ 제1항 및 제2항에 따른 민간기업의 참여 절차, 민간참여작업의 종류, 그 밖에 민간참여작업의 운영에 필요한 사항은 「형의 집행 및 수용자의 처우에 관한 법률」 제68조 제1항의 사항을 고려하여 법무부장관이 정한다.

■■ 시행규칙

제4조 【교도작업 참여 신청 등】

① 법 제6조 제1항에 따라 교도작업에 참여하려는 민간기업은 별지 서식의 참여신청서를 법무부장관에게 제출하여야 한다.

② 교도작업에 참여하려는 민간기업은 경영상태가 양호하고, 취업지원을 하는 등 수형자의 사회복귀에 도움이 될 수 있어야 한다.

제5조 【단기계약】

① 법 제6조 제2항 단서에서 "법무부장관이 정하는 단기의 계약"이란 계약기간이 2개월 이하인 계약을 말한다.

② 소장은 제1항에 따른 계약을 체결한 경우에는 지체 없이 법무부장관에게 보고하여야 한다.

■■ 시행령

제9조 【일반경쟁계약】

특별회계의 세입·세출의 원인이 되는 계약을 담당하는 공무원(이하 "계약담당자"라 한다)은 다음 각 호의 어느 하나에 해당하는 계약으로서 추정가격이 「국가를 당사자로 하는 계약에 관한 법률 시행령」 제26조 제1항 제5호 가목에 따른 추정가격의 2배를 초과하는 계약을 하려는 경우에는 일반경쟁에 부쳐야 한다.

제10조 【수의계약】 ★

계약담당자는 제9조에도 불구하고 다음 각 호의 어느 하나에 해당하는 경우에는 수의계약으로 할 수 있다.

> [추정가격의 2배를 초과하여 일반경쟁 계약의 대상이 되는 경우]
> 1. 고정자산에 속하거나 속하게 될 재산의 매매
> 2. 유동자산에 속하는 물건의 구입
> 3. 잡수입 과목으로 처리되는 물건의 매도
> 4. 손실 과목으로 처리되는 물건의 구입
> [추정가격의 2배를 초과하더라도 수의계약이 가능한 경우]
> 1. 계약의 성질 또는 목적이 특정된 조건을 필요로 하거나 특정인의 기술 또는 지능이 계약의 성취요건이 되어 대체할 수 없어 경쟁을 할 수 없는 경우
> 2. 수요기관과 계약을 하는 경우
> 3. 예산 또는 자금의 배정 지연으로 인하여 경쟁에 부칠 시간적 여유가 없어 교도작업 및 사업상 지장이 초래된다고 인정되는 경우

📖 **시행규칙**

제9조【수의계약의 절차】

① 계약담당자는 계약을 수의계약으로 하려면 「교도관직무규칙」 제21조에 따른 교도관회의의 심의를 거쳐야 한다.
② 계약담당자가 계약을 수의계약으로 한 경우에는 법무부장관에게 보고하여야 한다.

제7조【교도작업제품의 민간판매】

교도작업으로 생산된 제품은 민간기업 등에 직접 판매하거나 위탁하여 판매할 수 있다.

📖 **시행령**

제7조【교도작업제품의 판매방법】

법무부장관은 교도작업제품의 전시 및 판매를 위하여 필요한 시설을 설치·운영하거나 전자상거래 등의 방법으로 교도작업제품을 판매할 수 있다.

제8조【교도작업특별회계의 설치·운용】★

① 교도작업의 효율적인 운영을 위하여 교도작업특별회계(이하 "특별회계"라 한다)를 설치한다.
② 특별회계는 법무부장관이 운용·관리한다.

📖 **시행령**

제8조【특별회계의 회계기준】

① 특별회계의 회계처리는 「국가회계법」 제11조에 따른 국가회계기준에 따른다.
② 법무부장관은 특별회계 재무구조의 건전화와 효율적인 경영성과의 분석을 위하여 필요하다고 인정하면 별도의 회계기준을 마련하여 특별회계 운영의 분석에 활용할 수 있다.

제9조【특별회계의 세입·세출】

① 특별회계의 세입은 다음 각 호와 같다.

   1. 교도작업으로 생산된 제품 및 서비스의 판매, 그 밖에 교도작업에 부수되는 수입금

   2. 제10조에 따른 일반회계로부터의 전입금

   3. 제11조에 따른 차입금

② 특별회계의 세출은 다음 각 호와 같다.

   1. 교도작업의 관리, 교도작업 관련 시설의 마련 및 유지·보수, 그 밖에 교도작업의 운영을 위하여 필요한 경비

   2. 「형의 집행 및 수용자의 처우에 관한 법률」 제73조 제2항의 작업장려금

   3. 「형의 집행 및 수용자의 처우에 관한 법률」 제74조의 위로금 및 조위금

   4. 수용자의 교도작업 관련 직업훈련을 위한 경비

제10조【일반회계로부터의 전입】

특별회계는 세입총액이 세출총액에 미달된 경우 또는 시설 개량이나 확장에 필요한 경우에는 예산의 범위에서 일반회계로부터 전입을 받을 수 있다.

제11조【일시 차입 등】

① 특별회계는 지출할 자금이 부족할 경우에는 특별회계의 부담으로 국회의 의결을 받은 금액의 범위에서 일시적으로 차입하거나 세출예산의 범위에서 수입금 출납공무원 등이 수납한 현금을 우선 사용할 수 있다.

② 제1항에 따라 일시적으로 차입하거나 우선 사용한 자금은 해당 회계연도 내에 상환하거나 지출금으로 대체 납입하여야 한다.

제11조의2【잉여금의 처리】

특별회계의 결산상 잉여금은 다음 연도의 세입에 이입한다.

제12조【예비비】

특별회계는 예측할 수 없는 예산 외의 지출 또는 예산을 초과하는 지출에 충당하기 위하여 세출예산에 예비비를 계상할 수 있다.

04 교도관직무규칙

• 2023.1.11. 시행

제1장 | 총칙

제1절 통칙

제1조【목적】
이 규칙은 「형의 집행 및 수용자의 처우에 관한 법률」의 시행을 위하여 교도관의 직무에 관한 사항을 정함을 목적으로 한다.

제2조【정의】
이 규칙에서 사용하는 용어의 뜻은 다음과 같다.

교도관	다음 각 목의 어느 하나에 해당하는 업무를 담당하는 공무원 가. 수용자의 구금 및 형의 집행 나. 수용자의 지도, 처우 및 계호 다. 수용자의 보건 및 위생 라. 수형자의 교도작업 및 직업능력개발훈련 마. 수형자의 교육·교화프로그램 및 사회복귀 지원 바. 수형자의 분류심사 및 가석방 사. 교도소·구치소 및 그 지소(이하 "교정시설"이라 한다)의 경계 및 운영·관리 아. 그 밖의 교정행정에 관한 사항
교정직교도관	「공무원임용령」 별표 1에 따른 교정직렬공무원
직업훈련교도관	「전문경력관 규정」 제2조 제1항에 따른 전문경력관 임용절차에 따라 임용된 사람으로서 「근로자직업능력 개발법」 제33조에 따른 직업능력개발훈련교사
보건위생직교도관	「공무원임용령」 별표 1에 따른 의무·약무·간호·의료기술·식품위생직렬공무원을 말하며, 해당 직렬에 따라 각각 의무직교도관, 약무직교도관, 간호직교도관, 의료기술직교도관, 식품위생직교도관으로 함
기술직교도관	「공무원임용령」 별표 1에 따른 공업·농업·시설·전산·방송통신·운전직렬공무원
관리운영직교도관	「공무원임용령」 별표 1에 따른 관리운영직군공무원
상관	직무수행을 할 때 다른 교도관을 지휘·감독할 수 있는 직위나 직급에 있는 교도관

당직간부	정시설의 장(이하 "소장"이라 한다)이 지명하는 교정직교도관으로서 보안과의 보안업무 전반에 걸쳐 보안과장을 보좌하고, 휴일 또는 야간(당일 오후 6시부터 다음날 오전 9시까지를 말한다. 이하 같다)에 소장을 대리하는 사람

제3조【기본강령】

교도관은 다음의 기본강령에 따라 근무해야 한다.

1. 교도관은 법령을 준수하고 상관의 직무상 명령에 복종하며, 일사불란한 지휘체계와 엄정한 복무기강을 확립한다.
2. 교도관은 상관에 대한 존경과 부하에 대한 믿음과 사랑을 바탕으로 직무를 수행하고 주어진 임무를 완수하기 위하여 모든 역량을 기울인다.
3. 교도관은 창의와 노력으로써 과학적 교정기법을 개발하고 교정행정의 능률을 향상시킨다.
4. 교도관은 청렴결백하고 근면성실한 복무자세를 지니며 직무수행의 결과에 대하여 책임을 진다.
5. 교도관은 풍부한 식견과 고매한 인격이 교정행정 발전의 원천임을 명심하고 인격을 닦기 위하여 끊임없이 노력한다.

제4조【다른 법령과의 관계】

교도관의 직무에 관하여는 다른 법령에 특별한 규정이 있는 경우가 아니면 이 규칙에 따른다.

제2절 근무의 일반원칙

제5조【근무의 구분】

① 교도관의 근무는 그 내용에 따라 보안근무와 사무근무로 구분하고, 보안근무는 근무 방법에 따라 주간근무와 주·야간 교대 근무(이하 "교대근무"라 한다)로 구분한다.
② 보안근무는 수용자의 계호를 주된 직무로 하고, 사무근무는 수용자의 계호 외의 사무처리를 주된 직무로 한다.
③ 보안근무와 사무근무의 구분에 필요한 세부사항은 소장이 해당 교정시설의 사정이나 근무내용 등을 고려하여 따로 정한다.

제6조【직무의 우선순위】 ★

수용자의 도주, 폭행, 소요, 자살 등 구금목적을 해치는 행위에 관한 방지 조치는 다른 모든 직무에 우선한다.

제7조【직무의 처리】

교도관은 직무를 신속·정확·공정하게 처리하고, 그 결과를 지체 없이 상관에게 문서 또는 구두로 보고하여야 한다. 다만, 상관으로부터 특별히 명령받은 직무로서 그 직무처리에 많은 시일이 걸리는 경우에는 그 중간 처리상황을 보고하여야 한다.

제8조【근무장소 이탈금지】

교도관은 상관의 허가 없이 또는 정당한 사유 없이 근무장소를 이탈하거나 근무장소 외의 장소에 출입하지 못한다.

제9조【교도관의 공동근무】 ★

소장은 2명 이상의 교도관을 공동으로 근무하게 하는 경우에는 책임자를 지정하고 직무를 분담시켜 책임한계를 분명히 하여야 한다.

제10조【교도관의 지휘·감독】

교도관은 직무수행을 위하여 특히 필요하다고 인정되는 경우에는 그 직무수행에 참여하는 하위 직급의 다른 직군 교도관을 지휘·감독할 수 있다.

제11조【교도관에 대한 교육 등】

소장은 교도관에 대하여 공지사항을 알리고, 포승을 사용하는 방법, 폭동진압훈련, 교정장비의 사용·조작훈련 등 직무수행에 필요한 교육·훈련을 실시하여야 한다.

제12조【수용자에 대한 호칭】 ★★

수용자를 부를 때에는 수용자 번호를 사용한다. 다만, 수용자의 심리적 안정이나 교화를 위하여 필요한 경우에는 수용자 번호와 성명을 함께 부르거나 성명만을 부를 수 있다.

제13조【수용기록부 등의 관리 등】

① 교도관은 수용자의 신상에 변동사항이 있는 경우에는 지체 없이 수용기록부(부속서류를 포함한다), 수용자명부 및 형기종료부 등 관계 서류를 바르게 고쳐 관리·보존하여야 한다.

② 교도관은 제1항에 따른 수용자의 신상 관계 서류를 공무상으로 사용하기 위하여 열람·복사 등을 하려면 상관의 허가를 받아야 한다.

③ 수용자의 신상에 관한 전산자료의 관리·보존, 열람·출력 등에 관하여는 제1항과 제2항을 준용한다.

제13조의2【고유식별정보의 처리】

소장은 교정시설의 외부에 있는 사람에게 수용자에 관한 수용 및 출소 증명서를 발급하는 사무를 수행하기 위하여 불가피한 경우 「개인정보 보호법 시행령」 제19조에 따른 주민등록번호, 여권번호, 운전면허의 면허번호 또는 외국인등록번호가 포함된 자료를 처리할 수 있다.

제14조【수용자의 손도장 증명】

① 수용자가 작성한 문서로서 해당 수용자의 날인이 필요한 것은 오른손 엄지손가락으로 손도장을 찍게 한다. 다만, 수용자가 오른손 엄지손가락으로 손도장을 찍을 수 없는 경우에는 다른 손가락으로 손도장을 찍게 하고, 그 손도장 옆에 어느 손가락인지를 기록하게 한다.

② 제1항의 경우에는 문서 작성 시 참여한 교도관이 서명 또는 날인하여 해당 수용자의 손도장임을 증명하여야 한다.

제15조【비상소집 응소】

교도관은 천재지변이나 그 밖의 중대한 사태가 발생하여 비상소집 명령을 받은 경우에는 지체 없이 소집에 응하여 상관의 지시를 받아야 한다.

제16조【소방기구 점검 등】 ★

소장은 교도관으로 하여금 매월 1회 이상 소화기 등 소방기구를 점검하게 하고 그 사용법의 교육과 소방훈련을 하게 하여야 한다.

제17조【이송 시 수용기록부 등의 인계】

소장은 다른 교정시설로 수용자를 이송(移送)하는 경우에는 수용기록부(부속서류를 포함한다) 등 개별처우에 필요한 자료를 해당 교정시설로 보내야 한다.

제3절 근무시간

제18조 【보안근무자의 근무시간】

① 보안근무자의 근무시간은 다음과 같다.
   1. 주간근무 : 1일 주간 8시간
   2. 교대근무 : 제1부, 제2부, 제3부 및 제4부의 4개 부로 나누어 서로 교대하여 근무하게 한다. 다만, 소장은 교정직교도관의 부족 등 근무의 형편상 부득이한 경우에는 교대근무자를 제1부와 제2부의 2개 부 또는 제1부, 제2부 및 제3부의 3개 부로 나누어 근무하게 할 수 있다.

② 보안근무자는 소장이 정하는 바에 따라 근무시간 중에 식사 등을 위한 휴식을 할 수 있다.

③ 소장은 계절, 지역 여건 및 근무 내용 등을 고려하여 필요하다고 인정하는 경우에는 보안근무자의 근무 시작시간·종료시간을 조정할 수 있다.

제19조 【사무근무자의 근무시간】

사무근무자의 근무시간은 「국가공무원 복무규정」 제9조에 따른다.

제20조 【근무시간 연장 등】

① 소장은 교도관의 부족, 직무의 특수성 등 근무의 형편에 따라 특히 필요하다고 인정하는 경우에는 제18조와 제19조에도 불구하고 근무시간을 연장하거나 조정할 수 있고 휴일 근무를 명할 수 있다.

② 제1항에 따라 휴일에 근무를 한 교도관의 휴무에 관하여는 「국가공무원 복무규정」 제11조 제2항에 따른다.

제4절 교도관회의

제21조 【교도관회의의 설치】

소장의 자문에 응하여 교정행정에 관한 중요한 시책의 집행 방법 등을 심의하게 하기 위하여 소장 소속의 교도관회의(이하 이 절에서 "회의"라 한다)를 둔다.

제22조 【회의의 구성과 소집】 ★

① 회의는 소장, 부소장 및 각 과의 과장과 소장이 지명하는 6급 이상의 교도관(지소의 경우에는 7급 이상의 교도관)으로 구성된다.

② 소장은 회의의 의장이 되며, 매주 1회 이상 회의를 소집하여야 한다.

제23조 【심의】 ★

① 회의는 다음 사항을 심의한다.

  1. 교정행정 중요 시책의 집행방법

  1의2. 교도작업 및 교도작업특별회계의 운영에 관한 주요사항

  2. 각 과의 주요 업무 처리

  3. 여러 과에 관련된 업무 처리

  4. 주요 행사의 시행

  5. 그 밖에 소장이 회의에 부치는 사항

② 소장은 제1항의 심의사항 중 필요하다고 인정하는 경우에는 6급 이하의 교도관을 참석시켜 그 의견 등을 들을 수 있다.

③ 소장은 회의에서 자문에 대한 조언과 그에 따른 심의 외에 필요한 지시를 하거나 보고를 받을 수 있다.

제24조 【서기】

① 소장은 회의의 사무를 원활히 처리하기 위하여 총무과(지소의 경우에는 총무계) 소속의 교도관 중에서 서기 1명을 임명하여야 한다.

② 서기는 회의에서 심의·지시·보고된 사항 등을 회의록에 기록하고 참석자의 서명 또는 날인을 받아야 한다.

제2장 │ 교정직교도관의 직무

제1절 직무통칙

제25조 【교정직교도관의 직무】

① 교정직교도관은 다음 각 호의 사무를 담당한다.

1. 수용자에 대한 지도·처우·계호
2. 삭제 <2015.1.30>
3. 교정시설의 경계
4. 교정시설의 운영·관리
5. 그 밖의 교정행정에 관한 사항
② 소장은 제1항에도 불구하고 교정시설의 운영을 위하여 특히 필요하다고 인정하는 경우에는 교정직교도관으로 하여금 그 밖의 교도관의 직무를 수행하게 할 수 있다.

제26조【생활지도 등】
① 교정직교도관은 수용자가 건전한 국민정신과 올바른 생활자세를 가지도록 생활지도 및 교육에 노력하여야 한다.
② 교정직교도관이 수용자의 교육·교화프로그램 및 직업훈련 등에 참여하는 경우에는 교육 등이 원활히 진행될 수 있도록 수용자를 감독하여야 한다.

제27조【공평 처우】
교정직교도관은 접견, 물품지급 등에서 수용자를 공평하게 처우하고, 그 처우가 수용자의 심리적 안정 및 교화에 이바지할 수 있도록 하여야 한다.

제28조【수용자의 행실 관찰】
① 교정직교도관은 직접 담당하는 수용자의 행실을 계속하여 관찰하고, 그 결과를 지도·처우 및 계호의 자료로 삼아야 한다.
② 제1항에 따른 관찰결과 중 특이사항은 개요를 기록하여 상관에게 보고하여야 한다.

제29조【작업 감독】
① 교정직교도관은 수용자가 작업을 지정받은 경우에는 성실하게 작업하도록 감독하여야 한다.
② 교정직교도관은 수용자의 작업실적 등이 교정성적에 반영될 수 있도록 작업일과표를 매일 작성하는 등 작업관계 서류를 철저히 작성하여야 한다.

제30조【안전사고 예방】
교정직교도관은 수용자가 작업을 할 때에는 사전에 안전교육을 하는 등 사고 예방에 노력하여야 한다.

제31조 【수용자의 의류 등의 관리】

① 교정직교도관은 수용자가 지급받은 의류, 침구, 그 밖의 생활용품(이하 이 조에서 "의류 등"이라 한다)을 낭비하지 아니하도록 지도하여야 한다.

② 교정직교도관은 수용자의 의류 등이 오염되거나 파손된 경우에는 상관에게 보고하고, 상관의 지시를 받아 교환·수리·세탁·소독 등 적절한 조치를 하여야 한다.

제32조 【수용자의 청원 등 처리】 ★

① 교정직교도관은 수용자가 「형의 집행 및 수용자의 처우에 관한 법률」(이하 "법"이라 한다) 제117조에 따른 청원, 「국가인권위원회법」 제31조에 따른 진정 및 「공공기관의 정보공개에 관한 법률」에 따른 정보공개청구 등을 하는 경우에는 지체 없이 상관에게 보고하여야 한다.

② 수용자가 상관 등과의 면담을 요청한 경우에는 그 사유를 파악하여 상관에게 보고하여야 한다.

제33조 【위생관리 등】

① 교정직교도관은 수용자로 하여금 자신의 신체와 의류를 청결하게 하고, 두발 및 수염을 단정하게 하는 등 위생관리를 철저히 하도록 지도하여야 한다.

② 교정직교도관은 수용자가 부상을 당하거나 질병에 걸린 경우에는 즉시 적절한 조치를 하고 지체 없이 상관에게 보고하여야 한다.

제34조 【계호의 원칙】

교정직교도관이 수용자를 계호할 때에는 수용자를 자신의 시선 또는 실력지배권 밖에 두어서는 아니 된다.

제35조 【인원점검 등】 ★★

① 소장은 당직간부의 지휘 아래 교정직교도관으로 하여금 전체 수용자를 대상으로 하는 인원점검을 매일 2회 이상 충분한 사이를 두고 하게 하여야 한다.

② 제1항에 따라 인원점검을 한 당직간부는 그 결과를 소장에게 보고하여야 한다.

③ 교정직교도관은 자신이 담당하는 수용자를 대상으로 작업을 시작하기 전과 마친 후, 인원변동 시 등에 수시로 인원점검을 하여야 한다.

④ 교정직교도관은 수용자가 작업·운동 등 동작 중인 경우에는 항상 시선으로 인원에 이상이 있는지를 파악하여야 한다.

제36조【야간 거실문의 개폐】 ★

① 교정직교도관은 일과종료(작업·교육 등 일과를 마치고 수용자를 거실로 들여보낸 다음 거실문을 잠그는 것을 말한다. 이하 같다) 후부터 그 다음날 일과시작(작업·교육 등 일과를 위하여 수용자를 거실에서 나오게 하기 위하여 거실문을 여는 것을 말한다. 이하 같다) 전까지는 당직간부의 허가를 받아 거실문을 여닫거나 수용자를 거실 밖으로 나오게 할 수 있다. 다만, 자살, 자해, 응급환자 발생 등 사태가 급박하여 당직간부의 허가를 받을 시간적 여유가 없는 경우에는 그러하지 아니하다.

② 제1항에 따라 거실문을 여닫거나 수용자를 거실 밖으로 나오게 하는 경우에는 사전에 거실 내 수용자의 동정(動靜)을 확인하여야 하고, 제1항 단서의 경우가 아니면 2명 이상의 교정직교도관이 계호하여야 한다.

제37조【징벌대상행위의 보고 등】

① 교정직교도관은 수용자가 법 제107조 각 호의 어느 하나에 해당하는 행위(이하 "징벌대상행위"라 한다)를 하는 경우에는 지체 없이 상관에게 보고하여야 한다. 다만, 수용자가 도주, 소요, 폭동 등 특히 중대한 징벌대상행위를 한 경우에는 지체 없이 비상신호나 그 밖의 방법으로 보안과에 알리는 등 체포 및 진압을 위한 모든 수단을 동원함과 동시에 상관에게 보고하여야 한다.

② 교정직교도관은 제1항에도 불구하고 도주하는 수용자를 체포할 기회를 잃을 염려가 있는 경우에는 지체 없이 그를 추격하여야 한다.

③ 소장은 수용자의 징벌대상행위에 관하여는 이를 조사하여 사안의 경중에 따라 사건송치, 징벌, 생활지도교육 등 적절한 조치를 하여야 한다.

제38조【재난 시의 조치】

교정직교도관은 천재지변이나 그 밖의 재해가 발생한 경우에는 수용자의 계호를 특히 엄중하게 하고, 상관의 지휘를 받아 적절한 피난 준비를 하여야 한다. 다만, 상관의 지휘를 받을 시간적 여유가 없는 경우에는 수용자의 생명과 안전을 위한 대피 등의 조치를 최우선적으로 하여야 한다.

제39조【물품 정리 등】

교정직교도관은 수용자가 사용하는 모든 설비와 기구가 훼손되거나 없어졌는지를 확인하고, 수용자로 하여금 자신이 사용하는 물품 등을 정리하도록 지도하여야 한다.

제40조 【수용자의 호송】

① 교정직교도관이 수용자를 교정시설 밖으로 호송(護送)하는 경우에는 미리 호송계획서를 작성하여 상관에게 보고하여야 한다.

② 교정직교도관은 수용자의 호송 중 도주 등의 사고가 발생하지 아니하도록 수용자의 동정을 철저히 파악하여야 한다.

제41조 【접견 참여 등】

① 교정직교도관이 「집행 및 수용자의 처우에 관한 법률 시행령」(이하 이 조에서 "영"이라 한다) 제62조 제1항에 따라 수용자의 접견에 참여하는 경우에는 수용자와 그 상대방의 행동·대화내용을 자세히 관찰하여야 한다.

② 교정직교도관이 영 제71조에 따라 참고사항을 수용기록부에 기록하는 경우에는 지체 없이 상관에게 보고하여야 하며, 상관의 지시를 받아 관계 과에 통보하는 등 적절한 조치를 하여야 한다.

③ 수용자의 접견에 관한 기록은 수용자의 처우나 그 밖의 공무수행상 필요하여 상관의 허가를 받은 경우를 제외하고는 관계 교도관이 아닌 교도관은 열람이나 복사 등을 해서는 아니 된다.

제42조 【정문 근무】

① 정문에 근무하는 교정직교도관(이하 이 조에서 "정문근무자"라 한다)은 정문 출입자와 반출·반입 물품을 검사·단속하여야 한다.

② 정문근무자는 제1항의 검사·단속을 할 때 특히 필요하다고 인정하는 경우에는 출입자의 신체와 휴대품을 검사할 수 있다. 이 경우 검사는 필요한 최소한도의 범위에서 하여야 하며, 출입자 중 여성에 대한 검사는 여성교도관이 하여야 한다.

③ 정문근무자는 제1항 또는 제2항의 검사 도중 이상하거나 의심스러운 점을 발견한 경우에는 출입 등을 중지함과 동시에 상관에게 이를 보고하여 상관의 지시를 받아 적절한 조치를 하여야 한다.

④ 정문근무자는 수용자의 취침 시간부터 기상 시간까지는 당직간부의 허가 없이 정문을 여닫을 수 없다.

제43조 【교정시설의 경계 등】

① 교정직교도관은 교정시설의 중요시설 등을 경계하고 자기가 담당하는 구역을 순찰하여야 한다.

② 교정직교도관이 제1항에 따라 경계 또는 순찰 근무를 하는 경우에는 그의 시선 내에 있는

구역·시설 등을 감시하여 수용자의 도주 등 교정사고, 수용자의 징벌대상행위, 외부로부터의 침입 등을 예방·단속하여야 한다.

제44조【사형 집행】

사형집행은 상관의 지시를 받은 교정직교도관이 하여야 한다.

제45조【업무 인계】

보안근무 교정직교도관은 근무시간의 종료, 휴식시간의 시작, 그 밖의 사유에도 불구하고 다음 근무자에게 업무를 인계한 후가 아니면 근무장소를 떠나서는 아니 된다.

제46조【근무결과 보고】

보안근무 교정직교도관은 근무를 마치거나 다음 근무자에게 업무를 인계할 때에는 근무 중 이상이 있었는지 등을 상관에게 보고하여야 한다.

제47조【상황 및 의견의 보고】

교정직교도관은 다음 각 호의 어느 하나에 해당하는 경우에는 그에 관한 상황 및 의견을 지체 없이 상관에게 보고하고, 상관의 지시를 받아 처리하여야 한다.
1. 직무의 집행에 착오가 있는 경우
2. 수용자 처우의 방법을 변경할 필요가 있는 경우
3. 수용자의 심경에 특이한 동요(動搖)나 변화가 있는 경우
4. 수용자가 처우에 관하여 불복하는 경우
5. 수용자의 처우에 필요한 정보를 얻은 경우
6. 그 밖에 직무와 관련된 사고가 발생한 경우

제48조【교정직교도관의 계호근무】

이 규칙에 규정된 사항 외에 교정직교도관의 계호근무에 관하여는 법무부장관이 정하는 바에 따른다.

제2절 당직간부의 직무

제49조【당직간부의 편성】
① 당직간부는 교대근무의 각 부별로 2명 이상 편성한다. 이 경우 정(正)당직간부는 1명, 부(副)당직간부는 1명 이상으로 한다.
② 당직간부는 교정관 또는 교감으로 임명한다. 다만, 교정시설의 사정에 따라 결원의 범위에서 교위 중 적임자를 선정해 당직간부에 임명할 수 있다.
③ 정당직간부 및 부당직간부의 업무분담에 관하여는 소장이 정한다.

제50조【교정직교도관 점검 등】
① 당직간부는 교정직교도관을 점검하여야 하며, 점검이 끝나면 그 결과를 보안과장(이하 이 절에서 "과장"이라 한다)에게 보고하여야 한다.
② 교정직교도관은 점검 면제 통지를 받은 경우가 아니면 점검을 받아야 한다.
③ 교정직교도관 점검 등에 필요한 사항은 따로 법무부장관이 정한다.

제51조【근무상황 순시 · 감독】
당직간부는 보안근무 교정직교도관의 근무배치를 하고, 수시로 보안근무 교정직교도관의 근무상황을 순시 · 감독하여야 하며, 근무배치 및 순시 · 감독결과를 과장에게 보고하여야 한다.

제52조【임시 배치】
당직간부는 수용자가 수용된 거실을 여닫거나 여러 명의 수용자를 이동시키는 등 계호를 강화할 필요가 있다고 판단되는 경우에는 휴식 중인 교정직교도관 등을 특정 근무지에 임시로 증가시켜 배치하여야 한다.

제53조【일과시작 · 종료의 진행】
① 당직간부는 수용자의 기상시간에 인원점검을 하고 이상이 없으면 수용자가 일과활동을 하는 작업장 등에 교정직교도관을 배치한 후 일과시작을 명한다.
② 당직간부는 수용자의 작업 등 일과활동이 끝나면 교정직교도관으로 하여금 수용자가 일과활동을 한 작업장 등에서 인원 및 도구를 점검하게 하고 그 결과를 과장에게 보고한 후 수용자를 거실로 들어가게 하여야 한다. 수용자가 거실로 들어가면 다시 인원점검을 하고 그 결과를 소장에게 보고한 후 일과종료를 명한다.

제54조【보안점검 등】

당직간부는 매일 총기·탄약·보호장비·보안장비, 그 밖의 교정장비에 이상이 없는지를 확인하고, 각 사무실 등의 화기·전기기구·잠금장치 등에 대한 점검감독을 철저히 하여야 한다.

제55조【비상소집망 점검】

당직간부는 매주 1회 이상 교도관의 비상소집망을 확인하여 정확하게 유지하도록 하여야 한다.

제56조【수용·석방사무의 감독】 ★

① 당직간부는 교정시설에 수용되거나 교정시설에서 석방되는 사람의 신상을 직접 확인하는 등 수용 및 석방에 관한 사무를 감독하여야 한다.

② 출정감독자는 법원에서 무죄판결 등 구속영장이 실효되는 판결이 선고되어 즉시 석방되는 사람의 신상을 직접 확인하는 등 석방에 관한 사무를 감독하여야 한다.

제57조【행정처리】

당직간부는 수용·계호 등에 관한 문서의 처리와 수용자 물품의 관리상태 등을 확인하고 감독하여야 한다.

제58조【당직결과 보고 및 인계】

당직간부는 당직근무 중에 발생한 수용자의 인원변동 사항 및 중요사항을 소장·부소장·과장에게 보고한 후 다음 당직간부에게 인계하여야 한다.

제3절 사회복귀업무 교도관의 직무

제59조【사회복귀업무 교도관의 직무】

교정직교도관 중 사회복귀업무를 수행하는 자(이하 "사회복귀업무 교도관"이라 한다)는 이 장 제1절의 직무 외에 다음 각 호의 사무를 겸하여 담당한다.

1. 수용자의 서신·집필
2. 수용자의 종교·문화

3. 수형자의 교육 및 교화프로그램
4. 수형자의 귀휴, 사회 견학, 가족 만남의 집 또는 가족 만남의 날 행사(이하 이 절에서 "귀휴등"
   이라 한다)
5. 수형자의 사회복귀 지원

제60조 【교육과정 개설계획 수립 및 시행】

사회복귀업무 교도관은 수형자의 학력 신장에 필요한 교육과정 개설계획을 수립하여 소장에게
보고하고, 소장의 지시를 받아 교육을 하여야 한다.

제61조 【교화프로그램 운영】

사회복귀업무 교도관은 수형자의 정서함양 등을 위하여 심리치료·문화·예술·체육프로그램,
그 밖의 교화프로그램 운영계획을 수립하여 소장에게 보고하고, 소장의 지시를 받아 교화프로그
램을 시행하여야 한다.

제62조 【종교】

사회복귀업무 교도관은 수용자가 자신이 신봉하는 종교의식이나 종교행사에 참석하기를 원하는
경우에는 특별한 사정이 없으면 허락하여야 한다. 다만, 수용자가 신봉하는 종교 또는 그에 따른
활동이 법 제45조 제3항 각 호의 어느 하나에 해당하는 경우에는 소장에게 보고하고, 소장의
지시를 받아 적정한 조치를 하여야 한다.

제63조 【교화상담】 ★

① 사회복귀업무 교도관은 수형자 중 환자, 계호상 독거수용자 및 징벌자에 대하여 처우상 필요
   하다고 인정하는 경우에는 수시로 교화상담(수형자 특성을 고려하여 적당한 장소와 시기에
   하는 개별적인 교화활동을 말한다. 이하 같다)을 하여야 한다. 다만, 해당 수형자가 환자인
   경우에는 의무직교도관(공중보건의를 포함한다)의 의견을 들어야 한다.
② 사회복귀업무 교도관은 신입수형자와 교화상담을 하여야 한다. 다만, 다른 교정시설로부터
   이송되어 온 수형자는 필요하다고 인정되는 경우에 할 수 있다.
③ 사회복귀업무 교도관은 사형확정자나 사형선고를 받은 사람의 심리적 안정을 위하여 수시로
   상담을 하여야 하며, 필요하다고 인정하는 경우에는 외부인사와 결연을 주선하여 수용생활이
   안정되도록 하여야 한다.
④ 사회복귀업무 교도관은 제1항부터 제3항까지의 규정에 해당하지 아니하는 수형자에 대하여

도 다음 각 호의 어느 하나에 해당하는 경우에는 적절한 교화상담을 하여야 한다.

1. 성격형성 과정의 결함으로 인하여 심리적 교정이 필요한 경우
2. 대인관계가 원만하지 못하고 상습적으로 규율을 위반하는 경우
3. 가족의 이산, 재산의 손실 등으로 가정에 문제가 있는 때
4. 가족 등 연고자가 없는 경우
5. 본인의 수용생활로 가족의 생계가 매우 어려운 경우

⑤ 사회복귀업무 교도관이 제1항부터 제4항까지의 규정에 따른 교화상담을 할 때에는 미리 그 수용자의 죄질, 범죄경력, 교육정도, 직업, 나이, 환경, 그 밖의 신상을 파악하여 활용하여야 한다.

제64조【귀휴등 대상자 보고】

사회복귀업무 교도관은 수형자가 귀휴 등의 요건에 해당하고 귀휴 등을 허가할 필요가 있다고 인정하는 경우에는 그 사실을 상관에게 보고하여야 한다.

제65조【사회복귀 지원】

사회복귀업무 교도관은 수형자의 사회복귀에 필요한 지식과 정보를 제공하고, 석방 후 원활한 사회적응을 위한 상담을 하여야 하며, 공공기관·단체 등과 연계하여 사회정착에 필요한 사항을 지원할 수 있다.

제66조【상황 및 의견의 보고】

사회복귀업무 교도관은 다음 각 호의 어느 하나에 해당하는 경우에는 그에 관한 상황 및 의견을 지체 없이 상관에게 보고하고, 상관의 지시를 받아 처리하여야 한다.

1. 수형자의 뉘우치는 정도 등에 따라 수용 및 처우의 방법을 변경할 필요가 있는 경우
2. 교화프로그램 시행 등의 과정에서 수형자에게 심경변화 등 특별한 상황이 발생한 경우
3. 석방예정자를 특별히 보호하여야 할 사유가 발생한 경우
4. 수용자가 처우에 불복하는 경우
5. 수용자의 처우에 필요한 정보를 얻은 경우
6. 그 밖에 직무의 집행에 착오가 있는 경우

제4절 분류심사업무 교도관의 직무

제67조【분류심사업무 교도관의 직무】

교정직교도관 중 분류심사업무를 수행하는 자(이하 "분류심사업무 교도관"이라 한다)는 이 장 제1절의 직무 외에 다음 각 호의 사무를 겸하여 담당한다.

1. 수형자의 인성, 행동특성 및 자질 등의 조사·측정·평가(이하 "분류심사"라 한다)
2. 교육 및 작업의 적성 판정
3. 수형자의 개별처우계획 수립 및 변경
4. 가석방

제68조【분류검사】

분류심사업무 교도관은 개별처우계획을 수립하기 위하여 수형자의 인성, 지능, 적성 등을 측정·진단하기 위한 검사를 한다.

제69조【교정성적 평가】

분류심사업무 교도관은 매월 수형자의 교정성적을 평가하고 일정 기간마다 개별처우계획을 변경하기 위하여 필요한 평가자료를 확보하여야 한다.

제70조【분류처우위원회 준비 등】

분류심사업무 교도관은 법 제62조의 분류처우위원회의 심의에 필요한 자료와 회의록 등을 작성·정리하여 상관에게 보고하여야 한다.

제71조【수형자분류처우심사표 기록】

분류심사업무 교도관은 수형자분류처우심사표에 수형자의 처우등급 변경 등 처우변동사항을 지체 없이 기록해야 한다.

제72조【분류상담】

분류심사업무 교도관은 분류심사, 처우등급 부여 및 가석방 신청 등을 위하여 필요한 경우에는 수형자와 상담하고, 그 결과를 상관에게 보고하여야 한다.

제73조 【가석방 적격자 등에 대한 조치】

분류심사업무 교도관은 수형자가 교정성적이 우수하고 재범의 우려가 없는 등 가석방 요건을 갖추었다고 인정되는 경우에는 상관에게 보고하는 등 적절한 조치를 하여야 한다.

제74조 【상황 및 의견의 보고】

분류심사업무 교도관은 다음 각 호의 어느 하나에 해당하는 경우에는 그에 관한 상황 및 의견을 지체 없이 상관에게 보고하고, 상관의 지시를 받아 처리하여야 한다.
1. 분류심사에 잘못이 있음이 발견된 경우
2. 개별처우계획을 변경하거나 재검토할 필요가 있는 경우
3. 가석방 심사에 영향을 미칠 만한 사항이 발견된 경우
4. 그 밖에 직무의 집행에 착오가 있는 경우

제3장 | 기술 · 관리운영 직군 교도관의 직무

제1절 보건위생교도관의 직무

제75조 【보건위생직교도관의 직무】

① 보건위생직교도관이 담당하는 사무는 다음 각 호와 같다.
1. 의무직교도관(공중보건의를 포함한다. 이하 "의무관"이라 한다)
    가. 수용자의 건강진단, 질병치료 등 의료
    나. 교정시설의 위생
    다. 그 밖의 교정행정에 관한 사항
2. 약무직교도관
    가. 약의 조제
    나. 의약품의 보관 및 수급(受給)
    다. 교정시설의 위생 보조
    라. 그 밖의 교정행정에 관한 사항
3. 간호직교도관
    가. 환자 간호
    나. 의무관의 진료 보조

다. 교정시설의 위생 보조

라. 「형의 집행 및 수용자의 처우에 관한 법률」 제36조 제2항에 따른 의료행위

마. 그 밖의 교정행정에 관한 사항

4. 의료기술직교도관

가. 의화학적 검사 및 검사장비 관리업무

나. 의무관의 진료 보조

다. 교정시설의 위생 보조

라. 그 밖의 교정행정에 관한 사항

5. 식품위생직교도관

가. 식품위생 및 영양관리

나. 교정시설의 위생 보조

다. 그 밖의 교정행정에 관한 사항

② 보건위생직교도관은 직무상 필요한 경우에 수용자를 동행·계호할 수 있다.

③ 제2항에 따라 보건위생직교도관이 수용자를 동행·계호하는 경우에는 제34조, 제37조 제1항·제2항을 준용한다.

제76조 【환자의 진료】

의무관이 환자를 진료하는 경우에는 진료기록부에 그 병명, 증세, 병력, 처방 등을 기록하여야 한다.

제77조 【감염병 환자 및 응급환자의 진료】

① 의무관은 감염병 환자가 발생했거나 발생할 우려가 있는 경우에는 지체 없이 소장에게 보고해야 하며, 그 치료와 예방에 노력해야 한다.

② 의무관은 응급환자가 발생한 경우에는 정상 근무시간이 아니더라도 지체 없이 출근하여 진료해야 한다.

제78조 【수술의 시행】

의무관은 환자를 치료하기 위하여 수술을 할 필요가 있는 경우에는 미리 소장에게 보고하여 허가를 받아야 한다. 다만, 긴급한 경우에는 사후에 보고할 수 있다.

제79조【수용자의 의사에 반하는 의료조치】

① 의무관은 법 제40조 제2항의 조치(수용자의 의사에 반하는 의료조치)를 위하여 필요하다고 인정하는 경우에는 의료과에 근무하는 교정직교도관(의료과에 근무하는 교정직교도관이 없거나 부족한 경우에는 당직간부)에게 법 제100조에 따른 조치를 하도록 요청할 수 있다.

② 제1항의 요청을 받은 교정직교도관 또는 당직간부는 특별한 사정이 없으면 요청에 응하여 적절한 조치를 하여야 한다.

제80조【의약품의 관리】

① 약무직교도관은 의약품을 교도관용, 수용자용 등으로 용도를 구분하여 보관해야 한다.

② 제1항에 따른 수용자용 의약품은 예산으로 구입한 것과 수용자 또는 수용자 가족 등이 구입한 것으로 구분하여 보관해야 한다.

③ 유독물은 잠금장치가 된 견고한 용기에 넣어 출입문 잠금장치가 이중으로 되어 있는 장소에 보관·관리해야 한다. 다만, 보관장소의 부족 등 부득이한 경우에는 이중 잠금장치가 된 견고한 용기에 넣어 보관·관리할 수 있다.

④ 약무직교도관은 천재지변이나 그 밖의 중대한 사태에 대비해 필요한 약품을 확보해야 하며, 월 1회 이상 그 수량 및 보관상태 등을 점검한 후 점검 결과를 상관에게 보고해야 한다.

제81조【교정직교도관 등에 대한 의료교육】

① 의무관은 의료과 및 의료수용동 등에 근무하는 교정직교도관에 대해 월 1회 이상 감염병 예방, 소독, 그 밖의 의료업무 수행에 필요한 소양교육을 해야 한다.

② 의무관은 간병수용자에 대해 간호방법, 구급요법 등 간호에 필요한 사항을 훈련시켜야 한다.

③ 의무관은 교도관에 대해 연 1회 이상 간호방법, 심폐소생술, 응급처치 등의 교육을 해야 한다.

제82조【사망진단서 작성】

의무관은 수용자가 교정시설에서 사망한 경우에는 검시를 하고 사망진단서를 작성하여야 한다.

제83조【부식물의 검사】

① 식품위생직교도관은 부식물 수령에 참여하여 그 신선도 등 품질을 확인하여 물품을 검사하는 교도관에게 의견을 제시하여야 한다. 이 경우 물품을 검사하는 교도관은 식품위생직교도관의 의견에 따라 적절한 조치를 하여야 한다.

② 의무관은 수용자에게 지급하는 주식, 부식 등 음식물 검사에 참여하여 식중독 등을 예방하여야 한다.

제84조 【위생검사】
① 의무관은 매일 1회 이상 의료수용동의 청결, 온도, 환기, 그 밖의 사항을 확인하여야 한다.
② 의무관은 교정시설의 모든 설비와 수용자가 사용하는 물품 또는 급식 등에 관하여 매주 1회 이상 전반적으로 그 위생에 관계된 사항을 확인하여야 하고, 그 결과 특히 중요한 사항은 소장에게 보고하여야 한다.

제85조 【상황 및 의견의 보고】
① 의무관은 다음 각 호의 어느 하나에 해당하는 경우에는 그에 관한 상황 및 의견을 지체 없이 상관에게 보고하고, 상관의 지시를 받아 처리하여야 한다.
  1. 작업, 운동, 급식 등에서 수용자의 건강유지에 부적당한 것을 발견한 경우
  2. 정신이상이 의심되는 수용자, 「형사소송법」 제471조 제1항 제1호부터 제4호까지의 규정 중 어느 하나에 해당하는 수용자 또는 폐질환에 걸렸거나 위독한 상태에 빠진 수용자를 발견한 경우
  3. 수용자의 체질·병증, 그 밖의 건강상태로 인하여 작업, 급식 등 처우의 방법을 변경할 필요가 있는 경우
  4. 질병으로 인하여 징벌의 집행 또는 석방에 지장이 있는 경우
  5. 질병을 숨기거나 꾀병을 앓는 수용자가 있는 경우
  6. 환자를 의료수용동에 수용할 필요가 있는 경우
  7. 환자를 외부 의료시설에 이송할 필요가 있거나 교정시설 밖에 있는 의료시설에서 근무하는 의사로 하여금 직접치료나 보조치료를 하게 할 필요가 있는 경우
  8. 그 밖에 직무의 집행에 착오가 있는 경우
② 의무관을 제외한 보건위생직교도관은 직무의 집행에 착오가 있는 경우에는 상관에게 보고하고, 상관의 지시를 받아 지체 없이 처리하여야 한다.

제2절 기술직교도관의 직무

제86조 【기술직교도관의 직무】
① 기술직교도관은 다음 각 호의 사무를 담당한다.

1. 건축·전기·기계·화공·섬유·전산·통신 및 농업 등 해당 분야의 시설공사
2. 수형자에 대한 기술지도
3. 교정시설의 안전 및 유지 관리
4. 차량의 운전·정비
5. 그 밖의 교정행정에 관한 사항

② 기술직교도관은 직무를 수행하기 위하여 필요한 경우에는 수용자를 동행·계호할 수 있다.
③ 제2항에 따라 기술직교도관이 수용자를 동행·계호하는 경우에는 제34조, 제37조 제1항·제2항을 준용한다.

제87조【시설공사 및 기술지도】

① 기술직교도관은 교정시설의 신축·증축 및 보수공사가 필요할 경우에는 공사계획을 수립하여 상관에게 보고하여야 한다.
② 기술직교도관은 공사를 시행할 때에는 발주계획을 수립하고 법무부장관이 정하는 바에 따라 감독업무를 수행하여야 한다.
③ 작업현장에서 기술지도를 수행하는 기술직교도관은 수형자의 기술향상에 노력하여야 하며, 위험이 따르는 기술작업 등을 하는 경우에는 수형자를 그 작업에 참여시켜서는 아니 된다. 다만, 수형자의 참여가 불가피하여 소장이 허가한 경우에는 그러하지 아니하다.
④ 제3항에 따른 작업은 특히 안전에 주의하여야 하며, 작업을 마친 후에는 기계·기구를 점검하고 그 결과를 지체 없이 상관에게 보고하여야 한다.

제88조【시설 안전점검 및 유지관리】

① 기술직교도관은 안전사고 예방을 위하여 시설물에 대한 자체 안전점검 계획을 수립·시행하고, 법령에 따라 정기적으로 결함 검사를 하여야 한다.
② 기술직교도관은 토지·건물 및 전기·통신·기계설비 등 해당 시설이 기능을 적절하게 유지할 수 있도록 관리하여야 하며, 연차적으로 보수계획을 수립·시행하여야 한다.

제88조의2【차량 관리 및 차량의 취급】

① 운전직렬공무원은 차량을 취급할 때 안전사고에 유의하여야 하며, 부득이한 경우를 제외하고는 관련 자격 취득자가 직접 조작하여야 한다.
② 운전직렬공무원은 직무상 취급하는 차량에 관하여는 청결을 유지하고, 수시로 점검·수리 등을 하여야 한다.

제89조【상황 및 의견의 보고】

기술직교도관은 다음 각 호의 어느 하나에 해당하는 경우에는 그에 관한 상황 및 의견을 지체 없이 상관에게 보고하고, 상관의 지시를 받아 처리하여야 한다.

1. 시설공사 및 기술지도, 그 밖의 해당 직무에 관한 기획·시행방법·공정 및 작업에 관하여 의견이 있는 경우
2. 시설물 구조의 안전을 위하여 보수, 보강이 긴급하게 필요한 경우
3. 작업을 하는 수형자가 징벌대상행위를 한 경우
4. 차량의 정기점검 등 정기검사가 필요한 경우
5. 그 밖에 직무의 집행에 착오가 있는 경우

제3절 관리운영직교도관의 직무

제90조【관리운영직교도관의 직무】

① 관리운영직교도관은 다음 각 호의 사무를 담당한다.
  1. 보일러·전기·통신 및 오수정화 시설 등 기계·기구의 취급·설비 관리
  2. 그 밖의 교정행정에 관한 사항
② 관리운영직교도관은 직무를 수행하기 위하여 필요한 경우에는 수용자를 동행·계호할 수 있다.
③ 제2항에 따라 관리운영직교도관이 수용자를 동행·계호하는 경우에는 제34조 및 제37조 제1 항·제2항을 준용한다.

제91조【시설 관리 및 기계의 취급】

① 관리운영직교도관은 기계·설비, 보일러, 전기·통신시설 및 오수정화 시설 등 취급할 때 기술이 필요하거나 위험한 기구를 조작하는 경우에는 안전사고에 유의하여야 하며, 부득이한 경우를 제외하고는 관련 자격 취득자인 관리운영직교도관이 직접 조작하여야 한다.
② 관리운영직교도관은 직무상 취급하는 시설 및 장비에 관하여는 청결을 유지하고, 수시로 점검·수리 등을 하여야 한다.

제92조【상황 및 의견의 보고】

관리운영직교도관은 다음 각 호의 어느 하나에 해당하는 경우에는 그에 관한 상황 및 의견을 지체 없이 상관에게 보고하고, 상관의 지시를 받아 처리하여야 한다.

1. 담당 직무에 관한 작업공정 및 운용방법에 관하여 의견이 있는 경우
2. 기계·보일러설비, 전기·통신 및 오수 정화시설 등 기계와 기구의 설치, 수리 및 보충이 필요한 경우
3. 보일러설비 또는 통신장비 등의 정기점검 등 정기검사가 필요한 경우
4. 그 밖에 직무의 집행에 착오가 있는 경우

제4장 | 직업훈련교도관의 직무

제93조 【직업훈련교도관의 직무】

① 직업훈련교도관은 수형자의 직업능력개발훈련(이하 이 절에서 "훈련"이라 한다)에 관한 사무와 그 밖의 교정행정에 관한 사항을 담당하며, 직무수행상 필요한 경우에는 수용자를 동행·계호할 수 있다.
② 제1항에 따라 직업훈련교도관이 수용자를 동행·계호하는 경우에는 제34조, 제37조 제1항·제2항을 준용한다.

제94조 【훈련】

직업훈련교도관은 훈련계획을 수립하고 교안을 작성하여 훈련을 받는 수형자(이하 이 절에서 "훈련생"이라 한다)에게 이론교육과 실습훈련을 실시하여야 하며, 그 결과를 일지에 기록하여 상관에게 보고하여야 한다.

제95조 【실습훈련】

직업훈련교도관은 제94조의 실습훈련을 할 때에는 사전에 상관의 허가를 받아야 한다.

제96조 【훈련시설 등의 점검】

직업훈련교도관은 훈련에 사용하는 시설, 장비 또는 기계 등의 상태를 훈련을 시작하기 전과 마친 후에 각각 점검하여야 한다.

제97조 【훈련 평가】

① 직업훈련교도관은 훈련기간 중 훈련생을 대상으로 이론 및 실기 평가를 하고 그 결과를 상관에게 보고하여야 한다.

② 직업훈련교도관은 제1항의 평가결과가 불량한 훈련생에게 재훈련을 하게 할 수 있다.

제98조 【상황 및 의견의 보고】

직업훈련교도관은 다음 각 호의 어느 하나에 해당하는 경우에는 그에 관한 상황 및 의견을 지체 없이 상관에게 보고하고, 상관의 지시를 받아 처리하여야 한다.

1. 훈련생이 훈련을 거부하거나 평가결과가 극히 불량한 경우
2. 훈련의 종류를 변경할 필요가 있는 경우
3. 훈련시설·장비 또는 기계 등에 이상이 있는 경우
4. 훈련생이 징벌대상행위를 하거나 안전사고를 일으킨 경우
5. 그 밖에 직무의 집행에 착오가 있는 경우

05 수형자 등 호송 규정

• 2021.1.5. 시행

제1조【목적】
이 영은 수형자나 그 밖에 법령에 따라 구속된 사람의 호송에 필요한 사항을 규정함을 목적으로 한다.

제2조【호송공무원】 ★
교도소·구치소 및 그 지소(이하 "교정시설"이라 한다) 간의 호송은 교도관이 행하며, 그 밖의 호송은 경찰관 또는 「검찰청법」 제47조에 따라 사법경찰관리로서의 직무를 수행하는 검찰청 직원이 행한다.

제3조【호송방법】
① 호송은 피호송자를 받아야 할 관서 또는 출두하여야 할 장소와 유치할 장소에 곧바로 호송한다.
② 호송은 필요에 의하여 차례로 여러곳을 거쳐서 행할 수 있다.

제4조【호송장등】
① 발송관서는 호송관에게 피호송자를 인도하는 동시에 별지 서식의 호송장 기타 필요한 서류를 내어주어야 한다.
② 교도관이 호송하는 때에는 신분장 및 영치금품 송부서를 호송장으로 대용할 수 있다.

제5조【수송관서에의 통지】
발송관서는 미리 수송관서에 대하여 피호송자의 성명·발송시일·호송사유 및 방법을 통지하여야 한다.

제6조【영치금품의 처리】
피호송자의 영치금품은 다음과 같이 처리한다.

1. 영치금은 발송관서에서 수송관서에 전자금융을 이용하여 송금한다. 다만, 소액의 금전 또는 당일 호송을 마칠 수 있는 때에는 호송관에게 탁송할 수 있다.
2. 피호송자가 법령에 의하여 호송 중에 물품 등을 자신의 비용으로 구매할 수 있는 때에 그 청구가 있으면 필요한 금액을 호송관에게 탁송하여야 한다.
3. 영치품은 호송관에게 탁송한다. 다만, 위험하거나 호송관이 휴대하기 적당하지 아니한 영치품은 발송관서에서 수송관서에 직송 할 수 있다.
4. 송치중의 영치금품을 호송관에게 탁송한 때에는 호송관서에 보관책임이 있고, 그러하지 아니한 때에는 발송관서에 보관책임이 있다.

제7조【호송시간】★

호송은 일출 전 또는 일몰 후에는 행할 수 없다. 다만, 열차·선박·항공기를 이용하는 때 또는 특별한 사유가 있는 때에는 예외로 한다.

제8조【피호송자의 숙박】

① 피호송자의 숙박은 열차·선박 및 항공기를 제외하고는 경찰관서 또는 교정시설을 이용하여야 하며, 숙박의뢰를 받은 경찰관서의 장 또는 교정시설의 장은 부득이 한 경우를 제외하고는 이를 거절할 수 없다.
② 제1항에 의하기 곤란한 때에는 다른 숙소를 정할 수 있다.

제9조【물품구매등의 허가】★

① 피호송자가 법령에 의하여 필요한 물품을 자신의 비용으로 구입할 수 있는 때에는 호송관은 물품의 구매를 허가할 수 있다.
② 제1항의 구매품의 대가를 제6조 제2호의 금전중에서 지출할 때에는 호송관은 본인의 확인서를 받아야 한다.

제10조【피호송자의 도주 등】★★

① 피호송자가 도주한 때에는 호송관은 즉시 그 지방 및 인근 경찰관서와 호송관서에 통지하여야 하며, 호송관서는 관할 지방검찰청, 사건소관 검찰청, 호송을 명령한 관서, 발송관서 및 수송관서에 통지하여야 한다.
② 제1항의 경우에는 서류와 금품은 발송관서에 반환하여야 한다.

제11조 【피호송자의 질병등】

① 피호송자가 질병에 걸렸을 때에는 적당한 치료를 하여야 하며, 호송을 계속할 수 없다고 인정한 때에는 피호송자를 그 서류 및 금품과 함께 인근 교정시설 또는 경찰관서에 일시 유치할 수 있다.

② 제1항에 따라 피호송자를 유치한 관서는 피호송자의 치료 등에 적극 협조하여야 한다.

③ 질병이 치유된 때에는 제1항의 관서는 즉시 호송을 계속 진행하고 발송관서에 통지해야 한다.

제12조 【피호송자의 사망 등】 ★

① 피호송자가 사망한 경우 호송관서는 사망지 관할 검사의 지휘에 따라 그 인근 경찰관서 또는 교정시설의 협조를 얻어 피호송자의 사망에 따른 업무를 처리한다.

② 피호송자가 열차·선박 또는 항공기에서 사망한 경우 호송관서는 최초 도착한 곳의 관할 검사의 지휘에 따라 그 인근 경찰관서 또는 교정시설의 협조를 얻어 제1항에 따른 업무를 처리한다.

③ 호송관서는 피호송자가 사망한 즉시 발송관서·수송관서 및 사망자의 가족(가족이 없는 경우 다른 친족을 말한다. 이하 이 조에서 같다)에게 사망일시, 장소 및 원인 등을 통지하여야 한다.

④ 제3항에 따른 통지를 받을 가족이 없거나, 통지를 받은 가족이 통지를 받은 날부터 3일 내에 그 시신을 인수하지 않으면 임시로 매장하여야 한다.

제13조 【예비·호송비용의 부담】 ★★

① 호송관의 여비나 피호송자의 호송비용은 호송관서가 부담한다. 다만, 피호송자를 교정시설이나 경찰관서에 숙식하게 한 때에는 그 비용은 교정시설이나 경찰관서가 부담한다.

② 제11조와 제12조에 의한 비용은 각각 그 교부를 받은 관서가 부담한다.

제14조 【호송비용】

피호송자를 교정시설이나 경찰관서가 아닌 장소에서 숙식하게 한 때의 비용은 「공무원 여비 규정」 제30조 및 별표 9 제5호를 준용한다.

제15조 【예외규정】

천재지변이나 그 밖의 특별한 사정이 있는 때에는 호송할 그 관서의 장은 법무부장관의 허가를 받아 제2조, 제4조부터 제7조까지, 제11조 및 제12조에 따르지 아니할 수 있다.

06 국제수형자이송법

• 2013.3.23. 시행

제1장 | 총칙

제1조 【목적】

이 법은 외국에서 형집행 중인 대한민국 국민의 국내이송과 대한민국에서 형집행 중인 외국인의 국외이송에 관한 요건과 절차 등을 규정함으로써 이들의 원활한 갱생 및 조속한 사회복귀를 도모함을 목적으로 한다.

제2조 【정의】

이 법에서 사용하는 용어의 정의는 다음과 같다.

자유형	국내이송을 실시하는 때에는 징역 또는 금고에 상당하는 외국 법령상의 형, 국외이송을 실시하는 때에는 징역 또는 금고
국내이송	외국에서 자유형을 선고받아 그 형이 확정되어 형집행 중인 대한민국 국민(이하 "국내이송대상수형자"라 한다)을 외국으로부터 인도받아 그 자유형을 집행하는 것
국외이송	대한민국에서 자유형을 선고받아 그 형이 확정되어 형집행 중인 외국인(이하 "국외이송대상수형자"라 한다)을 외국으로 인도하여 그 자유형을 집행받도록 하는 것
국제수형자이송	국내이송 및 국외이송
외국인	대한민국과 국제수형자이송에 관한 조약·협정 등(이하 "조약"이라 한다)을 체결한 외국의 국민 및 조약에 의하여 그 외국의 국민으로 간주되는 자

제3조 【조약과의 관계】

국제수형자이송은 대한민국과 외국 간에 조약이 체결되어 있는 경우에 한하여 이 법과 그 조약이 정하는 바에 따라 실시한다. 이 경우 조약에 이 법과 다른 규정이 있는 때에는 그 조약의 규정에 의한다.

제4조 【국제수형자이송관련 문서 등의 접수 및 송부】

① 국제수형자이송의 요청 및 승인 등과 관련된 외국과의 문서 또는 통지의 접수 및 송부는

외교부장관이 행한다. 다만, 긴급을 요하거나 특별한 사정이 있는 때에는 법무부장관이 외교부장관의 동의를 얻어 이를 행할 수 있다.
② 외교부장관은 제1항의 규정에 의하여 외국으로부터 접수한 국제수형자이송과 관련되는 문서 또는 통지를 법무부장관에게 송부하여야 한다.

제2장 | 삭제 <2009.3.25.>

제5조
삭제 <2009.3.25.>

제8조
삭제 <2009.3.25.>

제6조
삭제 <2009.3.25.>

제9조
삭제 <2009.3.25.>

제7조
삭제 <2009.3.25.>

제10조
삭제 <2009.3.25.>

제3장 | 국내이송

제11조 【국내이송의 요건】 ★
① 국내이송은 다음 각 호의 요건이 갖추어진 때에 한하여 실시할 수 있다.
  1. 외국에서 자유형이 선고·확정된 범죄사실이 대한민국의 법률에 의하여 범죄를 구성할 것. 이 경우 수 개의 범죄사실중 한 개의 범죄사실이 대한민국의 법률에 의하여 범죄를 구성하는 경우를 포함한다.
  2. 외국에서 선고된 자유형의 판결이 확정될 것
  3. 국내이송대상수형자가 국내이송에 동의할 것
② 국내이송에 관한 국내이송대상수형자의 동의는 다음 각 호의 1에 해당하는 자가 서면으로 확인하여야 한다. 이 경우 국내이송대상수형자에게 제3항의 규정에 의하여 동의의 철회가 인정되지 아니함을 고지하여야 한다.

1. 법무부장관이 지정하는 공무원
2. 법무부장관의 위임을 받은 그 국내이송대상수형자가 수용중인 장소를 관할하는 대한민국 재외공관의 장이나 그 공관원
3. 제2호의 자가 지정하는 자

③ 국내이송에 관한 국내이송대상수형자의 동의는 제2항의 규정에 의하여 확인된 후에는 그 철회가 인정되지 아니한다.

제12조 【국내이송 요청 등】

① 법무부장관은 제11조에 따른 국내이송의 요건이 갖추어져 있고, 대한민국의 안전과 질서 유지, 공공의 이익, 국내이송대상수형자의 선도·교화 및 사회복귀의 용이성 등을 종합적으로 고려하여 필요하다고 인정하는 경우에만 외국에 대하여 국내이송을 요청하거나 외국의 국내 이송 요청을 수락하여야 한다.

② 법무부장관은 제1항에 따른 요청 또는 수락을 위하여 필요하면 관계 지방검찰청 또는 지청의 장(이하 "검사장등"이라 한다)에게 관련 자료의 수집 및 송부를 명할 수 있다.

③ 제2항의 규정에 의한 명령을 받은 검사장등은 소속 검사에게 필요한 조치를 취할 것을 명하여 야 한다.

④ 제3항의 규정에 의하여 검사장등으로부터 명령을 받은 검사는 필요한 때에는 사법경찰관리를 지휘하여 자료를 수집하도록 할 수 있다.

제13조 【국내이송 명령 등】

① 법무부장관은 국내이송대상수형자를 국내이송하려면 서면으로 관계 검사장등에게 국내이송 을 명하여야 한다. 이 경우 관련 자료를 첨부하여야 한다.

② 제1항에 따른 명령서에는 다음 각 호의 사항을 적고 법무부장관이 서명·날인하여야 한다.
1. 국내이송대상수형자의 국적, 성명, 성별, 생년월일 및 주거
2. 외국의 국명
3. 죄명
4. 외국에서 선고받은 자유형의 종류 및 형기
5. 국내에서 집행할 형기
6. 명령일자
7. 그 밖에 필요한 사항

③ 법무부장관은 다음 각 호의 어느 하나에 해당하는 경우에는 해당 국내이송대상수형자에게 서면으로 통지하여야 한다.

1. 제1항에 따라 국내이송대상수형자에 대한 국내이송을 명한 경우
2. 외국으로부터 국내이송 요청을 받았거나 제11조 제2항에 따라 동의를 확인한 국내이송대상수형자에 대하여 국내이송을 하지 아니하게 된 경우

제14조 【국내이송집행장의 발부】

① 검사장등은 제13조 제1항에 따른 국내이송명령을 받은 때에는 지체 없이 소속 검사로 하여금 국내이송에 필요한 조치를 취하도록 명하여야 한다.

② 검사는 제1항의 규정에 의하여 국내이송에 필요한 조치를 명령받은 때에는 지체 없이 국내이송집행장을 발부하여 외국으로부터 국내이송대상수형자를 인도받고 그 자유형의 집행을 지휘하여야 한다.

③ 제2항의 규정에 의한 국내이송집행장에는 다음 각 호의 사항을 기재하고 검사가 서명·날인하여야 한다.

1. 국내이송대상수형자의 국적·성명·성별·생년월일 및 주거
2. 외국의 국명
3. 죄명
4. 외국에서 선고받은 자유형의 종류 및 형기
5. 국내에서 집행할 형기 및 집행장소
6. 발부일자
7. 그 밖에 필요한 사항

④ 제2항의 규정에 의한 국내이송집행장에는 외국의 재판서 등본 또는 초본이나 그 밖에 판결이 선고되었음을 증명할 수 있는 서류를 첨부하여야 한다.

⑤ 제2항의 규정에 의하여 발부된 국내이송집행장은 형집행장과 동일한 효력이 있다.

⑥ 형사소송법 제1편 제9장 중 피고인의 구속에 관한 규정은 국내이송집행장의 집행에 관하여 이를 준용한다.

제15조 【외국법원 판결의 효력】 ★

국내이송에 의하여 국내이송대상수형자에게 선고된 자유형을 국내에서 집행함에 있어서 그 외국법원의 판결은 대한민국 법률에 의한 대한민국 법원의 판결과 동일한 효력이 있는 것으로 본다.

제16조 【집행할 자유형의 형기 및 집행방법】 ★★

① 제14조 제2항의 규정에 의하여 국내에 인도된 국내이송대상수형자(이하 "국내이송수형자"라 한다)에 대하여 집행할 자유형의 형기는 외국에서 선고하여 확정된 형기로 한다. 다만, 자유형

이 유기인 때에는 50년을 초과하여 집행하지 못하며, 외국에서 선고하여 확정된 자유형이 종신형인 때에는 형기가 무기인 것으로 본다.

② 제1항의 규정에 의하여 자유형을 집행하는 때에는 외국에서 구금되거나 형이 집행된 기간(형의 집행을 감경받은 기간을 포함한다)과 국내이송에 소요된 기간을 형기에 산입한다.

③ 외국에서 선고되어 확정된 자유형이 징역에 상당하는 형인 때에는 형법 제67조의 규정에 의하여 집행하며, 금고에 상당하는 형인 때에는 형법 제68조의 규정에 의하여 집행한다.

제17조 【형집행 시의 적용법률】

국내이송수형자에 대한 가석방·사면·감형 등 자유형의 집행에 관하여 필요한 사항은 형법·「형의 집행 및 수용자의 처우에 관한 법률」 등 대한민국의 관련 법률이 정하는 바에 의한다.

제18조 【공소제기의 제한】

국내이송수형자에 대하여 외국에서 선고된 자유형을 집행중인 때와 그 자유형의 집행을 종료하거나 집행을 하지 아니하기로 확정된 때에는 동일한 범죄사실에 대하여 공소를 제기할 수 없다.

제19조 【외국법원 판결의 취소 등】

① 법무부장관은 외국으로부터 국내이송수형자에 대한 외국법원의 확정판결이 취소되거나 선고된 자유형을 집행하지 아니하기로 확정되었다는 취지의 통지가 있는 때(외국법원의 확정판결이 수 개인 경우에는 그 전부가 취소되거나 집행할 수 없게 된 때에 한한다)에는 지체 없이 서면으로 제13조 제1항에 따른 국내이송명령을 철회하고, 국내이송수형자가 수용되어 있는 교도소·소년교도소·구치소 또는 그 지소(이하 "교도소 등"이라 한다)의 소재지를 관할하는 검사장등에게 그 국내이송수형자의 석방을 명하여야 한다.

② 검사장등은 제1항의 규정에 의하여 법무부장관으로부터 석방명령을 받은 때에는 즉시 소속 검사에게 국내이송수형자의 석방을 명하여야 한다.

③ 검사는 제2항의 규정에 의한 석방명령을 받은 때에는 즉시 국내이송수형자가 수용되어 있는 교도소등의 장에 대하여 그 국내이송수형자의 석방을 지휘하여야 한다.

제20조 【자유형의 종류 또는 기간의 변경】

① 법무부장관은 외국으로부터 감형 또는 그 밖의 사유에 의하여 국내이송수형자에게 선고된 자유형의 종류 또는 형기를 변경한다는 취지의 통지가 있는 때에는 지체 없이 서면으로 제13조 제1항에 따른 국내이송명령을 변경하고, 국내이송수형자가 수용되어 있는 교도소등의

소재지를 관할하는 검사장등에게 변경된 자유형의 종류 및 기간에 의하여 형을 집행하도록 명하여야 한다.

② 제13조 및 제14조의 규정은 제1항의 규정에 의한 국내이송명령의 변경 및 그 집행에 관하여 준용한다.

제21조 【국내이송 후 외국에 대한 통지】
법무부장관은 다음 각 호의 1에 해당하는 사유가 발생한 때에는 지체 없이 외국에 이를 통지하여야 한다.

1. 국내이송수형자에 대한 자유형의 집행이 종료(종료된 것으로 간주되는 경우를 포함한다)된 때
2. 국내이송수형자에 대한 자유형을 더 이상 집행하지 아니하기로 확정된 때
3. 국내이송수형자에 대한 자유형의 집행이 종료되기 전에 국내이송수형자가 도주한 때

제4장 │ 국외이송

제22조 【조약사항의 고지】
교도소등의 장은 외국인이 자유형을 선고받고 그 확정판결의 집행을 위하여 교도소등에 수용되는 때에는 조약이 정하는 사항을 고지하여야 한다.

제23조 【국외이송의 요건】 ★
① 국외이송은 다음 각 호의 요건이 갖추어진 때에 한하여 실시할 수 있다.
  1. 대한민국에서 자유형이 선고·확정된 범죄사실이 외국의 법률에 의하여 범죄를 구성할 것. 이 경우 수 개의 범죄사실중 한 개의 범죄사실이 외국의 법률에 의하여 범죄를 구성하는 경우를 포함한다.
  2. 대한민국에서 선고한 자유형의 판결이 확정될 것
  3. 국외이송대상수형자가 국외이송에 동의할 것
  4. 대한민국에서 자유형이 선고·확정된 재판에서 벌금·과료·몰수 또는 추징이 병과된 때에는 그 집행이 종료되거나 집행을 하지 아니하기로 확정될 것
② 제1항 제3호의 규정에 의한 동의는 법무부장관으로부터 확인을 명령받은 검사장등이 지정한 검사가 서면으로 확인하여야 한다. 이 경우 국외이송대상수형자에게 제3항의 규정에 의하여

동의의 철회가 인정되지 아니함을 고지하여야 한다.

③ 국외이송에 관한 국외이송대상수형자의 동의는 제2항의 규정에 의하여 확인된 후에는 그 철회가 인정되지 아니한다.

제24조【동의확인을 위한 접견】

「형의 집행 및 수용자의 처우에 관한 법률」 제2조 제4호의 교정시설의 장은 다음 각 호의 1에 해당하는 자가 조약에 의하여 국외이송에 동의하는지 여부를 확인하기 위하여 그 교정시설에 수용되어 있는 국외이송대상수형자와의 접견을 요구하는 때에는 같은 법 등 대한민국의 관련 법률이 정하는 범위 안에서 이를 허가하여야 한다.

1. 외국의 외교공관 또는 영사관의 장이나 그 관원
2. 그 밖에 외국이 지정한 자

제25조【국외이송 요청 등】

① 법무부장관은 제23조에 따른 국외이송의 요건이 갖추어져 있고, 대한민국의 안전과 질서 유지, 공공의 이익, 국외이송대상수형자의 선도·교화와 사회복귀의 용이성 및 국내 재입국 가능성, 국내에서의 다른 사건에 대한 수사 또는 재판상의 필요성 등을 종합적으로 고려하여 필요하다고 인정하는 경우에만 외국에 국외이송을 요청하거나 외국의 국외이송 요청을 수락 하여야 한다.

② 제1항의 국외이송 요청 대상인 국외이송대상수형자가 군사법원에서 자유형을 선고받은 사람 인 경우에는 법무부장관은 미리 국방부장관의 동의를 받아야 하며, 그 결정을 위하여 필요하 면 국방부장관에게 이에 관한 협조를 요청할 수 있다.

③ 제1항에 따른 법무부장관의 요청 또는 수락에 관하여는 제12조 제2항부터 제4항까지의 규정 을 준용한다.

제26조【국외이송 명령 등】

① 법무부장관은 국외이송대상수형자를 국외이송하려면 서면으로 관계 검사장등에게 국외이송 을 명하여야 한다. 이 경우 관련 자료를 첨부하여야 한다.

② 제1항에 따른 국외이송 명령서에는 다음 각 호의 사항을 적고, 법무부장관이 서명·날인하여 야 한다.

1. 국외이송대상수형자의 국적, 성명, 성별, 생년월일 및 주거
2. 외국의 국명
3. 죄명

4. 자유형의 종류 및 형기

5. 인도 장소

6. 명령일자

7. 그 밖에 필요한 사항

③ 법무부장관은 제1항에 따라 국외이송 명령을 할 때에는 인수허가장을 발부하여 외교부장관에게 송부하고 이를 외국에 송부할 것을 요청하여야 한다.

④ 법무부장관은 다음 각 호의 어느 하나에 해당하는 경우에는 해당 국외이송대상수형자에게 서면으로 통지하여야 한다.

1. 제1항에 따라 국외이송대상수형자에 대한 국외이송을 명한 경우

2. 외국으로부터 국외이송 요청을 받았거나 제23조 제2항에 따라 동의를 확인한 국외이송대상수형자에 대하여 국외이송을 하지 아니하게 된 경우

제27조 【국외이송지휘서의 발부】

① 검사장등은 제26조 제1항에 따른 국외이송명령을 받은 때에는 지체 없이 소속 검사로 하여금 국외이송에 필요한 조치를 취하도록 명하여야 한다.

② 검사는 제1항의 규정에 의하여 검사장으로부터 국외이송에 필요한 조치를 명령받은 때에는 지체 없이 그 국외이송대상수형자가 수용되어 있는 교도소등의 장에게 국외이송지휘서를 발부하고 국외이송을 지휘하여야 한다.

③ 제2항의 규정에 의한 국외이송지휘서에는 다음 각 호의 사항을 기재하고 검사가 서명·날인하여야 한다.

1. 국외이송대상수형자의 국적·성명·성별·생년월일 및 주거

2. 외국의 국명

3. 죄명

4. 자유형의 종류 및 형기

5. 구금되거나 형이 집행된 기간

6. 인도장소

7. 발부일자

8. 그 밖에 필요한 사항

제28조 【교도소등의 장의 조치】

제27조 제2항의 규정에 의하여 검사로부터 국외이송지휘를 받은 교도소등의 장은 외국의 공무원으로부터 인수허가장의 제시와 함께 국외이송대상수형자의 인도를 요청받은 때에는 국외이송지휘서에 기재된 장소에서 외국의 공무원에게 국외이송대상수형자를 인도하여야 한다.

제29조 【국외이송수형자에 대한 형집행의 종료】
제28조의 규정에 의하여 외국에 인도된 국외이송대상수형자(이하 "국외이송수형자"라 한다)에 대하여 선고 · 확정된 자유형은 외국에서 그 형에 상응하는 외국 법령상의 형의 집행이 종료(종료한 것으로 간주하는 경우를 포함한다)된 때에 그 집행이 종료된 것으로 본다.

제30조 【국외이송 후 외국에 대한 통지】
법무부장관은 다음 각 호의 1에 해당하는 때에는 지체 없이 외국에 그 취지를 통지하여야 한다.
1. 국외이송수형자에 대한 확정판결이 재심 등 판결확정 후 재판절차에서 취소되어 집행할 수 없게 되거나 형의 종류 또는 형기가 변경된 때
2. 국외이송수형자가 사면된 때

제31조 【군교도소에 수용 중인 국외이송대상수형자의 이감】
① 법무부장관은 군교도소에 수용중인 국외이송대상수형자에 대하여는 국외이송명령을 하기에 앞서 국방부장관에게 그 취지를 통보하여야 한다.
② 제1항의 규정에 의한 통보를 받은 국방부장관은 해당 군 참모총장에게 국외이송대상수형자를 교도소등에 수용하도록 지시하여야 하며, 이 경우 「군에서의 형의 집행 및 군수용자의 처우에 관한 법률」 제20조 제1항에 따른 법무부장관의 동의가 있은 것으로 본다.

제5장 │ 보칙

제32조 【통과호송】
① 법무부장관은 대한민국 공무원이 국내이송대상수형자 또는 국외이송대상수형자를 외국의 영역을 통과하여 호송할 필요가 있는 때에는 그 외국에 대하여 통과호송의 승인을 요청할 수 있다.
② 법무부장관은 외국으로부터 그 외국의 공무원이 다른 외국의 확정판결에 의하여 그 외국의 교도소등에 수용되어 있는 자를 이송하기 위하여 대한민국의 영역을 통과하여 호송하기 위한 승인을 요청하는 경우 그 요청에 상당한 이유가 있다고 인정되는 때에는 이를 승인할 수 있다. 다만, 그 확정판결에 의하여 인정된 범죄에 관련된 행위가 대한민국의 법률에 의하여 범죄를 구성하지 아니하는 때에는 이를 승인하여서는 아니 된다.

③ 제4조의 규정은 제1항 및 제2항의 통과호송의 요청과 승인 및 이와 관련된 외국과의 문서 또는 통지의 접수 및 송부에 관하여 이를 준용한다.

제33조【비용】

국내이송에 소요되는 비용 중 대한민국이 국내이송수형자 본인과 관련하여 지출하는 비용은 국내이송수형자의 부담으로 한다. 다만, 법무부장관은 국내이송수형자의 경제적 사정을 감안하여 이를 감면할 수 있다.

제34조【검찰총장 경유】

이 법의 규정에 의하여 법무부장관이 검사장등에게 하는 명령 또는 서류송부와 검사장등이 법무부장관에게 하는 보고 또는 서류송부는 검찰총장을 경유하여야 한다.

07 가석방자관리규정

• 2022.7.1. 시행

제1조 【목적】

이 영은 가석방자에 대한 가석방 기간 중의 보호와 감독에 필요한 사항을 규정함을 목적으로
한다.

제2조 【정의】

이 영에서 "가석방자"란 징역 또는 금고형의 집행 중에 있는 사람으로서 「형법」 제72조 및 「형의
집행 및 수용자의 처우에 관한 법률」 제122조에 따라 가석방된 사람(「보호관찰 등에 관한 법률」
에 따른 보호관찰 대상자는 제외한다)을 말한다.

제3조 【가석방자의 보호와 감독】 ★

가석방자는 그의 주거지를 관할하는 경찰서(경찰서의 지구대를 포함한다. 이하 같다)의 장의
보호와 감독을 받는다.

제4조 【가석방 사실의】

① 교도소·구치소 및 그 지소(이하 "교정시설"이라 한다)의 장은 가석방이 허가된 사람을 석방
   할 때에는 그 사실을 가석방될 사람의 주거지를 관할하는 지방검찰청의 장(지방검찰청 지청의
   장을 포함한다. 이하 같다)과 형을 선고한 법원에 대응하는 검찰청 검사장 및 가석방될 사람을
   보호·감독할 경찰서(이하 "관할경찰서"라 한다)의 장에게 미리 통보하여야 한다.
② 교정시설의 장은 가석방이 허가된 사람에게 가석방의 취소 및 실효사유와 가석방자로서 지켜
   야 할 사항 등을 알리고, 주거지에 도착할 기한 및 관할경찰서에 출석할 기한 등을 적은
   가석방증을 발급하여야 한다.

제5조 【가석방자의 출석의무】

가석방자는 제4조 제2항에 따른 가석방증에 적힌 기한 내에 관할경찰서에 출석하여 가석방증에
출석확인을 받아야 한다. 다만, 천재지변, 질병, 그 밖의 부득이한 사유로 기한 내에 출석할

수 없거나 출석하지 아니하였을 때에는 지체 없이 그 사유를 가장 가까운 경찰서의 장에게 신고하고 별지 제1호서식의 확인서를 받아 관할경찰서의 장에게 제출하여야 한다.

제6조【가석방자의 신고의무】
① 가석방자는 그의 주거지에 도착하였을 때에는 지체 없이 종사할 직업 등 생활계획을 세우고 이를 관할경찰서의 장에게 서면으로 신고하여야 한다.
② 가석방자의 보호를 맡은 사람은 제1항의 신고서에 기명날인 또는 서명하여야 한다.

제7조【관할경찰서의 장의 조치】
① 관할경찰서의 장은 가석방자가 가석방 기간 중 정상적인 업무에 종사하고 비행을 저지르지 아니하도록 적절한 지도를 할 수 있다.
② 관할경찰서의 장은 제1항에 따른 지도 중 가석방자의 재범방지를 위해 특히 필요하다고 인정하는 경우에는 특정 장소의 출입제한명령 등 필요한 조치를 할 수 있다.
③ 관할경찰서의 장은 제2항에 따른 조치를 할 경우 그 사실을 관할 지방검찰청의 장 및 가석방자를 수용하였다가 석방한 교정시설(이하 "석방시설"이라 한다)의 장(이하 "관계기관의 장"이라 한다)에게 통보하여야 한다.

제8조【가석방자에 대한 조사】 ★
관할경찰서의 장은 6개월마다 가석방자의 품행, 직업의 종류, 생활 정도, 가족과의 관계, 가족의 보호 여부 및 그 밖의 참고사항에 관하여 조사서를 작성하고 관계기관의 장에게 통보하여야 한다. 다만, 변동 사항이 없는 경우에는 그러하지 아니하다.

제9조【보호와 감독의 위임】
① 관할경찰서의 장은 석방시설의 장의 의견을 들어 가석방자의 보호와 감독을 적당한 사람에게 위임할 수 있다.
② 제1항에 따라 보호와 감독을 위임받은 사람은 매월 말일 제8조에서 정한 사항을 관할경찰서의 장에게 보고하여야 한다.

제10조【국내 주거지 이전 및 여행】 ★
① 가석방자는 국내 주거지 이전 또는 1개월 이상 국내 여행(이하 "국내주거지 이전 등"이라

한다)을 하려는 경우 관할경찰서의 장에게 신고하여야 한다.

② 제1항에 따른 신고를 하려는 사람은 별지 제2호서식의 신고서(전자문서로 된 신고서를 포함한다)를 관할경찰서의 장에게 제출하여야 한다.

제11조 【국내주거지 이전 등의 신고에 따른 조치】

① 관할경찰서의 장은 가석방자가 제10조에 따라 국내주거지 이전 등을 신고한 경우에는 제7조 제1항 및 제2항에 따른 지도 및 조치를 하여야 한다. 다만, 관할경찰서의 관할 구역에서 주거지를 이전하거나 여행하는 경우에는 그러하지 아니하다.

② 제1항의 경우에는 제7조 제3항을 준용한다.

제12조 【국내주거지 이전 등 신고 사실의 통보】

관할경찰서의 장은 제10조에 따라 국내주거지 이전등의 신고를 받은 경우에는 가석방자의 새 주거지를 관할하는 지방검찰청의 장 및 경찰서의 장에게 신고 사실을 통보하고, 해당 경찰서의 장에게 관계서류를 송부하여야 한다.

제13조 【국외 이주 및 여행】 ★

① 가석방자는 국외 이주 또는 1개월 이상 국외 여행(이하 "국외 이주등"이라 한다)을 하려는 경우 관할경찰서의 장에게 신고하여야 한다.

② 제1항에 따른 신고를 하려는 사람은 별지 제3호서식의 신고서(전자문서로 된 신고서를 포함한다)에 다음 각 호의 서류(전자문서를 포함한다)를 첨부하여 관할경찰서의 장에게 제출하여야 한다. 이 경우 담당 공무원은 「전자정부법」 제36조 제1항에 따른 행정정보의 공동이용을 통하여 가석방자의 주민등록표 초본을 확인하여야 하며, 가석방자가 확인에 동의하지 아니하는 경우에는 이를 제출하도록 하여야 한다.

1. 가석방증 사본 또는 수용증명서 1부
2. 초청장 등 사본 1부
3. 귀국서약서 1부(국외여행자만 해당한다)

제14조

삭제 <2016.1.22.>

제15조【국외 이주 등 중지의 신고】
제13조에 따라 신고한 가석방자는 국외 이주 등을 중지하였을 때에는 지체 없이 그 사실을 관할경찰서의 장에게 신고하여야 한다.

제16조【국외 여행자의 귀국신고】
국외 여행을 한 가석방자는 귀국하여 주거지에 도착하였을 때에는 지체 없이 그 사실을 관할경찰서의 장에게 신고하여야 한다. 국외 이주한·가석방자가 입국하였을 때에도 또한 같다.

제17조【신고사항의 통보】
제13조(국외 이주 및 여행), 제15조(국외 이주 등 중지의 신고) 및 제16조(국외 여행자의 귀국신고)에 따른 신고를 받은 관할경찰서의 장은 그 사실을 관계기관의 장에게 통보하여야 한다.

제18조【가석방의 실효 등 보고】★
각 지방검찰청의 장, 경찰서의 장 및 교정시설의 장은 가석방자가 「형법」 제74조(가석방의 실효) 또는 제75조(가석방의 취소)에 해당하게 된 사실을 알았을 때에는 지체 없이 석방시설의 장에게 통보하여야 하며, 통보를 받은 석방시설의 장은 지체 없이 법무부장관에게 보고하여야 한다.

제19조【가석방의 취소 등】★★
① 법무부장관은 가석방 처분을 취소하였을 때에는 가석방자의 주거지를 관할하는 지방검찰청의 장 또는 교정시설의 장이나 가석방 취소 당시 가석방자를 수용하고 있는 교정시설의 장에게 통보하여 남은 형을 집행하게 하여야 한다.
② 제1항의 경우 제4조 제2항에 따라 발급한 가석방증은 효력을 잃는다.

제20조【사망 통보】
① 가석방자가 사망한 경우 관할경찰서의 장은 그 사실을 관계기관의 장에게 통보하여야 한다.
② 제1항의 통보를 받은 석방시설의 장은 그 사실을 법무부장관에게 보고하여야 한다.

제21조【준용규정】
군사법원에서 형의 선고를 받은 사람에 대한 법무부장관의 직무는 국방부장관이 수행하고, 검사의 직무는 형을 선고한 군사법원에 대응하는 군검찰부의 군검사가 수행한다.

08 국가인권위원회법

• **법** 2023.4.27. 시행 | **시행령** 2022.7.1. 시행

제1장 | 총칙

제1조 【목적】

이 법은 국가인권위원회를 설립하여 모든 개인이 가지는 불가침의 기본적 인권을 보호하고 그 수준을 향상시킴으로써 인간으로서의 존엄과 가치를 실현하고 민주적 기본질서의 확립에 이바지함을 목적으로 한다.

제2조 【정의】

이 법에서 사용하는 용어의 뜻은 다음과 같다.

구금·보호시설	다음 각 목에 해당하는 시설 가. 교도소·소년교도소·구치소 및 그 지소, 보호감호소, 치료감호시설, 소년원 및 소년분류심사원 나. 경찰서 유치장 및 사법경찰관리가 직무수행을 위하여 사람을 조사하고 유치하거나 수용하는 데에 사용하는 시설 다. 군 교도소(지소·미결수용실을 포함한다) 라. 외국인 보호소 마. 다수인 보호시설(많은 사람을 보호하고 수용하는 시설로서 대통령령으로 정하는 시설을 말한다)
군인등	다음 각 목의 어느 하나에 해당하는 사람 가. 「군인의 지위 및 복무에 관한 기본법」 제2조 제1호에 따른 현역에 복무하는 장교·준사관·부사관 및 병(兵) 나. 「군인의 지위 및 복무에 관한 기본법」 제3조에 따른 사관생도·사관후보생·준사관후보생·부사관후보생, 소집되어 군에 복무하는 예비역·보충역, 군무원
군인권침해	제30조 제1항에 따른 인권침해나 차별행위에 해당하는 경우로서 군인등의 복무 중 업무수행 과정 또는 병영생활(「군인의 지위 및 복무에 관한 기본법」 제2조 제5호에 따른 병영생활을 말한다)에서 발생하는 인권침해나 차별행위
군인권보호관	「군인의 지위 및 복무에 관한 기본법」 제42조에 따른 군인권보호관

시행령

제2조【다수인 보호시설】

「국가인권위원회법」(이하 "법"이라 한다) 제2조 제2호 마목에서 "대통령령으로 정하는 시설"이란 다음 각 호의 시설을 말한다.

아동복지시설	「아동복지법」 제52조 제1항 제1호부터 제5호까지의 규정에 따른 아동양육시설·아동일시보호시설·아동보호치료시설·공동생활가정 및 자립지원시설
장애인복지시설	「장애인복지법」 제58조 제1항 제1호에 따른 장애인 거주시설
정신건강증진시설	「정신건강증진 및 정신질환자 복지서비스 지원에 관한 법률」 제3조 제5호부터 제7호까지의 규정에 따른 정신의료기관(수용시설을 갖추고 있는 것만 해당한다), 정신요양시설 및 정신재활시설
노숙인복지시설	「노숙인 등의 복지 및 자립지원에 관한 법률」 제16조 제1항 제1호부터 제4호까지의 규정에 따른 노숙인일시보호시설·노숙인자활시설·노숙인재활시설 및 노숙인요양시설
노인복지시설	가. 노인주거복지시설 : 「노인복지법」 제32조 제1항 제1호 및 제2호에 따른 양로시설 및 노인공동생활가정 나. 노인의료복지시설 : 「노인복지법」 제34조 제1항 제1호 및 제2호에 따른 노인요양시설 및 노인요양공동생활가정
성매매피해자 등 지원시설	「성매매방지 및 피해자보호 등에 관한 법률」 제5조 제1항 제1호부터 제3호까지의 규정에 따른 일반 지원시설, 청소년 지원시설 및 외국인여성 지원시설
갱생보호시설	「보호관찰 등에 관한 법률」 제67조에 따른 갱생보호사업의 허가를 받은 자가 갱생보호사업을 위하여 설치한 시설(수용시설을 갖추고 있는 것만 해당한다)
한부모가족 복지시설	「한부모가족지원법」 제19조 제1항 제1호부터 제3호까지의 규정에 따른 모자가족복지시설·부자가족복지시설·미혼모자가족복지시설 중 기본생활지원을 제공하는 시설과 같은 항 제4호에 따른 일시지원복지시설

제3조【국가인권위원회의 설립과 독립성】

① 이 법에서 정하는 인권의 보호와 향상을 위한 업무를 수행하기 위하여 국가인권위원회(이하 "위원회"라 한다)를 둔다.

② 위원회는 그 권한에 속하는 업무를 독립하여 수행한다.

제4조【적용범위】

이 법은 대한민국 국민과 대한민국의 영역에 있는 외국인에 대하여 적용한다.

제2장 | 위원회의 구성과 운영

제5조 【위원회의 구성】

① 위원회는 위원장 1명과 상임위원 3명을 포함한 11명의 인권위원(이하 "위원"이라 한다)으로 구성한다.

② 위원은 다음 각 호의 사람을 대통령이 임명한다.

1. 국회가 선출하는 4명(상임위원 2명을 포함한다)
2. 대통령이 지명하는 4명(상임위원 1명을 포함한다)
3. 대법원장이 지명하는 3명

③ 위원은 인권문제에 관하여 전문적인 지식과 경험이 있고 인권의 보장과 향상을 위한 업무를 공정하고 독립적으로 수행할 수 있다고 인정되는 사람으로서 다음 각 호의 어느 하나에 해당하는 자격을 갖추어야 한다.

1. 대학이나 공인된 연구기관에서 부교수 이상의 직이나 이에 상당하는 직에 10년 이상 있거나 있었던 사람
2. 판사·검사 또는 변호사의 직에 10년 이상 있거나 있었던 사람
3. 인권 분야 비영리 민간단체·법인·국제기구에서 근무하는 등 인권 관련 활동에 10년 이상 종사한 경력이 있는 사람
4. 그 밖에 사회적 신망이 높은 사람으로서 시민사회단체로부터 추천을 받은 사람

④ 국회, 대통령 또는 대법원장은 다양한 사회계층으로부터 후보를 추천받거나 의견을 들은 후 인권의 보호와 향상에 관련된 다양한 사회계층의 대표성이 반영될 수 있도록 위원을 선출·지명하여야 한다.

⑤ 위원장은 위원 중에서 대통령이 임명한다. 이 경우 위원장은 국회의 인사청문을 거쳐야 한다.

⑥ 위원장과 상임위원은 정무직공무원으로 임명한다.

⑦ 위원은 특정 성(性)이 10분의 6을 초과하지 아니하도록 하여야 한다.

⑧ 임기가 끝난 위원은 후임자가 임명될 때까지 그 직무를 수행한다.

제6조 【위원장의 직무】

① 위원장은 위원회를 대표하며 위원회의 업무를 총괄한다.

② 위원장이 부득이한 사유로 직무를 수행할 수 없을 때에는 위원장이 미리 지명한 상임위원이 그 직무를 대행한다.

③ 위원장은 국회에 출석하여 위원회의 소관 사무에 관하여 의견을 진술할 수 있으며, 국회에서 요구하면 출석하여 보고하거나 답변하여야 한다.

④ 위원장은 국무회의에 출석하여 발언할 수 있으며, 소관 사무에 관하여 국무총리에게 의안(이 법의 시행에 관한 대통령령안을 포함한다) 제출을 건의할 수 있다.

⑤ 위원장은 위원회의 예산 관련 업무를 수행할 때 「국가재정법」 제6조 제3항에 따른 중앙관서의 장으로 본다.

제7조 【위원장 및 위원의 임기】 ★★

① 위원장과 위원의 임기는 3년으로 하고, 한 번만 연임할 수 있다.
② 위원 중 결원이 생기면 대통령은 결원된 날부터 30일 이내에 후임자를 임명하여야 한다.
③ 결원이 된 위원의 후임으로 임명된 위원의 임기는 새로 시작된다.

제8조 【위원의 신분 보장】

위원은 금고 이상의 형의 선고에 의하지 아니하고는 본인의 의사에 반하여 면직되지 아니한다. 다만, 위원이 장기간의 심신쇠약으로 직무를 수행하기가 극히 곤란하게 되거나 불가능하게 된 경우에는 전체 위원 3분의 2 이상의 찬성에 의한 의결로 퇴직하게 할 수 있다.

제8조의2 【위원의 책임 면제】

위원은 위원회나 제12조에 따른 상임위원회 또는 소위원회에서 직무상 행한 발언과 의결에 관하여 고의 또는 과실이 없으면 민사상 또는 형사상의 책임을 지지 아니한다.

제9조 【위원의 결격사유】

① 다음 각 호의 어느 하나에 해당하는 사람은 위원이 될 수 없다.
  1. 대한민국 국민이 아닌 사람
  2. 「국가공무원법」 제33조 각 호의 어느 하나에 해당하는 사람
  3. 정당의 당원
  4. 「공직선거법」에 따라 실시하는 선거에 후보자로 등록한 사람
② 위원이 제1항 각 호의 어느 하나에 해당하게 되면 당연히 퇴직한다.

제10조 【위원의 겸직금지】

① 위원은 재직 중 다음 각 호의 직을 겸하거나 업무를 할 수 없다.
  1. 국회 또는 지방의회의 의원의 직
  2. 다른 국가기관 또는 지방자치단체의 공무원(교육공무원은 제외한다)의 직
  3. 그 밖에 위원회 규칙으로 정하는 직 또는 업무
② 위원은 정당에 가입하거나 정치운동에 관여할 수 없다.

제12조【상임위원회 및 소위원회】

① 위원회는 그 업무 중 일부를 수행하게 하기 위하여 상임위원회와 침해구제위원회, 차별시정위원회 등의 소위원회(이하 "소위원회"라 한다)를 둘 수 있다.

② 상임위원회는 위원장과 상임위원으로 구성하고, 소위원회는 3명이상 5명 이하의 위원으로 구성한다.

③ 상임위원회와 소위원회는 심의 사항을 연구·검토하기 위하여 성·장애 등 분야별 전문위원회를 둘 수 있다.

④ 상임위원회, 소위원회 및 전문위원회의 구성·업무 및 운영과 전문위원의 자격·임기 및 위촉 등에 관하여 필요한 사항은 위원회 규칙으로 정한다.

제13조【회의 의사 및 의결정족수】

① 위원회의 회의는 위원장이 주재하며, 이 법에 특별한 규정이 없으면 재적위원 과반수의 찬성으로 의결한다.

② 상임위원회 및 소위원회의 구성원 3명이상의 출석과 3명 이상의 찬성으로 의결했다.

제14조【의사의 공개】

위원회의 의사는 공개한다. 다만, 위원회, 상임위원회 또는 소위원회가 필요하다고 인정하면 공개하지 아니할 수 있다.

제3장 | 위원회의 업무와 권한

제22조【자료제출 및 사실 조회】

① 위원회는 그 업무를 수행하기 위하여 필요하다고 인정하면 관계기관등에 필요한 자료 등의 제출이나 사실 조회를 요구할 수 있다.

② 위원회는 그 업무를 수행하기 위하여 필요한 사실을 알고 있거나 전문적 지식 또는 경험을 가지고 있다고 인정되는 사람에게 출석을 요구하여 그 진술을 들을 수 있다.

③ 제1항에 따른 요구를 받은 기관은 지체 없이 협조하여야 한다.

제24조【시설의 방문조사】★

① 위원회(상임위원회와 소위원회를 포함한다. 이하 이 조에서 같다)는 필요하다고 인정하면 그 의결로써 구금·보호시설을 방문하여 조사할 수 있다.

② 제1항에 따른 방문조사를 하는 위원은 필요하다고 인정하면 소속 직원 및 전문가를 동반할 수 있으며, 구체적인 사항을 지정하여 소속 직원 및 전문가에게 조사를 위임할 수 있다. 이 경우 조사를 위임받은 전문가가 그 사항에 대하여 조사를 할 때에는 소속 직원을 동반하여야 한다.

③ 제2항에 따라 방문조사를 하는 위원, 소속 직원 또는 전문가(이하 이 조에서 "위원 등"이라 한다)는 그 권한을 표시하는 증표를 지니고 이를 관계인에게 내보여야 하며, 방문 및 조사를 받는 구금·보호시설의 장 또는 관리인은 즉시 방문과 조사에 편의를 제공하여야 한다.

④ 제2항에 따라 방문조사를 하는 위원 등은 구금·보호시설의 직원 및 구금·보호시설에 수용되어 있는 사람(이하 "시설수용자"라 한다)과 면담할 수 있고 구술 또는 서면으로 사실이나 의견을 진술하게 할 수 있다.

⑤ 구금·보호시설의 직원은 위원 등이 시설수용자를 면담하는 장소에 참석할 수 있다. 다만, 대화 내용을 녹음하거나 녹취하지 못한다.

⑥ 구금·보호시설에 대한 방문조사의 절차와 방법 등에 관하여 필요한 사항은 대통령령으로 정한다.

시행령

제3조【구금·보호시설의 방문조사】

① 국가인권위원회(이하 "위원회"라 한다)는 법 제24조 제1항의 규정에 의한 방문조사를 하고자 하는 때에는 당해 구금·보호시설의 장 또는 관리인에게 그 취지·일시·장소 등을 미리 통지하여야 한다. 다만, 긴급을 요하는 경우와 미리 통지를 하면 조사의 목적달성이 어렵다고 인정되는 경우에는 그러하지 아니하다.

② 법 제24조 제2항에 따라 방문조사를 하는 법 제5조 제1항에 따른 인권위원(이하 "위원"이라 한다), 위원회 소속 직원 또는 전문가(이하 "위원 등"이라 한다)는 필요하다고 인정되는 때에는 관계행정기관의 장에게 필요한 지원을 요청할 수 있다.

③ 법 제24조 제2항의 규정에 의하여 방문조사를 하는 위원등은 필요하다고 인정하는 때에는 다음 각 호의 방법에 의한 조사를 할 수 있다.

  1. 구금·보호시설의 직원이나 구금·보호시설에 수용되어 있는 자(이하 "시설수용자"라 한다) 등의 진술을 듣는 일

  2. 구금·보호시설의 장 또는 관리인에게 필요한 자료의 제출을 요구하고 이를 받는 일

  3. 녹음, 녹화, 사진촬영, 시설수용자의 건강상태조사 등 필요한 물건·사람·장소 그 밖의 상황을 확인하는 일

④ 제3항 제3호의 규정에 의하여 녹음 또는 녹화한 내용은 당해 진술의 취지 또는 조사대상의 상태를 확인하는 등 조사의 목적으로만 사용하여야 하며, 당초 녹음 또는 녹화된 상태 그대로 공표하여서는 아니된다.

⑤ 법 제24조 제2항의 규정에 의하여 방문조사를 하는 위원 등은 구금·보호시설에 대하여 방문조사를 마친 때에는 그 내용을 방문조사조서에 기재하여야 한다.

⑥ 제5항의 규정에 의한 방문조사조서의 작성에 관하여 필요한 사항은 위원회의 규칙으로 정한다.

제4조 【시설수용자와의 면담】

① 법 제24조 제4항(구금·보호시설의 방문조사)의 규정에 의하여 위원 등이 시설수용자와 면담하는 경우 구금·보호시설의 장 또는 관리인은 자유로운 분위기에서 면담이 이루어질 수 있는 장소를 제공하여야 한다.

② 법 제24조 제4항에 따라 시설수용자를 면담하는 위원 등은 구금·보호시설의 장 또는 관리인에게 면담장소에 참석하는 구금·보호시설의 직원의 수를 제한하도록 요구할 수 있으며, 구금보호시설의 장 또는 관리인은 특별한 사유가 없는 한 이에 응해야 한다.

③ 법 제24조 제4항에 따라 위원 등이 시설수용자와 면담하는 장소에 참석하는 구금·보호시설의 직원은 위원 등의 승낙 없이는 면담에 참여할 수 없으며, 자신의 의견을 개진하는 등의 방식으로 시설수용자의 진술을 방해해서는 안 된다.

제5조 【면담조사 이후의 보호조치】

① 법 제24조 제4항의 규정에 의하여 시설수용자를 면담하는 위원은 면담을 하였다는 이유로 구금·보호시설의 직원 또는 시설수용자가 신체·건강상의 위해 그 밖의 불이익을 받을 우려가 있는 경우 구금·보호시설의 장 또는 관리인에게 이를 방지하기 위한 조치를 취하여 줄 것을 요청할 수 있다.

② 구금·보호시설의 장 또는 관리인은 제1항의 규정에 의한 조치를 취한 때에는 그 내용을 위원회에 즉시 통보하여야 한다.

제4장 | 인권침해 및 차별행위의 조사와 구제

제31조 【시설수용자의 진정권 보장】 ★★

① 시설수용자가 위원회에 진정하려고 하면 그 시설에 소속된 공무원 또는 직원(이하 "소속공무원등"이라 한다)은 그 사람에게 즉시 진정서 작성에 필요한 시간과 장소 및 편의를 제공하여야 한다.

② 시설수용자가 위원 또는 위원회 소속 직원 앞에서 진정하기를 원하는 경우 소속공무원등은 즉시 그 뜻을 위원회에 통지하여야 한다.

③ 소속공무원등은 제1항에 따라 시설수용자가 작성한 진정서를 즉시 위원회에 보내고 위원회로부터 접수증명원을 받아 이를 진정인에게 내주어야 한다. 제2항의 통지에 대한 위원회의 확인서 및 면담일정서는 발급받는 즉시 진정을 원하는 시설수용자에게 내주어야 한다.

④ 제2항에 따라 통지를 받은 경우 또는 시설수용자가 진정을 원한다고 믿을 만한 상당한 근거가 있는 경우 위원회는 위원 또는 소속 직원으로 하여금 구금·보호시설을 방문하게 하여 진정을 원하는 시설수용자로부터 구술 또는 서면으로 진정을 접수하게 하여야 한다. 이때 진정을 접수한 위원 또는 소속 직원은 즉시 접수증명원을 작성하여 진정인에게 내주어야 한다.

⑤ 제4항에 따른 위원 또는 소속 직원의 구금·보호시설의 방문 및 진정의 접수에 관하여는 제24조 제3항 및 제4항을 준용한다.

⑥ 시설에 수용되어 있는 진정인(진정을 하려는 사람을 포함한다)과 위원 또는 위원회 소속 직원의 면담에는 구금·보호시설의 직원이 참여하거나 그 내용을 듣거나 녹취하지 못한다. 다만, 보이는 거리에서 시설수용자를 감시할 수 있다.

⑦ 소속공무원등은 시설수용자가 위원회에 제출할 목적으로 작성한 진정서 또는 서면을 열람할 수 없다.

⑧ 시설수용자의 자유로운 진정서 작성과 제출을 보장하기 위하여 구금·보호시설에서 이행하여야 할 조치와 그 밖에 필요한 절차와 방법은 대통령령으로 정한다.

시행령

제6조【진정방법의 고지 등】
① 구금·보호시설의 장 또는 관리인은 시설수용자를 최초로 보호·수용하는 때에는 시설수용자에게 인권침해 사실을 위원회에 진정을 할 수 있다는 뜻과 그 방법을 고지하여야 한다.
② 구금·보호시설의 장 또는 관리인은 인권침해에 관하여 위원회에 진정할 수 있다는 뜻과 그 방법을 기재한 안내서를 시설수용자가 상시로 열람할 수 있는 곳에 비치하여야 한다.

제7조【진정함의 설치·운용】
① 구금·보호시설의 장은 구금·보호시설안의 적절한 장소에 진정함을 설치하고, 용지·필기도구 및 봉함용 봉투를 비치하여야 한다.
② 구금·보호시설의 장 또는 관리인은 제1항의 규정에 의하여 진정함을 설치한 때에는 위원회에 진정함이 설치된 장소를 통보하여야 한다.
③ 구금·보호시설의 장 또는 관리인은 시설수용자가 직접 진정서를 봉투에 넣고 이를 봉함한 후 진정함에 넣을 수 있도록 하여야 한다.
④ 구금·보호시설에 소속된 공무원 또는 직원은 매일 지정된 시간에 시설수용자가 위원회에 제출할 목적으로 작성한 진정서 또는 서면이 진정함에 들어 있는지 여부를 확인하여야 하며, 진정함에 진정서 또는 서면이 들어 있는 때에는 지체 없이 이를 위원회에 송부하여야 한다.
⑤ 제1항의 규정에 의한 봉함용 봉투의 양식은 위원회의 규칙으로 정한다.

제8조【위원회가 보낸 서면의 열람금지】★★
구금·보호시설에 소속된 공무원 또는 직원은 위원회명의의 서신을 개봉한 결과 당해 서신이 위원회가 진정인인 시설수용자에게 발송한 서신임이 확인된 때에는 당해 서신중 위원회가 열람금지를 요청한 특정서면은 이를 열람하여서는 아니 된다.

제9조【진정서의 자유로운 작성 및 제출】★
① 시설수용자가 구금·보호시설의 장 또는 관리인에 대하여 위원회에 보내는 진정서 그 밖의 서면의 작성의사를 표명한 때에는 구금·보호시설의 장 또는 관리인은 이를 금지하거나 방해하여서는 아니 된다.
② 구금·보호시설에 소속된 공무원 또는 직원은 시설수용자가 위원회에 보내기 위하여 작성중이거나 소지하고 있는 진정서 또는 서면을 열람·압수 또는 폐기하여서는 아니 된다. 다만, 제1항의 규정에 의하여 미리 작성의사를 표명하지 아니하고 작성중이거나 소지하고 있는 문서의 경우에는 그러하지 아니하다.
③ 구금·보호시설에 소속된 공무원 또는 직원은 시설수용자가 징벌혐의로 조사를 받고 있거나 징벌을 받고 있는 중이라는 이유로 위원회에 보내기 위한 진정서 또는 서면을 작성하거나 제출할 수 있는 기회를 제한하는

조치를 하여서는 아니 된다.

제10조【방문진정접수】

제3조 제3항 및 제4항의 규정은 법 제31조 제4항의 규정에 의하여 위원 등이 구금·보호시설을 방문하여 진정을 접수하는 경우에 관하여 이를 준용한다.

제32조【진정의 각하 등】

① 위원회는 접수한 진정이 다음 각 호의 어느 하나에 해당하는 경우에는 그 진정을 각하(却下)한다.

1. 진정의 내용이 위원회의 조사대상에 해당하지 아니하는 경우
2. 진정의 내용이 명백히 거짓이거나 이유 없다고 인정되는 경우
3. 피해자가 아닌 사람이 한 진정에서 피해자가 조사를 원하지 아니하는 것이 명백한 경우
4. 진정의 원인이 된 사실이 발생한 날부터 1년 이상 지나서 진정한 경우. 다만, 진정의 원인이 된 사실에 관하여 공소시효 또는 민사상 시효가 완성되지 아니한 사건으로서 위원회가 조사하기로 결정한 경우에는 그러하지 아니하다.
5. 진정이 제기될 당시 진정의 원인이 된 사실에 관하여 법원 또는 헌법재판소의 재판, 수사기관의 수사 또는 그 밖의 법률에 따른 권리구제 절차가 진행 중이거나 종결된 경우. 다만, 수사기관이 인지하여 수사 중인 「형법」 제123조부터 제125조까지의 죄에 해당하는 사건과 같은 사안에 대하여 위원회에 진정이 접수된 경우에는 그러하지 아니하다.
6. 진정이 익명이나 가명으로 제출된 경우
7. 진정이 위원회가 조사하는 것이 적절하지 아니하다고 인정되는 경우
8. 진정인이 진정을 취하한 경우
9. 위원회가 기각한 진정과 같은 사실에 대하여 다시 진정한 경우
10. 진정의 취지가 그 진정의 원인이 된 사실에 관한 법원의 확정판결이나 헌법재판소의 결정에 반하는 경우

② 위원회는 제1항에 따라 진정을 각하하는 경우 필요하다고 인정하면 그 진정을 관계 기관에 이송할 수 있다. 이 경우 진정을 이송받은 기관은 위원회의 요청이 있으면 지체 없이 그 처리 결과를 위원회에 통지하여야 한다.

③ 위원회가 진정에 대한 조사를 시작한 후에도 그 진정이 제1항 각 호의 어느 하나에 해당하게 된 경우에는 그 진정을 각하할 수 있다.

④ 위원회는 진정을 각하하거나 이송한 경우 지체 없이 그 사유를 구체적으로 밝혀 진정인에게 통지하여야 한다.

⑤ 위원회는 제4항에 따라 진정인에게 통지하는 경우 필요하다고 인정하면 피해자 또는 진정인에게 권리를 구제받는 데에 필요한 절차와 조치에 관하여 조언할 수 있다.

제45조【고발 및 징계권고】

① 위원회는 진정을 조사한 결과 진정의 내용이 범죄행위에 해당하고 이에 대하여 형사처벌이

필요하다고 인정하면 검찰총장에게 그 내용을 고발할 수 있다. 다만, 피고발인이 군인등인 경우에는 소속 군 참모총장 또는 국방부장관에게 고발할 수 있다.

② 위원회가 진정을 조사한 결과 인권침해 및 차별행위가 있다고 인정하면 피진정인 또는 인권침해에 책임이 있는 사람을 징계할 것을 소속기관등의 장에게 권고할 수 있다.

③ 제1항에 따라 고발을 받은 검찰총장, 군 참모총장 또는 국방부장관은 고발을 받은 날부터 3개월 이내에 수사를 마치고 그 결과를 위원회에 통지하여야 한다. 다만, 3개월 이내에 수사를 마치지 못할 때에는 그 사유를 밝혀야 한다.

④ 제2항에 따라 위원회로부터 권고를 받은 소속기관등의 장은 권고를 존중하여야 하며 그 결과를 위원회에 통지하여야 한다.

제49조 【조사와 조정 등의 비공개】 ★
위원회의 진정에 대한 조사·조정 및 심의는 비공개로 한다. 다만, 위원회의 의결이 있을 때에는 공개할 수 있다.

제50조 【처리 결과 등의 공개】
위원회는 이 장에 따른 진정의 조사 및 조정의 내용과 처리 결과, 관계기관등에 대한 권고와 관계기관등이 한 조치 등을 공표할 수 있다. 다만, 다른 법률에 따라 공표가 제한되거나 사생활의 비밀이 침해될 우려가 있는 경우에는 그러하지 아니하다.

제4장의2 | 군인권보호관 · 군인권보호위원회 및 군인권침해의 조사 · 구제

제50조의2 【군인권보호관】
군인권보호관은 제5조 제2항 제2호에 따라 대통령이 지명하는 상임위원이 겸직한다.

제50조의3 【군인권보호위원회】
① 위원회는 군인권침해 예방 및 군인등의 인권 보호 관련 업무를 수행하게 하기 위하여 군인권보호위원회(이하 "군인권보호위원회"라 한다)를 둔다.

② 군인권보호위원회의 위원장은 군인권보호관으로 한다.

③ 군인권보호위원회는 제12조 제1항에 따라 설치된 소위원회로 본다.

제50조의4 【군부대 방문조사】

① 위원회 또는 군인권보호위원회(이하 이 장에서 "위원회등"이라 한다)는 필요하다고 인정하면 그 의결로써 군인권보호관, 위원 또는 소속 직원에게 군부대(「국군조직법」 제15조에 따라 설치된 부대와 기관을 말한다. 이하 이 조에서 같다)를 방문하여 조사하게 할 수 있다.

② 군인권보호관은 제1항에 따른 군부대 방문조사를 하려는 경우에는 해당 군부대의 장에게 그 취지, 일시, 장소 등을 미리 통지하여야 한다. 다만, 긴급을 요하거나 미리 통지를 하면 목적 달성이 어렵다고 인정되어 국방부장관에게 사전에 통지하고 군인권보호관 또는 위원이 직접 방문조사하는 경우에는 그러하지 아니하다.

③ 국방부장관은 군사·외교·대북관계의 국가기밀에 관한 사항으로서 국가안위에 중대한 영향을 주거나 국가비상사태 또는 작전임무수행에 지장을 주는 등 제1항에 따른 방문조사를 받기 어려운 특별한 사정이 있는 경우 그 이유를 소명하여 방문조사의 중단을 요구할 수 있다. 이 경우 위원회등은 그 이유가 소명된 때에는 즉시 방문조사를 중단하되, 그 사유가 해소되는 즉시 방문조사를 다시 시작할 수 있다.

④ 제1항에 따른 군부대 방문조사를 하는 군인권보호관, 위원 또는 소속 직원은 그 권한을 표시하는 증표를 지니고 이를 관계인에게 내보여야 하며, 방문조사를 받는 군부대의 장은 즉시 방문조사에 편의를 제공하여야 한다.

⑤ 제1항에 따른 군부대 방문조사를 하는 군인권보호관, 위원 또는 소속 직원은 군부대 소속의 직원 및 군인등과 면담할 수 있고 구술 또는 서면으로 사실이나 의견을 진술하게 할 수 있다.

⑥ 그 밖에 군부대 방문조사의 방법, 절차, 통지 시기 등에 관하여 필요한 사항은 대통령령으로 정한다.

시행령

제21조의2 【군부대 방문조사의 방법 및 통지 등】

① 군인권보호관, 위원 또는 위원회 소속 직원(이하 "군인권보호관등"이라 한다)이 법 제50조의4 제1항에 따라 군부대(「국군조직법」 제15조에 따라 설치된 부대와 기관을 말한다. 이하 같다)를 방문하여 조사할 때에는 다음 각 호의 방법으로 한다.
  1. 군부대 소속 직원 및 군인등의 진술 청취
  2. 군부대의 장 또는 그 소속 직원 및 군인등에 대하여 필요한 자료의 제출요구
  3. 군인등의 인권상황 조사에 필요한 다음 각 목의 조치
     가. 녹음, 녹화 및 사진촬영
     나. 군인등의 건강상태 조사
     다. 물건·사람·장소나 그 밖의 상황에 대한 확인

② 군인권보호관은 제1항 제3호 가목에 따라 녹음·녹화 및 사진촬영을 하려는 경우에는 그 범위 및 대상에 대하여 군부대의 장과 미리 협의하여야 한다.

③ 군인권보호관은 법 제50조의4 제2항 본문에 따라 방문조사를 하려는 군부대의 장에게 방문조사일 3일 전까지 방문조사의 취지·일시·장소 등을 서면으로 통지하여야 한다.

④ 군인권보호관 또는 위원이 법 제50조의4 제2항 단서에 따라 직접 방문조사를 하려는 경우에는 군부대를 방문하기 12시간 전까지 국방부장관에게 방문조사의 취지, 일시, 대상 군부대 등을 서면으로 통지하여야 한다. 다만, 통지하는 당일 조사하여야 할 긴급한 필요가 있는 경우에는 군부대를 방문하기 4시간 전까지 일과시간(오전 9시부터 오후 6시까지를 말한다)에 통지하여야 한다.

⑤ 국방부장관은 법 제50조의4 제3항 전단에 따라 방문조사의 중단을 요구하려는 경우에는 그 이유와 중단요구 기간을 구체적으로 밝힌 방문조사 중단요구서를 위원회나 법 제50조의3 제1항에 따른 군인권보호위원회(이하 "위원회등"이라 한다)에 제출하여야 한다.

⑥ 제5항에도 불구하고 국방부장관은 방문조사 중단요구서를 제출하기 어려운 긴급한 사정이 있는 경우에는 전화, 팩스, 전자우편 또는 구두로 그 사정을 밝히고 방문조사의 중단을 요구할 수 있다. 이 경우 사정이 해소되는 즉시 방문조사 중단요구서를 제출하여야 한다.

⑦ 위원회등은 제5항 및 제6항에 따른 방문조사 중단요구를 받으면 그 이유와 중단요구 기간을 지체 없이 검토하고 그 결과를 국방부장관에게 통지하여야 한다.

⑧ 제1항에 따라 군부대를 방문하여 조사할 때에 녹음하거나 녹화한 내용의 목적 외 사용 제한 및 공표 제한, 방문조사조서의 기재 및 작성에 관하여는 제3조 제4항부터 제6항까지의 규정을 준용한다. 이 경우 "위원등"은 "군인권보호관등"으로, "구금·보호시설"은 "군부대"로 본다.

제50조의5 【군인등의 진정권 보장을 위한 수단 제공】

국방부장관은 군인등의 진정권을 보장하기 위하여 우편·전화·인터넷 등 위원회에 진정할 수 있는 효율적인 수단을 제공하고, 이를 널리 알려야 한다.

제50조의6 【사망사건의 통보와 조사·수사의 입회】

① 국방부장관은 군인등이 복무 중 사망한 경우에는 즉시 위원회등에 사망 사실을 통보하여야 한다.

② 제1항에 따른 통보를 받은 위원회등은 필요하다고 인정하는 경우 해당 사건의 군 조사기관 또는 군 수사기관의 장(「군사법원법」 제2조 제2항 각 호의 죄에 해당하는 사건을 수사하는 수사기관의 장은 제외한다)에게 진행 중인 해당 사건에 관한 조사 또는 수사에 군인권보호관 및 소속 직원의 입회를 요구할 수 있다. 이 경우 요구를 받은 군 조사기관 또는 군 수사기관의 장은 진행 중인 조사나 수사에 중대한 지장을 주지 아니하면 그 입회 요구에 따라야 한다.

🔖 시행령

제21조의3 【군인 등 사망사건 조사·수사의 입회 절차】

① 국방부장관은 법 제50조의6 제1항에 따라 군인등의 사망사건을 인지하면 위원회등에 다음 각 호의 사항을 서면으로 즉시 통보하여야 한다.

1. 사건의 개요　　　　　　　　　　2. 사망자의 소속·계급
3. 발견 경위　　　　　　　　　　　4. 발견 일시·장소

② 제1항에도 불구하고 긴급한 경우에는 확인된 사실만을 구두로 통보할 수 있다. 이 경우 긴급한 사유가 해소되

는 즉시 서면으로 통보하여야 한다.

③ 위원회등은 법 제50조의6 제2항 전단에 따라 진행 중인 사망사건에 관한 조사 또는 수사에 군인권보호관 및 소속 직원의 입회를 요구하려는 경우에는 군 조사기관 또는 군 수사기관의 장(「군사법원법」 제2조 제2항 각 호의 죄에 해당하는 사건을 수사하는 수사기관의 장은 제외한다)에게 입회자 및 입회 취지를 서면으로 미리 통지하여야 한다.

제50조의7 【진정의 각하에 대한 특례】

① 위원회등은 진정의 원인이 된 사실이 발생한 날부터 1년 이상 지난 군인권침해 사건 관련 진정으로서 진정을 제기하기 어려운 사정이 있었다고 인정되는 진정의 경우에는 제32조 제1항 제4호 본문에도 불구하고 이를 각하하지 아니하고 조사할 수 있다. 다만, 진정을 제기하기 어려운 사정이 없어진 날부터 1년 이상 지나서 진정한 경우에는 그 진정을 각하한다.

② 위원회등은 군인권침해 사건과 관련된 진정(법원이나 헌법재판소의 재판절차가 진행 중이거 나 종결된 경우는 제외한다. 이하 이 조에서 같다)의 경우에는 제32조 제1항 제5호 본문에도 불구하고 위원회등의 의결을 거쳐 이를 각하하지 아니하고 조사할 수 있다. 다만, 「군사법원 법」 제2조 제2항 각 호의 죄와 관련된 진정으로서 그에 관한 수사가 진행 중이거나 종결된 경우에는 군인권침해가 있다고 믿을 만한 상당한 근거가 있고 그 내용이 중대하다고 인정할 때 위원회등의 의결을 거치고, 관계 기관의 장과 협의를 거쳐 이를 각하하지 아니하고 조사할 수 있다.

③ 제2항에 따른 조사는 진행 중인 수사나 그 밖의 법률에 따른 권리구제 절차의 진행에 지장을 주어서는 아니 된다.

제50조의8 【조사의 방법에 대한 특례】

① 위원회등은 군인권침해가 있다고 믿을 만한 상당한 근거가 있고 그 내용이 중대하다고 인정할 때에는 제36조 제7항 제2호에도 불구하고 관계 국가기관(법원과 헌법재판소는 제외한다. 이 하 이 조에서 같다)의 장과 협의를 거쳐 자료나 물건의 제출을 요구하거나 그 자료, 물건 또는 시설에 대한 현장조사 또는 감정을 할 수 있다. 이 경우 관계 국가기관의 장은 해당 사건 수사가 종결된 이후 자료제출 등을 할 수 있다.

② 관계 국가기관의 장은 제1항에 따른 위원회등의 자료 등의 제출 요구, 현장조사 또는 감정에 특별한 사정이 없으면 성실히 협조하여야 한다.

제50조의9 【피해자 보호조치】

① 위원회등은 필요하다고 인정하는 경우 국방부장관에게 군인권침해 사건의 피해자 보호를 위하여 제48조에 따른 조치를 하도록 요구할 수 있다.

② 국방부장관은 제1항에 따른 피해자 보호조치의 요구를 받은 경우 이를 이행하기 어려운 특별한 사정이 없으면 즉시 피해자 보호를 위한 조치를 취하고 위원회등에 그 결과를 통보하여야 한다.

③ 국방부장관은 제1항에 따른 피해자 보호조치의 요구를 이행할 수 없는 경우에는 그 요구를 받은 날부터 3일 이내에 위원회등에 문서로 그 사유를 통보하여야 한다.

09 수용자 처우에 관한 UN최저기준규칙(만델라규칙)

서 칙

제1조
본 규칙이 의도하는 바는 교정시설의 모범적 체계를 세세한 점까지 기술하고자 하는 것은 아니다. 이것은 오직 이 시대의 사조로서 일반적으로 합의된 바와 현재로서 가장 적합한 체계를 위한 필수적인 요소들을 기준으로 하여 일반적으로 수용자에 대한 처우와 교정시설의 운영에서 올바른 원칙과 관행으로서 받아들여지고 있는 것을 명백히 하고자 하는 것일 뿐이다.

제2조
① 세계의 법적·사회적·경제적 및 지리적 조건들이 매우 다양하다는 점에 비추어 볼 때 본 규칙의 전부가 모든 곳에서 언제나 적용될 수 없음은 명백하다. 그러나 본 규칙은 그것이 전체로서 유엔에 의하여 적정한 것으로 인정되는 최소한의 조건을 나타낸다는 것을 알게 함으로써 그 적용과정에서 발생하는 사실상의 어려움을 극복하려는 부단한 노력을 촉진할 것이다.

② 한편, 본 규칙이 다루는 영역에서 시대의 흐름은 끊임없이 발전하고 있다. 본 규칙은 전체로서 그 본문에서 파생되는 원칙들과 조화를 이루면서 그 목적을 촉진하고자 하는 것인 한 실험과 실습을 배제하지 아니 한다. 중앙교정당국이 이 정신에 따라 본 규칙을 변경하는 것은 항상 정당화된다.

제3조
① 본 규칙 제1부는 교도소 운영 일반을 다루며 법관이 명한 보안처분 또는 교정처분 하에 있는 수용자를 포함하여 형사범이나 민사범, 미결수용자나 수형자 등 모든 범주의 수용자에게 적용될 수 있다.

② 제2부는 각 절에서 다루는 특정 범위에 대하여만 적용될 수 있다. 그러나 수형자에 대하여 적용되는 A절의 규칙은 B, C, D절에서 다루어지는 수용자에게도 똑같이 적용될 수 있다. 다만, 이는 A절의 규칙이 B, C, D절의 규칙과 모순되지 아니하고 또한 그의 이익에 해당하는 경우에 한한다.

제4조
① 본 규칙은 소년원과 같은 비행청소년 수용시설이나 교정학교 등 소년들을 위하여 따로 마련된 시설 운영을 규율하려는 것이 아니다. 그러나 일반적으로 제1부는 이러한 시설에 똑같이 적용될 수 있다.

② 소년수용자의 범주에는 적어도 소년법원의 관할에 속하는 모든 소년들이 포함되어야 한다. 원칙적으로 이들 소년에게 구금형이 선고되어서는 안 된다.

제1부 | 통칙

기본원칙

제1조 【인도적 처우】
모든 수용자는 인간의 존엄성과 가치에 입각하여 존중을 받아야 한다. 어떠한 수용자도 고문, 기타 잔인하거나 비인간적이거나 모욕적인 처우 또는 처벌을 받지 않도록 보호되어야 하고 어떠한 경우도 이를 정당화할 수 없다. 수용자와 직원, 용역 제공자, 방문자들의 안전과 보안은 항시 유지되어야 한다.

제2조 【공평처우】
① 본 규칙은 공평하게 적용되어야 한다. 수용자의 인종, 피부색, 성별, 언어, 종교, 정치적 또는 그 밖의 견해, 국적, 사회적 신분, 재산, 출생 또는 그 밖의 지위에 의하여 차별이 있어서는 안 된다. 수용자의 종교적 신념과 도덕률은 존중되어야 한다.

② 차별금지의 원칙을 적용하기 위해 교정당국에서는 수용자 개인의 필요(특히 교정시설의 환경에서 가장 취약한 부분에 대하여)를 고려해야 한다.

특수한 필요를 가진 수용자들을 보호하고 그들의 권리를 존중하기 위한 조치들은 필요한 것으로서 차별로 간주되지 않는다.

제3조 【고통가중 금지】

개인을 외부세상으로부터 차단하는 모든 구금행위는 그들의 자유를 박탈함으로써 자아결정권을 빼앗는 행위로 고통을 수반한다. 따라서 교정제도는 정당하게 수반되거나 질서를 유지하기 위한 경우를 제외하고 수용자의 고통을 가중시켜서는 안 된다.

제4조 【구금목적에 적합한 처우】

① 개인의 자유를 박탈하는 구금행위나 이와 유사한 조치의 주된 목적은 범죄로부터 사회를 보호하고 재범을 줄이는 것이다. 이러한 목적을 달성하기 위해서는 수용자가 구금기간 동안 사회복귀 시 법을 준수하고 자생할 수 있도록 합당한 지원을 받아야 한다.

② 이와 관련하여 교정당국과 관련 기관에서는 교육과 직업훈련, 작업 등 가능하고 적합한 형태의 지원을 수용자들에게 제공해야 하고 여기에는 교화적, 도덕적, 정신적, 사회적 활동들과 보건 또는 운동을 기반으로 하는 활동들이 포함된다. 이러한 프로그램, 활동, 서비스는 수용자 개인의 특성을 고려하여 제공되어야 한다.

제5조 【구금에 따른 조치】

① 구금제도는 구금시설 내에서의 생활과 외부생활의 차이로 인하여 수용자의 책임과 인간으로서의 존엄성을 저해하지 않도록 가능한 조치를 강구해야 한다.

② 교정당국은 형평성에 입각하여 정신적 또는 지체 장애가 있는 수용자들이 구금시설 내에서 원만한 생활을 할 수 있도록 합당한 배려와 조치를 취해야 한다.

수용자의 기록 관리

제6조 【서류 관리】

수용자를 수용하는 모든 시설에서는 체계적인 서류관리 절차가 이루어져야 한다. 데이터베이스를 활용한 전자식 기록이나 번호와 서명을 표기한 페이지로 이루어진 등록부를 활용한다. 또한 기록에 대한 감사를 실시하고 무단 열람이나 수정이 불가하도록 절차가 마련되어야 한다.

제7조 【수용 시 정보의 기록】

유효한 구속영장에 의하지 아니하고는 어느 누구라도 교도소에 수용되어서는 안 된다. 수용자가 입소할 때에는 다음과 같은 정보를 기록하여 관리해야 한다.

1. 수용자의 신분을 확인할 수 있는 정확한 정보(이때 자신의 성별에 대한 수용자 개인의 인식을 존중해야 한다)
2. 구금된 이유와 집행기관, 체포된 일자와 시간, 장소
3. 입소, 석방, 출소 일자와 시간
4. 육안으로 확인이 가능한 부상과 학대를 받았는지의 여부
5. 개인 소지품 내역
6. 자녀, 자녀의 나이, 거주지, 보호자 여부 등 가족들의 성명
7. 가까운 친척의 비상연락처

제8조 【구금 중 정보의 기록】

구금기간 중에 필요 시 다음과 같은 정보를 기록하여 관리해야 한다.

1. 재판심의와 변호 등 사법절차에 관련된 정보
2. 초기 평가 및 분류 보고서
3. 수용자의 태도와 규율준수 여부에 관한 정보
4. 고문 또는 기타 잔인하거나 비인간적이거나 모욕적인 처우 또는 처벌에 관한 청원과 고충, 다만 기밀정보인 경우는 예외
5. 규율적 처벌내역에 관한 정보
6. 부상 또는 사망에 관한 정보, 사망의 경우 시신의 안치장소 기재

제9조 【기록 정보의 열람】

제7조와 제8조에서 명시한 정보는 기밀로 유지해야 하고 업무를 위해서 인가를 받은 자에 한하여 열람이 가능해야 한다. 수용자는 자국의 법률에서 허용하는 경우 자신의 기록을 열람할 수 있으며 석방 후 해당 기록에 대한 공식 사본을 요청할 수 있다.

제10조 【서류의 활용】

수용자 서류관리제도는 시설 점유율 등 수용자의 인원 추이를 확인할 수 있는 통계 수치를 파악하는데 활용될 수 있으며 이는 의사결정에 필요한 근거자료로 활용되어야 한다.

수용자의 분리

제11조 【분리 수용】
상이한 종류의 수용자는 그 성별, 연령, 범죄경력, 구금의 법률적 사유 및 처우상의 필요를 고려하여 분리된 시설이나 또는 시설내의 분리된 구역에 수용되어야 한다. 따라서
1. 남자와 여자는 가능한 한 분리된 시설에 구금해야 한다. 남자와 여자를 함께 수용하는 시설에서는 여자용으로 사용되는 설비의 전체를 완전히 분리해야 한다.
2. 미결수용자는 수형자와 분리하여 구금해야 한다.
3. 채무로 인하여 수용된 자 및 그 밖의 민사범은 형사범과 분리하여 구금해야 한다.
4. 소년은 성년과 분리하여 구금해야 한다.

거주시설

제12조 【수용거실】
① 취침시설이 각 거실마다 설치되어 있을 경우, 개개의 수용자별로 야간에 독거실이 제공되어야 한다. 일시적인 과잉수용 등과 같은 특별한 이유로 중앙교정당국이 이 규정에 대한 예외를 둘 필요가 있을 때에도 독거실에 2명의 수용자를 수용하는 것은 바람직하지 못하다.
② 혼거실이 사용되는 때에는 그 환경에서 서로 사이좋게 지낼 수 있는 수용자를 신중하게 선정하여 수용하여야 한다. 이때에는 시설의 성격에 맞추어 야간에 정기적인 감독이 수행되어야 한다.

제13조 【취침시설】
수용자가 사용하도록 마련된 모든 시설, 특히 모든 취침시설은 기후조건을 고려하고 특히 공기의 용적, 최소면적, 조명, 난방 및 환기 등에 관하여 적절한 고려를 함으로써 건강유지에 필요한 모든 조건을 충족해야 한다.

제14조 【거주, 작업장의 조건】
수용자가 생활하거나 작업을 하여야 하는 모든 장소에는,
1. 창문은 수용자가 자연광선으로 독서하거나 작업을 할 수 있을 만큼 커야 하고, 인공적인 통풍 설비의 유무에도 불구하고 신선한 공기가 들어올 수 있도록 설치되어야 한다.
2. 인공조명은 수용자의 시력을 해치지 아니하고 독서하거나 작업하기에 충분하도록 제공되어야 한다.

제15조 【위생설비】
위생설비는 모든 수용자가 청결하고 단정하게 생리적 욕구를 해소하기에 적합해야 한다.

제16조 【목욕】
적당한 목욕 및 샤워설비를 마련하여 모든 수용자가 계절과 지역에 따라 일반 위생상 필요한 만큼 자주 기후에 알맞은 온도로 목욕하거나 샤워할 수 있게 하며, 수용자에게 그렇게 할 의무가 부과될 수 있다. 다만, 온대기후의 경우 그 횟수는 적어도 매주 1회 이상이어야 한다.

제17조 【시설관리】
수용자가 상시 사용하는 시설의 모든 구역은 항상 적절히 관리되고 깨끗하게 유지되어야 한다.

개인위생

제18조 【청결의무 등】
① 수용자에게는 신체를 청결히 유지할 의무를 부과하여야 하고, 이를 위하여 건강 및 청결유지에 필요한 만큼의 물과 세면용품을 지급되어야 한다.
② 수용자가 그들의 자존심에 부합하는 단정한 용모를 유지할 수 있도록 두발 및 수염을 다듬을 수 있는 기구를 제공하여야 하고, 남자는 규칙적으로 면도할 수 있도록 해야 한다.

의류 및 침구

제19조 【의류】
① 자기의 의류를 입도록 허용되지 아니하는 모든 수용자에 대하여는 기후에 알맞고 건강유지에 적합한 의류가 지급되어야 한다. 이러한 의류는 결코 인간의 존엄성을 상실시키거나 수치심을 주는 것이어서는 안 된다.
② 모든 의류는 청결하고 적합한 상태로 보존되어야 한다. 내의는 위생을 유지하기에 필요한 만큼 자주 교환되고 세탁되어야 한다.

③ 예외적인 상황에서 수용자가 정당하게 인정된 목적을 위하여 시설 밖으로 나갈 때에는 언제나 자신의 사복 또는 너무 눈에 띄지 아니하는 의복을 입도록 허용되어야 한다.

제20조【자기 의류】

수용자에게 자기 의류를 입도록 허용하는 경우에는 교도소에 수용할 때에 그 의류가 청결하고 사용에 적합하게 관리되도록 적당한 조치를 취해야 한다.

제21조【침구】

모든 수용자에게는 해당 지역 또는 국가의 수준에 맞추어 개별 침대와 충분한 전용침구를 지급해야 하고, 침구는 지급될 때 청결하고 항상 잘 정돈되어야 하며 또한 그 청결을 유지할 수 있도록 충분히 자주 교환되어야 한다.

급식

제22조【급식】

① 교정당국은 모든 수용자에게 통상의 식사시간에 건강과 체력을 유지하기에 충분하고 영양가와 위생적인 품질을 갖춘 잘 조리된 음식을 급여해야 한다.
② 음료수는 모든 수용자가 필요로 할 때 언제나 제공되어야 한다.

운동 및 경기

제23조【실외운동 등】

① 실외작업을 하지 아니하는 모든 수용자는 날씨가 허락하는 한 매일 적어도 1시간의 적당 한 실외운동을 하도록 해야 한다.
② 소년수용자 및 적당한 연령과 체격을 가진 그 밖의 수용자에게는 운동시간 중에 체육 및 오락훈련을 받도록 해야 한다. 이 목적을 위하여 필요한 공간, 설비 및 장비가 제공되어야 한다.

보건의료

제24조【보건의료】

① 국가는 수용자의 보건의료를 책임져야 한다. 수용자는 지역사회에서 제공하는 것과 동일한 수준의

보건의료 혜택을 누릴 권리가 있으며 법적 신분으로 인한 차별을 받지 않고 필요한 보건의료 서비스를 무상으로 이용할 수 있어야 한다.
② 보건의료 서비스는 에이즈, 결핵 등 감염성 질환 또는 약물 의존에 대한 치료를 지속할 수 있도록 공공 보건당국과의 긴밀한 협조를 통해 이루어져야 한다.

제25조【보건의료 관련 조치 등】

① 모든 구금시설에서는 수용자의 육체적 또는 정신적 건강을 진단, 증진, 유지할 수 있도록 보건의료 관련 조치가 마련되어 있어야 하고 특별한 주의를 요구하거나 건강상 문제가 있는 수용자에게 각별한 주의를 기울여야 한다.
② 보건의료 서비스는 충분한 자격을 갖춘 의료전문가와 심리학과 정신과학 분야의 전문성을 갖춘 인력으로 구성된 팀에 의해 이루어져야 한다. 자격을 갖춘 치과의사의 의료서비스도 모든 수용자들에게 제공되어야 한다.

제26조【의료기록】

① 보건의료 서비스에 있어서 모든 수용자에 대한 정확한 개별 의료기록을 작성하고 관리하고 보안을 유지하고 수용자가 자신의 의료기록을 열람할 수 있도록 허용해야 한다. 수용자는 또한 제3자가 자신의 의료기록을 확인할 수 있도록 권한을 위임할 수 있다.
② 다른 시설로 이전 시 수용자의 의료기록은 해당 시설로 전달되고 기록의 보안을 유지해야 한다.

제27조【의료지원을 받을 권리 등】

① 모든 수용자는 응급상황 발생 시 즉시 의료지원을 받을 권리가 있다. 특수한 치료 또는 수술을 요하는 수용자의 경우 해당 의료시설이나 민간 병원으로 이송되어야 한다. 의료시설을 갖춘 구금시설의 경우 해당 의료시설은 원활한 치료와 업무를 진행할 수 있도록 적정한 인력과 장비를 갖춰야 한다.
② 의료와 관련된 결정은 권한이 있는 보건의료 전문가가 내려야 하며 의료분야에 종사하지 않는 구금시설의 직원은 그 결정을 거부하거나 간과해서는 안 된다.

제28조【임산부인 수용자】

여자교도소에서는 산전 및 산후의 모든 간호 및 처치

를 위하여 필요한 특별한 설비가 갖추어져 있어야 한다. 가능한 경우에는 항상 시설 밖의 병원에서 분만할 수 있도록 조치를 강구해야 한다. 아이가 시설 내에서 태어난 경우 그 사실을 출생증명서에 기재해서는 안 된다.

제29조 【유아의 양육】
① 수용자의 자녀를 구금시설 내에서 수용자와 함께 생활하는 것에 대한 판단을 내릴 때에는 해당 자녀의 이익을 최우선적으로 고려해야 한다. 다음의 경우에 한하여 수용자의 자녀를 구금시설 내에서 생활하는 것을 허용한다.
   1. 수용자가 자녀를 돌보지 못할 때 적정 인력을 갖춘 내부 또는 외부 보육시설에 자녀를 위탁할 수 있는 경우
   2. 전문가가 입소에 대한 건강검진 및 자녀의 발육에 대한 지속적인 모니터링을 포함한 어린이의 특별한 보건의료 서비스를 제공할 수 있는 경우
② 구금시설에서 생활하는 수용자의 자녀는 어떠한 경우에도 수용자로 처우해서는 안 된다.

제30조 【면담과 의료 검사】
의사 또는 자격을 갖춘 보건의료 전문가는 입소한 모든 수용자들에 대하여 조속히 면담과 의료 검사를 실시해야 한다. 이 경우 다음과 같은 사항에 각별한 주의를 기울여야 한다.
1. 특별한 의료 지원이나 치료가 필요한 지의 여부
2. 입소 전에 학대를 받았는지의 여부
3. 구금으로 인한 정신적 스트레스로 인하여 자살 또는 자해의 위험이 있는지의 여부 또는 약물 또는 알코올 중독으로 인한 금단증상, 기타 모든 개인적으로 필요한 조치 또는 치료 확인
4. 감염성 질환으로 인하여 격리와 적절한 치료가 필요한 지의 여부
5. 작업, 운동, 기타 활동에 참여할 수 있는 지를 파악하기 위한 건강상태의 확인

제31조 【건강 확인】
의사 또는 자격을 갖춘 보건의료 전문가는 질환을 앓고 있거나 육체적 또는 정신적 문제를 호소하거나 각별한 주의를 요하는 모든 수용자를 매일 확인해야 하고 모든 의료검사에 대해 철저한 보안을 유지해야 한다.

제32조 【의사의 의무】
① 의사 또는 기타 보건의료 전문가와 수용자의 관계는 지역사회에서 적용되는 동일한 윤리적·전문적 규범과 기준을 적용한다. 특히 다음과 같은 의무를 이행해야 한다.
   1. 의료적 관점에서 수용자의 육체적 또는 정신적 건강을 보호한다.
   2. 수용자의 건강에 대한 판단과 권리를 존중한다.
   3. 의료 기록의 보안을 유지한다. 다만, 이로 인하여 환자 또는 제3자에게 위협이 되는 경우는 그러하지 아니하다.
   4. 실험 등의 목적으로 세포, 신체조직, 장기를 적출하는 등 수용자의 건강에 해가 되는 어떠한 행위나 고문, 기타 잔인하거나 비인간적이거나 모욕적인 어떠한 행위도 하지 않는다.
② 제1항 제4호를 제한하지 않는 범위 내에서 수용자는 자신의 건강 회복에 도움이 되거나 친척에게 자신의 세포, 신체조직, 장기를 기부하기를 원하는 경우 지역사회에서 실시하는 임상시험이나 기타 조사활동에 참여할 수 있다.

제33조 【의사의 소장 보고】
의사는 수용자의 신체적 또는 정신적 건강이 계속된 구금으로 인하거나 또는 구금에 수반된 상황에 의해서 손상되었거나 또는 손상되리라고 판단하는 때는 언제든지 소장에게 보고해야 한다.

제34조 【의사의 고문 등 인지 보고】
입소 후 수용자의 건강검사 또는 치료 과정에서 보건의료 전문가가 고문 또는 기타 잔인하거나 비인간적이거나 모욕적인 처우 또는 처벌의 징후를 인지한 경우 해당 보건의료 전문가는 이를 기록하고 관련 의료, 행정 또는 사법 기관에 보고해야 한다. 이 경우 해당 수용자 또는 관련자를 위험으로부터 보호할 수 있는 적합한 절차가 마련되어 있어야 한다.

제35조 【의사 등의 조언】
① 의사 또는 관련 공공보건기관은 정기적으로 검사를 실시하고 다음 각 호에 대하여 소장에게 조언해야 한다.
   1. 음식의 양, 질, 조리 상황 및 배식
   2. 시설 및 수용자의 위생과 청결
   3. 시설의 위생관리, 온도, 조명 및 환기

4. 수용자의 의류 및 침구의 적합 및 청결상태
5. 체육 및 운동을 담당하는 전문직원이 없는 경우 이에 관한 규칙의 준수여부

② 교도소장은 본 조 제1항과 제33조의 규정에 따라 의사가 실시한 조언과 보고를 참고해야 하며, 보고서에 있는 조언과 권고를 실시하기 위한 즉각적인 조치를 취해야 한다. 또한, 그 제안이 자기의 권한에 속하는 사항이 아니거나 동의하지 아니하는 때에 소장은 자기의 의견과 의사 또는 적법한 공중위생단체의 조언과 권고를 즉시 상급관청에 보고해야 한다.

제한, 규율 및 처벌

제36조 【필요성의 원칙】
규율 및 기타 규범은 안전과 질서를 유지하기 위하여 필요한 한도를 넘지 않는 범위 내에서 유지되어야 한다.

제37조 【명확성의 원칙】
다음 각 호는 항상 법률 또는 권한 있는 행정관청의 규칙으로 정해야 한다.
1. 규율 위반을 구성하는 행위
2. 부과할 처벌의 종류 및 그 기간
3. 처벌을 부과할 권한이 있는 기관
4. 독방수용, 격리, 분리, 특수 관리시설, 구속시설 등과 같이 규율적 처벌 또는 질서 및 보안 유지를 위해 다른 수용자들로부터의 강제적으로 분리 수용하는 행위로 이에 대한 정책 및 검토사항을 적용하는 경우 등을 포함함

제38조 【규율 위반 예방】
① 교정당국은 가능한 범위 내에서 규율 위반이나 마찰을 예방하기 위해 적절한 예방 또는 중재 수단을 활용할 수 있다.
② 분리 수용된 적이 있는 수용자의 경우 교정당국은 이로 인하여 수용자 자신과 석방 후 지역사회에 발생할 수 있는 부작용을 최소화할 수 있도록 필요한 조치를 취해야 한다.

제39조 【적법 절차의 원칙 등】
① 수용자는 제37조에 명시된 법규와 공정성과 합당한 절차에 입각하여 처벌을 받아야 한다. 수용자는 동일한 규율 위반에 대하여 이중으로 처벌받아서는 안 된다.
② 교정당국은 규율 위반과 그에 대한 처벌이 합당하게 이루어지도록 조치를 취해야 하며 부과된 모든 처벌 내역을 정확하게 기록해야 한다.
③ 규율 위반에 대한 처벌을 부과하기 전에 교정당국은 수용자에게 정신질환이나 발달장애가 있는지 확인하고 위반사실에 대한 원인을 규명해야 한다. 교정당국은 정신질환이나 발달장애로 인한 규율 위반을 처벌해서는 안 된다.

제40조 【수용자의 역할 제한】
① 어떠한 수용자라도 교도소의 업무를 부여받거나 규율권한이 부여되어서는 안 된다.
② 그러나 본 규칙은 특정한 사회적, 교육 또는 스포츠 활동이나 책임을 직원의 감독 하에 처우목적을 위하여 그룹으로 분류된 수용자 자치제도의 적절한 활용을 배제하지 아니 한다.

제41조 【규율위반 수용자의 방어권】
① 규율 위반에 대한 모든 혐의는 관련 기관에 즉시 보고되어야 하고 이를 보고 받은 기관은 즉시 이에 대한 조사를 실시해야 한다.
② 수용자는 수용자가 이해할 수 있는 언어로 자신에 대한 혐의사실에 대하여 통고를 받고 자신을 변호할 수 있는 적당한 시간과 시설을 제공받아야 한다.
③ 수용자는 특히 중대한 규율 위반에 대하여 자신을 직접 변호하거나 필요 시 법적 지원을 받을 수 있는 권리가 있다. 만일 심의절차가 수용자가 이해할 수 없는 언어로 진행되는 경우 무상으로 통역 지원이 이루어져야 한다.
④ 수용자는 자신에게 부과된 처벌에 대하여 사법심사를 요구할 기회를 가져야 한다.
⑤ 규율 위반이 범죄로 기소되는 경우 수용자는 법률자문에 대한 지원 등 형사소송절차를 진행하는데 있어 모든 권리를 보장받아야 한다.

제42조 【생활환경】
조명, 환기, 온도, 위생, 영양, 식수, 야외 활동, 운동, 개인위생, 보건, 개인 공간 등에 대한 기본적인 생활환경에 대한 조건은 모든 수용자에게 예외 없이 적용되어야 한다.

제43조 【금지되는 처벌 행위】
① 구속 또는 규율 위반에 대한 처벌은 어떠한 경우

에도 고문 또는 기타 잔인하거나 비인간적이거나 모욕적인 처우 또는 처벌로 대체되어서는 안 되며 다음과 같은 행위는 금지되어야 한다.

1. 무기한 독거실에 수용하는 행위
2. 장기간 독거실에 수용하는 행위
3. 어둡거나 지속해서 밝혀져 있는 공간에 수용하는 행위
4. 체벌 또는 식사나 식수의 공급을 제한하는 행위
5. 집단 처벌하는 행위

② 규율 위반에 대한 처벌로 결박장치를 사용해서는 안 된다.

③ 규율 위반에 대한 처벌 또는 구속조치로 가족과의 연락을 금지해서는 안 된다. 가족과의 연락을 금지하는 행위는 제한된 시간에 한하여 보안 또는 질서의 유지를 위한 경우에만 허용된다.

제44조【독거수용의 구분】

본 규칙에서 일반적인 독거수용이라 함은 타인과의 접촉이 없이 수용자를 22시간 또는 하루 이상 수용하는 것을 의미하고 장기 독거수용이라 함은 15일을 초과하여 연속으로 수용자를 독거실에 수용하는 것을 의미한다.

제45조【독거수용의 제한】

① 독거수용은 특수한 경우에 한하여 최후의 수단으로 허용되며 가능한 최소한의 시간으로 한정해야 하고 독립적인 심의와 관계 기관의 승인을 받아야 한다. 또한 수용자의 형량에 의거하여 독거수용을 부과해서는 안 된다.

② 정신적 또는 지체 장애가 있는 수용자의 경우 독거수용이 상태를 악화시킬 가능성이 있으면 독거수용을 부과할 수 없다. 독거수용이나 이와 유사한 조치를 범죄예방 및 형사사법에 대한 유엔의 기준 및 규범에 의거하여 여성 또는 소년에게 부과하는 것은 금지된다.

제46조【보건의료 담당자의 건강상태 확인】

① 보건의료 담당자는 규율 위반에 대한 처벌 또는 구속조치를 부과할 수 없다. 그러나 보건의료 담당자는 매일 강제적으로 분리 수용된 수용자를 방문하고 수용자 또는 직원의 요청에 따라 의료지원을 제공하는 등 수용자의 건강상태에 각별한 주의를 기울여야 한다.

② 규율 위반에 대한 처벌이나 구속조치가 수용자의 육체적 또는 정신적 건강상태에 부정적인 영향을 미치는 경우 보건의료 담당자는 이를 즉시 교도소장에게 보고하고 처벌 조치의 중단이나 조정에 대하여 의견을 제시해야 한다.

③ 보건의료 담당자는 강제로 분리 수용된 수용자의 건강상태나 정신 또는 지체장애가 악화되지 않도록 이를 검토하고 조정에 대한 의견을 제시해야 한다.

보호장비

제47조【보호장비의 사용】

① 본질적으로 악화 또는 고통을 주는 사슬, 발목수갑 등의 보호장비의 사용은 금지되어야 한다.

② 그 밖의 보호장비는 다음 각 호의 경우를 제외하고는 사용되어서는 안 된다.

1. 호송 중 도주에 대한 예방책으로 사용되는 때. 다만, 사법 또는 행정당국에 출석할 때에는 보호장비를 해제해야 한다.
2. 수용자가 자기 또는 다른 사람에게 침해를 가하거나 재산에 손해를 주는 것을 다른 수단으로써는 방지할 수 없어서 소장이 명령하는 때. 이때에는 소장은 지체 없이 의사 또는 다른 자격이 있는 보건의료 전문가에게 주의를 환기시키고 상급 행정관청에 보고해야 한다.

제48조【보호장비 사용의 한계】

① 제47조 제2항에 의거하여 보호장비의 사용을 허용하는 경우 다음과 같은 원칙이 지켜져야 한다.

1. 보호장비는 위험을 예방하기 위한 다른 대체수단이 없을 경우에 한하여 사용되어야 한다.
2. 보호장비의 사용은 위험의 정도와 유형에 따라 수용자의 움직임을 제한하도록 적정한 수준에서 이루어져야 한다.
3. 보호장비는 꼭 필요한 시간에 한정하여 사용되어야 하며 위험성이 존재하지 않는 경우 즉시 제거해야 한다.

② 진통 또는 분만 상태에 있거나 분만 직후의 여성에게는 보호장비를 사용해서는 안 된다.

제49조【직원 교육】

교정당국은 보호장비를 올바로 사용하고 착용자의 불편함을 최소화할 수 있도록 직원들을 교육해야 한다.

수용자와 거실에 대한 검사

제50조【검사의 기준】

수용자와 거실의 검사에 대한 적용 법규는 국제법을 따라야 하며 구금시설 안전을 고려하여 국제기준과 규범에 입각하여 이루어져야 한다. 검사는 인간의 존엄성과 개인의 사생활을 보호하고 비례의 원칙과 합법성, 필요성에 입각하여 실시되어야 한다.

제51조【검사의 제한 및 기록】

검사는 수용자를 괴롭히거나 위협하고 불필요하게 개인의 사생활을 침해하기 위해 실시되어서는 안 된다. 교정당국은 특히 알몸수색이나 체강검사, 거실검사에 대하여 검사사유와 검사 실시자, 검사결과 등을 기록해야 한다.

제52조【알몸수색과 체강검사】

① 알몸수색과 체강검사와 같이 불편함을 유발할 수 있는 검사는 꼭 필요한 경우에 한하여 실시되어야 한다. 교정당국은 이러한 검사를 대체할 수 있는 수단을 강구해야 하며 이러한 검사를 실시할 때에는 단독으로 교육을 받은 동성의 교도관이 실시해야 한다.

② 체강검사는 수용자의 관리를 책임지는 자 이외의 자격을 갖춘 전문가 또는 위생, 보건, 안전분야의 교육을 받은 직원에 의해 실시되어야 한다.

제53조【소송서류의 소지】

수용자는 자신의 소송절차와 관련된 서류를 열람하거나 소지할 수 있으며 이에는 교정당국의 접근이 허용되지 않는다.

정보 및 불복신청

제54조【수용자에 대한 정보 제공】

모든 수용자에게는 입소 즉시 다음과 같은 정보가 서면으로 제공되어야 한다.

1. 구금시설에 대한 관련 법규
2. 정보 검색, 법률구조를 통한 법률자문을 받을 권리

등 수용자의 권리와 불복 또는 요구절차
3. 수용자의 의무사항과 규율위반에 대한 처벌
4. 구금시설에서의 생활에 적응하는데 필요한 기타 모든 사항

제55조【정보 제공기준】

① 제54조에 명시된 정보는 수용자의 필요에 따라 가장 통용되는 언어로 제공되어야 한다. 수용자가 해당 언어를 이해하지 못하는 경우 통역지원이 제공되어야 한다.

② 수용자가 문맹인 경우 해당 정보를 구두로 제공해야 한다. 만일 수용자가 감각장애를 가지고 있는 경우 가능한 방식으로 해당 정보를 전달해야 한다.

③ 교정당국은 해당 정보의 개요를 구금시설 내의 공용지역에 비치해야 한다.

제56조【권리구제】

① 모든 수용자에게는 매일 교도소장 또는 그를 대리할 권한을 가진 교정직원에게 청원 또는 불복신청을 할 기회가 주어져야 한다.

② 수용자는 자신에 대한 조사 중에 조사관에게 청원 또는 불복신청을 할 수 있어야 한다. 수용자에게는 소장 또는 그 밖의 직원의 참여 없이 담당조사관 또는 다른 조사관에게 말할 기회가 주어져야 한다.

③ 모든 수용자는 내용의 검열을 받지 아니하고 적합한 형식에 맞추어 허가된 경로에 따라 검토 또는 구제 권한을 부여받은 사람을 포함하여 중앙교정당국, 사법기관 또는 그 밖의 권한이 있는 기관에 청원하거나 불복신청을 하도록 허용되어야 한다.

④ 제1항부터 제3항까지에 명시된 권리는 수용자의 법률자문가에게도 적용된다. 이때 만일 수용자와 그 법률자문가 모두가 해당 권리를 행사할 수 없을 경우 수용자의 가족이나 사건에 대한 지식이 있는 제3자가 해당 권리를 행사할 수 있다.

제57조【권리구제를 위한 처리】

① 모든 요구 또는 불복은 즉시 처리되고 회답되어야 한다. 만일 요구 또는 불복이 거부되거나 부당하게 지체되는 경우에는 이를 제기한 수용자는 사법기관 또는 관련 기관에 이를 회부할 수 있다.

② 수용자들이 요구 또는 불복을 안전하게 제기하고 기밀이 유지될 수 있도록 보안장치가 마련되어 있

어야 한다. 수용자 또는 제56조 제4항에 명시된 자는 요구 또는 불복을 제기하였다는 이유로 위협 또는 불이익을 당하거나 보복의 위험에 노출되지 않아야 한다.

③ 고문 또는 기타 잔인하거나 비인간적이거나 모욕적인 처우 또는 처벌 사실에 대한 주장은 지체 없이 처리되어야 하며 제71조 제1항과 제2항에 의거하여 독립기관의 공정한 조사가 실시되어야 한다.

외부와의 교통

제58조 【외부교통】

① 수용자에게는 필요한 감독 하에 일정 기간마다 가족 또는 친지와의 의사소통이 다음과 같은 방법으로 허용되어야 한다.
1. 서신 또는 통신, 전자, 디지털 등의 수단을 통한 의사소통
2. 접견

② 배우자의 접견이 허용되는 경우 이는 어떠한 차별 없이 동등하게 허용되어야 하며 여성 수용자의 경우 남성과 동등한 권리를 행사할 수 있어야 한다. 안전과 존엄성을 고려하여 공정하고 평등하게 접견절차와 장소가 보장되어야 한다.

제59조 【가족과의 유대를 위한 수용】

수용자는 가능하면 가정이나 사회적 재활 지역과 근접한 곳에 수용되어야 한다.

제60조 【접견자에 대한 보안검색】

① 교정시설을 방문하는 접견자는 보안검색에 동의함을 전제로 한다. 접견자는 언제든지 이에 대한 동의를 철회할 수 있으며 이 경우 교정당국은 방문을 거부할 수 있다.

② 접견자에 대한 검색 및 출입 절차는 접견자에게 모욕감을 주어서는 안 되며 제50조부터 제52조까지에 명시된 보호규칙을 기본으로 적용해야 한다. 체강검사는 피해야 하고 아동에게 실시할 수 없다.

제61조 【법률자문가와의 접견】

① 수용자는 자신이 선택한 법률자문가 또는 법률구조 제공자와 접견, 소통, 상담할 수 있는 적절한 기회와 시간, 장소가 지체 없이 주어져야 하며 자국의 법규에 따라 검열 또는 차단을 받지 않고 기

밀이 유지되어야 한다. 법률상담 진행 시 교정직원의 감시는 허용되나 감청은 불가능하다.

② 수용자가 자국 언어를 구사하지 못하는 경우 교정당국은 독립 통역사의 지원을 허용해야 한다.

③ 수용자는 효과적인 법률 조력을 받을 권리가 있다.

제62조 【외국인수용자의 보호】

① 외국국적을 가진 수용자에게는 소속 국가의 외교대표 또는 영사와 소통하기 위한 상당한 편의가 제공되어야 한다.

② 외교대표나 영사가 없는 국가의 국적을 가진 수용자와 망명자 또는 무국적자에 대하여 이들의 권익을 대변하는 국가의 외교관 또는 이러한 자의 보호를 임무로 하는 국내기관 또는 국제기관과 교통할 수 있는, 전항과 동일한 편의가 제공되어야 한다.

제63조 【신문 등】

수용자는 신문, 정기간행물 또는 시설의 특별간행물을 읽거나 방송을 청취하며 강연을 듣거나 교정당국이 허가하거나 감독하는 유사한 방법에 의하여 보다 중요한 뉴스를 정기적으로 얻을 수 있어야 한다.

도서

제64조 【도서】

모든 교도소는 모든 범주의 수용자가 이용할 수 있는 오락적·교육적인 도서를 충분히 비치한 도서실을 갖추어야 하고 수용자가 이를 충분히 이용하도록 권장해야 한다.

종교

제65조 【종교】

① 교도소 내에 동일 종교를 가진 충분한 수의 수용자가 있는 경우, 그 종교의 자격 있는 대표자를 임명하거나 승인해야 한다. 수용자의 인원수로 보아 상당하다고 인정되고 또한 여건이 허락하는 경우 그 조치는 상근제를 기초로 해야 한다.

② 제1항의 규정에 의하여 임명되거나 승인된 유자격 대표자는 정기적으로 종교의식을 실시하고, 수시로 직접 그 종교 소속의 수용자와 접견하도록 허가되어야 한다.

③ 어느 수용자에게도 어떠한 종교의 자격 있는 대표자에 대한 접근이 제한되어서는 안 된다. 한편 수용자가 그러한 방문을 거절하는 때에는 그의 태도는 충분히 존중되어야 한다.

제66조【종교행사 등】
모든 수용자는 실제적으로 가능한 한 교도소 내에서 거행되는 종교행사에 참석하고 또한 자기종파의 계율서 및 교훈서를 소지함으로써 그의 종교생활의 욕구를 충족할 수 있도록 허용되어야 한다.

수용자의 소유물 보관

제67조【영치금품】
① 시설의 규칙에 의하여 수용자가 소지하는 것이 허가되지 않는 물건으로서 그의 소유에 속하는 모든 금전, 유가물, 의류 및 그 밖의 물건은 입소할 당시에 안전하게 보관되어야 한다. 보관물에 관하여는 명세서를 작성하고 수용자의 서명을 받아야 한다. 보관물을 양호한 상태에 두기 위한 조치가 이루어져야 한다.
② 모든 보관금품은 수용자를 석방할 때 그에게 반환되어야 한다. 다만, 석방 전에 수용자가 금전을 사용하거나 보관물품을 시설 밖으로 송부하는 것이 허가된 경우 또는 위생상의 이유로 의류를 폐기할 필요가 있을 경우에는 그러하지 아니하다. 수용자는 반환받은 금품에 관하여 영수증에 서명해야 한다.
③ 외부로부터 수취한 금전 또는 물품도 동일한 방법으로 취급되어야 한다.
④ 수용자가 어떤 약물을 반입하는 경우 의사 또는 동등한 자격이 있는 보건의료 전문가는 약물의 용도를 확인해야 한다.

통지

제68조【수취인 지명권】
모든 수용자는 자신의 구금 또는 다른 시설로의 이송, 심각한 질병 또는 부상 발생 시 연락을 취할 수 있도록 가족 또는 제3자를 지명할 권리가 있다. 수용자의 개인정보의 공유는 자국의 법규에 따른다.

제69조【사망 등의 통지】
수용자의 사망 시 교도소장은 수용자의 가까운 친척에게 또는 비상연락처로 즉시 이 사실을 알려야 한다. 수용자의 건강상태에 대한 정보를 수취하기로 지명된 개인은 교도소장으로부터 수용자의 심각한 질환, 부상, 의료기관으로의 이송 등에 대한 통보를 받아야 한다. 수용자가 자신의 질병 또는 부상을 배우자나 친지에게 알리는 것을 거부하는 경우 수용자의 이러한 의사를 존중해야 한다.

제70조【수용자에 대한 통지 의무】
교정당국은 수용자의 친지 또는 배우자의 심각한 질병이나 사망소식을 수용자에게 알릴 의무가 있다. 상황이 허락하는 경우 수용자는 단독 또는 계호 하에 병상에 있는 위중한 친지 또는 배우자 또는 그들의 장례식장을 방문할 수 있어야 한다.

조사

제71조【조사】
① 교도소장은 수용자의 사망, 실종, 심각한 부상 발생 시 내부 조사에 착수하고 이를 교정당국과는 독립적으로 존속하는 사법 또는 권한 있는 기관에 지체 없이 보고하고 사건의 원인과 상황에 대한 공정하고 효과적인 조사를 실시해야 한다. 교정당국은 관계 기관에 최대한 협조하고 모든 증거물을 보존해야 한다.
② 구금시설 내에서 고문 또는 기타 잔인하거나 비인간적이거나 모욕적인 처우 또는 처벌의 행위를 의심할만한 정당한 근거가 있으면 공식적인 불만이 제기되지 않았어도 제1항의 규칙을 적용해야 한다.
③ 제2항에 명시된 혐의를 인정할만한 정당한 근거가 있는 경우 혐의 가능성이 있는 자가 조사에 관여하지 못하도록 하고 증인이나 피해자, 피해자의 가족과 접촉하지 못하도록 필요한 조치를 취해야 한다.

제72조【조사 후 시신의 인도】
교정당국은 사망한 수용자의 시신을 처리함에 있어 존중과 존엄성을 지키고 조사가 완료되면 가능한 한 빠른 시일 내에 최근친에게 시신을 인계해야 한다. 교정당국은 장례식을 치를 사람이 없는 경우 문화적으로 합당한 장례식을 치르고 모든 관련 사항을 기록해야 한다.

수용자의 이송

제73조 【이송】

① 수용자를 이송할 때에는 가능한 한 공중의 눈에 띄지 않도록 해야 하고 모욕, 호기심 및 공표의 대상이 되지 않도록 적절한 보호조치를 취해야 한다.

② 환기나 조명이 불충분한 교통수단에 의하거나 불필요한 육체적 고통을 주는 방법으로 수용자를 이송하는 것은 금지되어야 한다.

③ 수용자의 이송은 행정관청의 비용으로 실시되어야 하고 모든 수용자에 대하여 균등한 조건이 적용되어야 한다.

시설 직원

제74조 【직원의 선발 등】

① 교도소의 적절한 운영관리는 직원의 성실성, 인간성, 업무능력 및 직무에 대한 개인적인 적합성에 달려 있는 것이므로 교정당국은 모든 계급의 직원을 선임할 때 신중을 기해야 한다.

② 교정당국은 직원과 국민의 마음속에 교정업무가 매우 중요한 사회적 봉사라는 확신을 일깨우고 유지시키기 위하여 끊임없이 노력해야 하고, 이와 같은 목적을 위하여 국민에게 정보를 전달하는 모든 적절한 방법이 사용되어야 한다.

③ 위의 목적을 위하여 직원은 전문 교정직원으로서 상근제를 기초로 임용되어야 하고 선량한 품행, 능력 및 건강이 결여되지 아니하는 한 임기가 보장되는 공무원 신분을 가져야 한다. 직원의 보수는 적합한 남녀를 채용하여 계속 고용하기에 적절한 수준이 되어야 한다. 고용 상의 복리 및 근무조건은 직무의 성격에 비추어 적합하여야 한다.

제75조 【직원 교육】

① 교정시설의 모든 직원들은 적정 수준의 교육과 전문적으로 직무를 수행할 수 있도록 필요한 수단과 권한을 부여받아야 한다.

② 모든 직원들은 직무를 부여받기 전에 현대 형벌학의 모범사례를 반영하여 이에 적합한 교육을 받아야 한다. 교육 이수 시 이론과 실무시험에 합격한 자만이 직무를 수행할 수 있다.

③ 교정당국은 지속적인 직무교육을 실시하여 직원들이 직무를 수행하는데 필요한 지식과 전문성을 확보할 수 있도록 지원해야 한다.

제76조 【교육 내용】

① 제75조 제2항에 명시된 교육에는 다음과 같은 교육이 포함되어야 한다.

1. 자국의 관련 법규와 정책, 국제적 · 지역적 기준, 직무와 수용자들과의 관계에 대한 지침사항 등

2. 모든 수용자들의 인간으로서의 존엄성을 존중하고 고문 또는 기타 잔인하거나 비인간적이거나 모욕적인 처우 또는 처벌을 하지 않는 등 교정시설 직원들이 직무를 수행함에 있어 부여되는 권리와 지켜야 할 의무사항

3. 동적 보안에 대한 개념, 무력과 보호장치의 사용, 폭력적인 수용자의 관리 등 보안 및 안전에 관한 사항과 협상과 중재 등 예방 및 대처기술

4. 응급조치, 정신적 문제에 대한 조기 발견 등 수용자와 구금환경에 대한 심리적인 필요, 사회적 보호조치 및 지원

② 특정 부류의 수용자들을 관리하거나 특수 직무를 맡은 교정시설의 직원들은 해당 분야에 대한 적합한 교육을 받아야 한다.

제77조 【직원】

교정시설의 모든 직원은 항시 수용자들에게 모범을 보이고 존경을 받을 수 있도록 행동해야 한다.

제78조 【전문인력 확보】

① 교정시설의 인력에는 정신과 의사, 심리학자, 사회복지사, 교사, 직업강사 등 충분한 수의 전문인력이 포함되어야 한다.

② 사회복지사와 교사, 직업강사의 직무는 비상근직과 자원봉사자 이외에 정규직으로 확보되어야 한다.

제79조 【소장】

① 교도소장은 인품, 행정관리능력, 교육, 경험 등에 있어서 직무에 대한 충분한 자격을 갖춰야 한다.

② 교도소장은 업무시간에 직무에 충실해야 하며 시간제로 고용되어서는 안 되며 교정시설 또는 인접

한 장소에 거주해야 한다.

③ 교도소장 1인이 두 개 이상의 교정시설을 관리하는 경우 교도소장은 각각의 시설을 자주 방문해야 하며 각 시설마다 상근하는 책임자를 두어야 한다.

제80조【언어】

① 교도소장과 부소장, 기타 대다수의 직원들은 수용자 다수에게 통용되는 언어를 구사해야 한다.

② 필요 시 자격을 갖춘 통역사가 지원되어야 한다.

제81조【여성 전용구역】

① 남녀 수용자를 함께 수용하고 있는 시설에서는 여성 전용구역에 여자 책임자를 두고 해당 구역의 모든 열쇠를 관리하도록 해야 한다.

② 남자 직원은 여자 직원의 동반 없이 여성 전용구역에 출입할 수 없다.

③ 여자 직원만이 여성 수용자를 관리해야 한다. 그러나 남자 직원, 특히 의사와 교사가 교정시설이나 여성 전용구역에서 직무를 수행하는 것을 제한하지 않는다.

제82조【강제력의 행사】

① 교정시설의 직원들은 수용자와의 관계에서 자기방어, 수용자의 도주기도 또는 법령에 의한 명령에 대한 적극적·소극적인 신체적 저항의 경우를 제외하고는 수용자에게 물리력을 행사하여서는 안 된다. 교정시설의 직원이 물리력에 의지하는 때에는 엄격히 필요한 최소한의 한도를 넘지 않아야 하고 즉시 교도소장에게 사태를 보고해야 한다.

② 교정시설의 직원들은 공격적인 수용자를 제지할 수 있도록 특수체력훈련을 받아야 한다.

③ 직무상 수용자와 직접 접촉하는 교정시설의 직원들은 특별한 경우를 제외하고 무기를 소지해서는 안 된다. 더구나 무기의 사용에 관한 훈련을 받지 아니한 직원에게는 어떠한 상황에서도 무기를 지급해서는 안 된다.

내·외부 감사

제83조【감사】

① 교정시설과 형법집행에 대한 정기감사는 다음과 같이 구분되어야 한다.

1. 중앙 교정당국에서 실시하는 내부 또는 행정 감사

2. 교정당국으로부터 독립적으로 존속하는 외부 기관(국제 또는 지역 기관 포함)의 감사

② 모든 감사의 목적은 교정시설이 관련 법규와 정책, 절차에 따라 관리되고 형법상의 교정업무가 올바로 이루어지며 수용자의 권리가 보호되고 있는지 확인하는 것이다.

제84조【감독관】

① 감독관은 다음과 같은 권한을 가져야 한다.

1. 수용인원과 장소 등 모든 관련 정보와 수용시설의 환경과 기록 등 수용자들의 처우에 관한 모든 정보를 열람할 수 있다.

2. 사전 통보 없이 특정 수용자를 방문하여 면담을 할 수 있다.

3. 방문 시 수용자 또는 직원들과 단독으로 비밀 면담을 실시할 수 있다.

4. 교정당국과 기타 관계 기관에 권고사항을 전달할 수 있다.

② 외부감사는 관계 기관에 소속된 자격과 경험을 보유한 감독관들로 구성되어야 하며 보건 분야의 전문가를 포함하여야 한다. 또한 남성과 여성을 공평하게 대표할 수 있도록 구성되어야 한다.

제85조【보고서 제출】

① 감사를 실시한 후에는 관계 기관에 서면 보고서를 작성하여 제출해야 하며 이러한 보고서는 동의를 얻은 경우를 제외하고는 수용자의 개인정보를 포함하지 않고 일반에게 공개되는 것을 고려해야 한다.

② 교정당국 또는 기타 관계 기관은 합당한 시일 내에 외부 감사를 통해 제시된 권고사항을 반영할 것인지 발표해야 한다.

제2부 | 특별한 범주에 적용되는 규칙

A. 수형자

지도원리

제86조【기본원리】

아래 지도원리는 교정시설이 운영되어야 할 정신 및

지향하여야 할 목적을 서칙 제1조의 선언에 맞추어 제시하는 것이다.

제87조 【사회복귀 준비】

형기를 마치기 전까지 수형자가 사회로 원활히 복귀할 수 있도록 필요한 준비절차가 마련되는 것이 바람직하다. 이를 위해 경우에 따라서 경찰에 위탁하는 것이 아닌 효과적인 사회적 차원의 지원을 통해 조기 석방 제도를 실시하거나 감독 하에 심의를 거쳐 석방하는 제도가 고려되어야 한다.

제88조 【사회와의 연계】

① 수형자의 처우는 사회로부터의 배제가 아니라 사회와의 계속적인 관계를 강조하는 것이어야 한다. 그러므로 사회의 여러 기관은 가능한 한 어디서든지 수형자의 사회복귀 직무에 관하여 교정직원을 원조하기 위하여 참여해야 한다.

② 사회사업가는 모든 교도소와 연계하여 수형자와 가족 및 유용한 사회기관 사이의 모든 바람직한 관계를 유지하고 발전시키는 임무를 맡아야 한다. 법률과 판결에 반하지 아니 하는 한 수형자의 사법상의 이익에 관한 권리, 사회보장상의 권리 및 그 밖의 사회적 이익을 최대한 보전하기 위하여 필요한 조치를 취해야 한다.

제89조 【처우의 개별화】

① 이들 원칙들을 집행하는 데 있어서는 처우의 개별화와 이 목적을 위하여 수형자를 그룹으로 분류하는 신축성 있는 제도가 필요하다. 그러므로 이들 그룹은 각각의 처우에 적합한 개별 교도소에 구분하여 수용되는 것이 바람직하다.

② 교도소가 모든 그룹에 대하여 동일한 정도의 보안조치를 할 필요는 없다. 상이한 그룹의 필요에 맞추어 다양한 수준의 보안조치를 취하는 것이 바람직하다. 개방교도소는 도주에 대한 물리적 보안조치 없이 수형자의 자율을 신뢰하는 바로 그 사실에 의하여, 신중하게 선발된 수형자의 사회복귀에 가장 유익한 상황을 제공한다.

③ 폐쇄교도소에서 수형자의 수는 개별처우가 방해받을 정도로 많지 않은 것이 바람직하다. 몇몇 나라에서는 이들 교도소의 수용인원이 500명을 넘지 않아야 하는 것으로 생각되고 있다. 개방교도소의 수용인원은 가능한 한 적어야 한다.

④ 반면에, 적정한 설비를 마련할 수 없을 정도의 소규모 교도소를 유지하는 것은 바람직하지 아니하다.

제90조 【갱생보호】

사회의 의무는 수형자의 석방에 그치는 것이 아니다. 그러므로 석방된 수형자에 대한 편견을 줄이고 그들의 사회복귀를 돕기 위하여 효과적인 갱생보호를 제공할 수 있는 정부기관 또는 사립기관이 있어야 한다.

처우

제91조 【개선처우】

구금형 또는 이와 유사한 처분을 선고받은 자에 대한 처우는 형기가 허용하는 한 그들이 석방된 후에 준법적이고 자활적인 생활을 할 의지를 심어주고 이를 준비시키는 것을 목적으로 해야 한다. 그러한 처우는 그들의 자존감을 키워주고 책임감을 고취하는 것이어야 한다.

제92조 【사회복귀를 위한 처우】

① 이러한 목적을 위하여 가능한 모든 적절한 방법이 사용되어야 한다. 종교적 지도가 가능한 국가에서는 종교적 지도, 교육, 직업 알선과 훈련, 사회복지 사업으로서의 생활환경조성, 취업상담, 신체의 단련과 도덕성의 강화를 포함하는 모든 적당한 방법이 수형자 개개인의 필요에 따라 그 사회적·범죄적 경력, 신체와 정신의 능력과 적정성, 개인적 기질, 형기 및 석방 후의 전망을 참작하여 활용되어야 한다.

② 교도소장은 적당한 형기에 놓인 모든 수형자에 대하여 수용 후 가능한 한 신속하게 제1항의 사항 전부에 관하여 완전한 보고를 받아야 한다. 이 보고에는 반드시 수형자의 신체와 정신상태에 관하여 의사 또는 다른 자격이 있는 보건의료 전문가의 보고가 포함되어야 한다.

③ 보고서와 그 밖의 관계 문서는 개별 문서철에 편철되어야 한다. 이 문서철은 항상 최신의 정보를 담도록 유지되어야 하고 필요한 때에는 언제라도 책임 있는 직원이 참고할 수 있도록 분류되어야 한다.

분류 및 개별화

제93조 【분류의 목적, 분류처우】

① 분류의 목적은 다음에 열거하는 것이어야 한다.
    1. 범죄경력이나 나쁜 성격으로 인하여 악영향을 줄 가능성이 있는 수형자를 다른 수형자로부터 격리하는 것
    2. 사회복귀를 위한 처우를 용이하게 하고자 수형자를 그룹으로 분류하는 것
② 상이한 그룹의 수형자의 처우에는 가능한 한 다른 교도소 또는 교도소의 다른 구역이 사용되어야 한다.

제94조 【개별처우계획의 수립】

적정한 형기의 수형자에 대하여는 수용 및 인성검사 후 가능한 한 신속하게 그의 개인적 필요와 능력, 성격에 관하여 얻어진 정보를 참작하여 처우에 대한 계획이 마련되어야 한다.

특전

제95조 【포상】

수형자의 그룹과 처우방법에 따라 각각 적합한 특전제도를 모든 교도소에 마련하여 수형자들에게 선행을 장려하고 책임감을 향상시키며 처우에 관한 그들의 관심과 협조를 불러일으키도록 해야 한다.

작업

제96조 【교도작업의 부과】

① 형을 받은 수형자는 작업활동이나 사회복귀를 위한 활동에 적극적으로 참여할 수 있는 기회를 얻어야 하고 이는 의사 또는 그 밖의 자격을 가진 보건의료 전문가가 수형자의 육체적·정신적 건강상태를 고려하여 결정해야 한다.
② 통상 작업일에는 수형자가 활동적으로 작업할 수 있도록 유용하고 충분한 작업량이 주어져야 한다.

제97조 【교도작업의 한계】

① 교도작업은 성질상 고통을 주는 것이어서는 안 된다.
② 수형자는 노예 또는 하인으로 취급되어서는 안 된다.
③ 수형자는 교정직원 개인 또는 사적인 이득을 위해 작업을 해서는 안 된다.

제98조 【교도작업】

① 제공되는 작업은 가능한 한 수형자에게 석방 후 정직한 삶을 살 수 있는 능력을 유지하게 하거나 증진시키는 것이어야 한다.
② 실용적인 직종의 직업훈련은 그 직종으로 소득을 얻을 능력이 있는 수형자, 특히 소년수형자를 위하여 실시되어야 한다.
③ 수형자는 적정한 직업선택에 부합하고 시설관리와 규율의 필요에 부합하는 범위 내에서 원하는 종류의 작업을 선택할 수 있어야 한다.

제99조 【사회복귀 준비를 위한 작업】

① 교도작업의 조직과 방법은 가능한 한 교도소 밖의 동종 작업과 유사하게 하여 수형자를 정상적인 직업생활환경에 준비하도록 해야 한다.
② 그러나 수형자들의 이익과 직업훈련은 교도소 내 사업에서 오는 재정적 이익의 목적에 종속되어서는 안 된다.

제100조 【직영작업】

① 시설의 공장 및 농장은 가능한 한 교정당국에 의하여 직접 운영되어야 하고 개인 계약자에 의하여 운영되어서는 안 된다.
② 수형자는 교정당국이 관리하지 않는 작업에 종사하는 때에도 항상 교정직원의 감독 하에 있어야 한다. 작업이 정부의 다른 부서를 위하여 이루어지는 것이 아닌 때에는 작업에 대한 통상의 충분한 임금이 작업을 제공받는 자로부터 교정당국에 지급되어야 하며, 수형자들의 생산고가 참작되어야 한다.

제101조 【작업조건】

① 자유로운 취업자의 안전과 건강을 보호하기 위한 규정이 마련되어야 하고, 이 규정은 법률에 의하여 자유노동자에게 인정되는 조건보다 불리한 것이어서는 안 된다.
② 직업병을 포함하여 산업재해로부터 수형자들을 보호하기 위한 규정이 마련되어야 하며, 이 규정은 법률에 의하여 자유노동자에게 인정되는 조건보다 불리한 것이어서는 안 된다.

제102조 【작업시간】

① 수형자의 하루 및 주당 최대 작업시간은 자유노동자의 고용에 관한 해당 지역의 기준과 관습을 참

작하여 법률 또는 행정규칙으로 정해야 한다.

② 정해진 작업시간은 주당 하루의 휴일과 수형자에 대한 처우 및 사회복귀 원조의 일부로서 요구되는 교육과 그 밖의 활동을 위해 충분한 시간을 허용하는 것이어야 한다.

제103조【작업에 따른 보수】

① 수형자의 작업에 대한 공정한 보수제도가 있어야 한다.

② 이 제도에 따라 수형자는 적어도 수입의 일부를 자신의 용도를 위하여 허가된 물품을 구입하는 데 사용하거나 또는 가족에게 보내는 것이 허용되어야 한다.

③ 이 제도는 교정당국이 수입의 일부를 저축기금으로 마련하여 석방 시에 수형자에게 교부하도록 규정해야 한다.

교육 및 오락

제104조【교육】

① 성인교육에 관한 규정을 마련하여 이로써 혜택을 받을 수 있는 모든 수형자에게 행하여지도록 해야 하고, 이에는 가능한 국가의 경우 종교교육이 포함된다. 문맹자 및 소년수형자의 교육은 의무적이어야 하고 교정당국은 이에 특별한 관심을 기울여야 한다.

② 수형자 교육은 가능한 한 그 국가의 교육제도에 통합하여 수형자가 석방 후 어려움 없이 계속 교육받을 수 있도록 해야 한다.

제105조【오락·문화활동】

오락활동과 문화활동은 수형자의 정신적·신체적 건강을 위하여 모든 교도소에서 제공되어야 한다.

사회관계 및 갱생보호

제106조【가족관계 유지】

수형자와 그 가족의 관계가 서로 최상의 이익을 위하여 바람직한 것으로 유지되고 발전할 수 있도록 특별한 관심을 기울여야 한다.

제107조【사회와의 연대】

수형자의 형기가 시작될 때부터 사전에 석방 후의 미래에 관한 배려를 해야 하며, 시설 외부의 개인 또는 기관과의 관계를 유지하거나 수립하도록 권장하고 원조하여 수형자 자신의 사회복귀와 수형자 가족의 최상의 이익을 촉진해야 한다.

제108조【사회복귀 지원】

① 석방된 수형자의 사회복귀를 지원하는 정부 또는 그 밖의 부서와 기관은 가능하고 필요한 한도 내에서 피석방자가 적절한 문서 및 신분증명서를 지급받고, 돌아갈 적절한 주거와 직업을 가지며, 기후와 계절을 고려하여 적당하고 충분한 의복을 입고, 목적지에 도착하여 석방 직후의 기간을 살아갈 수 있는 충분한 자금을 받도록 해야 한다.

② 그러한 기관의 승인된 대표자는 교도소 및 수형자와 필요한 모든 접촉을 가져야 하고, 또한 수형자의 장래에 대하여 형기 초기부터 상담을 해야 한다.

③ 그 기관들의 활동은 그 노력을 최대로 활용할 수 있게 하기 위하여 가능한 한 중앙에 집중시키거나 조정하는 것이 바람직하다.

B. 정신장애 또는 정신질환을 가진 수용자

제109조【처우원칙】

① 범죄의 위험이 없다고 판명되거나 심각한 정신장애 또는 정신질환을 진단받은 자로서 교정시설에서 생활하는 것이 상태를 악화시키는 경우 가능한 조속히 해당 수용자를 정신보건시설로 이송하는 조치를 취해야 한다.

② 정신장애 또는 정신질환을 가진 수용자들은 필요 시 자격을 가진 보건의료 전문가의 감독 하에 특수시설에서 관찰 및 치료를 받아야 한다.

③ 기타 정신병 치료를 필요로 하는 모든 수용자들에는 해당 치료가 제공되어야 한다.

제110조【석방 후 관리】

필요한 경우 사회·정신학적 사후보호를 위하여 석방 후 정신치료가 계속되도록 적절한 기관과의 협의에 따라 조치를 취하는 것이 바람직하다.

C. 미결수용자

제111조【정의 및 처우원칙】

① 범죄의 혐의로 체포 또는 구속되어 경찰서 유치장 또는 교도소에 유치 중이지만 사실심리와 선고를 받지 아니한 자는 본 규칙에서 이하 '미결수용자' 라 한다.

② 유죄판결을 받지 아니한 수용자는 무죄로 추정되고, 무죄인 자로서 처우되어야 한다.

③ 개인의 자유를 보호하기 위한 법령이나 미결수용자에 관하여 준수되어야 할 절차를 규정하는 법령에 반하지 않는 한, 미결수용자는 이하의 규칙에서 핵심사항에 관하여서만 기술하고 있는 특별한 제도에 의하여 혜택을 받아야 한다.

제112조【분리수용】

① 미결수용자는 수형자와 분리 수용되어야 한다.

② 소년 미결수용자는 성인과 분리되며 원칙적으로 다른 시설에 구금되어야 한다.

제113조【거실】

미결수용자는 기후에 따라 상이한 지역적 관습이 있는 경우를 제외하고는 분리된 거실에서 혼자 자야 한다.

제114조【자비음식】

시설의 질서와 부합하는 범위 내에서 미결수용자는 희망하는 경우 자기의 비용으로 교정당국, 가족 또는 친구를 통하여 외부로부터 차입된 음식을 먹을 수 있다. 그 밖의 경우에는 교정당국이 이들의 음식을 제공해야 한다.

제115조【사복착용】

미결수용자에게는 청결하고 적당한 사복을 입도록 허용되어야 한다. 미결수용자가 수용자복을 입는 경우에는 그 수용자복은 수형자에게 지급하는 것과는 다른 것이어야 한다.

제116조【작업과 보수】

미결수용자에게는 항상 작업의 기회가 주어져야 하나 작업의 의무가 부과되어서는 안 된다. 미결수용자가 작업을 선택한 경우 보수가 지급되어야 한다.

제117조【자비구매】

미결수용자는 자기 또는 제3자의 비용으로 재판 및 시설의 안전과 질서를 해하지 아니하는 서적, 신문, 필기용구 및 그 밖의 물건을 구입하도록 허용되어야 한다.

제118조【자비치료】

미결수용자가 합리적인 근거를 가지고 신청하고 모든 비용을 지급할 수 있는 경우, 자신의 의사 또는 치과의사의 방문과 치료를 받는 것이 허용되어야 한다.

제119조【알 권리 및 법률자문】

① 미결수용자는 자신이 구금된 이유와 혐의를 즉시 알 권리가 있다.

② 미결수용자가 스스로 선임한 법률자문가가 없는 경우 사법기관 또는 관계 기관에서 법률자문가를 선임하고 미결수용자가 비용을 지불할 수 없을 경우 무상으로 법률자문을 제공해야 한다. 법률자문가의 조력을 거부하는 경우에는 지체 없이 별도의 심의를 거쳐야 한다.

제120조【법률자문가와의 접견】

① 미결수용자의 변호를 위한 법률자문가 또는 법률구조 제공자에 대한 권리와 지원 방식은 제61조에 명시된 원칙에 입각하여 결정되어야 한다.

② 미결수용자는 자신의 변호를 준비하기 위해 필기도구를 제공받을 것을 요청할 수 있으며 자신의 법률자문가 또는 법률구조 제공자에게 기밀로 요구사항을 전달할 수 있어야 한다.

D. 민사상의 수용자

제121조【처우원칙】

법률상 채무로 인한 구금 또는 그 밖의 비형사적 절차에 따른 법원의 명령에 의하여 구금이 허용되고 있는 국가에서 이들 수용자는 안전한 구금과 질서를 확보하기 위하여 필요한 한도를 넘는 어떠한 속박이나 고통도 받아서는 안 된다. 이들에 대한 처우는 작업의 의무가 과하여질 수 있다는 점을 제외하고는 미결수용자에 대한 처우보다 불리하여서는 안 된다.

E. 혐의 없이 체포 또는 구금된 자

제122조【처우원칙】

시민적·정치적 권리에 관한 국제규약 제9조에 저촉되지 아니하는 한 범죄의 혐의 없이 체포 또는 구금된 자는 본 규칙 제1부와 제2부 C절에 규정된 동일한 보호를 받아야 한다. 본 규칙 제2부 A절 관련 규정도 그 적용이 특수한 그룹에 속한 수용자에게 이익이 되는 때에는 동일하게 적용되어야 한다. 다만, 범죄에 대한 유죄판결을 받지 아니한 자에게도 재교육이나 교화·개선이 적절하다는 취지의 조치는 취하지 아니한다는 조건으로, 그러한 규정을 적용하는 것이 구금 중인 특수부류의 사람의 이익에 도움이 되는 경우에 한한다.

박상민 *Justice* 교정학

교정관계법령

형사정책 관계법령

01 보호관찰 등에 관한 법률

• **법** 2022.1.21. 시행 | **시행령** 2022.12.27. 시행 | **시행규칙** 2023.3.7. 시행

제1장 | 총칙

제1조 【목적】

이 법은 죄를 지은 사람으로서 재범 방지를 위하여 보호관찰, 사회봉사, 수강 및 갱생보호 등 체계적인 사회 내 처우가 필요하다고 인정되는 사람을 지도하고 보살피며 도움으로써 건전한 사회 복귀를 촉진하고, 효율적인 범죄예방 활동을 전개함으로써 개인 및 공공의 복지를 증진함과 아울러 사회를 보호함을 목적으로 한다.

제2조 【국민의 협력 등】

① 모든 국민은 제1조의 목적을 달성하기 위하여 그 지위와 능력에 따라 협력하여야 한다.
② 국가와 지방자치단체는 죄를 지은 사람의 건전한 사회 복귀를 위하여 보호선도 사업을 육성할 책임을 진다.
③ 국가는 이 법의 집행과정에서 보호관찰을 받을 사람 등의 인권이 부당하게 침해되지 않도록 주의하여야 한다.

제3조 【대상자】

① 보호관찰을 받을 사람(이하 "보호관찰 대상자"라 한다)은 다음 각 호와 같다.
  1. 「형법」 제59조의2에 따라 보호관찰을 조건으로 형의 선고유예를 받은 사람
  2. 「형법」 제62조의2에 따라 보호관찰을 조건으로 형의 집행유예를 선고받은 사람
  3. 「형법」 제73조의2 또는 이 법 제25조에 따라 보호관찰을 조건으로 가석방되거나 임시퇴원된 사람
  4. 「소년법」 제32조 제1항 제4호(보호관찰관의 단기 보호관찰) 및 제5호(보호관찰관의 장기 보호관찰)의 보호처분을 받은 사람
  5. 다른 법률에서 이 법에 따른 보호관찰을 받도록 규정된 사람
② 사회봉사 또는 수강을 하여야 할 사람(이하 "사회봉사·수강명령 대상자"라 한다)은 다음 각 호와 같다.
  1. 「형법」 제62조의2에 따라 사회봉사 또는 수강을 조건으로 형의 집행유예를 선고받은 사람

2. 「소년법」 제32조에 따라 사회봉사명령 또는 수강명령을 받은 사람

3. 다른 법률에서 이 법에 따른 사회봉사 또는 수강을 받도록 규정된 사람

③ 갱생보호를 받을 사람(이하 "갱생보호 대상자"라 한다)은 형사처분 또는 보호처분을 받은 사람으로서 자립갱생을 위한 숙식 제공, 주거 지원, 창업 지원, 직업훈련 및 취업 지원 등 보호의 필요성이 인정되는 사람으로 한다.

관련판례

형법 제62조에 의하여 집행유예를 선고하는 경우에 같은 법 제62조의2 제1항에 규정된 보호관찰과 사회봉사를 동시에 명할 수 있는지 여부(적극)

형법 제62조의2 제1항은 "형의 집행을 유예하는 경우에는 보호관찰을 받을 것을 명하거나 사회봉사 또는 수강을 명할 수 있다."고 규정하고 있는바, 그 문리에 따르면, 보호관찰과 사회봉사는 각각 독립하여 명할 수 있다는 것이지, 반드시 그 양자를 동시에 명할 수 없다는 취지로 해석되지는 아니할 뿐더러, 소년법 제32조 제3항, 성폭력범죄의처벌및피해자보호등에관한법률 제16조 제2항, 가정폭력범죄의처벌등에관한 특례법 제40조 제1항 등에는 보호관찰과 사회봉사를 동시에 명할 수 있다고 명시적으로 규정하고 있는바, 일반 형법에 의하여 보호관찰과 사회봉사를 명하는 경우와 비교하여 특별히 달리 취급할 만한 이유가 없으며, 제도의 취지에 비추어 보더라도, 범죄자에 대한 사회복귀를 촉진하고 효율적인 범죄예방을 위하여 양자를 병과할 필요성이 있는 점 등을 종합하여 볼 때, 형법 제62조에 의하여 집행유예를 선고할 경우에는 같은 법 제62조의2 제1항에 규정된 보호관찰과 사회봉사 또는 수강을 동시에 명할 수 있다고 해석함이 상당하다(대법원 1998.4.24. 98도98).

제4조 【운영의 기준】

보호관찰, 사회봉사, 수강 또는 갱생보호는 해당 대상자의 교화, 개선 및 범죄예방을 위하여 필요하고도 적절한 한도 내에서 이루어져야 하며, 대상자의 나이, 경력, 심신상태, 가정환경, 교우관계, 그 밖의 모든 사정을 충분히 고려하여 가장 적합한 방법으로 실시되어야 한다.

제2장 │ 보호관찰기관

제1절 보호관찰심사위원회

제5조 【설치】 ★

① 보호관찰에 관한 사항을 심사·결정하기 위하여 법무부장관 소속으로 보호관찰 심사위원회

(이하 "심사위원회"라 한다)를 둔다.
② 심사위원회는 고등검찰청 소재지 등 대통령령으로 정하는 지역에 설치한다.

🔖 시행령

제2조【보호관찰심사위원회의 위원장】
① 법 제5조의 규정에 의한 보호관찰심사위원회(이하 "심사위원회"라 한다)의 위원장은 심사위원회의 회무를 통할하고, 심사위원회를 대표하며, 심사위원회의 회의를 소집하고 그 의장이 된다.
② 위원장이 부득이한 사유로 직무를 수행할 수 없는 때에는 위원장이 미리 지정한 위원이 그 직무를 대행한다.

제3조【위원의 자격 및 임명】
① 심사위원회의 고위공무원단에 속하는 임기제공무원인 상임위원은 다음 각 호의 어느 하나에 해당하는 사람으로서 보호관찰에 관한 지식과 경험이 풍부한 사람 중에서 임명한다.
  1. 판사 · 검사 또는 변호사의 직에 5년 이상 재직한 사람
  2. 대학에서 형사정책학 · 행형학 · 범죄학 · 사회사업학 · 교육학 · 심리학 그 밖에 보호관찰에 필요한 전문분야를 담당하는 조교수 이상의 직에 5년 이상 재직한 사람
  3. 교원자격증 소지자로서 교원으로 15년 이상 재직한 사람
  4. 보호직 · 교정직 · 검찰사무직 또는 법원사무직 국가공무원으로서 「고위공무원단 인사규정」 제7조 제1항 제1호, 같은 항 제2호 또는 같은 항 제4호에 해당하는 사람
  5. 한국법무보호복지공단의 3급 이상 직원으로 5년 이상 재직한 사람
② 심사위원회의 4급 임기제공무원인 상임위원은 다음 각 호의 어느 하나에 해당하는 사람으로서 보호관찰에 관한 지식과 경험이 풍부한 사람 중에서 임명한다.
  1. 판사 · 검사 또는 변호사의 자격이 있는 사람
  2. 대학에서 형사정책학 · 행형학 · 범죄학 · 사회사업학 · 교육학 · 심리학 그 밖에 보호관찰에 필요한 전문분야를 담당하는 조교수 이상의 직에 재직한 사람
  3. 교원자격증 소지자로서 교원으로 10년 이상 재직한 사람
  4. 5급의 교정직 · 보호직 · 검찰사무직 또는 법원사무직 국가공무원으로 5년 이상 재직한 사람
  5. 한국법무보호복지공단의 4급 직원으로 5년 이상 재직한 사람
③ 심사위원회의 상임위원이 아닌 위원은 위원장의 제청으로 법무부장관이 임명 또는 위촉한다.

제4조【심사위원회의 간사 및 서기】
① 심사위원회에 간사와 서기를 두되, 심사위원회 소속 공무원 또는 심사위원회의 소재지를 관할하는 보호관찰소소속 공무원중에서 위원장이 임명한다.
② 간사는 위원장 및 상임위원의 명을 받아 심사위원회의 사무를 처리하고, 서기는 간사를 보조한다.
③ 간사는 회의에 참석하여 발언할 수 있다.

제6조【관장 사무】 ★★
심사위원회는 이 법에 따른 다음 각 호의 사항을 심사 · 결정한다.
1. 가석방과 그 취소에 관한 사항

2. 임시퇴원, 임시퇴원의 취소 및 「보호소년 등의 처우에 관한 법률」 제43조 제3항에 따른 보호소년의 퇴원(이하 "퇴원"이라 한다)에 관한 사항
3. 보호관찰의 임시해제와 그 취소에 관한 사항
4. 보호관찰의 정지와 그 취소에 관한 사항
5. 가석방 중인 사람의 부정기형의 종료에 관한 사항
6. 이 법 또는 다른 법령에서 심사위원회의 관장 사무로 규정된 사항
7. 제1호부터 제6호까지의 사항과 관련된 사항으로서 위원장이 회의에 부치는 사항

제7조【구성】★
① 심사위원회는 위원장을 포함하여 5명 이상 9명 이하의 위원으로 구성한다.
② 심사위원회의 위원장은 고등검찰청 검사장 또는 고등검찰청 소속 검사 중에서 법무부장관이 임명한다.
③ 심사위원회의 위원은 판사, 검사, 변호사, 보호관찰소장, 지방교정청장, 교도소장, 소년원장 및 보호관찰에 관한 지식과 경험이 풍부한 사람 중에서 법무부장관이 임명하거나 위촉한다.
④ 심사위원회의 위원 중 3명 이내의 상임위원을 둔다.

제8조【위원의 임기】
위원의 임기는 2년으로 하되, 연임할 수 있다. 다만, 공무원인 비상임위원의 임기는 그 직위에 있는 기간으로 한다.

제9조【위원의 해임 및 해촉】
위원이 다음 각 호의 어느 하나에 해당하면 해임하거나 해촉할 수 있다.
1. 심신장애로 직무수행이 불가능하거나 현저히 곤란하다고 인정될 때
2. 직무 태만, 품위 손상, 그 밖의 사유로 인하여 위원으로서 직무를 수행하기 적당하지 아니하다고 인정될 때

제10조【위원의 신분 등】
① 상임위원은 고위공무원단에 속하는 일반직공무원 또는 4급 공무원으로서 「국가공무원법」 제26조의5에 따른 임기제공무원으로 한다.
② 상임위원이 아닌 위원은 명예직으로 한다. 다만, 예산의 범위에서 법무부령으로 정하는 바에 따라 여비나 그 밖의 수당을 지급할 수 있다.

제11조 【심사】

① 심사위원회는 심사자료에 의하여 제6조 각 호의 사항을 심사한다.

② 심사위원회는 심사에 필요하다고 인정하면 보호관찰 대상자와 그 밖의 관계인을 소환하여 심문하거나 상임위원 또는 보호관찰관에게 필요한 사항을 조사하게 할 수 있다.

③ 심사위원회는 심사에 필요하다고 인정하면 국공립기관이나 그 밖의 단체에 사실을 알아보거나 관계 자료의 제출을 요청할 수 있다.

시행령

제5조 【심사】

① 심사위원회는 법 제6조에 규정된 사항을 심사함에 있어 필요한 경우에는 교도소·구치소·소년교도소 및 소년원(이하 "수용기관"이라 한다)의 장, 보호관찰관 기타 관계인을 출석시켜 의견을 듣거나 관계자료의 제출을 요청할 수 있다.

② 국·공립기관 기타 단체는 법 제11조 제3항의 규정에 의한 심사위원회의 요청이 있는 경우에는 특별한 사정이 없는 한 이에 협조하여야 한다.

③ 상임위원은 심사관계자료를 검토한 후 그 결과를 심사위원회에 보고하여야 한다.

제51조 【민감정보 및 고유식별정보의 처리】

① 심사위원회는 법 제11조에 따른 심사 및 법 제21조에 따른 통보의 접수에 관한 사무를 수행하기 위하여 불가피한 경우 「개인정보 보호법」 제23조에 따른 건강에 관한 정보, 같은 법 시행령 제18조 제2호에 따른 범죄경력자료에 해당하는 정보, 같은 영 제19조 제1호 또는 제4호에 따른 주민등록번호 또는 외국인등록번호가 포함된 자료를 처리할 수 있다.

② 보호관찰소의 장은 다음 각 호의 사무를 수행하기 위하여 불가피한 경우 제1항에 따른 개인정보가 포함된 자료를 처리할 수 있다.

1. 법 제15조 제3호에 따른 선도 업무에 관한 사무

1의2. 법 제15조 제6호에 따른 사무(「소년법」 제32조의2 제3항에 따른 보호자에 대한 특별교육에 한정한다)

1의3. 법 제19조에 따른 판결 전 조사에 관한 사무

1의4. 법 제19조의2에 따른 결정 전 조사에 관한 사무

1의5. 법 제26조에 따른 환경조사에 관한 사무

2. 법 제29조에 따른 보호관찰 개시 및 신고에 관한 사무

3. 법 제32조 제4항에 따른 보호관찰 대상자의 준수사항 추가, 변경 또는 삭제 신청에 관한 사무

3의2. 법 제36조의2 제2항에 따른 종료사실 통보에 관한 사무

4. 법 제37조 제1항에 따른 보호관찰 대상자 등의 조사에 관한 사무

4의2. 법 제39조에 따른 구인에 관한 사무

5. 법 제48조 제1항에 따른 가석방 및 임시퇴원의 취소 신청에 관한 사무

6. 법 제50조 제1항에 따른 부정기형의 종료 신청에 관한 사무

7. 법 제52조 제1항에 따른 보호관찰의 임시해제 신청에 관한 사무

8. 법 제53조 제1항·제2항에 따른 보호관찰의 정지 또는 정지해제 신청에 관한 사무와 보호관찰 정지자 관리에 관한 사무

9. 법 제55조에 따른 보호관찰사건의 이송에 관한 사무

10. 법 제55조의2에 따른 기부금품의 접수에 관한 사무

10의2. 법 제61조에 따른 사회봉사명령·수강명령의 집행에 관한 사무

10의3. 법 제62조에 따른 사회봉사명령·수강명령 대상자의 신고에 관한 사무

11. 제16조 및 제18조 제2항에 따른 보호관찰 대상자 신고의 관리에 관한 사무

③ 법무부장관은 다음 각 호의 사무를 수행하기 위하여 불가피한 경우 제1항에 따른 개인정보가 포함된 자료를 처리할 수 있다.

1. 법 제18조에 따른 범죄예방 자원봉사위원의 위촉 등에 관한 사무

2. 법 제78조에 따른 공단 임원의 결격사유 확인에 관한 사무

3. 법 제79조에 따른 공단 임원의 해임 및 해촉에 관한 사무

④ 검사는 법 제32조 제4항에 따른 보호관찰 대상자의 준수사항 추가, 변경 또는 삭제 청구에 관한 사무를 수행하기 위하여 불가피한 경우 제1항에 따른 개인정보가 포함된 자료를 처리할 수 있다.

⑤ 보호관찰소의 장, 갱생보호사업의 허가를 받은 자 또는 공단은 법 제66조에 따른 갱생보호의 신청 및 조치에 관한 사무를 수행하기 위하여 불가피한 경우 제1항에 따른 개인정보가 포함된 자료를 처리할 수 있다.

⑥ 공단은 법 제85조에 따른 기부금품의 접수에 관한 사무를 수행하기 위하여 불가피한 경우 「개인정보 보호법 시행령」 제19조 제1호 또는 제4호에 따른 주민등록번호 또는 외국인등록번호가 포함된 자료를 처리할 수 있다.

제12조 【의결 및 결정】 ★

① 심사위원회의 회의는 재적위원 과반수의 출석으로 개의하고, 출석위원 과반수의 찬성으로 의결한다.

② 제1항에도 불구하고 회의를 개최할 시간적 여유가 없는 등 부득이한 경우로서 대통령령으로 정하는 경우에는 서면으로 의결할 수 있다. 이 경우 재적위원 과반수의 찬성으로 의결한다.

③ 심사위원회의 회의는 비공개로 한다.

④ 결정은 이유를 붙이고 심사한 위원이 서명 또는 기명날인한 문서로 한다.

시행령

제6조 【의결 및 결정】

① 심사위원회는 법 제6조에 규정된 사항을 심사하여 의결하고, 위원장과 심사위원이 서명 또는 기명날인한 결정서를 작성하여야 한다.

② 법 제12조 제2항에서 "대통령령으로 정하는 경우"란 다음 각 호의 경우를 말한다.

1. 천재지변, 감염병 확산 등으로 위원이 출석하는 회의의 의사정족수를 채우기 어려운 경우

2. 다음 각 목의 의결사항에 대하여 긴급한 사유로 위원이 출석하는 회의를 개최할 시간적 여유가 없는 경우

가. 법 제24조 제1항에 따른 가석방자에 대한 보호관찰의 필요 여부에 관한 결정

나. 법 제36조의2 제3항에 따른 정신질환 보호관찰 대상자의 보호관찰 종료사실 통보 여부에 관한 결정

다. 법 제48조 제1항에 따른 가석방 및 임시퇴원의 취소결정

라. 법 제52조 제3항에 따른 보호관찰 임시해제 결정의 취소결정
마. 법 제53조 제1항·제2항 및 제5항에 따른 보호관찰의 정지결정, 정지해제결정 또는 정지결정의 취소결정
바. 「전자장치 부착 등에 관한 법률」 제19조 제1항에 따른 부착명령 임시해제의 취소결정

시행규칙

제6조 【회의록 작성】
① 심사위원회는 회의록을 작성·비치하여야 한다.
② 제1항의 규정에 의한 회의록에는 회의의 내용을 기재하고 위원장 및 서기가 서명 또는 기명날인하여야 한다.

제12조의2 【벌칙 적용에서 공무원 의제】
심사위원회의 위원 중 공무원이 아닌 사람은 「형법」 제127조(공무상 비밀의 누설) 및 제129조부터 제132조(수뢰·사전수뢰, 제3자 뇌물제공, 수뢰 후 부정처사·사후수뢰, 알선수뢰)까지의 규정을 적용할 때에는 공무원으로 본다.

제13조 【명칭, 관할 구역, 운영 등】
심사위원회의 명칭, 관할 구역 및 직무범위와 위원의 임명 또는 위촉, 그 밖에 심사위원회의 운영에 필요한 사항은 대통령령으로 정한다.

시행규칙

제7조 【심사위원회의 운영세칙】
이 규칙에 규정된 사항 외에 심사위원회의 운영에 관하여 필요한 사항은 심사위원회의 의결을 거쳐 위원장이 정한다.

제2절 보호관찰소

제14조 【보호관찰소의 설치】
① 보호관찰, 사회봉사, 수강 및 갱생보호에 관한 사무를 관장하기 위하여 법무부장관 소속으로 보호관찰소를 둔다.
② 보호관찰소의 사무 일부를 처리하게 하기 위하여 그 관할 구역에 보호관찰지소를 둘 수 있다.

제15조【보호관찰소의 관장 사무】★★
보호관찰소(보호관찰지소를 포함한다. 이하 같다)는 다음 각 호의 사무를 관장한다.
1. 보호관찰, 사회봉사명령 및 수강명령의 집행
2. 갱생보호
3. 검사가 보호관찰관이 선도(善導)함을 조건으로 공소제기를 유예하고 위탁한 선도 업무
4. 제18조에 따른 범죄예방 자원봉사위원에 대한 교육훈련 및 업무지도
5. 범죄예방활동
6. 이 법 또는 다른 법령에서 보호관찰소의 관장 사무로 규정된 사항

제16조【보호관찰관】
① 보호관찰소에는 제15조 각 호의 사무를 처리하기 위하여 보호관찰관을 둔다.
② 보호관찰관은 형사정책학, 행형학, 범죄학, 사회사업학, 교육학, 심리학, 그 밖에 보호관찰에 필요한 전문적 지식을 갖춘 사람이어야 한다.

시행령

제6조의2【교육훈련】
① 법무부장관은 법 제15조의 사무를 담당하는 보호관찰소 소속 공무원이 충분한 전문적 지식을 갖출 수 있도록 교육훈련과정을 운영하여야 한다.
② 법 제15조의 사무를 담당하는 보호관찰소 소속 공무원은 법무부령으로 정하는 바에 따라 제1항의 교육훈련과정을 이수하여야 한다.
③ 교육훈련과정에 관하여 필요한 사항은 법무부령으로 정한다.

시행규칙

제7조의2【교육훈련】
① 영 제6조의2에 따른 교육훈련과정의 분야·교과목 및 교육 강사의 자격은 별표 1과 같다
② 보호관찰소 소속 공무원은 법 제15조의 사무를 담당하는 날부터 2년 이내에 별표 1의 공통분야의 교과목을 모두 이수하여야 한다. 다만, 법 제15조의 사무를 담당하기 전에 임용전 교육 등을 통해 별표 1의 공통분야의 교과목을 이수한 경우에는 해당 교과목을 이수한 것으로 본다.
③ 법무부장관은 별표 1의 전문분야의 분야별 교과목을 정하여야 하며, 법 제15조의 사무를 담당하는 보호관찰소 소속 공무원은 매년 2개 이상의 전문분야의 분야별 교과목을 이수하여야 한다.
④ 별표 1에 따른 교육훈련과정은 법무연수원 등 국가공무원 교육기관의 교육과정 외 보호관찰소 직무교육과정, 「고등교육법」 제2조에 따른 학교의 학위과정, 「학점인정 등에 관한 법률」 제3조에 따라 평가인정을 받은 학습과정에서도 이수할 수 있다.
⑤ 법무부장관은 보호관찰소 소속 공무원의 전문적 지식을 향상시키기 위하여 별표 1에 따른 교육훈련과정에 대하여 필기시험 또는 구술시험을 실시할 수 있다.

⑥ 보호관찰소의 장은 소속 공무원에 대하여 별표 1에 따른 교육훈련과정에 대한 연간 교육계획을 수립하여야 한다.

제17조 【보호관찰소의 명칭 등】
보호관찰소의 명칭, 관할 구역, 조직 및 정원, 그 밖에 필요한 사항은 대통령령으로 정한다.

제18조 【범죄예방 자원봉사위원】
① 범죄예방활동을 하고, 보호관찰활동과 갱생보호사업을 지원하기 위하여 범죄예방 자원봉사위원(이하 "범죄예방위원"이라 한다)을 둘 수 있다.
② 법무부장관은 법무부령으로 정하는 바에 따라 범죄예방위원을 위촉한다.
③ 범죄예방위원의 명예와 이 법에 따른 활동은 존중되어야 한다.
④ 범죄예방위원은 명예직으로 하되, 예산의 범위에서 직무수행에 필요한 비용의 전부 또는 일부를 지급할 수 있다.
⑤ 범죄예방위원의 위촉 및 해촉, 정원, 직무의 구체적 내용, 조직, 비용의 지급, 그 밖에 필요한 사항은 법무부령으로 정한다.

시행규칙

제8조 【범죄예방자원봉사위원의 위촉 및 해촉】
① 법 제18조의 규정에 의한 범죄예방자원봉사위원(이하 "범죄예방위원"이라 한다)은 다음 각 호의 요건을 갖춘 자중에서 법무부장관이 위촉한다.
1. 인격 및 행동에 있어 사회적으로 신망을 받을 것
2. 사회봉사에 대한 열의를 가지고 있을 것
3. 건강하고 활동력이 있을 것
4. 국가공무원법 제33조 각 호의 결격사유에 해당하지 아니할 것
② 법무부장관은 범죄예방위원이 다음 각 호의 1에 해당하는 때에는 해촉할 수 있다.
1. 범죄예방위원의 직무를 태만히 하거나 직무수행실적이 없는 때
2. 직무수행과 관련하여 비위행위가 있는 때
3. 품위손상 기타 사유로 인하여 범죄예방위원으로서 적당하지 아니하다고 인정되는 때
③ 삭제 <2009.11.27.>
④ 삭제 <2009.11.27.>

제9조 【범죄예방위원의 정원】
범죄예방위원의 정원은 시(구가 설치되지 아니한 시를 말한다)·군·구별로 그 지역의 인구·범죄상황 기타 사정을 고려하여 인구 1천명당 1인의 범위 내에서 법무부장관이 정한다.

제10조 【범죄예방위원의 직무】
범죄예방위원은 다음 각 호의 직무를 수행한다.
1. 지역사회에서의 범죄예방활동 전개

1의2. 보호관찰 대상자 지도, 사회봉사명령 집행감독 등 보호관찰활동 지원

2. 범법자에 대한 상담지도

3. 범법자에 대한 취업알선·재정지원

4. 제1호 내지 제3호에 관련되는 것으로 법무부장관이 정하는 사항

제11조【범죄예방위원의 조직】

범죄예방위원의 체계적인 활동을 도모하기 위하여 법무부장관이 정하는 바에 의하여 범죄예방지도협의회와 범죄예방위원의 자치조직을 둘 수 있다.

제11조의2【특별범죄예방자원봉사위원】

① 보호관찰소의 장은 보호관찰 대상자 지도, 사회봉사명령 집행감독 등 보호관찰활동을 지원할 사람이 필요한 경우 특별범죄예방자원봉사위원(이하 "특별범죄예방위원"이라 한다)을 위촉할 수 있다.

② 특별범죄예방위원의 위촉기간은 2년으로 한다. 다만, 보호관찰 대상자와 특별한 관계에 있는 사람을 특별범죄예방위원으로 위촉하는 경우 그 위촉기간은 대상자의 보호관찰기간으로 할 수 있다.

③ 특별범죄예방위원의 위촉 및 해촉에 관하여 제8조 제1항 및 제2항을 준용한다.

제12조【비용의 지급】

범죄예방위원과 특별범죄예방위원에 대하여는 예산의 범위안에서 그 직무수행에 필요한 실비를 지급한다.

제3장 | 보호관찰

제1절 판결 전 조사

제19조【판결 전 조사】 ★★

① 법원은 피고인에 대하여 「형법」 제59조의2(선고유예 시 보호관찰) 및 제62조의2(집행유예 시 보호관찰, 사회봉사·수강명령)에 따른 보호관찰, 사회봉사 또는 수강을 명하기 위하여 필요하다고 인정하면 그 법원의 소재지(所在地) 또는 피고인의 주거지를 관할하는 보호관찰소의 장에게 범행동기, 직업, 생활환경, 교우관계, 가족상황, 피해회복 여부 등 피고인에 관한 사항의 조사를 요구할 수 있다.

② 제1항의 요구를 받은 보호관찰소의 장은 지체 없이 이를 조사하여 서면으로 해당 법원에 알려야 한다. 이 경우 필요하다고 인정하면 피고인이나 그 밖의 관계인을 소환하여 심문하거나 소속 보호관찰관에게 필요한 사항을 조사하게 할 수 있다.

③ 법원은 제1항의 요구를 받은 보호관찰소의 장에게 조사진행상황에 관한 보고를 요구할 수 있다.

제19조의2 【결정 전 조사】

① 법원은 「소년법」 제12조에 따라 소년 보호사건에 대한 조사 또는 심리를 위하여 필요하다고 인정하면 그 법원의 소재지 또는 소년의 주거지를 관할하는 보호관찰소의 장에게 소년의 품행, 경력, 가정상황, 그 밖의 환경 등 필요한 사항에 관한 조사를 의뢰할 수 있다.

② 제1항의 의뢰를 받은 보호관찰소의 장은 지체 없이 조사하여 서면으로 법원에 통보하여야 하며, 조사를 위하여 필요한 경우에는 소년 또는 관계인을 소환하여 심문하거나 소속 보호관찰관으로 하여금 필요한 사항을 조사하게 할 수 있다.

시행령

제7조 【판결 및 결정 전 조사】

법원은 보호관찰소의 장에게 법 제19조 제1항 또는 제19조의2 제1항에 따른 조사를 요구하는 때에는 피고인 또는 소년의 인적사항 및 범죄사실의 요지를 통보하여야 한다. 이 경우 필요하다고 인정하는 때에는 참고자료를 송부할 수 있다.

시행규칙

제7조의3 【조사관】

① 법무부장관은 판결 전 조사 등 조사업무의 원활한 수행 및 전문성 확보를 위하여 조사관을 양성하여야 한다.

② 조사관은 다음 각 호의 요건을 모두 갖추어야 한다.

　1. 보호관찰소 소속 공무원으로서 제7조의2에 따른 교육훈련과정 중 별표 1의 전문분야의 판결 전조사 등 조사 분야 교육을 이수하였을 것

　2. 필기시험 및 조사서 작성능력 평가를 통과하였을 것

③ 필기시험 및 조사서 작성능력 평가 등 조사관 양성에 관하여 필요한 세부 사항은 법무부장관이 정한다.

제2절 형의 선고유예 및 집행유예와 보호관찰

제20조 【판결의 통지 등】 ★

① 법원은 「형법」 제59조의2(선고유예시 보호관찰) 또는 제62조의2(집행유예시 보호관찰, 사회봉사·수강명령)에 따라 보호관찰을 명하는 판결이 확정된 때부터 3일 이내에 판결문 등본 및 준수사항을 적은 서면을 피고인의 주거지를 관할하는 보호관찰소의 장에게 보내야 한다.

② 제1항의 경우 법원은 그 의견이나 그 밖에 보호관찰에 참고가 될 수 있는 자료를 첨부할 수 있다.

③ 법원은 제1항의 통지를 받은 보호관찰소의 장에게 보호관찰 상황에 관한 보고를 요구할 수 있다.

제3절 가석방 및 임시퇴원

제21조 【교도소장 등의 통보의무】
① 교도소·구치소·소년교도소의 장은 징역 또는 금고의 형을 선고받은 소년(이하 "소년수형자"라 한다)이 「소년법」 제65조 각 호의 기간(무기형의 경우에는 5년, 15년 유기형의 경우에는 3년, 부정기형의 경우에는 단기의 3분의 1)을 지나면 그 교도소·구치소·소년교도소의 소재지를 관할하는 심사위원회에 그 사실을 통보하여야 한다.
② 소년원장은 보호소년이 수용된 후 6개월이 지나면 그 소년원의 소재지를 관할하는 심사위원회에 그 사실을 통보하여야 한다.

시행령

제8조 【수용기관의 장의 통보의무】
① 수용기관의 장은 법 제21조 제1항 및 제2항의 규정에 의하여 징역 또는 금고의 형의 선고를 받은 소년(이하 "소년수형자"라 한다) 및 보호소년에 대한 기간경과의 통보를 하는 때에는 기간경과통보서를 작성하여 관할 심사위원회에 통보하여야 한다.
② 수용기관의 장은 제1항의 규정에 의하여 통보한 사항 기타 신상에 관한 사항에 변동이 생긴 때에는 지체 없이 관할심사위원회에 그 사실을 통보하여야 한다.

시행규칙

제15조 【수용자의 이송통지】
① 교도소·구치소·소년교도소 및 소년원(이하 "수용기관"이라 한다)의 장은 관할심사위원회에 기간경과통보서를 송부한 후에 징역 또는 금고의 형의 선고를 받은 소년(이하 "소년수형자"라 한다) 또는 보호소년을 다른 수용기관에 이송한 경우에는 별지 제6호서식의 이송통지서를 작성하여 관할심사위원회에 송부하여야 한다.
② 제1항의 이송통지서를 송부받은 심사위원회는 소년수형자 또는 보호소년이 다른 심사위원회의 관할구역에 있는 수용기관에 이송된 때에는 지체 없이 기간경과통보서등 관계서류를 당해심사위원회에 송부하여야 한다.

제22조 【가석방·퇴원 및 임시퇴원의 신청】
① 교도소·구치소·소년교도소 및 소년원(이하 "수용기관"이라 한다)의 장은 「소년법」제65조 각 호의 기간(무기형의 경우에는 5년, 15년 유기형의 경우에는 3년, 부정기형의 경우에는 단기의 3분의 1)이

지난 소년수형자 또는 수용 중인 보호소년에 대하여 법무부령으로 정하는 바에 따라 관할 심사위원회에 가석방, 퇴원 또는 임시퇴원 심사를 신청할 수 있다.

② 제1항의 신청을 할 때에는 제26조 또는 제27조에 따라 통지받은 환경조사 및 환경개선활동 결과를 고려하여야 한다.

시행령

제9조【가석방·퇴원 및 임시퇴원의 신청】
수용기관의 장은 법 제22조에 따라 가석방, 퇴원 또는 임시퇴원의 심사를 신청하고자 하는 경우에는 소년수형자 또는 보호소년의 신상에 관한 사항, 범죄 및 비행에 관한 사항, 교정성적 등을 종합적으로 고려하여야 한다.

제23조【가석방·퇴원 및 임시퇴원의 심사와 결정】
① 심사위원회는 제22조 제1항에 따른 신청(가석방·퇴원 및 임시퇴원의 신청)을 받으면 소년수형자에 대한 가석방 또는 보호소년에 대한 퇴원·임시퇴원이 적절한지를 심사하여 결정한다.

② 심사위원회는 제21조에 따른 통보를 받은 사람에 대하여는 제22조 제1항에 따른 신청이 없는 경우에도 직권으로 가석방·퇴원 및 임시퇴원이 적절한지를 심사하여 결정할 수 있다.

③ 심사위원회는 제1항 또는 제2항에 따라 소년수형자의 가석방이 적절한지를 심사할 때에는 보호관찰의 필요성을 심사하여 결정한다.

④ 심사위원회는 제1항부터 제3항까지의 규정에 따라 심사·결정을 할 때에는 본인의 인격, 교정성적, 직업, 생활태도, 가족관계 및 재범 위험성 등 모든 사정을 고려하여야 한다.

시행령

제10조【직권심사】
심사위원회는 법 제23조 제2항, 법 제48조 제1항, 법 제50조 제1항, 법 제52조 제1항·제3항 또는 법 제53조 제1항의 규정에 의하여 직권으로 심사를 하는 경우에는 심사대상자를 수용하는 수용기관의 장 또는 관할보호관찰소의 장의 의견을 들어야 한다.

제11조【가석방등의 결정】
① 심사위원회는 법 제23조에 따라 가석방, 퇴원 또는 임시퇴원의 적부를 심사하여 결정하는 경우에는 소년수형자 또는 보호소년의 건전한 사회복귀를 위하여 가장 적당하다고 인정되는 시기와 다음 각 호의 요건을 충족하였는지의 여부를 종합적으로 판단하여야 한다.

1. 뉘우치는 빛이 뚜렷할 것
2. 자립·갱생의 의욕이 인정될 것
3. 재범의 염려가 없다고 인정될 것
4. 사회의 감정이 가석방, 퇴원 또는 임시퇴원을 용인한다고 인정될 것

② 심사위원회는 법 제23조 제3항의 규정에 의하여 보호관찰의 필요성 여부를 심사하여 결정하는 때에는 법 제26조의 규정에 의한 환경조사 또는 법 제27조의 규정에 의한 환경개선활동의 결과를 고려하여야 한다.

제24조【성인수형자에 대한 보호관찰의 심사와 결정】

① 심사위원회는「형의 집행 및 수용자의 처우에 관한 법률」제122조(가석방 허가)에 따라 가석방 되는 사람에 대하여 보호관찰의 필요성을 심사하여 결정한다.

② 심사위원회는 제1항에 따른 보호관찰심사를 할 때에는 제28조(성인수형자에 대한 보호관찰 사안조 사)에 따른 보호관찰 사안조사 결과를 고려하여야 한다.

제25조【법무부장관의 허가】★

심사위원회는 제23조에 따른 심사 결과 가석방, 퇴원 또는 임시퇴원이 적절하다고 결정한 경우 및 제24조에 따른 심사 결과 보호관찰이 필요 없다고 결정한 경우에는 결정서에 관계 서류를 첨부하여 법무부장관에게 이에 대한 허가를 신청하여야 하며, 법무부장관은 심사위원회의 결정 이 정당하다고 인정하면 이를 허가할 수 있다.

제4절 환경조사 및 환경개선활동

제26조【환경조사】★★

① 수용기관·병원·요양소·「보호소년 등의 처우에 관한 법률」에 따른 의료재활소년원의 장은 소년수형자 및「소년법」제32조 제1항 제7호(병원, 요양소 또는 의료재활소년원에 위탁)·제9호(단기 소년원 송치)·제10호(장기 소년원 송치)의 보호처분 중 어느 하나에 해당하는 처분을 받은 사람(이 하 "수용자"라 한다)을 수용한 경우에는 지체 없이 거주예정지를 관할하는 보호관찰소의 장에 게 신상조사서를 보내 환경조사를 의뢰하여야 한다.

② 제1항에 따라 환경조사를 의뢰받은 보호관찰소의 장은 수용자의 범죄 또는 비행의 동기, 수용 전의 직업, 생활환경, 교우관계, 가족상황, 피해회복 여부, 생계대책 등을 조사하여 수용 기관의 장에게 알려야 한다. 이 경우 필요하다고 인정하면 수용자를 면담하거나 관계인을 소환하여 심문(審問)하거나 소속 보호관찰관에게 필요한 사항을 조사하게 할 수 있다.

시행령

제12조【환경조사】

① 수용기관의 장은 법 제26조 제1항의 규정에 의하여 환경조사를 의뢰한 후 소년수형자 및「소년법」제32조 제1항 제8호부터 제10호까지의 어느 하나에 해당하는 보호처분을 받은 자(이하 "수용자"라 한다)의 신상에 변동이 있는 때에는 지체 없이 거주예정지를 관할하는 보호관찰소의 장에게 그 사실을 통지하여야 한다.

② 법 제26조의 규정에 의한 환경조사는 다음 각 호의 사항에 대하여 실시하여야 한다.

　1. 인수인·가족관계 및 주변의 상황

2. 범죄 또는 비행에 관한 사회의 감정
3. 피해변상여부 및 피해자의 감정
4. 수용전의 직업·생활환경 및 교우관계
5. 석방 후 취업계획 또는 생계의 전망
6. 범죄 또는 비행의 동기
7. 기타 참고사항

제27조 【환경개선활동】 ★
① 보호관찰소의 장은 제26조에 따른 환경조사 결과에 따라 수용자의 건전한 사회 복귀를 촉진하기 위하여 필요하다고 인정하면 본인의 동의를 얻거나 가족·관계인의 협력을 받아 본인의 환경개선을 위한 활동을 할 수 있다.
② 보호관찰소의 장은 제1항에 따른 환경개선활동을 위하여 필요하다고 인정하면 수용기관의 장에게 수용자의 면담 등 필요한 협조를 요청할 수 있다.
③ 보호관찰소의 장은 제1항에 따른 환경개선활동의 결과를 수용기관의 장과 수용기관의 소재지를 관할하는 심사위원회에 알려야 한다.

시행령

제13조 【환경개선활동의 방법】
보호관찰소의 장은 법 제27조 제1항의 규정에 의한 환경개선활동을 하는 경우에는 수용자와의 면접 또는 통신, 가족 및 관계인과의 협의, 수용기관 기타 관계기관의 협조 등의 방법으로 지속적으로 실시하여야 하며, 본인의 의사를 존중하고 본인·가족 및 관계인의 신뢰와 협력을 얻도록 노력하여야 한다.

제28조 【성인수형자에 대한 보호관찰 사안조사】
① 교도소·구치소·소년교도소의 장은 징역 또는 금고 이상의 형을 선고받은 성인(이하 "성인수형자"라 한다)에 대하여 「형의 집행 및 수용자의 처우에 관한 법률」 제121조에 따라 가석방심사위원회에 가석방 적격심사신청을 할 때에는 신청과 동시에 가석방 적격심사신청 대상자의 명단과 신상조사서를 해당 교도소·구치소·소년교도소의 소재지를 관할하는 심사위원회에 보내야 한다.
② 심사위원회는 교도소·구치소·소년교도소의 장으로부터 가석방 적격심사신청 대상자의 명단과 신상조사서를 받으면 해당 성인수형자를 면담하여 직접 제26조 제2항 전단에 규정된 사항, 석방 후의 재범 위험성 및 사회생활에 대한 적응 가능성 등에 관한 조사(이하 "보호관찰 사안조사"라 한다)를 하거나 교도소·구치소·소년교도소의 소재지 또는 해당 성인수형자의 거주예정지를 관할하는 보호관찰소의 장에게 그 자료를 보내 보호관찰 사안조사를 의뢰할 수 있다.
③ 제2항에 따라 보호관찰 사안조사를 의뢰받은 보호관찰소의 장은 지체 없이 보호관찰 사안조사를 하고 그 결과를 심사위원회에 통보하여야 한다.

④ 교도소·구치소·소년교도소의 장은 심사위원회 또는 보호관찰소의 장으로부터 보호관찰 사안조사를 위하여 성인수형자의 면담 등 필요한 협조 요청을 받으면 이에 협조하여야 한다.

시행령

제14조 【보호관찰사안조사】
교도소·구치소·소년교도소의 장은 법 제28조 제1항의 규정에 의하여 가석방심사신청대상자의 명단과 신상조사서를 심사위원회에 송부한 후 그 대상자의 신상에 변동이 있을 때에는 심사위원회에 그 사실을 통지하여야 한다.

제15조 【수용기관의 장의 협조】
수용기관의 장은 심사위원회 또는 보호관찰소의 장으로부터 수용자와의 면접, 관계기록의 열람 등 필요한 협조요청을 받은 경우에는 이에 응하여야 한다.

제5절 보호관찰

제29조 【보호관찰의 개시 및 신고】
① 보호관찰은 법원의 판결이나 결정이 확정된 때 또는 가석방·임시퇴원된 때부터 시작된다.
② 보호관찰 대상자는 대통령령으로 정하는 바에 따라 주거, 직업, 생활계획, 그 밖에 필요한 사항을 관할 보호관찰소의 장에게 신고하여야 한다.

시행령

제16조 【보호관찰대상자의 신고의무】
법 제3조 제1항의 규정에 의한 보호관찰대상자(이하 "보호관찰대상자"라 한다)는 다음 각 호의 어느 하나에 해당하는 때에는 10일 이내에 주거지를 관할하는 보호관찰소에 출석하여 서면으로 법 제29조 제2항의 규정에 의한 신고를 하여야 한다.
1. 「형법」 제59조의2 또는 제62조의2의 규정에 의한 판결이 확정된 때
2. 「형법」 제73조의2 또는 법 제25조에 따라 가석방 또는 임시퇴원된 때
3. 「소년법」 제32조 제1항 제4호 또는 제5호의 보호처분이 확정된 때
4. 다른 법률에 의하여 이 법에 의한 보호관찰을 받도록 명하는 판결 또는 결정이 확정된 때

제30조 【보호관찰의 기간】
보호관찰 대상자는 다음 각 호의 구분에 따른 기간에 보호관찰을 받는다.
1. 보호관찰을 조건으로 형의 선고유예를 받은 사람 : 1년

2. 보호관찰을 조건으로 형의 집행유예를 선고받은 사람 : 그 유예기간. 다만, 법원이 보호관찰 기간을 따로 정한 경우에는 그 기간
3. 가석방자 : 「형법」 제73조의2(가석방의 기간 및 보호관찰) 또는 「소년법」 제66조(가석방 기간의 종료)에 규정된 기간(형법 제73조의2 : 무기형에 있어서는 10년으로 하고 유기형에 있어서는 남은 형기, 소년법 제66조 : 가석방 전에 집행을 받은 기간과 같은 기간)
4. 임시퇴원자 : 퇴원일부터 6개월 이상 2년 이하의 범위에서 심사위원회가 정한 기간
5. 「소년법」 제32조 제1항 제4호(보호관찰관의 단기 보호관찰 : 1년) 및 제5호(보호관찰관의 장기 보호관찰 : 2년+1년)의 보호처분을 받은 사람 : 그 법률에서 정한 기간
6. 다른 법률에 따라 이 법에서 정한 보호관찰을 받는 사람 : 그 법률에서 정한 기간

📖 시행규칙

제22조 【보호관찰기간의 계산】
보호관찰기간은 법 제29조 제1항의 규정에 의하여 보호관찰이 개시된 때부터 진행한다. 이 경우 초일은 보호관찰 기간에 산입한다.

📖 제31조 【보호관찰담당자】
보호관찰은 보호관찰 대상자의 주거지를 관할하는 보호관찰소 소속 보호관찰관이 담당한다.

📖 시행규칙

제23조 【보호관찰담당자의 지명 및 임무】
① 보호관찰소의 장은 보호관찰대상자별로 담당보호관찰관을 지명하여 보호관찰을 담당하게 한다.
② 보호관찰관은 보호관찰대상자로부터 별지 제13호서식의 서약서를 제출받고 보호관찰기간중 준수사항을 이행하도록 지시한다.
③ 보호관찰관은 보호관찰대상자의 자립과 건전한 사회복귀를 위하여 적절한 지도와 감독 및 원호를 하여야 한다.
④ 보호관찰관은 그 직무수행에 필요한 경우에는 범죄예방위원 또는 특별범죄예방위원에게 지원을 요청할 수 있다.
⑤ 보호관찰관은 보호관찰대상자에 대한 지도·감독·원호·조치상황·주요동태 및 준수사항의 이행여부등 보호관찰경과에 관한 중요한 사항을 보호관찰카드에 기재한다.
⑥ 보호관찰관은 제4항의 규정에 의하여 지원을 요청한 범죄예방위원 또는 특별범죄예방위원에 대하여 별지 제14호서식의 보호관찰경과통보서를 작성하여 매월 1회 통보하도록 요구할 수 있다.
⑦ 보호관찰관은 법 제32조 제2항 제4호의 규정에 의한 주거이전신고를 받은 때에는 지체 없이 보호관찰대상자에 대한 보호관찰카드 기타 관계서류를 첨부하여 신주거지를 관할하는 보호관찰소의 장에게 통보하여야 한다.

제32조【보호관찰 대상자의 준수사항】★★
① 보호관찰 대상자는 보호관찰관의 지도·감독을 받으며 준수사항을 지키고 스스로 건전한 사회인이 되도록 노력하여야 한다.
② 보호관찰 대상자는 다음 각 호의 사항을 지켜야 한다.
  1. 주거지에 상주(常住)하고 생업에 종사할 것
  2. 범죄로 이어지기 쉬운 나쁜 습관을 버리고 선행(善行)을 하며 범죄를 저지를 염려가 있는 사람들과 교제하거나 어울리지 말 것
  3. 보호관찰관의 지도·감독에 따르고 방문하면 응대할 것
  4. 주거를 이전(移轉)하거나 1개월 이상 국내외 여행을 할 때에는 미리 보호관찰관에게 신고할 것
③ 법원 및 심사위원회는 판결의 선고 또는 결정의 고지를 할 때에는 제2항(일반준수사항)의 준수사항 외에 범죄의 내용과 종류 및 본인의 특성 등을 고려하여 필요하면 보호관찰 기간의 범위에서 기간을 정하여 다음 각 호의 사항을 특별히 지켜야 할 사항으로 따로 과(科)할 수 있다.
  1. 야간 등 재범의 기회나 충동을 줄 수 있는 특정 시간대의 외출 제한
  2. 재범의 기회나 충동을 줄 수 있는 특정 지역·장소의 출입 금지
  3. 피해자 등 재범의 대상이 될 우려가 있는 특정인에 대한 접근 금지
  4. 범죄행위로 인한 손해를 회복하기 위하여 노력할 것
  5. 일정한 주거가 없는 자에 대한 거주장소 제한
  6. 사행행위에 빠지지 아니할 것
  7. 일정량 이상의 음주를 하지 말 것
  8. 마약 등 중독성 있는 물질을 사용하지 아니할 것
  9. 「마약류관리에 관한 법률」상의 마약류 투약, 흡연, 섭취 여부에 관한 검사에 따를 것
  10. 그 밖에 보호관찰 대상자의 재범 방지를 위하여 필요하다고 인정되어 대통령령으로 정하는 사항
④ 보호관찰 대상자가 제2항(일반준수사항) 또는 제3항(특별준수사항)의 준수사항을 위반하거나 사정변경의 상당한 이유가 있는 경우에는 법원은 보호관찰소의 장의 신청 또는 검사의 청구에 따라, 심사위원회는 보호관찰소의 장의 신청에 따라 각각 준수사항의 전부 또는 일부를 추가, 변경하거나 삭제할 수 있다.
⑤ 제2항부터 제4항까지의 준수사항은 서면으로 고지하여야 한다.

시행령

제17조【준수사항의 부과 및 훈계】
법원 또는 심사위원회는 법 제32조의 규정에 의하여 보호관찰대상자에게 준수사항을 과할 때에는 보호관찰의 취지를 설명하고, 준수사항을 기재한 서면을 교부하여야 하며, 적절한 훈계를 할 수 있다.

제18조 【주거이전 등의 신고】

① 보호관찰대상자는 법 제32조 제2항 제4호의 규정에 의한 신고를 할 때에는 법무부령이 정하는 바에 의하여 본인의 성명, 주거, 주거이전예정지 또는 여행지, 주거이전이유 또는 여행목적, 주거이전일자 또는 여행기간 등을 신고하여야 한다.

② 보호관찰대상자가 다른 보호관찰소의 관할구역안으로 주거를 이전한 때에는 10일이내에 신주거지를 관할하는 보호관찰소에 출석하여 서면으로 주거이전의 사실을 신고하여야 한다.

제19조 【특별준수사항】 ★

법 제32조 제3항 제10호에서 "대통령령으로 정하는 사항"이란 다음 각 호의 사항을 말한다.

1. 운전면허를 취득할 때까지 자동차(원동기장치자전거를 포함한다) 운전을 하지 않을 것
2. 직업훈련, 검정고시 등 학과교육 또는 성행(性行 : 성품과 행실)개선을 위한 교육, 치료 및 처우 프로그램에 관한 보호관찰관의 지시에 따를 것
3. 범죄와 관련이 있는 특정 업무에 관여하지 않을 것
4. 성실하게 학교수업에 참석할 것
5. 정당한 수입원에 의하여 생활하고 있음을 입증할 수 있는 자료를 정기적으로 보호관찰관에게 제출할 것
6. 흉기나 그 밖의 위험한 물건을 소지 또는 보관하거나 사용하지 아니할 것
7. 가족의 부양 등 가정생활에 있어서 책임을 성실히 이행할 것
8. 그 밖에 보호관찰 대상자의 생활상태, 심신의 상태, 범죄 또는 비행의 동기, 거주지의 환경 등으로 보아 보호관찰 대상자가 준수할 수 있고 자유를 부당하게 제한하지 아니하는 범위에서 개선·자립에 도움이 된다고 인정되는 구체적인 사항

제19조의2 【준수사항의 추가 등 신청】

① 보호관찰소의 장은 법 제32조 제4항에 따라 준수사항의 추가, 변경 또는 삭제를 신청하는 경우에는 다음 각 호의 사항을 적은 서면으로 하여야 한다.
   1. 보호관찰 대상자의 성명, 주민등록번호, 직업 및 주거
   2. 신청의 취지
   3. 준수사항의 추가, 변경 또는 삭제를 필요로 하는 사유

② 보호관찰소의 장은 제1항의 신청을 할 때 신청사유를 소명할 수 있는 자료를 제출하여야 한다.

③ 법원 또는 심사위원회는 제1항에 따른 신청의 심리를 위하여 필요한 경우에는 담당보호관찰관을 출석시켜 의견을 들을 수 있고, 보호관찰 대상자를 소환하여 심문하거나 필요한 사항을 조사할 수 있다.

제33조 【지도·감독】

① 보호관찰관은 보호관찰 대상자의 재범을 방지하고 건전한 사회 복귀를 촉진하기 위하여 필요한 지도·감독을 한다.

② 제1항의 지도·감독 방법은 다음 각 호와 같다.
   1. 보호관찰 대상자와 긴밀한 접촉을 가지고 항상 그 행동 및 환경 등을 관찰하는 것
   2. 보호관찰 대상자에게 제32조의 준수사항을 이행하기에 적절한 지시를 하는 것
   3. 보호관찰 대상자의 건전한 사회 복귀를 위하여 필요한 조치를 하는 것

제33조의2 【분류처우】

① 보호관찰소의 장은 범행 내용, 재범위험성 등 보호관찰 대상자의 개별적 특성을 고려하여 그에 알맞은 지도·감독의 방법과 수준에 따라 분류처우를 하여야 한다.

② 제1항에 따른 분류처우에 관하여 필요한 사항은 대통령령으로 정한다.

■ 시행령

제19조의3 【분류처우계획의 수립 등】

① 보호관찰소의 장은 법 제33조의2에 따른 분류처우(이하 이 조에서 "분류처우"라 한다)를 하기 위하여 보호관찰 대상자의 개별적 특성에 알맞은 분류처우계획을 수립하여 시행하여야 한다.

② 보호관찰소의 장은 분류처우를 하기 위하여 보호관찰 대상자의 재범가능성, 사회생활 적응가능성 등 필요한 사항을 조사하여야 한다.

③ 보호관찰소의 장은 분류처우를 하기 위하여 보호관찰 대상자에 대한 심리검사 등 필요한 검사를 할 수 있고, 필요한 경우 외부전문가로부터 의견을 듣거나 검사를 의뢰할 수 있다.

제34조 【원호】 ★★

① 보호관찰관은 보호관찰 대상자가 자조(自助)의 노력을 할 때에는 그의 개선과 자립을 위하여 필요하다고 인정되는 적절한 원호(援護)를 한다.

② 제1항의 원호의 방법은 다음 각 호와 같다.

1. 숙소 및 취업의 알선
2. 직업훈련 기회의 제공
3. 환경의 개선
4. 보호관찰 대상자의 건전한 사회 복귀에 필요한 원조의 제공

■ 시행규칙

제25조의2 【원호협의회】

① 보호관찰소의 장은 법 제34조의 원호활동을 종합적이고 체계적으로 전개하기 위하여 원호협의회를 설치할 수 있다.

② 원호협의회는 5명 이상의 위원으로 구성하되, 보호관찰소의 장은 당연직 위원으로서 위원장이 되고, 위원은 다음 각 호에 해당하는 사람 중에서 위원장이 위촉한다.

1. 보호관찰소 관할구역의 보건소의 장 및 기초자치단체의 사회복지 또는 청소년 업무 관련 부서장
2. 종합사회복지관, 알코올상담센터, 정신보건센터, 청소년상담실 등 사회복지시설의 장 또는 관련 부서장
3. 노동부 고용지원센터의 장 또는 관련 부서장
4. 대학교수, 초·중·고등학교의 장 또는 교사
5. 학원 등 사설교육기관의 장
6. 의사, 변호사, 약사 등의 전문직 종사자

7. 사회적으로 신망을 받고 봉사활동에 열의를 가진 기업인 또는 자영업자

8. 보호사무관 이상으로 7년 이상 보호관찰 또는 소년선도업무에 종사한 경력이 있는 사람

9. 그 밖에 보호관찰업무에 관심을 갖고 보호관찰 대상자 원호를 지원할 역량을 갖춘 사람

③ 위원의 임기는 2년으로 한다.

④ 위원장은 위원의 활동이 부진하거나 품위손상 등 사유로 직무수행이 곤란하다고 인정되는 경우에는 그 위원을 해촉할 수 있다.

⑤ 위원장은 보호관찰 대상자와 그의 가족에 대한 생계, 의료·교육·법률 문제 해결, 직업훈련, 취업알선, 기초생활수급자 지정 등 종합적인 지원이 필요한 경우 협의회를 소집하여 원호의 내용, 분야, 규모 등을 협의할 수 있다.

⑥ 위원장은 보호관찰 대상자와 그의 가족에 대한 특정 분야의 원호활동을 각 위원에게 개별적으로 의뢰할 수 있다.

제35조【응급구호】

보호관찰소의 장은 보호관찰 대상자에게 부상, 질병, 그 밖의 긴급한 사유가 발생한 경우에는 대통령령으로 정하는 바에 따라 필요한 구호를 할 수 있다.

시행령

제20조【응급구호의 범위】

① 법 제35조의 규정에 의한 응급구호는 다음 각 호의 1에 해당하는 경우에 실시할 수 있다.

1. 질병·부상 기타 긴급한 사유의 발생으로 보호관찰대상자의 생명·신체에 중대한 위험이 예상되는 경우

2. 보호자 또는 부양의무자의 부양능력이 없어 구호가 불가피한 경우

3. 기타 응급구호를 함이 적절하다고 판단되는 경우

② 보호관찰소의 장은 법 제35조의 규정에 의하여 응급구호를 하고자 하는 경우에는 예산의 범위안에서 이를 실시할 수 있다.

제36조【갱생보호사업자 등의 원조와 협력】

보호관찰소의 장은 제34조에 따른 원호와 제35조에 따른 응급구호를 위하여 필요한 경우에는 국공립기관, 제67조 제1항에 따라 갱생보호사업 허가를 받은 자, 제71조에 따른 한국법무보호복지공단, 그 밖의 단체에 대하여 숙식 제공이나 그 밖의 적절한 원조 또는 협력을 요청할 수 있다. 이 경우 필요한 비용은 국가가 예산의 범위에서 지급한다.

제36조의2【정신질환 보호관찰 대상자의 치료 등을 위한 협력】

① 보호관찰 대상자로서 정신건강의학과전문의가 「정신건강증진 및 정신질환자 복지서비스 지원에 관한 법률」 제3조 제1호에 따른 정신질환자(망각, 환각, 사고나 기분의 장애 등으로

인하여 독립적으로 일상생활을 영위하는 데 중대한 제약이 있는 사람)로 진단하거나 감정한 사람(이하 "정신질환 보호관찰 대상자"라 한다)은 같은 조 제3호의 정신건강복지센터에 등록하여 상담, 진료, 재활 지원 등의 서비스를 받을 수 있다.

② 보호관찰소의 장은 제1항의 정신질환 보호관찰 대상자의 보호관찰이 종료되는 때에는 심사위원회의 심사를 거쳐 그 종료사실을 정신질환 보호관찰 대상자의 주소지를 관할하는 경찰관서의 장 및 지방자치단체의 장에게 통보할 수 있다.

③ 심사위원회는 제2항에 따라 정신질환 보호관찰 대상자의 보호관찰 종료사실통보가 적절한지 심사할 때에는 정신질환 보호관찰 대상자의 재범 방지 및 치료의 필요성 여부를 심사하여 결정한다.

④ 제2항에 따라 통보하는 정보의 구체적인 범위, 통보 방법 및 통보 절차 등에 필요한 사항은 대통령령으로 정한다.

시행령

제20조의2 【정신질환 보호관찰 종료사실 통보 절차 등】

① 보호관찰소의 장은 법 제36조의2 제2항에 따라 정신질환 보호관찰 대상자의 보호관찰 종료사실 통보를 위한 심사위원회의 심사를 받으려는 경우에는 다음 각 호의 사항을 적은 신청서에 진단서 또는 진료확인서 등을 첨부하여 제출하여야 한다.

1. 정신질환 보호관찰 대상자의 각 목의 사항
   가. 성명 　　　　　　　　　　　　　나. 주민등록번호
   다. 직업 　　　　　　　　　　　　　라. 주거
   마. 죄명, 형명 및 형기 　　　　　　바. 보호관찰 개시일 및 종료일
   사. 병명 및 치료 이력
2. 종료사실 통보가 필요한 이유
3. 그 밖에 재범 위험성과 치료 필요성을 판단하는 데 참고할 사항

② 보호관찰소의 장이 법 제36조의2 제2항에 따라 통보하는 정보의 구체적인 범위는 다음 각 호와 같다.

1. 정신질환 보호관찰 대상자의 각 목의 사항
   가. 성명 　　　　　　　　　　　　　나. 주민등록번호
   다. 주거 　　　　　　　　　　　　　라. 연락처
   마. 보호관찰 종료일 　　　　　　　바. 병명 및 치료 이력
2. 그 밖에 보호관찰소의 장이 범죄예방 및 치료에 필요하다고 인정하는 사항

③ 보호관찰소의 장은 경찰관서의 장에게 법 제36조의2 제2항에 따른 종료사실 통보를 하는 경우에는 제2항 각 호의 사항에 관한 전자기록을 「형사사법절차 전자화 촉진법」에 따른 형사사법정보시스템에 등록하여 경찰관서의 장이 그 전자기록을 조회하게 하는 방식으로 할 수 있다.

시행규칙

제25조의3 【보호관찰 종료사실의 통보】

① 법 제36조의2 제2항 및 영 제20조의2 제1항에 따른 보호관찰 종료사실 통보를 위한 심사 신청서는 별지

제16호의2서식과 같다.

② 심사위원회가 법 제36조의2 제2항 및 제3항에 따라 하는 보호관찰 종료사실 통보를 위한 심사 결정은 별지 제3호서식에 따른다.

③ 보호관찰소의 장이 법 제36조의2 제2항 및 영 제20조의2 제2항에 따라 경찰관서의 장 및 지방자치단체의 장에게 하는 보호관찰 종료사실 통보는 별지 제16호의3서식에 따른다.

제37조【보호관찰 대상자 등의 조사】

① 보호관찰소의 장은 보호관찰을 위하여 필요하다고 인정하면 보호관찰 대상자나 그 밖의 관계인을 소환하여 심문하거나 소속 보호관찰관에게 필요한 사항을 조사하게 할 수 있다.

② 보호관찰소의 장은 보호관찰을 위하여 필요하다고 인정하면 국공립기관이나 그 밖의 단체에 사실을 알아보거나 관련 자료의 열람 등 협조를 요청할 수 있다.

③ 제1항과 제2항의 직무를 담당하는 사람은 직무상 비밀을 엄수하고, 보호관찰 대상자 및 관계인의 인권을 존중하며, 보호관찰 대상자의 건전한 사회 복귀에 방해되는 일이 없도록 주의하여야 한다.

시행령

제21조【보호관찰대상자등의 소환 및 조사】

① 보호관찰소의 장은 법 제37조 제1항의 규정에 의하여 보호관찰대상자 기타 관계인을 소환하고자 하는 경우에는 출석요구서를 발부하여야 한다. 다만, 긴급을 요하는 등 출석요구서를 발부하기에 적당하지 아니한 경우에는 다른 방법에 의할 수 있다.

② 보호관찰관은 보호관찰대상자 기타 관계인을 소환하여 조사한 때에는 그 조사내용을 서면으로 작성하여야 한다.

제38조【경고】★

보호관찰소의 장은 보호관찰 대상자가 제32조의 준수사항을 위반하거나 위반할 위험성이 있다고 인정할 상당한 이유가 있는 경우에는 준수사항의 이행을 촉구하고 형의 집행 등 불리한 처분을 받을 수 있음을 경고할 수 있다.

시행령

제22조【보호관찰대상자에 대한 경고】

보호관찰소의 장은 법 제38조의 규정에 의하여 경고를 하는 때에는 보호관찰대상자에게 경고이유 등을 서면으로 고지하여야 한다.

시행규칙

제28조【경고장】
영 제22조에 따른 경고는 별지 제19호서식에 따른다.

제39조【구인】 ★★
① 보호관찰소의 장은 보호관찰 대상자가 제32조의 준수사항을 위반하였거나 위반하였다고 의심할 상당한 이유가 있고, 다음 각 호의 어느 하나에 해당하는 사유가 있는 경우에는 관할 지방검찰청의 검사에게 신청하여 검사의 청구로 관할 지방법원 판사의 구인장을 발부받아 보호관찰 대상자를 구인(拘引)할 수 있다.
   1. 일정한 주거가 없는 경우
   2. 제37조 제1항에 따른 소환(심문·조사에 따른 소환)에 따르지 아니한 경우
   3. 도주한 경우 또는 도주할 염려가 있는 경우
② 제1항의 구인장은 검사의 지휘에 따라 보호관찰관이 집행한다. 다만, 보호관찰관이 집행하기 곤란한 경우에는 사법경찰관리에게 집행하게 할 수 있다.

시행령

제23조【구인신청의 방식】
보호관찰소의 장은 법 제39조 제1항의 규정에 의하여 보호관찰대상자의 구인을 신청하는 때에는 다음 각 호의 사항을 기재한 서면에 의하여야 한다.
1. 구인대상자의 성명·주민등록번호·직업 및 주거
2. 법 제39조 제1항에 해당하는 사실의 요지
3. 구인을 필요로 하는 사유
4. 인치할 장소 및 유치할 장소
5. 구인장의 유효기간
6. 여러 통의 구인장을 청구하는 때에는 그 취지 및 사유

제24조【구인장의 방식】
법 제39조 제1항의 규정에 의하여 판사가 발부하는 구인장에는 청구한 검사의 관직·성명 및 제23조 각 호의 사항을 기재하여야 한다.

제25조【구인장의 집행의뢰】
보호관찰관은 법 제39조 제2항 단서의 규정에 의하여 사법경찰관리에게 구인장의 집행을 의뢰하는 때에는 그 사유를 기재한 서면으로 하되, 검사의 지휘를 받아야 한다.

시행규칙

제31조【구인장의 집행지휘】
검사는 구인장 위쪽에 집행을 지휘한다는 내용을 기재하고 서명 또는 기명날인의 방법으로 영 제25조의 규정에 의한 구인장의 집행을 지휘할 수 있다.

제40조 【긴급구인】 ★

① 보호관찰소의 장은 제32조의 준수사항을 위반한 보호관찰 대상자가 제39조 제1항 각 호의 어느 하나에 해당하는 사유가 있는 경우로서 긴급하여 제39조에 따른 구인장을 발부받을 수 없는 경우에는 그 사유를 알리고 구인장 없이 그 보호관찰 대상자를 구인할 수 있다. 이 경우 긴급하다 함은 해당 보호관찰 대상자를 우연히 발견한 경우 등과 같이 구인장을 발부받을 시간적 여유가 없는 경우를 말한다.

② 보호관찰소의 장은 제1항에 따라 보호관찰 대상자를 구인한 경우에는 긴급구인서를 작성하여 즉시 관할 지방검찰청 검사의 승인을 받아야 한다.

③ 보호관찰소의 장은 제2항에 따른 승인을 받지 못하면 즉시 보호관찰 대상자를 석방하여야 한다.

시행령

제26조 【긴급구인승인신청등】

① 법 제40조 제2항에 따른 긴급구인승인신청은 보호관찰대상자를 구인한 때부터 12시간 이내에 하여야 한다.

② 법 제40조 제2항에 따른 긴급구인서에는 다음 각 호의 사항을 기재하여야 한다.

1. 긴급구인한 보호관찰대상자의 성명·주민등록번호·처분명·주거·직업·보호관찰사건번호 및 보호관찰 기간
2. 긴급구인한 일시 및 장소
3. 긴급구인한 사유
4. 인치한 일시 및 장소
5. 유치할 장소

제27조 【구인 후 조사 및 심문】

① 보호관찰관은 구인된 보호관찰대상자를 보호관찰소등에 인치한 때에는 지체 없이 조사하여야 한다.

② 제1항의 경우 보호관찰관은 보호관찰대상자에게 심문에 대하여 진술을 거부할 수 있으며 본인에게 유리한 사실에 대하여 진술을 할 수 있다는 취지를 고지하여야 한다.

③ 보호관찰소의 장은 제1항의 규정에 의한 조사결과 보호관찰대상자를 법 제42조의 규정에 의하여 유치할 필요가 없다고 판단되는 때에는 즉시 석방하여야 한다.

제41조 【구인 기간】 ★

보호관찰소의 장은 제39조(구인) 또는 제40조(긴급구인)에 따라 보호관찰 대상자를 구인하였을 때에는 제42조에 따라 유치 허가를 청구한 경우를 제외하고는 구인한 때부터 48시간 이내에 석방하여야 한다. 다만, 제42조 제2항에 따른 유치 허가를 받지 못하면 즉시 보호관찰 대상자를 석방하여야 한다.

제42조 【유치】 ★★

① 보호관찰소의 장은 다음 각 호의 신청이 필요하다고 인정되면 제39조(구인) 또는 제40조(긴급구인)에 따라 구인한 보호관찰 대상자를 수용기관 또는 소년분류심사원에 유치할 수 있다.
  1. 제47조에 따른 보호관찰을 조건으로 한 형(벌금형을 제외한다)의 선고유예의 실효 및 집행유예의 취소 청구의 신청
  2. 제48조에 따른 가석방 및 임시퇴원의 취소 신청
  3. 제49조에 따른 보호처분의 변경 신청
② 제1항에 따른 유치를 하려는 경우에는 보호관찰소의 장이 검사에게 신청하여 검사의 청구로 관할 지방법원 판사의 허가를 받아야 한다. 이 경우 검사는 보호관찰 대상자가 구인된 때부터 48시간 이내에 유치 허가를 청구하여야 한다.
③ 보호관찰소의 장은 유치 허가를 받은 때부터 24시간 이내에 제1항 각 호의 신청을 하여야 한다.
④ 검사는 보호관찰소의 장으로부터 제1항 제1호의 신청을 받고 그 이유가 타당하다고 인정되면 48시간 이내에 관할 지방법원에 보호관찰을 조건으로 한 형의 선고유예의 실효 또는 집행유예의 취소를 청구하여야 한다.

시행령

제28조 【유치허가신청의 방식】
보호관찰소의 장은 법 제42조 제2항의 규정에 의하여 보호관찰대상자의 유치허가신청을 하는 때에는 다음 각 호의 사항을 기재한 서면에 의하여야 한다.
1. 유치대상자의 성명·주민등록번호·직업 및 주거
2. 유치를 필요로 하는 사유
3. 유치할 장소

제29조 【유치허가장의 방식】
법 제42조 제2항의 규정에 의하여 판사가 발부하는 유치허가장에는 청구한 검사의 관직·성명·발부일시 및 제28조 각 호의 사항을 기재하여야 한다.

제30조 구인·긴급구인승인 및 유치허가신청의 관할
보호관찰소의 장은 그 소재지를 관할하는 지방검찰청 또는 지청의 검사에게 구인·긴급구인승인 및 유치허가의 신청을 한다.

제30조 【구인·긴급구인승인 및 유치허가신청의 관할】
보호관찰소의 장은 그 소재지를 관할하는 지방검찰청 또는 지청의 검사에게 구인·긴급구인승인 및 유치허가의 신청을 한다.

시행규칙

제33조 【유치허가신청서】
영 제28조에 따른 유치허가신청은 별지 제24호서식에 따른다.

제43조 【유치기간】 ★

① 제42조에 따른 유치의 기간은 제39조 제1항(구인) 또는 제40조 제1항(긴급구인)에 따라 구인한 날부터 20일로 한다.

② 법원은 제42조 제1항 제1호(보호관찰을 조건으로 한 형의 선고유예의 실효 및 집행유예의 취소 청구의 신청) 또는 제3호에 따른 신청이 있는 경우에 심리를 위하여 필요하다고 인정되면 심급마다 20일의 범위에서 한 차례만 유치기간을 연장할 수 있다.

③ 보호관찰소의 장은 제42조 제1항 제2호(가석방 및 임시퇴원의 취소 신청)에 따른 신청이 있는 경우에 심사위원회의 심사에 필요하면 검사에게 신청하여 검사의 청구로 지방법원 판사의 허가를 받아 10일의 범위에서 한 차례만 유치기간을 연장할 수 있다.

시행령

제31조 【유치기간연장결정의 통지】

법원은 법 제43조 제2항의 규정에 의하여 유치기간을 연장한 때에는 지체 없이 보호관찰소의 장에게 그 사실을 통지하여야 한다.

제44조 【유치의 해제】

보호관찰소의 장은 다음 각 호의 어느 하나에 해당하는 경우에는 유치를 해제하고 보호관찰대상자를 즉시 석방하여야 한다.

1. 검사가 제47조(보호관찰을 조건으로 한 형의 선고유예의 실효 및 집행유예의 취소) 제1항에 따른 보호관찰소의 장의 신청을 기각한 경우
2. 법원이 제47조 제1항에 따른 검사의 청구를 기각한 경우
3. 심사위원회가 제48조(가석방 및 임시퇴원의 취소)에 따른 보호관찰소의 장의 신청을 기각한 경우
4. 법무부장관이 제48조에 따른 심사위원회의 신청을 허가하지 아니한 경우
5. 법원이 제49조(보호처분의 변경)에 따른 보호관찰소의 장의 신청을 기각한 경우

제45조 【유치기간의 형기 산입】 ★

제42조에 따라 유치된 사람에 대하여 보호관찰을 조건으로 한 형의 선고유예가 실효되거나 집행유예가 취소된 경우 또는 가석방이 취소된 경우에는 그 유치기간을 형기에 산입한다.

제46조 【준용규정】

보호관찰 대상자의 구인 및 유치에 관하여는 「형사소송법」 제72조, 제75조, 제82조, 제83조, 제85조 제1항·제3항·제4항, 제86조, 제87조, 제89조, 제204조, 제214조의2 및 제214조의3을 준용한다.

제5절의2 보호장구

제46조의2【보호장구의 사용】

① 보호관찰소 소속 공무원은 보호관찰 대상자가 다음 각 호의 어느 하나에 해당하고, 정당한 직무집행 과정에서 필요하다고 인정되는 상당한 이유가 있으면 제46조의3 제1항에 따른 보호장구를 사용할 수 있다.

1. 제39조 및 제40조에 따라 구인 또는 긴급구인한 보호관찰 대상자를 보호관찰소에 인치하거나 수용기관 등에 유치하기 위해 호송하는 때
2. 제39조 및 제40조에 따라 구인 또는 긴급구인한 보호관찰 대상자가 도주하거나 도주할 우려가 있는 때
3. 위력으로 보호관찰소 소속 공무원의 정당한 직무집행을 방해하는 때
4. 자살·자해 또는 다른 사람에 대한 위해의 우려가 큰 때
5. 보호관찰소 시설의 설비·기구 등을 손괴하거나 그 밖에 시설의 안전 또는 질서를 해칠 우려가 큰 때

② 보호장구를 사용하는 경우에는 보호관찰 대상자의 나이, 신체적·정신적 건강상태 및 보호관찰 집행 상황 등을 고려하여야 한다.

③ 그 밖에 보호장구의 사용절차 및 방법 등에 관하여 필요한 사항은 법무부령으로 정한다.

제46조의3【보호장구의 종류 및 사용요건】★★

① 보호장구의 종류는 다음 각 호와 같다.

1. 수갑
2. 포승
3. 보호대
4. 가스총
5. 전자충격기

② 보호장구의 종류별 사용요건은 다음 각 호와 같다.

1. 수갑·포승·보호대 : 제46조의2 제1항 제1호부터 제5호까지의 어느 하나에 해당하는 때
2. 가스총 : 제46조의2 제1항 제2호부터 제5호까지의 어느 하나에 해당하는 때
3. 전자충격기 : 제46조의2 제1항 제2호부터 제5호까지의 어느 하나에 해당하는 경우로서 상황이 긴급하여 다른 보호장구만으로는 그 목적을 달성할 수 없는 때

제46조의4【보호장구 사용의 고지 등】

① 제46조의3 제1항 제1호부터 제3호까지의 보호장구를 사용할 경우에는 보호관찰 대상자에게 그 사유를 알려주어야 한다. 다만, 상황이 급박하여 시간적인 여유가 없을 때에는 보호장구 사용 직후 지체 없이 알려주어야 한다.

② 제46조의3 제1항 제4호 및 제5호의 보호장구를 사용할 경우에는 사전에 상대방에게 이를 경고하여야 한다. 다만, 상황이 급박하여 경고할 시간적인 여유가 없는 때에는 그러하지 아니 하다.

제46조의5 【보호장구 남용 금지】
제46조의3 제1항에 따른 보호장구는 필요한 최소한의 범위에서 사용하여야 하며, 보호장구를 사용할 필요가 없게 되면 지체 없이 사용을 중지하여야 한다.

🔖 시행규칙

제31조의2 【보호장구의 사용절차 및 방법】
보호관찰소 소속 공무원은 법 제46조의2에 따라 보호장구를 사용하기 위해서는 사전에 보호관찰소의 장의 허가를 받아 별표 2의 방법으로 사용하여야 한다. 다만, 긴급한 경우에는 사용 후 즉시 보호관찰소의 장에게 보고하여야 한다.

제6절 보호관찰의 종료

제47조 【보호관찰을 조건으로 한 형의 선고유예의 실효 및 집행유예의 취소】
① 「형법」 제61조 제2항에 따른 선고유예의 실효 및 같은 법 제64조 제2항에 따른 집행유예의 취소는 검사가 보호관찰소의 장의 신청을 받아 법원에 청구한다.
② 제1항의 실효 및 취소절차에 관하여는 「형사소송법」 제335조를 준용한다.

🔖 시행령

제32조 【보호관찰을 조건으로 한 형의 선고유예의 실효 및 집행유예의 취소청구신청 등】
① 보호관찰소의 장은 법 제47조 제1항의 규정에 의한 신청을 하는 때에는 다음 각 호의 사항을 기재한 서면에 의하여야 한다.
  1. 보호관찰대상자의 성명·주민등록번호·직업 및 주거
  2. 신청의 취지
  3. 실효 및 취소를 필요로 하는 사유
  4. 기타 보호관찰을 계속할 수 없는 사유
② 검사는 법 제47조 제1항의 규정에 의한 청구를 하는 때에는 보호관찰소의 장이 제1항의 규정에 의하여 제출한 서면을 첨부하고, 그 사유를 소명하여야 한다.
③ 법원은 법 제47조 제1항의 규정에 의한 청구의 심리를 위하여 필요하다고 인정하는 때에는 담당보호관찰관을

출석시켜 의견을 들을 수 있다.

제33조【취소청구신청에 대한 결과 통지】

검사는 법 제42조 제1항 제1호의 신청을 기각한 때 또는 보호관찰을 조건으로 한 형의 선고유예의 실효 및 집행유예의 취소청구에 대한 법원의 결정이 있는 때에는 지체 없이 보호관찰소의 장에게 그 사실을 통지하여야 한다.

제48조【가석방 및 임시퇴원의 취소】

① 심사위원회는 가석방 또는 임시퇴원된 사람이 보호관찰기간 중 제32조의 준수사항을 위반하고 위반 정도가 무거워 보호관찰을 계속하기가 적절하지 아니하다고 판단되는 경우에는 보호관찰소의 장의 신청을 받거나 직권으로 가석방 및 임시퇴원의 취소를 심사하여 결정할 수 있다.

② 심사위원회는 제1항에 따른 심사 결과 가석방 또는 임시퇴원을 취소하는 것이 적절하다고 결정한 경우에는 결정서에 관계 서류를 첨부하여 법무부장관에게 이에 대한 허가를 신청하여야 하며, 법무부장관은 심사위원회의 결정이 정당하다고 인정되면 이를 허가할 수 있다.

시행령

제34조【가석방 및 임시퇴원의 취소와 재수용】

① 수용기관의 장은 법 제48조의 규정에 의하여 가석방 또는 임시퇴원이 취소된 보호관찰대상자를 지체 없이 수용기관에 재수용하여야 한다.

② 제1항의 경우 재수용을 위하여 필요한 때에는 수용기관 소재지를 관할하는 지방검찰청 또는 지청의 검사에게 구인을 의뢰할 수 있다.

시행규칙

제37조【가석방 및 임시퇴원의 취소사실 통보】

심사위원회는 가석방 또는 임시퇴원이 취소된 자의 명단과 결정서등본을 관할보호관찰소의 장과 가석방 또는 임시퇴원이 취소된 자를 수용할 수용기관의 장에게 송부하여야 한다.

제49조【보호처분의 변경】

① 보호관찰소의 장은「소년법」제32조 제1항 제4호(보호관찰관의 단기 보호관찰) 또는 제5호(보호관찰관의 장기 보호관찰)의 보호처분에 따라 보호관찰을 받고 있는 사람이 보호관찰 기간 중 제32조의 준수사항을 위반하고 그 정도가 무거워 보호관찰을 계속하기 적절하지 아니하다고 판단되면 보호관찰소 소재지를 관할하는 법원에 보호처분의 변경을 신청할 수 있다.

② 제1항에 따른 보호처분의 변경을 할 경우 신청대상자가 19세 이상인 경우에도「소년법」제2조 및 제38조 제1항에도 불구하고 같은 법 제2장의 보호사건 규정을 적용한다.

시행령

제35조【보호처분의 변경신청】

① 보호관찰소의 장은 법 제49조 제1항의 규정에 의하여 보호처분의 변경을 신청하는 때에는 다음 각 호의 사항을 기재한 서면에 의하여야 한다.

1. 보호관찰대상자의 성명·주민등록번호·직업 및 주거

2. 신청의 취지

3. 처분변경을 필요로 하는 사유

4. 기타 보호관찰을 계속할 수 없는 사유

② 제1항 제3호 및 제4호의 사유는 이를 소명하여야 한다.

③ 법원은 제1항의 규정에 의한 신청의 심리를 위하여 필요하다고 인정하는 때에는 담당보호관찰관을 출석시켜 의견을 들을 수 있으며, 보호관찰대상자를 심문하거나 필요한 사항을 조사·심리할 수 있다.

제50조【부정기형의 종료 등】★

① 「소년법」 제60조 제1항(부정기형)에 따라 형을 선고받은 후 가석방된 사람이 그 형의 단기가 지나고 보호관찰의 목적을 달성하였다고 인정되면 같은 법 제66조에서 정한 기간(가석방 전에 집행을 받는 기간과 같은 기간의 경과) 전이라도 심사위원회는 보호관찰소의 장의 신청을 받거나 직권으로 형의 집행을 종료한 것으로 결정할 수 있다.

② 임시퇴원자가 임시퇴원이 취소되지 아니하고 보호관찰 기간을 지난 경우에는 퇴원된 것으로 본다.

시행규칙

제40조【부정기형종료결정 통보】

심사위원회는 법 제50조의 규정에 의하여 부정기형종료결정을 한 때에는 그 결과를 관할보호관찰소의 장에게 통보하여야 한다.

제51조【보호관찰의 종료】★★

① 보호관찰은 보호관찰 대상자가 다음 각 호의 어느 하나에 해당하는 때에 종료한다.

1. 보호관찰 기간이 지난 때

2. 「형법」 제61조에 따라 보호관찰을 조건으로 한 형의 선고유예가 실효되거나 같은 법 제63조 또는 제64조에 따라 보호관찰을 조건으로 한 집행유예가 실효되거나 취소된 때

3. 제48조 또는 다른 법률에 따라 가석방 또는 임시퇴원이 실효되거나 취소된 때

4. 제49조에 따라 보호처분이 변경된 때

5. 제50조에 따른 부정기형 종료 결정이 있는 때

6. 제53조에 따라 보호관찰이 정지된 임시퇴원자가 「보호소년 등의 처우에 관한 법률」 제43조 제1항의 나이(22세)가 된 때

7. 다른 법률에 따라 보호관찰이 변경되거나 취소·종료된 때

② 보호관찰 대상자가 보호관찰 기간 중 금고 이상의 형의 집행을 받게 된 때에는 해당 형의 집행기간 동안 보호관찰 대상자에 대한 보호관찰 기간은 계속 진행되고, 해당 형의 집행이 종료·면제되거나 보호관찰 대상자가 가석방된 경우 보호관찰 기간이 남아있는 때에는 그 잔여기간 동안 보호관찰을 집행한다.

제52조【임시해제】★★

① 심사위원회는 보호관찰 대상자의 성적이 양호할 때에는 보호관찰소의 장의 신청을 받거나 직권으로 보호관찰을 임시해제할 수 있다.

② 임시해제 중에는 보호관찰을 하지 아니한다. 다만, 보호관찰 대상자는 준수사항을 계속하여 지켜야 한다.

③ 심사위원회는 임시해제 결정을 받은 사람에 대하여 다시 보호관찰을 하는 것이 적절하다고 인정되면 보호관찰소의 장의 신청을 받거나 직권으로 임시해제 결정을 취소할 수 있다.

④ 제3항에 따라 임시해제 결정이 취소된 경우에는 그 임시해제 기간을 보호관찰 기간에 포함한다.

시행규칙

제42조【임시해제 결정통보】

심사위원회는 법 제52조 제1항의 규정에 의하여 임시해제 결정을 한 때에는 그 사실을 관할보호관찰소의 장에게 통보하여야 한다.

제53조【보호관찰의 정지】

① 심사위원회는 가석방 또는 임시퇴원된 사람이 있는 곳을 알 수 없어 보호관찰을 계속할 수 없을 때에는 보호관찰소의 장의 신청을 받거나 직권으로 보호관찰을 정지하는 결정(이하 "정지결정"이라 한다)을 할 수 있다.

② 심사위원회는 제1항에 따라 보호관찰을 정지한 사람이 있는 곳을 알게 되면 즉시 그 정지를 해제하는 결정(이하 "정지해제결정"이라 한다)을 하여야 한다.

③ 보호관찰 정지 중인 사람이 제39조(구인) 또는 제40조(긴급구인)에 따라 구인된 경우에는 구인된 날에 정지해제결정을 한 것으로 본다.

④ 형기 또는 보호관찰 기간은 정지결정을 한 날부터 그 진행이 정지되고, 정지해제결정을 한 날부터 다시 진행된다.

⑤ 심사위원회는 제1항에 따라 정지결정을 한 후 소재 불명이 천재지변이나 그 밖의 부득이한 사정 등 보호관찰 대상자에게 책임이 있는 사유로 인한 것이 아닌 것으로 밝혀진 경우에는 그 정지결정을 취소하여야 한다. 이 경우 정지결정은 없었던 것으로 본다.

시행령

제36조 【보호관찰정지자 소재 파악시의 통보】
보호관찰소의 장은 보호관찰정지 중인 자의 소재를 파악한 때에는 지체 없이 심사위원회에 그 사실을 통보하여야 한다.

시행규칙

제44조 【보호관찰정지 및 정지해제결정통보】
심사위원회는 법 제53조 제1항 또는 동조 제2항의 규정에 의하여 보호관찰의 정지 또는 정지해제결정을 한 때에는 그 결과를 관할보호관찰소의 장에게 통보하여야 한다.

제7절 보호관찰사건의 이송 등

제54조 【직무상 비밀과 증언 거부】
심사위원회 및 보호관찰소의 직원이거나 직원이었던 사람이 다른 법률에 따라 증인으로 신문을 받는 경우에는 그 직무상 알게 된 다른 사람의 비밀에 대하여 증언을 거부할 수 있다. 다만, 본인의 승낙이 있거나 중대한 공익상 필요가 있는 경우에는 그러하지 아니하다.

제55조 【보호관찰사건의 이송】
보호관찰소의 장은 보호관찰 대상자가 주거지를 이동한 경우에는 새 주거지를 관할하는 보호관찰소의 장에게 보호관찰사건을 이송할 수 있다.

시행규칙

제46조 【보호관찰사건이송】
보호관찰소의 장은 보호관찰대상자가 다른 보호관찰소의 관할구역 안에 거주하고 있는 사실이 확인된 때에는 별지 제33호서식의 보호관찰사건이송서에 관계기록을 첨부하여 신주거지를 관할하는 보호관찰소의 장에게 이송하여야 한다.

제55조의2 【기부금품의 접수】
① 보호관찰소의 장은 기관·단체 또는 개인이 보호관찰 대상자에 대한 원호 등을 위하여 보호관찰소에 자발적으로 기탁하는 금품을 접수할 수 있다.

② 기부자에 대한 영수증 발급, 기부금품의 용도 지정, 장부의 열람, 그 밖에 필요한 사항은 대통령령으로 정한다.

시행령

제36조의2【기부금품의 접수 등】

① 보호관찰소의 장은 법 제55조의2 제1항에 따라 기부금품을 접수하는 경우 기부자에게 영수증을 발급하여야 한다. 다만, 익명으로 기부하거나 기부자를 알 수 없는 경우에는 영수증을 발급하지 아니할 수 있다.

② 보호관찰소의 장은 제1항에 따른 기부자가 다음 각 호의 어느 하나의 경우에 해당하는 사실을 알게 된 경우에는 기부금품을 접수해서는 아니 된다.

  1. 기부자가 보호관찰 대상자인 경우
  2. 기부자가 보호관찰 대상자와 친족이거나 친족이었던 경우
  3. 그 밖에 기부자가 보호관찰 대상자와 직접적인 이해관계가 있다고 인정되는 기관·단체 또는 사람인 경우

③ 보호관찰소의 장은 제1항에 따른 기부자가 기부금품의 용도를 지정한 경우에는 그 용도로만 사용하여야 한다. 다만, 기부자가 지정한 용도로 사용하기 어려운 경우에는 특별한 사정이 없는 한 기부자의 동의를 받아 다른 용도로 사용할 수 있다.

④ 보호관찰소의 장은 모든 기부금의 수입 및 지출을 기부금 전용계좌를 통하여 처리하여야 한다.

⑤ 보호관찰소의 장은 기부금품의 접수현황 및 사용실적 등에 관한 장부를 갖추어 두고 기부자가 열람할 수 있도록 하여야 한다.

⑥ 보호관찰소의 장은 매 반기별로 기부금품의 접수현황 및 사용실적 등에 관한 사항을 법무부장관에게 보고하여야 한다.

제55조의3【보호관찰 종료사실 등의 통보】

① 보호관찰소의 장은 다음 각 호의 어느 하나에 해당하는 범죄를 저지른 가석방자의 보호관찰이 종료된 때에 재범 방지 등을 위하여 필요하다고 인정하면 가석방자의 보호관찰 종료사실 등을 그의 주거지를 관할하는 경찰관서의 장에게 통보할 수 있다.

  1. 「전자장치 부착 등에 관한 법률」 제2조 제2호에 따른 성폭력범죄, 같은 조 제3호의2에 따른 살인범죄, 같은 조 제3호의3에 따른 강도범죄
  2. 다음 각 목의 어느 하나에 해당하는 범죄
    가. 「형법」 제2편 제31장 약취, 유인 및 인신매매의 죄 중 제287조(미성년자의 약취, 유인) · 제288조(추행 등 목적 약취, 유인 등) · 제289조(인신매매) · 제290조(약취, 유인, 매매, 이송 등 상해·치상) · 제291조(약취, 유인, 매매, 이송 등 살인·치사) · 제292조(약취, 유인, 매매, 이송된 사람의 수수·은닉 등) · 제294조(미수범)의 죄, 같은 법 제2편 제37장 권리행사를 방해하는 죄 중 제324조의2(인질강요) · 제324조의3(인질상해·치상)의 죄 및 같은 법 제2편 제38장 절도와 강도의 죄 중 제336조(인질강도)의 죄

　　나. 「특정범죄 가중처벌 등에 관한 법률」 제5조의2(약취·유인죄의 가중처벌)의 죄

　　다. 가목과 나목의 죄로서 다른 법률에 따라 가중처벌되는 죄

3. 「폭력행위 등 처벌에 관한 법률」 제4조(단체 등의 구성·활동), 제5조(단체 등의 이용·지원)의 죄 및 「형법」 제2편 제5장 공안(公安)을 해하는 죄 중 제114조(범죄단체 등의 조직)의 죄

4. 다음 각 목의 어느 하나에 해당하는 범죄

　　가. 「형법」 제2편 제13장 방화와 실화의 죄 중 제164조(현주건조물 등에의 방화)·제165조(공용건조물 등에의 방화)·제166조(일반건조물 등에의 방화)·제167조(일반물건에의 방화)·제168조(연소)·제172조(폭발성물건파열)·제172조의2(가스·전기 등 방류)·제173조(가스·전기 등 공급방해) 및 제174조(미수범)의 죄

　　나. 「산림자원의 조성 및 관리에 관한 법률」 제71조(벌칙)의 죄

　　다. 「산림보호법」 제53조(벌칙)의 죄(같은 조 제5항의 죄는 제외한다)

　　라. 가목부터 다목까지의 죄로서 다른 법률에 따라 가중처벌되는 죄

5. 「마약류 관리에 관한 법률」 제58조(벌칙)·제59조(벌칙)·제60조(벌칙)의 죄(제59조 제1항 제3호·제5호·제9호·제12호의 죄 및 제60조 제1항 제2호 중 향정신성의약품 등을 수수, 소지, 소유, 사용, 관리, 조 제, 투약, 제공한 죄 또는 향정신성의약품을 기재한 처방전을 발급한 죄는 제외한다), 「마약류 불법거래 방지에 관한 특례법」 제6조(업으로서 한 불법수입 등)·제7조(불법수익 등의 은닉 및 가장)·제8조(불법수익등의 수수)·제9조(마약류물품의 수입 등)의 죄 및 「특정범죄 가중처벌 등에 관한 법률」 제11조(마약사범 등의 가중처벌)의 죄

② 제1항에 따라 보호관찰소의 장이 통보할 사항은 다음 각 호와 같다.

1. 성명　　　　　　　　　2. 주민등록번호
3. 주소　　　　　　　　　4. 죄명
5. 판결내용　　　　　　　6. 보호관찰 종료일

③ 제1항에 따른 통보의 절차 등에 관하여 필요한 사항은 대통령령으로 정한다.

시행령

제36조의3 【보호관찰 종료사실 등의 통보 절차】
법 제55조의3 제1항에 따른 가석방자의 보호관찰 종료사실 등의 통보는 보호관찰소의 장이 관리하는 법 제55조의3 제2항 각 호에 대한 전자기록을 「형사사법절차 전자화 촉진법」 제2조 제4호에 따른 형사사법정보시스템에 등록하고, 경찰관서의 장이 이를 조회하는 방식 등으로 할 수 있다.

제55조의4 【범죄경력자료 등의 조회 요청】
① 법무부장관은 이 법에 따른 보호관찰의 집행이 종료된 사람의 재범 여부를 조사하고 보호관찰

명령의 효과를 평가하기 위하여 필요한 경우에는 그 집행이 종료된 때부터 3년 동안 관계 기관에 그 사람에 관한 범죄경력자료와 수사경력자료에 대한 조회를 요청할 수 있다.
② 제1항의 요청을 받은 관계 기관의 장은 정당한 사유 없이 이를 거부해서는 아니 된다.

제56조【군법 적용 대상자에 대한 특례】
「군사법원법」 제2조 제1항 각 호의 어느 하나에 해당하는 사람에게는 이 법을 적용하지 아니한다.

관련판례

현역 군인 등 군법 적용 대상자에 대한 특례를 규정한 보호관찰 등에 관한 법률 제56조, 제64조 제1항의 해석상 군법 적용 대상자에게 보호관찰, 사회봉사, 수강명령을 명할 수 있는지 여부(소극)
보호관찰 등에 관한 법률 제56조는 군사법원법 제2조 제1항 각 호의 어느 하나에 해당하는 사람에게는 보호관찰법을 적용하지 아니한다고 규정하고, 제64조 제1항에서 사회봉사·수강명령 대상자에 대하여는 제56조의 규정을 준용하도록 함으로써 현역 군인 등 이른바 군법 적용 대상자에 대한 특례 조항을 두고 있는데, 군법 적용 대상자에 대한 지휘관들의 지휘권 보장 등 군대라는 부분사회의 특수성을 고려할 필요가 있는 점, 군법 적용 대상자에 대하여는 보호관찰 등의 집행이 현실적으로 곤란하고 이러한 정책적 고려가 입법 과정에서 반영된 것으로 보이는 점 등 보호관찰 등에 관한 현행 법체제 및 규정 내용을 종합적으로 검토하면, 위 특례 조항은 군법 적용 대상자에 대하여는 보호관찰법이 정하고 있는 보호관찰, 사회봉사, 수강명령의 실시 내지 집행에 관한 규정을 적용할 수 없음은 물론 보호관찰, 사회봉사, 수강명령 자체를 명할 수 없다는 의미로 해석된다(대법원 2012.2.23. 2011도8124).

제57조【「형사소송법」의 준용】
보호관찰에 관하여 이 법에 특별한 규정이 있는 경우를 제외하고는 그 성질에 반하지 아니하는 범위에서 「형사소송법」을 준용한다.

제58조【「형의 집행 및 수용자의 처우에 관한 법률」 적용의 일부 배제】
이 법(제28조는 제외한다)에 따른 가석방에 관하여는 「형의 집행 및 수용자의 처우에 관한 법률」 제119조(가석방심사위원회), 제120조(위원회의 구성), 제121(가석방 적격심사), 제122조(가석방 허가)까지의 규정을 적용하지 아니한다.

관련판례

[1] 개정 형법 시행 이전에 죄를 범한 자에 대하여 개정 형법에 따라 보호관찰을 명할 수 있는지 여부(적극) 및 보호관찰의 성격(=보안처분의 성격)

형의 집행을 유예를 하는 경우에는 보호관찰을 받을 것을 명할 수 있고, 보호관찰의 기간은 집행을 유예한 기간으로 하고, 다만 법원은 유예기간의 범위 내에서 보호관찰의 기간을 정할 수 있다고 규정되어 있는바, 보호관찰은 형벌이 아니라 보안처분의 성격을 갖는 것으로서, 과거의 불법에 대한 책임에 기초하고 있는 제재가 아니라 장래의 위험성으로부터 행위자를 보호하고 사회를 방위하기 위한 합목적적인 조치이므로, 그에 관하여 반드시 행위 이전에 규정되어 있어야 하는 것은 아니며, 재판시의 규정에 의하여 보호관찰을 받을 것을 명할 수 있다고 보아야 할 것이고, 이와 같은 해석이 형벌불소급의 원칙 내지 죄형법정주의에 위배되는 것이라고 볼 수 없다(대법원 1997.6.13. 97도703).

[2] 보호관찰이나 사회봉사 또는 수강을 명한 집행유예를 받은 자가 준수사항이나 명령을 위반하고 그 위반사실이 범죄행위가 되는 경우, 그 범죄에 대한 형사절차와는 별도로 집행유예를 취소할 수 있는지 여부(적극)
보호관찰이나 사회봉사 또는 수강을 명한 집행유예를 받은 자가 준수사항이나 명령을 위반한 경우에 그 위반사실이 동시에 범죄행위로 되더라도 그 기소나 재판의 확정여부 등 형사절차와는 별도로 법원이 보호관찰등에관한법률에 의한 검사의 청구에 의하여 집행유예 취소의 요건에 해당하는가를 심리하여 준수사항이나 명령 위반사실이 인정되고 위반의 정도가 무거운 때에는 집행유예를 취소할 수 있다 (대법원 1999.3.10. 99모33).

제4장 | 사회봉사 및 수강

제59조【사회봉사명령·수강명령의 범위】★
① 법원은「형법」제62조의2(집행유예 시 보호관찰, 사회봉사·수강명령)에 따른 사회봉사를 명할 때에는 500시간, 수강을 명할 때에는 200시간의 범위에서 그 기간을 정하여야 한다. 다만, 다른 법률에 특별한 규정이 있는 경우에는 그 법률에서 정하는 바에 따른다.
② 법원은 제1항의 경우에 사회봉사·수강명령 대상자가 사회봉사를 하거나 수강할 분야와 장소 등을 지정할 수 있다.

제60조【판결의 통지 등】
① 법원은「형법」제62조의2에 따른 사회봉사 또는 수강을 명하는 판결이 확정된 때부터 3일 이내에 판결문 등본 및 준수사항을 적은 서면을 피고인의 주거지를 관할하는 보호관찰소의 장에게 보내야 한다.
② 제1항의 경우에 법원은 그 의견이나 그 밖에 사회봉사명령 또는 수강명령의 집행에 참고가 될 만한 자료를 첨부할 수 있다.
③ 법원 또는 법원의 장은 제1항의 통지를 받은 보호관찰소의 장에게 사회봉사명령 또는 수강명령의 집행상황에 관한 보고를 요구할 수 있다.

제61조 【사회봉사 · 수강명령 집행 담당자】 ★★

① 사회봉사명령 또는 수강명령은 보호관찰관이 집행한다. 다만, 보호관찰관은 국공립기관이나 그 밖의 단체에 그 집행의 전부 또는 일부를 위탁할 수 있다.

② 보호관찰관은 사회봉사명령 또는 수강명령의 집행을 국공립기관이나 그 밖의 단체에 위탁한 때에는 이를 법원 또는 법원의 장에게 통보하여야 한다.

③ 법원은 법원 소속 공무원으로 하여금 사회봉사 또는 수강할 시설 또는 강의가 사회봉사·수강 명령 대상자의 교화·개선에 적당한지 여부와 그 운영 실태를 조사·보고하도록 하고, 부적당 하다고 인정하면 그 집행의 위탁을 취소할 수 있다.

④ 보호관찰관은 사회봉사명령 또는 수강명령의 집행을 위하여 필요하다고 인정하면 국공립기 관이나 그 밖의 단체에 협조를 요청할 수 있다.

시행령

제37조 【사회봉사 · 수강명령 집행위탁의 통보】

보호관찰관이 법 제61조 제2항의 규정에 의하여 사회봉사명령 또는 수강명령의 집행위탁 사실을 법원 또는 법원의 장에게 통보하는 때에는 집행위탁을 받은 기관의 명칭 및 주소, 위탁인원, 집행위탁의 내용 등을 기재한 서면에 의하여야 한다.

제38조 【사회봉사 · 수강명령 집행위탁의 취소에 따른 조치】

법원이 법 제61조 제3항의 규정에 의하여 사회봉사명령 또는 수강명령의 집행위탁을 취소한 경우에는 보호관찰 관이 남은 기간의 사회봉사명령 또는 수강명령을 직접 집행하거나 적합한 다른 국·공립기관 기타 단체에 위탁하 여 집행하여야 한다.

제62조 【사회봉사 · 수강명령 대상자의 준수사항】 ★

① 사회봉사·수강명령 대상자는 대통령령으로 정하는 바에 따라 주거, 직업, 그 밖에 필요한 사항을 관할 보호관찰소의 장에게 신고하여야 한다.

② 사회봉사·수강명령 대상자는 다음 각 호의 사항을 준수하여야 한다.

    1. 보호관찰관의 집행에 관한 지시에 따를 것

    2. 주거를 이전하거나 1개월 이상 국내외여행을 할 때에는 미리 보호관찰관에게 신고할 것

③ 법원은 판결의 선고를 할 때 제2항의 준수사항 외에 대통령령으로 정하는 범위에서 본인의 특성 등을 고려하여 특별히 지켜야 할 사항을 따로 과(科)할 수 있다.

④ 제2항과 제3항의 준수사항은 서면으로 고지하여야 한다.

관련판례

[1] 보호관찰명령 없이 사회봉사 · 수강명령만 선고하는 경우, 보호관찰대상자에 대한 특별준수사항을 사회 봉사 · 수강명령대상자에게 그대로 적용할 수 있는지 여부(소극)

보호관찰, 사회봉사·수강 또는 갱생보호는 당해 대상자의 교화·개선 및 범죄예방을 위하여 필요하고 도 상당한 한도 내에서 이루어져야 하며, 당해 대상자의 연령·경력·심신상태·가정환경·교우관계 기타 모든 사정을 충분히 고려하여 가장 적합한 방법으로 실시되어야 하므로, 법원은 특별준수사항을 부과하는 경우 대상자의 생활력, 심신의 상태, 범죄 또는 비행의 동기, 거주지의 환경 등 대상자의 특성을 고려하여 대상자가 준수할 수 있다고 인정되고 자유를 부당하게 제한하지 아니하는 범위 내에서 개별화하여 부과하여야 한다는 점, 보호관찰의 기간은 집행을 유예한 기간으로 하고 다만, 법원은 유예기간의 범위 내에서 보호관찰기간을 정할 수 있는 반면, 사회봉사명령·수강명령은 집행유예기간 내에 이를 집행하되 일정한 시간의 범위 내에서 그 기간을 정하여야 하는 점, 보호관찰명령이 보호관찰 기간 동안 바른 생활을 영위할 것을 요구하는 추상적 조건의 부과이거나 악행을 하지 말 것을 요구하는 소극적인 부작위조건의 부과인 반면, 사회봉사 사명령·수강명령은 집행유예기간 내에 이를 집행하되 일정한 시간의 범위 내에서 그 기간을 정하여야 하는 점, 보호관찰명령이 보호관찰기간 동안 바른 생활을 영위할 것을 요구하는 추상적 조건의 부과이거나 악행을 하지 말 것을 요구하는 소극적인 부작위조건의 부과인 반면, 사회봉사명령·수강명령은 특정시간 동안의 적극적인 작위의무를 부과하는 데 그 특징이 있다는 점 등에 비추어 보면, 사회봉사·수강명령대상자에 대한 특별준수사항은 보호관찰 대상자에 대한 것과 같을 수 없고, 따라서 보호관찰대상자에 대한 특별준수사항을 사회봉사·수강명령 대상자에게 그대로 적용하는 것은 적합하지 않다(대법원 2009.3.30. 2008모1116).

[2] 사회봉사명령의 특별준수사항의 범위 : 사회봉사명령의 특별준수사항의 범위 "2017년 말까지 이 사건 개발제한행위 위반에 따른 건축물 등을 모두 원상복구할 것"을 부과할 수 있는지 여부(소극)

보호관찰법 제32조 제3항이 보호관찰 대상자에게 과할 수 있는 특별준수사항으로 정한 "범죄행위로 인한 손해를 회복하기 위하여 노력할 것(제4호)" 등 같은 항 제1호부터 제9호까지의 사항은 보호관찰 대상자에 한해 부과할 수 있을 뿐, 사회봉사명령·수강명령 대상자에 대해서는 부과할 수 없다. 한편 보호관찰법 제32조 제3항 제4호는 보호관찰 대상자에게 과할 수 있는 특별준 수사항으로 '범죄행 위로 인한 손해를 회복하기 위해 노력할 것'을 정하고 있는데, 이 사건 특별준수사항은 범죄행위로 인한 손해를 회복하기 위하여 노력할 것을 넘어 일정 기간 내에 원상회복할 것을 명하는 것으로서 보호관찰법 제32조 제3항 제4호를 비롯하여 같은 항 제1호부터 제9호까지 정한 보호관찰의 특별준수사 항으로도 허용될 수 없다(대법원 2020.11.5. 2017도18291).

※ 피고인이 개발제한구역 내에서 사업체를 운영하면서 영리를 목적으로 건축물의 건축 및 용도변경, 공작물의 설치, 토지형질 변경 등 총 7건의 개발제한행위를 하였다는 이유로 기소된 사안에서, 제1심과 원심은 징역형의 집행유예를 선고하면서, 사회봉사를 명하였고, 그 안내서면에 특별준수사항으로 "2017년 말까지 이 사건 개발제한행위 위반에 따른 건축물 등을 모두 원상복구할 것"을 포함시킴. 대법원은 사회봉사명령의 특별준수사항으로 위와 같은 내용을 부과할 수 없다고 보아 파기환송 함. 나아가 대법원은 보호관찰의 특별준수사항으로도 위와 같은 내용을 부과할 수 없음을 밝혔다.

[3] 일정한 금원의 출연을 내용으로 하는 사회봉사명령이 허용되는지 여부(소극)

형법과 보호관찰 등에 관한 법률의 관계 규정을 종합하면, 사회봉사는 형의 집행을 유예하면서 부가적으로 명하는 것이고 집행유예 되는 형은 자유형에 한정되고 있는 점 등에 비추어, 법원이 형의 집행을 유예하는 경우 명할 수 있는 사회봉사는 자유형의 집행을 대체하기 위한 것으로서 500시간 내에서 시간 단위로 부과될 수 있는 일 또는 근로활동을 의미하는 것으로 해석되므로, 법원이 형법 제62조의2 의 규정에 의한 사회봉사명령으로 피고인에게 일정한 금원을 출연하거나 이와 동일시할 수 있는 행위 를 명하는 것은 허용될 수 없다(대법원 2008.4.11. 2007도8373).

[4] 피고인에게 자신의 범죄행위와 관련하여 어떤 말이나 글을 공개적으로 발표하도록 명하는 내용의 사회봉

사명령이 허용되는지 여부(소극)

피고인으로 하여금 자신의 범죄행위와 관련하여 어떤 말이나 글을 공개적으로 발표하라는 사회봉사를 명하는 것은 경우에 따라 피고인의 명예나 인격에 대한 심각하고 중대한 침해를 초래할 수 있고, 그 말이나 글이 어떤 의미나 내용이어야 하는 것인지 쉽게 이해할 수 없어 집행 과정에서 그 의미나 내용에 관한 다툼이 발생할 가능성이 적지 않으며, 유죄로 인정된 범죄행위를 뉘우치거나 그 범죄행위를 공개하는 취지의 말이나 글을 발표하도록 하는 취지의 것으로도 해석될 가능성이 적지 않으므로 이러한 사회봉사명령은 위법하다(대법원 2008.4.11. 2007도8373).

[5] 보호관찰명령 없이 수강명령만 선고한 경우, 특별준수사항 위반을 이유로 집행유예를 취소하는 경우 법원의 판단 방법

법원이 보호관찰대상자에게 특별히 부과할 수 있는 '재범의 기회나 충동을 줄 수 있는 장소에 출입하지 아니할 것'이라는 사항을 만연히 사회봉사·수강명령대상자에게 부과하고 사회봉사·수강명령대상자가 재범한 것을 집행유예 취소사유로 삼는 것은 신중하여야 한다(대법원 2009.3.30. 2008모1116).

[6] 형법 제64조 제2항에 규정된 집행유예취소의 요건에 해당하는지 여부를 심리할 때의 평가 요소

법원이 보호관찰 등에 관한 법률에 의한 검사의 청구에 의하여 형법 제64조 제2항에 규정된 집행유예취소의 요건에 해당하는가를 심리함에 있어, 보호관찰기간 중의 재범에 대하여 따로 처벌받는 것과는 별도로 보호관찰자 준수사항 위반 여부 및 그 정도를 평가하여야 하고, 보호관찰이나 사회봉사 또는 수강명령은 각각 병과되는 것이므로 사회봉사 또는 수강명령의 이행 여부는 보호관찰자 준수사항 위반 여부나 그 정도를 평가하는 결정적인 요소가 될 수 없다(대법원 2010.5.27. 2010모446).

제63조【사회봉사·수강의 종료】★★

① 사회봉사·수강은 사회봉사·수강명령 대상자가 다음 각 호의 어느 하나에 해당하는 때에 종료한다.
1. 사회봉사명령 또는 수강명령의 집행을 완료한 때
2. 형의 집행유예 기간이 지난 때
3. 「형법」 제63조(집행유예의 실효) 또는 제64조(집행유예의 취소)에 따라 사회봉사·수강명령을 조건으로 한 집행유예의 선고가 실효되거나 취소된 때
4. 다른 법률에 따라 사회봉사·수강명령이 변경되거나 취소·종료된 때
② 사회봉사·수강명령 대상자가 사회봉사·수강명령 집행 중 금고 이상의 형의 집행을 받게 된 때에는 해당 형의 집행이 종료·면제되거나 사회봉사·수강명령 대상자가 가석방된 경우 잔여 사회봉사·수강명령을 집행한다.

제64조【준용규정】

① 사회봉사·수강명령 대상자에 대하여는 제34조부터 제36조까지, 제54조, 제55조, 제55조의4, 제56조 및 제57조를 준용한다.

② 사회봉사·수강명령 대상자의 준수사항이나 명령 위반에 따른 경고, 구인, 유치, 집행유예 취소 및 보호처분 변경 등에 관하여는 제37조부터 제45조까지, 제46조, 제46조의2부터 제46조의5까지, 제47조 및 제49조를 준용한다.

시행령

제39조 【준용】
① 제16조(보호관찰대상자의 신고의무)·제17조(준수사항의 부과 및 훈계)·제18조(주거이전등의 신고)·제19조(특별준수사항) 및 제20조(응급구호의 범위)의 규정은 법 제3조 제2항의 규정에 의한 사회봉사·수강명령대상자(이하 이 조에서 "사회봉사·수강명령대상자"라 한다)에 대하여 이를 준용한다.
② 사회봉사·수강명령 대상자의 준수사항이나 명령 위반에 따른 경고, 구인, 유치, 집행유예 취소 및 보호처분 변경 등에 관하여는 제21조부터 제33조까지 및 제35조를 준용한다.

제5장 | 갱생보호

제1절 갱생보호의 방법 및 개시

제65조 【갱생보호의 방법】 ★★
① 갱생보호는 다음 각 호의 방법으로 한다.
　1. 숙식 제공　　　　　　　　　2. 주거 지원
　3. 창업 지원　　　　　　　　　4. 직업훈련 및 취업 지원
　5. 출소예정자 사전상담　　　　6. 갱생보호 대상자의 가족에 대한 지원
　7. 심리상담 및 심리치료　　　　8. 사후관리
　9. 그 밖에 갱생보호 대상자에 대한 자립 지원
② 제1항 각 호의 구체적인 내용은 대통령령으로 정한다.
③ 제71조에 따른 한국법무보호복지공단 또는 제67조에 따라 갱생보호사업의 허가를 받은 자는 제1항 각 호의 갱생보호활동을 위하여 갱생보호시설을 설치·운영할 수 있다.
④ 제3항의 갱생보호시설의 기준은 법무부령으로 정한다.

시행령

제40조 【갱생보호】
① 법 제65조 제1항에 따른 갱생보호는 갱생보호를 받을 사람(이하 "갱생보호 대상자"라 한다)이 친족 또는

연고자 등으로부터 도움을 받을 수 없거나 이들의 도움만으로는 충분하지 아니한 경우에 한하여 행한다.

② 갱생보호를 하는 경우에는 미리 갱생보호 대상자로 하여금 자립계획을 수립하게 할 수 있다.

제41조【숙식 제공】

① 법 제65조 제1항 제1호에 따른 숙식 제공은 생활관 등 갱생보호시설에서 갱생보호 대상자에게 숙소·음식물 및 의복 등을 제공하고 정신교육을 하는 것으로 한다.

② 제1항의 규정에 의한 숙식제공은 6월을 초과할 수 없다. 다만, 필요하다고 인정하는 때에는 매회 6월의 범위 내에서 3회에 한하여 그 기간을 연장할 수 있다.

③ 제1항의 규정에 의하여 숙식을 제공한 경우에는 법무부장관이 정하는 바에 의하여 소요된 최소한의 비용을 징수할 수 있다.

제41조의2【주거 지원】

법 제65조 제1항 제2호에 따른 주거 지원은 갱생보호 대상자에게 주택의 임차에 필요한 지원을 하는 것으로 한다.

제41조의3【창업 지원】

법 제65조 제1항 제3호에 따른 창업 지원은 갱생보호 대상자에게 창업에 필요한 사업장 임차보증금 등을 지원하는 것으로 한다.

제42조

삭제 ＜2014.11.19.＞

제43조

삭제 ＜2014.11.19.＞

제44조【직업훈련】

① 법 제65조 제1항 제4호에 따른 직업훈련은 갱생보호 대상자에게 취업에 필요한 기능훈련을 시키고 자격 취득을 위한 교육을 하는 것으로 한다.

② 제1항의 규정에 의한 직업훈련은 다른 직업훈련기관에 위탁하여 행할 수 있다.

제45조【취업 지원】

법 제65조 제1항 제4호에 따른 취업 지원은 갱생보호 대상자에게 직장을 알선하고 필요한 경우 신원을 보증하는 것으로 한다.

제45조의2【출소예정자 사전상담】

① 법 제65조 제1항 제5호에 따른 출소예정자 사전상담은 출소예정자에게 출소 전에 갱생보호의 방법을 안내하고 자립계획 등에 대하여 상담을 실시하는 것으로 한다.

② 갱생보호사업의 허가를 받은 자 또는 법 제71조에 따른 한국법무보호복지공단(이하 "공단"이라 한다)은 제1항의 상담을 위하여 수용기관의 장에게 출소예정자의 수용자 번호를 통보하여 줄 것을 요청할 수 있다. 이 경우 수용기관의 장은 특별한 사유가 없으면 이에 협조하여야 한다.

제45조의3【갱생보호 대상자의 가족에 대한 지원】

법 제65조 제1항 제6호에 따른 갱생보호 대상자의 가족에 대한 지원은 갱생보호 대상자의 가족에게 심리상담 및 심리치료, 취업 지원, 학업 지원 등을 하는 것으로 한다.

제45조의4【심리상담 및 심리치료】

법 제65조 제1항 제7호에 따른 심리상담 및 심리치료는 갱생보호 대상자에게 심리적 안정과 사회적응을 위한 상담 및 「정신건강증진 및 정신질환자 복지서비스 지원에 관한 법률」에 따른 정신건강전문요원 등 전문가에 의한 치료를 실시하는 것으로 한다.

제45조의5 【사후관리】

법 제65조 제1항 제8호에 따른 사후관리는 같은 항 제1호부터 제7호까지 또는 제9호의 갱생보호를 받은 갱생보호대상자에게 사회복귀 상황을 점검하여 필요한 조언을 하는 것으로 한다.

제46조 【자립 지원】

법 제65조 제1항 제9호에 따른 갱생보호 대상자에 대한 자립 지원은 사회복지시설에의 의탁 알선, 가족관계등록 창설, 주민등록, 결혼 주선, 입양 및 의료 시혜 등 갱생보호 대상자의 자립을 위하여 필요한 사항을 지원하는 것으로 한다.

제46조의2 【갱생보호 대상자 수용기간 등의 통보 요청】

① 갱생보호사업의 허가를 받은 자 또는 공단은 갱생보호 대상자의 적절한 보호를 위하여 필요한 경우 갱생보호 대상자의 동의를 받아 수용기관의 장에게 다음 각 호의 사항을 통보하여 줄 것을 요청할 수 있다.

1. 수용기간
2. 가족 관계 및 보호자 관계
3. 직업경력 및 학력
4. 생활환경
5. 성장과정
6. 심리적 특성
7. 범행내용 및 범죄횟수

② 제1항의 요청을 받은 수용기관의 장은 특별한 사유가 없으면 이에 협조하여야 한다.

시행규칙

제49조 【사무실 및 상담실】

갱생보호시설에는 일반사무를 집행하는 사무실과 갱생보호를 받을 사람(이하 "갱생보호대상자"라 한다)과의 상담을 위한 상담실을 설치하여야 한다. 다만, 상담실을 별도로 설치하지 아니하여도 사무실내에서 갱생보호대상자와 상담할 수 있는 경우 및 갱생보호의 성질상 상담이 필요하지 아니한 갱생보호를 실시하는 경우에는 상담실을 설치하지 아니할 수 있다.

제50조 【생활관】

① 영 제41조 제1항의 규정에 의하여 갱생보호대상자에 대하여 숙식을 제공하는 시설(이하 "생활관"이라 한다)에는 제49조의 규정에 의한 사무실 및 상담실외에 갱생보호대상자의 숙박에 제공되는 거실·집회실·조리장·식당·세면장 및 화장실을 설치하여야 한다. 다만, 10인 이내의 갱생보호대상자에게 숙식을 제공하는 생활관에서 거실을 식당으로 겸용하는 경우에는 따로 식당을 설치하지 아니할 수 있다.

② 남녀를 함께 수용하는 생활관의 거실은 남자용과 여자용을 분리하여 설치하여야 한다.

③ 거실·조리장 및 식당은 보건위생에 적합하여야 하며, 난방·채광 및 환기가 잘 되도록 설치하여야 한다.

제52조 【숙식제공의 대상】

생활관에는 갱생보호대상자가 아닌 자를 숙식하게 할 수 없다. 다만, 갱생보호대상자의 배우자, 직계존·비속에 대하여는 1주일이내의 기간 동안 숙식을 제공할 수 있다.

제53조 【갱생자립계획 및 생활지도】

① 사업자 또는 공단은 생활관에 수용 보호한 갱생보호대상자에 대하여 지체 없이 갱생자립계획을 수립하게 하여야 한다.

② 사업자 또는 공단은 갱생보호대상자에 대하여 교양을 높이고 자율·자조 및 협동정신과 준법정신을 생활화하여야 하고, 근로의 정신과 습성을 체득하도록 생활지도를 하여야 한다.

제54조 【거실의 배정】

갱생보호대상자에 대하여 거실을 배정함에 있어서는 갱생보호대상자의 연령·전과·성격 등을 고려하여야 한다.

제55조【금품사용에 관한 지도 및 금품보관】

① 사업자 또는 공단은 갱생보호대상자가 소유하는 금품을 낭비하지 아니하고 갱생자립에 적절하게 사용하도록 지도하여야 한다.

② 사업자 또는 공단은 갱생보호대상자로부터 금품의 보관을 의뢰받은 경우에는 금품의 종류 및 수량을 명백히 하여 장부에 기재하고 본인에게 보관증을 교부하여야 한다. 이 경우 현금에 대하여는 갱생보호대상자의 명의로 은행에 예금한 후 예금통장은 본인에게 교부하고 인감은 담당직원이 이를 보관하여야 한다.

③ 보관된 금품은 갱생보호대상자가 사용용도를 명확히 하여 신청하는 경우에는 본인에게 환급한다.

제56조【건강관리】

① 생활관에서는 구급약품을 비치하고 시설을 위생적으로 관리하는 등 갱생보호대상자의 건강관리에 유의하여야 한다.

② 갱생보호대상자에 대하여는 보건소등 의료시설에서 건강진단을 받도록 하여야 한다.

제57조【의복】

갱생보호대상자에게 지급하는 의복은 계절에 적합하고 사회적 체면을 유지할 수 있는 것이어야 한다.

제58조【식사】

생활관에서 제공하는 식사는 주간 또는 월간차림표에 의하여 조리하되, 갱생보호대상자의 건강을 유지하기에 충분한 열량과 영양성분이 포함되어 있도록 하여야 한다.

제59조【교양 및 여가활동】

① 갱생보호대상자에게는 독서·훈화·교양 집회의 개최 기타의 방법으로 그 교양을 높이도록 하여야 한다.

② 갱생보호대상자에게는 운동과 여가활동으로 심신의 건강을 유지할 수 있도록 하여야 한다.

제60조【숙식제공기간의 연장】

사업자 또는 공단은 영 제41조 제2항 단서의 규정에 의하여 갱생보호대상자에 대한 숙식제공의 기간을 연장하고자 할 때에는 본인의 신청에 의하되, 자립의 정도, 계속보호의 필요성 기타 사항을 고려하여 이를 결정하여야 한다.

제61조

삭제 <2014.11.19.>

제62조

삭제 <2014.11.19.>

제63조

삭제 <2014.11.19.>

제64조

삭제 <2014.11.19.>

제65조【직업훈련】

① 영 제44조 제1항의 규정에 의한 직업훈련은 갱생보호대상자의 희망·적성·경력 등을 고려하여 직업훈련 후 취업이 쉬운 분야를 선정하여 훈련을 실시하여야 한다.

② 직업훈련을 받은 갱생보호대상자에 대하여는 기술자격을 취득할 수 있도록 최대한 지원하고 취업을 알선하는 데 노력하여야 한다.

제66조【취업 지원 등】

① 갱생보호대상자에 대하여는 기업을 경영하는 범죄예방위원 기타 독지가등과 긴밀하게 연락하여 그 취업을 알선하는 데 노력하여야 한다.

② 사업자 또는 공단은 그 경영하는 부설작업장에 특별한 사유가 없는 한 갱생보호대상자를 취업시켜야 한다.

제67조【임금지급】
사업자 또는 공단은 갱생보호대상자를 부설작업장에 취업하게 한 경우에는 상당한 보수를 지급하여야 한다.

제66조【갱생보호의 신청 및 조치】
① 갱생보호 대상자와 관계 기관은 보호관찰소의 장, 제67조 제1항에 따라 갱생보호사업 허가를 받은 자 또는 제71조에 따른 한국법무보호복지공단에 갱생보호 신청을 할 수 있다.
② 제1항의 신청을 받은 자는 지체 없이 보호가 필요한지 결정하고 보호하기로 한 경우에는 그 방법을 결정하여야 한다.
③ 제1항의 신청을 받은 자가 제2항에 따라 보호결정을 한 경우에는 지체 없이 갱생보호에 필요한 조치를 하여야 한다.

시행규칙

제51조【갱생보호의 신청 및 조치】
① 갱생보호대상자로서 갱생보호를 받고자 하는 자는 보호관찰소의 장, 법 제67조에 따라 갱생보호사업의 허가를 받은 자(이하 "사업자"라 한다) 또는 법 제71조에 따른 한국법무보호복지공단(이하 "공단"이라 한다)에 서면으로 신청하여야 한다.
② 관계기관이 보호관찰소의 장, 사업자 또는 공단에 갱생보호대상자에 대한 갱생보호의 신청을 하는 경우에는 갱생보호대상자의 전과 및 처분의 내용, 신상관계, 갱생보호대상자가 희망하는 갱생보호방법등을 기재한 서면으로 하여야 한다.
③ 제1항 및 제2항에 따라 갱생보호의 신청을 받은 보호관찰소의 장, 사업자 또는 공단이 법 제66조 제2항에 따라 갱생보호의 필요 여부와 그 방법을 결정함에 있어서는 신청서 및 갱생보호대상자와의 상담 등에 의하여 갱생보호대상자의 전과의 죄질·연령·학력·가정사정·교우관계 및 자립계획 등을 조사하여야 한다.
④ 보호관찰소의 장, 사업자 또는 공단은 갱생보호를 행하지 아니하기로 결정한 때에는 서면으로 그 이유를 신청인에게 통지하여야 한다.

제2절 갱생보호사업자

제67조【갱생보호사업의 허가】★
① 갱생보호사업을 하려는 자는 법무부령으로 정하는 바에 따라 법무부장관의 허가를 받아야 한다. 허가받은 사항을 변경하려는 경우에도 또한 같다.
② 법무부장관은 갱생보호사업의 허가를 할 때에는 사업의 범위와 허가의 기간을 정하거나 그 밖에 필요한 조건을 붙일 수 있다.

📖 시행규칙

제68조【갱생보호사업의 허가】

법 제67조 제1항의 규정에 의하여 갱생보호사업의 허가를 받고자 하는 자는 다음 각 호의 사항을 기재한 허가신청서에 정관 기타 관계서류를 첨부하여 법무부장관에게 제출하여야 한다.

1. 명칭
2. 갱생보호사업의 종류 및 내용과 갱생보호대상자에 대한 처우의 방법
3. 발기인 또는 설립자의 성명·주소·경력 및 자산상황과 경영책임자의 자산상황
4. 경영조직 및 회계처리기준
5. 건물 기타 설비의 규모 및 구조와 그 사용권
6. 경영책임자 및 갱생보호업무를 담당할 간부직원의 성명 및 경력

제68조【허가의 기준】

법무부장관은 다음 각 호의 기준에 맞지 아니할 때에는 갱생보호사업의 허가를 하여서는 아니 된다.
1. 갱생보호사업에 필요한 경제적 능력을 가질 것
2. 갱생보호사업의 허가신청자가 사회적 신망이 있을 것
3. 갱생보호사업의 조직 및 회계처리 기준이 공개적일 것

📖 시행규칙

제70조【허가사항의 변경】

사업자가 제68조 제1호부터 제3호까지, 제5호 또는 제6호의 사항을 변경하거나 정관을 변경하려는 경우에는 그 변경 사유를 명시한 변경허가신청서에 변경된 정관 및 관계 서류를 첨부하여 법무부장관의 허가를 받아야 한다.

제69조【보고의무】

갱생보호사업의 허가를 받은 자(이하 "사업자"라 한다)는 법무부령으로 정하는 바에 따라 다음 해의 사업계획과 전년도의 회계 상황 및 사업 실적을 법무부장관에게 보고하여야 한다.

📖 시행규칙

제71조【사업자의 사업계획등】

① 사업자의 회계연도는 정부의 회계연도에 의한다.
② 사업자는 법 제69조의 규정에 의하여 매 회계연도 개시 1월전에 다음 연도의 사업계획 및 예산을, 매 회계연도 종료 후 2월 이내에 전년도의 사업실적 및 결산서를 법무부장관에게 보고하여야 한다.
③ 제2항의 규정에 의하여 제출하는 사업계획 및 예산에는 다음 서류를 첨부하여야 한다.
  1. 추정대차대조표 및 그 부속명세서
  2. 추정손익계산서 및 그 부속명세서

④ 제2항의 규정에 의하여 제출하는 사업실적 및 결산에는 다음 서류를 첨부하여야 한다.

　1. 대차대조표 및 그 부속명세서

　2. 손익계산서 및 그 부속명세서

　3. 공인회계사의 감사증명서(법무부장관이 필요하다고 인정하여 첨부하게 한 경우에 한한다)

제70조 【갱생보호사업의 허가 취소 등】

법무부장관은 사업자가 다음 각 호의 어느 하나에 해당할 때에는 그 허가를 취소하거나 6개월 이내의 기간을 정하여 그 사업의 전부 또는 일부의 정지를 명할 수 있다. 다만, 제1호 또는 제4호에 해당하는 때에는 그 허가를 취소하여야 한다.

1. 부정한 방법으로 갱생보호사업의 허가를 받은 경우

2. 갱생보호사업의 허가 조건을 위반한 경우

3. 목적사업 외의 사업을 한 경우

4. 정당한 이유 없이 갱생보호사업의 허가를 받은 후 6개월 이내에 갱생보호사업을 시작하지 아니하거나 1년 이상 갱생보호사업의 실적이 없는 경우

5. 제69조에 따른 보고를 거짓으로 한 경우

6. 이 법 또는 이 법에 따른 명령을 위반한 경우

제70조의2 【청문】

법무부장관은 제70조에 따라 갱생보호사업의 허가를 취소하거나 정지하려는 경우에는 청문을 하여야 한다.

제3절 한국법무보호복지공단

제71조 【한국법무보호복지공단의 설립】

갱생보호사업을 효율적으로 추진하기 위하여 한국법무보호복지공단(이하 "공단"이라 한다)을 설립한다.

제72조 【법인격】

공단은 법인으로 한다.

제73조【사무소】
① 공단의 주된 사무소의 소재지는 정관으로 정한다.
② 공단은 정관으로 정하는 바에 따라 필요한 곳에 지부와 지소를 둘 수 있다.

제74조【정관】
① 공단의 정관에는 다음 각 호의 사항이 포함되어야 한다.
   1. 목적
   2. 명칭
   3. 주된 사무소 및 지부·지소에 관한 사항
   4. 기금에 관한 사항
   5. 임직원에 관한 사항
   6. 이사회에 관한 사항
   7. 업무에 관한 사항
   8. 재산 및 회계에 관한 사항
   9. 공고에 관한 사항
   10. 정관의 변경에 관한 사항
   11. 내부규정의 제정·개정 및 폐지에 관한 사항
② 공단은 정관을 변경하려면 법무부장관의 인가를 받아야 한다.

제75조【등기】
공단은 그 주된 사무소의 소재지에서 설립등기를 함으로써 성립한다.

제76조【임원 및 그 임기】
① 공단에 이사장 1명을 포함한 15명 이내의 이사와 감사 2명을 둔다.
② 이사장은 법무부장관이 임명하고, 그 임기는 3년으로 하되 연임할 수 있다. 다만, 임기가 만료된 이사장은 그 후임자가 임명될 때까지 그 직무를 행한다.
③ 이사는 갱생보호사업에 열성이 있고, 학식과 덕망이 있는 사람 중에서 이사장의 제청에 의하여 법무부장관이 임명하거나 위촉하며, 임기는 3년으로 하되 연임할 수 있다. 다만, 공무원인 이사의 임기는 그 직위에 있는 동안으로 한다.
④ 감사는 이사장의 제청에 의하여 법무부장관이 임명하며, 임기는 2년으로 하되 연임할 수 있다.

제77조【임원의 직무】
① 이사장은 공단을 대표하고 공단의 업무를 총괄한다.
② 감사는 공단의 업무 및 회계를 감사한다.
③ 이사장 아닌 이사와 감사는 비상근으로 할 수 있다.

제78조【임원의 결격사유】
다음 각 호의 어느 하나에 해당하는 사람은 공단의 임원이 될 수 없다.
1. 대한민국 국민이 아닌 사람
2. 「국가공무원법」 제33조 각 호의 어느 하나에 해당하는 사람

제79조【임원의 해임】
① 임원이 제78조 각 호의 어느 하나에 해당하게 되면 당연히 퇴직한다.
② 법무부장관은 임원이 다음 각 호의 어느 하나에 해당할 때에는 그 임원을 해임하거나 해촉할
   수 있다.
   1. 갱생보호사업에 열성이 없다고 인정될 때
   2. 직무상의 의무를 위반하거나 직무수행을 게을리하였을 때
   3. 그 밖의 사유로 인하여 임원으로서 부적당하다고 인정될 때

제80조【이사회】
① 공단의 업무에 관한 주요 사항을 심의·의결하기 위하여 공단에 이사회를 둔다.
② 이사회는 이사장과 이사로 구성한다.
③ 이사장은 이사회를 소집하고 그 의장이 된다.
④ 감사는 이사회에 출석하여 의견을 진술할 수 있다.

제81조【직원의 임면】
공단의 직원은 정관으로 정하는 바에 따라 이사장이 임면(任免)한다.

제82조【공단의 사업】
공단은 그 목적을 달성하기 위하여 다음 각 호의 사업을 한다.
1. 갱생보호

2. 갱생보호제도의 조사·연구 및 보급·홍보

3. 갱생보호사업을 위한 수익사업

4. 공단의 목적 달성에 필요한 사업

제83조【공단의 자산】

공단은 다음 각 호의 재산을 그 자산으로 한다.

1. 공단이 소유하고 있는 부동산과 그 밖의 재산

2. 국고보조금

3. 자산으로부터 생기는 과실(果實)

4. 그 밖의 수입

제84조【공단의 사업계획 등】

① 공단의 회계연도는 정부의 회계연도에 따른다.

② 공단은 법무부령으로 정하는 바에 따라 매 회계연도가 시작되기 전에 다음 회계연도에 실시할 공단의 사업계획 및 예산을 법무부장관에게 제출하여 그 승인을 받아야 한다. 이를 변경할 때에도 또한 같다.

③ 공단은 법무부령으로 정하는 바에 따라 매 회계연도의 종료 후 전년도의 사업 실적과 결산을 법무부장관에게 제출하여야 한다.

📖 시행규칙

제72조【공단의 사업계획 등】

① 공단은 법 제84조 제2항의 규정에 의하여 매 회계연도 개시 1월전에 다음 연도의 사업계획 및 예산을 법무부장관에게 제출하여 승인을 얻어야 하며, 매 회계연도 종료후 2월이내에 전년도의 사업실적 및 결산서를 법무부장관에게 제출하여야 한다.

② 공단은 제1항의 규정에 의하여 사업계획 및 예산의 승인을 얻은 후 사업계획을 변경하거나 예산의 관·항간의 유용 또는 예산외 지출을 하고자 할 때에는 법무부장관의 승인을 얻어야 한다.

③ 제1항의 사업계획·예산·사업실적 및 결산은 지부별로 내용이 명시되어야 한다.

제85조【기부금품의 접수 및 보고】

① 공단은 기관·단체 또는 개인이 갱생보호사업을 위하여 공단에 자발적으로 기탁하는 금품을 접수할 수 있다.

② 제1항에 따라 기부금품을 접수한 경우 공단은 그 접수 상황 및 처리 상황을 법무부장관에게

보고하여야 한다.

③ 기부자에 대한 영수증 발급, 기부금품의 용도 지정, 장부의 열람, 그 밖에 필요한 사항은 대통령령으로 정한다.

제86조 【갱생보호기금의 설치】

갱생보호사업의 추진에 필요한 재원을 확보하기 위하여 공단에 갱생보호기금(이하 "기금"이라 한다)을 설치한다.

제87조 【기금의 재원】

기금은 다음 각 호의 재원으로 조성한다.

1. 기금의 운용으로 생기는 수익금
2. 공단의 사업으로 생기는 수입금
3. 관계 법령에 따른 기부금

제88조 【기금의 운용 · 관리】

① 기금은 공단이 운용 · 관리한다.
② 기금의 운용 · 관리에 필요한 사항은 대통령령으로 정한다.

시행령

제48조 【기금의 운용 · 관리】
공단은 법 제86조에 따라 설치된 갱생보호기금(이하 "기금"이라 한다)을 별도 계정으로 관리하여야 한다.

제49조 【기금의 운용 · 관리계획】
① 공단은 매년 다음 회계연도의 기금의 운용 · 관리계획을 법 제84조 제2항의 규정에 의한 사업계획 및 예산에 포함시켜 법무부장관에게 제출하여야 한다.
② 제1항의 규정에 의한 운용 · 관리계획에는 다음 각 호의 사항이 포함되어야 한다.
　1. 기금의 재원별 조성계획
　2. 기금의 사업별 · 재원별 사용계획 및 그 사업내용과 기금의 용도를 설명하는 내역

제50조 【기금운용에 관한 보고】
① 공단은 매 회계연도의 기금운용에 관한 결산결과를 법 제84조 제3항의 규정에 의한 전년도의 사업실적과 결산에 포함시켜 법무부장관에게 보고하여야 한다.
② 제1항의 규정에 의한 결산결과보고에는 다음 각 호의 서류를 첨부하여야 한다.
　1. 당해 연도의 대차대조표와 손익계산서
　2. 당해 연도의 잉여금계산서와 잉여금처분계산서

3. 수입 및 지출계산서
4. 기타 법무부장관이 정하는 재무제표부속명세서

제89조 【기금의 사용】

기금은 제82조 각 호의 사업을 위하여 사용한다.

제90조 【자금의 차입】

공단은 기금 운용에 필요하다고 인정하면 법무부장관의 승인을 받아 기금의 부담으로 자금을 차입할 수 있다.

제91조 【이익금의 처리】

공단은 매 사업연도의 결산 결과 이익금이 생기면 이월손실금의 보전(補塡)에 충당하고, 그 나머지는 기금으로 적립하여야 한다.

제92조 【준용규정】

공단에 관하여 이 법에서 규정한 것을 제외하고는 「민법」 중 재단법인에 관한 규정을 준용한다.

제93조 【벌칙 적용 시의 공무원 의제】

공단의 임직원은 「형법」과 그 밖의 법률에 따른 벌칙을 적용할 때에는 공무원으로 본다.

제4절 갱생보호사업의 지원 및 감독

제94조 【보조금】

국가나 지방자치단체는 사업자와 공단에 대하여 보조할 수 있다.

제95조 【조세감면】

국가나 지방자치단체는 갱생보호사업에 대하여 「조세특례제한법」 및 「지방세특례제한법」에서 정하는 바에 따라 국세 또는 지방세를 감면할 수 있다.

제96조 【수익사업】

① 사업자 또는 공단은 갱생보호사업을 위하여 수익사업을 하려면 사업마다 법무부장관의 승인을 받아야 한다. 이를 변경할 때에도 또한 같다.

② 법무부장관은 수익사업을 하는 사업자 또는 공단이 수익을 갱생보호사업 외의 사업에 사용한 경우에는 수익사업의 시정이나 정지를 명할 수 있다.

📕 **시행규칙**

제73조 【수익사업 승인신청등】

사업자 또는 공단은 법 제96조 제1항의 규정에 의하여 수익사업 경영의 승인 또는 변경승인을 신청하는 경우에는 승인신청서에 다음의 서류를 법무부장관에게 제출하여야 한다.

1. 사업계획서
2. 추정손익계산서 및 그 부속명세서
3. 사업에 종사할 간부직원명부
4. 행정관청의 허가를 요하는 사업인 경우에는 당해 사업에 대하여 허가를 받은 사실을 증명하는 서류

제74조 【수익사업의 요건】

사업자 또는 공단은 수익사업의 경영으로 갱생보호사업에 지장을 초래하여서는 아니 되며, 그 수익을 갱생보호사업을 위하여 사용하여야 한다.

제97조 【감독】 ★

① 법무부장관은 사업자와 공단을 지휘·감독한다.

② 법무부장관은 사업자와 공단에 대하여 감독상 필요한 경우에는 그 업무에 관한 사항을 보고하게 하거나 자료의 제출이나 그 밖에 필요한 명령을 할 수 있으며, 소속 공무원에게 사업자 및 공단의 운영 실태를 조사하게 할 수 있다.

③ 제2항에 따라 조사를 하는 공무원은 그 권한을 나타내는 증표를 지니고 이를 관계인에게 내보여야 한다.

📕 **시행규칙**

제75조 【보고】

사업자 또는 공단은 다음 각 호의 사항에 관하여 법무부장관에게 보고하여야 한다.

1. 업무에 관한 월별통계
2. 총회 또는 이사회 회의록
3. 위법·부당한 사건의 발생사실

제76조 【개선명령】

① 법무부장관은 법 제97조 제2항의 규정에 의하여 사업자 또는 공단에 대한 갱생보호사업의 운영실태를 조사한 결과 허가기준에 위반되거나 기타 위법·부당한 사항이 있는 경우에는 개선을 명할 수 있다.

② 제1항의 개선명령을 받은 자는 지체 없이 개선조치를 한 후 그 조치내용을 법무부장관에게 서면으로 보고하여야 한다.

제77조 【회계】

① 사업자 및 공단은 갱생보호사업의 성과와 재정상태를 정확히 파악하기 위하여 모든 회계거래를 그 발생의 사실에 따라 처리하여야 한다.

② 사업자 및 공단이 수익사업을 경영하는 경우에는 갱생보호사업의 회계와 수익사업의 회계를 구분하여 처리하여야 한다.

제78조 【장부의 비치】

사업자 및 공단은 다음의 장부를 비치하여야 한다.

1. 갱생보호대상자의 명부
2. 갱생보호현황 장부
3. 회계에 관한 장부
4. 기부금품대장
5. 보관금품대장
6. 기타 갱생보호사업의 운영에 필요한 장부

제98조 【유사명칭의 사용금지】

① 이 법에 따른 공단이 아닌 자는 한국법무보호복지공단 또는 이와 유사한 명칭을 사용하지 못한다.

② 이 법에 따른 사업자가 아닌 자는 갱생보호회 또는 이와 유사한 명칭을 사용하지 못한다.

02 치료감호 등에 관한 법률

• 법 2022.7.5. 시행 | 시행령 2021.4.21. 시행 | 시행규칙 2023.5.4. 시행

제1장 | 총칙

제1조【목적】

이 법은 심신장애 상태, 마약류·알코올이나 그 밖의 약물중독 상태, 정신성적 장애가 있는 상태 등에서 범죄행위를 한 자로서 재범의 위험성이 있고 특수한 교육·개선 및 치료가 필요하다고 인정되는 자에 대하여 적절한 보호와 치료를 함으로써 재범을 방지하고 사회복귀를 촉진하는 것을 목적으로 한다.

제2조【치료감호대상자】 ★★

① 이 법에서 "치료감호대상자"란 다음 각 호의 어느 하나에 해당하는 자로서 치료감호시설에서 치료를 받을 필요가 있고 재범의 위험성이 있는 자를 말한다.
  1. 「형법」 제10조 제1항(심신상실자)에 따라 벌하지 아니하거나 같은 조 제2항(심신미약자)에 따라 형을 감경할 수 있는 심신장애인으로서 금고 이상의 형에 해당하는 죄를 지은 자
  2. 마약·향정신성의약품·대마, 그 밖에 남용되거나 해독을 끼칠 우려가 있는 물질이나 알코올을 식음·섭취·흡입·흡연 또는 주입받는 습벽이 있거나 그에 중독된 자로서 금고 이상의 형에 해당하는 죄를 지은 자
  3. 소아성기호증, 성적가학증 등 성적 성벽이 있는 정신성적 장애인으로서 금고 이상의 형에 해당하는 성폭력범죄를 지은 자
② 제1항 제2호의 남용되거나 해독을 끼칠 우려가 있는 물질에 관한 자세한 사항은 대통령령으로 정한다.

시행령

제2조【마약류 등의 종류】

「치료감호 등에 관한 법률」(이하 "법"이라 한다) 제2조 제1항 제2호에 따른 마약·향정신성의약품·대마, 그 밖에 남용되거나 해독을 끼칠 우려가 있는 물질의 종류는 다음과 같다.
1. 「마약류 관리에 관한 법률」 제2조 제2호부터 제4호까지 및 같은 법 시행령 제2조 제1항부터 제3항까지에 규정된 물질
2. 「화학물질관리법」 제22조 제1항 및 같은 법 시행령 제11조에 규정된 물질

제2조의2 【치료감호 대상 성폭력범죄의 범위】

제2조 제1항 제3호의 성폭력범죄는 다음 각 호의 범죄를 말한다.

1. 「형법」 제297조(강간)·제297조의2(유사강간)·제298조(강제추행)·제299조(준강간, 준강제추행)·제300조(미수범)·제301조(강간 등 상해·치상)·제301조의2(강간 등 살인·치사)·제302조(미성년자등에 대한 간음)·제303조(업무상위력등에 의한 간음)·제305조(미성년자에 대한 간음, 추행)·제305조의2(상습범)·제339조(강도강간)·제340조(해상강도) 제3항(사람을 강간한 죄만을 말한다) 및 제342조(미수범)의 죄(제339조 및 제340조 제3항 중 사람을 강간한 죄의 미수범만을 말한다)

2. 「성폭력범죄의 처벌 등에 관한 특례법」 제3조부터 제10조까지 및 제15조(제3조부터 제9조까지의 미수범으로 한정한다)의 죄

3. 「아동·청소년의 성보호에 관한 법률」 제7조(아동·청소년에 대한 강간·강제추행 등)·제9조(강간 등 상해·치상)·제10조(강간 등 살인·치사)의 죄

4. 제1호부터 제3호까지의 죄로서 다른 법률에 따라 가중 처벌되는 죄

제2조의3 【치료명령대상자】 ★★

이 법에서 "치료명령대상자"란 다음 각 호의 어느 하나에 해당하는 자로서 통원치료를 받을 필요가 있고 재범의 위험성이 있는 자를 말한다.

1. 「형법」 제10조 제2항(심신미약자)에 따라 형을 감경할 수 있는 심신장애인으로서 금고 이상의 형에 해당하는 죄를 지은 자

2. 알코올을 식음하는 습벽이 있거나 그에 중독된 자로서 금고 이상의 형에 해당하는 죄를 지은 자

3. 마약·향정신성의약품·대마, 그 밖에 대통령령으로 정하는 남용되거나 해독을 끼칠 우려가 있는 물질을 식음·섭취·흡입·흡연 또는 주입받는 습벽이 있거나 그에 중독된 자로서 금고 이상의 형에 해당하는 죄를 지은 자

시행령

제2조의2 【남용되거나 해독을 끼칠 우려가 있는 물질】

법 제2조의3 제3호에서 "마약·향정신성의약품·대마, 그 밖에 대통령령으로 정하는 남용되거나 해독을 끼칠 우려가 있는 물질"이란 제2조 각 호의 물질을 말한다.

제3조 【관할】

① 치료감호사건의 토지관할은 치료감호사건과 동시에 심리하거나 심리할 수 있었던 사건의 관할에 따른다.

② 치료감호사건의 제1심 재판관할은 지방법원합의부 및 지방법원지원 합의부로 한다. 이 경우

치료감호가 청구된 치료감호대상자(이하 "피치료감호청구인"이라 한다)에 대한 치료감호사건과 피고사건의 관할이 다른 때에는 치료감호사건의 관할에 따른다.

제2장 │ 치료감호사건의 절차 등

제4조 【검사의 치료감호 청구】 ★★

① 검사는 치료감호대상자가 치료감호를 받을 필요가 있는 경우 관할 법원에 치료감호를 청구할 수 있다.

② 치료감호대상자에 대한 치료감호를 청구할 때에는 정신건강의학과 등의 전문의의 진단이나 감정을 참고하여야 한다. 다만, 제2조 제1항 제3호(소아성기호증, 성적가학증 등 성적 성벽이 있는 정신성적 장애인으로서 금고 이상의 형에 해당하는 성폭력범죄를 지은 자)에 따른 치료감호대상자에 대하여는 정신건강의학과 등의 전문의의 진단이나 감정을 받은 후 치료감호를 청구하여야 한다.

③ 치료감호를 청구할 때에는 검사가 치료감호청구서를 관할 법원에 제출하여야 한다. 치료감호청구서에는 피치료감호청구인 수만큼의 부본을 첨부하여야 한다.

④ 치료감호청구서에는 다음 각 호의 사항을 적어야 한다.
  1. 피치료감호청구인의 성명과 그 밖에 피치료감호청구인을 특정할 수 있는 사항
  2. 청구의 원인이 되는 사실
  3. 적용 법 조문
  4. 그 밖에 대통령령으로 정하는 사항

⑤ 검사는 공소제기한 사건의 항소심 변론종결 시까지 치료감호를 청구할 수 있다.

⑥ 법원은 치료감호 청구를 받으면 지체 없이 치료감호청구서의 부본을 피치료감호청구인이나 그 변호인에게 송달하여야 한다. 다만, 공소제기와 동시에 치료감호 청구를 받았을 때에는 제1회 공판기일 전 5일까지, 피고사건 심리 중에 치료감호 청구를 받았을 때에는 다음 공판기일 전 5일까지 송달하여야 한다.

⑦ 법원은 공소제기된 사건의 심리결과 치료감호를 할 필요가 있다고 인정할 때에는 검사에게 치료감호 청구를 요구할 수 있다.

▌ 시행령

제3조 【감호청구서의 기재사항 및 방식】

① 검사가 공소를 제기하면서 동시에 치료감호 청구를 하는 경우 치료감호청구서에 적어야 할 법 제4조 제4항

제1호의 사항은 공소장에 적힌 피고인의 성명, 연령, 등록기준지, 주거, 직업 등으로 갈음하고, 청구의 원인이 되는 사실 및 적용법조는 공소장의 공소사실 및 적용법조에 추가하여 적는다.

② 검사가 공소를 제기하지 아니하고 치료감호 청구만을 하거나 공소를 제기한 후에 치료감호 청구를 하는 경우에는 치료감호청구서에 치료감호가 청구된 치료감호대상자(이하 "피치료감호청구인"이라 한다)의 성명, 연령, 등록기준지, 주거, 직업, 죄명과 청구의 원인이 되는 사실 및 적용법조를 적는다.

③ 제1항 및 제2항의 경우에는 구속영장 또는 치료감호영장이나 그 등본, 변호인 선임서, 피의자 또는 치료감호 대상자 수용증명, 구속 또는 보호구속기간 연장결정서나 그 등본 등을 첨부한다.

시행규칙

제3조 【치료감호청구의 방식】

① 「치료감호 등에 관한 법률」(이하 "법"이라 한다) 제4조에 따른 치료감호청구서는 별지 제1호서식과 같다. 다만, 공소를 제기하면서 동시에 치료감호를 청구할 때에는 별지 제2호서식의 공소장 및 치료감호청구서로 하여야 한다.

② 공소를 제기한 후에 치료감호청구를 할 때에는 치료감호사건과 병합심리할 피고사건이나 약식명령 청구사건이 계속되어 있는 법원명, 사건번호, 피고인 성명, 죄명 등을 분명하게 적어 병합심리를 신청하여야 한다.

③ 공소를 제기하지 아니하고 치료감호청구만을 할 때에는 치료감호사건과 동시에 심리할 수 있었던 피의사건의 사건번호를 적는다.

④ 제1항 본문에 따른 치료감호청구서와 같은 항 단서에 따른 공소장 및 치료감호청구서에는 다음 각 호의 서류를 첨부하여야 한다.
   1. 구속영장 또는 그 등본이나 치료감호영장 또는 그 등본
   2. 변호인 선임서
   3. 피의자 수용증명 또는 치료감호대상자 수용증명
   4. (보호)구속기간연장결정서 또는 그 등본

제5조 【조사】

① 검사는 범죄를 수사할 때 범죄경력이나 심신장애 등을 고려하여 치료감호를 청구함이 상당하다고 인정되는 자에 대하여는 치료감호 청구에 필요한 자료를 조사하여야 한다.

② 사법경찰관리(특별사법경찰관리를 포함한다. 이하 같다)는 검사의 지휘를 받아 제1항에 따른 조사를 하여야 한다.

시행규칙

제4조 【조사사항】

① 검사와 사법경찰관리는 법 제5조에 따라 치료감호대상자를 조사할 때 다음 각 호의 사항에 유의하여야 한다.
   1. 치료감호의 요건이 되는 전과 및 치료감호경력
   2. 치료의 필요성과 재범의 위험성

3. 심신장애의 정도 또는 「치료감호 등에 관한 법률 시행령」(이하 "영"이라 한다) 제2조에 규정된 물질이나 알코올을 식음하는 등의 습벽 및 중독된 정도, 정신성적 장애의 정도

4. 그 밖에 치료감호대상자에게 이익이 되는 사항

5. 제1호부터 제4호까지의 사항을 증명하는 사항

② 제1항 제1호의 전과 및 치료감호경력을 조사할 때에는 형 및 치료감호의 판결법원, 판결 연월일, 죄명, 형명, 형기와 치료감호기간, 형 집행사항과 치료감호의 집행사항을 명백히 조사하여야 한다.

제6조【치료감호영장】

① 치료감호대상자에 대하여 치료감호를 할 필요가 있다고 인정되고 다음 각 호의 어느 하나에 해당하는 사유가 있을 때에는 검사는 관할 지방법원 판사에게 청구하여 치료감호영장을 발부받아 치료감호대상자를 보호구속[보호구금과 보호구인을 포함한다. 이하 같다]할 수 있다.

1. 일정한 주거가 없을 때

2. 증거를 인멸할 염려가 있을 때

3. 도망하거나 도망할 염려가 있을 때

② 사법경찰관은 제1항의 요건에 해당하는 치료감호대상자에 대하여 검사에게 신청하여 검사의 청구로 관할 지방법원 판사의 치료감호영장을 발부받아 보호구속할 수 있다.

③ 제1항과 제2항에 따른 보호구속에 관하여는 「형사소송법」 제201조 제2항부터 제4항까지, 제201조의2(구속영장 청구와 피의자 심문)부터 제205조(구속기간의 연장)까지, 제208조(재구속의 제한), 제209조(준용규정) 및 제214조의2(체포와 구속의 적부심사)부터 제214조의4(보증금의 몰수)까지의 규정을 준용한다.

제7조【치료감호의 독립 청구】 ★

검사는 다음 각 호의 어느 하나에 해당하는 경우에는 공소를 제기하지 아니하고 치료감호만을 청구할 수 있다.

1. 피의자가 「형법」 제10조 제1항(심실상실자)에 해당하여 벌할 수 없는 경우

2. 고소·고발이 있어야 논할 수 있는 죄에서 그 고소·고발이 없거나 취소된 경우 또는 피해자의 명시적인 의사에 반하여 논할 수 없는 죄에서 피해자가 처벌을 원하지 아니한다는 의사표시를 하거나 처벌을 원한다는 의사표시를 철회한 경우

3. 피의자에 대하여 「형사소송법」 제247조(기소유예)에 따라 공소를 제기하지 아니하는 결정을 한 경우

제8조 【치료감호 청구와 구속영장의 효력】 ★
구속영장에 의하여 구속된 피의자에 대하여 검사가 공소를 제기하지 아니하는 결정을 하고 치료 감호 청구만을 하는 때에는 구속영장은 치료감호영장으로 보며 그 효력을 잃지 아니한다.

제9조 【피치료감호청구인의 불출석】
법원은 피치료감호청구인이 「형법」 제10조 제1항(심신상실자)에 따른 심신장애로 공판기일에의 출석이 불가능한 경우에는 피치료감호청구인의 출석 없이 개정할 수 있다.

제10조 【공판절차로의 이행】
① 제7조 제1호(피의자가 「형법」 제10조 제1항에 해당하여 벌할 수 없는 경우에 해당하여 공소를 제기하지 아니하고 치료감호만을 청구)에 따른 치료감호청구사건의 공판을 시작한 후 피치료 감호청구인이 「형법」 제10조 제1항(심신상실자)에 따른 심신장애에 해당되지 아니한다는 명백 한 증거가 발견되고 검사의 청구가 있을 때에는 법원은 「형사소송법」에 따른 공판절차로 이행하여야 한다.
② 제1항에 따라 공판절차로 이행한 경우에는 치료감호를 청구하였던 때에 공소를 제기한 것으로 본다. 이 경우 치료감호청구서는 공소장과 같은 효력을 가지며, 공판절차로 이행하기 전의 심리는 공판절차에 따른 심리로 본다. 공소장에 적어야 할 사항은 「형사소송법」 제298조(공소 장의 변경)의 절차에 따라 변경할 수 있다.
③ 약식명령이 청구된 후 치료감호가 청구되었을 때에는 약식명령청구는 그 치료감호가 청구되었을 때부터 공판절차에 따라 심판하여야 한다.

제11조 【공판 내용의 고지】
제10조에 따라 공판절차로 이행하는 경우 피고인의 출석 없이 진행된 공판의 내용은 공판조서의 낭독이나 그 밖의 적당한 방법으로 피고인에게 고지하여야 한다.

제12조 【치료감호의 판결 등】
① 법원은 치료감호사건을 심리하여 그 청구가 이유 있다고 인정할 때에는 판결로써 치료감호를 선고하여야 하고, 이유 없다고 인정할 때 또는 피고사건에 대하여 심신상실 외의 사유로 무죄를 선고하거나 사형을 선고할 때에는 판결로써 청구기각을 선고하여야 한다.
② 치료감호사건의 판결은 피고사건의 판결과 동시에 선고하여야 한다. 다만, 제7조(치료감호의 독립 청구)에 따라 공소를 제기하지 아니하고 치료감호만을 청구한 경우에는 그러하지 아니하다.

③ 치료감호선고의 판결이유에는 요건으로 되는 사실, 증거의 요지와 적용 법 조문을 구체적으로 밝혀야 한다.

④ 법원은 피고사건에 대하여 「형사소송법」 제326조(면소의 판결) 각 호, 제327조(공소기각의 판결)제1호부터 제4호까지 및 제328조(공소기각의 결정)제1항 각 호(제2호 중 피고인인 법인이 존속하지 아니하게 되었을 때는 제외한다)의 사유가 있을 때에는 치료감호청구사건에 대하여도 청구기각의 판결 또는 결정을 하여야 한다. 치료감호청구사건에 대하여 위와 같은 사유가 있을 때에도 또한 같다.

제13조【전문가의 감정 등】

법원은 제4조 제2항에 따른 정신건강의학과 전문의 등의 진단 또는 감정의견만으로 피치료감호청구인의 심신장애 또는 정신성적 장애가 있는지의 여부를 판단하기 어려울 때에는 정신건강의학과 전문의 등에게 다시 감정을 명할 수 있다.

제14조【항소 등】

① 검사 또는 피치료감호청구인과 「형사소송법」 제339조부터 제341조까지에 규정된 자(검사, 피고인의 법정대리인, 피고인의 배우자·직계친족·형제자매·원심의 대리인이나 변호인)는 「형사소송법」의 절차에 따라 상소할 수 있다.

② 피고사건의 판결에 대하여 상소 및 상소의 포기·취하가 있을 때에는 치료감호청구사건의 판결에 대하여도 상소 및 상소의 포기·취하가 있는 것으로 본다. 상소권회복 또는 재심의 청구나 비상상고가 있을 때에도 또한 같다.

> **참고 항소권자 · 상소권자**
> • **항고권자**(형사소송법 제339조) : 검사 또는 피고인 아닌 자가 결정을 받은 때에는 항고할 수 있다.
> • **당사자 이외의 상소권자**(형사소송법 제340조) : 피고인의 법정대리인은 피고인을 위하여 상소할 수 있다.
> • **동전**(형사소송법 제341조)
> ① 피고인의 배우자, 직계친족, 형제자매 또는 원심의 대리인이나 변호인은 피고인을 위하여 상소할 수 있다.
> ② 전항의 상소는 피고인의 명시한 의사에 반하여 하지 못한다.

제15조【준용규정】

① 법원에서 피치료감호청구인을 보호구속하는 경우의 치료감호영장에 관하여는 제6조 제1항을 준용한다.

② 제2조 제1항 각 호의 어느 하나에 해당하는 치료감호대상자에 대한 치료감호청구사건에 관하여는 「형사소송법」 제282조(필요적 변호) 및 제283조(국선변호인)를 준용한다.

제3장 | 치료감호의 집행

제16조【치료감호의 내용】★★

① 치료감호를 선고받은 자(이하 "피치료감호자"라 한다)에 대하여는 치료감호시설에 수용하여 치료를 위한 조치를 한다.

② 피치료감호자를 치료감호시설에 수용하는 기간은 다음 각 호의 구분에 따른 기간을 초과할 수 없다.

1. 제2조 제1항 제1호 및 제3호에 해당하는 자 : 15년
2. 제2조 제1항 제2호에 해당하는 자 : 2년

③ 「전자장치 부착 등에 관한 법률」 제2조 제3호의2에 따른 살인범죄(이하 "살인범죄"라 한다)를 저질러 치료감호를 선고받은 피치료감호자가 살인범죄를 다시 범할 위험성이 있고 계속 치료가 필요하다고 인정되는 경우에는 법원은 치료감호시설의 장의 신청에 따른 검사의 청구로 3회까지 매회 2년의 범위에서 제2항 각 호의 기간을 연장하는 결정을 할 수 있다.

④ 치료감호시설의 장은 정신건강의학과 등 전문의의 진단이나 감정을 받은 후 제3항의 신청을 하여야 한다.

⑤ 제3항에 따른 검사의 청구는 제2항 각 호의 기간 또는 제3항에 따라 연장된 기간이 종료하기 6개월 전까지 하여야 한다.

⑥ 제3항에 따른 법원의 결정은 제2항 각 호의 기간 또는 제3항에 따라 연장된 기간이 종료하기 3개월 전까지 하여야 한다.

⑦ 제3항의 결정에 대한 검사, 피치료감호자, 그 법정대리인의 항고와 재항고에 관하여는 「성폭력범죄자의 성충동 약물치료에 관한 법률」 제22조 제5항부터 제11항까지의 규정을 준용하되, "성폭력 수형자"는 "피치료감호자"로 본다.

⑧ 제1항에 따른 치료감호시설에서의 치료와 그 밖에 필요한 사항은 대통령령으로 정한다.

참고 치료감호의 기간	
기간	치료감호대상자
15년	• 「형법」 제10조 제1항(심신상실자)에 따라 벌할 수 없거나 같은 조 제2항(심신미약자)에 따라 형이 감경되는 심신장애자로서 금고 이상의 형에 해당하는 죄를 지은 자

15년	• 소아성기호증, 성적가학증 등 성적 성벽이 있는 정신성적 장애자로서 금고 이상의 형에 해당하는 성폭력범죄를 지은 자
2년	마약·향정신성의약품·대마, 그 밖에 남용되거나 해독을 끼칠 우려가 있는 물질이나 알코올을 식음·섭취·흡입·흡연 또는 주입받는 습벽이 있거나 그에 중독된 자로서 금고 이상의 형에 해당하는 죄를 지은 자

시행령

제4조【치료감호의 방법】
① 치료감호를 선고받은 자(이하 "피치료감호자"라 한다)에 대하여는 법 제16조 제1항에 따른 치료감호시설(이하 "치료감호시설"이라 한다)에 수용·감호하고 치료와 재활교육을 한다.
② 피치료감호자에 대하여는 심신장애의 정도 또는 제2조에 규정된 물질이나 알코올을 식음하는 등의 습벽 및 중독된 정도, 정신성적 장애의 정도에 따라 분리수용한다.

제4조의2【치료감호 기간 연장 신청】
① 치료감호시설의 장은 법 제16조 제3항에 따라 피치료감호자의 치료감호 기간 연장을 검사에게 신청하려면 다음 각 호의 사항을 적은 서면에 그 신청사유를 소명할 수 있는 자료를 첨부하여 제출하여야 한다.
  1. 피치료감호자의 성명·주민등록번호 및 죄명
  2. 기간 연장이 필요한 사유
  3. 기간을 연장한 횟수
② 제1항에 따른 치료감호 기간 연장 신청은 법 제16조 제2항 각 호의 기간 또는 같은 조 제3항에 따라 연장된 기간이 종료하기 7개월 전까지 하여야 한다.

제5조【동태의 보고 등】
① 치료감호시설의 장은 피치료감호자에 대하여 치료감호 집행을 시작한 후 6개월마다 피치료감호자의 동태·치료정도와 그 밖에 필요한 사항을 법 제37조에 따른 치료감호심의위원회(이하 "위원회"라 한다)에 보고하여야 한다.
② 지정법무병원의 장은 피치료감호자가 다음 각 호의 어느 하나에 해당하면 지체 없이 위원회에 보고하여야 한다.
  1. 범죄를 저지른 경우
  2. 수용질서를 해치는 행위로 다른 피치료감호자의 수용생활을 방해한 경우
  3. 증상이 악화되어 자해 또는 다른 사람을 위해할 위험성이 있는 경우
  4. 그 밖에 지정법무병원에서 계속 치료하기 곤란한 경우
③ 치료감호시설의 장은 치료감호를 종료 또는 가종료하거나 치료를 위탁하는 것이 타당하다고 인정하는 경우에는 검사에게 제1항의 사항을 통보하여 위원회에 심사를 신청하도록 요청할 수 있다.

제16조의2【치료감호시설】
① 제16조 제1항에서 "치료감호시설"이란 다음 각 호의 시설을 말한다.
  1. 국립법무병원

2. 국가가 설립·운영하는 국립정신의료기관 중 법무부장관이 지정하는 기관(이하 "지정법무
   병원"이라 한다)
② 지정법무병원은 피치료감호자를 다른 환자와 구분하여 수용한다.
③ 국가는 지정법무병원에 대하여 예산의 범위에서 시설의 설치 및 운영에 필요한 경비를 보조하
   여야 한다.
④ 지정법무병원의 지정절차, 운영, 치료, 경비보조, 그 밖에 필요한 사항은 대통령령으로 정한다.

시행령

제4조의3 【지정법무병원의 지정절차】
① 법무부장관은 법 제16조의2 제1항 제2호에 따른 지정법무병원(이하 "지정법무병원"이라 한다)을 지정하기
   위하여 필요한 경우 보건복지부장관의 의견을 들을 수 있다.
② 법무부장관은 지정법무병원을 지정한 경우에는 보건복지부장관 및 지정법무병원의 장에게 그 사실을 통보하
   여야 한다.
제4조의4 【지정법무병원의 운영 및 치료】
① 지정법무병원의 장은 피치료감호자가 입원하면 지정법무병원의 정신건강의학과 의사 중 피치료감호자의
   치료를 담당할 의사를 지정하여야 한다.
② 지정법무병원의 피치료감호자 수용정원은 50명 이내로 한다. 다만, 법무부장관은 치료감호시설 전체 수용인
   원 및 치료의 적절성을 고려하여 수용정원을 조정할 수 있다.
③ 제1항 및 제2항에서 규정한 사항 외에 피치료감호자의 수용 및 치료에 필요한 세부 사항은 법무부장관이 정한다.
제4조의5 【지정법무병원에 대한 경비보조】
① 법 제16조의2 제3항에 따라 국가는 예산의 범위에서 다음 각 호의 경비를 지정법무병원에 보조하여야 한다.
   1. 피치료감호자의 진료 등에 드는 경비
   2. 피치료감호자의 수용 및 치료를 위한 병동의 설치·증축 및 리모델링에 필요한 경비
② 지정법무병원의 장은 제1항에 따른 경비보조를 받으려면 경비보조 청구서에 다음 각 호의 서류를 첨부하여
   매달 10일까지 법무부장관에게 제출하여야 한다.
   1. 피치료감호자별 진료비 계산서
   2. 그 밖에 경비보조 청구 내용을 설명할 수 있는 자료

제17조 【집행 지휘】 ★
① 치료감호의 집행은 검사가 지휘한다.
② 제1항에 따른 지휘는 판결서등본을 첨부한 서면으로 한다.

제18조 【집행 순서 및 방법】 ★★
치료감호와 형이 병과된 경우에는 치료감호를 먼저 집행한다. 이 경우 치료감호의 집행기간은
형 집행기간에 포함한다.

📖 시행규칙

제11조【치료감호의 집행 지휘 등】
① 치료감호와 형이 병과된 경우에는 먼저 치료감호의 집행을 지휘하고, 그 치료감호 집행지휘서의 비고란에 병과된 형의 내용을 붉은색으로 적어야 한다.
② 치료감호시설의 장은 형이 병과된 치료감호를 선고받은 자(이하 "피치료감호자"라 한다)에 대하여 치료감호의 종료가 결정되었으나 남은 형기가 있을 때에는 즉시 치료감호의 집행을 지휘한 지방검찰청 또는 지청의 검사에게 치료감호의 종료와 남은 형기 등 형의 집행 지휘에 필요한 사항을 통보하여야 한다.
③ 법 제37조에 따른 치료감호심의위원회가 치료감호의 가종료에 관련된 사항으로서 피치료감호자에 대한 치료감호의 집행을 정지하고 치료감호와 병과된 형 외의 자유형 또는 노역장유치(이하 이 조에서 "자유형등"이라 한다)를 먼저 집행할 필요가 있다고 심사·결정한 경우 치료감호시설의 장은 치료감호시설 소재지를 관할하는 지방검찰청 또는 지청의 검사에게 해당 피치료감호자에 대한 치료감호의 집행을 정지하고 먼저 자유형등의 집행을 지휘해줄 것을 요청할 수 있다.
④ 제3항에 따른 요청을 받은 검사는 소속 검찰청의 장의 허가를 받아 해당 피치료감호자에 대한 치료감호의 집행을 정지하고 먼저 자유형등의 집행을 지휘할 수 있다.
⑤ 제3항에 따른 요청은 별지 제6호의2서식에 따르고, 제4항에 따른 지휘는 별지 제6호의3서식에 따른다.

제19조【구분 수용】
피치료감호자는 특별한 사정이 없으면 제2조 제1항 각 호의 구분에 따라 구분하여 수용하여야 한다.

제20조【치료감호 내용 등의 공개】
이 법에 따른 치료감호의 내용과 실태는 대통령령으로 정하는 바에 따라 공개하여야 한다. 이 경우 피치료감호자나 그의 보호자가 동의한 경우 외에는 피치료감호자의 개인신상에 관한 것은 공개하지 아니한다.

📖 시행령

제6조【치료감호 내용 등의 공개】
① 판사와 검사는 치료감호시설을 수시로 시찰할 수 있다.
② 판사나 검사가 아닌 사람이 법 제20조에 따라 치료감호시설을 참관하려면 치료감호시설의 장의 허가를 받아야 한다.
③ 치료감호시설의 장은 치료감호시설을 참관하려는 사람에 대하여 그 성명·직업·주소 및 참관의 목적을 명백히 한 후 정당한 이유가 있을 때에는 참관을 허가하여야 한다.
④ 치료감호시설의 장은 외국인이 치료감호시설을 참관하려는 경우에는 법무부장관의 승인을 받아 참관을 허가하여야 한다.
⑤ 치료감호시설의 장은 참관을 허가받은 사람에게 참관할 때의 주의사항을 고지하여야 한다.

제21조 【소환 및 치료감호 집행】

① 검사는 보호구금되어 있지 아니한 피치료감호자에 대한 치료감호를 집행하기 위하여 피치료감호자를 소환할 수 있다.

② 피치료감호자가 제1항에 따른 소환에 응하지 아니하면 검사는 치료감호집행장을 발부하여 보호구인할 수 있다.

③ 피치료감호자가 도망하거나 도망할 염려가 있을 때 또는 피치료감호자의 현재지를 알 수 없을 때에는 제2항에도 불구하고 소환 절차를 생략하고 치료감호집행장을 발부하여 보호구인할 수 있다.

④ 치료감호집행장은 치료감호영장과 같은 효력이 있다.

제21조의2 【치료감호시설 간 이송】

① 제37조에 따른 치료감호심의위원회는 피치료감호자에 대하여 치료감호 집행을 시작한 후 6개월마다 국립법무병원에서 지정법무병원으로 이송할 것인지를 심사·결정한다.

② 지정법무병원으로 이송된 피치료감호자가 수용질서를 해치거나 증상이 악화되는 등의 사유로 지정법무병원에서 계속 치료하기 곤란할 경우 제37조에 따른 치료감호심의위원회는 지정법무병원의 피치료감호자를 국립법무병원으로 재이송하는 결정을 할 수 있다.

③ 제37조에 따른 치료감호심의위원회는 제1항 및 제2항의 결정을 위하여 치료감호시설의 장 또는 소속 정신건강의학과 의사의 의견을 청취할 수 있다.

시행령

제6조의2 【재이송의 신청 및 결정】

① 지정법무병원의 장은 법 제21조의2 제2항의 사유가 있는 경우에는 위원회에 피치료감호자의 재이송을 신청할 수 있다.

② 지정법무병원의 장은 제1항에 따른 재이송 신청을 할 때에는 증상 악화에 대한 담당 의사의 의견서 등 지정법무병원에서 계속 치료하기 곤란한 사유를 확인할 수 있는 관련 자료를 첨부하여야 한다.

③ 위원회는 제1항에 따른 재이송 신청을 받으면 피치료감호자에 대한 재이송이 적절한지를 심사하여 결정하여야 한다.

제22조 【가종료 등의 심사·결정】 ★★

제37조에 따른 치료감호심의위원회는 피치료감호자에 대하여 치료감호 집행을 시작한 후 매 6개월마다 치료감호의 종료 또는 가종료 여부를 심사·결정하고, 가종료 또는 치료위탁된 피치료감호자에 대하여는 가종료 또는 치료위탁 후 매 6개월마다 종료 여부를 심사·결정한다.

제23조【치료의 위탁】 ★★

① 제37조에 따른 치료감호심의위원회는 치료감호만을 선고받은 피치료감호자에 대한 집행이 시작된 후 1년이 지났을 때에는 상당한 기간을 정하여 그의 법정대리인, 배우자, 직계친족, 형제자매(이하 "법정대리인등"이라 한다)에게 치료감호시설 외에서의 치료를 위탁할 수 있다.

② 제37조에 따른 치료감호심의위원회는 치료감호와 형이 병과되어 형기에 상당하는 치료감호를 집행받은 자에 대하여는 상당한 기간을 정하여 그 법정대리인등에게 치료감호시설 외에서의 치료를 위탁할 수 있다.

③ 제1항이나 제2항에 따라 치료위탁을 결정하는 경우 치료감호심의위원회는 법정대리인등으로부터 치료감호시설 외에서의 입원·치료를 보증하는 내용의 서약서를 받아야 한다.

시행령

제7조【치료의 위탁】

법 제23조 제3항에 따른 치료의 위탁을 받을 수 있는 피치료감호자의 법정대리인, 배우자, 직계친족, 형제자매(이하 "법정대리인등"이라 한다)가 위원회에 제출할 서약서에는 그 법정대리인등과 피치료감호자의 성명, 연령, 등록기준지, 주거, 직업 및 치료를 받을 병원명 등을 적고 입원보증서 등 자료를 첨부하여야 한다.

제24조【치료감호의 집행정지】

피치료감호자에 대하여 「형사소송법」 제471조(자유형의 집행정지) 제1항 각 호의 어느 하나에 해당하는 사유가 있을 때에는 같은 조에 따라 검사는 치료감호의 집행을 정지할 수 있다. 이 경우 치료감호의 집행이 정지된 자에 대한 관찰은 형집행정지자에 대한 관찰의 예에 따른다.

제4장 | 피치료감호자 및 피치료감호청구인 등의 처우와 권리

제25조【피치료감호자의 처우】

① 치료감호시설의 장은 피치료감호자의 건강한 생활이 보장될 수 있도록 쾌적하고 위생적인 시설을 갖추고 의류, 침구, 그 밖에 처우에 필요한 물품을 제공하여야 한다.

② 피치료감호자에 대한 의료적 처우는 정신병원에 준하여 의사의 조치에 따르도록 한다.

③ 치료감호시설의 장은 피치료감호자의 사회복귀에 도움이 될 수 있도록 치료와 개선 정도에 따라 점진적으로 개방적이고 완화된 처우를 하여야 한다.

제25조의2 【피치료감호청구인의 처우】

① 피치료감호청구인(치료감호가 청구된 치료감호대상자)은 피치료감호자(치료감호를 선고받은 자)와 구분하여 수용한다. 다만, 다음 각 호의 어느 하나에 해당하는 경우에는 피치료감호청구인을 피치료감호자와 같은 치료감호시설에 수용할 수 있다.

1. 치료감호시설이 부족한 경우
2. 범죄의 증거인멸을 방지하기 위하여 필요하거나 그 밖에 특별한 사정이 있는 경우

② 제1항 단서에 따라 같은 치료감호시설에 수용된 피치료감호자와 피치료감호청구인은 분리하여 수용한다.

③ 치료감호시설의 장은 피치료감호청구인이 치료감호시설에 수용된 경우에는 그 특성을 고려하여 적합한 처우를 하여야 한다.

④ 제3항에 따른 피치료감호청구인에 대한 처우의 구체적 기준 및 절차는 대통령령으로 정한다.

시행령

제7조의2 【피치료감호청구인의 처우】

① 치료감호시설의 장은 법 제25조의2 제3항에 따라 다음 각 호의 사항을 고려하여 피치료감호청구인의 생활실을 구분하는 등 피치료감호청구인에게 적합한 처우를 하여야 한다.

1. 피치료감호청구인의 성별
2. 피치료감호청구인의 심신장애의 정도
3. 제2조에 따른 물질이나 알코올을 식음하는 등의 습벽 및 중독된 정도
4. 정신성적 장애의 정도
5. 그 밖에 피치료감호청구인의 처우를 위하여 필요한 사항

② 치료감호시설의 장은 피치료감호청구인의 처우를 위하여 필요한 경우 피치료감호청구인을 대상으로 상담 등을 통한 신상에 관한 개별사안의 조사, 심리·지능·적성 검사, 그 밖에 필요한 검사를 할 수 있다.

제25조의3 【격리 등 제한의 금지】

① 치료감호시설의 장은 피치료감호자 및 피치료감호청구인(이하 "피치료감호자등"이라 한다)이 다음 각 호의 어느 하나에 해당하는 경우가 아니면 피치료감호자등에 대하여 격리 또는 묶는 등의 신체적 제한을 할 수 없다. 다만, 피치료감호자등의 신체를 묶는 등으로 직접적으로 제한하는 것은 제1호의 경우에 한정한다.

1. 자신이나 다른 사람을 위험에 이르게 할 가능성이 뚜렷하게 높고 신체적 제한 외의 방법으로 그 위험을 회피하는 것이 뚜렷하게 곤란하다고 판단되는 경우
2. 중대한 범법행위 또는 규율위반 행위를 한 경우
3. 그 밖에 수용질서를 문란케 하는 중대한 행위를 한 경우

② 치료감호시설의 장은 제1항에 따라 피치료감호자 등에 대하여 격리 또는 묶는 등의 신체적 제한을 하려는 경우 정신건강의학과 전문의의 지시에 따라야 한다. 다만, 제1항 제2호 또는

> 제3호에 해당하는 경우에는 담당 의사의 지시에 따를 수 있다.
> ③ 제1항 및 제2항에 따라 피치료감호자 등을 격리하는 경우에는 해당 치료감호시설 안에서 하여야 한다.
> ④ 제1항 및 제2항에 따라 피치료감호자 등을 신체적으로 제한한 경우에는 그 사유, 제한의 기간 및 해제 시기를 포함한 내용을 대통령령으로 정하는 바에 따라 작성·보존하여야 한다.

시행령

제7조의3 【격리 등 제한의 금지】

① 치료감호시설의 장은 법 제25조의3 제1항에 따라 피치료감호자 및 피치료감호청구인(이하 "피치료감호자등"이라 한다)에게 격리 또는 묶는 등의 신체적 제한(이하 "보호조치"라 한다)을 하려면 다음 각 호의 어느 하나에 해당하는 방법으로 하여야 한다. 이 경우 제2호의 보호조치는 법 제25조의3 제1항 제1호의 경우에만 할 수 있다.
   1. 격리를 통한 보호조치
   2. 보호복 또는 억제대를 이용한 보호조치
② 제1항 제1호에 따른 보호조치의 기간은 15일 이내로 한다. 다만, 치료감호시설의 장은 다음 각 호의 구분에 따른 의사의 지시에 따라 특히 계속하여 보호조치를 할 필요가 있으면 이를 연장할 수 있다.
   1. 법 제25조의3 제1항 제1호에 따른 보호조치를 연장하는 경우 : 정신건강의학과 전문의
   2. 법 제25조의3 제1항 제2호 또는 제3호에 따른 보호조치를 연장하는 경우 : 정신건강의학과 전문의 또는 담당 의사
③ 제2항 단서에 따른 보호조치 기간 연장은 1회에 7일 이내로 하되, 보호조치 기간은 계속하여 30일을 초과할 수 없다.
④ 제1항 제2호에 따른 보호조치의 기간은 24시간 이내로 한다. 다만, 치료감호시설의 장은 정신건강의학과 전문의의 지시에 따라 특히 계속하여 보호조치를 할 필요가 있으면 이를 24시간 이내에서 한 차례만 연장할 수 있다.
⑤ 치료감호시설의 장은 피치료감호자등에게 보호조치를 하는 경우 법 제25조의3 제4항에 따라 피치료감호자등 보호원부에 다음 각 호의 사항을 작성·보존해야 한다.
   1. 피치료감호자등의 성명 : 한글과 한자(한자 성명이 있는 경우만 해당한다)로 표기하되, 외국인인 경우 한글과 영문으로 표기
   2. 피치료감호자등의 생년월일
   3. 보호조치 사유 : 다음 각 목의 사항
      가. 자신이나 다른 사람을 위험에 이르게 할 가능성이 뚜렷하게 높고 신체적 제한 외의 방법으로 그 위험을 회피하는 것이 뚜렷하게 곤란하다고 판단되는 경우 그 구체적 사항
      나. 중대한 범법행위 또는 규율위반 행위를 한 경우 그 구체적 사항
      다. 그 밖에 수용질서를 문란하게 하는 중대한 행위를 한 경우 그 구체적 사항
   4. 보호조치에 대한 정신건강의학과 전문의 또는 담당 의사의 지시 내용
   5. 보호조치 장소
   6. 보호조치 방법
   7. 보호조치 시작 시기

8. 보호조치 해제 시기
9. 보호조치 기간을 연장한 경우에는 그 기간 연장 사유 및 기간 연장에 대한 정신건강의학과 전문의 또는 담당 의사의 지시 내용
10. 보호조치 중 치료활동, 식사, 용변 등 처우
⑥ 피치료감호자등 보호원부의 서식에 관한 사항은 법무부령으로 정한다.

제26조【면회 등】
치료감호시설의 장은 수용질서 유지나 치료를 위하여 필요한 경우 외에는 피치료감호자등의 면회, 편지의 수신·발신, 전화통화 등을 보장하여야 한다.

제27조【텔레비전 시청 등】
피치료감호자등의 텔레비전 시청, 라디오 청취, 신문·도서의 열람은 일과시간이나 취침시간 등을 제외하고는 자유롭게 보장된다.

제28조【환자의 치료】
① 치료감호시설의 장은 피치료감호자등이 치료감호시설에서 치료하기 곤란한 질병에 걸렸을 때에는 외부의료기관에서 치료를 받게 할 수 있다.
② 치료감호시설의 장은 제1항의 경우 본인이나 보호자 등이 직접 비용을 부담하여 치료 받기를 원하면 이를 허가할 수 있다.

제29조【근로보상금 등의 지급】★
근로에 종사하는 피치료감호자에게는 근로의욕을 북돋우고 석방 후 사회정착에 도움이 될 수 있도록 법무부장관이 정하는 바에 따라 근로보상금을 지급하여야 한다.

제30조【처우개선의 청원】
① 피치료감호자등이나 법정대리인등은 법무부장관에게 피치료감호자등의 처우개선에 관한 청원을 할 수 있다.
② 제1항에 따른 청원의 제기, 청원의 심사, 그 밖에 필요한 사항에 관하여는 대통령령으로 정한다.

📖 **시행령**

제8조 【처우개선의 청원】

① 피치료감호자등이나 법정대리인등이 법 제30조 제1항에 따라 피치료감호자등의 처우개선에 관하여 청원할 경우에는 법무부장관에게 문서로 하여야 한다.

② 제1항에 따라 청원하려는 사람은 청원서를 작성하여 봉한 후 치료감호시설의 장에게 제출하여야 한다.

③ 치료감호시설의 장은 청원서를 개봉하여서는 아니 되며, 지체 없이 법무부장관에게 송부하여야 한다.

④ 치료감호시설의 장은 피치료감호자등 또는 법정대리인등이 청원을 하지 못하게 하거나 청원을 하였다는 이유로 피치료감호자등에게 불이익을 주어서는 아니 된다.

⑤ 법무부장관은 청원의 처리 결과를 치료감호시설의 장에게 문서로 통보하고, 치료감호시설의 장은 지체 없이 청원인에게 전달하여야 한다.

📖 **시행규칙**

제14조 【청원함 설치 등】

치료감호시설의 장은 법 제30조 및 영 제8조에 따른 피치료감호자 처우개선에 관한 청원을 보장하기 위하여 병동 등 이용하기 쉬운 장소에 청원함을 설치하고 안내문을 게시하여야 하며, 청원의 접수·처리 등을 위하여 별지 제10호서식의 청원관리부를 갖춰 두고 운용하여야 한다.

제31조 【운영실태 등 점검】

법무부장관은 연 2회 이상 치료감호시설의 운영실태 및 피치료감호자등에 대한 처우상태를 점검하여야 한다.

제31조의2 【피감정유치자의 처우】

「형사소송법」 또는 그 밖에 다른 법률에 따라 정신감정을 위하여 치료감호시설에 유치된 자에 대하여는 제25조의2, 제25조의3, 제26조부터 제28조까지, 제30조 및 제31조를 준용한다.

제5장 │ 보호관찰

제32조 【보호관찰】 ★★

① 피치료감호자가 다음 각 호의 어느 하나에 해당하게 되면 「보호관찰 등에 관한 법률」에 따른 보호관찰(이하 "보호관찰"이라 한다)이 시작된다.

  1. 피치료감호자에 대한 치료감호가 가종료되었을 때

2. 피치료감호자가 치료감호시설 외에서 치료받도록 법정대리인등에게 위탁되었을 때
3. 제16조 제2항 각 호에 따른 기간 또는 같은 조 제3항에 따라 연장된 기간(이하 "치료감호기간"이라 한다)이 만료되는 피치료감호자에 대하여 제37조에 따른 치료감호심의위원회가 심사하여 보호관찰이 필요하다고 결정한 경우에는 치료감호기간이 만료되었을 때
② 보호관찰의 기간은 3년으로 한다.
③ 보호관찰을 받기 시작한 자(이하 "피보호관찰자"라 한다)가 다음 각 호의 어느 하나에 해당하게 되면 보호관찰이 종료된다.
1. 보호관찰기간이 끝났을 때
2. 보호관찰기간이 끝나기 전이라도 제37조에 따른 치료감호심의위원회의 치료감호의 종료 결정이 있을 때
3. 보호관찰기간이 끝나기 전이라도 피보호관찰자가 다시 치료감호 집행을 받게 되어 재수용되었을 때
④ 피보호관찰자가 보호관찰기간 중 새로운 범죄로 금고 이상의 형의 집행을 받게 된 때에는 보호관찰은 종료되지 아니하며, 해당 형의 집행기간 동안 피보호관찰자에 대한 보호관찰기간은 계속 진행된다.
⑤ 피보호관찰자에 대하여 제4항에 따른 금고 이상의 형의 집행이 종료·면제되는 때 또는 피보호관찰자가 가석방되는 때에 보호관찰기간이 아직 남아있으면 그 잔여기간 동안 보호관찰을 집행한다.

제33조 【피보호관찰자의 준수사항】
① 피보호관찰자는 「보호관찰 등에 관한 법률」 제32조 제2항(일반준수사항)에 따른 준수사항을 성실히 이행하여야 한다.
② 제37조에 따른 치료감호심의위원회는 피보호관찰자의 치료경과 및 특성 등에 비추어 필요하다고 판단되면 제1항에 따른 준수사항 외에 다음 각 호의 사항 중 전부 또는 일부를 따로 보호관찰기간 동안 특별히 지켜야 할 준수사항으로 부과할 수 있다.
1. 주기적인 외래치료 및 처방받은 약물의 복용 여부에 관한 검사
2. 야간 등 재범의 기회나 충동을 줄 수 있는 특정 시간대의 외출 제한
3. 재범의 기회나 충동을 줄 수 있는 특정지역·장소에 출입 금지
4. 피해자 등 재범의 대상이 될 우려가 있는 특정인에게 접근 금지
5. 일정한 주거가 없는 경우 거주 장소 제한
6. 일정량 이상의 음주 금지
7. 마약 등 중독성 있는 물질 사용 금지
8. 「마약류 관리에 관한 법률」에 따른 마약류 투약, 흡연, 섭취 여부에 관한 검사
9. 그 밖에 피보호관찰자의 생활상태, 심신상태나 거주지의 환경 등으로 보아 피보호관찰자가

준수할 수 있고 그 자유를 부당하게 제한하지 아니하는 범위에서 피보호관찰자의 재범 방지 또는 치료감호의 원인이 된 질병·습벽의 재발 방지를 위하여 필요하다고 인정되는 사항

③ 제37조에 따른 치료감호심의위원회는 피보호관찰자가 제1항 또는 제2항의 준수사항을 위반하거나 상당한 사정변경이 있는 경우에는 직권 또는 보호관찰소의 장의 신청에 따라 준수사항 전부 또는 일부의 추가·변경 또는 삭제에 관하여 심사하고 결정할 수 있다.

④ 제1항부터 제3항까지의 규정에 따른 준수사항은 서면으로 고지하여야 한다.

⑤ 보호관찰소의 장은 피보호관찰자가 제1항부터 제3항까지의 준수사항을 위반하거나 위반할 위험성이 있다고 인정할 상당한 이유가 있는 경우에는 준수사항의 이행을 촉구하고 제22조에 따른 가종료 또는 제23조에 따른 치료의 위탁(이하 "가종료등"이라 한다)의 취소 등 불리한 처분을 받을 수 있음을 경고할 수 있다.

시행령

제9조 【피보호관찰자의 준수사항】

① 「보호관찰 등에 관한 법률」에 따른 보호관찰(이하 "보호관찰"이라 한다)을 받기 시작한 자(이하 "피보호관찰자"라 한다)에 대한 법 제33조 제2항에 따른 준수사항의 부과는 위원회가 하되, 피보호관찰자마다 개인의 성향 등을 고려하여 서면으로 지시한다.

② 보호관찰관은 위원회가 피보호관찰자에게 부과한 준수사항의 이행을 독려하기 위하여 필요한 범위에서 구체적인 지시를 할 수 있다.

③ 보호관찰관은 피보호관찰자를 지도·감독하기 위하여 특별히 필요한 경우에는 피보호관찰자를 출석하게 하여 사실을 확인하거나 관계자에게 필요한 협조를 요청할 수 있다.

제9조의2 【피보호관찰자의 준수사항 변경 등】

① 위원회는 법 제33조 제3항에 따라 피보호관찰자의 준수사항 전부 또는 일부의 추가·변경 또는 삭제에 관한 심사와 결정을 한 경우 그 내용을 피보호관찰자에게 문서로 알려야 한다.

② 보호관찰소의 장이 법 제33조 제3항에 따라 피보호관찰자의 준수사항 전부 또는 일부의 추가·변경 또는 삭제를 위원회에 신청하려면 다음 각 호의 사항을 적은 문서로 하여야 한다.

1. 피보호관찰자의 성명·주민등록번호·직업 및 주거
2. 신청의 취지
3. 피보호관찰자의 준수사항 전부 또는 일부의 추가·변경 또는 삭제를 필요로 하는 사유

③ 위원회는 제1항에 따른 심사를 위하여 필요하다고 인정하는 경우에는 해당 피보호관찰자를 담당하는 보호관찰관을 출석시켜 의견을 들을 수 있으며, 피보호관찰자를 심문하거나 필요한 사항을 조사·심리할 수 있다.

제9조의3 【피보호관찰자에 대한 경고】

보호관찰소의 장은 법 제33조 제5항에 따라 피보호관찰자에게 경고를 하는 경우에는 문서로 하여야 한다.

관련판례

[1] 피치료감호자에 대한 치료감호가 가종료되었을 때 필요적으로 3년간의 보호관찰이 시작되도록 규정하

고 있는 치료감호법 조항이 거듭처벌금지원칙에 반하는지 여부(소극)

치료감호법상의 보호관찰은 치료감호소 밖에서의 사회 내 처우를 통해 치료감호의 목적을 달성하기 위한 보안처분으로 형벌과 그 본질 및 목적, 기능에 있어서 독자적인 의의를 가지는 것이므로, 치료감호 가종료 시 보호관찰이 개시되도록 하는 것을 두고 거듭처벌이라고 할 수 없다(헌재 2012.12.27. 2011헌마285).

[2] 치료감호법상의 보호관찰과 형법상의 보호관찰은 그 대상 및 성질, 기간만료 전의 종료 여부에 있어서 차이가 있으므로, 치료감호법상의 보호관찰 대상자와 형법상의 보호관찰 대상자를 본질적으로 동일한 집단으로 볼 수는 없다(헌재 2012.12.27. 2011헌마285).

제33조의2 【유치 및 유치기간 등】

① 보호관찰소의 장은 제33조에 따른 준수사항을 위반한 피보호관찰자를 구인할 수 있다. 이 경우 피보호관찰자의 구인에 대해서는 「보호관찰 등에 관한 법률」 제39조(구인) 및 제40조(긴급구인)를 준용한다.

② 보호관찰소의 장은 다음 각 호의 어느 하나에 해당하는 신청을 검사에게 요청할 필요가 있다고 인정하는 경우에는 구인한 피보호관찰자를 교도소, 구치소 또는 치료감호시설에 유치할 수 있다.

1. 제22조에 따른 가종료의 취소 신청
2. 제23조에 따른 치료 위탁의 취소 신청

③ 보호관찰소의 장은 제2항에 따라 피보호관찰자를 유치하려는 경우에는 검사에게 신청하여 검사의 청구로 관할 지방법원 판사의 허가를 받아야 한다. 이 경우 검사는 피보호관찰자가 구인된 때부터 48시간 이내에 유치허가를 청구하여야 한다.

④ 보호관찰소의 장은 유치허가를 받은 때부터 24시간 이내에 검사에게 가종료등의 취소 신청을 요청하여야 한다.

⑤ 검사는 보호관찰소의 장으로부터 제4항에 따른 신청을 받았을 경우에 그 이유가 타당하다고 인정되면 48시간 이내에 제37조에 따른 치료감호심의위원회에 가종료등의 취소를 신청하여야 한다.

⑥ 보호관찰소의 장이 제2항에 따라 피보호관찰자를 유치할 수 있는 기간은 구인한 날부터 30일로 한다. 다만, 보호관찰소의 장은 제5항에 따른 검사의 신청이 있는 경우에 제37조에 따른 치료감호심의위원회의 심사에 필요하면 검사에게 신청하여 검사의 청구로 관할 지방법원 판사의 허가를 받아 20일의 범위에서 한 차례만 유치기간을 연장할 수 있다.

⑦ 보호관찰소의 장은 다음 각 호의 어느 하나에 해당하는 경우에는 유치를 해제하고 피보호관찰자를 즉시 석방하여야 한다.

1. 제37조에 따른 치료감호심의위원회가 제43조 제1항에 따른 검사의 가종료등의 취소 신청을 기각한 경우
2. 검사가 제43조 제3항에 따른 보호관찰소의 장의 가종료등의 취소 신청에 대한 요청을 기각한 경우

⑧ 제2항에 따라 유치된 피보호관찰자에 대하여 가종료등이 취소된 경우에는 그 유치기간을 치료감호 기간에 산입한다.

시행령

제11조의2 【유치허가신청의 방식 등】

① 보호관찰소의 장은 법 제33조의2 제3항에 따라 피보호관찰자의 유치허가 신청을 하는 경우에는 다음 각 호의 사항을 적은 문서로 하여야 한다.

    1. 유치대상자의 성명·주민등록번호·직업 및 주거지

    2. 유치를 필요로 하는 사유

    3. 유치할 장소

② 법 제33조의2 제3항에 따라 판사가 발부하는 유치허가장에는 청구한 검사의 관직·성명·발부일시 및 제1항 각 호의 사항을 적어야 한다.

제11조의3 【유치허가신청의 관할】

제11조의2 제1항에 따른 유치허가신청을 할 때에는 해당 보호관찰소의 소재지 관할 지방검찰청 또는 지청의 검사에게 하여야 한다.

제11조의4 【가종료 등의 취소 신청 등】

① 보호관찰소의 장은 법 제33조의2 제4항에 따라 법 제22조에 따른 가종료 또는 법 제23조에 따른 치료의 위탁(이하 "가종료 등"이라 한다)의 취소 신청을 요청하는 경우에는 다음 각 호의 사항을 적은 문서로 하여야 한다. 이 경우 법 제33조의2 제4항에 따른 가종료 등의 취소신청기간은 보호관찰소의 장이 유치허가장을 받은 때부터 기산한다.

    1. 피보호관찰자의 성명·주민등록번호·직업 및 주거지

    2. 신청의 취지

    3. 취소를 필요로 하는 사유

    4. 그 밖에 보호관찰을 계속할 수 없는 사유

② 검사는 법 제33조의2 제4항에 따른 보호관찰소장의 가종료 등의 취소 신청 요청을 기각한 경우에는 지체 없이 보호관찰소의 장에게 그 사실을 알려야 한다.

③ 검사는 법 제33조의2 제5항에 따라 위원회에 가종료 등의 취소 신청을 하는 경우에는 보호관찰소의 장이 제1항에 따라 제출한 문서를 첨부하고, 그 사유를 소명하여야 한다.

④ 위원회는 법 제33조의2 제5항에 따른 가종료 등의 취소 신청을 심리하기 위하여 필요하다고 인정하는 경우에는 치료감호시설의 장이나 보호관찰소의 장을 출석시켜 의견을 들을 수 있다.

제11조의5 【유치기간연장결정의 통지】

관할 지방법원 판사는 법 제33조의2 제6항 단서에 따라 유치기간을 연장한 경우에는 지체 없이 보호관찰소의 장에게 그 사실을 알려야 한다.

제34조 【피보호관찰자 등의 신고 의무】

① 피보호관찰자나 법정대리인등은 대통령령으로 정하는 바에 따라 출소 후의 거주 예정지나 그 밖에 필요한 사항을 미리 치료감호시설의 장에게 신고하여야 한다.

② 피보호관찰자나 법정대리인등은 출소 후 10일 이내에 주거, 직업, 치료를 받는 병원, 피보호관찰자가 등록한 「정신건강증진 및 정신질환자 복지서비스 지원에 관한 법률」 제3조 제3호에 따른 정신건강복지센터(이하 "정신건강복지센터"라 한다), 그 밖에 필요한 사항을 보호관찰관에게 서면으로 신고하여야 한다.

시행령

제10조 【피보호관찰자 등의 신고의무】

① 피보호관찰자는 2개월마다 다음 각 호의 사항을 보호관찰관에게 서면으로 신고해야 한다.

　1. 기간 중의 주요 활동사항

　2. 약 복용 실태 및 치료 현황

　3. 기간 중에 교제하거나 모임을 가진 사람 중 범죄를 범할 우려가 있는 사람에 대한 인적사항과 그 교제
　　·모임의 일시·장소 및 내용

　4. 기간 중의 여행에 관한 사항

　5. 기간 중의 선행사항

　6. 위원회와 보호관찰관이 보호관찰과 관련하여 신고하도록 지시한 사항

② 피보호관찰자는 주거를 이전하거나 30일 이상 여행하려는 경우에는 미리 그 내용을 보호관찰관에게 서면으로 신고하여야 한다.

③ 피보호관찰자가 제1항 및 제2항에 따른 신고를 스스로 할 수 없는 경우에는 그 보호자(보호시설의 경우는 그 시설의 장을 말한다. 이하 같다) 또는 치료를 위탁받은 법정대리인등이 신고하여야 한다.

제11조 【보호관찰관의 임무】

① 보호관찰관은 피보호관찰자의 동태를 관찰하고 건전한 사회인으로 복귀할 수 있도록 지도·감독하여야 한다.

② 보호관찰관은 보호관찰부를 작성하여 갖춰 두고, 매월 1회 이상 피보호관찰자의 주요 동태 및 제9조에 따른 준수사항의 이행 여부를 확인하여야 한다.

③ 보호관찰관은 6개월마다 제2항에 규정한 사항을 검사를 거쳐 위원회에 보고하여야 한다.

④ 보호관찰관은 피보호관찰자에게 다음 각 호의 어느 하나에 해당하는 사유가 있는 경우에는 지체 없이 검사를 거쳐 위원회에 보고하여야 한다.

　1. 죄를 범한 경우

　2. 보호관찰에 따른 준수사항을 위반한 경우

　3. 주거를 이전한 경우

　4. 일정한 주거가 없게 된 경우

　5. 30일 이상 주거지를 무단이탈하거나 소재불명이 된 경우

　6. 사망한 경우

　7. 보호관찰의 필요가 없다고 인정되는 경우

　8. 그 밖에 신원에 중대한 변화가 생긴 경우

⑤ 제4항 제7호의 경우 보호관찰관은 검사에게 법 제43조에 따라 치료감호의 종료에 관한 심사신청을 할 것을 요청할 수 있다.

⑥ 보호관찰관은 제10조 제2항에 따른 신고를 받은 경우에는 지체 없이 그 내용을 새 주거지 또는 여행지의 보호관찰관에게 통보하여야 한다. 이 경우 피보호관찰자가 주거를 이전한 때에는 지체 없이 피보호관찰자에 대한 보호관찰부와 그 밖의 관계 서류를 새 주거지 관할 보호관찰관에게 송부하여야 한다.

⑦ 제6항 후단에 따라 관계 서류를 받은 새 주거지의 보호관찰관은 그 주거이전의 사실을 확인한 후 지체 없이 검사를 거쳐 위원회에 보고하여야 한다.

제12조 【신고 의무의 고지】

치료감호시설의 장은 피보호관찰자가 출소할 때에는 죄를 다시 범하지 아니하도록 엄중 훈계하고, 법 제34조 제2항에 따른 출소 후 신고를 관할 보호관찰관에게 할 것을 고지하여야 한다.

제13조 【신고와 출소 통보】

① 피보호관찰자가 법 제34조 제1항에 따른 출소 전 신고를 할 때에는 다음 각 호의 사항을 적은 신고서를 치료감호시설의 장에게 제출하여야 한다.

　1. 등록기준지, 입소 전 주소, 성명, 생년월일, 성별

　2. 출소 후의 거주 예정지

　3. 거주 예정지 도착 예정일시

　4. 그 밖에 치료감호시설의 장이 요구하는 사항

② 제1항에 따른 신고서를 받은 치료감호시설의 장은 제1항 각 호의 사항과 다음 각 호의 사항을 적은 출소통보서를 작성하여 1부는 위원회에, 1부는 출소 후 거주 예정지 관할 보호관찰관에게 송부하고, 1부는 치료감호시설에 갖춰 두어야 한다.

　1. 치료감호의 판결법원, 판결 연월일 및 기간

　2. 치료감호처분의 요건이 된 전과, 치료감호경력 및 범죄사실의 요지

　3. 병과된 형의 죄명, 형명 및 형기

　4. 가족, 동거인 및 교우 관계

　5. 본인 및 가족의 재산 상태

　6. 학력, 경력 및 병역 관계

　7. 종교 및 가입단체

　8. 해외여행 관계

　9. 치료위탁의 경우 치료받을 병원명 및 소재지

　10. 그 밖에 치료를 위하여 필요한 사항

③ 법 제34조 제2항에 따른 출소 후 신고를 할 때에는 다음 각 호의 사항을 적은 신고서를 보호관찰관에게 제출하여야 한다.

　1. 등록기준지, 주거, 성명, 생년월일, 직업, 성별

　2. 주거지 도착일시

　3. 생활계획

　3의2. 피보호관찰자가 등록한 「정신건강증진 및 정신질환자 복지서비스 지원에 관한 법률」 제15조에 따른 정신건강복지센터(이하 "정신건강복지센터"라 한다)

　4. 그 밖에 치료계획 등 보호관찰관이 요구하는 사항

④ 피보호관찰자는 제3항에 따른 신고사항이 변동된 경우에는 지체 없이 보호관찰관에게 신고하여야 한다.

⑤ 피보호관찰자가 제1항·제3항 및 제4항에 따른 신고를 스스로 할 수 없는 경우에는 그 보호자 또는 치료의 위탁을 받은 법정대리인등이 신고하여야 한다.

⑥ 제2항에 따른 통보를 받은 관할 보호관찰관은 피보호관찰자가 법 제34조 제2항에 따른 출소 후 신고를 하지 아니한 경우에는 지체 없이 그 사실을 검사를 거쳐 위원회에 보고하여야 한다.

제35조 【치료감호의 종료】

① 제32조 제1항 제1호(피치료감호자에 대한 치료감호가 가종료되었을 때) 또는 제2호(피치료감호자가 치료감호 시설 외에서 치료받도록 법정대리인 등에게 위탁되었을 때)에 해당하는 경우에는 보호관찰기간이 끝나면 피보호관찰자에 대한 치료감호가 끝난다.

② 제37조에 따른 치료감호심의위원회는 피보호관찰자의 관찰성적 및 치료경과가 양호하면 보호관찰기간이 끝나기 전에 보호관찰의 종료를 결정할 수 있다.

제36조 【가종료 취소와 치료감호의 재집행】 ★

제37조에 따른 치료감호심의위원회는 피보호관찰자(제32조 제1항 제3호에 따라 치료감호기간 만료 후 피보호관찰자가 된 사람은 제외한다)가 다음 각 호의 어느 하나에 해당할 때에는 결정으로 가종료등을 취소하고 다시 치료감호를 집행할 수 있다.

1. 금고 이상의 형에 해당하는 죄를 지은 때. 다만, 과실범은 제외한다.
2. 제33조의 준수사항이나 그 밖에 보호관찰에 관한 지시ㆍ감독을 위반하였을 때
3. 제32조 제1항 제1호에 따라 피보호관찰자가 된 사람이 증상이 악화되어 치료감호가 필요하다고 인정될 때

시행규칙

제24조 【가종료 등의 취소와 치료감호의 재집행】

① 보호관찰관이 위원회로부터 가종료나 치료위탁의 취소결정서를 송달받은 때에는 지체 없이 그 내용을 치료감호시설의 장에게 통보하여야 한다. 이 경우 보호관찰관 및 치료감호시설의 장은 피보호관찰자에 대한 남은 기간의 치료감호를 집행하기 위하여 보호관찰관의 관할구역이나 치료감호시설 소재지를 관할하는 검사에게 보호구인을 의뢰할 수 있다.

② 보호관찰관이 검사로부터 가종료나 치료위탁의 취소결정서를 통보받은 때에도 제1항과 같이 처리한다.

제5장의2 │ 치료감호시설 출소자의 치료 및 관리

제36조의2 【치료감호시설 출소자의 정신건강복지센터 등록 등】

치료감호가 종료 또는 가종료되거나 제24조에 따라 집행정지된 사람(이하 "치료감호시설 출소자"라 한다)은 정신건강복지센터에 등록하여 상담, 진료, 사회복귀훈련 등 정신건강복지센터의 정신보건서비스를 받을 수 있다.

제36조의3 【외래진료】

① 치료감호시설 출소자가 치료감호시설에서의 외래진료를 신청한 경우에 치료감호시설의 장은 검사, 투약 등 적절한 진료 및 치료를 실시할 수 있다.

② 제1항에 따른 외래진료의 절차 등에 관하여 필요한 사항은 법무부령으로 정한다.

시행규칙

제26조의2 【외래진료의 기간·방법 등】

① 법 제36조의3에 따른 외래진료(이하 "외래진료"라 한다)는 치료감호시설 출소자의 정신질환 치료를 위하여 출소일부터 10년의 범위에서 실시할 수 있다. 다만, 증상의 악화 등 외래진료가 계속 필요하다고 인정되는 경우에는 10년의 범위에서 한 차례만 그 기간을 연장할 수 있다.

② 외래진료는 치료감호시설에서 정신건강의학과의사의 진료, 검사시설에 의한 검사, 처방 및 투약 등의 방법으로 실시한다. 다만, 치료의 편의를 위하여 필요한 경우에는 원격화상장비를 이용하여 진료할 수 있다.

③ 외래진료의 경우 치료감호시설 출소자의 증상이 악화되더라도 치료감호시설에 입소시켜 치료할 수 없다.

④ 외래진료를 실시한 치료감호시설의 장은 별지 제22호의2서식의 치료감호시설 출소자 외래진료 접수대장을 작성하여 10년간 보존하여야 한다.

제26조의3 【외래진료비용】

① 외래진료에 필요한 비용은 법무부장관이 부담한다. 다만, 「국민건강보험법」, 「의료급여법」, 그 밖의 다른 법령에 따라 치료감호시설 출소자 또는 그 보호의무자가 부담하지 아니하는 비용은 제외한다.

② 법무부장관은 예산의 범위에서 외래진료를 실시한 지정법무병원에 제1항에 따른 외래진료비용을 지급하여야 한다.

③ 제2항에 따라 외래진료비용을 지급받으려는 지정법무병원의 장은 별지 제22호의3서식의 외래진료비용 지급 청구서에 출소자별 진료비 계산서를 첨부하여 매달 10일까지 법무부장관에게 제출하여야 한다.

제36조의4 【보호관찰소와 정신건강복지센터의 공조】

① 보호관찰소의 장과 정신건강복지센터의 장은 피보호관찰자의 치료 및 재범방지, 사회복귀를 위하여 상호 협조하여야 한다.

② 보호관찰소의 장은 피보호관찰자에 대한 등록, 상담, 진료, 사회복귀훈련 및 이에 관한 사례 관리 등 정신보건 관련 정보를 정신건강복지센터의 장에게 요청할 수 있다.

③ 정신건강복지센터의 장은 피보호관찰자의 공동 면담 등 피보호관찰자의 치료 및 재범방지, 사회복귀를 위하여 필요한 경우 보호관찰소의 장에게 협조를 요청할 수 있다.

시행령

제13조의2 【보호관찰소와 정신건강복지센터의 공조 범위】

① 법 제36조의4 제2항에 따라 보호관찰소의 장이 정신건강복지센터의 장에게 요청할 수 있는 정신보건 관련 정보는 다음 각 호와 같다.

  1. 정신건강복지센터 등록일·상담일·진료일 등 등록·상담 및 진료 관련 사항
  2. 정신건강복지센터의 사회복귀훈련 프로그램 등 사회복귀훈련 및 이에 관한 사례 관리 관련 사항
  3. 피보호관찰자의 치료 정도 및 정신보건 상태

② 법 제36조의4 제3항에 따라 정신건강복지센터의 장이 보호관찰소의 장에게 협조를 요청할 수 있는 사항은 다음 각 호와 같다.

1. 피보호관찰자의 정신건강복지센터 방문·면담 시 보호관찰관의 동행·참여
2. 피보호관찰자의 생활상태 및 특이사항 등에 대한 정보 제공
3. 피보호관찰자의 치료, 재범방지 및 사회복귀를 위한 계획 수립·집행 시 보호관찰관의 의견 제출

제6장 | 치료감호심의위원회

제37조 【치료감호심의위원회】 ★

① 치료감호 및 보호관찰의 관리와 집행에 관한 사항을 심사·결정하기 위하여 법무부에 치료감호심의위원회(이하 "위원회"라 한다)를 둔다.

② 위원회는 판사, 검사, 법무부의 고위공무원단에 속하는 일반직공무원 또는 변호사의 자격이 있는 6명 이내의 위원과 정신건강의학과 등 전문의의 자격이 있는 3명 이내의 위원으로 구성하고, 위원장은 법무부차관으로 한다.

③ 위원회는 다음 각 호의 사항을 심사·결정한다.

1. 피치료감호자에 대한 치료감호시설 간 이송에 관한 사항
2. 피치료감호자에 대한 치료의 위탁·가종료 및 그 취소와 치료감호 종료 여부에 관한 사항
3. 피보호관찰자에 대한 준수사항의 부과 및 준수사항 전부 또는 일부의 추가·변경 또는 삭제에 관한 사항
4. 피치료감호자에 대한 치료감호기간 만료 시 보호관찰 개시에 관한 사항
5. 그 밖에 제1호부터 제4호까지에 관련된 사항

④ 위원회에는 전문적 학식과 덕망이 있는 자 중에서 위원장의 제청으로 법무부장관이 위촉하는 자문위원을 둘 수 있다.

⑤ 위원회의 위원 중 공무원이 아닌 위원은 「형법」과 그 밖의 법률에 따른 벌칙을 적용할 때에는 공무원으로 본다.

⑥ 위원회의 구성·운영·서무 및 자문위원의 위촉과 그 밖에 필요한 사항은 대통령령으로 정한다.

시행령

제14조 【위원회의 구성】

① 위원회의 위원은 위원장의 제청으로 법무부장관이 임명하거나 위촉한다.
② 공무원이 아닌 위원의 임기는 3년으로 한다.
③ 위원장은 위원회를 대표하고 위원회의 업무를 총괄하며, 위원회의 회의를 소집하고 그 의장이 된다.
④ 위원장이 부득이한 사유로 직무를 수행할 수 없을 때에는 위원장이 미리 지명한 위원이 그 직무를 대행한다.

⑤ 법 제37조 제4항에 따른 자문위원은 10명 이내로 하며, 자문위원은 위원회의 심사·결정에 필요한 자문에 응한다.

제15조【위원회의 직원】

① 위원회에 간사 2명과 서기 약간명을 둔다.

② 간사와 서기는 법무부 소속 공무원 중에서 위원장이 임명한다.

③ 간사는 위원장의 명을 받아 위원회의 사무를 처리하고 회의에 참석하여 발언할 수 있으며, 서기는 간사를 보조한다.

제16조【심사자료 송부 요청】

위원회는 법 제37조 제3항에 규정된 사항(이하 "치료감호사안"이라 한다)을 심사할 때 검사, 치료감호시설의 장 또는 보호관찰관에게 치료감호사안 조사기록, 형 및 치료감호 집행기록 또는 보호관찰부 등 심사 자료의 송부를 요청할 수 있다.

제38조【결격사유】

다음 각 호의 어느 하나에 해당하는 자는 위원회의 위원이 될 수 없다.

1. 「국가공무원법」 제33조 각 호의 결격사유 어느 하나에 해당하는 자
2. 제39조에 따라 위원에서 해촉된 후 3년이 지나지 아니한 자

제39조【위원의 해촉】

법무부장관은 위원회의 위원이 다음 각 호의 어느 하나에 해당하면 그 위원을 해촉할 수 있다.

1. 심신장애로 인하여 직무수행을 할 수 없거나 직무를 수행하기가 현저히 곤란하다고 인정될 때
2. 직무태만·품위손상, 그 밖의 사유로 위원으로서 적당하지 아니하다고 인정되는 때

제40조【심사】

① 위원회는 심의자료에 따라 제37조 제3항에 규정된 사항을 심사한다.

② 위원회는 제1항에 따른 심사를 위하여 필요하면 법무부 소속 공무원으로 하여금 결정에 필요한 사항을 조사하게 하거나 피치료감호자 및 피보호관찰자(이하 "피보호자"라 한다)나 그 밖의 관계자를 직접 소환·심문하거나 조사할 수 있다.

③ 제2항에 따라 조사 명령을 받은 공무원은 다음 각 호의 권한을 가진다.

   1. 피보호자나 그 밖의 관계자의 소환·심문 및 조사

   2. 국공립기관이나 그 밖의 공공단체·민간단체에 대한 조회 및 관계 자료의 제출요구

④ 피보호자나 그 밖의 관계자는 제2항과 제3항의 소환·심문 및 조사에 응하여야 하며, 국공립기관이나 그 밖의 공공단체·민간단체는 제3항에 따라 조회나 자료 제출을 요구받았을 때에는 국가기밀 또는 공공의 안녕질서에 해를 끼치는 것이 아니면 이를 거부할 수 없다.

제41조【의결 및 결정】

① 위원회는 위원장을 포함한 재적위원 과반수의 출석으로 개의하고, 출석위원 과반수의 찬성으로 의결한다. 다만, 찬성과 반대의 수가 같을 때에는 위원장이 결정한다.

② 결정은 이유를 붙이고 출석한 위원들이 기명날인한 문서로 한다.

③ 위원회는 제1항에 따른 의결을 할 때 필요하면 치료감호시설의 장이나 보호관찰관에게 의견서를 제출하도록 할 수 있다.

④ 치료감호시설의 장은 제3항에 따른 의견서를 제출할 때에는 피보호자의 상태 및 예후, 치료감호 종료의 타당성 등에 관한 피보호자 담당 의사의 의견을 참조하여야 한다.

시행령

제19조【위원회의 결정】

위원회는 다음 각 호의 어느 하나에 해당하는 경우에는 지체 없이 이를 심사ㆍ결정하고, 위원장과 출석위원이 기명ㆍ날인한 결정서를 작성해야 한다.

1. 법 제21조의2 제1항에 따른 기간이 된 경우
2. 제6조의2에 따른 재이송 신청이 있는 경우
3. 법 제22조에 따른 기간이 된 경우
4. 법 제43조 또는 제44조에 따른 심사신청이 있는 경우
5. 그 밖의 치료감호사안을 심사ㆍ결정하는 경우

제20조【결정서의 기재 요건】

결정서에는 피치료감호자의 성명ㆍ연령ㆍ등록기준지ㆍ주거 및 감호소의 명칭과 결정 주문 및 이유를 적어야 한다. 법 제43조에 따른 검사의 심사신청에 대하여는 결정서에 검사의 관직 및 성명을 함께 적는다.

제21조【결정의 송달 등】

① 위원회는 치료감호사안에 관하여 결정을 한 때에는 결정서 등본을 피치료감호자를 감호 또는 보호관찰하는 치료감호시설의 장이나 보호관찰관에게 송달한다. 다만, 검사의 신청을 받아 결정을 한 경우에는 결정서 등본을 심사를 신청한 검사에게 송달하여야 하며, 그 송달을 받은 검사는 이를 치료감호시설의 장이나 보호관찰관에게 통보한다.

② 제1항에 따라 송달 또는 통보를 받은 치료감호시설의 장이나 보호관찰관은 그 내용을 피치료감호자에게 고지하여야 한다.

③ 위원회는 법 제44조에 따른 피치료감호자와 그 법정대리인등의 신청에 대하여 결정을 한 때에는 그 결정서 등본을 피치료감호자와 그 법정대리인등에게 송달하여야 한다.

시행규칙

제33조【송달 등의 방법】

① 위원회가 한 사람에게 2건 이상의 결정서를 동시에 송달할 때에는 1부의 송달서류만으로 할 수 있다. 검사가 치료감호시설의 장이나 보호관찰관에게 통보할 때에도 또한 같다.

② 위원회가 가종료 또는 치료위탁으로 출소하는 피보호관찰자에게 부과하는 준수사항은 치료감호시설의 장을 통하여 보호관찰관에게 송달할 수 있다.

시행령

제22조【회의록】
① 위원회는 회의록을 작성·비치하여야 한다.
② 회의록에는 회의와 관련된 모든 사항을 적고 위원장이 기명·날인하여야 한다.

제23조【수당 등】
① 위원회의 위원장·위원·자문위원 및 직원에 대하여는 예산의 범위에서 출석수당과 여비를 지급할 수 있다. 다만, 공무원인 위원이 그 소관 업무와 직접적으로 관련되어 위원회에 출석하는 경우에는 그러하지 아니하다.
② 제1항의 수당 및 여비의 금액과 지급방법 및 그 밖에 필요한 사항은 법무부령으로 정한다.

제24조【위원회의 운영세칙】
이 영에 규정된 사항 외에 위원회의 운영에 필요한 사항은 위원회의 의결을 거쳐 위원장이 정한다.

제42조【위원의 기피】
① 피보호자와 그 법정대리인등은 위원회의 위원에게 공정한 심사·의결을 기대하기 어려운 사정이 있으면 위원장에게 기피신청을 할 수 있다.
② 위원장은 제1항에 따른 기피신청에 대하여 위원회의 의결을 거치지 아니하고 신청이 타당한지를 결정한다. 다만, 위원장이 결정하기에 적절하지 아니한 경우에는 위원회의 의결로 결정할 수 있다.
③ 제1항에 따라 기피신청을 받은 위원은 제2항 단서의 의결에 참여하지 못한다.

제43조【검사의 심사신청】
① 피보호자의 주거지(시설에 수용된 경우에는 그 시설을 주거지로 본다)를 관할하는 지방검찰청 또는 지청의 검사는 제37조 제3항에 규정된 사항에 관하여 위원회에 그 심사·결정을 신청할 수 있다.
② 제1항에 따른 신청을 할 때에는 심사신청서와 신청사항의 결정에 필요한 자료를 제출하여야 한다. 이 경우 치료감호시설의 장이나 보호관찰소의 장의 의견을 들어야 한다.
③ 치료감호시설의 장이나 보호관찰소의 장은 검사에게 제1항에 따른 신청을 요청할 수 있다.

시행령

제17조【검사의 심사신청】
① 검사가 법 제43조에 따라 위원회에 피치료감호자의 심사를 신청할 때에는 신청서에 피치료감호자의 성명·연령·주거·직업 등을 적고, 다음 각 호의 자료를 첨부하여야 한다.
  1. 치료감호시설의 장 또는 보호관찰관의 의견서
  2. 치료감호 판결등본
  3. 형 및 치료감호 집행기록
  4. 치료감호사안 조사기록

② 제1항의 경우 검사는 치료감호사안과 관련된 사건기록을 보존하고 있는 검찰청으로부터 송부받아 이를 심사신청서와 함께 위원회에 송부할 수 있다.

제44조【피치료감호자 등의 심사신청】

① 피치료감호자와 그 법정대리인등은 피치료감호자가 치료감호를 받을 필요가 없을 정도로 치유되었음을 이유로 치료감호의 종료 여부를 심사·결정하여 줄 것을 위원회에 신청할 수 있다.

② 제1항에 따른 신청을 할 때에는 심사신청서와 심사신청이유에 대한 자료를 제출하여야 한다.

③ 제1항에 따른 신청은 치료감호의 집행이 시작된 날부터 6개월이 지난 후에 하여야 한다. 신청이 기각된 경우에는 6개월이 지난 후에 다시 신청할 수 있다.

④ 위원회는 제1항에 따른 신청에 대한 심사를 마친 때에는 지체 없이 심사 기준과 그 결정 이유를 피치료감호자와 법정대리인등에게 통보하여야 한다.

시행령

제18조【피치료감호자 등의 심사신청】

① 피치료감호자와 그 법정대리인등은 법 제44조에 따라 위원회에 치료감호의 종료 여부에 대한 심사를 신청할 때에는 정신건강의학과 등의 전문의의 진단서 또는 감정서를 첨부하여야 한다.

② 치료감호시설의 장은 피치료감호자와 그 법정대리인등의 심사신청에 대하여 위원회에 의견을 제출할 수 있다.

제6장의2 │ 치료명령사건

제44조의2【선고유예 시 치료명령 등】

① 법원은 치료명령대상자에 대하여 형의 선고 또는 집행을 유예하는 경우에는 치료기간을 정하여 치료를 받을 것을 명할 수 있다.

② 제1항의 치료를 명하는 경우 보호관찰을 병과하여야 한다.

③ 제2항에 따른 보호관찰기간은 선고유예의 경우에는 1년, 집행유예의 경우에는 그 유예기간으로 한다. 다만, 법원은 집행유예 기간의 범위에서 보호관찰기간을 정할 수 있다.

④ 제1항의 치료기간은 제3항에 따른 보호관찰기간을 초과할 수 없다.

제44조의3 【판결 전 조사】

① 법원은 제44조의2에 따른 치료를 명하기 위하여 필요하다고 인정하면 피고인의 주거지 또는 그 법원의 소재지를 관할하는 보호관찰소의 장에게 범죄의 동기, 피고인의 신체적·심리적 특성 및 상태, 가정환경, 직업, 생활환경, 병력, 치료비용 부담능력, 재범위험성 등 피고인에 관한 사항의 조사를 요구할 수 있다.

② 제1항의 요구를 받은 보호관찰소의 장은 지체 없이 이를 조사하여 서면으로 해당 법원에 알려야 한다. 이 경우 필요하다고 인정하면 피고인이나 그 밖의 관계인을 소환하여 심문하거나 소속 보호관찰관에게 필요한 사항을 조사하게 할 수 있다.

③ 보호관찰소의 장은 제2항의 조사를 위하여 필요하다고 인정하면 국공립 기관이나 그 밖의 단체에 사실을 알아보거나 관련 자료의 열람 등 협조를 요청할 수 있다.

시행령

제25조 【판결 전 조사】

법원은 법 제44조의3 제1항에 따라 피고인의 주거지 또는 그 법원의 소재지를 관할하는 보호관찰소의 장에게 조사를 요구하는 경우에는 피고인의 인적사항 및 범죄사실의 요지를 통보하여야 한다. 이 경우 필요하다고 인정하면 참고자료를 송부할 수 있다.

제44조의4 【전문가의 진단 등】

법원은 제44조의2에 따른 치료를 명하기 위하여 필요하다고 인정하는 때에는 정신건강의학과 전문의에게 피고인의 정신적 상태, 알코올 의존도 등에 대한 진단을 요구할 수 있다.

제44조의5 【준수사항】

치료명령을 받은 사람은 다음 각 호의 사항을 준수하여야 한다.

1. 보호관찰관의 지시에 따라 성실히 치료에 응할 것
2. 보호관찰관의 지시에 따라 인지행동 치료 등 심리치료 프로그램을 성실히 이수할 것

제44조의6 【치료명령의 집행】

① 치료명령은 검사의 지휘를 받아 보호관찰관이 집행한다.

② 치료명령은 정신건강의학과 전문의의 진단과 약물 투여, 상담 등 치료 및 「정신건강증진 및 정신질환자 복지서비스 지원에 관한 법률」에 따른 정신건강전문요원 등 전문가에 의한 인지행동 치료 등 심리치료 프로그램의 실시 등의 방법으로 집행한다.

③ 보호관찰관은 치료명령을 받은 사람에게 치료명령을 집행하기 전에 치료기관, 치료의 방법

· 내용 등에 관하여 충분히 설명하여야 한다.

④ 그 밖에 치료명령의 집행에 관하여 필요한 사항은 대통령령으로 정한다.

시행령

제26조【집행지휘의 방식】

검사는 법 제44조의6 제1항에 따라 치료명령의 집행을 지휘하는 경우에는 법 제44조의2 제1항에 따른 치료를 명하는 판결이 확정된 후 지체 없이 치료명령을 선고받은 사람(이하 "피치료명령자"라 한다)의 주거지를 관할하는 보호관찰소의 장에게 판결문 등본을 첨부한 지휘 서면을 송부하여야 한다.

제27조【치료명령 집행 전의 준비 등】

① 보호관찰관은 법 제44조의6 제1항에 따라 치료명령을 집행하기 전에 제26조에 따른 지휘 서면 및 판결문 등본을 모두 확인하여야 한다.

② 보호관찰관은 법 제44조의6 제1항에 따라 치료명령을 집행하기 전에 피치료명령자에게 다음 각 호의 사항을 알려 주어야 한다.

1. 법 제44조의5에 따른 준수사항
2. 법 제44조의8에 따른 선고유예의 실효 및 집행유예의 취소에 관한 사항
3. 그 밖에 치료명령의 집행에 필요한 사항

제28조【치료명령 집행계획의 수립】

보호관찰관은 법 제44조의6 제1항에 따라 피치료명령자에 대한 치료명령을 집행하기 전에 다음 각 호의 사항을 종합적으로 고려한 치료명령 집행계획을 수립하여야 한다.

1. 피치료명령자에 대한 법 제44조의6 제2항에 따른 집행 방법
2. 피치료명령자의 신체적·심리적 특성 및 상태, 직업, 생활환경, 치료비용 부담능력

제29조【인지행동 치료 등 심리치료 프로그램 등】

① 법 제44조의6 제2항에 따른 인지행동 치료 등 심리치료 프로그램에는 다음 각 호의 내용이 포함되어야 한다.

1. 인지 왜곡의 수정 및 이상 행동의 수정
2. 치료 동기의 고취
3. 치료원인의 재발방지 및 피치료명령자의 사회적응능력 배양
4. 그 밖에 재범방지를 위하여 필요한 사항

② 법무부장관은 제1항에 따른 심리치료 프로그램의 개발에 노력하여야 한다.

제30조【치료명령의 집행 확인 등】

① 법 제44조의6 제1항에 따라 치료명령을 집행하는 보호관찰관은 피치료명령자와의 면담이나 법 제44조의7에 따른 치료기관 방문 등을 통하여 피치료명령자에 대한 치료명령 집행 상황을 확인하여야 한다.

② 법무부장관은 치료명령 집행업무를 전문적으로 수행할 수 있는 인력의 양성을 위하여 노력하여야 한다.

제31조【치료명령 집행 협의체】

보호관찰소의 장은 치료명령의 집행에 관한 다음 각 호의 사항을 협의하기 위하여 필요하다고 인정하는 경우에는 보호관찰관, 정신건강의학과 전문의 및 「정신건강증진 및 정신질환자 복지서비스 지원에 관한 법률」에 따른 정신건강전문요원 등 전문가로 구성된 치료명령 집행 협의체를 운영할 수 있다.

1. 법 제44조의6 제2항에 따른 집행 방법에 관한 사항

2. 보호관찰소와 법 제44조의7에 따른 치료기관 간의 업무 협조에 관한 사항
3. 제28조에 따른 치료명령 집행계획의 수립에 관한 사항
4. 그 밖에 치료명령의 집행과 관련하여 보호관찰소의 장이 필요하다고 인정하는 사항

제44조의7 【치료기관의 지정 등】

① 법무부장관은 치료명령을 받은 사람의 치료를 위하여 치료기관을 지정할 수 있다.
② 제1항에 따른 치료기관의 지정기준 등 필요한 사항은 법무부령으로 정한다.

제44조의8 【선고유예의 실효 등】

① 법원은 제44조의2에 따라 치료를 명한 선고유예를 받은 사람이 정당한 사유 없이 치료기간 중에 제44조의5의 준수사항을 위반하고 그 정도가 무거운 때에는 유예한 형을 선고할 수 있다.
② 법원은 제44조의2에 따라 치료를 명한 집행유예를 받은 사람이 정당한 사유 없이 치료기간 중에 제44조의5의 준수사항을 위반하고 그 정도가 무거운 때에는 집행유예의 선고를 취소할 수 있다.
③ 치료명령대상자에 대한 경고·구인·긴급구인·유치·선고유예의 실효 및 집행유예의 취소 등에 대하여는 「보호관찰 등에 관한 법률」 제38조부터 제45조까지, 제45조의2, 제46조 및 제47조를 준용한다.

제44조의9 【비용부담】

① 제44조의2에 따른 치료명령을 받은 사람은 치료기간 동안 치료비용을 부담하여야 한다. 다만, 치료비용을 부담할 경제력이 없는 사람의 경우에는 국가가 비용을 부담할 수 있다.
② 비용부담에 관하여 필요한 사항은 대통령령으로 정한다.

시행령

제32조 【치료비용의 국가부담】
① 국가는 법 제44조의9 제1항 단서에 따라 피치료명령자가 다음 각 호의 어느 하나에 해당하는 경우에는 치료비용을 부담할 수 있다.
  1. 「국민기초생활 보장법」 제2조 제2호에 따른 수급자 또는 같은 조 제10호에 따른 차상위계층
  2. 「긴급복지지원법」 제2조에 따른 위기상황에 처한 사람
② 피치료명령자는 제1항에 따른 치료비용의 국가부담을 신청하려는 경우에는 법무부령으로 정하는 신청서에 다음 각 호의 서류를 첨부하여 보호관찰소의 장에게 제출하여야 한다. 다만, 「국민기초생활 보장법」 제2조 제2호에 따른 수급자인 피치료명령자는 신청서만 제출한다.

1. 삭제 <2018.6.12.>
2. 「긴급복지지원법」제2조 각 호의 어느 하나에 해당한다는 사실을 증명할 수 있는 자료(제1항 제2호인 경우만 해당한다)
3. 소득이 없어 소득신고를 하지 아니한 경우에는 그 사실을 확인할 수 있는 자료
4. 그 밖에 일정한 수입원이나 재산이 없음을 확인할 수 있는 자료

③ 보호관찰소의 장은 제2항에 따라 신청서를 제출받았을 때에는 신청인의 동의를 받아 「전자정부법」제36조 제1항에 따른 행정정보의 공동이용을 통하여 다음 각 호의 행정정보를 확인하여야 한다. 다만, 신청인이 확인에 동의하지 아니하는 경우에는 그 서류를 첨부하게 하여야 한다.
1. 소득금액 증명서(소득이 있는 경우만 해당한다)
2. 지방세 세목별 과세증명서 및 지방세 납세증명서
3. 국민기초생활 수급자 증명서(「국민기초생활 보장법」제2조 제2호에 따른 수급자인 경우만 해당한다)
4. 차상위 본인부담경감 대상자 증명서(「국민기초생활 보장법」제2조 제10호에 따른 차상위계층인 경우만 해당한다)

④ 보호관찰소의 장은 필요한 경우에는 신청인을 출석하게 하거나 신청인에게 필요한 자료를 제출하도록 요청할 수 있다.

⑤ 보호관찰소의 장은 국가, 지방자치단체 및 「공공기관의 운영에 관한 법률」제4조에 따른 공공기관에 신청인의 치료비용 부담 능력을 확인하는 데 필요한 자료의 제출을 요청할 수 있다. 이 경우 법무부령으로 정하는 신청인의 동의서를 첨부하여야 한다.

⑥ 보호관찰소의 장은 제2항부터 제5항까지의 자료를 심사하여 신청인에 대한 치료비용의 국가부담을 결정한다.

⑦ 보호관찰소의 장은 제6항에 따라 치료비용을 국가가 부담하도록 결정한 경우에는 치료행위마다 예산의 범위에서 치료비용 전부를 지급해야 한다. 다만, 「국민건강보험법」, 「의료급여법」이나 그 밖의 다른 법령에서 신청인 또는 그 보호의무자(「정신건강증진 및 정신질환자 복지서비스 지원에 관한 법률」제39조에 따른 보호의무자를 말한다)가 부담하지 않도록 규정한 치료비용은 국가가 지급하는 비용에서 제외한다.

⑧ 제1항부터 제7항까지에서 규정한 사항 외에 국가가 부담하는 치료비용의 구체적인 지급절차는 법무부장관이 정한다.

제7장 | 보칙

제45조【치료감호 청구의 시효】
① 치료감호 청구의 시효는 치료감호가 청구된 사건과 동시에 심리하거나 심리할 수 있었던 죄에 대한 공소시효기간이 지나면 완성된다.
② 치료감호가 청구된 사건은 판결의 확정 없이 치료감호가 청구되었을 때부터 15년이 지나면 청구의 시효가 완성된 것으로 본다.

제46조 【치료감호의 시효】

① 피치료감호자는 그 판결이 확정된 후 집행을 받지 아니하고 다음 각 호의 구분에 따른 기간이 지나면 시효가 완성되어 집행이 면제된다.

　　1. 제2조 제1항 제1호 및 제3호에 해당하는 자의 치료감호 : 10년

　　2. 제2조 제1항 제2호에 해당하는 자의 치료감호 : 7년

② 시효는 치료감호의 집행정지 기간 또는 가종료 기간이나 그 밖에 집행할 수 없는 기간에는 진행되지 아니한다.

③ 시효는 피치료감호자를 체포함으로써 중단된다.

참고 치료감호의 시효

시효	치료감호대상자
10년	• 「형법」 제10조 제1항(심신상실자)에 따라 벌할 수 없거나 같은 조 제2항(심신미약자)에 따라 형이 감경되는 심신장애자로서 금고 이상의 형에 해당하는 죄를 지은 자 • 소아성기호증, 성적가학증 등 성적 성벽이 있는 정신성적 장애자로서 금고 이상의 형에 해당하는 성폭력범죄를 지은 자
7년	마약·향정신성의약품·대마, 그 밖에 남용되거나 해독을 끼칠 우려가 있는 물질이나 알코올을 식음·섭취·흡입·흡연 또는 주입받는 습벽이 있거나 그에 중독된 자로서 금고 이상의 형에 해당하는 죄를 지은 자

제47조 【치료감호의 선고와 자격정지】

피치료감호자는 그 치료감호의 집행이 종료되거나 면제될 때까지 다음 각 호의 자격이 정지된다.

1. 공무원이 될 자격

2. 공법상의 선거권과 피선거권

3. 법률로' 요건을 정한 공법상 업무에 관한 자격

제48조 【치료감호의 실효】

① 치료감호의 집행을 종료하거나 집행이 면제된 자가 피해자의 피해를 보상하고 자격정지 이상의 형이나 치료감호를 선고받지 아니하고 7년이 지났을 때에는 본인이나 검사의 신청에 의하여 그 재판의 실효를 선고할 수 있다. 이 경우 「형사소송법」 제337조(형의 소멸의 재판)를 준용한다.

② 치료감호의 집행을 종료하거나 집행이 면제된 자가 자격정지 이상의 형이나 치료감호를 선고받지 아니하고 10년이 지났을 때에는 그 재판이 실효된 것으로 본다.

제49조【기간의 계산】
① 치료감호의 기간은 치료감호를 집행한 날부터 기산한다. 이 경우 치료감호 집행을 시작한 첫날은 시간으로 계산하지 아니하고 1일로 산정한다.
② 치료감호의 집행을 위반한 기간은 그 치료감호의 집행기간에 포함하지 아니한다.

제50조【군법 적용 대상자에 대한 특칙】
① 「군사법원법」제2조 제1항 각 호의 어느 하나에 해당하는 자에 대한 치료감호사건에 관하여는 군사법원, 군검찰부 군검사 및 군사법경찰관리가 이 법에 따른 직무를 수행한다. 이 경우 "군사법원"은 "법원", "군검찰부 군검사"는 "검사", "군사법경찰관리"는 "사법경찰관리"로 본다.
② 「군사법원법」제2조 제1항 각 호의 어느 하나에 해당하는 자에 대한 치료감호의 관리와 그 집행사항을 심사·결정하기 위하여 국방부에 군치료감호심의위원회를 둔다.
③ 군치료감호심의위원회의 구성과 운영에 관하여는 위원회에 관한 규정을 준용한다.
④ 군사법원, 군검찰부 군검사 또는 군치료감호심의위원회는 치료감호대상자가 「군사법원법」제2조 제1항 각 호의 어느 하나에 해당하는 자가 아님이 명백할 때에는 그 치료감호사건을 대응하는 법원·검사 또는 위원회로 이송한다. 이 경우 이송 전에 한 조사·청구·재판·신청·심사 및 결정은 이송 후에도 그 효력을 잃지 아니한다.
⑤ 법원·검사 또는 위원회는 치료감호대상자가 「군사법원법」제2조 제1항 각 호의 어느 하나에 해당하는 자임이 명백할 때에는 치료감호사건을 대응하는 군사법원·군검찰부 군검사 또는 군치료감호심의위원회로 이송한다. 이 경우 이송 전에 한 조사·청구·재판·신청·심사 및 결정은 이송 후에도 그 효력을 잃지 아니한다.
⑥ 제44조의2에 따른 치료명령을 받은 사람에 대하여는 「보호관찰 등에 관한 법률」제56조를 준용한다.

시행령

제33조【군치료감호심의위원회】
법 제50조 제2항에 따른 군치료감호심의위원회에 관하여는 제14조부터 제24조까지를 준용한다. 이 경우 "법무부장관"은 "국방부장관"으로, "법무부"는 "국방부"로 본다.

제50조의2【기부금품의 접수】
① 치료감호시설의 장은 기관·단체 또는 개인이 피치료감호자에 대한 적절한 보호와 치료 등을 위하여 치료감호시설에 자발적으로 기탁하는 금품을 접수할 수 있다.
② 기부자에 대한 영수증 발급, 기부금품의 용도 지정, 장부의 열람, 그 밖에 필요한 사항은 대통령령으로 정한다.

🔖 **시행령**

제34조【기부금품의 접수 등】

① 치료감호시설의 장은 법 제50조의2 제1항에 따라 기부금품을 접수하는 경우 기부자에게 영수증을 발급하여야 한다. 다만, 익명으로 기부하거나 기부자를 알 수 없는 경우에는 영수증을 발급하지 아니할 수 있다.

② 치료감호시설의 장은 제1항에 따른 기부자가 다음 각 호의 어느 하나의 경우에 해당하는 사실을 알게 된 경우에는 기부금품을 접수해서는 아니 된다.

　1. 기부자가 피치료감호자인 경우

　2. 기부자가 피치료감호자와 친족이거나 친족이었던 경우

　3. 그 밖에 기부자가 피치료감호자와 직접적인 이해관계가 있다고 인정되는 기관·단체 또는 사람인 경우

③ 치료감호시설의 장은 제1항에 따른 기부자가 기부금품의 용도를 지정한 경우에는 그 용도로만 사용하여야 한다. 다만, 기부자가 지정한 용도로 사용하기 어려운 경우에는 특별한 사정이 없는 한 기부자의 동의를 받아 다른 용도로 사용할 수 있다.

④ 치료감호시설의 장은 모든 기부금의 수입 및 지출을 기부금 전용계좌를 통하여 처리하여야 한다.

⑤ 치료감호시설의 장은 기부금품의 접수현황 및 사용실적 등에 관한 장부를 갖추어 두고 기부자가 열람할 수 있도록 하여야 한다.

⑥ 치료감호시설의 장은 매 반기별로 기부금품의 접수현황 및 사용실적 등에 관한 사항을 법무부장관에게 보고하여야 한다.

제51조【다른 법률의 준용】

치료감호 및 치료명령에 관하여는 이 법에 특별한 규정이 있는 경우 외에는 그 성질에 반하지 아니하는 범위에서「형사소송법」과「형의 집행 및 수용자의 처우에 관한 법률」및「보호관찰 등에 관한 법률」을 준용한다.

03 형법

• 2021.12.9. 시행

제1편 총칙

제2장 | 죄

제1절 죄의 성립과 형의 감면

제9조【형사미성년자】
14세 되지 아니한 자의 행위는 벌하지 아니한다.

제10조【심신장애인】 ★
① 심신장애로 인하여 사물을 변별할 능력이 없거나 의사를 결정할 능력이 없는 자의 행위는 벌하지 아니한다.
② 심신장애로 인하여 전항의 능력이 미약한 자의 행위는 형을 감경할 수 있다.
③ 위험의 발생을 예견하고 자의로 심신장애를 야기한 자의 행위에는 전2항의 규정을 적용하지 아니한다.

제11조【청각 및 언어 장애인】
듣거나 말하는 데 모두 장애가 있는 사람의 행위에 대해서는 형을 감경한다.

제4절 누범

제35조【누범】
① 금고(禁錮) 이상의 형을 선고받아 그 집행이 종료되거나 면제된 후 3년 내에 금고 이상에 해당하는 죄를 지은 사람은 누범(累犯)으로 처벌한다.

② 누범의 형은 그 죄에 대하여 정한 형의 장기(長期)의 2배까지 가중한다.

제36조 【판결선고 후의 누범발각】

판결선고 후 누범인 것이 발각된 때에는 그 선고한 형을 통산하여 다시 형을 정할 수 있다. 단, 선고한 형의 집행을 종료하거나 그 집행이 면제된 후에는 예외로 한다.

제3장 │ 형

제1절 형의 종류와 경중

제41조 【형의 종류】

형의 종류는 다음과 같다.

1. 사형
2. 징역
3. 금고
4. 자격상실
5. 자격정지
6. 벌금
7. 구류
8. 과료
9. 몰수

제42조 【징역 또는 금고의 기간】

징역 또는 금고는 무기 또는 유기로 하고 유기는 1개월 이상 30년 이하로 한다. 단, 유기징역 또는 유기금고에 대하여 형을 가중하는 때에는 50년까지로 한다.

제43조 【형의 선고와 자격상실, 자격정지】

① 사형, 무기징역 또는 무기금고의 판결을 받은 자는 다음에 기재한 자격을 상실한다.
   1. 공무원이 되는 자격
   2. 공법상의 선거권과 피선거권
   3. 법률로 요건을 정한 공법상의 업무에 관한 자격
   4. 법인의 이사, 감사 또는 지배인 기타 법인의 업무에 관한 검사역이나 재산관리인이 되는 자격

② 유기징역 또는 유기금고의 판결을 받은 자는 그 형의 집행이 종료하거나 면제될 때까지 전항 제1호 내지 제3호에 기재된 자격이 정지된다. 다만, 다른 법률에 특별한 규정이 있는 경우에는 그 법률에 따른다.

제44조【자격정지】
① 전조에 기재한 자격의 전부 또는 일부에 대한 정지는 1년 이상 15년 이하로 한다.
② 유기징역 또는 유기금고에 자격정지를 병과한 때에는 징역 또는 금고의 집행을 종료하거나 면제된 날로부터 정지기간을 기산한다.

제45조【벌금】★
벌금은 5만원 이상으로 한다. 다만, 감경하는 경우에는 5만원 미만으로 할 수 있다.

제46조【구류】
구류는 1일 이상 30일 미만으로 한다.

제47조【과료】
과료는 2천원 이상 5만원 미만으로 한다.

제48조【몰수의 대상과 추징】
① 범인이외의 자의 소유에 속하지 아니하거나 범죄 후 범인이외의 자가 정을 알면서 취득한 다음 기재의 물건은 전부 또는 일부를 몰수할 수 있다.
  1. 범죄행위에 제공하였거나 제공하려고 한 물건
  2. 범죄행위로 인하여 생겼거나 취득한 물건
  3. 제1호 또는 제2호의 대가로 취득한 물건
② 제1항 각 호의 물건을 몰수할 수 없을 때에는 그 가액(價額)을 추징한다.
③ 문서, 도화(圖畵), 전자기록(電磁記錄) 등 특수매체기록 또는 유가증권의 일부가 몰수의 대상이 된 경우에는 그 부분을 폐기한다.

관련판례

형법 제48조 소정의 "취득"의 의미

형벌법규의 해석은 엄격하여야 하고 명문규정의 의미를 피고인에게 불리한 방향으로 지나치게 확장해석하거나 유추해석하는 것은 죄형법정주의의 원칙에 어긋나는 것으로서 허용되지 아니한다. 형법 제48조가 규정하는 몰수·추징의 대상은 범인이 범죄행위로 인하여 취득한 물건을 뜻하고, 여기서 '취득'이란 해당 범죄행위로 인하여 결과적으로 이를 취득한 때를 말한다고 제한적으로 해석함이 타당하다(대법원 2021.7.21. 2020도10970).

제49조【몰수의 부가성】 ★

몰수는 타형에 부가하여 과한다. 단, 행위자에게 유죄의 재판을 아니할 때에도 몰수의 요건이 있는 때에는 몰수만을 선고할 수 있다.

제50조【형의 경중】

① 형의 경중은 제41조 각 호의 순서에 따른다. 다만, 무기금고와 유기징역은 무기금고를 무거운 것으로 하고 유기금고의 장기가 유기징역의 장기를 초과하는 때에는 유기금고를 무거운 것으로 한다.
② 같은 종류의 형은 장기가 긴 것과 다액이 많은 것을 무거운 것으로 하고 장기 또는 다액이 같은 경우에는 단기가 긴 것과 소액이 많은 것을 무거운 것으로 한다.
③ 제1항 및 제2항을 제외하고는 죄질과 범정(犯情)을 고려하여 경중을 정한다.

제2절 형의 양정

제51조【양형의 조건】 ★

형을 정함에 있어서는 다음 사항을 참작하여야 한다.
1. 범인의 연령, 성행, 지능과 환경
2. 피해자에 대한 관계
3. 범행의 동기, 수단과 결과
4. 범행 후의 정황

제52조【자수, 자복】

① 죄를 지은 후 수사기관에 자수한 경우에는 형을 감경하거나 면제할 수 있다.

---

② 피해자의 의사에 반하여 처벌할 수 없는 범죄의 경우에는 피해자에게 죄를 자복(自服)하였을 때에도 형을 감경하거나 면제할 수 있다.

제53조【정상참작감경】
범죄의 정상(情狀)에 참작할 만한 사유가 있는 경우에는 그 형을 감경할 수 있다.

제54조【선택형과 정상참작감경】
한 개의 죄에 정한 형이 여러 종류인 때에는 먼저 적용할 형을 정하고 그 형을 감경한다.

제55조【법률상의 감경】
① 법률상의 감경은 다음과 같다.
　1. 사형을 감경할 때에는 무기 또는 20년 이상 50년 이하의 징역 또는 금고로 한다.
　2. 무기징역 또는 무기금고를 감경할 때에는 10년 이상 50년 이하의 징역 또는 금고로 한다.
　3. 유기징역 또는 유기금고를 감경할 때에는 그 형기의 2분의 1로 한다.
　4. 자격상실을 감경할 때에는 7년 이상의 자격정지로 한다.
　5. 자격정지를 감경할 때에는 그 형기의 2분의 1로 한다.
　6. 벌금을 감경할 때에는 그 다액의 2분의 1로 한다.
　7. 구류를 감경할 때에는 그 장기의 2분의 1로 한다.
　8. 과료를 감경할 때에는 그 다액의 2분의 1로 한다.
② 법률상 감경할 사유가 수개 있는 때에는 거듭 감경할 수 있다.

제56조【가중ㆍ감경의 순서】
형을 가중ㆍ감경할 사유가 경합하는 경우에는 다음 각 호의 순서에 따른다.
1. 각칙 조문에 따른 가중　　　　2. 제34조 제2항에 따른 가중
3. 누범 가중　　　　　　　　　4. 법률상 감경
5. 경합범 가중　　　　　　　　6. 정상참작감경

제57조【판결선고 전 구금일수의 통산】
① 판결선고 전의 구금일수는 그 전부를 유기징역, 유기금고, 벌금이나 과료에 관한 유치 또는 구류에 산입한다.

② 전항의 경우에는 구금일수의 1일은 징역, 금고, 벌금이나 과료에 관한 유치 또는 구류의 기간의 1일로 계산한다.

제58조【판결의 공시】
① 피해자의 이익을 위하여 필요하다고 인정할 때에는 피해자의 청구가 있는 경우에 한하여 피고인의 부담으로 판결공시의 취지를 선고할 수 있다.
② 피고사건에 대하여 무죄의 판결을 선고하는 경우에는 무죄판결공시의 취지를 선고하여야 한다. 다만, 무죄판결을 받은 피고인이 무죄판결공시 취지의 선고에 동의하지 아니하거나 피고인의 동의를 받을 수 없는 경우에는 그러하지 아니하다.
③ 피고사건에 대하여 면소의 판결을 선고하는 경우에는 면소판결공시의 취지를 선고할 수 있다.

제3절 형의 선고유예

제59조【선고유예의 요건】★★
① 1년 이하의 징역이나 금고, 자격정지 또는 벌금의 형을 선고할 경우에 제51조의 사항을 고려하여 뉘우치는 정상이 뚜렷할 때에는 그 형의 선고를 유예할 수 있다. 다만, 자격정지 이상의 형을 받은 전과가 있는 사람에 대해서는 예외로 한다.
② 형을 병과할 경우에도 형의 전부 또는 일부에 대하여 선고를 유예할 수 있다.

제59조의2【보호관찰】★
① 형의 선고를 유예하는 경우에 재범방지를 위하여 지도 및 원호가 필요한 때에는 보호관찰을 받을 것을 명할 수 있다.
② 제1항의 규정에 의한 보호관찰의 기간은 1년으로 한다.

제60조【선고유예의 효과】★
형의 선고유예를 받은 날로부터 2년을 경과한 때에는 면소된 것으로 간주한다.

제61조【선고유예의 실효】★
① 형의 선고유예를 받은 자가 유예기간 중 자격정지 이상의 형에 처한 판결이 확정되거나 자격

정지 이상의 형에 처한 전과가 발견된 때에는 유예한 형을 선고한다.

② 제59조의2의 규정에 의하여 보호관찰을 명한 선고유예를 받은 자가 보호관찰기간 중에 준수 사항을 위반하고 그 정도가 무거운 때에는 유예한 형을 선고할 수 있다.

제4절 형의 집행유예

제62조 【집행유예의 요건】★★

① 3년 이하의 징역이나 금고 또는 500만원 이하의 벌금의 형을 선고할 경우에 제51조의 사항을 참작하여 그 정상에 참작할 만한 사유가 있는 때에는 1년 이상 5년 이하의 기간 형의 집행을 유예할 수 있다. 다만, 금고 이상의 형을 선고한 판결이 확정된 때부터 그 집행을 종료하거나 면제된 후 3년까지의 기간에 범한 죄에 대하여 형을 선고하는 경우에는 그러하지 아니하다.

② 형을 병과할 경우에는 그 형의 일부에 대하여 집행을 유예할 수 있다.

제62조의2 【보호관찰, 사회봉사·수강명령】★

① 형의 집행을 유예하는 경우에는 보호관찰을 받을 것을 명하거나 사회봉사 또는 수강을 명할 수 있다.

② 제1항의 규정에 의한 보호관찰의 기간은 집행을 유예한 기간으로 한다. 다만, 법원은 유예기간 의 범위 내에서 보호관찰기간을 정할 수 있다.

③ 사회봉사명령 또는 수강명령은 집행유예기간 내에 이를 집행한다.

제63조 【집행유예의 실효】★

집행유예의 선고를 받은 자가 유예기간 중 고의로 범한 죄로 금고 이상의 실형을 선고받아 그 판결이 확정된 때에는 집행유예의 선고는 효력을 잃는다.

제64조 【집행유예의 취소】★

① 집행유예의 선고를 받은 후 제62조 단행(금고 이상의 형을 선고한 판결이 확정된 때부터 그 집행을 종료하 거나 면제된 후 3년까지의 기간에 범한 죄)의 사유가 발각된 때에는 집행유예의 선고를 취소한다.

② 제62조의2(보호관찰, 사회봉사·수강명령)의 규정에 의하여 보호관찰이나 사회봉사 또는 수강을 명한 집행유예를 받은 자가 준수사항이나 명령을 위반하고 그 정도가 무거운 때에는 집행유예 의 선고를 취소할 수 있다.

제65조【집행유예의 효과】★

집행유예의 선고를 받은 후 그 선고의 실효 또는 취소됨이 없이 유예기간을 경과한 때에는 형의 선고는 효력을 잃는다.

제5절 형의 집행

제66조【사형】

사형은 교정시설 안에서 교수(絞首)하여 집행한다.

제67조【징역】

징역은 교정시설에 수용하여 집행하며, 정해진 노역(勞役)에 복무하게 한다.

제68조【금고와 구류】

금고와 구류는 교정시설에 수용하여 집행한다.

제69조【벌금과 과료】★

① 벌금과 과료는 판결확정일로부터 30일내에 납입하여야 한다. 단, 벌금을 선고할 때에는 동시에 그 금액을 완납할 때까지 노역장에 유치할 것을 명할 수 있다.
② 벌금을 납입하지 아니한 자는 1일 이상 3년 이하, 과료를 납입하지 아니한 자는 1일 이상 30일 미만의 기간 노역장에 유치하여 작업에 복무하게 한다.

제70조【노역장 유치】★

① 벌금이나 과료를 선고할 때에는 이를 납입하지 아니하는 경우의 노역장 유치기간을 정하여 동시에 선고하여야 한다.
② 선고하는 벌금이 1억원 이상 5억원 미만인 경우에는 300일 이상, 5억원 이상 50억원 미만인 경우에는 500일 이상, 50억원 이상인 경우에는 1천일 이상의 노역장 유치기간을 정하여야 한다.

제71조 【유치일수의 공제】

벌금이나 과료의 선고를 받은 사람이 그 금액의 일부를 납입한 경우에는 벌금 또는 과료액과 노역장 유치기간의 일수(日數)에 비례하여 납입금액에 해당하는 일수를 뺀다.

제6절 가석방

제72조 【가석방의 요건】 ★★

① 징역이나 금고의 집행 중에 있는 사람이 행상(行狀)이 양호하여 뉘우침이 뚜렷한 때에는 무기형은 20년, 유기형은 형기의 3분의 1이 지난 후 행정처분으로 가석방을 할 수 있다.

② 제1항의 경우에 벌금이나 과료가 병과되어 있는 때에는 그 금액을 완납하여야 한다.

제73조 【판결선고 전 구금과 가석방】

① 형기에 산입된 판결선고 전 구금일수는 가석방을 하는 경우 집행한 기간에 산입한다.

② 제72조 제2항의 경우에 벌금이나 과료에 관한 노역장 유치기간에 산입된 판결선고 전 구금일수는 그에 해당하는 금액이 납입된 것으로 본다.

제73조의2 【가석방의 기간 및 보호관찰】 ★

① 가석방의 기간은 무기형에 있어서는 10년으로 하고, 유기형에 있어서는 남은 형기로 하되, 그 기간은 10년을 초과할 수 없다.

② 가석방된 자는 가석방기간 중 보호관찰을 받는다. 다만, 가석방을 허가한 행정관청이 필요가 없다고 인정한 때에는 그러하지 아니하다.

제74조 【가석방의 실효】 ★

가석방 기간 중 고의로 지은 죄로 금고 이상의 형을 선고받아 그 판결이 확정된 경우에 가석방처분은 효력을 잃는다.

제75조 【가석방의 취소】 ★

가석방의 처분을 받은 자가 감시에 관한 규칙을 위배하거나, 보호관찰의 준수사항을 위반하고 그 정도가 무거운 때에는 가석방처분을 취소할 수 있다.

제76조 【가석방의 효과】 ★

① 가석방의 처분을 받은 후 그 처분이 실효 또는 취소되지 아니하고 가석방기간을 경과한 때에는 형의 집행을 종료한 것으로 본다.
② 전2조의 경우에는 가석방중의 일수는 형기에 산입하지 아니한다.

제7절 형의 시효

제77조 【형의 시효의 효과】 ★

형을 선고받은 사람에 대해서는 시효가 완성되면 그 집행이 면제된다.

제78조 【형의 시효의 기간】 ★

시효는 형을 선고하는 재판이 확정된 후 그 집행을 받지 아니하고 다음 각 호의 구분에 따른 기간이 지나면 완성된다.
1. 사형 : 30년
2. 무기의 징역 또는 금고 : 20년
3. 10년 이상의 징역 또는 금고 : 15년
4. 3년 이상의 징역이나 금고 또는 10년 이상의 자격정지 : 10년
5. 3년 미만의 징역이나 금고 또는 5년 이상의 자격정지 : 7년
6. 5년 미만의 자격정지, 벌금, 몰수 또는 추징 : 5년
7. 구류 또는 과료 : 1년

제79조 【시효의 정지】

① 시효는 형의 집행의 유예나 정지 또는 가석방 기타 집행할 수 없는 기간은 진행되지 아니한다.
② 시효는 형이 확정된 후 그 형의 집행을 받지 아니한 자가 형의 집행을 면할 목적으로 국외에 있는 기간 동안은 진행되지 아니한다.

제80조 【시효의 중단】

시효는 사형, 징역, 금고와 구류에 있어서는 수형자를 체포함으로, 벌금, 과료, 몰수와 추징에 있어서는 강제처분을 개시함으로 인하여 중단된다.

제8절 형의 소멸

제81조【형의 실효】★

징역 또는 금고의 집행을 종료하거나 집행이 면제된 자가 피해자의 손해를 보상하고 자격정지 이상의 형을 받음이 없이 7년을 경과한 때에는 본인 또는 검사의 신청에 의하여 그 재판의 실효를 선고할 수 있다.

제82조【복권】

자격정지의 선고를 받은 자가 피해자의 손해를 보상하고 자격정지 이상의 형을 받음이 없이 정지기간의 2분의 1을 경과한 때에는 본인 또는 검사의 신청에 의하여 자격의 회복을 선고할 수 있다.

제4장 | 기간

제83조【기간의 계산】

연(年) 또는 월(月)로 정한 기간은 연 또는 월 단위로 계산한다.

제84조【형기의 기산】

① 형기는 판결이 확정된 날로부터 기산한다.
② 징역, 금고, 구류와 유치에 있어서는 구속되지 아니한 일수는 형기에 산입하지 아니한다.

제85조【형의 집행과 시효기간의 초일】

형의 집행과 시효기간의 초일은 시간을 계산함이 없이 1일로 산정한다.

제86조【석방일】★

석방은 형기종료일에 하여야 한다.

04 전자장치 부착 등에 관한 법률

• 법 2024.1.12. 시행 | **시행령** 2021.9.14. 시행

참고 **부착명령과 부착집행 비교**

구분	판결선고에 의한 부착명령 집행	가석방 및 가종료자 등의 부착집행(부착명령을 선고받지 아니한 특정범죄자)	집행유예 시 부착명령 집행
대상	• 성폭력범죄자(임의적) • 미성년자 대상 유괴범죄자, 살인범죄자(초범은 임의적, 재범 이상은 필요적) • 강도범죄자(임의적) • 스토킹범죄자(임의적)	• 보호관찰조건부 가석방(필요적) • 보호관찰조건부 가종료·치료위탁·가출소(임의적)	특정범죄자로 집행유예 시 보호관찰대상자(임의적)
처분 기관	법원의 부착명령판결	관련 위원회 등의 결정	법원의 부착명령판결
기간	1. 법정형의 상한이 사형 또는 무기징역인 특정범죄 : 10년 이상 30년 이하 2. 법정형 중 징역형의 하한이 3년 이상의 유기징역인 특정범죄(1.에 해당하는 특정범죄는 제외) : 3년 이상 20년 이하 3. 법정형 중 징역형의 하한이 3년 미만의 유기징역인 특정범죄(1. 또는 2.에 해당하는 특정범죄는 제외) : 1년 이상 10년 이하	보호관찰기간의 범위에서 기간을 정하여	집행유예 시의 보호관찰기간의 범위 내에서 기간을 정하여
집행 권자	검사의 지휘를 받아 보호관찰관이 집행	보호관찰관	검사의 지휘를 받아 보호관찰관이 집행
집행 개시 시점	특정범죄사건에 대한 형의 집행이 종료되거나 면제·가석방되는 날 또는 치료감호의 집행이 종료·가종료되는 날 석방 직전에 피부착명령자의 신체에 전자장치를 부탁함으로써 집행한다. 다만, 부착명령의 원인이 된 특	1. 가석방되는 날 2. 가종료 또는 치료위탁되거나 가출소되는 날. 다만, 치료감호와 형이 병과된 가종료자의 경우, 집행할 잔여형기가 있는 때에는 그 형의 집행이 종료되거나 면제되는 날 부착한다.	전자장치를 부착하라는 법원의 판결이 확정된 때부터 집행

집행 개시 시점	정범죄사건이 아닌 다른 범죄사건으로 형이나 치료감호의 집행이 계속될 경우에 는 부착명령의 원인이 된 특정범죄사건이 아닌 다른 범죄사건에 대한 형의 집행이 종료되거나 면제·가석방되는 날 또는 치료감호의 집행이 종료·가종료되는 날	–	–
종료 사유	1. 부착명령기간이 경과 시 2. 부착명령과 함께 선고한 형이 사면되어 그 선고의 효력을 상실 시 3. 부착명령이 임시해제된 자가 그 가해제가 취소됨이 없이 잔여 부착명령기간을 경과 시	1. 가석방기간이 경과하거나 가석방이 실효 또는 취소된 때 2. 가종료자등의 부착기간이 경과하거나 보호관찰이 종료된 때 3. 가석방된 형이 사면되어 형의 선고의 효력을 상실하게 된 때	1. 부착명령기간이 경과한 때 2. 집행유예가 실효 또는 취소된 때 3. 집행유예된 형이 사면되어 형의 선고의 효력을 상실하게 된 때

[기타 주요 내용]

1. **검사의 청구** : 항소심 변론종결 시까지 하여야 한다.
2. 특정범죄사건에 대하여 판결의 확정 없이 공소가 제기된 때부터 15년이 경과한 경우에는 부착명령을 청구할 수 없다.
3. **주거이전 등 허가** : 피부착자는 주거를 이전하거나 7일 이상의 국내여행을 하거나 출국할 때에는 미리 보호관찰관의 허가를 받아야 한다.
4. **임시해제신청** : 집행이 개시된 날부터 3개월이 경과한 후에 신청이 기각된 경우에는 기각된 날부터 3개월이 경과한 후에 다시 신청 할 수 있다.
5. 준수사항 위반 등 위반 시 1년 범위 내 연장 가능
6. 19세 미만에 대한 선고는 가능하나, 부착은 19세부터 가능하다.
7. 19세 미만의 사람에 대하여 특정범죄를 저지른 경우 부착기간 하한의 2배 가중가능
8. **보석과 전자장치 부착**
   • 법원은 보석조건으로 피고인에게 전자장치 부착을 명할 수 있음
   • 보호관찰소의 장은 피고인의 보석조건 이행 상황을 법원에 정기적으로 통지
   • 보호관찰소의 장은 피고인이 전자장치 부착명령을 위반한 경우 및 보석조건을 위반하였음을 확인한 경우에는, 지체 없이 법원과 검사에게 통지
   • 구속영장의 효력이 소멸한 경우, 보석이 취소된 경우, 보석조건이 변경되어 전자장치를 부착할 필요가 없게 되는 경우엔 전자장치의 부착이 종료됨

제1장 | 총칙

제1조 【목적】

이 법은 수사·재판·집행 등 형사사법 절차에서 전자장치를 효율적으로 활용하여 불구속재판을 확대하고, 범죄인의 사회복귀를 촉진하며, 범죄로부터 국민을 보호함을 목적으로 한다.

제2조 【정의】 ★

이 법에서 사용하는 용어의 정의는 다음과 같다. <2024.1.12. 시행예정>

특정범죄	성폭력범죄, 미성년자 대상 유괴범죄, 살인범죄, 강도범죄 및 스토킹범죄
성폭력범죄	가. 「형법」 제2편 제32장 강간과 추행의 죄 중 제297조(강간)·제297조의2(유사강간)·제298조(강제추행)·제299조(준강간, 준강제추행)·제300조(미수범)·제301조(강간 등 상해·치상)·제301조의2(강간 등 살인·치사)·제302조(미성년자등에 대한 간음)·제303조(업무상위력 등에 의한 간음)·제305조(미성년자에 대한 간음, 추행)·제305조의2(상습범), 제2편 제38장 절도와 강도의 죄 중 제339조(강도강간)·제340조(해상강도) 제3항(사람을 강간한 죄만을 말한다) 및 제342조(미수범)의 죄(제339조 및 제340조 제3항 중 사람을 강간한 죄의 미수범만을 말한다) 나. 「성폭력범죄의 처벌 등에 관한 특례법」 제3조(특수강도강간 등)부터 제10조(업무상 위력 등에 의한 추행)까지의 죄 및 제15조(미수범)의 죄(제3조부터 제9조까지의 미수범만을 말한다) 다. 「아동·청소년의 성보호에 관한 법률」 제7조(아동·청소년에 대한 강간·강제추행 등)·제8조(장애인인 아동·청소년에 대한 간음 등)·제9조(강간 등 상해·치상) 및 제10조(강간 등 살인·치사)의 죄 라. 가목부터 다목까지의 죄로서 다른 법률에 따라 가중 처벌되는 죄
미성년자 대상 유괴범죄	가. 미성년자에 대한 「형법」 제287조부터 제292조까지, 제294조, 제296조, 제324조의2 및 제336조의 죄 나. 미성년자에 대한 「특정범죄가중처벌 등에 관한 법률」 제5조의2(약취·유인죄의 가중처벌)의 죄 다. 가목과 나목의 죄로서 다른 법률에 따라 가중 처벌되는 죄
살인범죄	가. 「형법」 제2편 제1장 내란의 죄 중 제88조(내란목적의 살인)·제89조(미수범)의 죄(제88조의 미수범만을 말한다), 제2편 제24장 살인의 죄 중 제250조(살인, 존속살해)·제251조(영아살해)·제252조(촉탁, 승낙에 의한 살인 등)·제253조(위계 등에 의한 촉탁살인 등)·제254조(미수범)·제255조(예비, 음모), 제2편 제32장 강간과 추행의 죄 중 제301조의2(강간 등 살인·치사) 전단, 제2편 제37장 권리행사를 방해하는 죄 중 제324조의4(인질살해·치사) 전단·제324조의5(미수범)의 죄(제324조의4 전단의 미수범만을 말한다), 제2편 제38장 절도와 강도의 죄 중 제338조(강도살인·치사) 전단·제340조(해상강도) 제3항(사람을 살해한 죄만을 말한다) 및 제342조(미수범)의 죄(제338조 전단 및 제340조 제3항 중 사람을 살해한 죄의 미수범만을 말한다) 나. 「성폭력범죄의 처벌 등에 관한 특례법」 제9조(강간 등 살인·치사)제1항의 죄 및 제15조(미수범)의 죄(제9조 제1항의 미수범만을 말한다)

살인범죄	다. 「아동·청소년의 성보호에 관한 법률」 제10조(강간 등 살인·치사)제1항의 죄 라. 「특정범죄 가중처벌 등에 관한 법률」 제5조의2(약취·유인죄의 가중처벌)제2항 제2호의 죄 및 같은 조 제6항의 죄(같은 조 제2항 제2호의 미수범만을 말한다) 마. 가목부터 라목까지의 죄로서 다른 법률에 따라 가중처벌 되는 죄
강도범죄	가. 「형법」 제2편 제38장 절도와 강도의 죄 중 제333조(강도)·제334조(특수강도)·제335조(준강도)·제336조(인질강도)·제337조(강도상해, 치상)·제338조(강도살인·치사)·제339조(강도강간)·제340조(해상강도)·제341조(상습범)·제342조(미수범)의 죄(제333조부터 제341조까지의 미수범만을 말한다) 및 제343조(예비, 음모)의 죄 나. 「성폭력범죄의 처벌 등에 관한 특례법」 제3조(특수강도강간 등)제2항 및 제15조(미수범)의 죄(제3조 제2항의 미수범만을 말한다) 다. 가목과 나목의 죄로서 다른 법률에 따라 가중처벌 되는 죄
스토킹범죄	「스토킹범죄의 처벌 등에 관한 법률」 제18조 제1항 및 제2항의 죄
위치추적 전자장치	전자파를 발신하고 추적하는 원리를 이용하여 위치를 확인하거나 이동경로를 탐지하는 일련의 기계적 설비로서 대통령령으로 정하는 것

🔖 **시행령**

제2조【위치추적 전자장치의 구성】
「전자장치 부착 등에 관한 법률」(이하 "법"이라 한다) 제2조 제4호에 따른 위치추적 전자장치(이하 "전자장치"라 한다)는 다음 각 호로 구성한다.

1. 휴대용 추적장치 : 전자장치가 부착된 사람(이하 "피부착자"라 한다)이 휴대하는 것으로서 피부착자의 위치를 확인하는 장치
2. 재택(在宅) 감독장치 : 피부착자의 주거지에 설치하여 피부착자의 위치를 확인하는 장치
3. 부착장치 : 피부착자의 신체에 부착하는 장치로서, 휴대용 추적장치와 재택 감독장치에 전자파를 송신하거나 피부착자의 위치를 확인하는 장치

제3조
삭제 <2021.9.14.>

제3조【국가의 책무】
국가는 이 법의 집행과정에서 국민의 인권이 부당하게 침해되지 아니하도록 주의하여야 한다.

제4조【적용범위】 ★★
만 19세 미만의 자에 대하여 부착명령을 선고한 때에는 19세에 이르기까지 이 법에 따른 전자장치를 부착할 수 없다.

제2장 | 형 집행 종료 후의 전자장치 부착

제5조 【전자장치 부착명령의 청구】 ★★

① 검사는 다음 각 호의 어느 하나에 해당하고, 성폭력범죄를 다시 범할 위험성이 있다고 인정되는 사람에 대하여 전자장치를 부착하도록 하는 명령(이하 "부착명령"이라 한다)을 법원에 청구할 수 있다(임의적 청구).

1. 성폭력범죄로 징역형의 실형을 선고받은 사람이 그 집행을 종료한 후 또는 집행이 면제된 후 10년 이내에 성폭력범죄를 저지른 때
2. 성폭력범죄로 이 법에 따른 전자장치를 부착 받은 전력이 있는 사람이 다시 성폭력범죄를 저지른 때
3. 성폭력범죄를 2회 이상 범하여(유죄의 확정판결을 받은 경우를 포함한다) 그 습벽이 인정된 때
4. 19세 미만의 사람에 대하여 성폭력범죄를 저지른 때
5. 신체적 또는 정신적 장애가 있는 사람에 대하여 성폭력범죄를 저지른 때

② 검사는 미성년자 대상 유괴범죄를 저지른 사람으로서 미성년자 대상 유괴범죄를 다시 범할 위험성이 있다고 인정되는 사람에 대하여 부착명령을 법원에 청구할 수 있다(임의적 청구). 다만, 유괴범죄로 징역형의 실형 이상의 형을 선고받아 그 집행이 종료 또는 면제된 후 다시 유괴범죄를 저지른 경우에는 부착명령을 청구하여야 한다(필요적 청구).

③ 검사는 살인범죄를 저지른 사람으로서 살인범죄를 다시 범할 위험성이 있다고 인정되는 사람에 대하여 부착명령을 법원에 청구할 수 있다(임의적 청구). 다만, 살인범죄로 징역형의 실형 이상의 형을 선고받아 그 집행이 종료 또는 면제된 후 다시 살인범죄를 저지른 경우에는 부착명령을 청구하여야 한다(필요적 청구).

④ 검사는 다음 각 호의 어느 하나에 해당하고 강도범죄를 다시 범할 위험성이 있다고 인정되는 사람에 대하여 부착명령을 법원에 청구할 수 있다(임의적 청구).

1. 강도범죄로 징역형의 실형을 선고받은 사람이 그 집행을 종료한 후 또는 집행이 면제된 후 10년 이내에 다시 강도범죄를 저지른 때
2. 강도범죄로 이 법에 따른 전자장치를 부착하였던 전력이 있는 사람이 다시 강도범죄를 저지른 때
3. 강도범죄를 2회 이상 범하여(유죄의 확정판결을 받은 경우를 포함한다) 그 습벽이 인정된 때

⑤ 검사는 다음 각 호의 어느 하나에 해당하고 스토킹범죄를 다시 범할 위험성이 있다고 인정되는 사람에 대하여 부착명령을 법원에 청구할 수 있다. <2024.1.12. 시행예정>

1. 스토킹범죄로 징역형의 실형을 선고받은 사람이 그 집행을 종료한 후 또는 집행이 면제된 후 10년 이내에 다시 스토킹범죄를 저지른 때
2. 스토킹범죄로 이 법에 따른 전자장치를 부착하였던 전력이 있는 사람이 다시 스토킹범죄를 저지른 때

3. 스토킹범죄를 2회 이상 범하여(유죄의 확정판결을 받은 경우를 포함한다) 그 습벽이 인정된 때

⑥ 제1항부터 제5항까지의 규정에 따른 부착명령의 청구는 공소가 제기된 특정범죄사건의 항소심 변론종결 시까지 하여야 한다.

⑦ 법원은 공소가 제기된 특정범죄사건을 심리한 결과 부착명령을 선고할 필요가 있다고 인정하는 때에는 검사에게 부착명령의 청구를 요구할 수 있다.

⑧ 제1항부터 제5항까지의 규정에 따른 특정범죄사건에 대하여 판결의 확정 없이 공소가 제기된 때부터 15년이 경과한 경우에는 부착명령을 청구할 수 없다.

관련판례

[1] 특정 범죄자에 대한 위치추적 전자장치 부착 등에 관한 법률에 의한 '전자감시제도'의 법적 성격
특정 범죄자에 대한 위치추적 전자장치 부착 등에 관한 법률에 의한 성폭력범죄자에 대한 전자감시제도는, 성폭력범죄자의 재범방지와 성행교정을 통한 재사회화를 위하여 그의 행적을 추적하여 위치를 확인할 수 있는 전자장치를 신체에 부착하게 하는 부가적인 조치를 취함으로써 성폭력범죄로부터 국민을 보호함을 목적으로 하는 일종의 보안처분이다. 이러한 전자감시제도의 목적과 성격, 운영에 관한 법률의 규정 내용 및 취지 등을 종합해 보면, 전자감시제도는 범죄행위를 한 자에 대한 응보를 주된 목적으로 책임을 추궁하는 사후적 처분인 형벌과 구별되어 본질을 달리한다(대법원 2011.7.28. 2011도5813).

[2] 치료감호와 부착명령을 함께 선고할 경우, 부착명령 요건으로서 '재범의 위험성' 판단방법
치료감호와 부착명령이 함께 선고된 경우에는 특정 범죄자에 대한 위치추적 전자장치 부착 등에 관한 법률 제13조 제1항에 따라 치료감호의 집행이 종료 또는 가종료 되는 날 부착명령이 집행되고, 치료감호는 심신장애 상태 등에서 범죄행위를 한 자로서 재범의 위험성이 있고 특수한 교육·개선 및 치료가 필요하다고 인정되는 자에 대하여 적절한 보호와 치료를 함으로써 재범을 방지하고 사회복귀를 촉진하는 것을 목적으로 하며, 치료감호법에 규정된 수용기간을 한도로 치료감호를 받을 필요가 없을 때 종료되는 사정들을 감안하면, 법원이 치료감호와 부착명령을 함께 선고할 경우에는 치료감호의 요건으로서 재범의 위험성과는 별도로, 치료감호를 통한 치료 경과에도 불구하고 부착명령의 요건으로서 재범의 위험성이 인정되는지를 따져보아야 하고, 치료감호 원인이 된 심신장애 등의 종류와 정도 및 치료 가능성, 피부착명령청구자의 치료의지 및 주위 환경 등 치료감호 종료 후에 재범의 위험성을 달리 볼 특별한 사정이 있는 경우에는 치료감호를 위한 재범의 위험성이 인정된다 하여 부착명령을 위한 재범의 위험성도 인정된다고 섣불리 단정하여서는 안 된다(대법원 2012.5.10. 2012도2289).

[3] '특정 범죄자에 대한 위치추적 전자장치 부착 등에 관한 법률' 제5조 제1항 제3호에서 부착명령청구 요건으로 정한 '성폭력범죄를 2회 이상 범하여(유죄의 확정판결을 받은 경우를 포함한다)'에 '소년보호처분을 받은 전력'이 포함되는지 여부(소극)
특정 범죄자에 대한 위치추적 전자장치 부착 등에 관한 법률'제5조 제1항 제3호는 검사가 전자장치 부착명령을 법원에 청구할 수 있는 경우 중의 하나로 '성폭력범죄를 2회 이상 범하여(유죄의 확정판결을 받은 경우를 포함한다) 그 습벽이 인정된 때'라고 규정하고 있는데, 이 규정 전단은 문언상 '유죄의

확정판결을 받은 전과사실을 포함하여 성폭력범죄를 2회 이상 범한 경우'를 의미한다고 해석된다. 따라서 피부착명령청구자가 소년법에 의한 보호처분(소년보호처분)을 받은 전력이 있다고 하더라도, 이는 유죄의 확정판결을 받은 경우에 해당하지 아니함이 명백하므로, 피부착명령청구자가 2회 이상 성폭력범죄를 범하였는지를 판단할 때 소년보호처분을 받은 전력을 고려할 것이 아니다(대법원 2012.3.22. 2011도15057).

[4] '특정 범죄자에 대한 위치추적 전자장치 부착 등에 관한 법률' 제5조 제1항에서 정한 성폭력범죄의 '재범의 위험성' 의미 및 위험성 유무를 판단하는 기준

특정 범죄자에 대한 위치추적 전자장치 부착 등에 관한 법률 제5조 제1항에 정한 성폭력범죄의 재범의 위험성이라 함은 재범할 가능성만으로는 부족하고 피부착명령청구자가 장래에 다시 성폭력범죄를 범하여 법적 평온을 깨뜨릴 상당한 개연성이 있음을 의미하며, 성폭력범죄의 재범의 위험성 유무는 피부착명령청구자의 직업과 환경, 당해 범행 이전의 행적, 그 범행의 동기·수단, 범행 후의 정황, 개전의 정 등 여러 사정을 종합적으로 평가하여 객관적으로 판단하여야 한다(대법원 2011.9.29. 2011전도82).

[5] '특정 범죄자에 대한 위치추적 전자장치 부착 등에 관한 법률' 제5조 제1항 제3호에서 정한 성폭력범죄의 '습벽'의 의미 및 습벽 유무를 판단하는 기준

법 제5조 제1항 제3호에 정한 '성폭력범죄의 습벽'은 범죄자의 어떤 버릇, 범죄의 경향을 의미하는 것으로서 행위의 본질을 이루는 성질이 아니고 행위자의 특성을 이루는 성질을 의미하는 것이므로, 습벽의 유무는 행위자의 연령·성격·직업·환경·전과, 범행의 동기·수단·방법 및 장소, 전에 범한 범죄와의 시간적 간격, 그 범행의 내용과 유사성 등 여러 사정을 종합하여 판단하여야 한다(대법원 2011.9.29. 2011전도82).

[6] 전자장치 부착 등에 관한 법률 제5조 제3항 및 제21조2 제3호에 규정된 '살인범죄를 다시 범할 위험성'의 의미 / 살인범죄의 재범의 위험성 유무를 판단하는 기준 및 판단의 기준시점(=판결 시)

전자장치 부착 등에 관한 법률에 규정된 '살인범죄를 다시 범할 위험성'이라 함은 재범할 가능성만으로는 부족하고 피부착명령청구자 또는 피보호관찰명령청구자가 장래에 다시 살인범죄를 범하여 법적 평온을 깨뜨릴 상당한 개연성이 있음을 의미한다. 살인범죄의 재범의 위험성 유무는 피부착명령청구자 또는 피보호관찰명령청구자의 직업과 환경, 당해 범행 이전의 행적, 그 범행의 동기, 수단, 범행 후의 정황, 개전의 정 등 여러 사정을 종합적으로 평가하여 객관적으로 판단하여야 하고, 이러한 판단은 장래에 대한 가정적 판단이므로 판결 시를 기준으로 하여야 한다(2018.9.13. 2018도7658).

[7] 부착명령청구사건의 청구원사실은 특정범죄사건의 범죄사실과 일치하여야 하며, 부착명령청구서에 기재하여야 하는 부착명령청구원인사실에는 피고사건의 공소장에 기재된 공소사실뿐만 아니라 재범의 위험성에 관한 사실도 포함된다(대법원 2016.6.23. 2016도3508).

제6조 【조사】

① 검사는 부착명령을 청구하기 위하여 필요하다고 인정하는 때에는 피의자의 주거지 또는 소속 검찰청(지청을 포함한다. 이하 같다) 소재지를 관할하는 보호관찰소(지소를 포함한다. 이하 같다)의 장에게 범죄의 동기, 피해자와의 관계, 심리상태, 재범의 위험성 등 피의자에 관하여 필요한 사항의 조사를 요청할 수 있다.

② 제1항의 요청을 받은 보호관찰소의 장은 조사할 보호관찰관을 지명하여야 한다.

③ 제2항에 따라 지명된 보호관찰관은 지체 없이 필요한 사항을 조사한 후 검사에게 조사보고서를 제출하여야 한다.

④ 검사는 제1항의 요청을 받은 보호관찰소의 장에게 조사진행상황의 보고를 요구할 수 있다.

⑤ 검사는 부착명령을 청구함에 있어서 필요한 경우에는 피의자에 대한 정신감정이나 그 밖에 전문가의 진단 등의 결과를 참고하여야 한다.

📖 시행령

제4조 【조사】

① 검사는 법 제6조 제1항에 따라 보호관찰소(지소를 포함한다. 이하 같다)의 장에게 조사를 요청할 때에는 법 제5조 제1항부터 제4항까지의 규정에 따른 전자장치를 부착하도록 하는 명령(이하 "부착명령"이라 한다)을 청구하는 피의자의 인적사항 및 범죄사실의 요지를 통보하여야 한다. 이 경우 법무부령으로 정하는 참고자료를 보낼 수 있다.

② 보호관찰소의 장은 법 제6조 제1항의 조사를 위하여 교도소 · 소년교도소 · 구치소 · 군교도소의 장, 경찰서장, 치료감호소의 장(이하 "수용기관의 장"이라 한다)에게 협조를 요청을 할 수 있다. 이 경우 수용기관의 장은 특별한 사유가 없으면 협조하여야 한다.

제7조 【부착명령 청구사건의 관할】 ★

① 부착명령 청구사건의 관할은 부착명령 청구사건과 동시에 심리하는 특정범죄사건의 관할에 따른다.

② 부착명령 청구사건의 제1심 재판은 지방법원 합의부(지방법원지원 합의부를 포함한다. 이하 같다)의 관할로 한다.

제8조 【부착명령 청구서의 기재사항 등】

① 부착명령 청구서에는 다음 각 호의 사항을 기재하여야 한다.

  1. 부착명령 청구대상자(이하 "피부착명령청구자"라 한다)의 성명과 그 밖에 피부착명령청구자를 특정할 수 있는 사항
  2. 청구의 원인이 되는 사실
  3. 적용 법조
  4. 그 밖에 대통령령으로 정하는 사항

② 법원은 부착명령 청구가 있는 때에는 지체 없이 부착명령 청구서의 부본을 피부착명령청구자 또는 그의 변호인에게 송부하여야 한다. 이 경우 특정범죄사건에 대한 공소제기와 동시에 부착명령 청구가 있는 때에는 제1회 공판기일 5일 전까지, 특정범죄사건의 심리 중에 부착명령 청구가 있는 때에는 다음 공판기일 5일 전까지 송부하여야 한다.

📖 **시행령**

제5조【부착명령 청구서의 기재사항 및 방식】

① 법 제8조 제1항 제1호에서 "그 밖에 피부착명령청구자를 특정할 수 있는 사항"이란 피부착명령청구자의 주민등록번호, 직업, 주거, 등록기준지를 말하고, 같은 항 제4호에서 "대통령령으로 정하는 사항"이란 피부착명령청구자의 죄명을 말한다.

② 검사가 공소 제기와 동시에 부착명령을 청구할 경우에는 공소장에 부착명령 청구의 원인이 되는 사실과 적용 법조문을 추가하여 적는 것으로 부착명령 청구서를 대신할 수 있다.

제9조【부착명령의 판결 등】 ★

① 법원은 부착명령 청구가 이유 있다고 인정하는 때에는 다음 각 호에 따른 기간의 범위 내에서 부착기간을 정하여 판결로 부착명령을 선고하여야 한다. 다만, 19세 미만의 사람에 대하여 특정범죄를 저지른 경우에는 부착기간 하한을 다음 각 호에 따른 부착기간 하한의 2배로 한다.

법정형의 상한이 사형 또는 무기징역인 특정범죄	10년 이상 30년 이하(20년)
법정형 중 징역형의 하한이 3년 이상의 유기징역인 특정범죄(제1호에 해당하는 특정범죄는 제외한다)	3년 이상 20년 이하(6년)
법정형 중 징역형의 하한이 3년 미만의 유기징역인 특정범죄(제1호 또는 제2호에 해당하는 특정범죄는 제외한다)	1년 이상 10년 이하(2년)

② 여러 개의 특정범죄에 대하여 동시에 부착명령을 선고할 때에는 법정형이 가장 중한 죄의 부착기간 상한의 2분의 1까지 가중하되, 각 죄의 부착기간의 상한을 합산한 기간을 초과할 수 없다. 다만, 하나의 행위가 여러 특정범죄에 해당하는 경우에는 가장 중한 죄의 부착기간을 부착기간으로 한다.

③ 부착명령을 선고받은 사람은 부착기간 동안 「보호관찰 등에 관한 법률」에 따른 보호관찰을 받는다.

④ 법원은 다음 각 호의 어느 하나에 해당하는 때에는 판결로 부착명령 청구를 기각하여야 한다.
  1. 부착명령 청구가 이유 없다고 인정하는 때
  2. 특정범죄사건에 대하여 무죄(심신상실을 이유로 치료감호가 선고된 경우는 제외한다) · 면소 · 공소기각의 판결 또는 결정을 선고하는 때
  3. 특정범죄사건에 대하여 벌금형을 선고하는 때
  4. 특정범죄사건에 대하여 선고유예 또는 집행유예를 선고하는 때(제28조 제1항에 따라 전자장치 부착을 명하는 때를 제외한다)

⑤ 부착명령 청구사건의 판결은 특정범죄사건의 판결과 동시에 선고하여야 한다.

⑥ 부착명령 선고의 판결이유에는 요건으로 되는 사실, 증거의 요지 및 적용 법조를 명시하여야 한다.

⑦ 부착명령의 선고는 특정범죄사건의 양형에 유리하게 참작되어서는 아니 된다.

⑧ 특정범죄사건의 판결에 대하여 상소 및 상소의 포기·취하가 있는 때에는 부착명령 청구사건의 판결에 대하여도 상소 및 상소의 포기·취하가 있는 것으로 본다. 상소권회복 또는 재심의 청구나 비상상고가 있는 때에도 또한 같다.

⑨ 제8항에도 불구하고 검사 또는 피부착명령청구자 및 「형사소송법」 제340조(피고인의 법정대리인)·제341조(피고인의 배우자, 직계친족, 형제자매 또는 원심의 대리인이나 변호인)에 규정된 자는 부착명령에 대하여 독립하여 상소 및 상소의 포기·취하를 할 수 있다. 상소권회복 또는 재심의 청구나 비상상고의 경우에도 또한 같다.

관련판례

[1] 특정 범죄자에 대한 보호관찰 및 전자장치 부착 등에 관한 법률 제9조 제1항 단서에서 정한 위치추적 전자장치 부착기간 하한 가중 규정이 같은 법 시행 전에 19세 미만의 사람에 대하여 특정범죄를 저지른 경우에도 소급적용되는지 여부(소극)

특정 범죄자에 대한 보호관찰 및 전자장치 부착 등에 관한 법률은 제5조 제1항에서 19세 미만의 사람에 대하여 성폭력범죄를 저지른 때(제4호) 또는 신체적 또는 정신적 장애가 있는 사람에 대하여 성폭력범죄를 저지른 때(제5호)에 해당하고 성폭력범죄를 다시 범할 위험성이 있다고 인정되는 사람에 대하여 전자장치 부착명령을 청구할 수 있다고 규정하고, 제9조 제1항 단서에서 '19세 미만의 사람에 대하여 특정범죄를 저지른 경우에는 부착기간 하한을 같은 항 각 호에 따른 부착기간 하한의 2배로 한다'고 규정하여 구 특정 범죄자에 대한 위치추적 전자장치 부착 등에 관한 법률보다 부착명령청구 요건 및 부착기간 하한 가중 요건을 완화·확대하고, 위 법 부칙은 제2조 제2항에서 '제5조 제1항 제4호 및 제5호의 개정규정에 따른 부착명령청구는 이 법 시행 전에 저지른 성폭력범죄에 대하여도 적용한다'고 규정하여 위 법 시행 전에 18세 피해자에 대하여 저지른 성폭력범죄의 처벌 등에 관한 특례법 위반(주거침입강간 등)죄에 위 법 제5조 제1항 제4호를 적용할 수 있게 되었다. 그런데 위 법 부칙은 이와 달리 19세 미만의 사람에 대하여 특정범죄를 저지른 경우 부착기간 하한을 2배 가중하도록 한 위 법 제9조 제1항 단서에 대하여는 소급적용에 관한 명확한 경과규정을 두지 않았는데, 전자장치 부착명령에 관하여 피고인에게 실질적인 불이익을 추가하는 내용의 법 개정이 있고, 그 규정의 소급적용에 관한 명확한 경과규정이 없는 한 그 규정의 소급적용은 이를 부정하는 것이 피고인의 권익 보장이나, 위 법 부칙에서 일부 조항을 특정하여 소급적용에 관한 경과규정을 둔 입법자의 의사에 부합한다(대법원 2013.7.25. 2013도6181).

[2] 특정 범죄자에 대한 위치추적 전자장치 부착 등에 관한 법률 제5조 등 위헌소원

성폭력범죄를 2회 이상 범하여 그 습벽이 인정된 때에 해당하고 성폭력범죄를 다시 범할 위험성이 인정되는 자에 대해 검사의 청구와 법원의 판결로 3년 이상 20년 이하의 기간 동안 전자장치 부착을 명할 수 있도록 한 구'특정 범죄자에 대한 위치추적 전자장치 부착 등에 관한 법률'제9조 제1항 제2호 중 제5조 제1항 제3호에 관한 부분과, 법원이 부착기간 중 기간을 정하여 야간 외출제한 및 아동시설 출입금지 등의 준수사항을 명할 수 있도록 한 구'특정 범죄자에 대한 위치추적 전자장치 부착 등에 관한 법률' 제9조의2 제1항 제1호, 제2호, 제4호는 헌법에 위반되지 아니한다(헌재 2012.12.27. 2011헌바89).

[3] '(구)특정 성폭력범죄자에 대한 위치추적 전자장치 부착에 관한 법률' 제9조 제2항 제2호에서 부착명령청구의 전제가 된 성폭력범죄사건에 대하여 면소·공소기각의 판결 또는 결정을 선고하는 때에는 그

청구를 기각하도록 규정한 취지

구 특정 성폭력범죄자에 대한 위치추적 전자장치 부착에 관한 법률 제9조 제2항 제2호에서는 부착명령 청구의 전제가 된 성폭력범죄사건에 대하여 면소·공소기각의 판결 또는 결정을 선고하는 때에는 그 청구를 기각하도록 규정하고 있다. 부착명령이 성폭력범죄자에 대하여 형벌을 부과하는 기회에 그 재범방지와 성행교정을 통한 재사회화를 목적으로 취해지는 부가적인 조치로서 부착명령청구사건 은 성폭력범죄사건을 전제로 하여 그와 함께 심리·판단이 이루어지는 부수적 절차의 성격임에 비추어, 성폭력범죄사건에서 그 범죄사실에 대한 실체적 심리·판단 없이 소 또는 공소기각의 형식적 재판을 하는 경우 부착명령청구사건에서 따로 그 청구의 원인이 되는 동일한 범죄사실에 대하여 실체적으로 심리·판단하는 것은 허용될 수 없으므로 그 청구를 기각하도록 한 것이라고 해석된다(대법원 2009.10.29. 2009도7282).

[4] 2회 이상의 성폭력범죄사실로 공소가 제기된 사건에서 일부 범죄사실에 대하여 면소 또는 공소기각의 판결 등이 선고되는 경우, 그 범죄사실이 위치추적 전자장치 부착명령의 요건인 '2회 이상 범한 성폭력범 죄'에 포함되는지 여부(소극)

구 특정성폭력범죄자에 대한 위치추적 전자장치 부착에 관한 법률 제9조 제2항 제2호의 규정 취지를 고려할 때, 2회 이상의 성폭력범죄사실로 공소가 제기된 성폭력범죄사건에서 일부 범죄사실에 대하여 면소 또는 공소기각의 재판이 선고되는 경우, 그러한 일부 범죄사실에 대하여는 부착명령청구사건에서 실체적 심리·판단이 허용되지 않는다고 보아야 한다. 따라서 그 일부 범죄사실은 구 특정 성폭력범죄 자에 대한 위치추적 전자장치 부착에 관한 법률 제5조 제1항 제3호가 부착명령의 요건으로 규정한 "성폭력범죄를 2회 이상 범하여 그 습벽이 인정된 때"에서 말하는 2회 이상 범한 성폭력범죄에 포함된 다고 볼 수 없다(대법원 2009.10.29. 2009도7282).

[5] 특정 성폭력 범죄자에 대하여 위치추적 전자장치 부착명령을 선고하였다고 해서 이를 성폭력범죄사건의 양형에 유리하게 참작하지 못하도록 하는 구) '특정 성폭력범죄자에 대한 위치추적 전자장치 부착에 관한 법률'제9조 제5항(양형제한조항)이 일사부재리원칙, 평등원칙, 책임원칙 등에 위반되는지 여부(소극)

이 사건 양형제한조항이 위치추적 전자장치 부착명령 자체의 근거법률이 아님은 관련 법률조항의 문언상 명백하므로, 이 사건 양형제한조항이 위치추적 전자장치 부착명령의 근거법률임을 전제로 하여 이 사건 양형제한조항이 특정 성폭력 범죄자에 대해 위치추적 전자장치 부착명령과 형벌을 중첩 적으로 부과하여 일사부재리 원칙과 책임원칙, 평등원칙에 반한다는 청구인의 주장은 이유없다. 그리 고 입법자가 여러 가지 요소를 종합적으로 고려하여 법률로써 법관의 양형재량의 범위를 좁혀 놓았다 고 하더라도 범죄와 형벌 간 비례의 원칙상 수긍할 수 있는 정도라면 위헌이라고 할 수는 없는바, 양형에 관한 법관의 재량은 매우 광범위하고 포괄적이어서 이 사건 양형제한조항에도 불구하고 법관은 위치추적 전자장치 부착명령이 동시에 선고되는 범죄자에 대하여도 그 책임에 상응하는 형벌을 부과하 기에 충분한 정도의 양형재량을 가지고 있으므로 이 사건 양형제한조항은 책임원칙에 위반되지 아니한 다(헌재 2010.09.30. 2009헌바116).

제9조의2 【준수사항】 ★

① 법원은 제9조 제1항에 따라 부착명령을 선고하는 경우 부착기간의 범위에서 준수기간을 정하 여 다음 각 호의 준수사항 중 하나 이상을 부과할 수 있다. 다만, 제4호의 준수사항은 500시간

의 범위에서 그 기간을 정하여야 한다.

1. 야간, 아동·청소년의 통학시간 등 특정 시간대의 외출제한
2. 어린이 보호구역 등 특정지역·장소에의 출입금지 및 접근금지
2의2. 주거지역의 제한
3. 피해자 등 특정인에의 접근금지
4. 특정범죄 치료 프로그램의 이수
5. 마약 등 중독성 있는 물질의 사용금지
6. 그 밖에 부착명령을 선고받는 사람의 재범방지와 성행교정을 위하여 필요한 사항

② 삭제 <2010.4.15.>

③ 제1항에도 불구하고 법원은 성폭력범죄를 저지른 사람(19세 미만의 사람을 대상으로 성폭력 범죄를 저지른 사람으로 한정한다) 또는 스토킹범죄를 저지른 사람에 대해서 제9조 제1항에 따라 부착명령을 선고하는 경우에는 다음 각 호의 구분에 따라 제1항의 준수사항을 부과하여 야 한다. <2024.1.12. 시행예정>

1. 19세 미만의 사람을 대상으로 성폭력범죄를 저지른 사람 : 제1항 제1호 및 제3호의 준수사 항을 포함할 것. 다만, 제1항 제1호의 준수사항을 부과하여서는 아니 될 특별한 사정이 있다고 판단하는 경우에는 해당 준수사항을 포함하지 아니할 수 있다.
2. 스토킹범죄를 저지른 사람 : 제1항 제3호의 준수사항을 포함할 것

관련판례

강간치상죄를 범한 피고인 겸 피부착명령청구자에 대하여 유죄판결과 함께 위치추적 전자장치 부착을 명한 제1심 판결을 원심이 그대로 유지한 사안에서, 특정 범죄자에 대한 위치추적 전자장치 부착 등에 관한 법률 제9조의2 제1항은 부착명령을 선고하는 경우에 준수사항을 부과하려면 '부착기간의 범위에서 준수기간을 정하여' 부과하도록 규정하고 있는데도, 준수사항으로 '피해자에 대한 100m 이내 접근금지'와 '과도한 주류 음용금지'를 부과하면서 준수기간을 정하지 아니한 원심의 조치에 전자장치부착법 제9조의2 제1항을 위반한 위법이 있다(대법원 2012.5.24. 2012도1047).

제10조【부착명령 판결 등에 따른 조치】

① 법원은 제9조에 따라 부착명령을 선고한 때에는 그 판결이 확정된 날부터 3일 이내에 부착명 령을 선고받은 자(이하 "피부착명령자"라 한다)의 주거지를 관할하는 보호관찰소의 장에게 판결문의 등본을 송부하여야 한다.

② 교도소, 소년교도소, 구치소, 국립법무병원 및 군교도소의 장(이하 "교도소장등"이라 한다)은 피부착명령자가 석방되기 5일 전까지 피부착명령자의 주거지를 관할하는 보호관찰소의 장에 게 그 사실을 통보하여야 한다.

제11조【국선변호인 등】

부착명령 청구사건에 관하여는 「형사소송법」 제282조(필요적 변호) 및 제283조(국선변호인)를 준용한다.

제12조【집행지휘】

① 부착명령은 검사의 지휘를 받아 보호관찰관이 집행한다.

② 제1항에 따른 지휘는 판결문 등본을 첨부한 서면으로 한다.

시행령

제6조【집행지휘】

검사는 부착명령의 판결이 확정되면 지체 없이 부착명령을 선고받은 사람(이하 "피부착명령자"라 한다)의 주거지를 관할하는 보호관찰소의 장에게 법 제12조 제2항의 부착명령 집행을 지휘한 서면을 보내야 한다.

제13조【부착명령의 집행】 ★

① 부착명령은 특정범죄사건에 대한 형의 집행이 종료되거나 면제·가석방되는 날 또는 치료감호의 집행이 종료·가종료되는 날 석방 직전에 피부착명령자의 신체에 전자장치를 부착함으로써 집행한다. 다만, 다음의 경우에는 각 호의 구분에 따라 집행한다.

　1. 부착명령의 원인이 된 특정범죄사건이 아닌 다른 범죄사건으로 형이나 치료감호의 집행이 계속될 경우에는 부착명령의 원인이 된 특정범죄사건이 아닌 다른 범죄사건에 대한 형의 집행이 종료되거나 면제·가석방 되는 날 또는 치료감호의 집행이 종료·가종료되는 날부터 집행한다.

　2. 피부착명령자가 부착명령 판결 확정 시 석방된 상태이고 미결구금일수 산입 등의 사유로 이미 형의 집행이 종료된 경우에는 부착명령 판결 확정일부터 부착명령을 집행한다.

② 제1항 제2호에 따라 부착명령을 집행하는 경우 보호관찰소의 장은 피부착명령자를 소환할 수 있으며, 피부착명령자가 소환에 따르지 아니하는 때에는 관할 지방검찰청의 검사에게 신청하여 부착명령 집행장을 발부받아 구인할 수 있다.

③ 보호관찰소의 장은 제2항에 따라 피부착명령자를 구인한 경우에는 부착명령의 집행을 마친 즉시 석방하여야 한다.

④ 부착명령의 집행은 신체의 완전성을 해하지 아니하는 범위 내에서 이루어져야 한다.

⑤ 부착명령이 여러 개인 경우 확정된 순서에 따라 집행한다.

⑥ 다음 각 호의 어느 하나에 해당하는 때에는 부착명령의 집행이 정지된다.

　1. 부착명령의 집행 중 다른 죄를 범하여 구속영장의 집행을 받아 구금된 때

　2. 부착명령의 집행 중 다른 죄를 범하여 금고 이상의 형의 집행을 받게 된 때

　3. 가석방 또는 가종료된 자에 대하여 전자장치 부착기간 동안 가석방 또는 가종료가 취소되거나 실효된 때

⑦ 제6항 제1호에도 불구하고 구속영장의 집행을 받아 구금된 후에 다음 각 호의 어느 하나에 해당하는 사유로 구금이 종료되는 경우 그 구금기간 동안에는 부착명령이 집행된 것으로 본다. 다만, 제1호 및 제2호의 경우 법원의 판결에 따라 유죄로 확정된 경우는 제외한다.

　1. 사법경찰관이 불송치결정을 한 경우

　2. 검사가 혐의없음, 죄가안됨, 공소권없음 또는 각하의 불기소처분을 한 경우

　3. 법원의 무죄, 면소, 공소기각 판결 또는 공소기각 결정이 확정된 경우

⑧ 제6항에 따라 집행이 정지된 부착명령의 잔여기간에 대하여는 다음 각 호의 구분에 따라 집행한다.

　1. 제6항 제1호의 경우에는 구금이 해제되거나 금고 이상의 형의 집행을 받지 아니하게 확정된 때부터 그 잔여기간을 집행한다.

　2. 제6항 제2호의 경우에는 그 형의 집행이 종료되거나 면제된 후 또는 가석방된 때부터 그 잔여기간을 집행한다.

　3. 제6항 제3호의 경우에는 그 형이나 치료감호의 집행이 종료되거나 면제된 후 그 잔여기간을 집행한다.

⑨ 제1항부터 제8항까지 규정된 사항 외에 부착명령의 집행 및 정지에 관하여 필요한 사항은 대통령령으로 정한다.

시행령

제7조【부착명령의 집행】

① 보호관찰관은 피부착명령자에 대한 판결문 등본, 법 제12조 제2항의 부착명령 집행을 지휘한 서면, 그 밖의 관련 서류를 확인한 후 부착명령을 집행하여야 한다.

② 보호관찰관은 법 제13조 제1항에 따라 부착명령을 집행하기에 앞서 피부착명령자에게 법 제14조와 이 영에 따른 피부착자의 의무사항 및 법 제38조 및 제39조에 따른 벌칙에 관한 사항을 알려야 한다.

③ 부착명령은 다음 각 호의 방법으로 집행한다.

　1. 휴대용 추적장치는 피부착명령자가 휴대할 수 있도록 교부한다. 다만, 부착장치에 피부착자의 위치를 확인하는 기능이 있는 경우에는 교부하지 아니한다.

　2. 부착장치는 피부착명령자의 발목에 부착한다. 다만, 발목에 부착할 수 없는 특별한 사유가 있으면 다른 신체 부위에 부착할 수 있다.

　3. 재택 감독장치는 피부착명령자의 석방 후 지체 없이 피부착명령자의 주거지에 고정하여 설치한다. 다만, 피부착명령자의 주거가 일정하지 아니하거나 그 밖에 재택 감독장치를 설치하기 어려운 사정이 있는 경우에는 설치하지 아니할 수 있다.

④ 보호관찰소의 장은 소속 보호관찰관이 부착명령을 집행하기 위하여 필요하면 수용기관의 장에게 협조를 요청할 수 있다. 이 경우 수용기관의 장은 특별한 사유가 없으면 협조하여야 한다.

⑤ 수용기관의 장은 피부착자가 부착명령의 집행 중「형법」제70조에 따른 노역장유치의 집행을 받게 된 경우 피부착자의 주거지를 관할하는 보호관찰소의 장에게 통보하여 담당 보호관찰관이 전자장치를 분리하여 회수하도록 하여야 하며, 피부착자가 노역장유치의 집행을 마치고 석방되기 전에 피부착자의 주거지를 관할하는 보호관찰소의 장에게 석방예정 사실을 통보하여 석방 전에 담당 보호관찰관이 피부착자에게 전자장치를 부착할 수 있도록 하여야 한다.

제8조 【부착명령의 집행정지】

① 보호관찰관은 법 제13조 제6항에 따라 부착명령의 집행이 정지되면 지체 없이 전자장치를 분리하여 회수하여야 한다. 이 경우 부착명령의 집행기간은 신체에서 부착장치를 분리한 때부터 정지된다.

② 수용기관의 장은 법 제13조 제6항 각 호의 사유로 피부착자가 구금된 경우에는 즉시 그의 주거지를 관할하는 보호관찰소의 장에게 그 사실을 통보하여야 한다.

③ 보호관찰관은 법 제13조 제8항에 따른 부착명령의 잔여기간 집행사유가 발생한 경우 다시 전자장치를 부착하여야 한다. 이 경우 부착명령의 집행기간은 신체에 부착장치를 부착한 때부터 진행한다.

④ 수용기관의 장은 법 제13조 제8항 제1호에 따른 부착명령의 잔여기간 집행사유가 발생한 경우 구금을 해제하기 전에 피부착명령자의 주거지를 관할하는 보호관찰소의 장에게 그 사실을 통보하여야 한다.

⑤ 수용기관의 장은 법 제13조 제8항 제2호 및 제3호에 따른 부착명령의 잔여기간 집행사유가 발생한 경우 부착명령의 집행이 정지된 사람이 석방되기 5일 전까지 그의 주거지를 관할하는 보호관찰소의 장에게 그 사실을 통보하여야 한다.

제9조 【부착명령 집행정지자의 이송】

수용기관의 장은 법 제13조 제6항에 따라 부착명령의 집행이 정지된 사람을 다른 수용기관으로 이송할 경우에는 그의 주거지를 관할하는 보호관찰소의 장과 해당 수용기관의 장에게 그 사실을 통보하여야 한다.

제10조 【전자장치의 일시 분리】

① 보호관찰관은 피부착자의 치료, 전자장치의 교체, 그 밖에 전자장치를 일시 분리할 필요가 있는 경우 보호관찰소의 장의 승인을 받아 전자장치의 전부 또는 일부를 피부착자의 신체 또는 주거에서 일시적으로 분리할 수 있다. 다만, 승인을 받을 시간적 여유가 없을 경우에는 분리한 후 지체 없이 보고하여야 한다.

② 보호관찰관은 제1항의 일시 분리 사실을 대장에 적고 그 대장을 비치하여야 한다.

제14조 【피부착자의 의무】 ★★

① 전자장치가 부착된 자(이하 "피부착자"라 한다)는 전자장치의 부착기간 중 전자장치를 신체에서 임의로 분리·손상, 전파 방해 또는 수신자료의 변조, 그 밖의 방법으로 그 효용을 해하여서는 아니 된다.

② 피부착자는 특정범죄사건에 대한 형의 집행이 종료되거나 면제·가석방되는 날부터 10일 이내에 주거지를 관할하는 보호관찰소에 출석하여 대통령령으로 정하는 신상정보 등을 서면으로 신고하여야 한다.

③ 피부착자는 주거를 이전하거나 7일 이상의 국내여행을 하거나 출국할 때에는 미리 보호관찰관의 허가를 받아야 한다.

🗂 **시행령**

제11조 【전자장치의 효용 유지 의무】

피부착자는 전자장치의 부착기간 중 법 제14조 제1항에 따라 전자장치의 효용 유지를 위하여 다음 각 호의 사항을 준수하여야 한다.

1. 전자장치의 기능이 정상적으로 유지될 수 있도록 전자장치를 충전, 휴대 또는 관리할 것
2. 전자장치가 정상적으로 작동하지 아니하는 경우 지체 없이 그 사실을 보호관찰관에게 알릴 것

3. 전자장치의 기능 유지를 위한 보호관찰관의 정당한 지시에 따를 것

제12조 【주거이전·국내여행 및 출국 허가 등】

① 법 제14조 제2항에서 "대통령령으로 정하는 신상정보 등"이란 제15조의2 제1항 제1호부터 제8호까지의 사항 및 그 밖에 피부착자에 대한 지도·감독에 필요한 사항을 말한다.

② 피부착자는 법 제14조 제3항에 따른 주거이전 등의 허가를 받으려고 할 때에는 본인의 성명, 주거, 주거이전 예정지나 국내여행 예정지 또는 출국 예정지, 주거이전 이유나 국내여행 목적 또는 출국 목적, 주거이전 일자나 국내여행 기간 또는 출국 기간 등을 적은 허가신청서와 소명자료를 보호관찰소에 출석하여 제출하여야 한다.

③ 제2항에 따른 허가 신청을 받은 보호관찰관은 신청일부터 7일 이내에 주거이전 예정지나 국내여행 예정지 또는 출국 예정지, 주거이전 이유나 국내여행 목적, 출국의 목적 또는 법 제9조의2 및 「보호관찰 등에 관한 법률」 제32조에 따른 준수사항 이행 정도 등을 종합적으로 고려하여 허가 여부를 결정하여야 한다.

④ 보호관찰관은 제3항에 따라 피부착자의 출국 허가를 결정할 경우 피부착자가 다음 각 호의 어느 하나에 해당하는 경우에는 출국을 허가하지 아니할 수 있다. 다만, 제1호의 경우에는 출국을 허가하지 아니하여야 한다.

 1. 「출입국관리법」 제4조 등 다른 법률의 규정에 따라 출국이 금지된 경우
 2. 출국의 목적에 관한 소명자료를 제출하지 아니하는 경우
 3. 부착명령 집행기간 중 정당한 사유 없이 출국 허가기간 내에 귀국하지 아니하였거나 허가를 받지 아니하고 출국한 전력이 있는 경우

⑤ 보호관찰관은 제3항에 따라 피부착자의 출국 허가를 결정할 경우 그 허가기간을 출국일부터 3개월 이내의 범위에서 정하되, 불가피한 경우에만 이를 초과하여 정할 수 있다.

⑥ 피부착자는 주거이전 허가를 받아 다른 보호관찰소의 관할 구역으로 주거를 이전한 경우 3일 이내에 새로운 주거지를 관할하는 보호관찰소에 출석하여 제1항의 신고를 하여야 한다.

⑦ 보호관찰소의 장은 소속 보호관찰관이 제3항에 따라 피부착자에게 출국을 허가한 경우 법무부장관에게 피부착자의 출입국 사실을 통보하여 줄 것을 요청하여야 한다.

⑧ 법무부장관은 제7항에 따른 요청을 받은 경우에는 피부착자의 출입국 시 지체 없이 그 사실을 보호관찰소의 장에게 통보하여야 한다.

⑨ 제3항에 따른 출국 허가를 받아 출국했던 피부착자는 입국한 후 지체 없이 관할 보호관찰소에 출석하여 전자장치가 정상적으로 작동하는지를 확인받아야 한다.

제14조의2 【부착기간의 연장 등】 ★

① 피부착자가 다음 각 호의 어느 하나에 해당하는 경우에는 법원은 보호관찰소의 장의 신청에 따른 검사의 청구로 1년의 범위에서 부착기간을 연장하거나 제9조의2 제1항의 준수사항을 추가 또는 변경하는 결정을 할 수 있다.

 1. 정당한 사유 없이 「보호관찰 등에 관한 법률」 제32조에 따른 준수사항을 위반한 경우
 2. 정당한 사유 없이 제14조 제2항(보호관찰소에 출석하여 서면 신고)을 위반하여 신고하지 아니한 경우
 3. 정당한 사유 없이 제14조 제3항을 위반하여 허가를 받지 아니하고 주거이전·국내여행 또는 출국을 하거나, 거짓으로 허가를 받은 경우
 4. 정당한 사유 없이 제14조 제3항에 따른 출국허가 기간까지 입국하지 아니한 경우

② 제1항 각 호에 규정된 사항 외의 사정변경이 있는 경우에도 법원은 상당한 이유가 있다고 인정되면 보호관찰소의 장의 신청에 따른 검사의 청구로 제9조의2 제1항의 준수사항을 부과, 추가, 변경 또는 삭제하는 결정을 할 수 있다.

시행령

제12조의2 【부착기간의 연장 등의 신청】

① 보호관찰소의 장은 법 제14조의2에 따라 부착기간의 연장을 신청하거나 같은 조 또는 법 제14조의3에 따라 준수사항의 부과·추가·변경·삭제를 신청하는 경우에는 다음 각 호의 사항을 적은 서면으로 신청해야 한다.
  1. 피부착자 또는 피부착명령자의 성명, 주민등록번호, 직업 및 주거
  2. 신청의 취지
  3. 부착기간의 연장 또는 준수사항의 부과·추가·변경·삭제가 필요한 사유
② 보호관찰소의 장은 제1항의 신청을 할 때 신청사유를 소명할 수 있는 자료를 제출하여야 한다.
③ 법원은 법 제14조의2 또는 제14조의3에 따른 청구의 심리를 위하여 필요한 경우에는 담당 보호관찰관을 출석시켜 의견을 들을 수 있고, 피부착자 또는 피부착명령자를 소환하여 심문하거나 필요한 사항을 확인할 수 있다.

제14조의3 【피부착명령자에 대한 준수사항의 부과 등】

피부착명령자의 재범의 위험성에 관하여 행형(行刑) 성적 등 자료에 의해 판결 선고 당시에 예상하지 못한 새로운 사정이 소명되는 등 특별한 사정이 있는 경우 법원은 보호관찰소의 장의 신청에 따른 검사의 청구로 제9조의2 제1항의 준수사항을 부과, 추가, 변경 또는 삭제하는 결정을 할 수 있다.

제15조 【보호관찰관의 임무】

① 보호관찰관은 피부착자의 재범방지와 건전한 사회복귀를 위하여 필요한 지도와 원호를 한다.
② 보호관찰관은 전자장치 부착기간 중 피부착자의 소재지 인근 의료기관에서의 치료, 상담시설에서의 상담치료 등 피부착자의 재범방지 및 수치심으로 인한 과도한 고통의 방지를 위하여 필요한 조치를 할 수 있다.
③ 보호관찰관은 필요한 경우 부착명령의 집행을 개시하기 전에 교도소장등에게 요청하여 「형의 집행 및 수용자의 처우에 관한 법률」 제63조의 교육, 제64조의 교화프로그램 및 제107조의 징벌에 관한 자료 등 피부착자의 형 또는 치료감호 집행 중의 생활실태를 확인할 수 있는 자료를 확보하고, 형 또는 치료감호의 집행을 받고 있는 피부착자를 면접할 수 있다. 이 경우 교도소장등은 보호관찰관에게 협조하여야 한다.

시행령

제13조 【상담치료 등의 집행】

① 법무부장관은 다음 각 호의 시설 또는 단체를 지정하여 법 제15조 제2항의 치료 및 상담치료 등을 실시하게 할 수 있다.

1. 「정신건강증진 및 정신질환자 복지서비스 지원에 관한 법률」 제3조 제4호에 따른 정신건강증진시설

2. 「성폭력방지 및 피해자보호 등에 관한 법률」 제10조에 따른 성폭력피해상담소, 같은 법 제27조에 따른 전담의료기관

3. 특정 범죄자를 치료하고 특정 범죄자 교정프로그램을 개발·실시한 경험이 있는 민간단체 또는 기관

② 법무부장관은 제1항의 치료 및 상담치료 등에 대하여 예산의 범위에서 비용의 전부 또는 일부를 지급할 수 있다.

③ 법무부장관은 제1항의 치료 및 상담치료에 필요한 프로그램의 개발과 전문인력의 양성을 위하여 노력하여야 한다.

④ 법무부장관은 제1항에 따른 지정을 받은 시설 또는 단체가 치료 및 상담치료 등을 실시하기에 부적당한 경우 그 지정을 취소할 수 있다.

제16조 【수신자료의 보존·사용·폐기 등】

① 보호관찰소의 장은 피부착자의 전자장치로부터 발신되는 전자파를 수신하여 그 자료(이하 "수신자료"라 한다)를 보존하여야 한다.

② 수신자료는 다음 각 호의 경우 외에는 열람·조회·제공 또는 공개할 수 없다.

1. 피부착자의 특정범죄 혐의에 대한 수사 또는 재판자료로 사용하는 경우

2. 보호관찰관이 지도·원호를 목적으로 사용하는 경우

3. 「보호관찰 등에 관한 법률」 제5조에 따른 보호관찰심사위원회(이하 "심사위원회"라 한다)의 부착명령 임시해제와 그 취소에 관한 심사를 위하여 사용하는 경우

4. 보호관찰소의 장이 피부착자의 제38조 또는 제39조에 해당하는 범죄 혐의에 대한 수사를 의뢰하기 위하여 사용하는 경우

③ 삭제 <2012.12.18.>

④ 검사 또는 사법경찰관은 제2항 제1호에 해당하는 사유로 수신자료를 열람 또는 조회하는 경우 관할 지방법원(군사법원을 포함한다) 또는 지원의 허가를 받아야 한다. 다만, 관할 지방법원 또는 지원의 허가를 받을 수 없는 긴급한 사유가 있는 때에는 수신자료 열람 또는 조회를 요청한 후 지체 없이 그 허가를 받아 보호관찰소의 장에게 송부하여야 한다.

⑤ 검사 또는 사법경찰관은 제4항 단서에 따라 긴급한 사유로 수신자료를 열람 또는 조회하였으나 지방법원 또는 지원의 허가를 받지 못한 경우에는 지체 없이 열람 또는 조회한 수신자료를 폐기하고, 그 사실을 보호관찰소의 장에게 통지하여야 한다.

⑥ 보호관찰소의 장은 다음 각 호의 어느 하나에 해당하는 때에는 수신자료를 폐기하여야 한다.

1. 부착명령과 함께 선고된 형이 「형법」 제81조에 따라 실효된 때

2. 부착명령과 함께 선고된 형이 사면으로 인하여 그 효력을 상실한 때

3. 전자장치 부착이 종료된 자가 자격정지 이상의 형 또는 이 법에 따른 전자장치 부착을

받음이 없이 전자장치 부착을 종료한 날부터 5년이 경과한 때
⑦ 제1항부터 제6항까지에서 규정한 사항 외에 수신자료의 보존·사용·열람·조회·제공·폐기 등에 관하여 필요한 사항은 대통령령으로 정한다.

시행령

제14조【수신자료의 사용】
보호관찰소의 장 및 법 제16조의3에 따른 위치추적 관제센터의 장은 법 제16조 제2항 제1호, 제3호 및 제4호에 따라 수신자료가 사용된 경우에는 그 사실을 대장에 적고 이를 비치해야 한다.

제14조의2【수신자료 열람 또는 조회】
① 검사는 법 제16조 제4항 본문에 따라 수신자료를 열람 또는 조회하려는 경우에는 관할 법원에 피부착자에 대한 수신자료의 열람 또는 조회를 허가하여 줄 것을 청구할 수 있다.
② 사법경찰관은 법 제16조 제4항 본문에 따라 수신자료를 열람 또는 조회하려는 경우 검사에게 피부착자에 대한 수신자료의 열람 또는 조회에 대한 허가를 신청하고, 검사는 관할 법원에 그 허가를 청구할 수 있다.
③ 제1항 및 제2항에 따른 수신자료 열람 또는 조회의 허가 청구 또는 신청은 피부착자의 인적사항, 수신자료 제공기관, 청구·신청 사유 및 필요한 자료의 범위를 적은 서면으로 하여야 한다.
④ 검사 또는 사법경찰관은 법 제16조 제4항 본문에 따라 수신자료를 열람 또는 조회하는 경우에는 보호관찰소의 장(법 제16조의3에 따른 위치추적 관제센터의 장을 포함한다. 이하 제14조의3부터 제14조의6까지에서 같다)에게 관할 법원의 허가서 사본을 내주어야 한다.

제14조의3【긴급 수신자료 열람 또는 조회】
① 검사 또는 사법경찰관은 법 제16조 제4항 단서에 따라 수신자료의 열람 또는 조회를 요청하는 경우에는 보호관찰소의 장에게 다음 각 호의 서류를 팩스 등의 방법으로 제시하여야 한다.
　1. 피부착자의 인적사항, 긴급한 사유, 수신자료 제공기관, 요청사유 및 필요한 자료의 범위를 적은 긴급 열람·조회 요청서
　2. 자신의 신분을 표시할 수 있는 증표
② 검사는 제1항에 따른 긴급 수신자료 열람 또는 조회를 요청한 경우에는 지체 없이 관할 법원에 그 허가를 청구하여야 한다.
③ 사법경찰관은 제1항에 따른 긴급 수신자료 열람 또는 조회를 요청한 경우에는 지체 없이 검사에게 긴급 수신자료 열람 또는 조회에 대한 허가를 신청하고, 검사는 관할 법원에 그 허가를 청구할 수 있다.
④ 검사 또는 사법경찰관이 법 제16조 제4항 단서에 따라 보호관찰소의 장에게 송부하여야 할 자료는 관할 법원의 허가서 사본으로 한다.

제14조의4【열람 또는 조회한 수신자료의 보존·폐기 등】
① 검사 또는 사법경찰관은 법 제16조 제4항과 제5항에 따른 수신자료의 열람 또는 조회 허가 신청 및 청구 현황, 수신자료 열람 또는 조회 사실을 적은 대장을 3년간 소속 기관에 갖추어 두어야 한다.
② 보호관찰소의 장은 검사 또는 사법경찰관에게 수신자료를 열람 또는 조회하게 하였을 때에는 해당 수신자료 열람 또는 조회 사실을 적은 대장과 수신자료 열람·조회 요청서 등 관련 자료를 3년간 갖추어 두어야 한다.
③ 검사가 제14조의3 제3항에 따른 사법경찰관의 허가 신청을 기각하면 사법경찰관은 지체 없이 열람 또는 조회한 수신자료를 폐기하여야 한다.
④ 검사 또는 사법경찰관은 법 제16조 제5항 또는 이 조 제3항에 따라 열람 또는 조회한 수신자료를 폐기하였을

때에는 지체 없이 그 사실을 서면으로 보호관찰소의 장에게 통지하여야 한다.

제14조의5 【수신자료 사용사건의 결과 통지 등】

① 검사 또는 사법경찰관은 수신자료를 열람 또는 조회하여 수사한 사건에 관하여 공소를 제기하거나 공소의 제기 또는 입건을 하지 아니하는 처분(기소중지결정은 제외한다)을 하였을 때에는 그 처분의 결과를 수신자료를 제공한 보호관찰소의 장에게 서면으로 통지하여야 한다.

② 사법경찰관은 수신자료를 열람 또는 조회하여 수사한 사건을 종결하는 경우에는 그 결과를 검사에게 보고하여야 한다. 다만, 그 사건을 검찰에 송치하는 경우에는 그러하지 아니하다.

제14조의6 【수신자료 관련 비밀누설 금지 등】

수신자료를 열람 또는 조회한 사람은 그로 인하여 알게 된 타인의 비밀을 누설하거나 피부착자의 명예를 훼손하지 아니하도록 하여야 한다.

제15조 【수신자료의 폐기】

① 전자장치 부착기간이 끝난 사람이 부착을 마친 날부터 5년 내에 자격정지 이상의 형을 받은 경우에는 그 형의 집행이 끝난 날부터 5년이 지난 때에 수신자료를 폐기한다.

② 수신자료의 폐기는 전산자료에서 삭제하는 방법으로 한다.

제16조의2 【피부착자의 신상정보 제공 등】

① 보호관찰소의 장은 범죄예방 및 수사에 필요하다고 판단하는 경우 피부착자가 제14조 제2항에 따라 신고한 신상정보 및 피부착자에 대한 지도·감독 중 알게 된 사실 등의 자료를 피부착자의 주거지를 관할하는 경찰관서의 장 등 수사기관에 제공할 수 있다.

② 수사기관은 범죄예방 및 수사활동 중 인지한 사실이 피부착자 지도·감독에 활용할 만한 자료라고 판단할 경우 이를 보호관찰소의 장에게 제공할 수 있다.

③ 보호관찰소의 장은 피부착자가 범죄를 저질렀거나 저질렀다고 의심할만한 상당한 이유가 있을 때에는 이를 수사기관에 통보하여야 한다.

④ 수사기관은 체포 또는 구속한 사람이 피부착자임을 알게 된 경우에는 피부착자의 주거지를 관할하는 보호관찰소의 장에게 그 사실을 통보하여야 한다.

⑤ 제1항부터 제4항에 따른 제공 및 통보의 절차와 관리 등에 필요한 사항은 대통령령으로 정한다.

📖 시행령

제15조의2 【피부착자의 신상정보 제공 등】

① 법 제16조의2 제1항에 따라 보호관찰소의 장이 피부착자의 주거지를 관할하는 경찰관서의 장 등 수사기관에 제공할 수 있는 피부착자의 신상정보는 다음 각 호와 같다.

1. 성명
2. 주민등록번호. 다만, 외국인 및 「재외동포의 출입국과 법적 지위에 관한 법률」 제2조 제1호에 따른 재외국민(주민등록을 하지 아니한 경우만 해당하며, 이하 이 호에서 "재외국민"이라 한다)과 같은 조 제2호에 따른 외국국적동포(이하 "외국국적동포"라 한다)에 대해서는 다음 각 목의 구분에 따라 표기한다.
   가. 외국인의 경우 : 국적·여권번호 및 외국인등록번호(외국인등록번호가 없는 경우에는 생년월일)
   나. 재외국민의 경우 : 여권번호 및 생년월일

　　　다. 외국국적동포의 경우 : 국적·여권번호 및 같은 법 제7조 제1항에 따라 부여된 국내거소신고번호(국
　　　　내거소신고번호가 없는 경우에는 생년월일)

　3. 주소 및 실제 거주지

　　　가. 내국인의 경우 :「주민등록법」에 따라 신고한 주소와 실제 거주지 주소

　　　나. 외국인의 경우 :「출입국관리법」제32조에 따라 등록한 국내 체류지와 실제 거주지 주소

　　　다. 외국국적동포의 경우 :「재외동포의 출입국과 법적 지위에 관한 법률」제6조에 따라 신고한 국내
　　　　거소와 실제 거주지 주소

　4. 연락처

　5. 사진

　6. 죄명 및 판결·결정 내용

　7. 전자장치 부착기간(법 제14조의2에 따라 부착기간이 연장된 경우에는 그 연장된 기간)

　8. 직업

　9. 그 밖에 보호관찰소의 장이 범죄예방 및 수사에 필요하다고 인정하는 사항

② 법 제16조의2 제3항에 따라 보호관찰소의 장이 수사기관에 통보하는 사항은 다음 각 호와 같다.

　1. 제1항 각 호의 사항

　2. 피부착자가 저지른 범죄 또는 저지른 것으로 의심되는 범죄사건의 발생일시, 장소 및 범행내용

③ 법 제16조의2 제4항에 따라 수사기관이 보호관찰소의 장에게 통보하는 사항은 다음 각 호와 같다.

　1. 피부착자의 성명 및 주민등록번호

　2. 피부착자의 범죄사실

　3. 피부착자의 체포 또는 구속 일시 및 장소

④ 제1항에 따른 피부착자 신상정보의 제공은 보호관찰소의 장이 관리하는 제1항 각 호의 피부착자 신상정보에
　관한 전자기록을「형사사법절차 전자화 촉진법」제2조 제4호에 따른 형사사법정보시스템에 등록하고, 수사
　기관은 이를 조회하는 방식 등으로 할 수 있다.

⑤ 수사기관의 장은 제4항에 따라 조회한 피부착자의 신상정보를 문서로 출력한 경우 제1항 제7호에 따른
　전자장치 부착기간이 끝나면 그 문서를 폐기하여야 한다.

제16조의3 【위치추적 관제센터의 설치·운영】

① 법무부장관은 보호관찰소의 장 및 보호관찰관이 피부착자의 위치를 확인하고 이동경로를
　탐지하며, 전자장치로부터 발신되는 전자파를 수신한 자료를 보존·사용·폐기하는 업무를
　지원하기 위하여 위치추적 관제센터를 설치하여 운영할 수 있다.

② 위치추적 관제센터의 장은 피부착자가 제9조의2 제1항 각 호(제4호 및 제6호는 제외한다)에
　따른 준수사항 또는 제14조 제1항에 따른 효용 유지 의무를 위반하거나, 위반하였다고 의심할
　만한 상당한 이유가 있고 피부착자에 대한 신속한 지도·감독을 위하여 긴급히 필요한 경우
　지방자치단체의 장에게「개인정보 보호법」제2조 제7호에 따른 고정형 영상정보처리기기를
　통하여 수집된 영상정보의 제공 등 협조를 요청할 수 있다.

③ 제2항에 따라 피부착자에 관한 영상정보를 제공받은 위치추적 관제센터의 장은 영상정보의
　열람이 종료된 후 그 사실을 해당 피부착자에게 통지하여야 한다.

④ 제3항에 따른 통지의 시기 및 방법 등 영상정보 열람사실의 통지에 필요한 사항은 법무부령으로 정한다.

시행령

제3조

삭제 <2021.9.14.>

제17조【부착명령의 임시해제 신청 등】★★

① 보호관찰소의 장 또는 피부착자 및 그 법정대리인은 해당 보호관찰소를 관할하는 심사위원회에 부착명령의 임시해제를 신청할 수 있다.

② 제1항의 신청은 부착명령의 집행이 개시된 날부터 3개월이 경과한 후에 하여야 한다. 신청이 기각된 경우에는 기각된 날부터 3개월이 경과한 후에 다시 신청할 수 있다.

③ 제2항에 따라 임시해제의 신청을 할 때에는 신청서에 임시해제의 심사에 참고가 될 자료를 첨부하여 제출하여야 한다.

 시행령

제16조【부착명령의 임시해제 신청】

① 법 제17조 제1항에 따른 부착명령의 임시해제 신청은 「보호관찰 등에 관한 법률」 제5조에 따른 보호관찰심사위원회(이하 "심사위원회"라 한다)에 서면으로 해야 한다.

② 심사위원회는 피부착자 또는 그 법정대리인이 부착명령의 임시해제를 신청한 경우 지체 없이 그 사실을 보호관찰소의 장에게 통보해야 한다.

제18조【부착명령 임시해제의 심사 및 결정】

① 심사위원회는 임시해제를 심사할 때에는 피부착자의 인격, 생활태도, 부착명령 이행상황 및 재범의 위험성에 대하여 보호관찰관 등 전문가의 의견을 고려하여야 한다.

② 심사위원회는 임시해제의 심사를 위하여 필요한 때에는 보호관찰소의 장으로 하여금 필요한 사항을 조사하게 하거나 피부착자나 그 밖의 관계인을 직접 소환·심문 또는 조사할 수 있다.

③ 제2항의 요구를 받은 보호관찰소의 장은 필요한 사항을 조사하여 심사위원회에 통보하여야 한다.

④ 심사위원회는 피부착자가 부착명령이 계속 집행될 필요가 없을 정도로 개선되어 재범의 위험성이 없다고 인정하는 때에는 부착명령의 임시해제를 결정할 수 있다. 이 경우 피부착자로 하여금 주거이전 상황 등을 보호관찰소의 장에게 정기적으로 보고하도록 할 수 있다.

⑤ 심사위원회는 부착명령의 임시해제를 하지 아니하기로 결정한 때에는 결정서에 그 이유를 명시하여야 한다.

⑥ 제4항에 따라 부착명령이 임시해제된 경우에는 제9조 제3항에 따른 보호관찰과 제9조의2에 따른 준수사항 및 「아동·청소년의 성보호에 관한 법률」 제61조 제3항에 따른 보호관찰이 임시해제된 것으로 본다. 다만, 심사위원회에서 보호관찰 또는 준수사항 부과가 필요하다고 결정한 경우에는 그러하지 아니하다.

시행령

제17조【부착명령 임시해제의 심사 및 결정】
① 심사위원회는 법 제18조 제1항에 따라 부착명령의 임시해제를 심사할 때에는 보호관찰관, 정신건강의학과 의사, 정신보건임상심리사, 그 밖의 전문가의 의견을 고려해야 한다.
② 심사위원회는 법 제18조 제4항 및 제5항의 결정을 하면 지체 없이 그 결정서 등본을 관할 보호관찰소의 장과 신청인에게 송달하여야 한다.
③ 보호관찰관은 법 제18조 제4항의 부착명령 임시해제 결정이 있으면 결정서에 기재된 임시해제일에 전자장치를 회수해야 한다.
④ 심사위원회가 제1항에 따라 전문가 의견을 고려한 경우 의견을 진술하거나 자료를 제출한 전문가에게는 예산의 범위에서 필요한 비용의 전부 또는 일부를 지급할 수 있다.

제19조【임시해제의 취소 등】 ★
① 보호관찰소의 장은 부착명령이 임시해제된 자가 특정범죄를 저지르거나 주거이전 상황 등의 보고에 불응하는 등 재범의 위험성이 있다고 판단되는 때에는 심사위원회에 임시해제의 취소를 신청할 수 있다. 이 경우 심사위원회는 임시해제된 자의 재범의 위험성이 현저하다고 인정될 때에는 임시해제를 취소하여야 한다.
② 제1항에 따라 임시해제가 취소된 자는 잔여 부착명령기간 동안 전자장치를 부착하여야 하고, 부착명령할 때 개시된 보호관찰을 받아야 하며, 부과된 준수사항(준수기간이 종료되지 않은 경우에 한정한다)을 준수하여야 한다. 이 경우 임시해제기간은 부착명령기간에 산입하지 아니한다.

시행령

제18조【임시해제의 취소 등】
① 법 제19조 제1항에 따른 임시해제의 취소신청은 심사위원회에 서면으로 해야 한다.
② 심사위원회는 법 제19조 제1항에 따라 부착명령의 임시해제 취소 결정을 했을 때에는 지체 없이 그 사실을 관할 보호관찰소의 장에게 통보해야 한다.
③ 보호관찰관은 부착명령의 임시해제 취소결정이 있으면 피부착명령자에게 결정서를 제시한 후 전자장치를 부착해야 한다.
④ 임시해제가 취소된 경우 부착명령 집행기간은 부착장치를 피부착명령자의 신체에 부착한 때부터 진행한다.

제20조【부착명령 집행의 종료】 ★★
제9조에 따라 선고된 부착명령은 다음 각 호의 어느 하나에 해당하는 때에 그 집행이 종료된다.
1. 부착명령기간이 경과한 때
2. 부착명령과 함께 선고한 형이 사면되어 그 선고의 효력을 상실하게 된 때

3. 삭제 <2008.6.13.>
4. 부착명령이 임시해제된 자가 그 임시해제가 취소됨이 없이 잔여 부착명령기간을 경과한 때

제21조 【부착명령의 시효】

① 피부착명령자는 그 판결이 확정된 후 집행을 받지 아니하고 함께 선고된 특정범죄사건의 형의 시효가 완성되면 그 집행이 면제된다.
② 부착명령의 시효는 피부착명령자를 체포함으로써 중단된다.

제2장의2 | 형 집행 종료 후의 보호관찰

제21조의2 【보호관찰명령의 청구】

검사는 다음 각 호의 어느 하나에 해당하는 사람에 대하여 형의 집행이 종료된 때부터 「보호관찰 등에 관한 법률」에 따른 보호관찰을 받도록 하는 명령(이하 "보호관찰명령"이라 한다)을 법원에 청구할 수 있다.

1. 성폭력범죄를 저지른 사람으로서 성폭력범죄를 다시 범할 위험성이 있다고 인정되는 사람
2. 미성년자 대상 유괴범죄를 저지른 사람으로서 미성년자 대상 유괴범죄를 다시 범할 위험성이 있다고 인정되는 사람
3. 살인범죄를 저지른 사람으로서 살인범죄를 다시 범할 위험성이 있다고 인정되는 사람
4. 강도범죄를 저지른 사람으로서 강도범죄를 다시 범할 위험성이 있다고 인정되는 사람
5. 스토킹범죄를 저지른 사람으로서 스토킹범죄를 다시 범할 위험성이 있다고 인정되는 사람
   <2024.1.12. 시행예정>

제21조의3 【보호관찰명령의 판결】 ★

① 법원은 제21조의2 각 호의 어느 하나에 해당하는 사람(특정범죄 재범 위험성이 있는 사람)이 금고 이상의 선고형에 해당하고 보호관찰명령의 청구가 이유 있다고 인정하는 때에는 2년 이상 5년 이하의 범위에서 기간을 정하여 보호관찰명령을 선고하여야 한다.
② 법원은 제1항에도 불구하고 제9조 제4항 제1호(부착명령 청구가 이유 없다고 인정하는 때)에 따라 부착명령 청구를 기각하는 경우로서 제21조의2 각 호의 어느 하나에 해당하여 보호관찰명령을 선고할 필요가 있다고 인정하는 때에는 직권으로 제1항에 따른 기간을 정하여 보호관찰명령을 선고할 수 있다.

제21조의4 【준수사항】 ★

① 법원은 제21조의3에 따라 보호관찰명령을 선고하는 경우 제9조의2 제1항 각 호의 준수사항 중 하나 이상을 부과할 수 있다. 다만, 제9조의2 제1항 제4호(특정범죄 치료 프로그램의 이수)의 준수사항은 300시간의 범위에서 그 기간을 정하여야 한다.

② 제1항 본문에도 불구하고 법원은 성폭력범죄를 저지른 사람(19세 미만의 사람을 대상으로 성폭력범죄를 저지른 사람으로 한정한다) 또는 스토킹범죄를 저지른 사람에 대해서는 제21조의3에 따라 보호관찰명령을 선고하는 경우 제9조의2 제1항 제3호(피해자 등 특정인에의 접근금지)를 포함하여 준수사항을 부과하여야 한다. <2024.1.12. 시행예정>

제21조의5 【보호관찰명령의 집행】

보호관찰명령은 특정범죄사건에 대한 형의 집행이 종료되거나 면제·가석방되는 날 또는 치료감호 집행이 종료·가종료되는 날부터 집행한다. 다만, 보호관찰명령의 원인이 된 특정범죄사건이 아닌 다른 범죄사건으로 형이나 치료감호의 집행이 계속될 경우에는 보호관찰명령의 원인이 된 특정범죄사건이 아닌 다른 범죄사건에 대한 형의 집행이 종료되거나 면제·가석방되는 날 또는 치료감호의 집행이 종료·가종료되는 날부터 집행한다.

제21조의6 【보호관찰대상자의 의무】

① 보호관찰대상자는 특정범죄사건에 대한 형의 집행이 종료되거나 면제·가석방되는 날부터 10일 이내에 주거지를 관할하는 보호관찰소에 출석하여 서면으로 신고하여야 한다.

② 보호관찰대상자는 주거를 이전하거나 7일 이상의 국내여행을 하거나 출국할 때에는 미리 보호관찰관의 허가를 받아야 한다.

제21조의7 【보호관찰 기간의 연장 등】

① 보호관찰대상자가 정당한 사유 없이 제21조의4 또는 「보호관찰 등에 관한 법률」 제32조에 따른 준수사항을 위반하거나 제21조의6에 따른 의무를 위반한 때에는 법원은 보호관찰소의 장의 신청에 따른 검사의 청구로 다음 각 호의 결정을 할 수 있다. <2024.1.12. 시행예정>
   1. 1년의 범위에서 보호관찰 기간의 연장
   2. 제21조의4에 따른 준수사항의 추가 또는 변경

② 제1항 각 호의 처분은 병과할 수 있다.

③ 제1항에 규정된 사항 외의 사정변경이 있는 경우에도 법원은 상당한 이유가 있다고 인정하면 보호관찰소의 장의 신청에 따른 검사의 청구로 제21조의4에 따른 준수사항을 추가, 변경 또는 삭제하는 결정을 할 수 있다.

시행령

제18조의2 【보호관찰 기간의 연장 등】

① 보호관찰소의 장은 법 제21조의7에 따라 보호관찰 기간의 연장 또는 준수사항의 추가·변경·삭제를 신청하는 경우에는 다음 각 호의 사항을 적은 서면으로 하여야 한다.
  1. 보호관찰대상자의 성명, 주민등록번호, 직업 및 주거
  2. 신청의 취지
  3. 보호관찰 기간의 연장 또는 준수사항의 추가·변경·삭제가 필요한 사유
② 보호관찰소의 장은 제1항의 신청을 할 때 신청사유를 소명할 수 있는 자료를 제출하여야 한다.
③ 법원은 법 제21조의7에 따른 청구의 심리를 위하여 필요한 경우에는 담당 보호관찰관을 출석시켜 의견을 들을 수 있으며, 보호관찰대상자를 소환하여 심문(審問)하거나 필요한 사항을 확인할 수 있다.

제21조의8 【준용규정】

보호관찰대상자에 대해서는 제5조 제6항·제8항, 제6조부터 제8조까지, 제9조 제2항부터 제9항까지, 제9조의2, 제10조부터 제12조까지, 제13조 제5항부터 제9항까지, 제15조 및 제17조부터 제21조까지의 규정을 준용하되, "부착명령"은 "보호관찰명령"으로, "부착기간"은 "보호관찰 기간"으로, "피부착명령청구자"는 "피보호관찰명령청구자"로, "피부착자"는 "보호관찰대상자"로, "전자장치 부착"은 "보호관찰"로 본다. <2024.1.12. 시행예정>

 시행령

제18조의3 【준용규정】

보호관찰대상자의 조사, 집행지휘, 주거이전 허가, 상담치료, 임시해제 및 취소 등에 관하여는 제4조부터 제6조까지, 제12조 제1항부터 제7항까지, 제13조, 제16조, 제17조 제1항·제2항·제4항 및 제18조 제1항·제2항을 준용한다. 이 경우 "부착명령"은 "보호관찰명령"으로, "부착기간"은 "보호관찰 기간"으로, "피부착명령청구자"는 "피보호관찰명령청구자"로, "피부착명령자"는 "피보호관찰명령자"로, "피부착자"는 "보호관찰대상자"로, "전자장치 부착"은 "보호관찰"로 본다.

제3장 | 가석방 및 가종료 등과 전자장치 부착

제22조 【가석방과 전자장치 부착】 ★   ※ 보호관찰심사위원회에서 부착결정

① 제9조에 따른 부착명령 판결을 선고받지 아니한 특정 범죄자로서 형의 집행 중 가석방되어 보호관찰을 받게 되는 자는 준수사항 이행 여부 확인 등을 위하여 가석방기간 동안 전자장치를 부착하여야 한다(필요적 부착). 다만, 심사위원회가 전자장치 부착이 필요하지 아니하다고

결정한 경우에는 그러하지 아니하다.

② 심사위원회는 특정범죄 이외의 범죄로 형의 집행 중 가석방되어 보호관찰을 받는 사람의 준수사항 이행 여부 확인 등을 위하여 가석방 예정자의 범죄내용, 개별적 특성 등을 고려하여 가석방 기간의 전부 또는 일부의 기간을 정하여 전자장치를 부착하게 할 수 있다(임의적 부착).

③ 심사위원회는 제1항 및 제2항의 결정을 위하여 가석방 예정자에 대한 전자장치 부착의 필요성과 적합성 여부 등을 조사하여야 한다.

④ 심사위원회는 제1항 및 제2항에 따라 전자장치를 부착하게 되는 자의 주거지를 관할하는 보호관찰소의 장에게 가석방자의 인적사항 등 전자장치 부착에 필요한 사항을 즉시 통보하여야 한다.

⑤ 교도소장등은 제1항 및 제2항에 따른 가석방 예정자가 석방되기 5일 전까지 그의 주거지를 관할하는 보호관찰소의 장에게 그 사실을 통보하여야 한다.

시행령

제19조【전자장치 부착 적합성조사】

① 교도소·소년교도소·구치소의 장은 가석방 예정자에 대한 심사위원회의 법 제22조 제3항에 따른 전자장치 부착의 필요성과 적합성 여부 등의 조사(이하 "전자장치 부착 적합성조사"라 한다)를 위해 「형의 집행 및 수용자의 처우에 관한 법률」 및 관계 법령에 따라 가석방 적격심사 신청 대상자가 선정되면 지체 없이 해당 대상자에 대한 다음 각 호의 사항이 포함된 자료를 해당 교도소·소년교도소·구치소의 소재지를 관할하는 심사위원회에 보내야 한다.

1. 성명   2. 주민등록번호
3. 죄명   4. 전체 형명 및 형기
5. 최초 형기 및 최종 형기의 기산일   6. 최종 형기종료일
7. 처우등급(「형의 집행 및 수용자의 처우에 관한 법률 시행령」 제84조 제2항에 따른 처우등급 중 도주 등의 위험성에 따라 구분한 처우등급을 말한다) 및 재범위험에 관한 사항

② 심사위원회는 제1항에 따라 교도소·소년교도소·구치소의 장으로부터 자료를 받은 경우에는 가석방 예정자에 대한 전자장치 부착 적합성조사를 하거나, 교도소·소년교도소·구치소의 소재지 또는 해당 가석방 예정자의 거주예정지를 관할하는 보호관찰소의 장과 협의하여 보호관찰소의 장에게 전자장치 부착 적합성조사를 위하여 필요한 사항의 조사를 의뢰할 수 있다.

③ 보호관찰소의 장은 제2항에 따른 의뢰를 받은 경우에는 필요한 조사를 하고 그 결과를 심사위원회에 통보해야 한다.

④ 교도소·소년교도소·구치소의 장은 심사위원회 또는 보호관찰소의 장으로부터 제2항 또는 제3항에 따른 전자장치 부착 적합성조사 등을 위한 가석방 예정자 면담 등 필요한 협조를 요청받은 경우 특별한 사정이 없으면 이에 협조해야 한다.

⑤ 심사위원회 또는 보호관찰소의 장은 전자장치 부착 적합성조사를 위해 필요하다고 인정하면 국가기관, 지방자치단체 또는 공공기관의 장에게 사실을 알아보거나 관련 자료의 열람 등 협조를 요청할 수 있다. 이 경우 해당 기관의 장은 특별한 사정이 없는 한 이에 협조해야 한다.

⑥ 전자장치 부착 적합성조사의 내용에는 가석방 예정자의 범죄경력, 범죄내용 및 직업, 경제력, 생활환경 등

개별적 특성에 관한 사항이 포함되어야 한다.

제19조의2【결정의 고지 등】

① 심사위원회는「보호관찰 등에 관한 법률」제24조 제1항에 따른 보호관찰 결정서 등본을 수용기관의 장에게 송달하면서 법 제22조 제1항 및 제2항에 따른 전자장치 부착에 관한 사항을 함께 통보해야 한다.

② 「치료감호 등에 관한 법률」제37조에 따른 치료감호심의위원회는 법 제23조 제1항에 따라 피치료감호자 또는 피보호감호자에게 전자장치를 부착하는 결정을 한 경우 그 결정서를 피치료감호자 또는 피보호감호자에게, 결정서 등본을 수용기관의 장(보호감호시설의 장을 포함한다. 이하 이 장에서 같다)에게 각각 송달하여야 한다.

③ 제1항 또는 제2항에 따라 결정서 등본을 송달받은 수용기관의 장은 전자장치를 부착하게 될 가석방예정자, 피치료감호자 또는 피보호감호자에게 전자장치 부착에 관한 내용을 알려주어야 한다.

제23조【가종료 등과 전자장치 부착】★   ※ 치료감호심의위원회에서 부착결정

① 「치료감호 등에 관한 법률」제37조에 따른 치료감호심의위원회(이하 "치료감호심의위원회"라 한다)는 제9조에 따른 부착명령 판결을 선고받지 아니한 특정 범죄자로서 치료감호의 집행 중 가종료 또는 치료위탁되는 피치료감호자나 보호감호의 집행 중 가출소되는 피보호감호자(이하 "가종료자등"이라 한다)에 대하여 「치료감호 등에 관한 법률」 또는 「사회보호법」(법률 제7656호로 폐지되기 전의 법률을 말한다)에 따른 준수사항 이행 여부 확인 등을 위하여 보호관찰 기간의 범위에서 기간을 정하여 전자장치를 부착하게 할 수 있다(임의적 부착).

② 치료감호심의위원회는 제1항에 따라 전자장치 부착을 결정한 경우에는 즉시 피부착결정자의 주거지를 관할하는 보호관찰소의 장에게 통보하여야 한다.

③ 치료감호시설의 장ㆍ보호감호시설의 장 또는 교도소의 장은 가종료자등이 가종료 또는 치료위탁되거나 가출소되기 5일 전까지 가종료자등의 주거지를 관할하는 보호관찰소의 장에게 그 사실을 통보하여야 한다.

시행령

제20조【치료감호소의 장 등의 통보】

① 치료감호시설의 장 및 보호감호시설의 장은 법 제23조 제1항에 따라 전자장치 부착결정을 받은 사람(이하 "피부착결정자"라 한다)을 다른 수용기관으로 이송할 경우 그 수용기관의 장에게 이송되는 사람이 전자장치 부착결정을 받았음을 통보하여야 한다.

② 제1항에 따라 피부착결정자를 인수한 수용기관의 장은 그가 출소하기 5일 전까지 그 주거지를 관할하는 보호관찰소의 장에게 피부착결정자의 석방 예정 사실을 통보하여야 한다.

제24조【전자장치의 부착】★

① 전자장치 부착은 보호관찰관이 집행한다.

② 전자장치는 다음 각 호의 어느 하나에 해당하는 때 석방 직전에 부착한다.

1. 가석방되는 날
2. 가종료 또는 치료위탁되거나 가출소되는 날. 다만, 제23조 제1항에 따른 피치료감호자에게 치료감호와 병과된 형의 잔여 형기가 있거나 치료감호의 원인이 된 특정범죄사건이 아닌 다른 범죄사건으로 인하여 집행할 형이 있는 경우에는 해당 형의 집행이 종료·면제되거나 가석방되는 날 부착한다.
③ 전자장치 부착집행 중 보호관찰 준수사항 위반으로 유치허가장의 집행을 받아 유치된 때에는 부착집행이 정지된다. 이 경우 심사위원회가 보호관찰소의 장의 가석방 취소신청을 기각한 날 또는 법무부장관이 심사위원회의 허가신청을 불허한 날부터 그 잔여기간을 집행한다.

제25조【부착집행의 종료】 ★★
제22조 및 제23조에 따른 전자장치 부착은 다음 각 호의 어느 하나에 해당하는 때에 그 집행이 종료된다.
1. 가석방 기간이 경과하거나 가석방이 실효 또는 취소된 때
2. 가종료자등의 부착기간이 경과하거나 보호관찰이 종료된 때
3. 가석방된 형이 사면되어 형의 선고의 효력을 상실하게 된 때
4. 삭제 <2010.4.15>

제26조【수신자료의 활용】
보호관찰관은 수신자료를 준수사항 이행여부 확인 등 「보호관찰 등에 관한 법률」에 따른 보호관찰대상자의 지도·감독 및 원호에 활용할 수 있다.

제27조【준용】
이 장에 따른 전자장치 부착에 관하여는 제13조 제4항·제6항 제1호·제8항 제1호·제9항, 제14조, 제15조, 제16조, 제16조의2, 제16조의3 및 제17조부터 제19조까지의 규정을 준용한다.

시행령

제21조【준용】
이 장에 따른 전자장치 부착에 관하여는 제7조부터 제12조까지, 제12조의2 및 제13조부터 제18조까지의 규정을 준용한다.

구분	부착명령	부착집행
결정기관	법원의 부착명령판결	보호관찰심사위원회·치료감호심의위원회의 결정
부착기간	최소 1년, 최대 30년	보호관찰기간
부착 시작시점	• 형집행 종료·면제·가석방되는 날 • 치료감호의 집행종료·가종료되는 날	• 가석방되는 날 • 치료감호의 치료위탁·가종료·가출소되는 날
종료시점	• 부착명령기간이 경과한 때 • 부착명령과 함께 선고한 형이 사면되어 그 선고의 효력을 상실하게 된 때 • 부착명령이 임시해제된 자가 그 임시해제가 취소됨이 없이 잔여 부착명령기간을 경과한 때	• 가석방기간이 경과하거나 가석방이 실효 또는 취소된 때 • 가종료자 등의 부착기간이 경과하거나 보호관찰이 종료된 때 • 가석방된 형이 사면되어 형의 선고의 효력을 상실하게 된 때

참고 **부착명령과 부칙집행 비교**

제4장 | 형의 집행유예와 부착명령

제28조【형의 집행유예와 부착명령】 ※ 법원의 판결에 의한 부착명령

① 법원은 특정범죄를 범한 자에 대하여 형의 집행을 유예하면서 보호관찰을 받을 것을 명할 때에는 보호관찰 기간의 범위 내에서 기간을 정하여 준수사항의 이행여부 확인 등을 위하여 전자장치를 부착할 것을 명할 수 있다(임의적 부착명령).

② 법원은 제1항에 따른 부착명령기간 중 소재지 인근 의료기관에서의 치료, 지정 상담시설에서의 상담치료 등 대상자의 재범방지를 위하여 필요한 조치들을 과할 수 있다.

③ 법원은 제1항에 따른 전자장치 부착을 명하기 위하여 필요하다고 인정하는 때에는 피고인의 주거지 또는 그 법원의 소재지를 관할하는 보호관찰소의 장에게 범죄의 동기, 피해자와의 관계, 심리상태, 재범의 위험성 등 피고인에 관하여 필요한 사항의 조사를 요청할 수 있다.

시행령

제22조【집행유예와 부착명령의 집행】
법 제28조 제1항에 따라 집행유예와 함께 전자장치 부착을 명하는 법원의 판결이 확정된 사람은 판결 확정 후 10일 이내에 보호관찰소에 출석하여 법 제29조 제1항에 따른 부착명령의 집행에 따라야 한다.

'특정 범죄자에 대한 위치추적 전자장치 부착 등에 관한 법률'상 특정범죄를 범한 자에 대하여 형의 집행을 유예하는 경우에는 보호관찰을 명하는 때에만 위치추적 전자장치 부착을 명할 수 있는지 여부(적극)

특정 범죄자에 대한 위치추적 전자장치 부착 등에 관한 법률 제28조 제1항은 "법원은 특정범죄를 범한 자에 대하여 형의 집행을 유예하면서 보호관찰을 받을 것을 명할 때에는 보호관찰기간의 범위 내에서 기간을 정하여 준수사항의 이행 여부 확인 등을 위하여 전자장치를 부착할 것을 명할 수 있다."고 규정하고 있고, 제9조 제4항 제4호는 "법원은 특정범죄사건에 대하여 선고유예 또는 집행유예를 선고하는 때에는 판결로 부착명령 청구를 기각하여야 한다."고 규정하고 있으며, 제12조 제1항은 "부착명령은 검사의 지휘를 받아 보호관찰관이 집행한다."고 규정하고 있으므로, 법원이 특정범죄를 범한 자에 대하여 형의 집행을 유예하는 경우에는 보호관찰을 받을 것을 명하는 때에만 전자장치를 부착할 것을 명할 수 있다(대법원 2012.2.23. 2011도8124).

제29조【부착명령의 집행】
① 부착명령은 전자장치 부착을 명하는 법원의 판결이 확정된 때부터 집행한다.
② 부착명령의 집행 중 보호관찰 준수사항 위반으로 유치허가장의 집행을 받아 유치된 때에는 부착명령 집행이 정지된다. 이 경우 검사가 보호관찰소의 장의 집행유예 취소신청을 기각한 날 또는 법원이 검사의 집행유예취소청구를 기각한 날부터 그 잔여기간을 집행한다.

제30조【부착명령 집행의 종료】★★
제28조의 부착명령은 다음 각 호의 어느 하나에 해당하는 때에 그 집행이 종료된다.
1. 부착명령기간이 경과한 때
2. 집행유예가 실효 또는 취소된 때
3. 집행유예된 형이 사면되어 형의 선고의 효력을 상실하게 된 때
4. 삭제 <2010.4.15.>

제31조【준용】
이 장에 따른 부착명령에 관하여는 제6조, 제9조 제5항부터 제7항까지, 제10조 제1항, 제12조, 제13조 제4항·제6항 제1호·제8항 제1호·제9항, 제14조, 제15조 제1항, 제16조, 제16조의2, 제16조의3, 제17조부터 제19조까지 및 제26조를 준용한다.

시행령

제23조【준용】
이 장에 따른 부착명령에 관하여는 제4조, 제6조부터 제12조까지, 제12조의2 및 제13조부터 제18조까지의 규정을 준용한다.

제5장 | 보석과 전자장치 부착

제31조의2 【보석과 전자장치 부착】 ※ 법원의 결정에 의한 부착명령

① 법원은 「형사소송법」 제98조 제9호(그 밖에 피고인의 출석을 보증하기 위하여 법원이 정하는 적당한 조건을 이행할 것)에 따른 보석조건으로 피고인에게 전자장치 부착을 명할 수 있다(임의적 부착명령).

② 법원은 제1항에 따른 전자장치 부착을 명하기 위하여 필요하다고 인정하면 그 법원의 소재지 또는 피고인의 주거지를 관할하는 보호관찰소의 장에게 피고인의 직업, 경제력, 가족상황, 주거상태, 생활환경 및 피해회복 여부 등 피고인에 관한 사항의 조사를 의뢰할 수 있다.

③ 제2항의 의뢰를 받은 보호관찰소의 장은 지체 없이 조사하여 서면으로 법원에 통보하여야 하며, 조사를 위하여 필요한 경우에는 피고인이나 그 밖의 관계인을 소환하여 심문하거나 소속 보호관찰관에게 필요한 사항을 조사하게 할 수 있다.

④ 보호관찰소의 장은 제3항의 조사를 위하여 필요하다고 인정하면 국공립 기관이나 그 밖의 단체에 사실을 알아보거나 관련 자료의 열람 등 협조를 요청할 수 있다.

시행령

제23조의2 【보석조건 전자장치 부착 결정 전 조사】

① 법원은 법 제31조의2 제2항에 따라 보호관찰소의 장에게 조사를 의뢰하는 경우에는 피고인의 인적사항 및 범죄사실의 요지를 통보해야 한다. 이 경우 필요하면 참고자료를 보낼 수 있다.

② 보호관찰소의 장은 법 제31조의2 제3항에 따른 조사를 위해 수용기관의 장에게 협조를 요청할 수 있다. 이 경우 수용기관의 장은 특별한 사유가 없으면 이에 협조해야 한다.

제31조의3 【전자장치 부착의 집행】

① 법원은 제31조의2 제1항에 따라 전자장치 부착을 명한 경우 지체 없이 그 결정문의 등본을 피고인의 주거지를 관할하는 보호관찰소의 장에게 송부하여야 한다.

② 제31조의2 제1항에 따라 전자장치 부착명령을 받고 석방된 피고인은 법원이 지정한 일시까지 주거지를 관할하는 보호관찰소에 출석하여 신고한 후 보호관찰관의 지시에 따라 전자장치를 부착하여야 한다.

③ 보호관찰소의 장은 제31조의2 제1항에 따른 피고인의 보석조건 이행 여부 확인을 위하여 적절한 조치를 하여야 한다.

④ 전자장치 부착 집행의 절차 및 방법 등에 관한 사항은 대통령령으로 정한다.

시행령

제23조의3 【보석허가 결정문의 송부 등】

법원은 긴급한 필요가 있는 경우 법 제31조의3 제1항에 따라 보호관찰소의 장에게 결정문의 등본을 송부하기 전에 팩스·전자우편 등의 방법으로 그 사본을 먼저 송부할 수 있다.

제23조의4 【전자장치 부착 보석 피고인의 신고】

법 제31조의2 제1항에 따라 보석조건으로 전자장치 부착명령을 받고 석방된 피고인(이하 "전자장치 보석피고인" 이라 한다)은 법 제31조의3 제2항에 따라 주거지를 관할하는 보호관찰소에 출석하여 신고하는 경우 법무부령으로 정하는 신고서를 제출해야 한다.

제23조의5 【전자장치 부착 등】

① 보호관찰관은 법 제31조의3 제2항에 따라 부착명령을 집행하는 경우 같은 조 제1항에 따라 송부된 전자장치 보석피고인에 대한 결정문 등본(제23조의3에 따른 사본을 포함한다)을 확인한 후 전자장치를 부착해야 한다.

② 보호관찰관은 제1항에 따라 전자장치를 부착하기 전에 전자장치 보석피고인에게 다음 각 호의 내용을 알려주어야 한다.

  1. 전자장치의 효용 유지를 위해 필요한 다음 각 목에 따른 의무 사항

    가. 전자장치의 기능이 정상적으로 유지될 수 있도록 전자장치를 충전, 휴대 또는 관리할 것

    나. 전자장치가 정상적으로 작동하지 않는 경우에는 지체 없이 그 사실을 보호관찰관에게 알릴 것

    다. 전자장치의 기능 유지를 위한 보호관찰관의 정당한 지시에 따를 것

  2. 법 제31조의3 제3항에 따라 보호관찰관이 전자장치 보석피고인의 보석조건 이행 여부를 확인하기 위해 필요한 조치를 할 수 있다는 것

  3. 법원이 정한 보석조건을 위반한 경우 「형사소송법」 제102조 제2항 제5호(법원이 정한 조건을 위반한 때 법원의 직권 또는 검사의 청구에 의한 보석 취소)에 따라 보석이 취소될 수 있다는 것

  4. 그 밖에 법원이 정한 보석조건의 이행에 필요한 사항

③ 전자장치의 부착은 다음 각 호의 방법으로 한다.

  1. 부착장치는 전자장치 보석피고인의 발목 또는 손목에 부착한다. 다만, 발목 또는 손목에 부착할 수 없는 특별한 사유가 있으면 다른 신체 부위에 부착할 수 있다.

  2. 재택 감독장치는 전자장치 보석피고인이 제23조의4에 따라 보호관찰소에 신고한 날 해당 피고인의 주거지에 고정하여 설치한다. 다만, 전자장치 보석피고인의 주거가 일정하지 않거나 그 밖에 재택 감독장치를 설치하기 어려운 사정이 있는 경우에는 설치하지 않을 수 있다.

④ 보호관찰소의 장은 법 제31조의3 제3항에 따라 피고인의 보석조건 이행 여부를 확인하기 위하여 국가기관, 지방자치단체 또는 공공기관의 장에게 사실을 알아보거나 관련 자료의 열람 등 협조를 요청할 수 있다. 이 경우 해당 기관의 장은 특별한 사정이 없는 한 이에 협조해야 한다.

제31조의4 【보석조건 이행 상황 등 통지】

① 보호관찰소의 장은 제31조의2 제1항에 따른 피고인의 보석조건 이행 상황을 법원에 정기적으로 통지하여야 한다.

② 보호관찰소의 장은 피고인이 제31조의2 제1항에 따른 전자장치 부착명령을 위반한 경우 및 전자장치 부착을 통하여 피고인에게 부과된 주거의 제한 등 「형사소송법」에 따른 다른 보석조건을 위반하였음을 확인한 경우 지체 없이 법원과 검사에게 이를 통지하여야 한다.

③ 제2항에 따른 통지를 받은 법원은 「형사소송법」 제102조(보석조건의 변경과 취소 등)에 따라 피고인의 보석조건을 변경하거나 보석을 취소하는 경우 이를 지체 없이 보호관찰소의 장에게 통지하여야 한다.

④ 제1항부터 제3항까지의 규정에 따른 통지의 절차 및 방법 등에 관한 사항은 대통령령으로 정한다.

시행령

제23조의6 【보석조건 이행 상황 통지】

① 보호관찰소의 장은 법 제31조의4 제1항에 따라 피고인의 보석조건 이행상황을 매월 말일을 기준으로 작성하여 그 다음달 10일까지 보석결정을 한 법원에 송부해야 한다.

② 제1항에도 불구하고 법원은 피고인의 재판을 위해 피고인의 보석조건 이행상황을 신속하게 파악할 필요가 있는 경우에는 보호관찰소의 장에게 피고인의 보석조건 이행상황에 관한 자료를 요청할 수 있다.

제23조의7 【보석조건 위반 통지】

① 보호관찰소의 장은 전자장치 보석피고인이 다음 각 호의 어느 하나에 해당하는 경우 법 제31조의4 제2항에 따라 보석결정을 한 법원과 그 법원에 대응하는 검찰청 검사에게 지체 없이 통지해야 한다.

1. 정당한 사유 없이 법 제31조의3 제2항에 따라 법원이 지정한 일시까지 보호관찰소에 출석하여 신고하지 않은 경우
2. 전자장치 부착을 거부하는 경우
3. 전자장치의 효용 유지를 위해 필요한 보호관찰관의 정당한 지시에 따르지 않는 경우
4. 「형사소송법」에 따른 다른 보석조건을 위반하거나 위반 사실의 확인을 위해 필요한 보호관찰관의 정당한 지시에 따르지 않는 경우
5. 전자장치를 신체에서 임의로 분리·손상, 전파 방해 또는 수신자료의 변조를 하는 경우
6. 소재를 알 수 없는 경우

② 제1항에 따른 통지는 인편 또는 등기우편의 방법으로 한다. 다만, 긴급한 경우에는 전화·팩스·전자우편 등의 방법으로 먼저 통지하고 사후에 인편 또는 등기우편의 방법으로 할 수 있다.

제23조의8 【보석조건 변경 및 보석취소 통지】

법원은 「형사소송법」 제102조 제1항(보석조건의 변경·유예) 또는 제2항(보석 취소)에 따라 보석조건을 변경하거나 취소한 경우 보호관찰소의 장에게 보석조건 변경이나 보석취소 결정문의 등본을 송부해야 한다. 이 경우 긴급한 경우에는 전화·팩스·전자우편 등의 방법으로 먼저 통지할 수 있다.

제23조의9 【준용규정】

이 장에 따른 전자장치 부착 등에 관하여는 제10조, 제14조의6 및 제15조를 준용한다. 이 경우 "피부착자"는 "전자장치 보석피고인"으로 본다.

제31조의5 【전자장치 부착의 종료】 ★

제31조의2 제1항에 따른 전자장치의 부착은 다음 각 호의 어느 하나에 해당하는 경우에 그 집행이 종료된다.

1. 구속영장의 효력이 소멸한 경우
2. 보석이 취소된 경우

3. 「형사소송법」 제102조(보석조건의 변경과 취소 등)에 따라 보석조건이 변경되어 전자장치를 부착할
   필요가 없게 되는 경우

제5장의2 │ 스토킹행위자에 대한 전자장치 부착

제31조의6 【전자장치 부착의 집행】 <2024.1.12. 시행예정>

① 법원은 「스토킹범죄의 처벌 등에 관한 법률」 제9조 제1항 제3호의2에 따른 잠정조치(이하
   이 장에서 "잠정조치"라 한다)로 전자장치의 부착을 결정한 경우 그 결정문의 등본을 스토킹
   행위자의 사건 수사를 관할하는 경찰관서(이하 이 장에서 "관할경찰관서"라 한다)의 장과
   스토킹행위자의 주거지를 관할하는 보호관찰소(이하 이 장에서 "보호관찰소"라 한다)의 장에
   게 지체 없이 송부하여야 한다.

② 잠정조치 결정을 받은 스토킹행위자는 법원이 지정한 일시까지 보호관찰소에 출석하여 대통
   령령으로 정하는 신상정보 등을 서면으로 신고한 후 보호관찰관의 지시에 따라 전자장치를
   부착하여야 한다.

③ 보호관찰소의 장은 스토킹행위자가 제2항에 따라 전자장치를 부착하면 관할경찰관서의 장에
   게 이를 즉시 통지하여야 하고, 관할경찰관서의 장은 「스토킹범죄의 처벌 등에 관한 법률」
   제9조 제1항 제2호 및 제3호의2에 따른 스토킹행위자의 잠정조치 이행 여부를 확인하기 위하
   여 피해자에 대한 다음 각 호의 사항을 보호관찰소의 장에게 즉시 통지하여야 한다.

   1. 성명   2. 주민등록번호
   3. 주소 및 실제 거주지   4. 직장 소재지
   5. 전화번호
   6. 그 밖에 대통령령으로 정하는 피해자의 보호를 위하여 필요한 사항

④ 보호관찰소의 장은 스토킹행위자가 다음 각 호의 어느 하나에 해당하는 경우 그 사실을 관할
   경찰관서의 장에게 즉시 통지하여야 한다.

   1. 정당한 사유 없이 제2항에 따라 법원이 지정한 일시까지 보호관찰소에 출석하여 신고하지
      아니하거나 전자장치 부착을 거부하는 경우
   2. 잠정조치 기간 중 「스토킹범죄의 처벌 등에 관한 법률」 제9조 제1항 제2호를 위반하였거나
      위반할 우려가 있는 경우
   3. 잠정조치 기간 중 「스토킹범죄의 처벌 등에 관한 법률」 제9조 제4항을 위반하였거나 위반
      하였다고 의심할 상당한 이유가 있는 경우
   4. 그 밖에 잠정조치의 이행 및 피해자의 보호를 위하여 적절한 조치가 필요한 경우로서
      대통령령으로 정하는 사유가 있는 경우

⑤ 관할경찰관서의 장은 제4항에 따른 통지가 있는 경우 즉시 스토킹행위자가 소재한 현장에 출동하는 등의 방법으로 그 사유를 확인하고, 「스토킹범죄의 처벌 등에 관한 법률」 제9조 제1항 제4호에 따른 유치 신청 등 피해자 보호에 필요한 적절한 조치를 하여야 한다.

⑥ 관할경찰관서의 장은 「스토킹범죄의 처벌 등에 관한 법률」 제11조 제5항에 따라 잠정조치 결정이 효력을 상실하는 때에는 보호관찰소의 장에게 이를 지체 없이 통지하여야 한다.

⑦ 법원은 잠정조치의 연장·변경·취소 결정을 하는 경우 관할경찰관서의 장과 보호관찰소의 장에게 이를 지체 없이 통지하여야 한다.

⑧ 제1항부터 제7항까지에 따른 전자장치 부착의 집행 등에 필요한 사항은 대통령령으로 정한다.

제31조의7 【전자장치 부착의 종료】 <2024.1.12. 시행예정>

제31조의6에 따른 전자장치 부착은 다음 각 호의 어느 하나에 해당하는 때에 그 집행이 종료된다.

1. 잠정조치의 기간이 경과한 때
2. 잠정조치가 변경 또는 취소된 때
3. 잠정조치가 효력을 상실한 때

제31조의8 【스토킹행위자 수신자료의 보존·사용·폐기 등】 <2024.1.12. 시행예정>

① 보호관찰소의 장은 제31조의6 제2항에 따라 전자장치를 부착한 스토킹행위자의 전자장치로부터 발신되는 전자파를 수신하여 그 자료(이하 "스토킹행위자 수신자료"라 한다)를 보존하여야 한다.

② 스토킹행위자 수신자료는 다음 각 호의 경우 외에는 열람·조회·제공 또는 공개할 수 없다.

1. 「스토킹범죄의 처벌 등에 관한 법률」 제2조 제2호에 따른 스토킹범죄 혐의에 대한 수사 또는 재판자료로 사용하는 경우
2. 「스토킹범죄의 처벌 등에 관한 법률」 제9조 제1항 제2호 및 제3호의2에 따른 잠정조치 이행 여부를 확인하기 위하여 사용하는 경우
3. 「스토킹범죄의 처벌 등에 관한 법률」 제11조에 따른 잠정조치의 연장·변경·취소의 청구 또는 그 신청을 위하여 사용하는 경우
4. 「스토킹범죄의 처벌 등에 관한 법률」 제20조 제1항 제1호 및 같은 조 제2항에 해당하는 범죄 혐의에 대한 수사를 위하여 사용하는 경우

③ 검사 또는 사법경찰관이 제2항 제1호에 해당하는 사유로 스토킹행위자 수신자료를 열람 또는 조회하는 경우 그 절차에 관하여는 제16조 제4항 및 제5항을 준용한다.

④ 보호관찰소의 장은 다음 각 호의 어느 하나에 해당하는 때에는 스토킹행위자 수신자료를 폐기하여야 한다.

1. 잠정조치가 효력을 상실한 때

2. 잠정조치의 원인이 되는 스토킹범죄사건에 대해 법원의 무죄, 면소, 공소기각 판결 또는
   공소기각 결정이 확정된 때
3. 잠정조치 집행을 종료한 날부터 5년이 경과한 때

시행령

제29조 【민감정보 및 고유식별정보의 처리】

② 검사는 다음 각 호의 사무를 수행하기 위해 불가피한 경우 「개인정보 보호법」 제23조에 따른 건강 및 성생활에 관한 정보, 같은 법 시행령 제18조 제1호 또는 제2호에 따른 유전정보 또는 범죄경력자료에 해당하는 정보 및 같은 영 제19조에 따른 주민등록번호, 여권번호, 운전면허의 면허번호 또는 외국인등록번호가 포함된 자료를 처리할 수 있다.

1. 법 제5조에 따른 부착명령 청구에 관한 사무
2. 법 제6조(법 제21조의8 및 제31조에 따라 준용되는 경우를 포함한다)에 따른 조사에 관한 사무
3. 법 제12조(법 제21조의8 및 제31조에 따라 준용되는 경우를 포함한다)에 따른 부착명령의 집행 지휘에 관한 사무
4. 법 제13조에 따른 부착명령 집행장 발부에 관한 사무
5. 법 제14조의2에 따른 부착기간 연장청구 등에 관한 사무
5의2. 법 제14조의3에 따른 피부착명령자에 대한 준수사항의 부과 등 청구에 관한 사무
6. 법 제16조(법 제27조 및 제31조에 따라 준용되는 경우를 포함한다)에 따른 수신자료의 열람·조회·폐기 등에 관한 사무
7. 법 제21조의2에 따른 보호관찰명령 청구에 관한 사무
8. 법 제21조의7에 따른 보호관찰기간의 연장청구 등에 관한 사무
9. 법 제29조에 따른 부착명령 집행에 관한 사무
10. 법률 제9112호 특정 성폭력범죄자에 대한 위치추적 전자장치 부착에 관한 법률 일부개정법률 부칙 제2조에 따른 부착명령의 청구, 조사, 집행에 관한 사무
11. 제1호부터 제5호까지, 제5호의2, 제6호부터 제10호까지의 규정에 따른 사무를 수행하기 위해 필요한 사무

③ 보호관찰소의 장 또는 보호관찰관은 다음 각 호의 사무를 수행하기 위해 불가피한 경우 「개인정보 보호법」 제23조에 따른 건강 및 성생활에 관한 정보, 같은 법 시행령 제18조 제1호 또는 제2호에 따른 유전정보 또는 범죄경력자료에 해당하는 정보 및 같은 영 제19조에 따른 주민등록번호, 여권번호, 운전면허의 면허번호 또는 외국인등록번호가 포함된 자료를 처리할 수 있다.

1. 법 제6조(법 제21조의8 및 제31조에 따라 준용되는 경우를 포함한다)에 따른 조사에 관한 사무
2. 법 제13조(법 제21조의8, 제27조 및 제31조에 따라 준용되는 경우를 포함한다)에 따른 부착명령의 집행에 관한 사무
3. 법 제14조의2에 따른 부착기간 연장신청 등에 관한 사무
3의2. 법 제14조의3에 따른 피부착명령자에 대한 준수사항의 부과 등 신청에 관한 사무
4. 법 제15조(법 제21조의8 및 제27조에 따라 준용되는 경우를 포함한다)에 따른 피부착자에 대한 자료 확보 등에 관한 사무
5. 법 제16조(법 제27조 및 제31조에 따라 준용되는 경우를 포함한다)에 따른 수신자료의 보존·사용·폐기에 관한 사무

6. 법 제16조의2(법 제27조 및 제31조에 따라 준용되는 경우를 포함한다)에 따른 신상정보 제공 등에 관한 사무

7. 법 제17조부터 제19조까지의 규정(법 제21조의8, 제27조 및 제31조에 따라 준용되는 경우를 포함한다)에 따른 부착명령 임시해제 및 취소에 관한 사무

8. 법 제21조의5에 따른 보호관찰명령의 집행에 관한 사무

9. 법 제21조의7에 따른 보호관찰 기간의 연장신청 등에 관한 사무

10. 법 제22조부터 제24조까지의 규정에 따른 전자장치 부착에 관한 사무

11. 법 제26조(법 제31조에 따라 준용되는 경우를 포함한다)에 따른 수신자료의 활용에 관한 사무

12. 법 제28조에 따른 조사에 관한 사무

13. 법 제29조에 따른 부착명령 집행에 관한 사무

14. 법 제31조의2에 따른 조사에 관한 사무

15. 법 제31조의3에 따른 전자장치 부착의 집행에 관한 사무

16. 법 제31조의4에 따른 보석조건 이행 상황 등 통지에 관한 사무

17. 법률 제9112호 특정 성폭력범죄자에 대한 위치추적 전자장치 부착에 관한 법률 일부개정법률 부칙 제2조에 따른 부착명령의 청구, 조사, 집행에 관한 사무

18. 제1호부터 제3호까지, 제3호의2, 제4호부터 제17호까지의 규정에 따른 사무를 수행하기 위해 필요한 사무

제6장 | 보칙

제32조 【전자장치 부착기간의 계산】

① 전자장치 부착기간은 이를 집행한 날부터 기산하되, 초일은 시간을 계산함이 없이 1일로 산정한다.

② 다음 각 호의 어느 하나에 해당하는 기간은 전자장치 부착기간에 산입하지 아니한다. 다만, 보호관찰이 부과된 사람의 전자장치 부착기간은 보호관찰 기간을 초과할 수 없다.

1. 피부착자가 제14조 제1항을 위반하여 전자장치를 신체로부터 분리하거나 손상하는 등 그 효용을 해한 기간

2. 피부착자의 치료, 출국 또는 그 밖의 적법한 사유로 전자장치가 신체로부터 일시적으로 분리된 후 해당 분리사유가 해소된 날부터 정당한 사유 없이 전자장치를 부착하지 아니한 기간

제32조의2 【부착명령 등 집행전담 보호관찰관의 지정】

보호관찰소의 장은 소속 보호관찰관 중에서 다음 각 호의 사항을 전담하는 보호관찰관을 지정하여야 한다. 다만, 보호관찰소의 장은 19세 미만의 사람에 대해서 성폭력범죄를 저지른 피부착자

중 재범의 위험성이 현저히 높은 사람에 대해서는 일정기간 그 피부착자 1명만을 전담하는 보호
관찰관을 지정하여야 한다.
1. 부착명령 및 보호관찰명령을 청구하기 위하여 필요한 피의자에 대한 조사
2. 부착명령 및 보호관찰명령의 집행
3. 피부착자 및 보호관찰대상자의 재범방지와 건전한 사회복귀를 위한 치료 등 필요한 조치의
   부과
4. 그 밖에 피부착자 및 보호관찰대상자의 「보호관찰 등에 관한 법률」 등에 따른 준수사항 이행
   여부 확인 등 피부착자 및 보호관찰대상자에 대한 지도·감독 및 원호

제33조 【전자장치 부착 임시해제의 의제】
보호관찰이 임시해제된 경우에는 전자장치 부착이 임시해제된 것으로 본다.

제33조의2 【범죄경력자료 등의 조회 요청】
① 법무부장관은 이 법에 따른 부착명령 또는 보호관찰명령의 집행이 종료된 사람의 재범 여부를
   조사하고 부착명령 또는 보호관찰명령의 효과를 평가하기 위하여 필요한 경우에는 그 집행이
   종료된 때부터 5년 동안 관계 기관에 그 사람에 관한 범죄경력자료와 수사경력자료에 대한
   조회를 요청할 수 있다.
② 제1항의 요청을 받은 관계 기관의 장은 정당한 사유 없이 이를 거부하여서는 아니 된다.

제34조 【군법 피적용자에 대한 특칙】
이 법을 적용함에 있어서 「군사법원법」 제2조 제1항 각 호의 어느 하나에 해당하는 자에 대하여는
군사법원은 법원의, 군검사는 검사의, 군사법경찰관리는 사법경찰관리의, 군교도소장은 교도소
장의 이 법에 따른 직무를 각각 행한다.

제35조 【다른 법률의 준용】
이 법을 적용함에 있어서 이 법에 규정이 있는 경우를 제외하고는 그 성질에 반하지 아니하는
범위 안에서 「형사소송법」 및 「보호관찰 등에 관한 법률」의 규정을 준용한다.

관련판례

[1] 특정 범죄자에 대한 위치추적 전자장치 부착 등에 관한 법률 제38조에서 정하는 '그 효용을 해하는
    때'의 의미와 범위 등

전자장치 부착법 제38조는 위치추적 전자장치(이하 '전자장치'라 한다)의 피부착자가 부착기간 중 전자장치를 신체에서 임의로 분리·손상, 전파 방해 또는 수신자료의 변조, 그 밖의 방법으로 그 효용을 해한 행위를 처벌하고 있는데, 그 효용을 해하는 행위는 전자장치를 부착하게 하여 위치를 추적하도록 한 전자장치의 실질적인 효용을 해하는 행위를 말하는 것으로서, 전자장치 자체의 기능을 직접적으로 해하는 행위 뿐 아니라 전자장치의 효용이 정상적으로 발휘될 수 없도록 하는 행위도 포함되며, 부작위 라고 하더라도 고의적으로 그 효용이 정상적으로 발휘될 수 없도록 한 경우에는 처벌된다고 해석된다 (대법원 2012.8.17. 2012도5862).

[2] 위치추적 전자장치의 효용을 해한 행위를 처벌하는 특정 범죄자에 대한 보호관찰 및 전자장치 부착 등에 관한 법률 제38조에서 '효용을 해하는 행위'의 의미 및 부작위라도 고의적으로 그 효용이 정상적으로 발휘될 수 없도록 한 경우 처벌 대상이 되는지 여부(적극)

효용을 해하는 행위는 전자장치를 부착하게 하여 위치를 추적하도록 한 전자장치의 실질적인 효용을 해하는 행위를 말하는 것으로서, 전자장치 자체의 기능을 직접적으로 해하는 행위뿐 아니라 전자장치의 효용이 정상적으로 발휘될 수 없도록 하는 행위도 포함하며, 부작위라고 하더라도 고의적으로 그 효용이 정상적으로 발휘될 수 없도록 한 경우에는 처벌의 대상이 된다.

피부착자가 재택 감독장치가 설치되어 있는 자신의 독립된 주거공간이나 가족 등과의 공동 주거공간을 떠나 타인의 생활공간 또는 타인이 공동으로 이용하는 공간을 출입하고자 하는 경우에는 휴대용 추적 장치를 휴대하여야 한다. 따라서 피부착자가 이를 위반하여 휴대용 추적장치를 휴대하지 아니하고 위와 같은 장소에 출입함으로써 부착장치의 전자파를 추적하지 못하게 하는 경우에는 전자장치부착법 제38조의 기타의 방법으로 전자장치의 효용을 해한 경우에 해당한다(대법원 2017.3.15. 2016도17719).

[3] 특정 범죄자에 대한 위치추적 전자장치 부착 등에 관한 법률이 개정되어 부착명령 기간을 연장하도록 규정한 것이 소급입법금지의 원칙에 반하는지 여부(소극)

특정 범죄자에 대한 위치추적 전자장치 부착 등에 관한 법률에 의한 전자감시제도는, 성폭력범죄자의 재범방지와 성행교정을 통한 재사회화를 위하여 그의 행적을 추적하여 위치를 확인할 수 있는 전자장 치를 신체에 부착하게 하는 부가적인 조치를 취함으로써 성폭력범죄로부터 국민을 보호함을 목적으로 하는 일종의 보안처분이다. 이러한 전자감시제도의 목적과 성격, 그 운영에 관한 위 법률의 규정 내용 및 취지 등을 종합해 보면, 전자감시제도는 범죄행위를 한 자에 대한 응보를 주된 목적으로 그 책임을 추궁하는 사후적 처분인 형벌과 구별되어 그 본질을 달리하는 것으로서 형벌에 관한 소급입법금지의 원칙이 그대로 적용되지 않으므로, 위 법률이 개정되어 부착명령 기간을 연장하도록 규정하고 있더라 도 그것이 소급입법금지의 원칙에 반한다고 볼 수 없다(대법원 2010.12.23. 선고 2010도11996).

제7장 | 벌칙

제36조【벌칙】

① 전자장치 부착 업무를 담당하는 자가 정당한 사유 없이 피부착자의 전자장치를 해제하거나 손상한 때에는 1년 이상의 유기징역에 처한다.

② 전자장치 부착 업무를 담당하는 자가 금품을 수수·요구 또는 약속하고 제1항의 죄를 범한 때에는 2년 이상의 유기징역에 처한다.

③ 수신자료(스토킹행위자 수신자료를 포함한다)를 관리하는 자가 제16조 제2항 또는 제31조의 8 제2항을 위반한 때에는 1년 이상의 유기징역에 처한다. <2024.1.12. 시행예정>

제39조【벌칙】

① 피부착자 또는 보호관찰대상자가 제9조의2 제1항 제3호 또는 제4호의 준수사항을 정당한 사유 없이 위반한 때에는 3년 이하의 징역 또는 3천만원 이하의 벌금에 처한다.

② 피부착자 또는 보호관찰대상자가 정당한 사유 없이 「보호관찰 등에 관한 법률」 제32조 제2항 또는 제3항에 따른 준수사항을 위반하여 같은 법 제38조에 따른 경고를 받은 후 다시 정당한 사유 없이 같은 법 제32조 제2항 또는 제3항에 따른 준수사항을 위반한 경우 1년 이하의 징역 또는 1천만원 이하의 벌금에 처한다.

③ 피부착자 또는 보호관찰대상자가 제9조의2 제1항 제1호·제2호·제2호의2·제5호 또는 제6호의 준수사항을 정당한 사유 없이 위반한 때에는 1년 이하의 징역 또는 1천만원 이하의 벌금에 처한다.

05 성폭력범죄자의 성충동 약물치료에 관한 법률

· **법** 2020.2.4. 시행 | **시행령** 2018.1.1. 시행

> 참고 **성충동약물치료법의 주요규정**

구분	판결에 의한 치료명령	수형자에 대한 법원의 결정	가종료자 등의 치료감호심의위원회의 결정
대상	성폭력범죄를 저지른 성도착증 환자로서 성폭력범죄를 다시 범할 위험성이 있다고 인정되는 19세 이상의 사람	성폭력범죄를 저질러 징역형 이상의 형이 확정되었으나 치료명령이 선고되지 아니한 수형자(성폭력 수형자) 중 성도착증 환자로서 성폭력범죄를 다시 범할 위험성이 있다고 인정되고 약물치료를 받는 것을 동의하는 사람	성폭력범죄자 중 성도착증 환자로서 치료감호의 집행 중 가종료 또는 치료위탁되는 피치료감호자나 보호감호의 집행 중 가출소되는 피보호감호자(가종료자 등)
기간	법원의 15년의 범위에서 치료기간을 정하여 판결로 치료명령을 선고	법원의 결정에 따른 치료기간은 15년을 초과할 수 없다.	보호관찰기간의 범위에서 치료감호심의위원회에서 치료명령을 부과결정
집행 권자	검사지휘 보호관찰관	검사지휘 보호관찰관	보호관찰관
비용	국가 부담	원칙 본인 부담, 예외 가능 (본인의 동의에 의함)	국가 부담
통보	석방되기 3개월 전까지 보호관찰소장 통보	석방되기 5일 전까지 보호관찰소장 통보	석방되기 5일 전까지 보호관찰소장 통보
	• 석방되기 3개월 전부터 2개월 전까지 사이에 치료감호시설로 이송 • 치료감호시설의 장은 이송된 사실을 보호관찰소장에게 통보 • 치료감호시설의 장은 석방되기 5일 전 통보		–
집행 시기	석방되기 전 2개월 이내		
임시 해제	• 치료명령이 개시된 후 6개월 경과, 기각되면 6개월 경과 후에 신청 • 준수사항도 동시에 임시해제됨 • 임시해제기간은 치료명령기간에 산입되지 않음		
치료 명령 시효	• 판결확정 후 집행 없이 형의 시효기간 경과 • 판결확정 후 집행 없이 치료감호의 시효 완성	치료명령결정이 확정된 후 집행을 받지 아니하고 10년 경과하면 시효 완성	–

종료	• 기간경과 • 사면(형선고 효력 상실) • 임시해제기간 경과	• 기간경과 • 보호관찰기간 경과 및 종료 • 임시해제기간 경과

[기타 주요 내용]

1. **청구시기** : 항소심 변론종결 시까지
2. 주거이전 또는 7일 이상의 국내여행을 하거나 출국할 때에는 보호관찰관의 허가

제1장 | 총칙

제1조 【목적】

이 법은 사람에 대하여 성폭력범죄를 저지른 성도착증 환자로서 성폭력범죄를 다시 범할 위험성이 있다고 인정되는 사람에 대하여 성충동 약물치료를 실시하여 성폭력범죄의 재범을 방지하고 사회복귀를 촉진하는 것을 목적으로 한다.

제2조 【정의】 ★

이 법에서 사용하는 용어의 정의는 다음과 같다. <2024.1.12. 시행예정>

성도착증 환자	「치료감호 등에 관한 법률」 제2조 제1항 제3호에 해당하는 사람 및 정신건강의학과 전문의의 감정에 의하여 성적 이상 습벽으로 인하여 자신의 행위를 스스로 통제할 수 없다고 판명된 사람
성폭력범죄	가. 「아동·청소년의 성보호에 관한 법률」 제7조(아동·청소년에 대한 강간·강제추행 등)부터 제10조(강간 등 살인·치사)까지의 죄 나. 「성폭력범죄의 처벌 등에 관한 특례법」 제3조(특수강도강간 등)부터 제13조(통신매체를 이용한 음란행위)까지의 죄 및 제15조(미수범)의 죄(제3조부터 제9조까지의 미수범만을 말한다) 다. 「형법」 제297조(강간)·제297조의2(유사강간)·제298조(강제추행)·제299조(준강간, 준강제추행)·제300조(미수범)·제301조(강간 등 상해·차상)·제301조의2(강간 등 살인·치사)·제302조(미성년자등에 대한 간음)·제303조(업무상위력 등에 의한 간음)·제305조(미성년자에 대한 간음, 추행)·제339조(강도강간), 제340조(해상강도) 제3항(사람을 강간한 죄만을 말한다) 및 제342조(미수범)의 죄(제339조 및 제340조 제3항 중 사람을 강간한 죄의 미수범만을 말한다) 라. 가목부터 다목까지의 죄로서 다른 법률에 따라 가중 처벌되는 죄
성충동 약물치료	비정상적인 성적 충동이나 욕구를 억제하기 위한 조치로서 성도착증 환자에게 약물 투여 및 심리치료 등의 방법으로 도착적인 성기능을 일정기간 동안 약화 또는 정상화하는 치료

제3조【약물치료의 요건】

약물치료는 다음 각 호의 요건을 모두 갖추어야 한다.

1. 비정상적 성적 충동이나 욕구를 억제하거나 완화하기 위한 것으로서 의학적으로 알려진 것일 것
2. 과도한 신체적 부작용을 초래하지 아니할 것
3. 의학적으로 알려진 방법대로 시행될 것

제2장 | 약물치료명령의 청구 및 판결

제4조【치료명령의 청구】★★

① 검사는 사람에 대하여 성폭력범죄를 저지른 성도착증 환자로서 성폭력범죄를 다시 범할 위험성이 있다고 인정되는 19세 이상의 사람에 대하여 약물치료명령(이하 "치료명령"이라고 한다)을 법원에 청구할 수 있다.

② 검사는 치료명령 청구대상자(이하 "치료명령 피청구자"라 한다)에 대하여 정신건강의학과 전문의의 진단이나 감정을 받은 후 치료명령을 청구하여야 한다.

③ 제1항에 따른 치료명령의 청구는 공소가 제기되거나 치료감호가 독립 청구된 성폭력범죄사건(이하 "피고사건"이라 한다)의 항소심 변론종결 시까지 하여야 한다.

④ 법원은 피고사건의 심리결과 치료명령을 할 필요가 있다고 인정하는 때에는 검사에게 치료명령의 청구를 요구할 수 있다.

⑤ 피고사건에 대하여 판결의 확정 없이 공소가 제기되거나 치료감호가 독립 청구된 때부터 15년이 지나면 치료명령을 청구할 수 없다.

⑥ 제2항에 따른 정신건강의학과 전문의의 진단이나 감정에 필요한 사항은 대통령령으로 정한다.

시행령

제2조【정신건강의학과 전문의의 진단 및 감정】

① 「성폭력범죄자의 성충동 약물치료에 관한 법률」(이하 "법"이라 한다) 제4조 제2항 및 제6항에 따라 검사는 같은 조 제1항에 따른 성충동 약물치료명령(이하 "치료명령"이라 한다)을 청구하기 전에 다음 각 호의 어느 하나에 해당하는 시설 또는 기관의 정신건강의학과 전문의에게 치료명령 청구대상자(이하 "치료명령피청구자"라 한다)에 대한 진단이나 감정을 의뢰하여야 한다.

1. 「치료감호 등에 관한 법률」에 따른 치료감호시설(이하 "치료감호시설"이라 한다)
2. 「정신건강증진 및 정신질환자 복지서비스 지원에 관한 법률」에 따른 정신의료기관 중 법무부장관이 지정한 기관

② 제1항에 따라 치료명령피청구자를 진단하거나 감정하는 정신건강의학과 전문의는 치료명령피청구자를 직접

면접하여 진단이나 감정을 실시하여야 하며, 진단이나 감정에 필요하면 심리적·생리적 평가도구를 사용할 수 있다.

관련판례

[1] 장기간의 형 집행이 예정된 사람에 대하여 '성폭력범죄자의 성충동 약물치료에 관한 법률'에 의한 약물치료명령을 부과하기 위한 요건

성충동약물치료에 의한 약물치료명령(이하 '치료명령'이라고 한다)은 성폭력범죄를 저지른 성도착증 환자로서 성폭력범죄를 다시 범할 위험성이 있다고 인정되는 19세 이상의 사람에 대하여 약물투여와 심리치료 등의 방법으로 도착적인 성기능을 일정 기간 동안 약화 또는 정상화하는 치료를 실시하는 보안처분으로, 원칙적으로 형 집행 종료 후 신체에 영구적인 변화를 초래할 수도 있는 약물의 투여를 피청구자의 동의 없이 강제적으로 상당 기간 실시한다는 점에서 헌법이 보장하고 있는 신체의 자유와 자기결정권에 대한 직접적이고 침익적인 처분에 해당한다. 그러므로 장기간의 형 집행이 예정된 사람에 대해서는 그 형 집행에도 불구하고 재범의 방지, 사회복귀의 촉진과 국민의 보호를 위한 추가적인 조치를 취할 필요성이 인정되는 불가피한 경우에만 이를 부과하여야 한다(대법원 2015.3.12. 2014도17853).

[2] 성폭력범죄를 저지른 정신성적 장애인에 대하여 치료감호와 치료명령이 함께 청구된 경우, 치료감호와 함께 치료명령을 선고하기 위한 요건

피청구자의 동의 없이 강제적으로 이루어지는 치료명령 자체가 피청구자의 신체의 자유와 자기결정권에 대한 중대한 제한이 되는 점, 치료감호는 치료감호법에 규정된 수용기간을 한도로 피치료감호자가 치유되어 치료감호를 받을 필요가 없을 때 종료되는 것이 원칙인 점, 치료감호와 치료명령이 함께 선고된 경우에는 성충동약물치료법 제14조에 따라 치료감호의 종료·가종료 또는 치료위탁으로 석방되기 전 2개월 이내에 치료명령이 집행되는 점 등을 감안하면, 그러한 경우에는 치료감호를 통한 치료에도 불구하고 치료명령의 집행시점에도 여전히 약물치료가 필요할 만큼 피청구자에게 성폭력범죄를 다시 범할 위험성이 있고 피청구자의 동의를 대체할 수 있을 정도의 상당한 필요성이 인정되는 경우에 한하여 치료감호와 함께 치료명령을 선고할 수 있다(대법원 2015.3.12. 2014도17853).

제5조 【조사】

① 검사는 치료명령을 청구하기 위하여 필요하다고 인정하는 때에는 치료명령 피청구자의 주거지 또는 소속 검찰청(지청을 포함한다. 이하 같다) 소재지를 관할하는 보호관찰소(지소를 포함한다. 이하 같다)의 장에게 범죄의 동기, 피해자와의 관계, 심리상태, 재범의 위험성 등 치료명령 피청구자에 관하여 필요한 사항의 조사를 요청할 수 있다.

② 제1항의 요청을 받은 보호관찰소의 장은 조사할 보호관찰관을 지명하여야 한다.

③ 제2항에 따라 지명된 보호관찰관은 검사의 지휘를 받아 지체 없이 필요한 사항을 조사한 후 검사에게 조사보고서를 제출하여야 한다.

시행령

제3조【조사】

① 검사는 법 제5조 제1항에 따라 보호관찰소(지소를 포함한다. 이하 같다)의 장에게 조사를 요청할 때에는 치료명령피청구자의 인적사항 및 범죄사실의 요지를 통보하여야 한다. 이 경우 법무부령으로 정하는 참고자료를 함께 보낼 수 있다.

② 보호관찰소의 장은 법 제5조 제1항에 따른 조사를 위하여 필요하면 교도소·소년교도소·구치소·군교도소(이하 "수용시설"이라 한다)의 장, 경찰서장, 치료감호시설의 장에게 필요한 협조를 요청할 수 있다. 이 경우 요청을 받은 기관의 장은 특별한 사유가 없으면 협조하여야 한다.

제6조【치료명령 청구사건의 관할】

① 치료명령 청구사건의 관할은 치료명령 청구사건과 동시에 심리하는 피고사건의 관할에 따른다.

② 치료명령 청구사건의 제1심 재판은 지방법원 합의부(지방법원지원 합의부를 포함한다. 이하 같다)의 관할로 한다.

제7조【치료명령 청구서의 기재사항】

① 치료명령 청구서에는 다음 각 호의 사항을 적어야 한다.

　1. 치료명령 피청구자의 성명과 그 밖에 치료명령 피청구자를 특정할 수 있는 사항

　2. 청구의 원인이 되는 사실

　3. 적용 법조

　4. 그 밖에 대통령령으로 정하는 사항

② 법원은 치료명령 청구를 받으면 지체 없이 치료명령 청구서의 부본을 치료명령 피청구자 또는 그 변호인에게 송달하여야 한다. 이 경우 공소제기 또는 치료감호의 독립청구와 동시에 치료명령 청구가 있는 때에는 제1회 공판기일 5일 전까지, 피고사건 심리 중에 치료명령 청구가 있는 때에는 다음 공판기일 5일 전까지 송달하여야 한다.

시행령

제4조【치료명령 청구서의 기재사항】

① 법 제7조 제1항 제1호에서 "치료명령 피청구자를 특정할 수 있는 사항"이란 다음 각 호의 사항을 말한다.

　1. 치료명령피청구자의 주민등록번호　　　2. 주거지

　3. 직업　　　　　　　　　　　　　　　4. 등록기준지

② 법 제7조 제1항 제4호에서 "대통령령으로 정하는 사항"이란 다음 각 호의 사항을 말한다.

　1. 치료명령피청구자의 죄명　　　　　　2. 연락처

　3. 구속 여부　　　　　　　　　　　　4. 변호인의 성명

제8조 【치료명령의 판결 등】 ★★

① 법원은 치료명령 청구가 이유 있다고 인정하는 때에는 15년의 범위에서 치료기간을 정하여 판결로 치료명령을 선고하여야 한다.

② 치료명령을 선고받은 사람(이하 "치료명령을 받은 사람"이라 한다)은 치료기간 동안 「보호관찰 등에 관한 법률」에 따른 보호관찰을 받는다.

③ 법원은 다음 각 호의 어느 하나에 해당하는 때에는 판결로 치료명령 청구를 기각하여야 한다.

    1. 치료명령 청구가 이유 없다고 인정하는 때

    2. 피고사건에 대하여 무죄(심신상실을 이유로 치료감호가 선고된 경우는 제외한다)·면소·공소기각의 판결 또는 결정을 선고하는 때

    3. 피고사건에 대하여 벌금형을 선고하는 때

    4. 피고사건에 대하여 선고를 유예하거나 집행유예를 선고하는 때

④ 치료명령 청구사건의 판결은 피고사건의 판결과 동시에 선고하여야 한다.

⑤ 치료명령 선고의 판결 이유에는 요건으로 되는 사실, 증거의 요지 및 적용 법조를 명시하여야 한다.

⑥ 치료명령의 선고는 피고사건의 양형에 유리하게 참작되어서는 아니 된다.

⑦ 피고사건의 판결에 대하여 「형사소송법」에 따른 상소 및 상소의 포기·취하가 있는 때에는 치료명령 청구사건의 판결에 대하여도 상소 및 상소의 포기·취하가 있는 것으로 본다. 상소권회복 또는 재심의 청구나 비상상고가 있는 때에도 또한 같다.

⑧ 검사 또는 치료명령 피청구자 및 「형사소송법」 제340조(피고인의 법정대리인)·제341조(피고인의 배우자, 직계친족, 형제자매 또는 원심의 대리인이나 변호인)에 규정된 사람은 치료명령에 대하여 독립하여 「형사소송법」에 따른 상소 및 상소의 포기·취하를 할 수 있다. 상소권회복 또는 재심의 청구나 비상상고의 경우에도 또한 같다.

[헌법불합치, 2013헌가9, 2015.12.23, '성폭력범죄자의 성충동 약물치료에 관한 법률'(2010.7.23. 법률 제10371호로 제정된 것) 제8조 제1항은 헌법에 합치되지 아니한다. 이 법률조항은 2017.12.31.을 시한으로 입법자가 개정할 때까지 계속 적용된다]

관련판례

성폭력범죄를 저지른 성도착증 환자로서 재범의 위험성이 인정되는 19세 이상의 사람에 대해 법원이 15년의 범위에서 치료명령을 선고할 수 있도록 한 성폭력범죄자의 성충동 약물치료에 관한 법률 제4조 제1항 및 성폭력범죄자의 성충동 약물치료에 관한 법률 제8조 제1항이 치료명령 피청구인의 신체의 자유 등 기본권을 침해하는지 여부(일부 적극)

장기형이 선고되는 경우 치료명령의 선고시점과 집행시점 사이에 상당한 시간적 간극이 있어 집행시점에서 발생할 수 있는 불필요한 치료와 관련한 부분에 대해서는 침해의 최소성과 법익균형성을 인정하기 어렵다. 따라서 이 사건 청구조항은 과잉금지원칙에 위배되지 아니하나(합헌 결정)이 사건 명령조항은 집행 시점에서 불필요한 치료를 막을 수 있는 절차가 마련되어 있지 않은 점으로 인하여 과잉금지원칙에 위배되어 치료명령 피청구인의 신체의 자유 등 기본권을 침해한다(헌법불합치 결정 : 헌재 2015.12.23. 2013헌가9).

※ 이 헌법불합치 결정으로 인해 법 8조의2부터 제8조의4까지 신설(2017.12.19)되었다.

제8조의2 【치료명령의 집행 면제 신청 등】 ★

① 징역형과 함께 치료명령을 받은 사람 및 그 법정대리인은 주거지 또는 현재지를 관할하는 지방법원(지원을 포함한다. 이하 같다)에 치료명령이 집행될 필요가 없을 정도로 개선되어 성폭력범죄를 다시 범할 위험성이 없음을 이유로 치료명령의 집행 면제를 신청할 수 있다. 다만, 징역형과 함께 치료명령을 받은 사람이 치료감호의 집행 중인 경우에는 치료명령의 집행 면제를 신청할 수 없다.

② 제1항 본문에 따른 신청은 치료명령의 원인이 된 범죄에 대한 징역형의 집행이 종료되기 전 12개월부터 9개월까지의 기간에 하여야 한다. 다만, 치료명령의 원인이 된 범죄가 아닌 다른 범죄를 범하여 징역형의 집행이 종료되지 아니한 경우에는 그 징역형의 집행이 종료되기 전 12개월부터 9개월까지의 기간에 하여야 한다.

③ 징역형과 함께 치료명령을 받은 사람은 제1항 본문에 따른 치료명령의 집행 면제를 신청할 때에는 신청서에 치료명령의 집행 면제의 심사에 참고가 될 자료를 첨부하여 제출하여야 한다.

④ 법원은 제1항 본문의 신청을 받은 경우 징역형의 집행이 종료되기 3개월 전까지 치료명령의 집행 면제 여부를 결정하여야 한다.

⑤ 법원은 제4항에 따른 결정을 하기 위하여 필요한 경우에는 그 법원의 소재지를 관할하는 보호관찰소의 장에게 치료명령을 받은 사람의 교정성적, 심리상태, 재범의 위험성 등 필요한 사항의 조사를 요청할 수 있다. 이 경우 조사에 관하여는 제5조를 준용하며, "검사"는 "법원"으로 본다.

⑥ 법원은 제4항에 따른 결정을 하기 위하여 필요한 때에는 치료명령을 받은 사람에 대하여 정신건강 의학과 전문의의 진단이나 감정을 받게 할 수 있다.

⑦ 제1항에 따른 치료명령 집행 면제 신청사건의 관할에 관하여는 제6조 제2항을 준용한다.

⑧ 징역형과 함께 치료명령을 받은 사람 및 그 법정대리인은 제4항의 결정에 대하여 항고(抗告)를 할 수 있다.

⑨ 제8항의 항고에 관하여는 제22조 제5항부터 제11항까지를 준용한다. 이 경우 "성폭력 수형자"는 "치료명령을 받은 사람"으로 본다.

시행령

제4조의2 【치료명령의 집행 면제 신청 등】

① 법 제8조의2 제1항부터 제3항까지의 규정에 따라 치료명령의 집행 면제를 신청하려는 사람은 법무부령으로 정하는 신청서를 주거지 또는 현재지를 관할하는 지방법원(지원을 포함한다)에 제출하여야 한다.

② 법원은 보호관찰소의 장에게 법 제8조의2 제5항에 따라 필요한 사항의 조사를 요청하는 경우에는 치료명령을 받은 사람의 인적사항 및 범죄사실의 요지를 통보하여야 한다. 이 경우 법원은 필요하다고 인정하는 경우에는 참고자료를 송부할 수 있다.

제8조의3 【치료감호심의위원회의 치료명령 집행 면제 등】

① 「치료감호 등에 관한 법률」 제37조에 따른 치료감호심의위원회(이하 "치료감호심의위원회"라 한다)는 같은 법 제16조 제1항에 따른 피치료감호자 중 치료명령을 받은 사람(피치료감호자 중 징역형과 함께 치료명령을 받은 사람의 경우 형기가 남아 있지 아니하거나 9개월 미만의 기간이 남아 있는 사람에 한정한다)에 대하여 같은 법 제22조(가종료 등의 심사·결정) 또는 제23조(치료의 위탁)에 따른 치료감호의 종료·가종료 또는 치료위탁 결정을 하는 경우에 치료명령의 집행이 필요하지 아니하다고 인정되면 치료명령의 집행을 면제하는 결정을 하여야 한다.

② 치료감호심의위원회는 제1항의 결정을 하기 위하여 필요한 경우에는 치료명령을 받은 사람에 대하여 정신건강의학과 전문의의 진단이나 감정을 받게 할 수 있다.

제8조의4 【치료명령의 집행 면제 결정 통지】

법원 또는 치료감호심의위원회는 제8조의2 제4항 또는 제8조의3 제1항에 따라 치료명령의 집행 면제에 관한 결정을 한 때에는 지체 없이 신청인 또는 피치료감호자, 신청인 또는 피치료감호자의 주거지를 관할하는 보호관찰소의 장, 교도소·구치소 또는 치료감호시설의 장에게 결정문 등본을 송부하여야 한다.

제9조 【전문가의 감정 등】

법원은 제4조 제2항에 따른 정신건강의학과 전문의의 진단 또는 감정의견만으로 치료명령 피청구자의 성도착증 여부를 판단하기 어려울 때에는 다른 정신건강의학과 전문의에게 다시 진단 또는 감정을 명할 수 있다.

제10조 【준수사항】 ★

① 치료명령을 받은 사람은 치료기간 동안 「보호관찰 등에 관한 법률」 제32조 제2항(일반준수사항) 각 호[제4호(주거를 이전하거나 1개월 이상 국내외 여행을 할 때에는 미리 보호관찰관에게 신고할 것)는 제외한다]의 준수사항과 다음 각 호의 준수사항을 이행하여야 한다.

   1. 보호관찰관의 지시에 따라 성실히 약물치료에 응할 것

   2. 보호관찰관의 지시에 따라 정기적으로 호르몬 수치 검사를 받을 것

   3. 보호관찰관의 지시에 따라 인지행동 치료 등 심리치료 프로그램을 성실히 이수할 것

② 법원은 제8조 제1항에 따라 치료명령을 선고하는 경우 「보호관찰 등에 관한 법률」 제32조 제3항 각 호의 준수사항(특별준수사항)을 부과할 수 있다.

③ 법원은 치료명령을 선고할 때에 치료명령을 받은 사람에게 치료명령의 취지를 설명하고 준수사항을 적은 서면을 교부하여야 한다.

④ 제1항 제3호의 인지행동 치료 등 심리치료 프로그램에 관하여 필요한 사항은 대통령령으로 정한다.

시행령

제5조 【인지행동 치료 등 심리치료 프로그램】

① 법 제10조 제1항 제3호에 따른 인지행동 치료 등 심리치료 프로그램(이하 "심리치료프로그램"이라 한다)은 다음 각 호의 내용을 포함하여야 한다.
　1. 인지 왜곡과 일탈적 성적 기호(嗜好)의 수정
　2. 치료 동기의 향상
　3. 피해자에 대한 공감 능력 증진
　4. 사회적응 능력 배양
　5. 일탈적 성행동의 재발 방지
　6. 그 밖에 성폭력범죄의 재범 방지를 위하여 필요한 사항
② 심리치료프로그램은 성충동 약물치료(이하 "약물치료"라 한다) 기간 동안 월 1회 이상 실시되어야 한다.
③ 법무부장관은 심리치료프로그램의 개발과 전문 집행 인력의 양성을 위하여 노력하여야 한다.

제11조 【치료명령 판결 등의 통지】

① 법원은 제8조 제1항에 따라 치료명령을 선고한 때에는 그 판결이 확정된 날부터 3일 이내에 치료명령을 받은 사람의 주거지를 관할하는 보호관찰소의 장에게 판결문의 등본과 준수사항을 적은 서면을 송부하여야 한다.
② 교도소, 소년교도소, 구치소 및 치료감호시설의 장은 치료명령을 받은 사람이 석방되기 3개월 전까지 치료명령을 받은 사람의 주거지를 관할하는 보호관찰소의 장에게 그 사실을 통보하여야 한다.

제12조 【국선변호인 등】

치료명령 청구사건에 관하여는 「형사소송법」 제282조(필요적 변호) 및 제283조(국선변호인)를 준용한다.

제3장 | 치료명령의 집행

제13조 【집행지휘】

① 치료명령은 검사의 지휘를 받아 보호관찰관이 집행한다.

② 제1항에 따른 지휘는 판결문 등본을 첨부한 서면으로 한다.

시행령

제6조 【집행지휘】

① 검사는 치료명령의 판결이 확정된 경우에는 지체 없이 치료명령을 선고받은 사람(이하 "치료명령을 받은 사람"이라 한다)의 주거지를 관할하는 보호관찰소의 장에게 법 제13조 제2항에 따라 지휘 서면을 보내야 한다.

② 제1항에 따른 지휘 서면에는 법 제4조 제2항에 따른 정신건강의학과 전문의의 감정서를 첨부하여야 한다.

제7조 【치료명령의 집행】

① 법 제13조 제1항에 따라 치료명령을 집행하는 보호관찰관은 치료명령을 집행하기 전에 다음 각 호의 서류 모두를 확인하여야 한다.

  1. 치료명령을 받은 사람에 대한 판결문 등본

  2. 제6조 제1항에 따른 지휘 서면

  3. 제6조 제2항에 따른 정신건강의학과 전문의의 감정서

  4. 법 제8조의4에 따라 송부 받은 치료명령의 집행 면제에 관한 결정문 등본

② 보호관찰관은 치료명령을 집행하기 전에 치료명령을 받은 사람에게 다음 각 호의 사항 모두를 알려 주어야 한다.

  1. 법 제10조에 따른 준수사항

  2. 법 제15조 및 이 영에 따른 치료명령을 받은 사람의 의무사항

  3. 법 제16조에 따른 치료기간의 연장에 관한 사항

  4. 법 제35조에 따른 벌칙에 관한 사항

③ 보호관찰관은 약물 투여의 방법으로 치료명령을 집행할 때에는 치료기관 의사의 진단과 처방에 따라 약물을 투여하여야 하며, 약물 투여와 함께 호르몬 수치 검사를 실시하여야 한다.

제14조 【치료명령의 집행】

① 치료명령은 「의료법」에 따른 의사의 진단과 처방에 의한 약물 투여, 「정신건강증진 및 정신질환자 복지서비스 지원에 관한 법률」에 따른 정신보건전문요원 등 전문가에 의한 인지행동 치료 등 심리치료 프로그램의 실시 등의 방법으로 집행한다.

② 보호관찰관은 치료명령을 받은 사람에게 치료명령을 집행하기 전에 약물치료의 효과, 부작용 및 약물치료의 방법·주기·절차 등에 관하여 충분히 설명하여야 한다.

③ 치료명령을 받은 사람이 형의 집행이 종료되거나 면제·가석방 또는 치료감호의 집행이 종료 ·가종료 또는 치료위탁으로 석방되는 경우 보호관찰관은 석방되기 전 2개월 이내에 치료명령을 받은 사람에게 치료명령을 집행하여야 한다.

④ 다음 각 호의 어느 하나에 해당하는 때에는 치료명령의 집행이 정지된다.

    1. 치료명령의 집행 중 구속영장의 집행을 받아 구금된 때

    2. 치료명령의 집행 중 금고 이상의 형의 집행을 받게 된 때

    3. 가석방 또는 가종료·가출소된 자에 대하여 치료기간 동안 가석방 또는 가종료·가출소가 취소되거나 실효된 때

⑤ 제4항에 따라 집행이 정지된 치료명령의 잔여기간에 대하여는 다음 각 호의 구분에 따라 집행한다.

    1. 제4항 제1호의 경우에는 구금이 해제되거나 금고 이상의 형의 집행을 받지 아니하는 것으로 확정된 때부터 그 잔여기간을 집행한다.

    2. 제4항 제2호의 경우에는 그 형의 집행이 종료되거나 면제된 후 또는 가석방된 때부터 그 잔여기간을 집행한다.

    3. 제4항 제3호의 경우에는 그 형이나 치료감호 또는 보호감호의 집행이 종료되거나 면제된 후 그 잔여기간을 집행한다.

⑥ 그 밖에 치료명령의 집행 및 정지에 관하여 필요한 사항은 대통령령으로 정한다.

시행령

제8조 【치료약물의 지정】

① 법 제14조 제1항에 따라 치료명령을 받은 사람에게 투여할 약물은 다음 각 호의 약물 중에서 법무부장관이 정하여 고시하는 약물로 한다.

    1. 성호르몬의 생성을 억제·감소시키는 약물

    2. 성호르몬이 수용체에 결합하는 것을 방해하는 약물

② 법무부장관은 제1항에 따라 약물을 지정·고시할 때에는 반드시 정신건강의학과 전문의, 비뇨의학과 전문의 등 관계 전문가의 의견을 들어야 한다.

제9조 【치료기관】

① 법 제14조 제1항 및 제6항에 따라 보호관찰관은 다음 각 호의 시설 또는 기관(이하 "치료기관"이라 한다)으로 하여금 약물치료를 실시하게 할 수 있다.

    1. 제2조 제1항 각 호의 시설 또는 기관

    2. 제1호의 기관 외에 「정신건강증진 및 정신질환자 복지서비스 지원에 관한 법률」에 따른 정신의료기관 중 법무부장관이 지정한 기관

② 제1항에 따라 약물치료를 실시한 치료기관에 대해서는 예산의 범위에서 치료비용의 전부를 지급하여야 한다.

제10조 【수용시설 수용자의 이송 등】

① 치료명령을 받은 사람을 수용하고 있는 수용시설의 장은 치료명령을 받은 사람이 형의 집행이 종료되거나 면제·가석방 등의 사유로 석방되기 3개월 전부터 2개월 전까지 사이에 「형의 집행 및 수용자의 처우에 관한 법률」 제37조 제2항에 따라 치료명령을 받은 사람을 치료감호시설로 이송하여야 한다.

② 치료감호시설의 장은 제1항에 따라 치료명령을 받은 사람을 이송 받은 경우에는 지체 없이 그 사실을 그 사람의 주거지를 관할하는 보호관찰소의 장에게 통보하여야 한다.

③ 치료감호시설의 장은 치료명령을 받은 사람이 형 또는 치료감호의 집행이 종료되거나 면제·가석방, 가종료 등의 사유로 석방되기 5일 전까지 석방 예정 사실을 그 사람의 주거지를 관할하는 보호관찰소의 장에게 통보하여야 한다.

제11조【부작용에 대한 검사 및 치료】

① 보호관찰관은 약물 투여의 방법으로 치료명령을 집행하는 경우에는 치료기관의 의사로 하여금 부작용에 대한 검사 및 치료도 함께 실시하게 하여야 한다. 이 경우 치료기관에서 부작용에 대한 검사 및 치료를 실시하기 어려운 때에는 치료기관의 장으로 하여금 「의료법」에 따른 의료기관(이하 "의료기관"이라 한다)과 연계하여 부작용에 대한 검사 및 치료를 실시하게 할 수 있다.

② 보호관찰관은 제1항에 따른 검사 결과 치료명령을 받은 사람의 신체에 회복하기 어려운 손상이 발생할 수 있다는 의사의 소견이 있거나 그 밖에 약물 투여에 따른 부작용이 크다고 인정되는 경우에는 약물 투여를 일시 중단할 수 있다.

③ 제2항에 따라 약물 투여를 일시 중단한 경우 보호관찰관이 소속된 보호관찰소의 장은 즉시 「보호관찰 등에 관한 법률」 제5조에 따른 보호관찰 심사위원회(이하 "심사위원회"라 한다)에 약물 투여 일시 중단의 승인을 서면으로 신청하여야 한다.

④ 심사위원회는 제3항의 신청을 받은 때에는 지체 없이 약물 투여 일시 중단의 승인 여부를 결정하여야 한다. 이 경우 심사위원회는 의료기관에 치료명령을 받은 사람에 대한 약물치료 부작용 관련 진단을 의뢰할 수 있다.

⑤ 보호관찰관은 제4항에 따른 약물 투여 일시 중단의 승인일부터 1개월마다 치료명령을 받은 사람의 부작용 치료 내용, 신체상태의 변화 및 약물 투여 적합 여부 등에 대한 의사의 진단과 처방 결과를 심사위원회에 보고하여야 한다.

⑥ 심사위원회는 제5항에 따른 보호관찰관의 보고에 따라 약물 투여 재개 여부를 심사·결정하여야 한다.

⑦ 심사위원회가 제3항에 따른 신청을 기각하거나 제6항에 따라 약물 투여 재개를 결정하였을 때에는 보호관찰관은 지체 없이 치료명령을 다시 집행하여야 한다.

제12조【집행이 정지된 치료명령의 잔여기간 집행】

① 법 제14조 제4항에 따라 집행이 정지된 치료명령의 잔여기간은 다음 각 호의 구분에 따라 집행한다.

    1. 법 제14조 제4항 제2호·제3호의 사유로 집행이 정지된 경우로서 그 형이나 치료감호 또는 보호감호의 집행을 받을 기간이 3개월 이상일 경우 : 법 제14조 제3항 및 이 영 제10조에 따라 집행한다.

    2. 제1호에 해당하지 아니하는 경우 : 치료명령을 받은 사람의 주거지를 관할하는 보호관찰관이 잔여기간에 대한 치료명령을 집행한다.

② 제1항 제2호의 경우에 치료명령을 받은 사람은 석방된 날부터 10일 이내에 주거지를 관할하는 보호관찰소에 출석하여 신고하고, 보호관찰관의 치료명령 집행 지시에 따라야 한다.

③ 제1항에 따른 치료명령의 집행기간은 다시 치료 약물을 투여한 날부터 진행한다.

④ 수용시설 또는 치료감호시설의 장은 법 제14조 제5항에 따른 치료명령의 잔여기간 집행 사유가 발생하였을 때에는 치료명령의 집행이 정지된 사람이 석방되기 5일 전까지 석방 예정 사실을 그 사람의 주거지를 관할하는 보호관찰소의 장에게 통보하여야 한다.

제15조【치료명령을 받은 사람의 의무】 ★★

① 치료명령을 받은 사람은 치료기간 중 상쇄약물의 투약 등의 방법으로 치료의 효과를 해하여서는 아니 된다.

② 치료명령을 받은 사람은 형의 집행이 종료되거나 면제·가석방 또는 치료감호의 집행이 종료

· 가종료 또는 치료 위탁되는 날부터 10일 이내에 주거지를 관할하는 보호관찰소에 출석하여 서면으로 신고하여야 한다.
③ 치료명령을 받은 사람은 주거이전 또는 7일 이상의 국내여행을 하거나 출국할 때에는 미리 보호관찰관의 허가를 받아야 한다.

시행령

제13조 【치료명령을 받은 사람의 의무 등】

① 보호관찰관은 치료명령을 받은 사람이 법 제15조 제1항에 따른 의무를 준수하는지 확인할 필요가 있으면 호르몬 수치 검사 또는 상쇄약물 투약 여부 검사를 실시할 수 있다.

② 치료명령을 받은 사람은 보호관찰관이 제1항에 따른 검사를 위하여 소변 등 시료(試料)의 제출을 지시할 때에는 이에 따라야 한다.

③ 보호관찰소의 장은 치료명령을 받은 사람이 제출한 소변 등의 시료를 대검찰청 또는 국립과학수사연구원에 송부하여 제1항에 따른 검사를 의뢰하여야 한다.

제14조 【주거이전, 국내여행 및 출국의 허가 등】

① 보호관찰관은 법 제15조 제3항에 따라 주거이전 등의 허가 신청을 받은 때에는 그 신청을 받은 날부터 7일 이내에 다음 각 호의 사항을 종합적으로 고려하여 허가 여부를 결정하여야 한다.

1. 주거이전 예정지나 국내여행 예정지 또는 출국 예정지
2. 주거이전 이유나 국내여행 목적 또는 출국 목적
3. 국외 체류 예정 기간
4. 그동안의 치료 경과 및 준수사항 이행 상태
5. 치료명령 회피 목적의 유무

② 법 제15조 제3항에 따라 치료명령을 받은 사람이 주거이전 허가를 받아 다른 보호관찰소의 관할구역으로 주거를 이전한 경우에는 3일 이내에 새로운 주거지를 관할하는 보호관찰소에 출석하여 주거이전의 신고를 하여야 한다.

③ 보호관찰소의 장은 소속 보호관찰관이 제1항에 따라 치료명령을 받은 사람의 출국을 허가한 경우에는 출입국 사무를 관장하는 기관의 장에게 치료명령을 받은 사람의 출입국 사실을 통보하여 줄 것을 요청할 수 있다.

제16조 【치료기간의 연장 등】 ★

① 치료 경과 등에 비추어 치료명령을 받은 사람에 대한 약물치료를 계속 하여야 할 상당한 이유가 있거나 다음 각 호의 어느 하나에 해당하는 사유가 있으면 법원은 보호관찰소의 장의 신청에 따른 검사의 청구로 치료기간을 결정으로 연장할 수 있다. 다만, 종전의 치료기간을 합산하여 15년을 초과할 수 없다.

1. 정당한 사유 없이 「보호관찰 등에 관한 법률」 제32조 제2항(제4호는 제외한다) 또는 제3항에 따른 준수사항을 위반한 경우
2. 정당한 사유 없이 제15조 제2항을 위반하여 신고하지 아니한 경우
3. 거짓으로 제15조 제3항의 허가를 받거나, 정당한 사유 없이 제15조 제3항을 위반하여

> 허가를 받지 아니하고 주거이전, 국내여행 또는 출국을 하거나 허가기간 내에 귀국하지
> 아니한 경우
> ② 법원은 치료명령을 받은 사람이 제1항 각 호의 어느 하나에 해당하는 경우에는 보호관찰소의
> 장의 신청에 따른 검사의 청구로 제10조 제2항의 준수사항을 추가 또는 변경하는 결정을
> 할 수 있다.
> ③ 제1항 각 호에 규정된 사항 외의 사정변경이 있는 경우에도 법원은 상당한 이유가 있다고
> 인정되면 보호관찰소의 장의 신청에 따른 검사의 청구로 제10조 제2항의 준수사항을 추가,
> 변경 또는 삭제하는 결정을 할 수 있다.

🔖 **시행령**

제15조【치료기간 연장 등의 신청】
① 보호관찰소의 장은 법 제16조 제1항 또는 제2항에 따라 치료기간의 연장 또는 준수사항의 추가·변경을
　신청하는 경우에는 다음 각 호의 사항을 적은 서면으로 하여야 한다.
　1. 치료명령을 받은 사람의 성명, 주민등록번호, 주거지 및 직업
　2. 신청의 취지
　3. 치료기간의 연장 또는 준수사항의 추가·변경이 필요한 사유
② 보호관찰소의 장은 제1항에 따른 신청을 할 때에는 신청 사유를 소명할 수 있는 자료를 함께 제출하여야
　한다.
③ 법원은 법 제16조에 따른 청구의 심리를 위하여 필요하면 담당 보호관찰관을 출석시켜 의견을 들을 수
　있고, 치료명령을 받은 사람을 소환하여 심문하거나 필요한 사항을 확인할 수 있다.

제17조【치료명령의 임시해제 신청 등】★
① 보호관찰소의 장 또는 치료명령을 받은 사람 및 그 법정대리인은 해당 보호관찰소를 관할하는
　「보호관찰 등에 관한 법률」제5조에 따른 보호관찰 심사위원회(이하 "심사위원회"라 한다)에
　치료명령의 임시해제를 신청할 수 있다.
② 제1항의 신청은 치료명령의 집행이 개시된 날부터 6개월이 지난 후에 하여야 한다. 신청이
　기각된 경우에는 기각된 날부터 6개월이 지난 후에 다시 신청할 수 있다.
③ 임시해제의 신청을 할 때에는 신청서에 임시해제의 심사에 참고가 될 자료를 첨부하여 제출하
　여야 한다.

🔖 **시행령**

제16조【치료명령의 임시해제 신청】
① 법 제17조 제1항에 따른 치료명령의 임시해제 신청은 심사위원회에 서면으로 하여야 한다.
② 심사위원회는 치료명령을 받은 사람 또는 그 법정대리인이 치료명령의 임시해제를 신청한 경우에는 지체
　없이 그 사실을 보호관찰소의 장에게 통보하여야 한다.

제18조 【치료명령 임시해제의 심사 및 결정】

① 심사위원회는 임시해제를 심사할 때에는 치료명령을 받은 사람의 인격, 생활태도, 치료명령 이행상황 및 재범의 위험성에 대한 전문가의 의견 등을 고려하여야 한다.

② 심사위원회는 임시해제의 심사를 위하여 필요한 때에는 보호관찰소의 장으로 하여금 필요한 사항을 조사하게 하거나 치료명령을 받은 사람이나 그 밖의 관계인을 직접 소환·심문 또는 조사할 수 있다.

③ 제2항의 요구를 받은 보호관찰소의 장은 필요한 사항을 조사하여 심사위원회에 통보하여야 한다.

④ 심사위원회는 치료명령을 받은 사람이 치료명령이 계속 집행될 필요가 없을 정도로 개선되어 죄를 다시 범할 위험성이 없다고 인정하는 때에는 치료명령의 임시해제를 결정할 수 있다.

⑤ 심사위원회는 치료명령의 임시해제를 하지 아니하기로 결정한 때에는 결정서에 그 이유를 명시하여야 한다.

⑥ 제4항에 따라 치료명령이 임시해제된 경우에는 제10조 제1항 각 호 및 같은 조 제2항에 따른 준수사항이 임시해제된 것으로 본다.

시행령

제17조 【치료명령 가해제의 심사 및 결정】

① 심사위원회는 법 제18조 제1항에 따라 치료명령의 임시해제를 심사할 때에는 치료를 실시한 정신건강의학과 전문의와 보호관찰관의 의견을 들어야 하며, 필요하면 그 밖의 전문가의 의견을 들을 수 있다.

② 심사위원회는 법 제18조 제4항 및 제5항에 따른 결정을 한 때에는 지체 없이 그 결정서 등본을 관할 보호관찰소의 장과 신청인에게 송달하여야 한다.

③ 제1항에 따라 심사위원회에 의견 또는 자료를 제출한 정신건강의학과 전문의, 그 밖의 전문가 등에게는 예산의 범위에서 수당 또는 비용을 지급할 수 있다.

제19조 【임시해제의 취소 등】

① 보호관찰소의 장은 치료명령이 임시해제된 사람이 성폭력범죄를 저지르거나 주거이전 상황 등의 보고에 불응하는 등 재범의 위험성이 있다고 판단되는 때에는 심사위원회에 임시해제의 취소를 신청할 수 있다. 이 경우 심사위원회는 임시해제된 사람의 재범의 위험성이 현저하다고 인정될 때에는 임시해제를 취소하여야 한다.

② 임시해제가 취소된 사람은 잔여 치료기간 동안 약물치료를 받아야 한다. 이 경우 임시해제기간은 치료기간에 산입하지 아니한다.

📖 **시행령**

제18조 【임시해제의 취소 등】

① 법 제19조 제1항에 따른 임시해제 취소 신청은 심사위원회에 서면으로 하여야 한다.

② 심사위원회는 법 제19조 제1항에 따라 치료명령의 임시해제 취소 결정을 한 때에는 지체 없이 그 사실을 관할 보호관찰소의 장과 가해제가 취소된 사람에게 통보하여야 한다.

③ 가해제가 취소된 경우에 치료명령의 집행기간은 임시해제 취소 후 최초로 성호르몬 조절약물을 투여한 날부터 진행한다.

제20조 【치료명령 집행의 종료】

제8조 제1항에 따라 선고된 치료명령은 다음 각 호의 어느 하나에 해당하는 때에 그 집행이 종료 된다.

1. 치료기간이 지난 때
2. 치료명령과 함께 선고한 형이 사면되어 그 선고의 효력을 상실하게 된 때
3. 치료명령이 임시해제된 사람이 그 임시해제가 취소됨이 없이 잔여 치료기간을 지난 때

제21조 【치료명령의 시효】

① 치료명령을 받은 사람은 그 판결이 확정된 후 집행을 받지 아니하고 함께 선고된 피고사건의 형의 시효 또는 치료감호의 시효가 완성되면 그 집행이 면제된다.

② 치료명령의 시효는 치료명령을 받은 사람을 체포함으로써 중단된다.

제4장 | 수형자 · 가종료자 등에 대한 치료명령

제22조 【성폭력 수형자에 대한 치료명령 청구】 ★

① 검사는 사람에 대하여 성폭력범죄를 저질러 징역형 이상의 형이 확정되었으나 제8조 제1항에 따른 치료명령이 선고되지 아니한 수형자(이하 "성폭력 수형자"라 한다) 중 성도착증 환자로 서 성폭력범죄를 다시 범할 위험성이 있다고 인정되고 약물치료를 받는 것을 동의하는 사람에 대하여 그의 주거지 또는 현재지를 관할하는 지방법원에 치료명령을 청구할 수 있다.

② 제1항의 수형자에 대한 치료명령의 절차는 다음 각 호에 따른다.

1. 교도소 · 구치소(이하 "수용시설"이라 한다)의 장은 「형법」 제72조 제1항의 가석방 요건을 갖춘 성폭력 수형자에 대하여 약물치료의 내용, 방법, 절차, 효과, 부작용, 비용부담 등에 관하여 충분히 설명하고 동의 여부를 확인하여야 한다.

2. 제1호의 성폭력 수형자가 약물치료에 동의한 경우 수용시설의 장은 지체 없이 수용시설의 소재지를 관할하는 지방검찰청의 검사에게 인적사항과 교정성적 등 필요한 사항을 통보하여야 한다.

3. 검사는 소속 검찰청 소재지 또는 성폭력 수형자의 주소를 관할하는 보호관찰소의 장에게 성폭력 수형자에 대하여 제5조 제1항에 따른 조사를 요청할 수 있다.

4. 보호관찰소의 장은 제3호의 요청을 접수한 날부터 2개월 이내에 제5조 제3항의 조사보고서를 제출하여야 한다.

5. 검사는 성폭력 수형자에 대하여 약물치료의 내용, 방법, 절차, 효과, 부작용, 비용부담 등에 관하여 설명하고 동의를 확인한 후 정신건강의학과 전문의의 진단이나 감정을 받아 법원에 치료명령을 청구할 수 있다. 이 때 검사는 치료명령 청구서에 제7조 제1항 각 호의 사항 외에 치료명령 피청구자의 동의사실을 기재하여야 한다.

6. 법원은 제5호의 치료명령 청구가 이유 있다고 인정하는 때에는 결정으로 치료명령을 고지하고 치료명령을 받은 사람에게 준수사항 기재서면을 송부하여야 한다.

③ 제2항 제6호의 결정에 따른 치료기간은 15년을 초과할 수 없다.

④ 검사는 제2항 제5호에 따른 정신건강의학과 전문의의 진단이나 감정을 위하여 필요한 경우 수용시설의 장에게 성폭력 수형자를 치료감호시설 등에 이송하도록 할 수 있다.

⑤ 제2항 제6호의 결정이 다음 각 호의 어느 하나에 해당하면 결정을 고지 받은 날부터 7일 이내에 검사, 성폭력 수형자 본인 또는 그 법정대리인은 고등법원에 항고할 수 있다.

1. 해당 결정에 영향을 미칠 법령위반이 있거나 중대한 사실오인이 있는 경우

2. 처분이 현저히 부당한 경우

⑥ 항고를 할 때에는 항고장을 원심법원에 제출하여야 하며, 항고장을 제출받은 법원은 3일 이내에 의견서를 첨부하여 기록을 항고법원에 송부하여야 한다.

⑦ 항고법원은 항고 절차가 법률에 위반되거나 항고가 이유 없다고 인정한 경우에는 결정으로써 항고를 기각하여야 한다.

⑧ 항고법원은 항고가 이유 있다고 인정한 경우에는 원결정을 파기하고 스스로 결정을 하거나 다른 관할 법원에 이송하여야 한다.

⑨ 항고법원의 결정에 대하여는 그 결정이 법령에 위반된 때에만 대법원에 재항고를 할 수 있다.

⑩ 재항고의 제기기간은 항고기각 결정을 고지 받은 날부터 7일로 한다.

⑪ 항고와 재항고는 결정의 집행을 정지하는 효력이 없다.

⑫ 수용시설의 장은 성폭력 수형자가 석방되기 5일 전까지 그의 주소를 관할하는 보호관찰소의 장에게 그 사실을 통보하여야 한다.

⑬ 제2항 제6호에 따라 고지된 치료명령은 성폭력 수형자에게 선고된 제1항의 징역형 이상의 형이 사면되어 그 선고의 효력을 상실하게 된 때에 그 집행이 종료된다.

⑭ 치료명령을 받은 사람은 치료명령 결정이 확정된 후 집행을 받지 아니하고 10년이 경과하면 시효가 완성되어 집행이 면제된다.

시행령

제19조【수용시설의 장의 설명 및 동의 여부 확인】

수용시설의 장은 법 제22조 제1항에 따른 성폭력 수형자(이하 "성폭력수형자"라 한다) 가운데 「형의 집행 및 수용자의 처우에 관한 법률」 제121조 제1항에 따라 가석방 적격심사 신청 대상자로 선정된 사람에게 법 제22조 제2항 제1호에 따라 약물치료에 관한 사항을 서면으로 제시하여 설명하고, 약물치료에 동의한 경우에는 이를 서면으로 확인하여야 한다.

제20조【수용시설의 장의 통보】

수용시설의 장은 성폭력수형자가 제19조에 따라 약물치료에 동의한 경우에는 수용시설 소재지를 관할하는 지방검찰청(지청을 포함한다)의 검사에게 지체 없이 다음 각 호의 사항을 통보하여야 한다.

1. 수용기록부
2. 판결문 사본
3. 분류처우심사표

제21조【조사】

검사는 법 제22조 제2항 제3호에 따라 보호관찰소의 장에게 조사를 요청할 때에는 제20조 각 호의 사항을 통보하여야 한다.

제22조【검사의 치료명령 청구 등】

① 검사는 법 제22조 제2항 제5호에 따라 약물치료 동의 여부를 확인할 때에는 약물치료에 관한 사항을 서면으로 제시하여 설명하고, 약물치료에 동의한 경우에는 이를 서면으로 확인하여야 한다.

② 법 제22조 제2항 제5호에 따른 정신건강의학과 전문의의 진단이나 감정 및 치료명령의 청구에 관하여는 제2조 및 제4조를 각각 준용한다.

제23조【치료명령 청구사실의 통보】

검사는 법 제22조 제2항 제5호에 따라 성폭력수형자에 대하여 치료명령을 청구한 경우에는 치료명령피청구자에게 지체 없이 청구서를 송부하여야 한다.

제24조【집행지휘 등】

① 검사는 법 제22조 제2항 제6호에 따라 치료명령이 결정된 경우에는 지체 없이 그 사실을 성폭력수형자를 수용하고 있는 수용시설의 장에게 통보하여야 한다.

② 법 제22조 제2항 제6호에 따라 치료명령이 결정된 경우에 검사의 집행지휘에 관하여는 제6조를 준용한다.

제25조【치료명령 결정문 송부】

법원은 법 제22조 제2항 제6호에 따라 성폭력수형자에게 치료명령을 고지한 날부터 3일 이내에 치료명령을 고지 받은 사람의 주거지를 관할하는 보호관찰소의 장에게 결정문 등본을 송부하여야 한다.

제23조【가석방】★

① 수용시설의 장은 제22조 제2항 제6호의 결정이 확정된 성폭력 수형자에 대하여 법무부령으로 정하는 바에 따라 「형의 집행 및 수용자의 처우에 관한 법률」 제119조의 가석방심사위원회에 가석방 적격심사를 신청하여야 한다.

② 가석방심사위원회는 성폭력 수형자의 가석방 적격심사를 할 때에는 치료명령이 결정된 사실을 고려하여야 한다.

제24조【비용부담】 ★

① 제22조 제2항 제6호의 치료명령의 결정을 받은 사람은 치료기간 동안 치료비용을 부담하여야
   한다. 다만, 치료비용을 부담할 경제력이 없는 사람의 경우에는 국가가 비용을 부담할 수 있다.
② 비용부담에 관하여 필요한 사항은 대통령령으로 정한다.

🔲 시행령

제26조【비용부담】

① 보호관찰관은 법 제22조 제2항 제6호에 따라 치료명령의 결정을 받은 사람에게 치료행위마다 금액을 특정하
   여 서면으로 치료비용의 납부를 명하여야 한다.
② 치료명령을 받은 사람은 제1항의 서면을 받은 날부터 30일 이내에 치료비용을 내야 한다.
③ 치료명령을 받은 사람이 치료비용을 부담할 경제력이 없는 경우에는 제1항에 따라 치료비용 납부를 명하는
   서면을 받을 때마다 다음 각 호의 서류를 보호관찰관에게 제출하여 치료비용 국가 부담 결정을 받아야 한다.
   1. 치료비용 국가 부담 신청서
   2. 소득이 없어 소득신고를 하지 않는 경우에는 그 사실을 확인할 수 있는 자료
   3. 그 밖에 일정한 수입원이나 재산이 없음을 확인할 수 있는 자료
④ 제3항에 따른 신청을 받은 보호관찰관은「전자정부법」제36조 제1항에 따른 행정정보의 공동이용을 통하여
   다음 각 호의 행정정보를 확인하여야 한다. 다만, 신청인이 확인에 동의하지 아니하는 경우에는 그 서류를
   첨부하게 하여야 한다.
   1. 소득금액 증명서(소득이 있는 경우만 해당한다)
   2. 지방세 세목별 과세(납세) 증명서
   3. 국민기초생활 수급자 증명서
⑤ 보호관찰관은 제3항에 따른 결정을 위하여 필요한 경우에는 치료명령을 받은 사람에게 출석 또는 자료의
   제출을 요구하거나, 치료명령을 받은 사람의 동의를 받아 공공기관·민간단체 등에 치료비용 부담 능력
   확인에 필요한 자료의 제출을 요구할 수 있다.
⑥ 보호관찰관은 제5항에 따라 공공기관·민간단체 등에 치료비용 부담 능력 확인에 필요한 자료의 제출을
   요구할 때에는 다음 각 호의 사항이 적힌 치료명령을 받은 사람의 동의서를 첨부하여야 한다.
   1. 자료를 제출받을 기관   2. 자료를 제출할 기관 또는 단체
   3. 제출할 자료의 범위   4. 동의서의 유효기간
   5. 동의서의 작성 연월일   6. 신청인의 성명, 서명날인 또는 손도장
⑦ 보호관찰관은 제3항에 따라 국가 부담 결정을 하였을 때에는 치료기관에 대하여 치료행위마다 예산의 범위에
   서 비용의 전부를 지급하여야 한다.

제25조【가종료 등과 치료명령】

①「치료감호 등에 관한 법률」제37조에 따른 치료감호심의위원회(이하 "치료감호심의위원회"
   라 한다)는 성폭력범죄자 중 성도착증 환자로서 치료감호의 집행 중 가종료 또는 치료위탁되
   는 피치료감호자나 보호감호의 집행 중 가출소되는 피보호감호자(이하 "가종료자 등"이라

한다)에 대하여 보호관찰 기간의 범위에서 치료명령을 부과할 수 있다.

② 치료감호심의위원회는 제1항에 따라 치료명령을 부과하는 결정을 할 경우에는 결정일 전 6개월 이내에 실시한 정신건강의학과 전문의의 진단 또는 감정 결과를 반드시 참작하여야 한다.

③ 치료감호심의위원회는 제1항에 따라 치료명령을 부과하는 결정을 한 경우에는 즉시 가종료자 등의 주거지를 관할하는 보호관찰소의 장에게 통보하여야 한다.

시행령

제27조【치료감호심의위원회의 감정 의뢰】

① 「치료감호 등에 관한 법률」 제37조에 따른 치료감호심의위원회(이하 "치료감호심의위원회"라 한다)는 법 제25조 제1항에 따른 가종료자 등(이하 "가종료자등"이라 한다)에 대하여 치료명령을 부과할 필요가 있다고 인정되는 경우에는 치료감호시설의 정신건강의학과 전문의에게 진단 및 감정을 의뢰하여야 한다.

② 치료감호심의위원회는 제1항에 따른 치료감호시설의 정신건강의학과 전문의의 진단 및 감정만으로 성도착 증 여부를 판단하기 어려울 때에는 다른 정신건강의학과 전문의에게 다시 진단 및 감정을 의뢰할 수 있다.

③ 치료감호심의위원회가 피보호감호자에 대하여 제1항에 따른 진단 및 감정을 의뢰한 경우 보호감호시설의 장은 「형의 집행 및 수용자의 처우에 관한 법률」 제37조 제2항에 따라 피보호감호자를 치료감호시설로 이송하여야 한다.

제28조【가종료자등에 대한 치료명령 결정의 통지 등】

① 치료감호심의위원회는 법 제25조 제1항에 따라 치료명령을 부과한 경우 가종료자등에게는 그 결정서를, 치료감호 시설 또는 보호감호시설(이하 "감호시설"이라 한다)의 장에게는 결정서 등본을 각각 송달하여야 한다.

② 제1항에 따라 결정서 등본을 송달받은 감호시설의 장은 치료명령을 받게 될 피치료감호자 또는 피보호감호자 에게 약물치료의 내용·방법·절차·효과·부작용 등에 관하여 알려 주어야 한다.

제26조【준수사항】

치료감호심의위원회는 제25조에 따른 치료명령을 부과하는 경우 치료기간의 범위에서 준수기간 을 정하여 「보호관찰 등에 관한 법률」 제32조 제3항(특별준수사항) 각 호의 준수사항 중 하나 이상을 부과할 수 있다.

제27조【치료명령의 집행】 ★

보호관찰관은 가종료자 등이 가종료·치료위탁 또는 가출소 되기 전 2개월 이내에 치료명령을 집행하여야 한다. 다만, 치료감호와 형이 병과된 가종료자의 경우 집행할 잔여 형기가 있는 때에 는 그 형의 집행이 종료되거나 면제되어 석방되기 전 2개월 이내에 치료명령을 집행하여야 한다.

제28조【치료명령 집행의 종료】

제25조에 따른 약물치료는 다음 각 호의 어느 하나에 해당하는 때에 그 집행이 종료된다.

1. 치료기간이 지난 때
2. 가출소·가종료·치료위탁으로 인한 보호관찰 기간이 경과하거나 보호관찰이 종료된 때

제29조 【준용】

① 이 장에 따른 치료명령에 관하여는 제10조 제1항·제4항, 제14조 제1항·제2항·제4항 제1호 및 제2호·제5항 제1호 및 제2호, 제15조, 제17조부터 제19조까지 및 제20조 제3호를 준용한다.

② 제22조에 따른 치료명령에 관하여는 제1항의 규정 외에 제6조 제2항, 제7조, 제8조 제2항·제5항, 제9조, 제10조 제2항, 제11조 제1항, 제12조, 제13조, 제14조 제3항·제4항 제3호·제5항 제3호, 제16조, 제20조 제1호 및 제21조 제2항을 준용한다.

시행령

제29조 【준용】

① 법 제4장(제22조부터 제29조까지)에 따른 치료명령에 관하여는 제7조부터 제14조까지 및 제16조부터 제18조까지의 규정을 준용한다.

② 법 제22조에 따른 치료명령에 관하여는 제1항에서 준용하는 규정 외에 제4조, 제6조 및 제15조를 준용한다.

제30조 【민감정보 및 고유식별정보의 처리】

④ 치료감호심의위원회는 다음 각 호의 사무를 수행하기 위하여 불가피한 경우 제1항에 따른 개인정보가 포함된 자료를 처리할 수 있다.

1. 법 제8조의3 제1항에 따른 치료명령의 집행 면제 결정에 관한 사무
2. 법 제8조의4에 따른 치료명령의 집행 면제 결정의 통지에 관한 사무
3. 법 제25조 제1항에 따른 치료명령 부과 결정에 관한 사무
4. 법 제25조 제2항에 따른 진단 및 감정 의뢰에 관한 사무
5. 법 제25조 제3항에 따른 치료명령 부과 결정의 통보에 관한 사무

⑤ 보호관찰소의 장 또는 보호관찰관은 다음 각 호의 사무를 수행하기 위하여 불가피한 경우 제1항에 따른 개인정보가 포함된 자료를 처리할 수 있다.

1. 법 제8조의2 제5항 및 이 영 제4조의2 제2항에 따른 조사에 관한 사무
2. 법 제13조 및 영 제12조 제1항에 따른 치료명령 집행을 위한 통지에 관한 사무
3. 법 제14조 제2항에 따른 약물치료에 관한 설명 사무
4. 법 제15조 제1항에 따른 상쇄약물 투약 여부 등 검사 의뢰에 관한 사무
5. 법 제15조 제2항 및 영 제14조 제2항에 따른 치료명령을 받은 사람의 신고 접수에 관한 사무
6. 법 제15조 제3항에 따른 주거 이전 등의 신고 및 허가에 관한 사무
7. 법 제17조 제1항 또는 제19조 제1항에 따른 치료명령 가해제(임시해제) 또는 가해제(임시해제) 취소 신청에 관한 사무
8. 법 제24조에 따른 치료비용 부담에 관한 사무
9. 법 제24조 및 이 영 제26조 제5항에 따른 치료비용 부담 능력 확인에 필요한 자료 제출에 관한 사무
10. 제11조 제3항에 따른 약물 투여 일시 중단의 승인 신청에 관한 사무

11. 제11조 제5항에 따른 부작용 치료 내용 등 보고에 관한 사무
12. 제14조 제3항에 따른 출입국 사실 통보 요청에 관한 사무

제5장 | 보칙

제30조 【치료기간의 계산】
치료기간은 최초로 성 호르몬 조절약물을 투여한 날 또는 제14조 제1항에 따른 심리치료 프로그램의 실시를 시작한 날부터 기산하되, 초일은 시간을 계산함이 없이 1일로 산정한다.

제31조 【치료명령 등 집행전담 보호관찰관의 지정】
보호관찰소의 장은 소속 보호관찰관 중에서 다음 각 호의 사항을 전담하는 보호관찰관을 지정하여야 한다.
1. 치료명령을 청구하기 위하여 필요한 치료명령 피청구자에 대한 조사
2. 치료명령의 집행
3. 치료명령을 받은 사람의 재범방지와 건전한 사회복귀를 위한 치료 등 필요한 조치의 부과
4. 그 밖에 치료명령을 받은 사람의 「보호관찰 등에 관한 법률」 등에 따른 준수사항 이행 여부 확인 등 치료명령을 받은 사람에 대한 지도·감독 및 원호

제32조 【수용시설의 장 등의 협조】
제14조 제3항 및 제27조에 따른 보호관찰관의 치료명령 집행에 수용시설의 장, 치료감호시설의 장, 보호감호시설의 장은 약물의 제공, 의사·간호사 등 의료인력 지원 등의 협조를 하여야 한다.

제33조 【군법 피적용자에 대한 특칙】
이 법을 적용함에 있어서 「군사법원법」 제2조 제1항 각 호의 어느 하나에 해당하는 자에 대하여는 군사법원은 법원의, 군검사는 검사의, 군사법경찰관리는 사법경찰관리의, 군교도소장은 교도소장의 이 법에 따른 직무를 각각 행한다.

제34조 【다른 법률의 준용】
이 법을 적용함에 있어서 이 법에 규정이 있는 경우를 제외하고는 그 성질에 반하지 아니하는 범위에서 「형사소송법」 및 「보호관찰 등에 관한 법률」을 준용한다.

06 소년법

* 2021.4.21. 시행

참고 **소년사건 처리도**

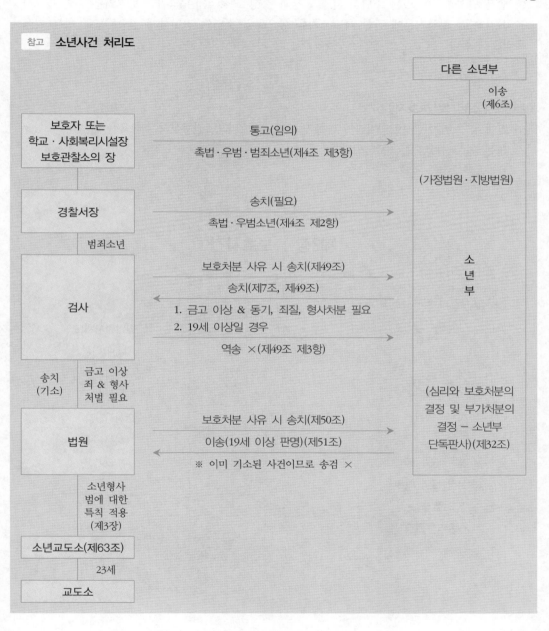

제1장 | 총칙

제1조 【목적】

이 법은 반사회성이 있는 소년의 환경 조정과 품행 교정(矯正)을 위한 보호처분 등의 필요한 조치를 하고, 형사처분에 관한 특별조치를 함으로써 소년이 건전하게 성장하도록 돕는 것을 목적으로 한다.

제2조 【소년 및 보호자】

이 법에서 "소년"이란 19세 미만인 자를 말하며, "보호자"란 법률상 감호교육을 할 의무가 있는 자 또는 현재 감호하는 자를 말한다.

제2장 | 보호사건

참고	보호사건과 형사사건 비교	

구분	보호처분	일반형사처분
나이	10세 이상 19세 미만	14세 이상
심리대상	요보호성과 범죄행위	범죄행위
법적 제재수단	보호처분	형벌
제1심 법원	가정법원 및 지방법원 소년부	형사지방법원
심리	직권주의	당사자주의
검사의 재판 관여	없음	관여
재판심리 공개 여부	비공개	공개
적용법률	소년법	형법 · 형사소송법 · 소년법
진술거부권	인정	인정

제1절 통칙

제3조【관할 및 직능】
① 소년 보호사건의 관할은 소년의 행위지, 거주지 또는 현재지로 한다.
② 소년 보호사건은 가정법원소년부 또는 지방법원소년부[이하 "소년부(少年部)"라 한다]에 속한다.
③ 소년 보호사건의 심리와 처분 결정은 소년부 단독판사가 한다.

제4조【보호의 대상과 송치 및 통고】 ★
① 다음 각 호의 어느 하나에 해당하는 소년은 소년부의 보호사건으로 심리한다.
  1. 죄를 범한 소년(범죄소년으로 보호처분과 형사처분 모두 가능)
  2. 형벌법령에 저촉되는 행위를 한 10세 이상 14세 미만인 소년(촉법소년으로 보호처분만 가능)
  3. 다음 각 목에 해당하는 사유가 있고 그의 성격이나 환경에 비추어 앞으로 형벌법령에 저촉되는 행위를 할 우려가 있는 10세 이상인 소년(우범소년으로 보호처분만 가능)
    가. 집단적으로 몰려다니며 주위 사람들에게 불안감을 조성하는 성벽이 있는 것
    나. 정당한 이유 없이 가출하는 것
    다. 술을 마시고 소란을 피우거나 유해환경에 접하는 성벽이 있는 것
② 제1항 제2호(촉법소년) 및 제3호(우범소년)에 해당하는 소년이 있을 때에는 경찰서장은 직접 관할 소년부에 송치하여야 한다(의무규정).
③ 제1항 각 호의 어느 하나에 해당하는 소년을 발견한 보호자 또는 학교·사회복리시설·보호관찰소(보호관찰지소를 포함한다. 이하 같다)의 장은 이를 관할 소년부에 통고할 수 있다(재량규정).

제5조【송치서】
소년 보호사건을 송치하는 경우에는 송치서에 사건 본인의 주거·성명·생년월일 및 행위의 개요와 가정 상황을 적고, 그 밖의 참고자료를 첨부하여야 한다.

제6조【이송】
① 보호사건을 송치받은 소년부는 보호의 적정을 기하기 위하여 필요하다고 인정하면 결정으로써 사건을 다른 관할 소년부에 이송할 수 있다.
② 소년부는 사건이 그 관할에 속하지 아니한다고 인정하면 결정으로써 그 사건을 관할 소년부에 이송하여야 한다.

제7조【형사처분 등을 위한 관할 검찰청으로의 송치】 ★
① 소년부는 조사 또는 심리한 결과 금고 이상의 형에 해당하는 범죄 사실이 발견된 경우 그 동기와 죄질이 형사처분을 할 필요가 있다고 인정하면 결정으로써 사건을 관할 지방법원에 대응한 검찰청 검사에게 송치하여야 한다.
② 소년부는 조사 또는 심리한 결과 사건의 본인이 19세 이상인 것으로 밝혀진 경우에는 결정으로써 사건을 관할 지방법원에 대응하는 검찰청 검사에게 송치하여야 한다. 다만, 제51조(19세 이상)에 따라 법원에 이송하여야 할 경우에는 그러하지 아니하다.

제8조【통지】
소년부는 제6조(소년부의 다른 소년부 이송)와 제7조(형사처분 등을 위한 관할 검찰청으로 송치)에 따른 결정을 하였을 때에는 지체 없이 그 사유를 사건 본인과 그 보호자에게 알려야 한다.

제2절 조사와 심리

제9조【조사 방침】
조사는 의학·심리학·교육학·사회학이나 그 밖의 전문적인 지식을 활용하여 소년과 보호자 또는 참고인의 품행, 경력, 가정 상황, 그 밖의 환경 등을 밝히도록 노력하여야 한다.

제10조【진술거부권의 고지】
소년부 또는 조사관이 범죄 사실에 관하여 소년을 조사할 때에는 미리 소년에게 불리한 진술을 거부할 수 있음을 알려야 한다.

제11조【조사명령】
① 소년부 판사는 조사관에게 사건 본인, 보호자 또는 참고인의 심문이나 그 밖에 필요한 사항을 조사하도록 명할 수 있다.
② 소년부는 제4조 제3항에 따라 통고(보호자 또는 학교·사회복리시설·보호관찰소의 장의 관할 소년부 통고)된 소년을 심리할 필요가 있다고 인정하면 그 사건을 조사하여야 한다.

제12조【전문가의 진단】 ★
소년부는 조사 또는 심리를 할 때에 정신건강의학과의사·심리학자·사회사업가·교육자나 그 밖의 전문가의 진단, 소년 분류심사원의 분류심사 결과와 의견, 보호관찰소의 조사결과와 의견 등을 고려하여야 한다.

제13조【소환 및 동행영장】 ★
① 소년부 판사는 사건의 조사 또는 심리에 필요하다고 인정하면 기일을 지정하여 사건 본인이나 보호자 또는 참고인을 소환할 수 있다.
② 사건 본인이나 보호자가 정당한 이유 없이 소환에 응하지 아니하면 소년부 판사는 동행영장을 발부할 수 있다.

제14조【긴급동행영장】 ★
소년부 판사는 사건 본인을 보호하기 위하여 긴급조치가 필요하다고 인정하면 제13조 제1항에 따른 소환 없이 동행영장을 발부할 수 있다.

제15조【동행영장의 방식】
동행영장에는 다음 각 호의 사항을 적고 소년부 판사가 서명 날인하여야 한다.
1. 소년이나 보호자의 성명
2. 나이
3. 주거
4. 행위의 개요
5. 인치(引致)하거나 수용할 장소
6. 유효기간 및 그 기간이 지나면 집행에 착수하지 못하며 영장을 반환하여야 한다는 취지
7. 발부연월일

제16조【동행영장의 집행】
① 동행영장은 조사관이 집행한다.
② 소년부 판사는 소년부 법원서기관·법원사무관·법원주사·법원주사보나 보호관찰관 또는 사법경찰관리에게 동행영장을 집행하게 할 수 있다.
③ 동행영장을 집행하면 지체 없이 보호자나 보조인에게 알려야 한다.

제17조 【보조인 선임】 ★★
① 사건 본인이나 보호자는 소년부 판사의 허가를 받아 보조인을 선임할 수 있다.
② 보호자나 변호사를 보조인으로 선임하는 경우에는 제1항의 허가(소년부 판사의 허가)를 받지 아니하여도 된다.
③ 보조인을 선임함에 있어서는 보조인과 연명 날인한 서면을 제출하여야 한다. 이 경우 변호사가 아닌 사람을 보조인으로 선임할 경우에는 위 서면에 소년과 보조인과의 관계를 기재하여야 한다.
④ 소년부 판사는 보조인이 심리절차를 고의로 지연시키는 등 심리진행을 방해하거나 소년의 이익에 반하는 행위를 할 우려가 있다고 판단하는 경우에는 보조인 선임의 허가를 취소할 수 있다.
⑤ 보조인의 선임은 심급마다 하여야 한다.
⑥ 「형사소송법」 중 변호인의 권리의무에 관한 규정은 소년 보호사건의 성질에 위배되지 아니하는 한 보조인에 대하여 준용한다.

제17조의2 【국선보조인】 ★
① 소년이 소년분류심사원에 위탁된 경우 보조인이 없을 때에는 법원은 변호사 등 적정한 자를 보조인으로 선정하여야 한다.
② 소년이 소년분류심사원에 위탁되지 아니하였을 때에도 다음의 경우 법원은 직권에 의하거나 소년 또는 보호자의 신청에 따라 보조인을 선정할 수 있다.
  1. 소년에게 신체적·정신적 장애가 의심되는 경우
  2. 빈곤이나 그 밖의 사유로 보조인을 선임할 수 없는 경우
  3. 그 밖에 소년부 판사가 보조인이 필요하다고 인정하는 경우
③ 제1항과 제2항에 따라 선정된 보조인에게 지급하는 비용에 대하여는 「형사소송비용 등에 관한 법률」을 준용한다.

제18조 【임시조치】 ★
① 소년부 판사는 사건을 조사 또는 심리하는 데에 필요하다고 인정하면 소년의 감호에 관하여 결정으로써 다음 각 호의 어느 하나에 해당하는 조치를 할 수 있다.
  1. 보호자, 소년을 보호할 수 있는 적당한 자 또는 시설에 위탁(3개월)
  2. 병원이나 그 밖의 요양소에 위탁(3개월)
  3. 소년분류심사원에 위탁(1개월)
② 동행된 소년 또는 제52조 제1항(소년부 송치 시의 신병처리)에 따라 인도된 소년에 대하여는 도착한 때로부터 24시간 이내에 제1항의 조치를 하여야 한다.

③ 제1항 제1호 및 제2호의 위탁기간은 3개월을, 제1항 제3호의 위탁기간은 1개월을 초과하지 못한다. 다만, 특별히 계속 조치할 필요가 있을 때에는 한 번에 한하여 결정으로써 연장할 수 있다.

④ 제1항 제1호 및 제2호의 조치를 할 때에는 보호자 또는 위탁받은 자에게 소년의 감호에 관한 필요 사항을 지시할 수 있다.

⑤ 소년부 판사는 제1항의 결정(임시조치 결정)을 하였을 때에는 소년부 법원서기관·법원사무관·법원주사·법원주사보, 소년분류심사원 소속 공무원, 교도소 또는 구치소 소속 공무원, 보호관찰관 또는 사법경찰관리에게 그 결정을 집행하게 할 수 있다.

⑥ 제1항의 조치(임시조치)는 언제든지 결정으로써 취소하거나 변경할 수 있다.

제19조【심리 불개시의 결정】

① 소년부 판사는 송치서와 조사관의 조사보고에 따라 사건의 심리를 개시할 수 없거나 개시할 필요가 없다고 인정하면 심리를 개시하지 아니한다는 결정을 하여야 한다. 이 결정은 사건 본인과 보호자에게 알려야 한다.

② 사안이 가볍다는 이유로 심리를 개시하지 아니한다는 결정을 할 때에는 소년에게 훈계하거나 보호자에게 소년을 엄격히 관리하거나 교육하도록 고지할 수 있다.

③ 제1항의 결정(심리 불개시의 결정)이 있을 때에는 제18조의 임시조치는 취소된 것으로 본다.

④ 소년부 판사는 소재가 분명하지 아니하다는 이유로 심리를 개시하지 아니한다는 결정을 받은 소년의 소재가 밝혀진 경우에는 그 결정을 취소하여야 한다.

제20조【심리 개시의 결정】

① 소년부 판사는 송치서와 조사관의 조사보고에 따라 사건을 심리할 필요가 있다고 인정하면 심리 개시 결정을 하여야 한다.

② 제1항의 결정(심리 개시의 결정)은 사건 본인과 보호자에게 알려야 한다. 이 경우 심리 개시 사유의 요지와 보조인을 선임할 수 있다는 취지를 아울러 알려야 한다.

제21조【심리 기일의 지정】

① 소년부 판사는 심리 기일을 지정하고 본인과 보호자를 소환하여야 한다. 다만, 필요가 없다고 인정한 경우에는 보호자는 소환하지 아니할 수 있다.

② 보조인이 선정된 경우에는 보조인에게 심리 기일을 알려야 한다.

제22조【기일 변경】
소년부 판사는 직권에 의하거나 사건 본인, 보호자 또는 보조인의 청구에 의하여 심리 기일을 변경할 수 있다. 기일을 변경한 경우에는 이를 사건 본인, 보호자 또는 보조인에게 알려야 한다.

제23조【심리의 개시】
① 심리 기일에는 소년부 판사와 서기가 참석하여야 한다.
② 조사관, 보호자 및 보조인은 심리 기일에 출석할 수 있다.

제24조【심리의 방식】 ★
① 심리는 친절하고 온화하게 하여야 한다.
② 심리는 공개하지 아니한다. 다만, 소년부 판사는 적당하다고 인정하는 자에게 참석을 허가할 수 있다.

제25조【의견의 진술】
① 조사관, 보호자 및 보조인은 심리에 관하여 의견을 진술할 수 있다.
② 제1항의 경우에 소년부 판사는 필요하다고 인정하면 사건 본인의 퇴장을 명할 수 있다.

제25조의2【피해자 등의 진술권】
소년부 판사는 피해자 또는 그 법정대리인·변호인·배우자·직계친족·형제자매(이하 이 조에서 "대리인등"이라 한다)가 의견진술을 신청할 때에는 피해자나 그 대리인등에게 심리 기일에 의견을 진술할 기회를 주어야 한다. 다만, 다음 각 호의 어느 하나에 해당하는 경우에는 그러하지 아니하다.
1. 신청인이 이미 심리절차에서 충분히 진술하여 다시 진술할 필요가 없다고 인정되는 경우
2. 신청인의 진술로 심리절차가 현저하게 지연될 우려가 있는 경우

제25조의3【화해권고】 ★★
① 소년부 판사는 소년의 품행을 교정하고 피해자를 보호하기 위하여 필요하다고 인정하면 소년에게 피해 변상 등 피해자와의 화해를 권고할 수 있다.
② 소년부 판사는 제1항의 화해를 위하여 필요하다고 인정하면 기일을 지정하여 소년, 보호자 또는 참고인을 소환할 수 있다.

③ 소년부 판사는 소년이 제1항의 권고에 따라 피해자와 화해하였을 경우에는 보호처분을 결정할 때 이를 고려할 수 있다.

제26조【증인신문, 감정, 통역·번역】
① 소년부 판사는 증인을 신문하고 감정이나 통역 및 번역을 명할 수 있다.
② 제1항의 경우에는 「형사소송법」 중 법원의 증인신문, 감정이나 통역 및 번역에 관한 규정을 보호사건의 성질에 위반되지 아니하는 한도에서 준용한다.

제27조【검증, 압수, 수색】
① 소년부 판사는 검증, 압수 또는 수색을 할 수 있다.
② 제1항의 경우에는 「형사소송법」 중 법원의 검증, 압수 및 수색에 관한 규정은 보호사건의 성질에 위반되지 아니하는 한도에서 준용한다.

제28조【원조, 협력】
① 소년부 판사는 그 직무에 관하여 모든 행정기관, 학교, 병원, 그 밖의 공사단체에 필요한 원조와 협력을 요구할 수 있다.
② 제1항의 요구를 거절할 때에는 정당한 이유를 제시하여야 한다.

제29조【불처분 결정】
① 소년부 판사는 심리 결과 보호처분을 할 수 없거나 할 필요가 없다고 인정하면 그 취지의 결정을 하고, 이를 사건 본인과 보호자에게 알려야 한다.
② 제1항의 결정에 관하여는 제19조 제2항과 제3항을 준용한다.

제30조【기록의 작성】
① 소년부 법원서기관·법원사무관·법원주사 또는 법원주사보는 보호사건의 조사 및 심리에 대한 기록을 작성하여 조사 및 심리의 내용과 모든 결정을 명확히 하고 그 밖에 필요한 사항을 적어야 한다.
② 조사 기록에는 조사관 및 소년부 법원서기관·법원사무관·법원주사 또는 법원주사보가, 심리 기록에는 소년부 판사 및 법원서기관·법원사무관·법원주사 또는 법원주사보가 서명 날인하여야한다.

제30조의2 【기록의 열람 · 등사】

소년 보호사건의 기록과 증거물은 소년부 판사의 허가를 받은 경우에만 열람하거나 등사할 수 있다. 다만, 보조인이 심리 개시 결정 후에 소년 보호사건의 기록과 증거물을 열람하는 경우에는 소년부 판사의 허가를 받지 아니하여도 된다.

제31조 【위임규정】

소년 보호사건의 심리에 필요한 사항은 대법원규칙으로 정한다.

<h1 style="text-align:center">제3절 보호처분</h1>

제32조 【보호처분의 결정】 ★★

① 소년부 판사는 심리 결과 보호처분을 할 필요가 있다고 인정하면 결정으로써 다음 각 호의 어느 하나에 해당하는 처분을 하여야 한다.

1. 보호자 또는 보호자를 대신하여 소년을 보호할 수 있는 자에게 감호 위탁(6개월+6개월)
2. 수강명령(12세 이상 : 100시간 초과 금지)
3. 사회봉사명령(14세 이상 : 200시간 초과 금지)
4. 보호관찰관의 단기 보호관찰(1년)
5. 보호관찰관의 장기 보호관찰(2년+1년)
6. 「아동복지법」에 따른 아동복지시설이나 그 밖의 소년보호시설에 감호 위탁(6개월+6개월)
7. 병원, 요양소 또는 「보호소년 등의 처우에 관한 법률」에 따른 의료재활소년원에 위탁(6개월+6개월)
8. 1개월 이내의 소년원 송치
9. 단기 소년원 송치(6개월)
10. 장기 소년원 송치(12세 이상 : 2년)

② 다음 각 호 안의 처분 상호 간에는 그 전부 또는 일부를 병합할 수 있다.

1. 제1항 제1호 · 제2호 · 제3호 · 제4호 처분
2. 제1항 제1호 · 제2호 · 제3호 · 제5호 처분
3. 제1항 제4호 · 제6호 처분
4. 제1항 제5호 · 제6호 처분
5. 제1항 제5호 · 제8호 처분

③ 제1항 제3호(사회봉사명령)의 처분은 14세 이상의 소년에게만 할 수 있다.

④ 제1항 제2호(수강명령) 및 제10호(장기 소년원 송치)의 처분은 12세 이상의 소년에게만 할 수 있다.

⑤ 제1항 각 호의 어느 하나에 해당하는 처분을 한 경우 소년부는 소년을 인도하면서 소년의 교정에 필요한 참고자료를 위탁받는 자나 처분을 집행하는 자에게 넘겨야 한다.

⑥ 소년의 보호처분은 그 소년의 장래 신상에 어떠한 영향도 미치지 아니한다.

관련판례

[1] 소년범에 대한 보호처분과 법원의 재량권

소년에 대한 피고사건을 심리한 법원이 그 결과에 따라 보호처분에 해당할 사유가 있는지의 여부를 인정하는 것은 법관의 자유재량에 의하여 판정될 사항이다(대법원 1991.1.25. 90도2693).

[2] 소년법 제1조나 제32조 제5항의 규정이 있다 하여 보호처분을 받은 사실을 상습성 인정의 자료로 삼을 수 없는 것은 아니다(대법원 1989.12.12. 89도2097).

제32조의2【보호관찰처분에 따른 부가처분 등】★

① 제32조 제1항 제4호(보호관찰관의 단기 보호관찰) 또는 제5호(보호관찰관의 장기 보호관찰)의 처분을 할 때에 3개월 이내의 기간을 정하여 「보호소년 등의 처우에 관한 법률」에 따른 대안교육 또는 소년의 상담·선도·교화와 관련된 단체나 시설에서의 상담·교육을 받을 것을 동시에 명할 수 있다.

② 제32조 제1항 제4호 또는 제5호의 처분을 할 때에 1년 이내의 기간을 정하여 야간 등 특정 시간대의 외출을 제한하는 명령을 보호관찰대상자의 준수 사항으로 부과할 수 있다.

③ 소년부 판사는 가정상황 등을 고려하여 필요하다고 판단되면 보호자에게 소년원·소년분류심사원 또는 보호관찰소 등에서 실시하는 소년의 보호를 위한 특별교육을 받을 것을 명할 수 있다.

제33조【보호처분의 기간】★★

① 제32조 제1항 제1호(보호자 등에게 감호 위탁)·제6호(아동복지시설이나 그 밖의 소년보호시설에 감호 위탁)·제7호(병원, 요양소 또는 의료재활소년원에 위탁)의 위탁기간은 6개월로 하되, 소년부 판사는 결정으로써 6개월의 범위에서 한 번에 한하여 그 기간을 연장할 수 있다. 다만, 소년부 판사는 필요한 경우에는 언제든지 결정으로써 그 위탁을 종료시킬 수 있다.

② 제32조 제1항 제4호의 단기 보호관찰기간은 1년으로 한다.

③ 제32조 제1항 제5호의 장기 보호관찰기간은 2년으로 한다. 다만, 소년부 판사는 보호관찰관의 신청에 따라 결정으로써 1년의 범위에서 한 번에 한하여 그 기간을 연장할 수 있다.

④ 제32조 제1항 제2호의 수강명령은 100시간을, 제32조 제1항 제3호의 사회봉사명령은 200시간을 초과할 수 없으며, 보호관찰관이 그 명령을 집행할 때에는 사건 본인의 정상적인 생활을 방해하지 아니하도록 하여야 한다.

⑤ 제32조 제1항 제9호에 따라 단기로 소년원에 송치된 소년의 보호기간은 6개월을 초과하지 못한다.

⑥ 제32조 제1항 제10호에 따라 장기로 소년원에 송치된 소년의 보호기간은 2년을 초과하지 못한다.

⑦ 제32조 제1항 제6호(아동복지시설이나 그 밖의 소년보호시설에 감호 위탁)부터 제10호(장기 소년원 송치)까지의 어느 하나에 해당하는 처분을 받은 소년이 시설위탁이나 수용 이후 그 시설을 이탈하였을 때에는 위 처분기간은 진행이 정지되고, 재위탁 또는 재수용된 때로부터 다시 진행한다.

제34조【몰수의 대상】

① 소년부 판사는 제4조 제1항 제1호(범죄소년)·제2호(촉법소년)에 해당하는 소년에 대하여 제32조의 처분(보호처분)을 하는 경우에는 결정으로써 다음의 물건을 몰수할 수 있다.
  1. 범죄 또는 형벌법령에 저촉되는 행위에 제공하거나 제공하려 한 물건
  2. 범죄 또는 형벌법령에 저촉되는 행위로 인하여 생기거나 이로 인하여 취득한 물건
  3. 제1호와 제2호의 대가로 취득한 물건

② 제1항의 몰수는 그 물건이 사건 본인 이외의 자의 소유에 속하지 아니하는 경우에만 할 수 있다. 다만, 사건 본인의 행위가 있은 후 그 정을 알고도 취득한 자가 소유한 경우에는 그러하지 아니하다.

제35조【결정의 집행】

소년부 판사는 제32조 제1항(보호처분) 또는 제32조의2(보호관찰처분에 따른 부가처분)에 따른 처분 결정을 하였을 때에는 조사관, 소년부 법원서기관·법원사무관·법원주사·법원주사보, 보호관찰관, 소년원 또는 소년분류심사원 소속 공무원, 그 밖에 위탁 또는 송치 받을 기관 소속의 직원에게 그 결정을 집행하게 할 수 있다.

제36조【보고와 의견 제출】

① 소년부 판사는 제32조 제1항(보호처분) 제1호(보호자 등에게 감호 위탁)·제6호(아동복지시설이나 그 밖의 소년보호시설에 감호 위탁)·제7호(병원, 요양소 또는 의료재활소년원에 위탁)의 처분을 한 경우에는 위탁받은 자에게 소년에 관한 보고서나 의견서를 제출하도록 요구할 수 있다.

② 소년부 판사는 조사관에게 제32조 제1항 제1호·제6호·제7호의 처분에 관한 집행상황을 보고하게 할 수 있고, 필요하다고 인정되면 위탁받은 자에게 그 집행과 관련된 사항을 지시할 수 있다.

제37조 【처분의 변경】

① 소년부 판사는 위탁받은 자나 보호처분을 집행하는 자의 신청에 따라 결정으로써 제32조의 보호처분과 제32조의2의 부가처분을 변경할 수 있다. 다만, 제32조 제1항 제1호(보호자 등에게 감호 위탁)·제6호(아동복지시설이나 그 밖의 소년보호시설에 감호 위탁)·제7호(병원, 요양소 또는 의료재활소년원에 위탁)의 보호처분과 제32조의2 제1항의 부가처분(보호관찰관의 단기 보호관찰·장기 보호관찰의 처분을 할 때에 대안교육 또는 상담·교육을 받는 부가처분)은 직권으로 변경할 수 있다.

② 제1항에 따른 결정을 집행할 때에는 제35조(결정의 집행)를 준용한다.

③ 제1항의 결정은 지체 없이 사건 본인과 보호자에게 알리고 그 취지를 위탁받은 자나 보호처분을 집행하는 자에게 알려야 한다.

제38조 【보호처분의 취소】

① 보호처분이 계속 중일 때에 사건 본인이 처분 당시 19세 이상인 것으로 밝혀진 경우에는 소년부 판사는 결정으로써 그 보호처분을 취소하고 다음의 구분에 따라 처리하여야 한다.

1. 검사·경찰서장의 송치 또는 제4조 제3항의 통고(보호자 또는 학교·사회복리시설·보호관찰소의 장의 관할 소년부 통고)에 의한 사건인 경우에는 관할 지방법원에 대응하는 검찰청 검사에게 송치한다.

2. 제50조(법원의 소년부 송치)에 따라 법원이 송치한 사건인 경우에는 송치한 법원에 이송한다.

② 제4조 제1항 제1호·제2호의 소년(범죄소년·촉법소년)에 대한 보호처분이 계속 중일 때에 사건 본인이 행위 당시 10세 미만으로 밝혀진 경우 또는 제4조 제1항 제3호(우범소년)의 소년에 대한 보호처분이 계속 중일 때에 사건 본인이 처분 당시 10세 미만으로 밝혀진 경우에는 소년부 판사는 결정으로써 그 보호처분을 취소하여야 한다.

제39조 【보호처분과 유죄판결】

보호처분이 계속 중일 때에 사건 본인에 대하여 유죄판결이 확정된 경우에 보호처분을 한 소년부 판사는 그 처분을 존속할 필요가 없다고 인정하면 결정으로써 보호처분을 취소할 수 있다.

제40조 【보호처분의 경합】

보호처분이 계속 중일 때에 사건 본인에 대하여 새로운 보호처분이 있었을 때에는 그 처분을 한 소년부 판사는 이전의 보호처분을 한 소년부에 조회하여 어느 하나의 보호처분을 취소하여야 한다.

제41조 【비용의 보조】

제18조 제1항 제1호(보호자, 소년을 보호할 수 있는 적당한 또는 시설에 위탁)·제2호(병원이나 그 밖의 요양소에 위탁)의 조치에 관한 결정이나 제32조 제1항 제1호(보호자 등에게 감호 위탁)·제6호(아동복지시설이나 그 밖의 소년보호시설에 감호 위탁)·제7호(병원, 요양소에 위탁)(「보호소년 등의 처우에 관한 법률」에 따른 의료재활소년원 위탁처분은 제외한다)의 처분을 받은 소년의 보호자는 위탁받은 자에게 그 감호에 관한 비용의 전부 또는 일부를 지급하여야 한다. 다만, 보호자가 지급할 능력이 없을 때에는 소년부가 지급할 수 있다.

제42조 【증인 등의 비용】

① 증인·감정인·통역인·번역인에게 지급하는 비용, 숙박료, 그 밖의 비용에 대하여는 「형사소송법」 중 비용에 관한 규정을 준용한다.
② 참고인에게 지급하는 비용에 관하여는 제1항을 준용한다.

제4절 항고

제43조 【항고】 ★

① 제32조에 따른 보호처분의 결정 및 제32조의2에 따른 부가처분 등의 결정 또는 제37조의 보호처분·부가처분 변경 결정이 다음 각 호의 어느 하나에 해당하면 사건 본인·보호자·보조인 또는 그 법정대리인은 관할 가정법원 또는 지방법원 본원 합의부에 항고할 수 있다.
1. 해당 결정에 영향을 미칠 법령 위반이 있거나 중대한 사실 오인이 있는 경우
2. 처분이 현저히 부당한 경우
② 항고를 제기할 수 있는 기간은 7일로 한다.

관련판례

[1] 소년법 제43조 제1항 중 '사건 본인, 보호자, 보조인 또는 그 법정대리인' 부분이 청구인의 평등권을 침해하는지 여부(소극)

형사소송절차에서는 일방 당사자인 검사가 상소 여부를 결정할 수 있고, 피해자도 간접적으로 검사를 통하여 상소 여부에 관여할 수 있음에 반하여, 소년심판절차에서는 검사에게 상소권이 인정되지 아니하여 소년심판절차에서의 피해자도 상소 여부에 관하여 전혀 관여할 수 있는 방법이 없는데, 양 절차의 피해자는 범죄행위로 인하여 피해를 입었다는 점에서 본질적으로 동일한 집단이라고 할 것임에도 서로 다르게 취급되고 있으므로 차별취급은 존재한다. 나아가 차별취급에 합리성이 있는지에 관하여 살펴보면, 소년심판절차의 전 단계에서 검사가 관여하고 있고, 소년심판절차의 1심에서 피해자 등의

진술권이 보장되고 있다. 또한 소년심판은 형사소송절차와는 달리 소년에 대한 후견적 입장에서 소년의 환경조정과 품행교정을 위한 보호처분을 하기 위한 심문절차이며, 보호처분을 함에 있어 범행의 내용도 참작하지만 주로 소년의 환경과 개인적 특성을 근거로 소년의 개선과 교화에 부합하는 처분을 부과하게 되므로 일반 형벌의 부과와는 차이가 있다. 그리고 소년심판은 심리의 객체로 취급되는 소년에 대한 후견적 입장에서 법원의 직권에 의해 진행되므로 검사의 관여가 반드시 필요한 것이 아니고 이에 따라 소년심판의 당사자가 아닌 검사가 상소 여부에 관여하는 것이 배제된 것이다. 위와 같은 소년심판절차의 특수성을 감안하면, 차별대우를 정당화하는 객관적이고 합리적인 이유가 존재한다고 할 것이어서 이 사건 법률조항은 청구인의 평등권을 침해하지 않는다(헌재 2012.7.26. 2011헌마232).

[2] 소년보호사건에서 항고제기기간 내에 항고이유를 제출하지 않은 항고인에게 항고법원이 별도로 항고이유 제출 기회를 주어야 하는지 여부(소극)

소년법 제43조 제2항은 '항고를 제기할 수 있는 기간은 7일로 한다'고 규정하고 있고, 같은 법 제31조는 '소년보호사건의 심리에 필요한 사항은 대법원규칙으로 정한다'고 규정하고 있으며, 이에 따라 제정된 소년심판규칙 제44조는 '항고장에는 항고의 이유를 간결하게 명시하여야 한다'고 규정하고 있는바, 따라서 소년보호사건의 경우 제1심의 보호처분에 대하여 항고를 제기함에 있어서는 그 항고장에 항고이유를 기재하거나, 적법한 항고제기기간 내에 항고이유를 기재한 서면을 제출하여야 하고, 이와 별도로 항고법원이 항고인에게 항고이유의 제출 기회를 부여하여야 하는 것은 아니다(대법원 2008.8.12. 2007트13).

제44조 【항고장의 제출】 ★
① 항고를 할 때에는 항고장을 원심 소년부에 제출하여야 한다.
② 항고장을 받은 소년부는 3일 이내에 의견서를 첨부하여 항고법원에 송부하여야 한다.

제45조 【항고의 재판】
① 항고법원은 항고 절차가 법률에 위반되거나 항고가 이유 없다고 인정한 경우에는 결정으로써 항고를 기각하여야 한다.
② 항고법원은 항고가 이유가 있다고 인정한 경우에는 원결정을 취소하고 사건을 원소년부에 환송하거나 다른 소년부에 이송하여야 한다. 다만, 환송 또는 이송할 여유가 없이 급하거나 그 밖에 필요하다고 인정한 경우에는 원결정을 파기하고 불처분 또는 보호처분의 결정을 할 수 있다.
③ 제2항에 따라 항고가 이유가 있다고 인정되어 보호처분의 결정을 다시 하는 경우에는 원결정에 따른 보호처분의 집행 기간은 그 전부를 항고에 따른 보호처분의 집행 기간에 산입[제32조 제1항 제8호(1개월 이내의 소년원 송치)·제9호(단기 소년원 송치)·제10호(장기 소년원 송치) 처분 상호 간에만 해당한다]한다(즉, 제3항은 소년원 송치 처분 상호 간에만 적용된다).

제46조【집행 정지】 ★

항고는 결정의 집행을 정지시키는 효력이 없다.

제47조【재항고】

① 항고를 기각하는 결정에 대하여는 그 결정이 법령에 위반되는 경우에만 대법원에 재항고를 할 수 있다.

② 제1항의 재항고에 관하여는 제43조 제2항(항고를 제기할 수 있는 기간 : 7일) 및 제45조 제3항(집행 기간의 산입)을 준용한다.

제3장 │ 형사사건

제1절 통칙

제48조【준거법례】

소년에 대한 형사사건에 관하여는 이 법에 특별한 규정이 없으면 일반 형사사건의 예에 따른다.

제49조【검사의 송치】 ★

① 검사는 소년에 대한 피의사건을 수사한 결과 보호처분에 해당하는 사유가 있다고 인정한 경우에는 사건을 관할 소년부에 송치하여야 한다.

② 소년부는 제1항에 따라 송치된 사건을 조사 또는 심리한 결과 그 동기와 죄질이 금고 이상의 형사처분을 할 필요가 있다고 인정할 때에는 결정으로써 해당 검찰청 검사에게 송치할 수 있다.

③ 제2항에 따라 송치한 사건은 다시 소년부에 송치할 수 없다.

제49조의2【검사의 결정 전 조사】 ★

① 검사는 소년 피의사건에 대하여 소년부 송치, 공소제기, 기소유예 등의 처분을 결정하기 위하여 필요하다고 인정하면 피의자의 주거지 또는 검찰청 소재지를 관할하는 보호관찰소의 장, 소년분류심사원장 또는 소년원장(이하 "보호관찰소장 등"이라 한다)에게 피의자의 품행, 경력, 생활환경이나 그 밖에 필요한 사항에 관한 조사를 요구할 수 있다.

② 제1항의 요구를 받은 보호관찰소장 등은 지체 없이 이를 조사하여 서면으로 해당 검사에게 통보하여야 하며, 조사를 위하여 필요한 경우에는 소속 보호관찰관·분류심사관 등에게 피의자 또는 관계인을 출석하게 하여 진술요구를 하는 등의 방법으로 필요한 사항을 조사하게 할 수 있다.

③ 제2항에 따른 조사를 할 때에는 미리 피의자 또는 관계인에게 조사의 취지를 설명하여야 하고, 피의자 또는 관계인의 인권을 존중하며, 직무상 비밀을 엄수하여야 한다.

④ 검사는 보호관찰소장등으로부터 통보받은 조사 결과를 참고하여 소년피의자를 교화·개선하는 데에 가장 적합한 처분을 결정하여야 한다.

제49조의3 【조건부 기소유예】 ★

검사는 피의자에 대하여 다음 각 호에 해당하는 선도 등을 받게 하고, 피의사건에 대한 공소를 제기하지 아니할 수 있다. 이 경우 소년과 소년의 친권자·후견인 등 법정대리인의 동의를 받아야 한다.

1. 범죄예방자원봉사위원의 선도
2. 소년의 선도·교육과 관련된 단체·시설에서의 상담·교육·활동

제50조 【법원의 송치】

법원은 소년에 대한 피고사건을 심리한 결과 보호처분에 해당할 사유가 있다고 인정하면 결정으로써 사건을 관할 소년부에 송치하여야 한다.

제51조 【이송】

소년부는 제50조에 따라 송치 받은 사건을 조사 또는 심리한 결과 사건의 본인이 19세 이상인 것으로 밝혀지면 결정으로써 송치한 법원에 사건을 다시 이송하여야 한다.

제52조 【소년부 송치 시의 신병 처리】 ★

① 제49조 제1항(검사의 소년부 송치)이나 제50조(법원의 소년부 송치)에 따른 소년부 송치결정이 있는 경우에는 소년을 구금하고 있는 시설의 장은 검사의 이송 지휘를 받은 때로부터 법원 소년부가 있는 시·군에서는 24시간 이내에, 그 밖의 시·군에서는 48시간 이내에 소년을 소년부에 인도하여야 한다. 이 경우 구속영장의 효력은 소년부 판사가 제18조 제1항에 따른 소년의 감호에 관한 결정을 한 때에 상실한다.

② 제1항에 따른 인도와 결정은 구속영장의 효력기간 내에 이루어져야 한다.

제53조 【보호처분의 효력】

제32조의 보호처분을 받은 소년에 대하여는 그 심리가 결정된 사건은 다시 공소를 제기하거나 소년부에 송치할 수 없다. 다만, 제38조 제1항 제1호(검사·경찰서장의 송치 또는 보호자, 학교·사회복리시설·보호관찰소의 장의 관할 소년부 통고에 의한 사건의 보호처분이 계속 중일 때에 사건 본인이 처분 당시 19세 이상인 것으로 밝혀져 소년부 판사가 결정으로써 그 보호처분을 취소하고 검찰청 검사에게 송치한 경우)의 경우에는 공소를 제기할 수 있다.

관련판례

[1] 소년법 제30조의 보호처분을 받은 사건에 대해 다시 공소가 제기된 경우 법원이 취하여야 할 조치(공소기각 판결)

소년법 제30조(現 제32조)의 보호처분을 받은 사건과 동일한 사건에 대하여 다시 공소제기가 되었다면 동조의 보호처분은 확정판결이 아니고 따라서 기판력도 없으므로 이에 대하여 면소판결을 할 것이 아니라 공소제기절차가 동법 제47조(現 제53조)의 규정에 위배하여 무효인 때에 해당한 경우이므로 공소기각의 판결을 하여야 한다(대법원 1985.5.28. 85도21).

[2] 소년법상 보호처분을 받은 소년에 대한 보호처분의 변경이 종전 보호처분 사건에 관한 재판인지 여부(적극) 및 종전 보호처분에서 심리가 결정된 사건이 아닌 사건에 대하여 공소를 제기하거나 소년부에 송치하는 것이 소년법 제53조에 위배되는지 여부(소극)

보호처분의 변경은 보호처분결정에 따른 위탁 또는 집행 과정에서 발생한 준수사항 위반 등 사정변경을 이유로 종전 보호처분결정을 변경하는 것이다. 즉 이는 종전 보호처분 사건에 관한 재판이다. 따라서 종전 보호처분에서 심리가 결정된 사건이 아닌 사건에 대하여 공소를 제기하거나 소년부에 송치하는 것은 소년법 제53조에 위배되지 않는다(대법원 2019.5.10. 2018도3768).

제54조 【공소시효의 정지】

제20조에 따른 (소년보호사건에 대한) 심리 개시 결정이 있었던 때로부터 그 사건에 대한 보호처분의 결정이 확정될 때까지 공소시효는 그 진행이 정지된다.

제55조 【구속영장의 제한】

① 소년에 대한 구속영장은 부득이한 경우가 아니면 발부하지 못한다.
② 소년을 구속하는 경우에는 특별한 사정이 없으면 다른 피의자나 피고인과 분리하여 수용하여야 한다.

제2절 심판

제56조【조사의 위촉】
법원은 소년에 대한 형사사건에 관하여 필요한 사항을 조사하도록 조사관에게 위촉할 수 있다.

제57조【심리의 분리】
소년에 대한 형사사건의 심리는 다른 피의사건과 관련된 경우에도 심리에 지장이 없으면 그 절차를 분리하여야 한다.

제58조【심리의 방침】
① 소년에 대한 형사사건의 심리는 친절하고 온화하게 하여야 한다.
② 제1항의 심리에는 소년의 심신상태, 품행, 경력, 가정상황, 그 밖의 환경 등에 대하여 정확한 사실을 밝힐 수 있도록 특별히 유의하여야 한다.

제59조【사형 및 무기형의 완화】★
죄를 범할 당시 18세 미만인 소년에 대하여 사형 또는 무기형으로 처할 경우에는 15년의 유기징역으로 한다.

참고 **특정강력범죄법**

제4조【소년에 대한 형】① 특정강력범죄를 범한 당시 18세 미만인 소년을 사형 또는 무기형에 처하여야 할 때에는 「소년법」 제59조에도 불구하고 그 형을 20년의 유기징역으로 한다.

관련판례

소년법 제53조 소정의 "사형 또는 무기형으로 처할 것인 때"의 의미(=처단형)
소년법 제53조(現 제59조) 소정의 "사형 또는 무기형으로 처할 것인 때에는 15년의 유기징역으로 한다"라는 규정은 소년에 대한 처단형이 사형 또는 무기형일 때에 15년의 유기징역으로 한다는 것이지 법정형이 사형 또는 무기형인 경우를 의미하는 것은 아니다(대법원 1986.12.23. 86도2314).

제60조【부정기형】 ★★

① 소년이 법정형으로 장기 2년 이상의 유기형에 해당하는 죄를 범한 경우에는 그 형의 범위에서 장기와 단기를 정하여 선고한다. 다만, 장기는 10년, 단기는 5년을 초과하지 못한다.

② 소년의 특성에 비추어 상당하다고 인정되는 때에는 그 형을 감경할 수 있다.

③ 형의 집행유예나 선고유예를 선고할 때에는 제1항을 적용하지 아니한다.

④ 소년에 대한 부정기형을 집행하는 기관의 장은 형의 단기가 지난 소년범의 행형 성적이 양호하고 교정의 목적을 달성하였다고 인정되는 경우에는 관할 검찰청 검사의 지휘에 따라 그 형의 집행을 종료시킬 수 있다.

참고 **특정강력범죄법**

제4조【소년에 대한 형】 ② 특정강력범죄를 범한 소년에 대하여 부정기형(不定期刑)을 선고할 때에는 「소년법」 제60조 제1항 단서에도 불구하고 장기는 15년, 단기는 7년을 초과하지 못한다.

관련판례

[1] 법정형 중 사형이나 무기형을 선택한 경우 소년에게 부정기형을 선고할 수 있는지의 여부(소극)

① 소년에 대하여 사형, 무기형 또는 유기형의 법정형 중 사형이나 무기형을 선택한 경우에는 부정기형은 과할 수 없다(대법원 1970.5.12. 70도675).

② 소년법 제54조(現 제60조)는 소년이 법정형 장기 2년 이상의 유기형에 해당하는 죄를 범한 때에는 그 법정형기 범위 내에서 장기와 단기를 정하여 선고한다고 규정하고 있으므로 법정형이 사형, 무기징역, 유기징역이 있는 때에 그 법정형 중 사형이나 무기징역형을 선택하고 작량감경한 결과로 피고인에게 유기징역형을 선고할 경우에는 위 소년법 제54조는 그 적용이 없다(대법원 1985.6.25. 85도881).

③ 법정형 중에서 무기징역을 선택한 후 작량감경한 결과 유기징역을 선고하게 되었을 경우에는 피고인이 미성년자라 하더라도 부정기형을 선고할 수 없다(대법원 1991.4.9. 91도357).

④ 법정형이 사형이나 무기징역 뿐이면 소년법 제54조 제1항(現 제60조 제1항)의 적용이 없으므로 설사 법정형을 감경하여 유기징역을 선고하는 경우도 정기형을 선고하는 것이 위법이 아니다(대법원 1969.7.29. 69도933).

[2] 항소심이 미성년자에 대하여 정기형을 선고하였음이 위법이라는 이유로 상고심이 항소심 판결을 파기자판하는 경우에 성년이 된 피고인에 대하여 선고할 형(=정기형)

항소심이 미성년자에 대하여 정기형을 선고하였음이 위법이라는 이유로 상고심이 항소심판결을 파기하고 자판하는 경우에 동 피고인이 성년에 달하였다면 부정기형을 선고한 제1심 판결까지 파기하고 정기형을 선고하여야한다(대법원 1981.12.8. 81도2414).

① 제1심에서 부정기형을 선고한 판결에 대한 항소심 계속중 개정 소년법이 시행되었고 항소심 판결선고시에는 이미 신법상 소년에 해당하지 않게 된 경우, 법원이 취하여야 할 조치(=정기형 선고)

개정 소년법은 제2조에서 '소년'의 정의를 '20세 미만'에서 '19세 미만'으로 개정하였고, 이는 같은 법 부칙 제2조에 따라 위 법 시행 당시 심리중에 있는 형사사건에 관하여도 적용된다. 제1심은 피고인을 구 소년법 제2조에 의한 소년으로 인정하여 구 소년법 제60조 제1항에 의하여 부정기형을 선고하였고, 그 항소심 계속중 개정 소년법이 시행되었는데 항소심판결 선고일에 피고인이 이미 19세에 달하여 개정 소년법상 소년에 해당하지 않게 되었다면, 항소심법원은 피고인에 대하여 정기형을 선고하여야 한다(대법원 2008.10.23. 2008도8090).

② 항소심판결 선고당시 성년이 된 자에 대한 부정기형의 적부(소극)

항소심판결 선고당시 성년이 되었음에도 불구하고 정기형을 선고함이 없이 부정기형을 선고한 제1심판결을 인용하여 항소를 기각한 것은 위법하다(대법원 1990.4.24. 90도539).

③ 범행 당시 미성년자(연령이 만 20세 미만)이었다 하더라도 재판시에 성년자가 된 사실이 인정되면 정기형을 선고하여야 한다(대법원 1963.10.10. 63도219).

[3] 항소심에서 부정기형이 선고된 후 상고심 계속 중 성년이 된 경우 정기형으로 고칠 수 있는지의 여부(소극)

① 상고심에서의 심판대상은 항소심 판결 당시를 기준으로 하여 그 당부를 심사하는 데에 있는 것이므로 항소심판결 선고 당시 미성년이었던 피고인이 상고 이후에 성년이 되었다고 하여 항소심의 부정기형의 선고가 위법이 되는 것은 아니다(대법원 1998.2.27. 97도3421).

② 항소심 판결선고 당시 미성년자로서 부정기형을 선고받은 피고인이 상고심 계속 중에 성년이 되었다 하더라도 항소심의 부정기형선고를 정기형으로 고칠 수는 없다(대법원 1990.11.27. 90도2225).

③ 상고심의 심판대상은 원심판결 당시를 기준으로 하여 그 당부를 심사하는 것으로 원심판결 당시 미성년으로서 부정기형을 선고받은 자가 그 후 상고심계속 중 가까운 시일 안에 성년이 된다하여 원심의 부정기형 선고가 위법이 될 수 없고 위와 같은 사유는 적법한 상고이유가 되지 아니한다(대법원 1985.10.8. 85도1721).

[4] 소년범에 대하여 형법 제37조 후단의 경합범에 해당한다 하여 2개의 형을 선고하는 경우에 그 단기형의 합계가 징역 5년을 초과하더라도 이는 소년법 제54조(現 제60조) 제1항 단서의 규정에 저촉된다고 볼 수 없다(대법원 1983.10.25. 83도2323).

[5] 소년법 제54조(現 제60조)에 의하여 부정기형을 선고할 때 그 장기와 단기의 폭에 관하여는 법정한 바 없으므로, 소년인 피고인에 대하여 선고한 형량의 장기가 3년, 단기가 2년 6월 이어서 그 폭이 6월에 불과하다 하여 소년법 제54조(現 제60조)의 해석을 잘못한 위법이 있다고 할 수 없다(대법원 1983.2.8. 82도2889).

[6] 형법 제53조에 의한 작량감경은 법정형을 감경하여 처단형을 정하는 과정이며 법원은 이 처단형의 범위내에서 선고형을 양정하게 되는 것인바, 소년법 제54조 제1항 단서는 소년에 대한 부정기 선고형의 상한을 정한 것에 불과하고 법정형을 정한 것이 아니므로 피고인에게 형법 제53조에 의한 작량감경 사유가 있다고 하여 위 소년법 소정의 부정기 선고형의 상한도 아울러 감경되어야 하는 것은 아니다(대법원 1983.6.14. 83도993).

[7] 소년범 감경에 관한 소년법 제60조 제2항 등의 적용대상인 '소년'인지 여부를 판단하는 시기(=사실심판결 선고 시)

소년법이 적용되는 '소년'이란 심판시에 19세 미만인 사람을 말하므로, 소년법의 적용을 받으려면 심판시에 19세 미만이어야 한다. 따라서 소년법 제60조 제2항의 적용대상인 '소년'인지의 여부도 심판시, 즉 사실심판결 선고시를 기준으로 판단되어야 한다. 이러한 법리는 '소년'의 범위를 20세 미만에서 19세 미만으로 축소한 소년법 개정법률이 시행되기 전에 범행을 저지르고, 20세가 되기 전에 원심판결이 선고되었다고 해서 달라지지 아니한다(대법원 2009.5.28. 2009도2682).

[8] 피고인이 제1심판결 선고 시 소년에 해당하여 부정기형을 선고받았고, 피고인만이 항소한 항소심에서 피고인이 성년에 이르러 항소심이 제1심의 부정기형을 정기형으로 변경해야 할 경우, 불이익변경금지 원칙 위반 여부를 판단하는 기준(=부정기형의 장기와 단기의 중간형)

부정기형은 장기와 단기라는 폭의 형태를 가지는 양형인 반면 정기형은 점의 형태를 가지는 양형이므로 불이익변경금지 원칙의 적용과 관련하여 양자 사이의 형의 경중을 단순히 비교할 수 없는 특수한 상황이 발생한다. 결국 피고인이 항소심 선고 이전에 19세에 도달하여 부정기형을 정기형으로 변경해야 할 경우 불이익변경금지 원칙에 반하지 않는 정기형을 정하는 것은 부정기형과 실질적으로 동등하다고 평가될 수 있는 정기형이 부정기형의 장기와 단기 사이의 어느 지점에 존재하는지를 특정하는 문제로 귀결된다. 이는 정기형의 상한으로 단순히 부정기형의 장기와 단기 중 어느 하나를 택일적으로 선택하는 문제가 아니라, 단기부터 장기에 이르는 수많은 형 중 어느 정도의 형이 불이익변경금지 원칙 위반 여부를 판단하는 기준으로 설정되어야 하는지를 정하는 '정도'의 문제이다. 따라서 부정기형과 실질적으로 동등하다고 평가될 수 있는 정기형을 정할 때에는 형의 장기와 단기가 존재하는 특수성으로 인해 발생하는 요소들, 즉 부정기형이 정기형으로 변경되는 과정에서 피고인의 상소권 행사가 위축될 우려가 있는지 여부, 소년법이 부정기형 제도를 채택한 목적과 책임주의 원칙이 종합적으로 고려되어야 한다. 이러한 법리를 종합적으로 고려하면, 부정기형과 실질적으로 동등하다고 평가될 수 있는 정기형은 부정기형의 장기와 단기의 정중앙에 해당하는 형(예를 들어 징역 장기 4년, 단기 2년의 부정기형의 경우 징역 3년의 형이다. 이하 '중간형'이라 한다)이라고 봄이 적절하므로, 피고인이 항소심 선고 이전에 19세에 도달하여 제1심에서 선고한 부정기형을 파기하고 정기형을 선고함에 있어 불이익변경금지 원칙 위반 여부를 판단하는 기준은 부정기형의 장기와 단기의 중간형이 되어야 한다(대법원 2020.10.22. 2020도4140).

제61조 【미결구금일수의 산입】

제18조 제1항 제3호(소년분류심사원에 위탁)의 조치가 있었을 때에는 그 위탁기간은 「형법」 제57조 제1항의 판결선고 전 구금일수로 본다.

제62조 【환형처분의 금지】 ★★

(처분 시) 18세 미만인 소년에게는 「형법」 제70조(노역장 유치)에 따른 유치선고(환형유치선고)를 하지 못한다. 다만, 판결선고 전 구속되었거나 제18조 제1항 제3호(소년분류심사원에 위탁)의 조치가 있었을 때에는 그 구속 또는 위탁의 기간에 해당하는 기간은 노역장에 유치된 것으로 보아 「형법」 제57조(판결선고 전 구금일수의 통산)를 적용할 수 있다.

제63조 【징역·금고의 집행】

징역 또는 금고를 선고받은 소년에 대하여는 특별히 설치된 교도소 또는 일반 교도소 안에 특별히 분리된 장소에서 그 형을 집행한다. 다만, 소년이 형의 집행 중에 23세가 되면 일반 교도소에서 집행할 수 있다.

제64조 【보호처분과 형의 집행】 ★

보호처분이 계속 중일 때에 징역, 금고 또는 구류를 선고받은 소년에 대하여는 먼저 그 형을 집행한다.

제65조 【가석방】 ★★

징역 또는 금고를 선고받은 소년에 대하여는 다음 각 호의 기간이 지나면 가석방을 허가할 수 있다.

1. 무기형의 경우에는 5년
2. 15년 유기형의 경우에는 3년
3. 부정기형의 경우에는 단기의 3분의 1

제66조 【가석방 기간의 종료】

징역 또는 금고를 선고받은 소년이 가석방된 후 그 처분이 취소되지 아니하고 가석방 전에 집행을 받은 기간과 같은 기간이 지난 경우에는 형의 집행을 종료한 것으로 한다. 다만, 제59조의 형기(刑期)(죄를 범할 당시 18세 미만인 소년에 대하여 사형 또는 무기형으로 처할 경우에는 15년의 유기징역) 또는 제60조 제1항에 따른 장기(소년이 법정형으로 장기 2년 이상의 유기형에 해당하는 죄를 범한 경우에 선고된 부정기형의 장기)의 기간이 먼저 지난 경우에는 그 때에 형의 집행을 종료한 것으로 한다.

제67조 【자격에 관한 법령의 적용】

① 소년이었을 때 범한 죄에 의하여 형의 선고 등을 받은 자에 대하여 다음 각 호의 경우 자격에 관한 법령을 적용할 때 장래에 향하여 형의 선고를 받지 아니한 것으로 본다.
   1. 형을 선고받은 자가 그 집행을 종료하거나 면제받은 경우
   2. 형의 선고유예나 집행유예를 선고받은 경우
② 제1항에도 불구하고 형의 선고유예가 실효되거나 집행유예가 실효·취소된 때에는 그 때에 형을 선고받은 것으로 본다.

관련판례

[1] 소년범 중 형의 집행이 종료되거나 면제된 자에 한하여 자격에 관한 법령의 적용에 있어 장래에 향하여 형의 선고를 받지 아니한 것으로 본다고 규정한 구 소년법 제67조가 평등원칙에 위반되는지 여부(헌법불합치)

집행유예는 실형보다 죄질이나 범정이 더 가벼운 범죄에 관하여 선고하는 것이 보통인데, 이 사건 조항은 집행유예보다 중한 실형을 선고받고 집행이 종료되거나 면제된 경우에는 자격에 관한 법령의

적용에 있어 형의 선고를 받지 아니한 것으로 본다고 하여 공무원 임용 등에 자격제한을 두지 않으면서 집행유예를 선고받은 경우에 대해서는 이와 같은 특례조항을 두지 아니하여 불합리한 차별을 야기하고 있다. 예를 선고 받은 경우에는 원칙적으로 형의 선고에 의한 법적 효과가 장래를 향하여 소멸하고 향후 자격제한 등의 불이익을 받지 아니함에도, 이 사건 조항에 따르면 집행유예를 선고받은 자의 자격제한을 완화하지 아니하여 집행유예 기간이 경과한 경우에도 그 후 일정 기간 자격제한을 받게 되었으므로, 명백히 자의적인 차별에 해당하여 평등원칙에 위반된다(헌재 2018.1.25. 2017헌가7).

[2] 소년법이 소년이었을 때 범한 죄로 형의 집행유예를 선고받은 경우 자격에 관한 법률을 적용할 때 장래에 향하여 선고를 받지 않은 것으로 보는 취지는 인격의 형성 도중에 있어 개선가능성이 풍부하고 심신의 발육에 따른 특수한 정신적 동요상태에 있는 소년의 시기에 범한 죄로 장래를 포기하거나 재기의 기회를 잃지 않도록 하기 위한 것이다. 따라서 소년법 제67조에서 정하고 있는 '소년이었을 때 범한 죄'인지는 실제 생년월일을 기준으로 판단하여야 하고, 형의 집행유예 등 선고 이후에 가족관계 등록부의 출생연월일이 실제 생년월일에 따라 정정되었다면 그와 같이 정정된 출생연월일을 기준으로 소년이었을 때 범한 죄인지 여부를 판단하여야 한다(대법원 2019.2.14. 2017두62587).

[3] 소년법 제67조의 규정 취지 및 구 특정범죄 가중처벌 등에 관한 법률 제5조의4 제5항의 적용 요건인 과거 전과로서의 징역형에 '소년범'으로서 처벌받은 징역형도 포함되는지 여부(적극)
소년법 제67조는 "소년이었을 때 범한 죄에 의하여 형을 선고받은 자가 그 집행을 종료하거나 면제받은 경우 자격에 관한 법령을 적용할 때에는 장래에 향하여 형의 선고를 받지 아니한 것으로 본다"라고 규정하고 있는바, 위 규정은 「사람의 자격」에 관한 법령의 적용에 있어 장래에 향하여 형의 선고를 받지 아니한 것으로 본다는 취지에 불과할 뿐 전과까지 소멸한다는 것은 아니다. 따라서 특정범죄 가중처벌 등에 관한 법률 제5조의4 제5항을 적용하기 위한 요건으로서 요구되는 과거 전과로서의 징역형에는 소년으로서 처벌받은 징역형도 포함된다고 보아야 한다(대법원 2010.4.29. 2010도973).

제3장의2 | 비행 예방

제67조의2 【비행 예방정책】
법무부장관은 제4조 제1항에 해당하는 자(이하 "비행소년"이라 한다)가 건전하게 성장하도록 돕기 위하여 다음 각 호의 사항에 대한 필요한 조치를 취하여야 한다.
1. 비행소년이 건전하게 성장하도록 돕기 위한 조사·연구·교육·홍보 및 관련 정책의 수립·시행
2. 비행소년의 선도·교육과 관련된 중앙행정기관·공공기관 및 사회단체와의 협조체계의 구축 및 운영

제4장 | 벌칙

제68조【보도 금지】

① 이 법에 따라 조사 또는 심리 중에 있는 보호사건이나 형사사건에 대하여는 성명·연령·
   직업·용모 등으로 비추어 볼 때 그 자가 당해 사건의 당사자라고 미루어 짐작할 수 있는
   정도의 사실이나 사진을 신문이나 그 밖의 출판물에 싣거나 방송할 수 없다.

② 제1항을 위반한 다음 각 호의 자는 1년 이하의 징역 또는 1천만원 이하의 벌금에 처한다.
   1. 신문 : 편집인 및 발행인
   2. 그 밖의 출판물 : 저작자 및 발행자
   3. 방송 : 방송편집인 및 방송인

제69조【나이의 거짓 진술】

성인이 고의로 나이를 거짓으로 진술하여 보호처분이나 소년 형사처분을 받은 경우에는 1년
이하의 징역에 처한다.

제70조【조회 응답】

① 소년 보호사건과 관계있는 기관은 그 사건 내용에 관하여 재판, 수사 또는 군사상 필요한
   경우 외의 어떠한 조회에도 응하여서는 아니 된다.

② 제1항을 위반한 자는 1년 이하의 징역 또는 1천만원 이하의 벌금에 처한다.

제71조【소환의 불응 및 보호자 특별교육명령 불응】

다음 각 호의 어느 하나에 해당하는 자에게는 300만원 이하의 과태료를 부과한다.

1. 제13조 제1항에 따른 소환(소년부 판사의 사건 본인·보호자·참고인 소환)에 정당한 이유 없이 응하지
   아니한 자

2. 제32조의2 제3항의 (소년부 판사의 보호자에 대한) 특별교육명령에 정당한 이유 없이 응하지 아니한 자

07 보호소년 등의 처우에 관한 법률

• 법 2022.2.18. 시행 | **시행령** 2022.7.12. 시행 | **시행규칙** 2022.12.19. 시행

제1장 | 총칙

제1조 【목적】

이 법은 보호소년 등의 처우 및 교정교육과 소년원과 소년분류심사원의 조직, 기능 및 운영에 관하여 필요한 사항을 규정함을 목적으로 한다.

제1조의2 【정의】

이 법에서 사용하는 용어의 뜻은 다음과 같다.

보호소년	「소년법」 제32조 제1항 제7호부터 제10호까지의 규정에 따라 가정법원소년부 또는 지방법원소년부(이하 "법원소년부"라 한다)로부터 위탁되거나 송치된 소년
위탁소년	「소년법」 제18조 제1항 제3호에 따라 법원소년부로부터 위탁된 소년
유치소년	「보호관찰 등에 관한 법률」 제42조 제1항에 따라 유치(留置)된 소년
보호소년등	보호소년, 위탁소년 또는 유치소년

제2조 【처우의 기본원칙】

① 소년원장 또는 소년분류심사원장(이하 "원장"이라 한다)은 보호소년등을 처우할 때에 인권보호를 우선적으로 고려하여야 하며, 그들의 심신 발달 과정에 알맞은 환경을 조성하고 안정되고 규율 있는 생활 속에서 보호소년등의 성장 가능성을 최대한으로 신장시킴으로써 사회적응력을 길러 건전한 청소년으로서 사회에 복귀할 수 있도록 하여야 한다.

② 보호소년에게는 품행의 개선과 진보의 정도에 따라 점차 향상된 처우를 하여야 한다.

🔖 **시행령**

제2조 【보호소년의 처우】

소년원장은 「보호소년 등의 처우에 관한 법률」(이하 "법"이라 한다) 제2조 제2항에 따라 교육활동에 지장을 주지 않는 범위에서 보호소년에게 다음 각 호에 해당하는 향상된 처우를 할 수 있다.

1. 특별히 마련한 거실·기구나 그 밖의 설비 사용
2. 사회·문화시설 견학·참관 등의 기회 부여

제3조【임무】★★

① 소년원은 보호소년을 수용하여 교정교육을 하는 것을 임무로 한다.

② 소년분류심사원은 다음 각 호의 임무를 수행한다.

　1. 위탁소년의 수용과 분류심사

　2. 유치소년의 수용과 분류심사

　3.「소년법」제12조(전문가의 진단)에 따른 전문가 진단의 일환으로 법원소년부가 상담조사를 의뢰한 소년의 상담과 조사

　4.「소년법」제49조의2(검사의 결정 전 조사)에 따라 소년 피의사건에 대하여 검사가 조사를 의뢰한 소년의 품행 및 환경 등의 조사

　5. 제1호부터 제4호까지의 규정에 해당되지 아니하는 소년으로서 소년원장이나 보호관찰소 장이 의뢰한 소년의 분류심사

제4조【관장 및 조직】

① 소년원과 소년분류심사원은 법무부장관이 관장한다.

② 소년원과 소년분류심사원의 명칭, 위치, 직제(職制), 그 밖에 필요한 사항은 대통령령으로 정한다.

제5조【소년원의 분류 등】

① 법무부장관은 보호소년의 처우상 필요하다고 인정하면 대통령령으로 정하는 바에 따라 소년 원을 초·중등교육, 직업능력개발훈련, 의료재활 등 기능별로 분류하여 운영하게 할 수 있다.

② 법무부장관은 제1항에 따라 의료재활 기능을 전문적으로 수행하는 소년원을 의료재활소년원 으로 운영한다.

 시행령

제3조【소년원의 기능별 분류·운영】

① 법 제5조에 따라 소년원을 다음 각 호와 같이 분류한다.

초·중등교육소년원	「초·중등교육법」에 따른 초·중등교육이 필요한 소년을 수용·교육하는 소년원
직업능력개발훈련소년원	「국민 평생 직업능력 개발법」에 따른 직업능력개발훈련이 필요한 소년을 수용·교육하는 소년원
의료·재활소년원	약물 오·남용, 정신·지적발달 장애, 신체질환 등으로 집중치료나 특수교육이 필요한 소년을 수용·교육하는 소년원
인성교육소년원	정서순화, 품행교정 등 인성교육이 집중적으로 필요한 소년을 수용·교육하는 소년원

② 제1항에 따른 소년원의 세부분류 · 운영기준은 법무부장관이 정한다.

제6조 【소년원 등의 규모 등】
① 신설하는 소년원 및 소년분류심사원은 수용정원이 150명 이내의 규모가 되도록 하여야 한다. 다만, 소년원 및 소년분류심사원의 기능 · 위치나 그 밖의 사정을 고려하여 그 규모를 증대할 수 있다.
② 보호소년 등의 개별적 특성에 맞는 처우를 위하여 소년원 및 소년분류심사원에 두는 생활실은 대통령령으로 정하는 바에 따라 소규모로 구성하여야 한다.
③ 소년원 및 소년분류심사원의 생활실이나 그 밖의 수용생활을 위한 설비는 그 목적과 기능에 맞도록 설치되어야 한다.
④ 소년원 및 소년분류심사원의 생활실은 보호소년 등의 건강한 생활과 성장을 위하여 적정한 수준의 공간과 채광 · 통풍 · 난방을 위한 시설이 갖추어져야 한다.

시행령

제5조의2 【생활실 수용정원】
법 제6조 제2항에 따라 소년원 또는 소년분류심사원(이하 "소년원 등"이라 한다)에 두는 생활실 수용정원은 4명 이하로 한다. 다만, 소년원 등의 기능 · 위치나 그 밖의 사정을 고려하여 수용인원을 증대할 수 있다.

제2장 | 수용 · 보호

제7조 【수용절차】
① 보호소년 등을 소년원이나 소년분류심사원에 수용할 때에는 법원소년부의 결정서, 법무부장관의 이송허가서 또는 지방법원 판사의 유치허가장에 의하여야 한다.
② 원장은 새로 수용된 보호소년 등에 대하여 지체 없이 건강진단과 위생에 필요한 조치를 하여야 한다.
③ 원장은 새로 수용된 보호소년 등의 보호자나 보호소년 등이 지정하는 자(이하 "보호자등"이라 한다)에게 지체 없이 수용 사실을 알려야 한다.

시행령

제6조 【보호소년 등의 인수】
① 소년원장 또는 소년분류심사원장(이하 "원장"이라 한다)은 법 제7조 또는 법 제12조에 따라 보호소년등을

새로 수용할 때에는 법원소년부의 결정서, 법무부장관의 이송허가서 또는 지방법원 판사의 유치허가장을 통하여 본인임을 확인한 후 인수하고, 인도기관에 인수서를 내주어야 한다.

② 보호관찰소의 장은 유치소년을 원장에게 인도할 때에는 원본과 대조·확인한 유치허가장 사본을 제출하여야 한다.

제8조【수용사실 통지】

원장은 법 제7조 제3항에 따라 보호소년 등의 보호자 또는 보호소년 등이 지정하는 사람(이하 "보호자등"이라 한다)에게 보호소년 등을 수용한 사실을 알릴 때에는 수용 경위, 처우의 개요, 면회·통신 방법, 그 밖에 필요한 사항을 함께 알려야 한다.

시행규칙

제9조【보호소년 등의 인수절차】

① 「보호소년 등의 처우에 관한 법률 시행령」(이하 "영"이라 한다) 제6조에 따른 인수서는 별지 제1호서식에 따른다.

② 소년원장 또는 소년분류심사원장(이하 "원장"이라 한다)은 보호소년 등이 영 제6조에 따라 새로 수용된 때에는 지체 없이 다음 각 호에 따른 검사·조사 또는 조치 등을 하고, 이상이 발견되었을 경우에는 필요한 조치를 마련하여야 한다.

1. 보호소년 등의 의류 및 소지품 등의 검사
2. 신상조사
3. 건강진단 및 신체검사
4. 이발·목욕 및 피복지급 등 위생에 필요한 조치
5. 사진촬영

③ 여성인 보호소년 등에 대한 제2항 제1호·제3호 및 제4호의 검사 또는 조치는 여성인 직원이 실시해야 한다. 다만, 제2항 제3호에 따른 검사는 여성인 직원이 참석한 가운데 의사나 간호사가 실시할 수 있다.

제10조【수용사실 통지】

영 제8조에 따른 수용사실의 통지는 별지 제2호서식에 따른다. 다만, 보호소년 등의 보호자 또는 보호소년 등이 지정하는 사람(이하 "보호자 등"이라 한다)이 원하는 때에는 정보통신망을 이용하여 통지할 수 있다. 이 경우 그 통지사실을 기록·유지하여야 한다.

제8조【분류처우】★

① 원장은 보호소년 등의 정신적·신체적 상황 등 개별적 특성을 고려하여 생활실을 구분하는 등 적합한 처우를 하여야 한다.

② 보호소년 등은 다음 각 호의 기준에 따라 분리 수용한다.
1. 남성과 여성
2. 보호소년, 위탁소년 및 유치소년

③ 「소년법」제32조 제1항 제7호(병원, 요양소 또는 의료재활소년원에 위탁)의 처분을 받은 보호소년은 의료재활소년원에 해당하는 소년원에 수용하여야 한다.

④ 원장은 보호소년 등이 희망하거나 특별히 보호소년 등의 개별적 특성에 맞는 처우가 필요한 경우 보호소년 등을 혼자 생활하게 할 수 있다.

시행령

제9조【분류처우】

① 원장은 법 제8조 제1항에 따라 분류처우를 할 때에는 분류심사 결과와 법원소년부로부터 송부된 자료를 고려하여야 한다.

② 원장은 법 제8조 제2항에 따라 보호소년 등을 분리수용하는 경우 비행, 공범관계, 처우과정 등을 고려하여 법무부령으로 정하는 바에 따라 생활실을 구분할 수 있다.

시행규칙

제11조【분류처우】

원장은 영 제9조에 따라 다음 각 호의 어느 하나에 해당하는 보호소년등은 다른 보호소년등과 생활실 및 처우과정을 달리해야 한다. 다만, 원장은 시설여건이나 교육과정 운영을 위하여 특히 필요한 경우에는「보호소년 등의 처우에 관한 법률」(이하 "법"이라 한다) 제15조의2에 따른 보호소년등처우·징계위원회(이하 "처우·징계위원회"라 한다)의 심의를 거쳐 이를 조정·운영할 수 있다.

1. 「소년법」제32조 제1항 제7호부터 제10호까지의 규정에 따라 위탁되거나 송치된 보호소년
2. 제53조(신입자교육)에 따른 신입자교육을 받고 있는 보호소년
3. 감염병에 감염된 보호소년 등
4. 공동으로 비행을 저지르는 등 특별관리가 필요하다고 인정되는 보호소년등

시행령

제10조【개별처우계획의 수립】

① 소년원장은 제9조에 따른 분류처우 대상 보호소년에 대하여 법 제15조의2에 따른 보호소년등처우·징계위원회(이하 "처우·징계위원회"라 한다)의 심사를 거쳐 개별처우계획을 수립해야 한다.

② 제1항에 따른 개별처우계획에는 초·중등교육, 직업능력개발훈련, 의료재활, 인성교육 등 개별 교육·처우의 방향이 제시돼야 한다. 이 경우 보호소년과 보호자등의 의견을 고려해야 한다.

③ 제1항 및 제2항에 따라 수립된 개별처우계획은 교정교육에 지장이 없는 범위에서 그 내용을 본인 및 보호자등에게 알려 보호소년이 스스로 교육에 참여하고, 자기 개선을 위하여 노력하도록 하여야 한다.

제11조【개별처우계획의 수정】

소년원장은 제10조 제1항에 따라 수립한 보호소년의 개별처우계획을 변경할 필요가 있는 경우에는 지체 없이 처우·징계위원회의 심사를 거쳐 수정해야 한다.

시행규칙

제12조【처우·징계위원회의 개별처우계획 심사】

영 제10조 및 영 제11조에 따른 처우·징계위원회의 개별처우계획 심사는 심사 사유가 발생한 날부터 10일 이내에 실시해야 한다.

시행령

제12조 【보호처분 취소대상자 통지】

원장은 보호소년 등이 법원소년부의 보호처분 결정 당시 10세 미만[「소년법」 제32조 제1항 제10호 처분(장기 소년원 송치)의 경우에는 12세 미만으로 한다]이었거나 19세 이상이었던 것으로 밝혀지면 지체 없이 해당 보호처분 결정을 한 법원소년부에 그 사실을 통지하여야 한다.

제9조 【보호처분의 변경 등】

① 소년원장은 보호소년이 다음 각 호의 어느 하나에 해당하는 경우에는 소년원 소재지를 관할하는 법원소년부에 「소년법」 제37조(처분의 변경)에 따른 보호처분의 변경을 신청할 수 있다.

   1. 중환자로 판명되어 수용하기 위험하거나 장기간 치료가 필요하여 교정교육의 실효를 거두기가 어렵다고 판단되는 경우

   2. 심신의 장애가 현저하거나 임신 또는 출산(유산·사산한 경우를 포함한다), 그 밖의 사유로 특별한 보호가 필요한 경우

   3. 시설의 안전과 수용질서를 현저히 문란하게 하는 보호소년에 대한 교정교육을 위하여 보호기간을 연장할 필요가 있는 경우

② 소년분류심사원장은 위탁소년이 제1항 각 호의 어느 하나에 해당하는 경우에는 위탁 결정을 한 법원소년부에 「소년법」 제18조(임시조치)에 따른 임시조치의 취소, 변경 또는 연장에 관한 의견을 제시할 수 있다.

③ 소년분류심사원장은 유치소년이 제1항 제1호 또는 제2호에 해당하는 경우에는 유치 허가를 한 지방법원 판사 또는 소년분류심사원 소재지를 관할하는 법원소년부에 유치 허가의 취소에 관한 의견을 제시할 수 있다.

④ 제3항에 따른 의견 제시 후 지방법원 판사 또는 법원소년부 판사의 유치 허가 취소 결정이 있으면 소년분류심사원장은 그 유치소년을 관할하는 보호관찰소장에게 이를 즉시 통보하여야 한다.

⑤ 제1항에 따른 보호처분의 변경을 할 경우 보호소년이 19세 이상인 경우에도 「소년법」 제2조(소년 및 보호자의 정의) 및 제38조(보호처분의 취소) 제1항에도 불구하고 같은 법 제2장의 보호사건 규정을 적용한다.

제10조 【원장의 면접】

원장은 보호소년 등으로부터 처우나 일신상의 사정에 관한 의견을 듣기 위하여 수시로 보호소년 등과 면접을 하여야 한다.

제11조 【청원】

보호소년 등은 그 처우에 대하여 불복할 때에는 법무부장관에게 문서로 청원할 수 있다.

시행령

제13조【청원의 편의 제공】

① 원장은 법 제11조에 따른 청원서를 접수하면 지체 없이 이를 법무부장관에게 보내야 한다.

② 원장은 법 제11조에 따른 청원을 할 수 있다는 안내문을 보기 쉬운 곳에 게시하는 등 청원의 편의를 제공하여야 한다.

③ 원장은 보호소년 등이 청원을 못하게 하거나 청원을 하였다는 이유를 불이익한 처우를 하여서는 아니 된다.

시행규칙

제17조【청원의 처리절차】

① 원장은 영 제13조에 따른 청원의 편의를 위하여 보호소년 등이 이용하기 편리한 곳에 청원함을 설치하고, 매일 청원사항을 확인하여야 한다.

② 청원에 대한 결정은 문서로 하여야 하며, 그 결정서는 지체 없이 청원인에게 전달하여야 한다.

③ 원장은 별지 제3호서식의 청원처리부를 갖추고, 청원의 처리경위 등을 기록·유지하여야 한다.

제18조【여론조사】

원장은 보호소년 등을 적절하게 처우하기 위하여 보호소년 등을 대상으로 월 1회 이상 처우에 관한 의견을 조사하고 그 처리결과를 보호소년 등에게 알려야 한다.

제12조【이송】

① 소년원장은 분류수용, 교정교육상의 필요, 그 밖의 이유로 보호소년을 다른 소년원으로 이송하는 것이 적당하다고 인정하면 법무부장관의 허가를 받아 이송할 수 있다.

②「소년법」제32조 제1항 제7호(병원, 요양소 또는 의료재활소년원 위탁)의 처분을 받은 보호소년은 의료재활소년원에 해당하지 아니하는 소년원으로 이송할 수 없다.

시행령

제14조【수용인원의 조절을 위한 이송】

법무부장관은 분류수용이나 교육훈련을 위하여 수용인원을 조절할 필요가 있다고 인정되면 소년원장에게 보호소년을 다른 소년원으로 이송할 것을 지시할 수 있다.

제15조【청원에 따른 이송】

소년원장은 보호소년 또는 그 보호자등이 다른 소년원으로 이송해 줄 것을 청원한 경우에는 법무부장관의 허가를 받아 보호소년을 그 소년원으로 이송할 수 있다.

제16조【이송의 제한】

① 소년원장은 이송할 보호소년에 대하여 건강진단을 하고 건강상태가 이송해 갈 소년원의 교육활동에 적합하지 아니하다고 판명되면 이송을 중지하여야 한다.

② 소년원장은 다음 각 호의 어느 하나에 해당하는 보호소년을 다른 소년원으로 이송하여서는 아니 된다.

  1. 외부 의료기관에 입원 또는 통원치료 중인 사람으로서 이송하는 것이 부적절하다고 판단되는 사람

  2.「소년법」제43조에 따라 항고하여 재판에 계류 중인 사람. 다만, 재항고한 사람은 제외한다.

3. 징계를 받고 있는 사람

③ 소년원장은 제2항에도 불구하고 처우상 특히 필요하다고 인정되는 사유가 있으면 처우·징계위원회의 심의를 거쳐 법무부장관의 허가를 받아 보호소년을 다른 소년원으로 이송할 수 있다.

📖 **시행규칙**

제19조【이송】

① 신입보호소년의 이송은 보호처분에 대한 항고제기기간이 지난 후 지체 없이 실시하여야 한다. 다만, 보호소년 및 보호소년의 보호자가 항고제기의사가 없음을 밝히고, 별지 제4호서식의 항고권포기 서약서를 작성하여 제출한 경우에는 항고제기기간이 지나기 전이라도 이송할 수 있다.

② 소년원장은 「보호소년 등의 처우에 관한 법률」(이하 "법"이라 한다) 제12조에 따라 보호소년을 다른 소년원으로 이송하려면 이송할 보호소년의 인적사항, 이송사유, 그 밖에 필요한 사항을 구체적으로 제시하여 법무부장관에게 이송허가를 신청해야 한다.

③ 소년원장은 제1항에 따라 이송허가를 받아 보호소년을 다른 소년원에 이송할 때에는 그 보호소년의 소년관리기록부·보관금품 및 별지 제12호서식에 따른 보관금품 보관증(기관 보관용을 말한다) 그 밖의 참고자료를 인수소년원에 인계하여야 한다.

제21조【의료재활처우소년의 이송】

① 소년원장은 보호소년이 다음 각 호의 어느 하나에 해당하는 경우에는 해당 보호소년을 의료재활소년원으로 이송하도록 허가해 줄 것을 법무부장관에게 신청할 수 있다.

1. 정신질환자(알코올중독자 및 약물중독자를 포함한다)
2. 신체질환자(뇌전증 환자를 포함한다)

② 제1항에 따른 이송허가의 구체적인 기준은 법무부장관이 정한다.

제22조【의료재활소년원 이송절차 등】

① 소년원장은 의료재활소년원으로의 이송을 신청할 때에는 별지 제5호서식에 따른 소속 의무과장의 진료소견서를 첨부해야 한다.

② 보호소년을 의료재활소년원으로 이송하는 경우 인계기관은 해당 보호소년의 의무·진료와 관련된 모든 자료의 원본 또는 출력물을 인수기관으로 보내고 그 사본을 보관해야 한다.

③ 의료재활소년원장은 보호소년이 개별처우계획에 따른 의료재활과정을 마쳤을 때에는 해당 보호소년을 처우하기에 적합한 소년원을 정하여 법무부장관에게 이송을 신청해야 한다. 이 경우 처우·징계위원회의 심사를 거쳐야 한다.

④ 제1항부터 제3항까지에서 규정한 사항 외에 의료재활소년원으로의 이송절차 등에 관한 구체적인 사항은 법무부장관이 정한다.

제13조【비상사태 등의 대비】

① 원장은 천재지변이나 그 밖의 재난 또는 비상사태에 대비하여 계획을 수립하고 보호소년 등에게 대피훈련 등 필요한 훈련을 실시하여야 한다.

② 원장은 천재지변이나 그 밖의 재난 또는 비상사태가 발생한 경우에 그 시설 내에서는 안전한 대피방법이 없다고 인정될 때에는 보호소년 등을 일시적으로 적당한 장소로 긴급 이송할 수 있다.

시행령

제17조【비상사태 등의 대비】
원장은 법 제13조에 따른 비상사태 등에 대비하여 소년원등 안에 대피시설을 마련해야 한다.

제14조【사고 방지 등】
① 원장은 보호소년 등이 이탈, 난동, 폭행, 자해, 그 밖의 사고를 일으킬 우려가 있을 때에는 이를 방지하는 데에 필요한 조치를 하여야 한다.
② 보호소년 등이 소년원이나 소년분류심사원을 이탈하였을 때에는 그 소속 공무원이 재수용할 수 있다.

시행령

제17조의2【소지금지물품】
보호소년 등은 다음 각 호의 물품을 소지해서는 아니 된다.
1. 흉기, 화기, 폭발물, 독극물, 그 밖에 시설의 안전 또는 질서를 해칠 우려가 있는 물품
2. 주류·담배·현금·수표·음란물, 사행행위에 사용되는 물품, 그 밖에 보호소년 등의 교정교육 또는 건전한 사회복귀를 해칠 우려가 있는 물품

제17조의3【신체 검사 등】
① 원장은 시설의 안전과 질서 유지를 위하여 필요하다고 인정하는 경우에는 보호소년 등의 신체·의류·휴대품·생활실 등을 검사할 수 있다.
② 원장은 보호소년 등의 신체를 검사하는 경우에는 해당 보호소년 등이 불필요한 고통이나 수치심을 느끼지 않도록 유의해야 하며, 특히 신체를 면밀히 검사할 필요가 있으면 다른 보호소년 등이 볼 수 없는 차단된 장소에서 해야 한다.
③ 원장은 여성인 보호소년 등의 신체·의류 및 휴대품을 검사하는 경우에는 소속 여성 공무원이 하게 하여야 한다.
④ 원장은 제1항에 따라 검사한 결과 제17조의2에 따른 소지금지물품(이하 "금지물품"이라 한다)이 발견되면 이를 보호소년 등에게 알린 후 폐기한다.
⑤ 제4항에도 불구하고 폐기하는 것이 적당하지 아니한 물품은 소년원등에 보관하거나 보호자등에게 전달할 수 있다. 이 경우 보관 물품의 처리는 법 제22조(금품의 보관 및 반환)에 따른다.

시행규칙

제25조【소지품검사 및 시설점검】
① 원장은 보호소년 등의 인원·소지품·이용시설 그 밖에 필요한 사항을 수시로 점검하고 보호소년 등이 허가 없이 외부인과 접촉하는 것을 금지하여야 한다.
② 원장은 보호소년 등이 외출하거나 생활관을 출입할 때에는 반드시 소지품검사를 하여 부정물품반입을 예방하여야 한다.
③ 원장은 수시로 생활실 등 각종 시설의 이상유무, 부정물품의 은닉여부 그 밖에 필요한 사항을 점검하여야 한다.

시행령

제18조 【외부인의 출입통제】

① 원장은 소년원등에 출입하는 외부인의 출입 목적과 신원을 확인하고, 시설의 안전과 질서 유지를 위하여 필요하다고 인정하면 출입자의 의류와 휴대품을 검사할 수 있다.

② 원장은 제1항에 따른 검사 결과 출입자가 금지물품을 소지하고 있으면 소년원등에 맡기게 하여야 하며, 이에 따르지 아니하면 출입을 금지할 수 있다.

③ 원장은 여성 출입자의 의류 및 휴대품을 검사하는 경우에는 소속 여성 공무원이 하게 하여야 한다.

제19조 【심신안정실에의 수용】

① 원장은 보호소년 등이 다음 각 호의 어느 하나에 해당할 때에는 의사의 의견을 고려하여 심신안정실(자살 및 자해 방지 등의 설비를 갖춘 생활실을 말한다. 이하 같다)에 수용할 수 있다.

1. 자살 또는 자해의 우려가 있을 때

2. 신체적·정신적 질병 또는 임신·출산(유산·사산한 경우를 포함한다) 등으로 인하여 특별한 보호가 필요할 때

3. 설비 또는 기구 등을 손괴하거나 손괴하려 할 때

4. 담당 직원의 제지에도 불구하고 소란행위를 계속하여 다른 보호소년 등의 평온한 생활을 방해할 때

② 제1항 제1호 및 제2호에 따른 심신안정실의 수용기간은 15일 이내로 한다. 다만, 원장은 특별히 계속하여 수용할 필요가 있으면 의사의 의견을 고려하여 7일을 초과하지 아니하는 범위에서 한 차례만 그 기간을 연장할 수 있다.

③ 제1항 제3호 및 제4호에 따른 심신안정실 수용기간은 24시간 이내로 한다. 다만, 원장은 특별히 계속하여 수용할 필요가 있으면 의사의 의견을 고려하여 12시간을 초과하지 아니하는 범위에서 한 차례만 그 기간을 연장할 수 있다.

④ 원장은 보호소년 등을 심신안정실에 수용하거나 그 수용기간을 연장하는 경우에는 그 사유를 본인에게 알려주어야 한다.

⑤ 원장은 의사 및 간호사로 하여금 심신안정실에 수용된 보호소년 등의 건강상태를 수시로 확인하게 하여야 한다.

⑥ 원장은 심신안정실에 수용할 사유가 소멸하면 심신안정실 수용을 즉시 중단하여야 한다.

제20조 【사고발생 보고】

① 원장은 보호소년 등의 사망, 이탈, 난동, 그 밖의 중대한 사고가 발생하면 지체 없이 법무부장관에게 보고하여야 한다.

② 원장은 조사·심리를 받고 있는 위탁소년 또는 항고 중의 보호소년이 사망하거나 이탈한 경우 또는 이탈한 보호소년 등을 재수용한 경우에는 지체 없이 그 사실을 사건이 계류되어 있는 법원에 통지하여야 한다.

 시행규칙

제27조 【사건발생보고】

원장은 영 제20조 제1항에 따라 사고발생사실을 법무부장관에게 보고하는 경우에는 관련 자료와 대상자의 인적사항, 사고발생 일시·장소·내용·조치사항 등이 작성된 보고서를 첨부하여야 한다.

시행령

제21조 【사체의 검사】

원장은 보호소년 등이 사망한 경우에는 지체 없이 검사의 지휘에 따라 사체의 검사 등 필요한 조치를 하여야 한다.

제22조 【사망 통지 및 사체의 인도】

원장은 보호소년 등이 사망하면 지체 없이 병명, 사망 원인 및 사망 일시를 보호자등에게 알리고, 검사의 지휘에 따라 사체를 인도하여야 한다.

제23조 【사체의 임시매장】

원장은 보호자등의 소재를 알 수 없거나 그 밖의 부득이한 사유로 제22조에 따라 사체를 인도할 수 없을 때에는 임시매장을 하고, 임시매장 한 장소에 사망자의 성명, 생년월일 및 사망연월일을 새긴 표석을 세워야 한다.

시행규칙

제16조 【이탈한 사람에 대한 조치】

① 소년원장은 법 제9조 제 1항에 따라 「소년법」 제32조 제1항 제7부터 제10호까지(병원·요양소 또는 의료재활소년원에 위탁, 1개월 이내의 소년원 송치, 단기 소년원 송치, 장기 소년원 송치)의 보호처분을 받아 수용된 보호소년이 소년원을 이탈한 후 재수용되었을 때에는 법원소년부에 같은 항 제7호부터 제10호로 처분의 변경을 신청할 수 있다.

② 소년원장은 「소년법」 제32조 제1항 제5호(보호관찰관의 장기 보호관찰) 처분과 제8호(1개월 이내의 소년원 송치) 처분이 병합되어 소년원에 수용된 보호소년이 소년원을 이탈하였을 때에는 그 보호소년을 관할하는 보호관찰소에 즉시 통보하여야 한다.

③ 소년원장은 보호소년이 소년원을 이탈하거나 소년원을 이탈한 후 범법행위로 인하여 징역 또는 금고 이상의 유죄판결이 확정된 경우 또는 보호처분에 따라 소년원에 다시 송치된 경우에는 해당 보호소년에 대한 종전의 보호처분을 취소할 것을 법원소년부에 신청하여야 한다.

제23조 【수용사고 방지계획 등의 수립】

원장은 보호소년 등의 이탈·난동·폭행·자해 그 밖의 수용사고의 방지를 위한 종합대책 및 세부적인 생활지도계획을 수립·시행하여야 한다.

제24조 【보호소년 등의 감호】

① 원장은 보호소년 등의 특성·인원·감호환경 그 밖에 사고방지를 위한 모든 여건을 고려하여 감호직원을 배치하여야 한다.

② 제1항에 따라 감호의 임무를 부여받은 사람은 보호소년 등을 방치하거나 감호 중에 무단이석·음주·독서·잡무처리 등 감호 외의 용무를 보아서는 아니 된다.

제26조 【행동관찰】

원장은 보호소년 등의 행동을 수시로 관찰하고 특이사항을 기록·유지하여 감호·분류심사 및 교정교육의 자료로 활용하여야 한다.

제14조의2 【보호장비의 사용】 ★★

① 보호장비의 종류는 다음 각 호와 같다.

---

    1. 수갑   2. 포승

    3. 가스총   4. 전자충격기

    5. 머리보호장비   6. 보호대

② 원장은 다음 각 호의 어느 하나에 해당하는 경우에는 소속 공무원으로 하여금 보호소년 등에 대하여 수갑, 포승 또는 보호대를 사용하게 할 수 있다.

    1. 이탈·난동·폭행·자해·자살을 방지하기 위하여 필요한 경우

    2. 법원 또는 검찰의 조사·심리, 이송, 그 밖의 사유로 호송하는 경우

    3. 그 밖에 소년원·소년분류심사원의 안전이나 질서를 해칠 우려가 현저한 경우

③ 원장은 다음 각 호의 어느 하나에 해당하는 경우에는 소속 공무원으로 하여금 보호소년 등에 대하여 수갑, 포승 또는 보호대 외에 가스총이나 전자충격기를 사용하게 할 수 있다.

    1. 이탈, 자살, 자해하거나 이탈, 자살, 자해하려고 하는 때

    2. 다른 사람에게 위해를 가하거나 가하려고 하는 때

    3. 위력으로 소속 공무원의 정당한 직무집행을 방해하는 때

    4. 소년원·소년분류심사원의 설비·기구 등을 손괴하거나 손괴하려고 하는 때

    5. 그 밖에 시설의 안전 또는 질서를 크게 해치는 행위를 하거나 하려고 하는 때

④ 제3항에 따라 가스총이나 전자충격기를 사용하려면 사전에 상대방에게 이를 경고하여야 한다. 다만, 상황이 급박하여 경고할 시간적인 여유가 없는 때에는 그러하지 아니하다.

⑤ 원장은 보호소년 등이 자해할 우려가 큰 경우에는 소속 공무원으로 하여금 보호소년 등에게 머리보호장비를 사용하게 할 수 있다.

⑥ 보호장비는 필요한 최소한의 범위에서 사용하여야 하며, 보호장비를 사용할 필요가 없게 되었을 때에는 지체 없이 사용을 중지하여야 한다.

⑦ 보호장비는 징벌의 수단으로 사용되어서는 아니 된다.

⑧ 보호장비의 사용방법 및 관리에 관하여 필요한 사항은 법무부령으로 정한다.

시행규칙

제24조의2 【보호장비의 사용방법】   ※ 형집행법 제172조 이하 참조

① 수갑의 사용방법은 다음 각 호와 같다. 이 경우 수갑은 손목에만 채워야 하며, 주요 동맥이나 정맥을 압박하여 피가 통하지 않도록 해서는 안 된다.

    1. 법 제14조의2 제2항 각 호의 어느 하나에 해당하는 경우에는 별표 1(앞으로 사용)의 방법으로 할 것

    2. 법 제14조의2 제2항 제1호 또는 제3호에 해당하는 경우로서 별표 1의 방법으로는 사용 목적을 달성할 수 없다고 인정되는 경우에는 별표 1의2(뒤로 사용)의 방법으로 할 것. 이 경우 별표 1의2의 방법으로 수갑을 사용하여 그 목적을 달성했을 때에는 즉시 별표 1의 방법으로 바꾸거나 사용을 중지해야 한다.

    3. 외부 의료기관에 입원 중인 보호소년 등에 대하여 한 손 수갑을 사용할 경우에는 별표 1의3(한손 수갑)의 방법으로 할 것

② 포승의 사용방법은 다음 각 호와 같이 하되, 주요 동맥이나 정맥을 압박하여 피가 통하지 않도록 해서는 안 된다. 다만, 제1호부터 제4호까지의 규정에도 불구하고 원장은 영 제2조 제2호에 따른 향상된 처우를

하는 경우로서 보호소년 등이 이탈할 위험성이 크지 않다고 판단되는 경우에는 포승을 사용하지 않을 수
있다.

1. 환자, 진학·취업 등을 위한 면접 대상자 등을 개별 호송하는 경우로서 이탈할 위험성이 크지 않다고
   판단되는 경우에는 별표 1의4(간이승)부터 별표 1의6(벨트형 족승)까지의 방법으로 할 것
2. 법 제14조의2 제2항 제2호의 경우(이 항 제1호의 경우는 제외한다)에는 별표 1의7(상체승) 또는 별표
   1의8(벨트형 포승)의 방법으로 할 것. 다만, 3명 이상의 보호소년 등을 호송하는 경우에는 별표 1의4의
   방법으로 할 수 있다.
3. 법 제14조의2 제2항 각 호의 어느 하나에 해당하는 경우로서 별표 1의4부터 별표 1의8까지의 방법으로는
   사용 목적을 달성할 수 없다고 인정되는 경우에만 별표 1의9(하체승)의 방법으로 할 것
4. 3명 이상의 보호소년 등을 인솔하거나 호송하는 경우에는 연속으로 포승을 할 것. 이 경우 성별이 다른
   보호소년 등은 서로 분리하여 연결해야 한다.

③ 가스총의 사용방법은 다음 각 호와 같다.

1. 가스총은 법 제14조의2 제3항 각 호의 어느 하나에 해당하는 경우만 사용할 것
2. 가스총을 사용하려면 법 제14조의2 제4항에 따라 상대방에게 이를 경고할 것
3. 가스총을 발사할 때는 해당 보호소년 등의 안전 및 가스총 발사효과 등을 고려하여 발사거리를 2미터
   이상 유지할 것

④ 전자충격기의 사용방법은 다음 각 호와 같다.

1. 전자충격기는 법 제14조의2 제3항 각 호의 어느 하나에 해당하는 경우로서 상황이 긴급하여 가스총만으로
   는 그 목적을 달성할 수 없는 경우에만 사용할 것
2. 전자충격기를 사용하려면 법 제14조의2 제4항에 따라 상대방에게 이를 경고할 것
3. 전자충격기를 사용할 때에는 상대방의 피해를 최소화하도록 노력할 것
4. 전자충격기를 사용할 때에는 상대방의 머리, 얼굴, 가슴, 그 밖에 치명적 피해를 줄 수 있는 부위에는
   사용하지 말 것
5. 전자충격기를 사용했을 때에는 충격 즉시 전자충격기를 떼어낼 것

⑤ 머리보호장비는 별표 1의10(전·후면)의 방법으로 사용한다. 이 경우 보호소년 등이 머리보호장비를 임의로
   해제하지 못하도록 수갑이나 포승을 함께 사용할 수 있다.
⑥ 보호대는 보호대에 부착된 고리에 수갑을 연결하여 별표 1의11(벨트보호대)의 방법으로 사용한다.
⑦ 법 제14조의2 제1항에 따른 보호장비를 사용하려면 미리 원장의 허가를 받아야 한다. 다만, 긴급한 경우에는
   사용 후 즉시 원장에게 보고해야 한다.
⑧ 제1항부터 제7항까지의 규정에서 정한 사항 외에 그 밖에 보호장비의 사용방법 등에 관한 세부 사항은
   법무부장관이 정한다.

제24조의3 【보안장비의 관리】

① 원장은 보안장비의 관리책임을 지며, 월 1회 이상 소속기관의 보안장비 사용실태를 확인·점검하여야 한다.
② 보안장비는 항상 사용가능한 상태를 유지하여야 하며, 보관은 별도의 캐비닛에 하여야 한다.
③ 보안장비를 사용할 때에는 별지 제34호서식의 보안장비 사용 기록부에 기록·관리한다.
④ 유효기간이 지난 가스총의 탄환 및 분사약재 등은 폐기해야 한다.
⑤ 제1항부터 제4항까지의 규정에서 정한 사항 외에 보호장비의 관리 등에 관한 세부 사항은 법무부장관이
   정한다.

제14조의3 【전자장비의 설치 · 운영】

① 소년원 및 소년분류심사원에는 보호소년 등의 이탈·난동·폭행·자해·자살, 그 밖에 보호소년 등의 생명·신체를 해치거나 시설의 안전 또는 질서를 해치는 행위(이하 이 조에서 "자해 등"이라 한다)를 방지하기 위하여 필요한 최소한의 범위에서 전자장비를 설치하여 운영할 수 있다.

② 보호소년 등이 사용하는 목욕탕, 세면실 및 화장실에 전자영상장비를 설치하여 운영하는 것은 자해 등의 우려가 큰 때에만 할 수 있다. 이 경우 전자영상장비로 보호소년 등을 감호할 때에는 여성인 보호소년 등에 대해서는 여성인 소속 공무원만, 남성인 보호소년 등에 대해서는 남성인 소속 공무원만이 참여하여야 한다.

③ 제1항 및 제2항에 따라 전자장비를 설치·운영할 때에는 보호소년 등의 인권이 침해되지 아니하도록 하여야 한다.

④ 전자장비의 종류·설치장소·사용방법 및 녹화기록물의 관리 등에 필요한 사항은 법무부령으로 정한다.

시행규칙

제24조의4 【전자장비의 종류】

법 제14조의3에 따라 소년원 또는 소년분류심사원(이하 "소년원등"이라 한다)에 설치하여 운영할 수 있는 전자장비는 다음 각 호와 같다.

1. 영상정보처리기기 : 일정한 공간에 지속적으로 설치되어 사람 또는 사물의 영상 및 이에 따르는 음성·음향 등을 수신하거나 유·무선망을 통하여 이를 전송하는 장치
2. 전자감지기 : 일정한 공간에 지속적으로 설치되어 사람 또는 사물의 움직임을 빛·온도·소리·압력 등을 이용하여 감지하고 전송하는 장치
3. 전자이름표 : 전자파를 발신하고 추적하는 원리를 이용하여 사람의 위치를 확인하거나 이동경로를 탐지하는 일련의 기계적 장치
4. 물품검색기(고정식 물품검색기와 휴대식 금속탐지기를 말한다)
5. 증거수집장비 : 디지털카메라, 녹음기, 비디오카메라 등 증거수집에 필요한 장비

제24조의5 【통제실의 운영】

① 원장은 전자장비의 효율적인 운용을 위하여 각종 전자장비를 통합적으로 관리할 수 있는 시스템이 설치된 통제실을 설치하여 운영한다.

② 원장은 통제실에 대한 외부인의 출입을 제한하여야 한다. 다만, 시찰·참관이나 그 밖에 원장이 특별히 필요하다고 인정하는 경우에는 외부인의 출입을 허가할 수 있다.

제24조의6 【영상정보처리기기의 설치 및 운영】

① 영상정보처리기기 중 카메라는 소년원등의 청사 정문·운동장, 외곽 담장, 생활관 내 복도, 각 생활실, 생활지도실, 그 밖에 보호소년 등의 감호에 필요한 장소로서 법무부장관이 정하는 장소에 설치한다.

② 영상정보처리기기 중 모니터는 상황실·생활지도실, 그 밖에 소년원등의 소속 공무원(이하 제24조의10까지에서 "소속공무원"이라 한다)이 보호소년 등을 감호하기에 적정한 장소로서 법무부장관이 정하는 장소에 설치한다.

③ 제1항 및 제2항에서 규정한 사항 외에 영상정보처리기기의 운영·관리 등에 관한 세부 사항은 법무부장관이 정한다.

제24조의7【전자감지기의 설치】

전자감지기는 소년원등의 외곽 담장, 그 밖에 보호소년 등의 이탈이나 외부로부터의 침입을 방지하기 위하여 필요한 장소로서 법무부장관이 정하는 장소에 설치한다.

제24조의8【전자이름표의 사용】

원장은 수용 중인 보호소년 등의 안전사고 방지, 출석관리 등을 위하여 소년원 등의 시설 내에서 보호소년 등에게 전자이름표를 휴대하도록 할 수 있다.

제24조의9【물품검색기 설치 및 사용】

① 고정식 물품검색기는 정문, 생활관 입구, 교육관 입구, 그 밖에 보호소년 등이나 소년원등에 출입하는 외부인에 대한 신체·의류·휴대품의 검사가 필요한 장소에 설치한다.

② 소속공무원이 영 제17조의3 제1항에 따라 보호소년 등의 신체·의류·휴대품을 검사하는 경우에는 특별한 사정이 없으면 고정식 물품검색기를 통과하게 한 후 휴대식 금속탐지기나 손으로 이를 확인한다.

③ 소속공무원이 영 제18조 제1항에 따라 소년원 등을 출입하는 외부인의 의류와 휴대품을 검사하는 경우에는 고정식 물품검색기를 통과하게 하거나 휴대식 금속탐지기로 이를 확인한다.

제24조의10【증거수집장비의 사용】

소속공무원은 보호소년 등이 사후에 증명이 필요하다고 인정되는 행위를 하거나 사후 증명이 필요한 상태에 있는 경우 보호소년 등에 대하여 증거수집장비를 사용할 수 있다.

제24조의11【녹음·녹화 기록물의 관리】

원장은 전자장비로 녹음·녹화된 기록물을 「공공기록물 관리에 관한 법률」에 따라 관리하여야 한다.

제14조의4【규율 위반 행위】

보호소년 등은 다음 각 호의 행위를 하여서는 아니 된다.

1. 「형법」, 「폭력행위 등 처벌에 관한 법률」, 그 밖의 형사법률에 저촉되는 행위
2. 생활의 편의 등 자신의 요구를 관철할 목적으로 자해하는 행위
3. 소년원·소년분류심사원의 안전 또는 질서를 해칠 목적으로 단체를 조직하거나 그 단체에 가입하거나 다중을 선동하는 행위
4. 금지물품을 반입하거나 이를 제작·소지·사용·수수·교환 또는 은닉하는 행위
5. 정당한 사유 없이 교육 등을 거부하거나 게을리 하는 행위
6. 그 밖에 시설의 안전과 질서 유지를 위하여 법무부령으로 정하는 규율을 위반하는 행위

시행규칙

제27조의2【규율위반】

법 제14조의4 제6호에서 "법무부령으로 정하는 규율을 위반하는 행위"란 다음 각 호의 행위를 말한다.

1. 보호소년 등이 이탈을 하는 행위
2. 다른 사람을 처벌받게 하거나 직원의 집무집행을 방해할 목적으로 거짓사실을 신고하는 행위
3. 보호장비, 전자장비, 그 밖의 보안시설의 기능을 훼손하는 행위

4. 음란한 행위를 하거나 다른 사람에게 성적 언동 등으로 성적 수치심 또는 혐오감을 느끼게 하는 행위
5. 다른 사람에게 부당한 금품을 요구하는 행위
6. 교육·면회·전화통화 등 다른 보호소년 등의 정상적인 일과진행 또는 직원의 직무를 방해하는 행위
7. 문신을 하거나 이물질을 신체에 삽입하는 등 신체를 변형시키는 행위
8. 허가 없이 지정된 장소를 벗어나거나 금지구역에 출입하는 행위
9. 허가 없이 다른 사람과 만나거나 연락하는 행위
10. 수용생활의 편의 등 자신의 요구를 관철할 목적으로 이물질을 삼키는 행위
11. 인원점검을 회피하거나 방해하는 행위
12. 시설의 설비나 물품을 고의로 훼손하는 행위
13. 큰 소리를 내거나 시끄럽게 하여 다른 보호소년등의 평온한 생활을 방해하는 행위
14. 도박이나 그 밖에 사행심을 조장하는 놀이나 내기를 하는 행위
15. 지정된 생활실에 입실하기를 거부하는 등 정당한 사유 없이 직원의 직무상 지시나 명령을 따르지 아니하는 행위

제15조【징계】★★

① 원장은 보호소년 등이 제14조의4(규율 위반 행위) 각 호의 어느 하나에 해당하는 행위를 하면 제15조의2(보호소년 등 처우·징계위원회) 제1항에 따른 보호소년등처우·징계위원회의 의결에 따라 다음 각 호의 어느 하나에 해당하는 징계를 할 수 있다.
  1. 훈계
  2. 원내 봉사활동
  3. 서면 사과
  4. 20일 이내의 텔레비전 시청 제한
  5. 20일 이내의 단체 체육활동 정지
  6. 20일 이내의 공동행사 참가 정지
  7. 20일 이내의 기간 동안 지정된 실(室) 안에서 근신하게 하는 것
② 제1항 제3호부터 제6호까지의 처분은 함께 부과할 수 있다.
③ 제1항 제7호(20일 이내의 기간 동안 지정된 실 안에서 근신)의 처분은 14세 미만의 보호소년 등에게는 부과하지 못한다.
④ 원장은 제1항 제7호의 처분을 받은 보호소년 등에게 개별적인 체육활동 시간을 보장하여야 한다. 이 경우 매주 1회 이상 실외운동을 할 수 있도록 하여야 한다.
⑤ 제1항 제7호의 처분을 받은 보호소년 등에게는 그 기간 중 같은 항 제4호부터 제6호까지의 처우 제한이 함께 부과된다. 다만, 원장은 보호소년 등의 교화 또는 건전한 사회복귀를 위하여 특히 필요하다고 인정하면 텔레비전 시청, 단체 체육활동 또는 공동행사 참가를 허가할 수 있다.
⑥ 소년원장은 보호소년이 제1항 각 호의 어느 하나에 해당하는 징계를 받은 경우에는 법무부령으로 정하는 기준에 따라 교정성적 점수를 빼야 한다.

⑦ 징계는 당사자의 심신상황을 고려하여 교육적으로 하여야 한다.
⑧ 원장은 보호소년 등에게 제1항에 따라 징계를 한 경우에는 지체 없이 그 사실을 보호자에게 통지하여야 한다.
⑨ 원장은 징계를 받은 보호소년 등의 보호자와 상담을 할 수 있다.

시행령

제24조 【징계】
① 원장은 법 제15조에 따라 보호소년 등을 징계할 때에는 다음 각 호의 사항을 고려하여야 한다.
　1. 행위자의 연령·지능·성격 및 건강상태
　2. 행위의 동기·수단 및 결과
　3. 교정성적 및 생활태도
　4. 규율위반 행위가 타인에게 미치는 영향
　5. 행위 후의 자수·반성·합의 여부
② 원장은 제1항에 따라 보호소년 등을 징계할 때에는 증거에 의하여 징계 정도를 공정하게 정하고 교육적 효과를 고려하여야 한다.

시행규칙

제28조 【징계양정】
① 원장은 규율을 위반한 보호소년 등을 징계할 때에는 별표 2의 보호소년 등의 징계기준에 따라야 한다.
② 삭제 <2014.1.29.>
③ 소년원장은 제1항에 따른 징계를 받은 보호소년에 대하여 각각 다음 각 호에 따른 점수를 해당 보호소년의 교정성적에서 뺀다.
　1. 훈계 : 30점
　2. 원내봉사활동 : 50점
　3. 서면사과 : 30점
　4. 텔레비전 시청 제한 : 50점
　5. 단체 체육활동 정지 : 50점
　6. 공동행사 참가 정지 : 50점
　7. 7일 미만의 근신 : 60점
　8. 7일 이상의 근신 : 1일에 각 10점
④ 보호소년에 대하여 법 제15조 제2항에 따라 여러 처분을 함께 부과하는 경우에는 제3항 각 호에 따른 점수가 가장 높은 처분의 점수만을 해당 보호소년의 교정성적에서 뺀다.
⑤ 소년분류심사원장은 징계를 받은 위탁소년 및 유치소년에 대하여는 분류심사관에게 통보하여 분류심사에 반영하여야 한다.

참고 **[별표 2] 보호소년등의 징계기준(제28조 제1항 관련)**

징계구분	징계대상행위
근신	• 법 제14조의4 제1호부터 제5호까지의 어느 하나에 해당하는 행위 • 제27조의2 제1호, 제3호부터 제7호까지, 제10호, 제12호 및 제15호의 어느 하나에 해당하는 행위 • 공동행사 참가 정지, 단체 체육활동 정지, 텔레비전 시청 제한, 원내 봉사활동에 해당하는 행위를 반복하는 경우
공동행사 참가 정지, 단체 체육활동 정지, 텔레비전 시청 제한, 원내 봉사활동	• 근신에 해당하는 행위에 대하여 영 제24조 제1항 각 호의 사항을 고려하여 징계를 감경할 필요가 있는 경우 • 제27조의2 제2호, 제8호, 제9호, 제11호, 제13호 및 제14호의 어느 하나에 해당하는 행위
훈계	공동행사 참가 정지, 단체 체육활동 정지, 텔레비전 시청 제한, 원내 봉사활동에 해당하는 행위에 대하여 영 제24조 제1항 각 호의 사항을 고려하여 징계를 감경할 필요가 있는 경우
서면사과	법 제14조의4 또는 이 규칙 제27조의2 각 호의 어느 하나에 해당하는 행위로 인하여 피해자가 발생한 경우

📖 **시행령**

제24조의2 【징계대상행위의 조사】
① 보호소년 등의 징계대상행위에 대한 조사기간(조사를 시작한 날부터 조사를 완료하여 처우·징계위원회 개최 통보를 한 날까지를 말한다. 이하 같다)은 7일 이내로 한다. 다만, 원장은 특별히 필요하다고 인정하는 경우에는 3일을 초과하지 아니하는 범위에서 한 차례만 그 기간을 연장할 수 있다.
② 원장은 규율을 위반하여 징계가 필요하다고 의심할 만한 상당한 이유가 있는 보호소년등이 다음 각 호의 어느 하나에 해당하면 조사기간 중 분리하여 수용할 수 있다.
 1. 증거를 없앨 우려가 있을 때
 2. 다른 보호소년 등에게 위해를 끼칠 우려가 있거나 다른 보호소년 등의 위해로부터 보호할 필요가 있을 때
③ 제2항에 따른 분리수용기간은 징계기간에 포함한다.
④ 원장은 조사대상자의 질병이나 그 밖의 특별한 사정으로 조사를 계속하기 어려운 경우에는 그 사유가 없어질 때까지 조사를 일시적으로 정지할 수 있다. 이 경우 조사가 정지된 다음 날부터 정지사유가 소멸한 전날까지의 기간은 조사기간에 포함하지 아니한다.
⑤ 제1항부터 제4항까지에서 규정한 사항 외에 징계대상행위 조사에 관한 세부 사항은 법무부령으로 정한다.

📖 **시행규칙**

제28조의2 【징계대상행위 조사 시 준수사항】
영 제24조의2에 따라 징계대상행위에 대하여 조사하는 직원은 다음 각 호의 사항을 준수하여야 한다.
1. 인권침해가 발생하지 아니하도록 유의할 것

2. 조사의 이유를 설명하고, 충분한 진술의 기회를 제공할 것
3. 공정한 절차와 객관적 증거에 따라 조사하고, 선입견이나 추측에 따라 처리하지 아니할 것
4. 형사법률에 저촉되는 행위에 대하여 징계 부과 외에 형사입건조치가 요구되는 경우에는 형사소송절차에 따라 조사대상자에게 진술을 거부할 수 있다는 것과 변호인을 선임할 수 있다는 것을 알릴 것

시행령

제26조【지정된 실내의 구조】
법 제15조 제1항 제7호(20일 이내의 기간 동안 지정된 실 안에서 근신)에 따른 지정된 실내는 면적·채광·통풍·온도·습도 등이 보호소년 등의 건강을 보호할 수 있도록 적절하여야 한다.

제27조【징계 중의 지도】
① 원장은 보호소년 등을 징계할 때에는 지도계획을 수립하여 시행하여야 한다.
② 원장은 징계 중인 보호소년 등을 매주 1회 이상 면접하고 개별지도를 하여야 한다.
③ 원장은 징계 중인 보호소년 등의 처우를 제한하는 경우에는 그 사실을 그 보호소년 등의 가족이나 친지에게 알려야 한다.
④ 원장은 징계 중인 보호소년 등에 대하여는 의사 및 간호사에게 수시로 건강진단을 하도록 하여야 한다.

제28조【이송 중의 규율위반자에 대한 징계】
보호소년이 이송 중에 규율을 위반한 경우 그 징계는 인수한 소년원장이 한다.

제29조【징계자의 처우 제한】
원장은 법 제15조에 따라 징계처분을 받은 보호소년 등에 대하여 징계기간 중 교육활동의 일부를 제한할 수 있다.

제29조【징계자의 처우 제한】
원장은 법 제15조(징계)에 따라 징계처분을 받은 보호소년등에 대하여 징계기간 중 교육활동의 일부를 제한할 수 있다.

제30조【징계집행의 유예·정지·면제】
원장은 정상을 특별히 참작할 사유가 있거나 환자인 경우에는 징계 집행을 면제하거나 사유가 없어질 때까지 징계 집행을 유예하거나 정지할 수 있다.

제15조의2【보호소년등 처우·징계위원회】
① 보호소년 등의 처우에 관하여 원장의 자문에 응하게 하거나 징계대상자에 대한 징계를 심의·의결하기 위하여 소년원 및 소년분류심사원에 보호소년 등 처우·징계위원회를 둔다.
② 제1항에 따른 보호소년 등 처우·징계위원회(이하 "위원회"라 한다)는 위원장을 포함한 5명 이상 11명 이하의 위원으로 구성하고, 민간위원은 1명 이상으로 한다.
③ 위원회가 징계대상자에 대한 징계를 심의·의결하는 경우에는 1명 이상의 민간위원이 해당 심의·의결에 참여하여야 한다.
④ 위원회는 소년보호에 관한 학식과 경험이 풍부한 외부인사로부터 의견을 들을 수 있다.
⑤ 제1항부터 제4항까지에서 규정한 사항 외에 위원회의 구성과 운영 등에 필요한 사항은 대통령령으로 정한다.

⑥ 위원회의 위원 중 공무원이 아닌 사람은 「형법」 제127조 및 제129조부터 제132조까지(공무상 비밀누설죄, 사전 수뢰죄, 수뢰죄, 사후 수뢰죄, 수뢰 후 부정처사죄, 알선 수뢰죄, 제삼자뇌물제공죄)의 규정을 적용할 때에는 공무원으로 본다.

시행령

제30조의2 【처우 · 징계위원회의 심의 · 의결사항】
처우 · 징계위원회는 법 제15조의2 제1항에 따라 다음 각 호의 사항을 심의 · 의결한다.

1. 보호소년(「소년법」 제32조 제1항 제8호의 처분을 받은 보호소년은 제외한다)의 개별처우계획 수립
2. 보호소년에 대한 향상된 처우의 결정
3. 보호소년의 이송 · 외출(원장이 처우 · 징계위원회 심의가 필요하다고 인정하는 경우로 한정한다. 이하 제5호에서 같다) · 통학 · 통근취업 · 포상 · 졸업사정 및 계속수용 등에 관한 사항
4. 보호소년의 소년원 퇴원 또는 임시퇴원
5. 위탁소년 및 유치소년의 외출 · 포상 등의 처우
6. 징계대상자에 대한 징계
7. 그 밖에 원장이 보호소년 등의 처우에 필요하다고 인정하여 처우 · 징계위원회에 심의를 요청한 사항

제30조의3 【처우 · 징계위원회의 구성】
① 처우 · 징계위원회의 위원장(이하 "위원장"이라 한다)은 원장이 된다.
② 처우 · 징계위원회의 위원(이하 "위원"이라 한다)은 다음 각 호에 해당하는 사람 중에서 위원장이 성별을 고려하여 임명하거나 위촉한다. 이 경우 의료재활소년원에 두는 처우 · 징계위원회의 위원에는 의무직공무원 및 간호직공무원이 포함돼야 한다.
  1. 해당 소년원등의 각 과장 및 6급 이상의 공무원
  2. 소년보호에 관한 학식과 경험이 풍부한 사람
③ 「국가공무원법」 제33조 각 호에 해당하는 사람은 위원이 될 수 없다.
④ 제2항에 따라 위촉된 위원의 임기는 2년으로 한다.

제30조의4 【위원의 제척 · 기피 · 회피】
① 위원이 다음 각 호의 어느 하나에 해당하는 경우에는 처우 · 징계위원회의 심의 · 의결에서 제척(除斥)된다.
  1. 위원이나 그 배우자 또는 배우자였던 사람이 해당 안건의 당사자인 경우
  2. 위원이 해당 안건의 당사자와 친족이거나 친족이었던 경우
  3. 위원이 해당 안건에 관해 증언, 진술, 자문 또는 감정을 한 경우
  4. 위원이나 위원이 속한 법인 · 단체 등이 해당 안건의 당사자의 대리인이거나 대리인이었던 경우
② 해당 안건의 당사자는 위원에게 공정한 심의 · 의결을 기대하기 어려운 사정이 있는 경우에는 처우 · 징계위원회에 기피 신청을 할 수 있고, 처우 · 징계위원회는 의결로 기피 여부를 결정한다. 이 경우 기피 신청의 대상인 위원은 그 의결에 참여할 수 없다.
③ 위원이 제1항 각 호에 따른 제척사유나 제2항 전단에 따른 기피사유에 해당하는 경우에는 스스로 해당 안건의 심의 · 의결에서 회피해야 한다.

제30조의5 【처우 · 징계위원회의 위원장】
① 위원장은 처우 · 징계위원회를 대표하고, 처우 · 징계위원회의 업무를 총괄한다.
② 위원장이 부득이한 사유로 직무를 수행할 수 없을 경우에는 위원장이 미리 지정한 위원이 그 직무를 대행한다.

제30조의6 【처우·징계위원회의 회의】

① 위원장은 다음 각 호의 어느 하나에 해당하는 경우에 처우·징계위원회의 회의를 소집한다.

    1. 위원 2명 이상의 요구가 있는 경우

    2. 그 밖에 위원장이 필요하다고 인정하는 경우

② 처우·징계위원회의 회의는 재적위원 과반수의 출석으로 개의하고, 출석위원 과반수의 찬성으로 의결한다.

③ 처우·징계위원회의 회의에 출석한 위원과 관계 전문가 등에게는 예산의 범위에서 수당과 여비, 그 밖에 필요한 경비를 지급할 수 있다. 다만, 공무원이 그 소관 업무와 직접 관련하여 출석하는 경우에는 지급하지 않는다.

제30조의7 【위원의 해촉】

위원장은 제30조의3 제2항에 따라 위촉된 위원이 다음 각 호의 어느 하나에 해당하면 그 위원을 해촉할 수 있다.

1. 심신장애로 인해 직무를 수행할 수 없게 된 경우

2. 직무와 관련된 비위사실이 있는 경우

3. 직무 태만, 품위 손상이나 그 밖의 사유로 인해 위원으로서 적합하지 않다고 인정하는 경우

4. 위원 스스로 직무를 수행하는 것이 곤란하다고 의사를 밝히는 경우

제30조의8 【간사】

① 처우·징계위원회의 사무를 처리하기 위해 처우·징계위원회에 2명 이내의 간사를 둔다.

② 간사는 위원장이 해당 소년원등에 소속된 공무원 중에서 임명한다.

제30조의9 【회의록의 작성 및 보관】

① 간사는 처우·징계위원회의 회의록을 작성·보관해야 한다.

② 제1항에 따른 회의록에는 위원장 및 출석위원이 서명 또는 날인해야 한다.

제30조의10 【운영세칙】

이 영에서 규정한 것 외에 처우·징계위원회의 운영에 필요한 사항은 처우·징계위원회의 의결을 거쳐 위원장이 정한다.

제16조 【포상】

① 원장은 교정성적이 우수하거나 품행이 타인의 모범이 되는 보호소년 등에게 포상을 할 수 있다.

② 원장은 제1항에 따라 포상을 받은 보호소년 등에게는 특별한 처우를 할 수 있다.

시행령

제31조 【포상】

① 원장은 법 제16조 제1항에 따라 선정된 보호소년 등에게는 상장·상품 등을 주거나 그 밖의 포상을 할 수 있다.

② 원장은 제1항에 따라 포상을 받은 보호소년 등에 대하여 제2조 각 호의 특별처우를 할 수 있다.

시행규칙

제29조 【포상】

원장은 별표 2의2의 보호소년 등의 포상기준에 따라 교정성적이 우수한 학생에 대하여 처우·징계위원회의 심사를 거쳐 포상을 할 수 있다. 다만 모범상 및 공로상은 직원 2명 이상의 추천을 받아야 한다.

참고 **[별표 2의2] 보호소년등의 포상기준(제29조 관련)**

포상종류	포상기준
우수상	1. 전국단위 각종 외부 경시대회에서 입상한 자 2. 상급합교 진학시험, 각급학교 검정고시 등에서 수석·차석·최연소성적을 거둔 자
기능상	직업능력개발훈련 관련 각종 기능경기대회에서 입상한 자
모범상	1. 생활태도가 성실하여 다른 사람의 모범이 된 자 2. 봉사정신이 투철하고, 다른 학생에게 귀감이 되는 선행을 한 자
공로상	1. 학생 자치활동과 규범생활, 안전관리 등에 현저한 공이 있는 자 2. 수용사고 방지에 현저한 공이 있는 자

제30조 【징계·포상의 기록】

원장은 보호소년 등의 징계 또는 포상에 관한 사항을 소년관리기록부 및 별지 제6호서식의 상벌대장에 기록·관리하여야 한다.

제17조 【급여품 등】

① 보호소년 등에게는 의류, 침구, 학용품, 그 밖에 처우에 필요한 물품을 주거나 대여한다.
② 보호소년 등에게는 주식, 부식, 음료, 그 밖의 영양물을 제공하되, 그 양은 보호소년 등이 건강을 유지하고 심신의 발육을 증진하는 데에 필요한 정도이어야 한다.
③ 제1항 및 제2항에 따른 급여품과 대여품의 종류와 수량의 기준은 법무부령으로 정한다.

시행령

제32조 【특별급식】

원장은 국경일이나 그 밖에 필요하다고 인정할 때에는 보호소년 등에게 특별급식을 할 수 있다.

제33조 【음식물 등의 반입 허가】

① 원장은 교정교육이나 위생에 해가 없다고 인정되는 경우에만 보호자나 그 밖의 관계인으로부터 음식물·의류·학용품 등을 반입하도록 허가할 수 있다.
② 원장은 제1항에 따른 반입품이 유해한지를 검사하여야 한다.

제34조 【금전 사용금지】

보호소년등은 통학, 통근취업 등 원장이 특히 필요하다고 인정하여 허가하는 경우가 아니면 금전을 소지하거나 직접 사용할 수 없다.

시행규칙

제31조【급여품관리부의 작성】
보호소년 등에게 물품을 급여 또는 대여할 때에는 별지 제7호서식의 개인별 급여품관리부에 그 내용을 기록·관리하여야 한다.

제32조【물품반입】
① 원장은 별표 3의 분기별 반입품 허가기준에 따라 자체실정에 맞는 반입기준을 정하여 물품의 반입을 허가할 수 있다. 다만, 다음 각 호의 어느 하나에 해당한다고 인정되는 물품에 대하여는 반입을 허가하지 아니한다.
   1. 교육에 유해하다고 인정되는 물품
   2. 위화감을 조장할 수 있다고 판단되는 고가품
   3. 적정 소요량을 초과한 것으로 인정되는 물품
② 반입품은 별지 제8호서식의 개인별 반입품관리부에 기록·관리하여야 한다.

제18조【면회·편지·전화통화】
① 원장은 비행집단과 교제하고 있다고 의심할 만한 상당한 이유가 있는 경우 등 보호소년 등의 보호 및 교정교육에 지장이 있다고 인정되는 경우 외에는 보호소년 등의 면회를 허가하여야 한다. 다만, 제15조 제1항 제7호(20일 이내의 기간 동안 지정된 실 안에서 근신)의 징계를 받은 보호소년 등에 대한 면회는 그 상대방이 변호인이나 보조인(이하 "변호인등"이라 한다) 또는 보호자인 경우에 한정하여 허가할 수 있다.
② 보호소년 등이 면회를 할 때에는 소속 공무원이 참석하여 보호소년 등의 보호 및 교정교육에 지장이 없도록 지도할 수 있다. 이 경우 소속 공무원은 보호소년 등의 보호 및 교정교육에 지장이 있다고 인정되는 경우에는 면회를 중지할 수 있다.
③ 제2항 전단에도 불구하고 보호소년 등이 변호인등과 면회를 할 때에는 소속 공무원이 참석하지 아니한다. 다만, 보이는 거리에서 보호소년 등을 지켜볼 수 있다.
④ 원장은 공동으로 비행을 저지른 관계에 있는 사람의 편지인 경우 등 보호소년 등의 보호 및 교정교육에 지장이 있다고 인정되는 경우에는 보호소년 등의 편지 왕래를 제한할 수 있으며, 편지의 내용을 검사할 수 있다.
⑤ 제4항에도 불구하고 보호소년 등이 변호인등과 주고받는 편지는 제한하거나 검사할 수 없다. 다만, 상대방이 변호인등임을 확인할 수 없는 때에는 예외로 한다.
⑥ 원장은 공범 등 교정교육에 해가 된다고 인정되는 사람과의 전화통화를 제한하는 등 보호소년 등의 보호 및 교정교육에 지장을 주지 아니하는 범위에서 가족 등과 전화통화를 허가할 수 있다.
⑦ 제1항과 제2항에 따른 면회 허가의 제한과 면회 중지, 제4항에 따른 편지 왕래의 제한 및 제6항에 따른 전화통화의 제한 사유에 관한 구체적인 범위는 대통령령으로 정한다.
⑧ 제6항에 따른 전화통화를 위하여 소년원 및 소년분류심사원에 설치하는 전화기의 운영에 필요한 사항은 법무부장관이 정한다.

시행령

제36조【면회 시간】

① 보호소년등의 면회는 평일[원장이 필요하다고 인정하는 경우에는 토요일(공휴일은 제외한다)을 포함한다]에 교육 등 일과 진행에 지장이 없는 범위에서 1일 1회 40분 이내로 한다. 다만, 특별한 사유가 있을 때에는 그렇지 않다.

② 제1항에 따른 면회의 장소·절차 등에 관하여 필요한 사항은 법무부령으로 정한다.

제37조【면회의 참석】

법 제18조 제2항에 따라 면회에 참석하는 직원은 보호소년 등이 규율을 위반하거나 면회인이 보호소년 등에게 나쁜 영향을 준다고 인정되는 때에는 면회를 중지시킬 수 있다.

제38조【면회허가의 제한】

원장은 보호소년 등을 면회하려는 사람이 다음 각 호의 어느 하나에 해당한다고 인정되면 면회를 허가하지 않을 수 있다.

1. 비행집단과 교제하고 있거나 특정 비행집단에 소속되어 있다고 의심할 만한 상당한 이유가 있는 경우
2. 보호소년등과 소년원등에서 함께 수용된 적이 있는 사람으로서 그와 교류하는 것이 보호소년 등의 교육에 지장을 줄 수 있다고 판단되는 경우
3. 보호소년 등의 보호자등 없이 단독으로 면회하려는 경우. 다만, 학교 교사, 소년보호위원 또는 자원봉사자 등 교정교육에 도움이 된다고 인정되거나 보호소년등과 사실혼 관계에 있다고 인정되는 경우는 제외한다.
4. 그 밖에 보호소년등과의 관계가 불명확하거나 음주·폭언·폭행 등으로 보호소년 등의 교육에 해가 될 수 있다고 판단되는 경우

제39조【편지 왕래의 제한】

① 원장은 법 제18조 제4항에 따라 편지를 검사한 결과 다음 각 호의 어느 하나에 해당하는 경우에는 편지의 왕래를 제한할 수 있다.
   1. 공동으로 비행을 저지른 관계에 있는 사람의 편지인 경우
   2. 편지 내용이 보호소년 등의 교육에 해가 되거나 보호소년 등이 그 내용을 알아서는 아니 되는 사유가 있는 경우

② 제1항에 따른 편지 왕래의 제한은 다음 각 호의 어느 하나에 해당하는 방법으로 한다.
   1. 보호소년 등에게 그 사실을 알리고 반송할 것
   2. 보호소년 등의 동의를 받아 폐기할 것
   3. 보호소년 등의 동의를 받아 담당직원이 보관하였다가 출원할 때 내줄 것

③ 정보통신매체를 통한 편지의 제한에 관하여는 제1항 및 제2항을 준용한다.

시행규칙

제33조【면회장소】

① 법 제18조 제1항에 따른 보호소년등의 면회는 면회실에서 하여야 한다.

② 면회실에는 상담직원을 배치하고 다음 각 호의 사항을 구비하여 면회인의 편의를 도모하며 수시로 의견을 청취하여 민원개선에 노력하여야 한다.
   1. 면회시간·절차 및 면회 시 유의사항 등이 작성된 안내문
   2. 청원함

③ 원장은 제1항에도 불구하고 특별한 사유가 있으면 면회인과 보호소년 등이 보다 안정된 분위기 속에서

면회를 할 수 있도록 별도의 장소를 활용할 수 있다.

제34조【면회절차】

① 원장은 면회를 신청하는 사람의 성명·주소 및 보호소년등과의 관계 등을 확인하고 면회허가여부를 결정하여야 한다.

② 원장은 면회를 신청하는 사람이 해당 사건의 변호인 또는 수사관련 공무원인 경우에는 신분 및 면회신청사유 등을 확인한 후 면회를 허가하여야 한다.

제35조【공휴일의 면회】

원장은 보호소년등을 면회할 목적으로 방문하는 민원인의 편의를 도모하기 위하여 제36조 각 호의 어느 하나에 해당하는 특별한 사유가 있는 경우에는 공휴일에도 별도의 면회장소 및 시간을 지정하여 면회를 허가할 수 있다. 이 경우 별지 제9호서식의 시간외 면회부에 그 내용을 기록·관리하여야 한다.

제36조【면회의 특례】

영 제36조 제1항 단서에 따른 특별한 사유는 다음 각 호의 어느 하나에 해당하는 경우를 말한다.

1. 처음 면회온 사람으로서 면회에 관한 법령을 알지 못한 경우
2. 환자인 보호소년 등을 면회하는 경우
3. 보호소년 등의 직계존속이 원격지에서 면회를 오는 경우
4. 통신망을 이용한 화상면회를 하는 경우
5. 사전에 면회예약신청을 통하여 원장의 허가를 받은 경우
6. 교정교육 활동의 하나로 사전에 수립된 계획에 포함된 경우
7. 보호소년 등의 가족관계 개선 등을 위하여 원장이 특별히 필요하다고 인정하는 경우

시행령

제39조의2【전화통화의 제한】

① 원장은 전화통화 허가를 신청한 보호소년 등에게 다음 각 호의 어느 하나에 해당하는 사유가 있는 경우에는 전화통화를 허가하지 않을 수 있다.
  1. 공동으로 비행을 저지르는 등 교정교육에 해가 된다고 인정되는 사람과 전화통화를 하려는 경우
  2. 지속적인 규율 위반으로 교정성적이 현저하게 낮은 경우
  3. 그 밖에 보호소년 등의 교정교육 또는 수용질서에 부정적 영향을 끼칠 우려가 있는 경우

② 원장은 다음 각 호의 어느 하나에 해당하는 경우에는 보호소년 등의 전화통화를 중지시킬 수 있다.
  1. 허가받지 아니한 사람(가족은 제외한다)과 통화하는 경우
  2. 전화통화 중 반복·지속적으로 욕설을 하거나 허용되지 아니한 물품의 반입을 요구하는 등 교정교육 또는 수용질서 유지에 바람직하지 아니하다고 판단되는 경우

③ 제2항에 따라 보호소년 등의 전화통화를 중지시키려면 미리 보호소년 등에게 경고하여야 하며, 전화통화를 중지시킬 경우 통화상대방에게도 그 사유를 알려야 한다.

시행규칙

제36조의2【전화통화의 방법 등】

① 원장은 법 제18조 제6항에 따른 전화통화를 할 수 있는 별도의 장소를 지정하여야 한다.

② 전화통화는 평일 근무시간에 한정한다. 다만, 원장은 특별히 필요하다고 인정하는 경우에는 야간 및 휴일에도 전화통화를 허가할 수 있다.

③ 제1항 및 제2항에서 규정한 사항 외에 전화통화의 신청 및 기록 등에 관한 세부 사항은 법무부장관이 정한다.

제19조【외출】

소년원장은 보호소년에게 다음 각 호의 어느 하나에 해당하는 사유가 있을 때에는 본인이나 보호자등의 신청에 따라 또는 직권으로 외출을 허가할 수 있다.
1. 직계존속이 위독하거나 사망하였을 때
2. 직계존속의 회갑 또는 형제자매의 혼례가 있을 때
3. 천재지변이나 그 밖의 사유로 가정에 인명 또는 재산상의 중대한 피해가 발생하였을 때
4. 병역, 학업, 질병 등의 사유로 외출이 필요할 때
5. 그 밖에 교정교육상 특히 필요하다고 인정할 때

시행령

제40조【외출 기간】

법 제19조에 따른 외출 기간은 7일(공휴일과 토요일을 포함한다) 이내로 한다. 다만, 특별한 사유가 있을 때에는 그 기간을 연장할 수 있다.

제41조【외출 시 준수사항의 부과】

① 소년원장은 외출허가를 받은 보호소년에게 지켜야 할 사항을 부과하여야 한다.
② 소년원장은 보호소년이 준수사항을 위반하면 지체 없이 외출허가를 취소하고 복귀에 필요한 조치를 하여야 한다.

시행규칙

제37조【외출의 신청】

① 보호소년이 법 제19조에 따른 외출을 허가받으려면 별지 제10호서식의 외출신청서를 작성하여 해당 소년원장에게 제출하여야 한다.
② 보호소년 또는 그 보호자가 영 제40조 단서에 따라 외출을 연장하려면 외출기간이 종료되기 전에 별지 제10호서식에 따른 외출기간연장신청서를 제출하고 소년원장의 허가를 받아야 한다.

제39조【외출 시 준수사항】

① 영 제41조 제1항에 따른 준수사항에는 다음 각 호의 내용이 포함되어야 한다.
1. 재범의 유혹이나 충동을 느낄 수 있는 장소에 출입하지 아니할 것
2. 사행행위를 하지 아니할 것
3. 음주·흡연을 하지 아니할 것
4. 마약·향정신성의약품·대마 등 오·남용의 위험성이 있거나 건강에 해로운 물질을 사용하지 아니할 것
5. 그 밖에 보호자의 훈육의지에 반하는 행위나 불량한 교우관계를 형성하지 아니할 것
② 소년원장은 보호소년의 자유를 부당하게 제한하지 아니하는 범위에서 제1항에 따른 준수사항 외에 별도의 특별한 준수사항을 부과할 수 있다.
③ 영 제66조 및 영 제76조에 따른 통학 또는 통근취업 대상자에 대하여는 제1항 및 제2항의 규정을 준용한다.

> **제20조【환자의 치료】**
> ① 원장은 보호소년 등이 질병에 걸리면 지체 없이 적정한 치료를 받도록 하여야 한다.
> ② 원장은 소년원이나 소년분류심사원에서 제1항에 따른 치료를 하는 것이 곤란하다고 인정되면 외부 의료기관에서 치료를 받게 할 수 있다.
> ③ 원장은 보호소년 등이나 그 보호자등이 자비로 치료받기를 원할 때에는 이를 허가할 수 있다.
> ④ 소년원 및 소년분류심사원에 근무하는 간호사는 「의료법」 제27조(무면허 의료행위 등 금지)에도 불구하고 야간 또는 공휴일 등 의사가 진료할 수 없는 경우 대통령령으로 정하는 경미한 의료행위를 할 수 있다.

■ 시행령

제42조【건강진단 등】
원장은 보호소년 등에 대하여 법 제7조 제2항에 따른 건강진단 외에 정기·수시검진을 하고 그 결과를 기록·유지하여야 한다.

제43조【외부 의료기관 의료조치】
① 원장은 제42조에 따른 건강진단이나 정기·수시검진 결과 중한 질병이 있다는 사실을 알았거나, 외부 의료기관에서 입원·수술 등의 처치를 받아야 할 사유가 발생하면 지체 없이 그 사실을 법무부장관에게 보고하고 보호자등에게 알려야 한다.
② 원장은 법 제20조 제2항에 따라 보호소년 등을 외부 의료기관에 입원시킨 경우에는 지체 없이 법무부장관에게 보고하여야 한다.

제44조【보호자 등의 간호】
원장은 보호소년 등이 법 제20조 제2항에 따라 외부 의료기관에서 치료를 받는 경우 그 보호자등에게 간호하게 할 수 있다.

제44조의2【간호사의 의료행위】
법 제20조 제4항에서 "대통령령으로 정하는 경미한 의료행위"란 다음 각 호의 의료행위를 말한다.
1. 자주 발생하는 가벼운 상처의 치료
2. 응급처치가 필요한 보호소년 등에 대한 처치
3. 부상·질병의 악화를 방지하기 위한 처치
4. 환자의 요양지도 및 관리
5. 제1호부터 제4호까지의 의료행위에 따르는 의약품의 투여

■ 시행규칙

제40조【보건·위생관리계획 수립 등】
① 원장은 보호소년 등의 보건·위생관리를 위한 종합대책과 세부생활지도계획을 분기별로 수립·시행하여야 한다.
② 원장은 제9조 제2항 제3호에 따른 신체검사 등을 통하여 문신이 있는지 확인하고 해당 보호소년 등이 문신제거 시술을 원하는 경우에는 신청에 의하여 문신제거 시술을 할 수 있다.

제41조【청결의 유지】

① 원장은 보호소년 등의 보건위생을 위하여 보호소년 등의 신체·의류·거실·침구·식기·취사장·화장실 그 밖의 생활환경을 청결히 하도록 하여야 한다.

② 원장은 제1항에 따른 생활환경의 청결유지상태를 월 1회 이상 점검하여야 한다.

제42조【이발과 목욕】

원장은 위생을 위해 보호소년 등이 이발과 목욕을 수시로 하게 해야 한다.

제43조【체력검사 등】

① 영 제42조에 따른 정기검진은 분기별로 1회 이상 실시하되, 「학교건강검사규칙」 제4조 및 제5조에 따른 신체검사 및 건강검진이 연 1회 이상 포함되어야 한다.

② 영 제3조 제1항 제1호에 따른 초·중등교육소년원(이하 "소년원학교"라 한다)의 원장(이하 "소년원학교장"이라 한다)은 보호소년을 대상으로 연 1회 이상 체력검사를 실시하고 그 결과를 기록·유지해야 한다.

③ 제2항에 따른 체력검사의 대상·종목·시기·방법·급수판정 및 관리 등에 관하여는 「학교건강검사규칙」 제7조부터 제9조까지의 규정을 준용한다.

제44조【환자발생 보고】

영 제43조에 따른 외부 의료기관 의료조치에 관한 보고는 제27조를 준용한다.

제20조의2【진료기록부 등의 관리】

① 소년원 및 소년분류심사원에 근무하는 의사와 간호사는 보호소년등에 대한 진료기록부, 간호기록부, 그 밖의 진료에 관한 기록(이하 "진료기록부등"이라 한다)을 소년원과 소년분류심사원의 정보를 통합적으로 관리하기 위하여 법무부장관이 운영하는 정보시스템에 입력하여야 한다.

② 법무부장관은 진료기록부등을 법무부령으로 정하는 바에 따라 보존하여야 한다.

시행규칙

제44조의2【진료기록부등의 보존】

법무부장관은 법 제20조의2 제1항에 따른 진료기록부등(이하 "진료기록부 등"이라 한다)을 「의료법 시행규칙」 제15조 제1항(진료기록부 등의 보존)에 따른 기간 동안 보존해야 한다.

제44조의3【진료기록부등의 송부 및 요청】

① 소년원등의 소속 의료인은 보호소년 등의 치료를 위하여 보호소년 등을 진료한 의료인 또는 의료기관의 장에게 「의료법」 제22조(진료기록부 등) 또는 제23조(전자의무기록)에 따른 진료기록의 내용 확인이나 진료기록의 사본 및 환자의 진료경과에 대한 소견 등을 송부하거나 전송할 것을 요청하는 경우에는 같은 법 제21조의2 제1항에 따라 해당 보호소년이나 그 보호자의 동의를 받아야 한다.

② 소년원등의 소속 의료인은 의료재활소년원 출원생이 외래진료를 받은 법 제20조의3 제2항 전단에 따라 법무부장관이 지정하는 기관(이하 "지정법무병원"이라 한다)의 의료인 또는 의료기관의 장으로부터 「의료법」 제21조의2에 따라 요청받은 같은 법 제22조 또는 제23조에 따른 진료기록의 내용 확인이나 진료기록의 사본 및 환자의 진료경과에 대한 소견 등을 송부 또는 전송하려는 경우에는 해당 출원생이나 그 보호자의 동의를 받아야 한다.

제20조의3 【출원생의 외래진료】

① 의료재활소년원장은 의료재활소년원 출원생이 외래진료를 신청하는 경우 의료재활소년원에서 검사, 투약 등 적절한 진료 및 치료를 받도록 할 수 있다.

② 법무부장관은 의료재활소년원 출원생이 신청하는 경우 「치료감호 등에 관한 법률」제16조의 2(치료감호시설)제1항 제2호에 따른 법무부장관이 지정하는 기관[국가가 설립·운영하는 국립정신 의료기관 중 법무부장관이 지정하는 기관(지정법무병원)]에서 외래진료를 받도록 할 수 있다. 이 경우 법무부장관은 예산의 범위에서 진료비용을 지원할 수 있다.

③ 제1항 및 제2항에 따른 외래진료의 기간과 방법 및 진료비용 지원 등에 필요한 사항은 법무부령으로 정한다.

🖥 시행규칙

제44조의4 【출원생의 외래진료의 기간·방법】

① 법 제20조의3 제1항 및 제2항에 따른 외래진료기간은 의료재활소년원 출원일부터 10년의 범위로 한다.

② 법 제20조의3 제1항 및 제2항에 따른 외래진료의 방법은 영 제3조 제1항 제3호의 약물 오·남용 및 정신장애에 대한 의료재활을 위하여 필요한 정신건강의학과 의사의 진료, 검사시설에 의한 검사, 처방 및 투약 등으로 한다.

제44조의5 【출원생의 외래진료 진료비용 지원】

① 법무부장관은 법 제20조의3 제2항 전단에 따라 의료재활소년원 출원생이 지정법무병원에서 외래진료를 받도록 한 경우에는 같은 항 후단에 따라 예산의 범위에서 지정법무병원에 외래진료 진료비용(「국민건강보험법」, 「의료급여법」, 그 밖의 다른 법령에 따라 의료재활소년원 출원생 또는 보호자등이 부담하지 않는 비용은 제외한다)을 지급한다.

② 제1항에 따라 외래진료 진료비용을 지급받으려는 지정법무병원의 장은 별지 제11호서식의 외래진료 진료비용 지급 청구서에 의료재활소년원 출원생별 진료비 계산서를 첨부하여 「치료감호 등에 관한 법률 시행령」제4조의5 제2항에 따른 제출기간(매달 10일까지)에 법무부장관에게 제출해야 한다.

제21조 【감염병의 예방과 응급조치】

① 원장은 소년원이나 소년분류심사원에서 감염병이 발생하거나 발생할 우려가 있을 때에는 이에 대한 상당한 조치를 하여야 한다.

② 원장은 보호소년 등이 감염병에 걸렸을 때에는 지체 없이 격리 수용하고 필요한 응급조치를 하여야 한다.

🖥 시행령

제45조 【감염병의 예방】

① 원장은 보호소년 등에 대한 예방접종과 방역소독 등 감염병 예방에 필요한 조치를 하여야 한다.

② 원장은 감염병이 유행하고 있을 때에는 감염병 유행지역 거주자의 면회, 음식물·피복이나 그 밖의 물품의 반입을 금지할 수 있다.

③ 원장은 보호소년 등이 감염병에 감염되었다고 의심되는 경우에는 감염병의 증상 또는 전염력이 없어질 때까지 격리수용하고, 소지품에 대한 소독 등 필요한 조치를 하여야 한다.

제46조【감염병 발생 보고 등】

원장은 소년원등에서 감염병이 발생하면 지체 없이 그 발생 상황을 법무부장관에게 보고하고, 「감염병의 예방 및 관리에 관한 법률」 제12조에 따라 그 소년원등이 있는 지역의 보건소장에게 즉시 신고해야 한다.

제22조【금품의 보관 및 반환】

① 원장은 보호소년 등이 갖고 있던 금전, 의류, 그 밖의 물품을 보관하는 경우에는 이를 안전하게 관리하고 보호소년 등에게 수령증을 내주어야 한다.

② 원장은 보호소년 등의 퇴원, 임시퇴원, 사망, 이탈 등의 사유로 금품을 계속 보관할 필요가 없게 되었을 때에는 본인이나 보호자등에게 반환하여야 한다.

③ 제2항에 따라 반환되지 아니한 금품은 퇴원, 임시퇴원, 사망, 이탈 등의 사유가 발생한 날부터 1년 이내에 본인이나 보호자등이 반환 요청을 하지 아니하면 국고에 귀속하거나 폐기한다.

시행령

제47조【금품의 보관】

① 원장은 법 제22조 제1항에 따라 보호소년 등의 금품을 보관할 때에는 본인이 참여한 가운데 점검하고, 법무부령으로 정하는 보관금품 보관증(이하 "보관증"으로 한다)에 품명·수량·규격과 그 밖에 필요한 사항을 기재한 후 본인이 확인·서명하게 하여야 한다. 이 경우 보관증은 원장과 보호소년 등이 각각 한 부씩 보관한다.

② 제1항의 경우 보호소년 등이 소지한 물품이 보관하기에 부적당하다고 인정되면 보호자등에게 반환하거나 본인의 승낙을 받아 매각하고 그 대금을 보관할 수 있다. 다만, 물품 중 가치가 없다고 인정되는 것은 본인이 폐기하게 할 수 있다.

③ 원장은 필요하다고 인정하면 보관한 물품을 보호소년 등이 사용하게 할 수 있다.

제48조【보관금품의 반환 등】

① 법 제22조 제2항에 따라 보관금품을 반환하는 때에는 보관증에 그 사유를 기재하고 수령인에게 확인·서명하도록 하여야 한다.

② 원장은 법 제22조 제2항에도 불구하고 출원하는 보호소년 이 보관금품을 반환받기를 원하지 아니하면 반환하지 않을 수 있다.

③ 제2항에 따라 보관금품을 반환하지 않을 때에는 보관증에 그 사유를 기재하고 해당 보호소년 에게 확인·서명하도록 하여야 한다.

제49조【물품 등의 기증】

① 원장은 소년원등에서 사용할 물품을 기증하려는 자가 있을 경우에는 보호와 교정교육에 필요한 물품만 기증받을 수 있다.

② 원장은 기증자가 제1항의 물품 기증을 목적으로 현금을 기탁하는 경우에는 이를 접수하여 해당 물품을 대신 구입할 수 있다. 이 경우 관련 증빙서류를 첨부하여 기증자에게 알려야 한다.

제50조【탁송금품의 반송】

원장은 보호소년 등에게 탁송된 금품을 본인이 받기를 거부하거나 처우상 본인에게 교부하는 것이 적당하지 아니하다고 인정되면 지체 없이 이를 보낸 사람에게 반송하여야 한다.

시행규칙

제45조 【물품의 보관】
원장은 보호소년 등의 물품을 보관할 때에는 세탁·소독 그 밖의 적당한 조치를 한 후 주의하여 보관하여야 한다.

제47조 【기증품 사용관리】
원장은 영 제49조 제1항에 따라 기증품을 접수하면 기증인에게 별지 제13호서식에 따른 영수증을 발급하고, 별지 제14호서식에 따른 기증품관리대장에 기록한 후 사용하여야 하며, 그 사용결과를 기증자에게 통보하여야 한다.

제23조 【친권 또는 후견】 ★
원장은 미성년자인 보호소년 등이 친권자나 후견인이 없거나 있어도 그 권리를 행사할 수 없을 때에는 법원의 허가를 받아 그 보호소년 등을 위하여 친권자나 후견인의 직무를 행사할 수 있다.

제3장 | 분류심사

제24조 【분류심사】
① 분류심사는 제3조 제2항에 해당하는 소년의 신체, 성격, 소질, 환경, 학력 및 경력 등에 대한 조사를 통하여 비행 또는 범죄의 원인을 규명하여 심사대상인 소년의 처우에 관하여 최선의 지침을 제시함을 목적으로 한다.
② 분류심사를 할 때에는 심리학·교육학·사회학·사회복지학·범죄학·의학 등의 전문적인 지식과 기술에 근거하여 보호소년 등의 신체적·심리적·환경적 측면 등을 조사·판정하여야 한다.

시행령

제51조 【분류심사의 영역】
① 법 제3조 제2항 제1호 및 제2호에 따른 분류심사를 할 때는 다음 각 호의 사항을 종합·분석해야 한다.
 1. 신상관계 : 소년의 인적사항, 학력, 지니고 있는 문제, 비행의 개요, 비행 이력, 보호자 및 가족상황, 그 밖에 참고인 등에 대한 자료
 2. 신체적 측면 : 소년의 건강상태, 신체특징, 결함 여부 및 병력 등의 진단
 3. 심리적 측면 : 소년의 지능을 중심으로 한 능력, 성격의 특징, 신경증·정신병 등 정신기능의 장애 여부, 적응 및 욕구, 자기개선 의지 등의 측정

4. 환경적 측면 : 출생 이후 현재까지 소년의 가정·학교·사회생활 등의 조사

5. 행동특징 : 수용생활 및 검사·면접할 때 등 소년이 처한 환경 조건에 따라 반응하는 특이사항 및 경향의 관찰

6. 그 밖의 참고사항

② 제1항에 따른 분류심사를 할 때에는 각종 기록 및 상담 결과, 관계인과의 면접, 그 밖의 객관적인 자료를 토대로 하여야 한다.

제52조 【상담조사 등】

① 법 제3조 제2항 제3호부터 제5호까지의 규정에 따른 상담조사, 검사의 결정 전 조사, 분류심사 업무를 할 때에는 의뢰기관이 요청한 영역에 대하여 실시한다.

② 법 제3조 제2항 제3호의 경우 소년의 진로지도 및 품행 개선을 위한 교육을 실시할 수 있다. 이 경우 상담조사 기간의 출석일수 인정 등에 관하여는 제85조를 준용한다.

▌ 시행규칙

제48조 【분류심사의 방법 및 구분 등】

① 법 제3조 제2항 각 호에 따른 분류심사, 상담조사 및 검사의 결정 전 조사(이하 "분류심사등"이라 한다)는 면접조사, 심리검사, 정신의학적 진단, 행동관찰, 자기기록 검토, 자료조회, 현지조사 등의 방법에 따른다.

② 분류심사는 다음 각 호와 같이 구분한다.

1. 일반분류심사 : 문제 또는 비행원인이 비교적 단순한 소년에 대하여 면접조사와 신체의학적 진찰, 집단검사, 자기기록 검토, 자료조회, 행동관찰 등을 주로 하여 실시하는 분류심사

2. 특수분류심사 : 일반분류심사결과 문제 또는 비행원인이 중대하고 복잡한 소년에 대하여 개별검사와 정신의학적 진단, 현지조사 등을 추가하여 실시하는 분류심사

③ 분류심사의 실시기준은 별표 4와 같다.

제49조 【면접조사】

① 면접조사는 다음 각 호의 구분에 따른 방법으로 하여야 한다.

1. 법 제3조 제2항 각 호의 소년에 대한 면접조사의 경우 : 직접 면담하는 방법

2. 법 제3조 제2항 각 호의 소년의 보호자 및 그 밖의 참고인에 대한 면접조사의 경우 : 직접 면담하거나 전화 등을 이용하는 방법

② 분류심사관은 면접대상자가 심리적 안정감을 가질 수 있도록 친절하게 대하고 용모·태도·언어 등에 유의하여야 한다.

제50조 【행동관찰】

① 소년에 대한 행동관찰은 객관적이고 신뢰성있게 하고 그 결과가 분류심사등에 유용하도록 제공되어야 한다.

② 소년분류심사원장은 행동관찰 업무를 적정하게 하기 위하여 담당직원의 교육, 부서간의 협조 독려 그 밖에 필요한 조치를 하여야 한다.

제25조 【분류심사관】

① 제3조 제2항(소년분류심사원의 임무)에 따른 임무를 수행하기 위하여 소년분류심사원에 분류심사관을 둔다.

② 분류심사관은 제24조 제2항에 따른 학문적 소양과 전문지식을 갖추어야 한다.

제53조 【분류심사관의 직무 등】

① 분류심사관은 제51조에 따른 분류심사자료를 종합하여 분류심사서를 작성하여야 한다.

② 소년분류심사원장은 분류심사관의 원활한 직무수행을 위하여 필요한 소양과 전문지식을 갖춘 분류심사 전문 요원을 두고 제51조 제1항 각 호의 자료수집과 심리검사 등을 하게 할 수 있다.

제51조 【분류심사관의 임명 등】

① 소년분류심사원장은 법 제25조 제2항에 따라 다음 각 호의 어느 하나에 해당하는 사람 중에서 분류심사관을 임명하여야 한다.

1. 법무부장관이 정하는 바에 따라 분류심사관의 자격 인정을 받은 사람
2. 분류심사 업무를 목적으로 특별채용된 사람
3. 법 제24조 제2항에 규정된 분야의 학사 이상의 학위를 소지한 사람으로서 소년원, 소년분류심사원, 보호관 찰소 또는 이와 유사한 시설에서 3년 이상 근무한 경력(학위 취득 전의 경력을 포함한다)이 있는 사람

② 소년분류심사원장은 각종 전문교육, 관련 학회 등에 분류심사관의 참여를 적극 권장하는 등 분류심사관의 자질향상을 위하여 노력하여야 한다.

③ 소년분류심사원장은 분류심사에 필요한 각종 검사기구의 구비, 전문성 증진을 위한 연구개발지원 등 분류심 사의 과학화를 위하여 노력하여야 한다.

제26조 【청소년심리검사 등】

소년분류심사원장은 「청소년기본법」 제3조 제1호에 따른 청소년이나 그 보호자가 적성검사 등 진로탐색을 위한 청소년심리검사 또는 상담을 의뢰하면 이를 할 수 있다. 이 경우에는 법무부장관 이 정하는 바에 따라 실비를 받을 수 있다.

제54조 【청소년심리검사 등】

① 법 제26조에 따라 심리검사 등을 요청하려는 사람은 소년분류심사원장에게 법무부장관이 정한 방법과 절차 에 따라 심리검사를 의뢰하여야 한다.

② 소년분류심사원장은 제1항에 따른 청소년 심리검사 등을 의뢰받았을 때에는 심리검사 등의 일시와 장소, 그 밖에 필요한 사항 등 협조사항을 미리 알려야 한다.

제27조 【분류심사 결과 등의 통지】

① 소년분류심사원장은 제3조 제2항 제1호부터 제4호까지의 규정(위탁·유치소년의 분류심사, 전문가 진단의 일환으로 법원소년부가 상담조사를 의뢰한 소년의 상담과 조사, 소년 피의사건에 대하여 검사가 조사를

의뢰한 소년의 품행 및 환경 등의 조사)에 따른 분류심사 결과 또는 조사 결과와 의견 등을 각각 법원소년부 또는 검사에게 통지하여야 한다.

② 소년분류심사원장은 제3조 제2항 제1호에부터 제3호까지에 규정된 소년(위탁·유치소년, 전문가 진단의 일환으로 법원소년부가 상담조사를 의뢰한 소년)이 보호처분의 결정을 받으면 그 소년의 분류심사 결과 및 의견 또는 상담조사 결과 및 의견을 지체 없이 그 처분을 집행하는 소년원이나 보호관찰소에 통지하여야 한다.

③ 소년분류심사원장은 제3조 제2항 제5호에 따른 분류심사(제1호부터 제4호까지의 규정에 해당되지 아니하는 소년으로서 소년원장이나 보호관찰소장이 의뢰한 소년의 분류심사) 또는 제26조에 따른 청소년심리검사 등을 하였을 때에는 그 결과를 각각 분류심사 또는 심리검사 등을 의뢰한 자에게 통지하고 필요한 의견을 제시할 수 있다.

시행규칙

제52조【분류심사 결과 등의 통지】
법 제26조에 따른 청소년심리검사 등의 결과 및 법 제27조에 따른 분류심사 결과 등을 통지할 때에는 법무부장관이 별도로 정한 서식에 따른다.

제4장 | 교정교육 등

제28조【교정교육의 원칙】
소년원의 교정교육은 규율 있는 생활 속에서 초·중등교육, 직업능력개발훈련, 인성교육, 심신의 보호·지도 등을 통하여 보호소년이 전인적인 성장·발달을 이루고 사회생활에 원만하게 적응할 수 있도록 하여야 한다.

제29조【학교의 설치·운영】
법무부장관은 대통령령으로 정하는 바에 따라 소년원에 「초·중등교육법」 제2조 제1호부터 제4호까지(초등학교·공민학교, 중학교·고등공민학교, 고등학교·고등기술학교, 특수학교)의 학교(이하 "소년원학교"라 한다)를 설치·운영할 수 있다.

🔖 **시행령**

제59조【학교의 설치 · 운영 등】

① 법 제29조에 따른 소년원학교(이하 "소년원학교"라 한다)를 설치하는 경우에는 「초·중등교육법」에서 정하는 기준에 따라야 한다.

② 소년원학교의 원활한 운영과 소년보호 교육기관의 특성을 고려하여 "소년원"과 "소년원의 각급학교 명칭"을 함께 사용할 수 있다.

제60조【교감의 겸직】

소년원학교가 설치된 소년원의 교무과장은 법 제30조 제3항에 따라 그 소년원학교 교감의 직무를 겸임한다.

🔖 **시행규칙**

제60조【학칙】

① 소년원학교장은 학칙을 제정하거나 개정할 때에는 법무부장관의 승인을 받아야 한다.

② 제1항에 따른 학칙에는 다음 각 호의 사항이 포함되어야 한다.

　1. 수업연한·학년·학기 및 휴업일
　2. 학급편제 및 학생정원(학급당 편성인원은 30명 이내로 한다)
　3. 교과·수업일수 및 시험과 과정수료의 인정
　4. 입학·재입학·편입학·전학·수료 및 졸업
　5. 학생포상 및 징계
　6. 학생자치활동의 조직 및 운영
　7. 학칙개정 절차
　8. 그 밖에 법령에서 정하는 사항

제61조【학칙 등에 관한 통지】

소년원학교장은 학사운영에 관한 긴밀한 협력을 도모하기 위하여 관할 시·도교육감 또는 시·군·자치구 교육장에게 소년원학교에 관한 다음 각 호의 사항을 통지하여야 한다.

1. 명칭　　　　　　　　　　　　2. 위치
3. 학칙　　　　　　　　　　　　4. 그 밖에 학사운영에 관하여 필요한 사항

제62조【업무연구 등】

원장은 교정교육 전반을 창의적으로 개선하고 업무능률을 향상시키기 위하여 직원으로 하여금 업무연구 또는 연구수업을 실시하게 하고, 연구발표회 등의 참관을 적극 권장하여야 한다.

제63조【보충수업】

소년원학교장은 보호소년의 학력신장과 수업일수의 충족 등을 위하여 필요하다고 인정하면 평일의 경우 1일 2시간, 휴업일의 경우 1일 8시간의 범위에서 보충수업을 실시할 수 있다.

제29조의2【「초 · 중등교육법」에 관한 특례】

① 소년원학교에 대하여는 「초·중등교육법」 제4조(학교의 설립 등), 제10조(수업료 등), 제11조(학교시설 등의 이용), 제18조(학생의 징계), 제18조의2(재심청구), 제30조의2(학교회계의 설치), 제30조의3(학교회계의 운영), 제31조(학교운영위원회의 설치), 제31조의2(결격사유), 제32조(기능) 33조(학교발전기금), 제34조

(학교운영위원회의 구성·운영)까지, 제34조의2(학교운영위원회 위원의 연수 등) 및 제63조(시정 또는 변경 명령), 제64조(휴업명령 및 휴교처분) 제65조(학교 등의 폐쇄)까지의 규정을 적용하지 아니한다.

② 소년원학교에 대하여 「초·중등교육법」 제6조(지도·감독), 제7조(장학지도)부터 제9조(학생·기관·학교 평가)까지의 규정을 적용할 때에는 "교육부장관"을 "법무부장관"으로 본다.

③ 교육부장관은 「교육기본법」 및 「초·중등교육법」에 관한 사항(제1항에 따라 적용이 배제되는 사항은 제외한다)에 대하여 법무부장관에게 필요한 권고를 할 수 있으며, 법무부장관은 정당한 사유를 제시하지 아니하는 한 이에 따라야 한다.

제29조의3 【「학교폭력예방 및 대책에 관한 법률」에 관한 특례】

소년원학교에 대해서는 「학교폭력예방 및 대책에 관한 법률」 제12조(학교폭력대책심의위원회의 설치·기능), 제13조(심의위원회의 구성·운영), 제13조의2(학교의 장의 자체해결), 제14조(전문상담교사 배치 및 전담기구 구성), 제15조(학교폭력 예방교육 등), 제16조(피해학생의 보호), 제16조의2(장애학생의 보호), 제17조(가해학생에 대한 조치), 제17조의2(행정심판) 및 제18조(분쟁조정), 제19조(학교의 장의 의무), 제20조(학교폭력의 신고 의무)의 규정을 적용하지 아니한다.

제30조 【교원 등】 ★

① 소년원학교에는 「초·중등교육법」 제21조 제2항에 따른 자격을 갖춘 교원을 두되, 교원은 일반직공무원으로 임용할 수 있다.

② 제1항에 따라 일반직공무원으로 임용된 교원의 경력·연수 및 직무 수행 등에 관하여 필요한 사항은 대통령령으로 정한다. 이 경우 「교육기본법」 및 「교육공무원법」에 따라 임용된 교원과 동등한 처우를 받도록 하여야 한다.

③ 제1항과 제2항에도 불구하고 소년원학교의 교장(이하 "소년원학교장"이라 한다)은 소년원학교가 설치된 소년원의 장이, 교감은 그 소년원의 교육과정을 총괄하는 부서의 장으로서 대통령령으로 정하는 자가 겸직할 수 있다.

④ 소년원학교장은 소년원학교의 교육과정을 원활하게 운영하기 위하여 필요하면 관할 교육청의 장에게 소년원학교 교사와 다른 중·고등학교 교사 간 교환수업 등 상호 교류협력을 요청할 수 있다.

📖 **시행령**

제61조 【교원 등의 직무수행】

① 법 제30조 제1항에 따라 임용된 소년원학교의 교원은 학생의 수업, 생활지도, 그 밖에 필요한 직무를 수행하여야 한다.

② 소년원학교장은 소년원학교 교육을 원활하게 하기 위하여 필요하다고 판단되면 법무부장관의 승인을 받아

관련 학과 학사학위 이상 소지자, 청소년상담사, 청소년지도사, 정보통신·어학 관련 국가공인 자격 소지자등 정해진 자격요건을 갖춘 소속 공무원에게 제1항에 따른 직무를 담당하도록 할 수 있다.

제62조【교원의 연수】

① 법무부장관은 「교육공무원법」 및 「교원 등의 연수에 관한 규정」에서 정하는 바에 따라 소년원학교 교원을 각급학교의 교육연수원에서 연수하게 하거나 법무연수원에서 연수하게 해야 한다.

② 소년원학교장은 제1항에 따른 연수대상자를 선발하려면 관할 교육감 또는 법무연수원장과 협의해야 한다.

제31조【학적관리】 ★

① 보호소년이 소년원학교에 입교하면 「초·중등교육법」에 따라 입학·전학 또는 편입학한 것으로 본다.

② 「초·중등교육법」 제2조(초등학교·공민학교, 중학교·고등공민학교, 고등학교·고등기술학교, 특수학교)의 학교에서 재학하던 중 소년분류심사원에 위탁되거나 유치된 소년 및 「소년법」 제32조 제1항 제8호(1개월 이내의 소년원 송치)의 처분을 받은 소년의 수용기간은 그 학교의 수업일수로 계산한다.

③ 소년원학교장은 보호소년이 입교하면 그 사실을 보호소년이 최종적으로 재학했던 학교(이하 "전적학교"라 한다)의 장에게 통지하고 그 보호소년의 학적에 관한 자료를 보내줄 것을 요청할 수 있다.

④ 제3항에 따른 요청을 받은 전적학교의 장은 교육의 계속성을 유지하는 데에 필요한 학적사항을 지체 없이 소년원학교장에게 보내야 한다.

시행령

제63조【입학 또는 편입학】

① 소년원학교장은 학년 초부터 60일 이내에 입교한 보호소년이 각급학교를 졸업하였거나 같은 수준 이상의 학력이 있다고 인정되는 경우에는 상급학교 교육과정에 입학시킬 수 있다.

② 소년원학교장은 보호소년이 학적을 가졌던 학년의 입교 당시 학기에 전학·편입학시킬 수 있다. 다만, 입교 당시 학기에 전학·편입학 시킬 수 없을 경우에는 같은 학년 이하의 학기에 전학·편입학시킬 수 있다.

③ 「소년법」 제32조 제1항 제8호(1개월 이내의 소년원 송치)에 따라 소년원에 송치된 소년에 대하여는 제1항 및 제2항을 적용하지 아니한다.

제64조【학교생활기록부】

소년원학교장은 「초·중등교육법」 제25조에 따라 보호소년의 인성발달상황과 학업성취도 등을 종합적으로 관찰·평가한 학교생활기록부를 작성·관리하여야 한다.

제64조의2【학적사항 통지 및 관리】

① 소년원학교장은 법 제31조 제1항에 따라 보호소년이 편입학한 경우에는 편입학사항을 보호소년이 최종적으로 재학하였던 학교(이하 "전적학교"라 한다)의 장에게 통지하여야 한다.

② 소년원학교장은 보호소년의 학적기록사항을 매 학기 또는 매 학년이 종료되기 이전까지 전적학교의 장에게 보내야 한다.

③ 소년원학교장은 보호소년이 출원하면 그 출원일부터 10일 이내에 학적기록 전부를 전적학교의 장에게 보내야 한다.

④ 전적학교의 장은 제1항부터 제3항까지의 규정에 따라 학적사항을 접수하면 이를 재학생에 준하여 관리하여야 한다.

제32조 【다른 학교로의 전학 · 편입학】

보호소년이 소년원학교에서 교육과정을 밟는 중에 소년원에서 퇴원하거나 임시퇴원하여 전적학교 등 다른 학교에 전학이나 편입학을 신청하는 경우 전적학교 등 다른 학교의 장은 정당한 사유를 제시하지 아니하는 한 이를 허가하여야 한다.

시행령

제65조 【다른 학교로의 전학 · 편입학】

보호소년이 법 제32조에 따른 전적학교 등 다른 학교에 전학 · 편입학하려는 경우에는 전학 · 편입학 배정원서, 그 밖의 필요한 서류를 거주지 또는 전학 · 편입학 예정학교의 관할교육청의 장이나 전학 · 편입학 예정학교의 장에게 제출하여야 한다.

시행규칙

제64조 【학적자료 송부 등】

소년원학교장은 보호소년이 법 제32조에 따라 다른 학교로 전학하거나 편입학을 하는 경우에는 전학 또는 편입학한 학교에 학교생활기록부 전산자료와 용지에 출력한 출력물 및 건강기록부를 송부하고, 소년원학교에는 그 사본을 소년관리기록부와 함께 보관하여야 한다.

제33조 【통학】

소년원장은 교정성적이 양호한 보호소년의 원활한 학업 연계를 위하여 필요하다고 판단되면 보호소년을 전적학교 등 다른 학교로 통학하게 할 수 있다.

시행령

제66조 【통학】

① 소년원장은 보호소년이 수용으로 인하여 학교 입학 · 복학 또는 편입학에 지장을 줄 염려가 있는 경우에는 보호소년에게 준수사항을 부과하여 통학하도록 할 수 있다.

② 소년원장은 제1항에 따라 통학을 허가받은 보호소년이 통학기간 중 준수사항을 현저하게 위반하거나 통학을 계속해서는 아니 된다고 판단되는 사유가 있으면 통학허가를 취소할 수 있다.

제34조 【전적학교의 졸업장 수여】 ★

① 소년원학교에서 교육과정을 마친 보호소년이 전적학교의 졸업장 취득을 희망하는 경우 소년원학교장은 전적학교의 장에게 학적사항을 통지하고 졸업장의 발급을 요청할 수 있다.

② 제1항에 따른 요청을 받은 전적학교의 장은 정당한 사유를 제시하지 아니하는 한 졸업장을 발급하여야 한다. 이 경우 그 보호소년에 관한 소년원학교의 학적사항은 전적학교의 학적사항으로 본다.

시행령

제67조【졸업사정 등】
① 소년원학교의 학년별 과정 이수 및 졸업 여부는 처우·징계위원회에서 다음 각 호의 사항을 심의하여 결정한다.
   1. 교육과정 이수 정도
   2. 총 수업시간 수 또는 수업일수 충족 여부
   3. 학교규칙에서 정하고 있는 결격사유에 해당되는지 여부
② 제1항 제2호에 따른 총 수업시간 수 또는 수업일수는 각 소년원학교별 수업시간수를 더하여 산정하되, 그 기간이 「초·중등교육법 시행령」 제50조 제2항에 따른 기간을 넘으면 졸업요건을 충족한 것으로 본다.

제68조【졸업증명서 등의 발급】
소년원장은 보호소년이나 그 보호자의 신청을 받으면 졸업증명서, 성적증명서, 수료증명서 등을 발급하여야 한다.

제69조【학력인정 검정고시의 응시 특례】
소년원학교에 재학 중인 보호소년 중 다음 각 호 어느 하나에 해당하는 사람은 학력인정 검정고시에 응시할 수 있다.
1. 초등학교 졸업학력 검정고시는 12세 이상으로 초등학교 교육과정을 이수 중인 사람
2. 중학교 졸업학력 검정고시는 15세 이상으로 중학교 교육과정을 이수 중인 사람
3. 고등학교 졸업학력 검정고시는 18세 이상으로 고등학교 교육과정을 이수 중인 사람

제70조【장학 협의】
소년원학교장은 관할 교육청의 장과 소년원학교의 학사운영에 관하여 장학 협의를 할 수 있으며, 관할 교육청의 장은 필요한 권고를 할 수 있다.

시행규칙

제65조【졸업장의 발급 등】
① 영 제67조에 따라 졸업대상자로 결정된 보호소년에 대하여는 별지 제18호서식의 졸업대장에 기록하고, 별지 제19호서식의 졸업증서를 발급한다.
② 법 제34조 제1항에 따라 전적학교의 졸업장 취득을 위해 학적사항을 통지하는 방법 및 절차 등에 관하여는 제64조를 준용한다.
③ 제1항에 따른 졸업장 및 법 제34조에 따른 전적학교의 졸업장은 가능하면 보호소년이 모두 모인 장소에서 소년원학교장이 본인에게 직접 수여해야 한다.

제35조【직업능력개발훈련】
① 소년원의 직업능력개발훈련은 「국민 평생 직업능력 개발법」으로 정하는 바에 따른다.

② 소년원장은 법무부장관의 허가를 받아 산업체의 기술지원이나 지원금으로 직업능력개발훈련을 실시하거나 소년원 외의 시설에서 직업능력개발훈련을 실시할 수 있다.

③ 고용노동부장관은 보호소년의 직업능력개발훈련에 관하여 법무부장관에게 필요한 권고를 할 수 있다.

시행령

제71조【직업능력개발훈련 방침】

① 소년원의 직업능력개발훈련은 보호소년이 근로의 소중함을 깨닫고 직업에 대한 올바른 태도와 능력을 길러 건전한 직업생활을 할 수 있도록 하여야 한다.

② 소년원의 직업능력개발훈련은 학교교육 및 산업사회와 밀접한 관련을 갖도록 실시하여야 한다.

제72조【공공직업훈련시설의 설치】

법무부장관은 「국민 평생 직업능력 개발법」제27조에 따라 소년원에 공공직업훈련시설을 설치·운영할 수 있다.

제73조【지원 직업능력개발훈련】

소년원장은 법 제35조 제2항에 따라 산업체의 지원을 받아 직업능력개발훈련을 실시하려면 지원산업체와 지원목적, 기간, 내용, 그 밖의 지원에 관한 사항을 포함하는 지원약정서를 작성하여야 한다.

제74조【외부시설에서의 직업능력개발훈련】

소년원장은 법 제35조 제2항에 따라 보호소년을 소년원 외의 시설에 통근시키거나 위탁하여 직업능력개발훈련을 실시할 수 있다.

시행규칙

제67조【직종의 신설 또는 폐지】

① 소년원장은 필요하다고 판단되는 경우 「근로자직업능력 개발법」에서 고용노동부장관이 정한 직업능력개발훈련기준에 따라 직업능력개발훈련 직종을 신설 또는 폐지할 수 있다. 이 경우 지방고용노동관서의 장과 협의를 거쳐 법무부장관의 승인을 받아야 한다.

② 소년원장은 제1항에 따라 직업능력개발훈련 직종을 신설하거나 폐지하는 경우에는 산업계의 인력수요를 조사·파악하여 이를 적절히 반영하여야 한다.

③ 제1항에 따라 신설되는 직종의 수업일수, 교과편성 그 밖에 필요한 사항은 법무부장관의 승인을 받아 소년원장이 정한다.

제68조【직업능력개발훈련 대상자】

① 직업능력개발훈련을 받을 수 있는 보호소년은 15세 이상으로 한다.

② 소년원장은 훈련직종 또는 훈련과정에 따라 보호소년의 연령 또는 학력의 기준을 따로 정할 수 있다.

제36조【직업능력개발훈련교사】

직업능력개발훈련을 실시하는 소년원에는 「국민 평생 직업능력 개발법」으로 정한 자격을 갖춘 직업능력개발훈련교사를 둔다.

📖 **시행령**

제75조【직업능력개발훈련교사의 훈련】

법무부장관은 직업능력개발훈련교사의 능력개발을 위하여 해당 교사에게「국민 평생 직업능력 개발법」제37조 제2항에 따른 보수교육을 정기적으로 이수하도록 해야 한다.

제37조【통근취업】

① 소년원장은 보호소년이 직업능력개발훈련과정을 마쳤을 때에는 산업체에 통근취업하게 할 수 있다.

② 소년원장은 보호소년이 제1항에 따라 취업을 하였을 때에는 해당 산업체로 하여금「근로기준법」을 지키게 하고, 보호소년에게 지급되는 보수는 전부 본인에게 지급하여야 한다.

📖 **시행령**

제76조【통근취업의 원칙】

① 보호소년의 통근취업 대상 산업체는 소년원 출원 후 직업 선택이 쉽고 건전한 직업의식과 가치관을 기를 수 있는 업체로 선정해야 한다.

② 소년원장은 법 제37조 제1항에 따라 보호소년을 통근취업시키려면 통근취업 대상 산업체와 보수, 취업기간, 취업조건, 그 밖에 필요한 사항을 포함하는 취업약정서를 작성하여야 한다.

③ 소년원장은 통근취업을 하는 보호소년에게 준수사항을 부과하여 이를 지키도록 지도하여야 한다.

④ 소년원장은 산업체가 제2항의 취업약정사항을 위반하였을 때 또는 보호소년이 준수사항을 현저하게 위반하거나 통근취업을 계속하여서는 아니 된다고 판단되는 사유가 있을 때에는 통근취업을 금지할 수 있다.

제77조【자립기반 조성】

법무부장관은 보호소년의 직업능력 향상과 성공적 자립기반 조성을 위하여 창업보육, 지원재단 설립 및 자립생활관 운영 등 필요한 사업을 할 수 있다.

📖 **시행규칙**

제69조【통근취업 보호소년의 관리】

① 소년원장은 법 제37조 제1항에 따라 통근취업을 하는 보호소년의 원만한 적응과 교통편의 등을 위하여 예산의 범위에서 통근취업 기간 중의 교통비 전액 또는 일부를 지원할 수 있다.

② 소년원장은 보호소년의 통근취업으로 발생한 보수 등에 관하여는 영 제47조의 규정을 준용하여 관리하여야 한다.

③ 영 제76조 제2항에 따른 통근취업약정서는 별지 제24호서식에 따른다.

제38조【안전관리】

① 소년원장은 직업능력개발훈련을 실시할 때 보호소년에게 해롭거나 위험한 일을 하게 하여서는 아니 된다.

② 소년원장은 직업능력개발훈련을 실시할 때 기계, 기구, 재료, 그 밖의 시설 등에 의하여 보호소년에게 위해가 발생할 우려가 있으면 이를 방지하는 데에 필요한 조치를 하여야 한다.

제39조【생활지도】

원장은 보호소년 등의 자율성을 높이고 각자가 당면한 문제를 스스로 해결하여 사회생활에 적응할 수 있는 능력을 기르도록 생활지도를 하여야 한다.

시행령

제78조【생활지도의 목표】

원장은 법 제39조에 따라 생활지도를 할 때에는 보호소년 등의 심신, 행동발달 및 품행 개선에 목표를 두고 지도하여야 한다.

제79조【상담 · 인성교육】

① 원장은 보호소년 등이 지닌 모든 문제와 그들의 욕구를 효과적으로 해소하여 교정목표를 조기에 달성할 수 있도록 체계적인 상담과 심리치료 등 인성교육을 하여야 한다.

② 원장은 보호자등이 보호소년 등의 처우 또는 개인 사정에 관하여 상담을 신청하면 이에 응하여야 한다.

③ 원장은 제1항의 직무를 수행하기 위하여 해당 분야에 전문성과 소양을 갖춘 전담직원을 배치하거나 지정하여야 한다.

시행규칙

제70조【보호소년 등의 일과】

① 원장은 보호소년 등의 심신이 조화롭게 성장·발달할 수 있도록 일과를 진행하여야 한다.

② 원장은 보호소년 등이 8시간 이상 취침할 수 있도록 하여야 한다. 다만, 수업시간 수 확보 등 교육과정의 운영상 불가피한 경우에는 그러하지 아니하다.

③ 원장은 교정교육상 특히 필요한 경우를 제외하고는 보호소년 등의 정서함양을 위하여 공휴일에는 직원의 지도로 보호소년 등이 다양한 여가선용프로그램에 참여하거나 휴식할 수 있도록 하여야 한다.

④ 국경일 및 스승의 날, 성년의 날 등 교육적으로 필요하다고 인정되는 기념일에는 경축·기념의식 또는 관련 교육행사를 가질 수 있다.

제40조【특별활동】

소년원장은 보호소년의 취미와 특기를 신장하고 집단생활의 경험을 통하여 민주적이고 협동적인 생활태도를 기르도록 특별활동지도를 하여야 한다.

시행령

제80조 【특별활동】

① 원장은 법 제40조에 따라 보호소년 등의 정서를 순화하고 특기를 살리기 위하여 적당한 특별활동에 참여하게 하여야 한다.

② 제1항에 따른 특별활동은 체육, 독서, 음악, 연극지도 등 교내 특별활동과 전시관 및 산업시설 견학, 문화유적지 답사, 문화예술 공연 관람, 야영, 소풍 등 다양한 체험학습을 하는 교외 특별활동으로 한다.

제81조 【봉사활동】

소년원장은 보호소년의 공동체의식 함양과 체험을 통한 인성교육을 위하여 다양한 봉사활동 프로그램을 운영하여야 한다.

제82조 【종교활동 등】

① 원장은 교육과정 운영에 지장을 주지 않는 범위에서 종교를 가진 보호소년 등에게 지정된 장소에서 자유롭게 종교의식에 참여하도록 하여야 한다.

② 원장은 신부, 목사, 승려, 그 밖의 종교인에게 보호소년 등에 대하여 종교에 관한 지도를 하도록 할 수 있다.

제83조 【도서실 등의 설치·운영】

① 원장은 교정교육에 필요한 도서실·상담실·방송실·심리검사실·교육자료실 및 종교실 등을 설치·운영할 수 있다.

② 원장은 보호소년 등이 제1항의 시설을 이용할 수 있도록 필요한 지원을 하여야 한다.

시행규칙

제71조 【종교활동】

종교활동은 휴업일에 하는 것을 원칙으로 한다. 다만, 원장이 필요하다고 인정하면 교육과정 의 이수에 지장이 없는 범위에서 휴업일이 아닌 날에도 할 수 있다.

제72조 【보호소년자치회】

① 소년원장은 보호소년이 자발적으로 교육목표를 달성할 수 있도록 자치회를 조직하여 운영하게 할 수 있다.

② 제1항에 따른 자치회는 소년원의 관리·규율·설비·급양(給養)·의료 및 위생에 관한 업무에 관여할 수 없다. 다만, 소년원장 또는 직원이 함께 참석하여 자치회를 개최하는 경우에는 관련 의견을 제시할 수 있다.

③ 제1항에 따른 자치회의 대표자와 임원의 임면, 자치회의 조직 및 운영에 관하여 필요한 사항은 소년원장이 정한다.

제41조 【교육계획 등】

① 소년원장은 보호소년의 연령, 학력, 적성, 진로, 교정의 난이도 등을 고려하여 처우과정을 정하고 교정목표를 조기에 달성할 수 있도록 교육계획을 수립·시행하여야 한다.

② 소년원장은 제1항의 교육계획에 따른 교육과정을 운영하고 법무부장관이 정하는 바에 따라 그 결과를 평가하여 출원, 포상 등 보호소년의 처우에 반영할 수 있다.

시행령

제55조 【교육계획】

① 소년원장은 보호소년이 정해진 교육기간에 교정목적을 달성할 수 있도록 법 제41조에 따른 교육계획을 수립하여 시행하여야 한다.

② 제1항에 따른 교육계획에는 교육과정, 특별활동 및 생활지도 등에 관한 구체적 내용이 포함되어야 한다.

제56조 【교육단계】

① 교정교육은 보호소년이 소년원에 입원할 때부터 출원할 때까지의 전 과정을 신입자교육, 기본교육, 사회복귀교육의 3단계로 구분하여 순차적으로 실시해야 한다.

② 제1항에 따른 단계별 교육에 관한 세부사항은 법무부령으로 정한다.

제57조 【교정성적의 평가】

① 보호소년의 교정성적은 교육성과 및 생활성적을 종합하여 평가한다.

② 그 밖에 보호소년의 교정성적 평가에 필요한 사항은 법무부장관이 정한다.

제58조 【소년관리기록부】

① 원장은 보호소년 등의 처우와 교정성적 관리를 적절하게 하기 위하여 개인별로 소년관리기록부를 갖추고 출원 시까지의 모든 상황을 정해진 양식에 따라 계속 기록·유지하여야 한다.

② 소년분류심사원장은 위탁소년, 유치소년 또는 법 제3조 제2항 제3호에 따른 상담조사 대상 소년이 법원소년부의 심리 결과 소년원 송치처분을 받게 된 때에는 지체 없이 그 소년의 소년관리기록부 원본을 해당 소년원에 송부해야 한다.

시행규칙

제53조 【신입자교육】

① 소년원장은 신입보호소년에 대하여 생활규범지도, 기초교육, 적응훈련 그 밖에 필요한 지도를 함으로써 신입보호소년이 소년원에 신속히 적응하고 심신의 안정을 도모할 수 있도록 하여야 한다.

② 제1항에 따른 신입자교육기간은 10일 이내로 한다.

제54조 【기본교육】

소년원장은 제53조에 따른 신입자교육을 마친 보호소년에 대하여는 인문·실업·특성화·인성교육 또는 직업능력개발훈련, 특별활동, 생활지도 그 밖에 필요한 기본교육을 실시하여야 한다.

제55조 【사회복귀교육】

① 소년원장은 보호소년이 제54조에 따른 기본교육과정을 마치고 퇴원 또는 임시퇴원의 요건을 갖춘 때에는 사회적응에 필요한 진로상담, 장래의 생활설계에 대한 지도, 퇴원 또는 임시퇴원 후의 준수사항에 대한 교육 그 밖에 사회복귀에 필요한 교육을 실시한다.

② 소년원장은 제1항에 따른 보호소년에게 퇴원이나 임시퇴원 후에도 자립생활관 이용, 취업알선 및 창업보육 등의 사회정착지원을 받을 수 있음을 알려 주어야 한다.

③ 제1항에 따른 사회복귀교육기간은 10일 이내로 한다.

제57조 【여름철 및 겨울철의 지도】

소년원장은 여름철과 겨울철에 상당기간을 방학기간으로 정하여 특별활동 및 생활지도 중심의 교정교육을 할 수 있다.

제59조 【소년관리기록부 등】

① 영 제58조 제1항에 따른 소년관리기록부에는 다음 각 호의 자료가 포함되어야 한다.

1. 신상조사(상반신 사진 및 가정·학교·사회 등 환경조사사항을 포함한다)
2. 처분결정서
2의2. 유치허가장 사본 또는 위탁결정서(해당 사유가 있는 경우로 한정한다)
3. 비행개요
4. 건강·신체특징조사(병력·문신·자해상황 등을 포함한다)
5. 삭제 <2021.4.20.>
6. 심리검사 결과
7. 개별처우계획
8. 처우기간 조정내역(해당사유가 있는 경우로 한정한다)
9. 범죄경력조회 회보서 및 수사경력조회 회보서(해당 사유가 있는 경우로 한정한다)
10. 분류심사서 또는 상담조사서(법 제3조 제2항에 따른 분류심사 또는 조사를 받은 경우에 한정한다)
11. 행동관찰기록
12. 상담기록
13. 면회·통신기록
14. 교육훈련성적
15. 신상변동기록
16. 그 밖에 분류심사 관련자료 등의 증빙자료

② 원장은 보호소년 등을 다른 기관으로 이송할 때에는 영 제64조에 따른 학교생활기록부와 함께 소년관리기록부를 송부하여야 한다.

제42조 【장학지도】

법무부장관은 교정교육 성과를 평가하고 개선하기 위하여 소속 공무원으로 하여금 장학지도를 하게 할 수 있다.

시행령

제84조 【장학지도】

법무부장관은 법 제42조에 따른 장학지도를 할 때에는 매 학년도마다 장학지도의 대상·방법 및 결과처리 등에 관한 세부계획을 수립하고 이를 소년원학교에 미리 통보하여야 한다.

제42조의2 【대안교육 및 비행예방 등】

① 소년원 및 소년분류심사원은 청소년 등에게 비행예방 및 재범방지 또는 사회적응을 위한 체험과 인성 위주의 교육을 실시하기 위하여 다음 각 호의 교육과정(이하 "대안교육과정"이라 한다)을 운영한다.
1. 「소년법」 제32조의2(보호관찰처분에 따른 부가처분) 제1항에 따라 법원소년부 판사가 명한 대안교육
2. 「소년법」 제49조의3(조건부 기소유예) 제2호에 따라 검사가 의뢰한 상담·교육·활동 등

3. 「초·중등교육법」 제18조(학생의 징계)에 따른 징계대상인 학생으로서 각급학교의 장이 의뢰한 소년의 교육

4. 「학교폭력예방 및 대책에 관한 법률」 제15조 제3항(학교폭력 예방교육)에 따른 학교폭력 예방교육과 같은 법 제17조(가해학생에 대한 조치)에 따른 가해학생 및 보호자 특별교육

② 원장은 행정기관, 지방자치단체, 학교, 그 밖의 단체 등과 협력하여 지역사회의 청소년 비행을 예방하기 위하여 적극 노력하여야 한다.

③ 대안교육과정의 운영에 필요한 사항은 법무부령으로 정한다.

🔖 시행령

제85조 【대안교육 대상자의 출석일수 인정】

① 법 제42조의2 제1항에 따라 판사 또는 검사가 의뢰한 대안교육 대상 소년이 소년원등에서 정해진 교육과정을 이수했을 때에는 그 기간을 재적학교의 출석일수로 인정해야 한다.

② 원장은 법 제31조(학적관리) 제2항에 따른 위탁소년이나 그 보호자 또는 제1항에 따른 대안교육 대상 소년이나 그 보호자가 원하는 경우에는 소년원등의 교육과정 이수사실이나 대안교육 이수사실을 소년의 재적학교의 장에게 통지할 수 있다.

🔖 시행규칙

제73조 【대안교육】

① 원장은 법 제42조의2에 따른 대안교육과정의 운영을 위한 계획을 수립하여 시행하여야 한다.

② 제1항에 따른 대안교육과정운영계획에는 다음 각 호의 내용이 포함되어야 한다. 다만, 교육기간 및 대상에 따라 이를 달리 수립·시행할 수 있다.

1. 자기반성을 통한 자기관리능력 증진 및 올바른 가치관 정립
2. 준법의식 고취 및 청소년비행문제 인식
3. 당면문제에 대한 현실적 대응능력 함양
4. 약물오·남용, 학교폭력 및 성폭력 예방
5. 봉사활동 등 체험교육
6. 감수성훈련·인간관계훈련 등 심성훈련
7. 그 밖에 미래에 대한 계획수립

③ 원장은 대안교육대상자와 보호소년 등을 분리하여 관리하여야 한다.

제42조의3 【보호자교육】

① 소년원과 소년분류심사원은 「소년법」 제32조의2 제3항(소년부 판사의 보호자에 대한 특별교육 명령)에 따라 교육명령을 받은 보호자 또는 보호소년 등의 보호자를 대상으로 역할개선 중심의 보호자교육과정을 운영한다.

② 제1항에 따른 보호자교육의 절차 및 방법 등에 관하여 필요한 사항은 대통령령으로 정한다.

시행령

제86조 【보호자교육】

① 원장은 법 제42조의3에 따라 보호자교육이 필요하다고 인정되면 교육목적과 대상, 시간 및 장소, 프로그램 등의 내용이 포함되는 교육계획을 수립·시행하여야 한다.

② 제1항에 따른 교육 프로그램에는 다음 각 호의 내용을 포함하여야 한다.

   1. 가족기능 회복 및 문제해결 능력 함양
   2. 자녀의 일탈행동에 대한 원인 분석 및 이해 증진
   3. 양성평등의식 및 민주적 양육태도 함양
   4. 자녀의 훈육지도 및 효과적인 대화기법
   5. 자녀의 학습동기 유발과 진로지도 방법

시행규칙

제74조 【보호자상담 등】

① 원장은 교정교육의 효과를 높이기 위하여 필요하다고 인정되는 경우에는 관계직원으로 하여금 보호자상담을 실시하게 할 수 있다.

② 관계직원이 제1항에 따른 보호자상담을 실시하려는 때에는 지정된 장소에서 실시하고 별지 제25호서식의 보호자상담부에 상담내용을 기록·유지하여야 한다.

③ 영 제86조 제1항에 따른 보호자교육의 대상자를 선정하는 때에는 제1항에 따른 보호자상담 결과를 고려하여야 한다.

제5장 | 출원

제43조 【퇴원】 ★★

① 소년원장은 보호소년이 22세가 되면 퇴원시켜야 한다.

② 소년원장은 「소년법」 제32조 제1항 제8호(1개월 이내의 소년원 송치) 또는 같은 법 제33조 제1항(보호자 또는 보호자를 대신하여 소년을 보호할 수 있는 자에게 감호 위탁, 아동복지시설이나 그 밖의 소년보호시설에 감호 위탁, 병원·요양소 또는 의료재활소년원에 위탁 : 6개월 6개월 연장 가능)·제5항(단기 소년원 송치 6개월)·제6항(장기 소년원 송치 2년)에 따라 수용상한기간에 도달한 보호소년은 즉시 퇴원시켜야 한다.

③ 소년원장은 교정성적이 양호하며 교정의 목적을 이루었다고 인정되는 보호소년(「소년법」 제32조 제1항 제8호에 따라 송치된 보호소년은 제외한다)에 대하여는 「보호관찰 등에 관한 법률」에 따른 보호관찰심사위원회에 퇴원을 신청하여야 한다.

④ 위탁소년 또는 유치소년의 소년분류심사원 퇴원은 법원소년부의 결정서에 의하여야 한다.

시행규칙

제75조 【퇴원 · 임시퇴원 심사의 신청】

① 소년원장이 법 제43조 제3항 및 제44조에 따라 관할 보호관찰심사위원회에 보호소년의 출원심사를 신청하는 경우에는 처우 · 징계위원회의 심사를 거쳐 퇴원, 임시퇴원 여부를 구분하여 신청해야 한다.

② 제1항에 따른 보호소년의 출원에 관한 처우 · 징계위원회의 심사를 할 때에는 보호소년의 생활태도, 교정성적, 사회적응 정도 및 보호자의 보호력 등을 종합적으로 고려해야 한다.

③ 그 밖에 보호소년의 출원에 관한 처우 · 징계위원회의 심사 및 보호관찰심사위원회로의 심사 신청에 관한 사항은 법무부장관이 따로 정한다.

제44조 【임시퇴원】 ★★

소년원장은 교정성적이 양호한 자 중 보호관찰의 필요성이 있다고 인정되는 보호소년[「소년법」 제32조 제1항 제8호(1개월 이내의 소년원 송치)에 따라 송치된 보호소년은 제외한다]에 대하여는 「보호관찰 등에 관한 법률」 제22조 제1항에 따라 보호관찰심사위원회에 임시퇴원을 신청하여야 한다.

시행규칙

제77조 【특별 임시퇴원】

소년원장은 보호소년이 다음 각 호의 어느 하나에 해당하는 사유가 있는 경우에는 증빙서류를 첨부하여 특별 임시퇴원허가를 신청할 수 있다.

1. 중환자에 해당되어 소년원에서 치료가 불가능하거나 장기 치료가 필요하여 교육훈련의 실효성을 기대하기 곤란한 경우

2. 심신의 현저한 장애, 임신 또는 출산 등으로 특별한 보호가 필요한 경우

3. 부양의무가 있는 사람으로서 본인이 직접 부양하지 아니하면 피부양 가족의 생계 유지가 곤란한 경우

4. 각급학교의 입학시험에 합격하여 진학이 확정되었거나 별표 2의2에 따른 우수상 · 기능상을 수상한 자로서 입상 또는 취득자격과 관련이 있는 업체에 취업이 확정된 경우

5. 수용사고방지 등 현저한 선행이 있고 재비행의 우려가 없다고 인정되는 경우

6. 입영 · 이민 그 밖에 특별한 사유가 있는 경우

제78조 【임시퇴원자의 보호관찰자료 제공 등】

① 소년원장은 보호소년이 임시퇴원하는 경우에는 보호관찰의 실효성을 높이기 위하여 지체 없이 임시퇴원자에 관한 분류심사서 사본 및 별지 제26호서식의 교육 · 생활지도부 등을 해당 보호관찰소에 송부하여야 한다.

② 소년원장은 법 제46조 제1항에 따른 계속수용의 사유가 소멸하여 보호소년을 보호자등에게 인도할 때에는 보호소년과 보호자등에게 지체 없이 관할보호관찰소에 출석 · 신고할 것을 고지하고 보호관찰소장에게 출원 사실을 통보하여야 한다.

제79조 【퇴원증 또는 임시퇴원증의 교부 등】

① 소년원장은 퇴원 또는 임시퇴원이 허가된 보호소년에 대하여 수료식을 실시하고 별지 제27호서식에 따른 퇴원증 또는 별지 제28호서식에 따른 임시퇴원증을 내주어야 한다.

② 소년원장은 임시퇴원자에 대하여 보호관찰기간 중의 준수사항을 이행하도록 교육하고 신고기일 이내에 관할 보호관찰소에 출석하여 신고할 것을 알려주어야 한다.

제44조의2 【보호소년의 출원】

소년원장은 제43조(퇴원) 제3항 및 제44조(임시퇴원)의 신청에 대하여 「보호관찰 등에 관한 법률」 제25조에 따른 법무부장관의 퇴원·임시퇴원 허가를 통보받으면 해당 허가서에 기재되어 있는 출원예정일에 해당 보호소년을 출원시켜야 한다. 다만, 제46조에 따라 계속 수용하는 경우[제45조(보호소년의 인도) 제3항의 경우를 포함한다]에는 그러하지 아니하다.

제45조 【보호소년의 인도】

① 소년원장은 보호소년의 퇴원 또는 임시퇴원이 허가되면 지체 없이 보호자등에게 보호소년의 인도에 관하여 알려야 한다.

② 소년원장은 퇴원 또는 임시퇴원이 허가된 보호소년을 보호자등에게 직접 인도하여야 한다. 다만, 보호소년의 보호자등이 없거나 제44조의2(보호소년의 출원) 본문에 따른 출원예정일부터 10일 이내에 보호자등이 인수하지 아니하면 사회복지단체, 독지가, 그 밖의 적당한 자에게 인도할 수 있다.

③ 제2항 단서에 따라 사회복지단체 등에 인도되기 전까지의 보호소년에 대해서는 제46조(퇴원자 또는 임시퇴원자의 계속 수용) 제1항에 따른 계속 수용에 준하여 처우한다.

시행규칙

제80조 【보호소년의 인도】

① 법 제45조 제1항에 따른 보호소년의 인도에 관한 통지는 별지 제29호서식에 따른다.

② 소년원장은 법 제45조 제2항에 따라 보호소년을 보호자, 사회복지단체 또는 독지가 등에게 인도할 때에는 별지 제30호서식의 보호자인도부에 그 사실을 기록·유지하여야 한다.

제45조의2 【사회정착지원】 ★

① 원장은 출원하는 보호소년 등의 성공적인 사회정착을 위하여 장학·원호·취업알선 등 필요한 지원을 할 수 있다.

② 제1항에 따른 사회정착지원(이하 이 조에서 "사회정착지원"이라 한다)의 기간은 6개월 이내로 하되, 6개월 이내의 범위에서 한 번에 한하여 그 기간을 연장할 수 있다.

③ 원장은 제51조에 따른 소년보호협회 및 제51조의2에 따른 소년보호위원에게 사회정착지원에 관한 협조를 요청할 수 있다.

④ 사회정착지원의 절차와 방법 등에 관하여 필요한 사항은 법무부령으로 정한다.

시행규칙

제81조【사회정착지원】

① 원장은 법 제45조의2에 따른 사회정착지원에 관한 계획을 수립·시행하여야 한다.

② 제1항에 따른 계획은 취업·진학 등 보호소년 등의 진로를 고려하여 수립하되, 이 계획에는 방문·출석·통신지도 등 사회정착지원 방법과 기간·횟수 등의 구체적인 내용이 포함되어야 한다.

③ 원장은 제1항에 따른 계획을 수립하기 전에 보호소년 등으로부터 사회정착지원을 희망하는 구체적인 분야 등을 청취한 후 이를 계획에 반영하여야 한다.

④ 원장은 법 제45조의2 제2항에 따라 사회정착지원 기간을 연장하려는 경우에는 보호소년 등의 재범 여부, 취업·진학 여부, 주거 안정 여부, 그 밖에 사회정착지원의 필요성 등을 고려하여 판단하여야 한다.

⑤ 원장은 보호소년 등이 무의탁소년인 경우에는 법 제51조에 따른 소년보호협회가 영 제98조에 따라 운영하는 자립지원시설의 이용지원, 취업알선, 그 밖에 필요한 사회정착지원을 하여야 한다.

제46조【퇴원자 또는 임시퇴원자의 계속 수용】

① 퇴원 또는 임시퇴원이 허가된 보호소년이 질병에 걸리거나 본인의 편익을 위하여 필요하면 본인의 신청에 의하여 계속 수용할 수 있다.

② 소년원장은 제1항에 따른 계속 수용의 사유가 소멸되면 지체 없이 보호소년을 보호자등에게 인도하여야 한다.

③ 소년원장은 제1항에 따라 임시퇴원이 허가된 보호소년을 계속 수용할 때에는 그 사실을 보호관찰소장에게 통지하여야 한다.

시행규칙

제83조【퇴원 또는 임시퇴원자의 계속수용】

① 법 제46조 제1항에 따른 보호소년의 계속수용은 다음 각 호의 어느 하나에 해당하는 사유로 해당 보호소년과 보호자등이 희망하는 경우에 한정한다.

1. 질병에 걸려 치료가 필요한 경우(제77조 제1호 또는 제2호에 해당하는 경우는 제외한다)

2. 진학

3. 기능자격 취득

4. 재능 또는 특기의 지속적 계발

② 보호소년과 보호자등이 제1항에 따른 사유로 계속수용을 희망할 때에는 퇴원일 또는 임시퇴원일을 기준으로 7일 전까지 별지 제32호서식의 계속수용신청서를 소년원장에게 제출해야 한다.

③ 소년원장은 제2항에 따른 계속수용신청서를 접수받은 경우에는 처우·징계위원회의 심의를 거쳐 계속수용을 허용할 수 있다. 이 경우 해당 보호소년에게 계속수용 중의 준수사항을 지시할 수 있다.

④ 계속수용기간은 다음 각 호와 같다. 이 경우 보호소년의 의사를 존중하여야 한다.

1. 제1항 제1호부터 제3호까지의 경우 : 6개월 이내

2. 제1항 제4호의 경우 : 보호소년이 법 제43조 제1항에 따른 연령에 도달할 때까지의 기간 이내

⑤ 계속수용의 교육과정은 특별한 프로그램이 마련된 경우를 제외하고는 퇴원 또는 임시퇴원허가 이전의 기본 교육과정으로 분류하여야 한다.

⑥ 법 제46조 제3항에 따른 보호소년의 계속수용사실의 통지는 별지 제33호서식에 따른다.

제47조 【물품 또는 귀가여비의 지급】
소년원장은 보호소년이 퇴원허가 또는 임시퇴원허가를 받거나 「소년법」 제37조 제1항(보호처분과 부가처분의 변경)에 따라 처분변경 결정을 받았을 때에는 필요한 경우 물품 또는 귀가여비를 지급할 수 있다.

제48조 【임시퇴원 취소자의 재수용】
① 소년원장은 「보호관찰 등에 관한 법률」 제48조(가석방 및 임시퇴원의 취소)에 따라 임시퇴원이 취소된 자는 지체 없이 재수용하여야 한다.
② 제1항에 따라 재수용된 자의 수용기간은 수용상한기간 중 남은 기간으로 한다.
③ 제1항에 따라 재수용된 자는 새로 수용된 보호소년에 준하여 처우를 한다.

시행령

제87조 【퇴원·임시퇴원의 취소 및 심사신청의 철회】
소년원장은 소년원 퇴원 또는 임시퇴원이 허가되었거나 퇴원 또는 임시퇴원 심사신청 중인 보호소년에게 징계사유 등 특별한 사유가 발생하면 보호관찰심사위원회에 퇴원 또는 임시퇴원 허가의 취소를 신청하거나 퇴원·임시퇴원 심사신청을 철회할 수 있다.

제88조 【임시퇴원 취소자의 재수용】
① 「보호관찰 등에 관한 법률」 제48조에 따라 임시퇴원이 취소된 소년의 경우 임시퇴원 당시의 소년원장은 보호관찰관으로부터 그 소년을 인수하여 지체 없이 재수용하여야 한다.
② 제1항에도 불구하고 임시퇴원 당시의 소년원과 임시퇴원 취소자(여성인 임시퇴원 취소자는 제외한다. 이하 이 항에서 같다)의 현재지의 시·도가 달라 재수용이 지체될 우려가 있으면 임시퇴원 취소자의 현재지와 인접한 소년원에서 소년을 인수할 수 있다.
③ 제주지역을 현재지로 하여 임시퇴원이 취소된 사람은 제주소년원에 재수용한다. 다만, 임시퇴원 취소자의 주된 거주지와 제주소년원의 시·도가 다르면 청원이나 그 밖에 처우상 필요에 따라 임시퇴원 당시의 소년원에서 인수할 수 있다.

시행규칙

제84조 【임시퇴원취소자 인수소년원의 사후조치】
① 영 제88조 제2항에 따라 임시퇴원취소자의 신병을 인수한 소년원장은 지체 없이 임시퇴원 당시의 해당 소년원장에게 신병인수 사실을 알리고, 가정·학교·사회환경 및 임시퇴원 기간 중의 생활상태를 종합심사하기 위한 처우·징계위원회의 심사를 거쳐 자체수용 또는 이송여부를 결정해야 한다.
② 제1항에 따라 임시퇴원취소자를 자체수용하기로 결정한 때에는 지체 없이 임시퇴원 당시의 해당 소년원장에게 그 사실을 알리고, 개별처우계획의 수립에 필요한 자료의 제출을 요구할 수 있다.

③ 제1항에 따라 이송을 결정한 때에는 지체 없이 임시퇴원취소자의 신병을 임시퇴원 당시의 소년원에 이송하여야 한다.

제85조【임시퇴원취소로 재수용된 사람의 처우】

① 소년원장은 임시퇴원된 보호소년이 영 제88조에 따라 임시퇴원이 취소되어 재수용된 때에는 제53조에 따른 신입자교육을 실시하고, 처우·징계위원회의 심사를 거쳐 개별처우계획을 새로 수립해야 한다. 다만, 재수용된 보호소년의 잔여 수용기간이 40일 미만인 경우에는 처우·징계위원회의 심사를 생략하고 임시퇴원 당시의 과정에 편성할 수 있다.

② 소년원장은 임시퇴원자가 보호관찰기간 중에 범법행위를 하여 임시퇴원이 취소되고 징역 또는 금고 이상의 유죄판결이 확정되거나 보호처분에 의하여 소년원에 송치된 때에는 이전의 보호처분취소를 법원소년부에 신청하여야 한다.

📕 시행령

제87조의2【재·퇴원증명서의 발급】

원장은 다음 각 호의 어느 하나에 해당하는 자가 소년원등에 수용된 사실 또는 수용되었다가 출원한 사실 등에 관한 증명서의 발급을 신청하는 경우에는 법무부령으로 정하는 재·퇴원증명서를 발급할 수 있다. 이 경우 재·퇴원증명서의 발급 신청 및 발급은 「민원 처리에 관한 법률」 제12조의2 제2항 및 제3항에 따른 전자민원창구를 통하여 처리할 수 있다.

1. 보호소년등
2. 보호소년등이었던 사람
3. 제1호 또는 제2호에 해당하는 사람의 보호자
4. 제1호 또는 제2호에 해당하는 사람의 위임을 받은 자

제6장 | 보칙

제49조【방문 허가 등】

① 보호소년 등에 대한 지도, 학술연구, 그 밖의 사유로 소년원이나 소년분류심사원을 방문하려는 자는 그 대상 및 사유를 구체적으로 밝혀 원장의 허가를 받아야 한다.

② 소년원이나 소년분류심사원을 방문하지 아니하고 설문조사를 하려는 자는 미리 그 내용을 원장과 협의하여야 한다.

📕 시행령

제89조【외국인의 방문】

원장은 법 제49조에 따라 외국인의 방문을 허가하려면 법무부장관의 승인을 받아야 한다.

제50조【협조 요청】

① 원장은 제3조에 따른 교정교육, 분류심사 또는 조사에 특히 필요하다고 인정하면 행정기관, 학교, 병원, 그 밖의 단체에 대하여 필요한 협조를 요청할 수 있다.

② 제1항의 요청을 거절할 때에는 정당한 이유를 제시하여야 한다.

시행령

제90조【각종 자료 조회】

① 원장은 법 제50조에 따라 보호소년 등의 교정교육과 분류심사를 위하여 필요한 경우에는 다음 각 호의 자료를 해당 기관에 요청할 수 있다.

    1. 범죄 및 수사경력 자료

    2. 학교생활기록부

    3. 그 밖에 교육 및 분류심사에 참고가 되는 자료

② 직무상 제1항의 자료조회를 요청하는 사람 또는 이를 취급하는 사람은 그 내용을 직무와 직접 관련되지 아니하는 사람에게 누설하여서는 아니 된다.

제90조의2【민감정보 및 고유식별정보의 처리】

① 원장은 다음 각 호의 사무를 수행하기 위하여 불가피한 경우「개인정보 보호법」제23조에 따른 건강에 관한 정보, 같은 법 시행령 제18조 제2호에 따른 범죄경력자료에 해당하는 정보 및 같은 영 제19조에 따른 주민등록번호, 여권번호, 운전면허의 면허번호 또는 외국인등록번호가 포함된 자료를 처리할 수 있다.

    1. 보호소년 등의 수용 및 출원 절차에 관한 사무

    2. 보호소년 등의 건강조사 및 치료내역 관리, 의료처우의 결정에 관한 사무

    3. 법 제3조 제2항에 따른 분류심사 및 조사에 관한 사무

    4. 법 제8조 및 제9조에 따른 보호소년 등의 처우 결정과 그 변경에 관한 사무

    5. 법 제31조 및 제35조에 따른 학적관리 및 직업능력개발훈련에 관한 사무

    6. 법 제41조에 따른 교육계획의 수립·시행 및 결과 평가에 관한 사무

    7. 법 제45조의2에 따른 사회정착지원에 관한 사무

② 원장은 다음 각 호의 사무를 수행하기 위하여 불가피한 경우「개인정보 보호법 시행령」제19조에 따른 주민등록번호, 여권번호, 운전면허의 면허번호 또는 외국인등록번호가 포함된 자료를 처리할 수 있다.

    1. 법 제18조에 따른 면회 허가에 관한 사무

    2. 법 제42조의3에 따른 보호자교육에 관한 사무

    3. 법 제45조에 따른 보호소년의 인도에 관한 사무

    4. 법 제49조에 따른 소년원등의 방문 허가에 관한 사무

    5. 법 제50조의2에 따른 청소년심리상담실 운영에 관한 사무

    6. 법 제51조의2에 따른 소년보호위원의 위촉 및 비용 지급에 관한 사무

    7. 법 제53조에 따른 기부금품의 접수에 관한 사무

    8. 제87조의2에 따른 증명서 발급에 관한 사무

제50조의2 【청소년심리상담실】

① 소년분류심사원장은 제26조에 따른 업무를 처리하기 위하여 청소년심리상담실을 설치·운영할 수 있다.

② 제1항에 따른 청소년심리상담실의 설치와 운영에 필요한 사항은 법무부령으로 정한다.

시행규칙

제86조 【청소년심리상담실의 운영】

법 제50조의2에 따른 청소년심리상담실에는 법 제24조 제2항에 따른 전문적 지식과 기술을 갖춘 직원을 상시 배치하여야 한다.

제87조 【실비 징수】

① 청소년심리상담실 이용에 따른 실비는 그 수혜자가 부담함을 원칙으로 한다. 다만, 다음 각 호의 어느 하나에 해당하는 사람에게는 실비의 징수를 면제할 수 있다.

1. 퇴원 또는 임시퇴원자

2. 「사회복지사업법」에 따른 사회복지시설에서 생활하는 사람

3. 소년분류심사원장이 공익 그 밖의 사유로 필요하다고 인정하는 사람

② 실비의 산정기준은 소속 공무원의 인건비를 제외한 프로그램 운영비 및 검사용지 매입가를 기준으로 하되, 100원 미만은 버린다.

제51조 【소년보호협회】

① 보호소년 등을 선도하기 위하여 법무부장관 감독하에 소년 선도에 관하여 학식과 경험이 풍부한 인사로 구성되는 소년보호협회를 둘 수 있다.

② 소년보호협회의 설치, 조직, 그 밖의 운영에 필요한 사항은 대통령령으로 정한다.

③ 국가는 소년보호협회에 보조금을 지급할 수 있다.

④ 국가는 보호소년 등의 교정교육과 사회복귀 지원 및 청소년 비행예방을 위하여 필요하다고 인정하는 경우에는 「국유재산법」에도 불구하고 소년보호협회에 소년원, 소년분류심사원 및 「보호관찰 등에 관한 법률」 제14조(보호관찰소의 설치)에 따른 보호관찰소의 시설, 그 밖에 대통령령으로 정하는 국유재산을 무상으로 대부하거나 사용 허가할 수 있다.

⑤ 제4항에 따라 국유재산을 무상으로 대부하거나 사용 허가하는 경우 그 기간은 「국유재산법」 제35조(사용허가기간) 제1항 또는 같은 법 제46조(대부기간) 제1항에서 정하는 바에 따른다.

⑥ 제5항의 대부기간 또는 사용허가기간이 끝난 국유재산에 대해서는 그 대부기간 또는 사용허가기간을 초과하지 아니하는 범위에서 종전의 대부계약 또는 사용허가를 갱신할 수 있다.

⑦ 국가나 지방자치단체는 소년보호협회에 대하여 「조세특례제한법」 및 「지방세특례제한법」에서 정하는 바에 따라 국세 또는 지방세를 감면할 수 있다.

제91조 【지부 등의 설치】

법 제51조에 따라 설치된 소년보호협회(이하 "협회"라 한다)에는 소관 사업의 원활한 추진을 위하여 그 지부 또는 지회를 둘 수 있다.

제92조 【정관】

① 협회의 정관에는 다음 각 호의 사항이 포함되어야 한다.

    1. 목적
    2. 명칭
    3. 주된 사무소 및 지부·지회에 관한 사항
    4. 임직원에 관한 사항
    5. 이사회에 관한 사항
    6. 업무에 관한 사항
    7. 기금, 재산 및 회계에 관한 사항
    8. 공고에 관한 사항
    9. 정관의 변경에 관한 사항
    10. 내부 규정의 제정·개정 및 폐지에 관한 사항

② 협회는 정관을 변경할 때에는 이사회의 의결을 거쳐 법무부장관의 허가를 받아야 한다.

제93조 【임원】

① 협회에는 다음 각 호의 임원을 둔다.

    1. 이사장 1명
    2. 상임이사 1명
    3. 이사 5명 이상 15명 이하(이사장 및 상임이사를 포함한다)
    4. 감사 2명

② 이사장은 법무부장관이 임명하고, 이사장 및 상임이사를 제외한 이사 중 1명은 법무부 소속 공무원 중에서 법무부장관이 지명하며, 이사장과 법무부장관이 지명한 이사(이하 "당연직이사"라 한다)를 제외한 임원은 이사회에서 선임하되, 법무부장관의 승인을 받아 취임한다.

③ 이사장 및 감사의 임기는 2년으로 하고, 당연직이사를 제외한 이사의 임기는 3년으로 한다.

④ 당연직이사를 제외한 임원은 법무부장관의 승인을 받아 연임할 수 있다. 다만, 임원의 재임기간은 이사장의 경우 6년을 초과할 수 없고, 이사의 경우 이사장 임기를 포함하여 10년을 초과할 수 없다.

제94조 【임원의 직무】

① 이사장은 협회를 대표하고 협회의 업무를 총괄한다.

② 이사장은 이사회를 소집하며, 이사회의 의장이 된다.

③ 이사장이 부득이한 사유로 직무를 수행할 수 없을 때에는 상임이사가 이사장의 직무를 대행한다.

④ 이사는 이사회에 출석하여 협회의 중요 사항을 심의·의결하며, 이사회 또는 이사장으로부터 위임받은 업무를 처리한다.

⑤ 감사는 협회의 업무 및 회계를 감사한다.

제95조 【이사회】

① 협회의 업무에 관한 주요 사항을 심의·의결하기 위하여 협회에 이사장과 이사로 구성된 이사회를 둔다.

② 감사는 이사회에 출석하여 의견을 진술할 수 있다.

제96조 【직원의 임면】

협회의 직원은 정관으로 정하는 바에 따라 이사장이 임면한다.

제97조 【협회의 자산】

협회는 다음 각 호의 재산을 그 자산으로 한다.

1. 협회가 소유하는 부동산과 그 밖의 재산
2. 국고보조금
3. 자산으로부터 생기는 과실
4. 그 밖의 수입

제98조 【협회의 사업】

① 협회는 그 설립목적을 달성하기 위하여 다음 각 호의 목적사업을 한다.

   1. 보호소년 등에 대한 교육활동 지원

   2. 자립지원시설 운영 등 소년원 출원생의 사회정착 지원

   3. 청소년 관련 연구, 자료 발간, 학술단체 지원

   4. 청소년 관련 선도·복지 사업

   5. 그 밖에 협회의 목적 달성에 필요한 사업

② 협회는 그 설립목적을 달성하기 위하여 수익사업을 할 수 있다.

③ 협회는 제2항의 수익사업을 하려는 경우에는 사업마다 미리 법무부장관의 승인을 받아야 한다. 이를 변경하려는 경우에도 또한 같다.

제99조 【사업 및 회계관리】

① 협회의 회계연도는 정부의 회계연도에 따른다.

② 협회는 매 회계연도 개시 전까지 해당 회계연도에 수행할 사업계획 및 예산안을 작성하여 이사회의 의결을 거친 후 법무부장관에게 제출하여 승인을 받아야 한다. 이를 변경할 때에도 또한 같다.

③ 협회는 매 회계연도의 사업실적과 결산서를 작성하여 이사회의 의결을 거친 후 다음 회계연도 2월 말일까지 법무부장관에게 제출하여야 한다.

④ 협회는 국고보조금의 집행결과를 분기마다 법무부장관에게 보고하여야 한다.

제100조 【감독】

① 법무부장관은 협회를 지휘·감독한다.

② 법무부장관은 협회에 대하여 감독상 필요한 경우에는 그 업무에 관한 사항을 보고하게 하거나 자료의 제출, 그 밖에 필요한 명령을 할 수 있으며, 소속 공무원에게 협회 운영 실태를 조사하게 할 수 있다.

③ 법무부장관은 협회의 국고보조금 집행에 관하여 감사를 할 수 있다.

제101조 【준용규정】

협회에 관하여는 이 영에서 규정한 것을 제외하고는 「공익법인의 설립·운영에 관한 법률」 및 「민법」 중 재단법인에 관한 규정을 준용한다.

■ 시행규칙

제90조 【소년보호협회의 수익사업 등】

① 법 제51조에 따라 설치된 소년보호협회(이하 "협회"라 한다)는 영 제98조 제2항에 따른 수익사업의 경영으로 목적사업에 지장을 초래하여서는 아니되며, 그 수익은 목적사업을 위하여 사용하여야 한다.

② 협회는 영 제98조 제3항에 따라 수익사업의 승인 또는 변경승인을 신청하는 경우에는 승인신청서에 다음

각 호의 서류를 첨부하여 법무부장관에게 제출하여야 한다.
1. 사업계획서
2. 추정손익계산서 및 그 부속명세서
③ 영 제99조 제3항에 따라 협회가 법무부장관에게 제출하는 사업실적 및 결산서에는 해당 회계연도의 대차대조표·손익계산서·재산목록·잉여금처분계산서·감사의견서 및 관련 서류가 포함되어야 한다.

제51조의2 【소년보호위원】
① 보호소년 등의 교육 및 사후지도를 지원하기 위하여 소년보호위원을 둘 수 있다.
② 소년보호위원은 명예직으로 하며, 법무부장관이 위촉한다.
③ 소년보호위원에게는 예산의 범위에서 직무수행에 필요한 비용의 전부 또는 일부를 지급할 수 있다.
④ 소년보호위원의 위촉·해촉 및 자치조직 등에 관하여 필요한 사항은 법무부령으로 정한다.

시행규칙

제88조 【소년보호위원의 위촉 및 해촉】
① 법무부장관은 보호소년 등의 선도·보호에 관한 학식과 경험이 풍부한 자를 소년보호위원으로 위촉하여 교정교육에 참여시킬 수 있다. 다만, 다음 각 호의 어느 하나에 해당하는 자는 소년보호위원으로 위촉할 수 없다.
1. 「국가공무원법」 제33조 각 호의 결격사유에 해당하는 사람
2. 심신장애로 인하여 직무수행이 불가능하거나 현저히 곤란하다고 인정되는 사람
3. 직무태만·품위손상 그 밖의 사유로 해촉된 사실이 있거나 소년보호위원으로서 적당하지 아니하다고 인정되는 사람
② 원장은 소년보호위원으로 위촉된 자가 제1항 각 호의 어느 하나에 해당되는 사유가 발생한 때에는 지체 없이 사유서 등을 첨부하여 법무부장관에게 해촉을 신청하여야 한다.

제89조 【소년보호위원의 자격기준 등】
소년보호위원의 세부적인 자격기준, 활동 등에 관한 사항은 법무부장관이 정한다.

제52조 【소년분류심사원이 설치되지 아니한 지역에서의 소년분류심사원의 임무수행】
소년분류심사원이 설치되지 아니한 지역에서는 소년분류심사원이 설치될 때까지 소년분류심사원의 임무는 소년원이 수행하고, 위탁소년 및 유치소년은 소년원의 구획된 장소에 수용한다.

제53조 【기부금품의 접수】
① 원장은 기관·단체 또는 개인이 보호소년 등에 대한 적절한 처우, 학업 지원 및 보호소년 등의 사회 정착 등을 위하여 소년원이나 소년분류심사원에 자발적으로 기탁하는 금품을 접수할 수 있다.

② 기부자에 대한 영수증 발급, 기부금품의 용도 지정, 장부의 열람, 그 밖에 필요한 사항은 대통령령으로 정한다.

시행령

제102조【기부금품의 접수 등】
① 원장은 법 제53조 제1항에 따라 기부금품을 접수하는 경우 기부자에게 영수증을 발급하여야 한다. 다만, 익명으로 기부하거나 기부자를 알 수 없는 경우에는 영수증을 발급하지 아니할 수 있다.
② 원장은 제1항에 따른 기부자가 다음 각 호의 어느 하나의 경우에 해당하는 사실을 알게 된 경우에는 기부금품을 접수해서는 아니 된다.
 1. 기부자가 보호소년등인 경우
 2. 기부자가 보호소년등과 친족이거나 친족이었던 경우
 3. 그 밖에 기부자가 보호소년등과 직접적인 이해관계가 있다고 인정되는 기관·단체 또는 사람인 경우
③ 원장은 제1항에 따른 기부자가 기부금품의 용도를 지정한 경우에는 그 용도로만 사용하여야 한다. 다만, 기부자가 지정한 용도로 사용하기 어려운 경우에는 특별한 사정이 없는 한 기부자의 동의를 받아 다른 용도로 사용할 수 있다.
④ 원장은 모든 기부금의 수입 및 지출을 기부금 전용계좌를 통하여 처리하여야 한다.
⑤ 원장은 기부금품의 접수현황 및 사용실적 등에 관한 장부를 갖추어 두고 기부자가 열람할 수 있도록 하여야 한다.
⑥ 원장은 매 반기별로 기부금품의 접수현황 및 사용실적 등에 관한 사항을 법무부장관에게 보고하여야 한다.

제54조【범죄경력자료 등의 조회 요청】
① 법무부장관은 제43조(퇴원) 제1항 및 제2항에 따라 소년원에서 퇴원한 보호소년의 재범 여부를 조사하고 소년원 교정교육의 효과를 평가하기 위하여 보호소년이 같은 조 제1항 및 제2항에 따라 퇴원한 때부터 3년 동안 관계 기관에 그 소년에 관한 범죄경력자료와 수사경력자료에 대한 조회를 요청할 수 있다.
② 제1항의 요청을 받은 관계 기관의 장은 정당한 사유 없이 이를 거부해서는 아니 된다.

시행령

제103조【범죄경력자료 등 조회 요청의 제한 등】
① 법무부장관이 법 제54조에 따라 범죄경력자료와 수사경력자료의 조회를 요청하는 경우 「형의 실효 등에 관한 법률」 제6조 제1항에 따라 소년원에서 퇴원한 보호소년의 재범 여부를 조사하고 소년원 교정교육의 효과를 평가하기 위해 필요한 최소한의 범위에서 요청해야 한다.
② 범죄경력자료 또는 수사경력자료를 관리하는 사람이나 직무상 범죄경력자료 또는 수사경력자료를 조회하거나 열람한 사람은 그 내용을 누설해서는 안 된다.
③ 제1항 및 제2항에서 규정한 사항 외에 범죄경력자료와 수사경력자료의 조회 요청 방법, 자료 관리 등에 필요한 세부사항은 법무부장관이 정한다.

08 벌금 미납자의 사회봉사 집행에 관한 특례법

• **법** 2009.9.26. 시행 | **시행령** 2020.1.7. 시행

제1조 【목적】
이 법은 「형법」 제69조 제2항의 벌금 미납자에 대한 노역장 유치를 사회봉사로 대신하여 집행할 수 있는 특례와 절차를 규정함으로써 경제적인 이유로 벌금을 낼 수 없는 사람의 노역장 유치로 인한 구금을 최소화하여 그 편익을 도모함을 목적으로 한다.

제2조 【정의】
이 법에서 사용하는 용어의 뜻은 다음과 같다.

벌금 미납자	법원으로부터 벌금을 선고받아 확정되었는데도 그 벌금을 내지 아니한 사람
사회봉사	보호관찰관이 지정한 일시와 장소에서 공공의 이익을 위하여 실시하는 무보수 근로
사회봉사 대상자	벌금 미납자의 신청에 따른 검사의 청구로 법원이 사회봉사를 허가한 사람

제3조 【국가의 책무】
국가는 경제적인 이유로 인한 노역장 유치를 최소화하기 위하여 벌금 미납자에 대한 사회봉사 집행 등에 관한 시책을 적극적으로 수립·시행하여야 한다.

제4조 【사회봉사의 신청】 ★
① 대통령령으로 정한 금액 범위 내의 벌금형이 확정된 벌금 미납자는 검사의 납부명령일부터 30일 이내에 주거지를 관할하는 지방검찰청(지방검찰청지청을 포함한다. 이하 같다)의 검사에게 사회봉사를 신청할 수 있다. 다만, 검사로부터 벌금의 일부납부 또는 납부연기를 허가받은 자는 그 허가기한 내에 사회봉사를 신청할 수 있다.
② 제1항에도 불구하고 다음 각 호의 어느 하나에 해당하는 사람은 사회봉사를 신청할 수 없다.
  1. 징역 또는 금고와 동시에 벌금을 선고받은 사람
  2. 「형법」 제69조 제1항 단서에 따라 법원으로부터 벌금 선고와 동시에 벌금을 완납할 때까지 노역장에 유치할 것을 명받은 사람
  3. 다른 사건으로 형 또는 구속영장이 집행되거나 노역장에 유치되어 구금 중인 사람

4. 사회봉사를 신청하는 해당 벌금에 대하여 법원으로부터 사회봉사를 허가받지 못하거나 취소당한 사람. 다만, 사회봉사 불허가 사유가 소멸한 경우에는 그러하지 아니하다.

③ 제1항의 사회봉사를 신청할 때에 필요한 서류 및 제출방법에 관한 사항은 대통령령으로 정하되, 신청서식 및 서식에 적을 내용 등은 법무부령으로 정한다.

시행령

제2조 【사회봉사의 신청과 벌금액】
「벌금 미납자의 사회봉사 집행에 관한 특례법」(이하 "법"이라 한다) 제4조 제1항 본문에 따른 벌금형의 금액은 500만원으로 한다.

제3조 【사회봉사 신청에 필요한 서류 및 제출방법】
법 제4조 제1항에 따라 사회봉사를 신청하는 사람은 다음 각 호의 서류를 첨부하여 주거지를 관할하는 지방검찰청(지방검찰청 지청을 포함한다. 이하 같다)의 검사에게 신청서를 제출하여야 한다.
1. 판결문 또는 약식명령서 사본
2. 소득금액 증명서 또는 소득이 없어 소득 신고를 하지 않은 경우에는 그 사실을 확인할 수 있는 자료
3. 재산세 납부증명서
4. 「국민기초생활 보장법」에 따른 수급권자인 경우 그 사실을 확인할 수 있는 자료
5. 그 밖에 일정한 수입원이나 재산이 없음을 확인할 수 있는 자료

관련판례

벌금 미납자의 사회봉사 집행에 관한 특례법 제4조 제1항에서 정한 납부명령일부터 30일 이내 가 벌금 미납자의 사회봉사 신청기간의 종기(終期)만을 규정한 것인지 여부(적극) 및 이때 '납부명령일'의 의미(=납부명령이 벌금 미납자에게 고지된 날)

벌금 미납자의 사회봉사 집행에 관한 특례법(이하 '특례법'이라 한다)은 벌금 미납자에 대한 노역장 유치를 사회봉사로 대신하여 집행할 수 있는 제도를 새로 도입하면서, 벌금형이 확정된 벌금 미납자는 검사의 '납부명령일부터 30일 이내에' 사회봉사를 신청할 수 있다고 규정하고 있다(제4조 제1항). 여러 사정, 특히 특례법의 입법 취지 등을 종합해 보면, 벌금 미납자가 사회봉사의 대체집행 신청을 할 수 있는 처음 시점, 즉 시기(始期)를 특별히 제한하여 해석할 이유는 없으므로, 신청은 벌금형이 확정된 때부터 가능하다고 볼 것이다. 따라서 위 규정은 신청을 할 수 있는 종기(終期)만을 규정한 것으로 새기는 것이 타당하고, 그 종기(終期)는 검사의 납부'명령일'이 아니라 납부명령이 벌금 미납자에게 '고지된 날'로부터 30일이 되는 날이라고 해석하는 것이 옳다(대법원 2013.1.16, 2011모16).

제5조 【사회봉사의 청구】 ★
① 제4조 제1항의 신청을 받은 검사는 사회봉사 신청인(이하 "신청인"이라 한다)이 제6조 제2항 각 호의 요건에 해당하지 아니하는 때에는 법원에 사회봉사의 허가를 청구하여야 한다.

② 검사는 사회봉사의 청구 여부를 결정하기 위하여 필요한 경우 신청인에게 출석 또는 자료의 제출을 요구하거나, 신청인의 동의를 받아 공공기관, 민간단체 등에 벌금 납입 능력 확인에 필요한 자료의 제출을 요구할 수 있다.

③ 신청인이 정당한 이유 없이 검사의 출석 요구나 자료제출 요구를 거부한 경우 검사는 신청을 기각할 수 있다.

④ 검사는 신청일부터 7일 이내에 사회봉사의 청구 여부를 결정하여야 한다. 다만, 제2항에 따른 출석 요구, 자료제출 요구에 걸리는 기간은 위 기간에 포함하지 아니한다.

⑤ 검사는 사회봉사의 신청을 기각한 때에는 이를 지체 없이 신청인에게 서면으로 알려야 한다.

⑥ 사회봉사의 신청을 기각하는 검사의 처분에 대한 이의신청에 관하여는 「형사소송법」 제489조를 준용한다.

시행령

제4조【사회봉사의 청구】
법 제5조 제1항에 따라 검사가 사회봉사의 허가를 청구할 때에는 사회봉사 청구서와 함께 사회봉사 신청인이 제출한 자료 및 관련 소명자료를 관할 법원에 제출하여야 한다.

제5조【신청인의 자료제출 동의】
검사는 법 제5조 제2항에 따라 공공기관, 민간단체 등에 벌금 납입 능력 확인에 필요한 자료의 제출을 요구할 때에는 다음 각 호의 사항이 적힌 신청인의 동의서를 첨부하여야 한다.

1. 자료를 제출받을 기관
2. 자료를 제출할 기관 또는 단체
3. 제출할 자료의 범위
4. 동의서의 유효기간
5. 동의서의 작성 연월일
6. 신청인의 성명, 서명날인 또는 지장

제6조【사회봉사 허가】 ★
① 법원은 검사로부터 사회봉사 허가 청구를 받은 날부터 14일 이내에 벌금 미납자의 경제적 능력, 사회봉사 이행에 필요한 신체적 능력, 주거의 안정성 등을 고려하여 사회봉사 허가 여부를 결정한다. 다만, 제3항에 따른 출석 요구, 자료제출 요구에 걸리는 기간은 위 기간에 포함하지 아니한다.

② 다음 각 호의 어느 하나에 해당하는 경우에는 사회봉사를 허가하지 아니한다.
   1. 제4조 제1항에 따른 벌금의 범위를 초과하거나 신청 기간이 지난 사람이 신청을 한 경우
   2. 제4조 제2항에 따라 사회봉사를 신청할 수 없는 사람이 신청을 한 경우
   3. 정당한 사유 없이 제3항에 따른 법원의 출석 요구나 자료제출 요구를 거부한 경우
   4. 신청인이 일정한 수입원이나 재산이 있어 벌금을 낼 수 있다고 판단되는 경우
   5. 질병이나 그 밖의 사유로 사회봉사를 이행하기에 부적당하다고 판단되는 경우

③ 법원은 사회봉사 허가 여부를 결정하기 위하여 필요한 경우 신청인에게 출석 또는 자료의 제출을 요구하거나 신청인의 동의를 받아 공공기관, 민간단체 등에 벌금 납입 능력 확인에 필요한 자료의 제출을 요구할 수 있다.

④ 법원은 사회봉사를 허가하는 경우 벌금 미납액에 의하여 계산된 노역장 유치 기간에 상응하는 사회봉사시간을 산정하여야 한다. 다만, 산정된 사회봉사시간 중 1시간 미만은 집행하지 아니한다.

⑤ 사회봉사를 허가받지 못한 벌금 미납자는 그 결정을 고지받은 날부터 15일 이내에 벌금을 내야 하며, 위의 기간 내에 벌금을 내지 아니할 경우 노역장에 유치한다. 다만, 사회봉사 불허가에 관한 통지를 받은 날부터 15일이 지나도록 벌금을 내지 아니한 사람 중 「형법」 제69조 제1항에 따른 벌금 납입기간(판결확정일로부터 30일 이내)이 지나지 아니한 사람의 경우에는 그 납입기간이 지난 후 노역장에 유치한다.

제7조 【사회봉사 허가 여부에 대한 통지】

① 법원은 제6조 제1항의 결정을 검사와 신청인에게 서면으로 알려야 한다.

② 법원은 사회봉사를 허가하는 경우 그 확정일부터 3일 이내에 사회봉사 대상자의 주거지를 관할하는 보호관찰소(보호관찰지소를 포함한다. 이하 같다)의 장에게 사회봉사 허가서, 판결문 등본, 약식명령 등본 등 사회봉사 집행에 필요한 서류를 송부하여야 한다.

제8조 【사회봉사의 신고】

① 사회봉사 대상자는 법원으로부터 사회봉사 허가의 고지를 받은 날부터 10일 이내에 사회봉사 대상자의 주거지를 관할하는 보호관찰소의 장에게 주거, 직업, 그 밖에 대통령령으로 정하는 사항을 신고하여야 한다.

② 사회봉사 대상자로부터 제1항의 신고를 받은 보호관찰소의 장은 사회봉사 대상자에게 사회봉사의 내용, 준수사항, 사회봉사 종료 및 취소 사유 등에 대하여 고지하여야 한다.

시행령

제6조 【사회봉사의 신고】

사회봉사 대상자는 법 제8조 제1항에서 정한 사항 외에 다음 각 호의 사항을 주거지를 관할하는 보호관찰소에 출석하여 서면으로 신고하여야 한다.

1. 성명 및 주민등록번호
2. 가족 관계 또는 교우 관계
3. 최종 학력
4. 특기, 특정 분야 근무경력 및 자격증

5. 사회봉사 허가 결정 내용
6. 운전면허증에 관한 사항

제9조【사회봉사의 집행담당자】★
① 사회봉사는 보호관찰관이 집행한다. 다만, 보호관찰관은 그 집행의 전부 또는 일부를 국공립 기관이나 그 밖의 단체 또는 시설의 협력을 받아 집행할 수 있다.
② 검사는 보호관찰관에게 사회봉사 집행실태에 대한 관련 자료의 제출을 요구할 수 있고, 집행 방법 및 내용이 부적당하다고 인정하는 경우에는 이에 대한 변경을 요구할 수 있다.
③ 보호관찰관은 검사로부터 제2항의 변경 요구를 받으면 그에 따라 사회봉사의 집행방법 및 내용을 변경하여 집행하여야 한다.

제10조【사회봉사의 집행】
① 보호관찰관은 사회봉사 대상자의 성격, 사회경력, 범죄의 원인 및 개인적 특성 등을 고려하여 사회봉사의 집행분야를 정하여야 한다.
② 사회봉사는 1일 9시간을 넘겨 집행할 수 없다. 다만, 사회봉사의 내용상 연속집행의 필요성이 있어 보호관찰관이 승낙하고 사회봉사 대상자가 분명히 동의한 경우에만 연장하여 집행할 수 있다.
③ 사회봉사의 집행시간은 사회봉사 기간 동안의 집행시간을 합산하여 시간 단위로 인정한다. 다만, 집행시간을 합산한 결과 1시간 미만이면 1시간으로 인정한다.
④ 집행 개시 시기와 그 밖의 사회봉사 집행기준에 관한 사항은 대통령령으로 정하되, 구체적인 절차 및 서식에 적을 내용 등은 법무부령으로 정한다.

시행령

제7조【집행 개시 시기】
법 제8조에 따라 사회봉사 대상자의 신고를 받은 보호관찰소의 장은 보호관찰관에게 사회봉사 집행 장소 등 집행 여건을 갖추어 지체 없이 사회봉사를 집행하게 하여야 한다. 다만, 사회봉사 대상자의 생업, 학업, 질병 등을 고려하여 집행 개시 시기를 조정할 수 있다.

제8조【집행시간】
① 사회봉사는 평일 주간에 집행하는 것을 원칙으로 한다. 다만, 사회봉사 대상자의 동의 또는 신청을 받아 사회봉사 대상자의 생업, 학업, 질병 등을 고려하여 야간 또는 공휴일에 집행할 수 있다.
② 법 제10조 제2항 단서에 따라 1일 9시간을 넘겨 사회봉사를 집행하는 경우에도 1일 총 13시간을 초과할 수 없다.

제9조【집행 대상 인원】
보호관찰관은 사회봉사 집행의 분야 및 장소 등을 고려하여 적절한 사회봉사 집행 대상 인원을 결정하여야 한다.

제11조【사회봉사의 집행기간】 ★

사회봉사의 집행은 사회봉사가 허가된 날부터 6개월 이내에 마쳐야 한다. 다만, 보호관찰관은 특별한 사정이 있으면 검사의 허가를 받아 6개월의 범위에서 한 번 그 기간을 연장하여 집행할 수 있다.

시행령

제10조【집행기간의 연장】

① 보호관찰관은 법 제11조 단서에 따라 사회봉사의 집행기간을 연장하려는 경우에는 그 집행기간이 끝나기 10일 전까지 관할 지방검찰청의 검사에게 서면으로 사회봉사 집행기간의 연장허가를 신청하여야 한다.
② 검사는 제1항의 신청을 받은 날부터 7일 이내에 사회봉사 집행기간의 연장 여부를 결정하여야 한다.

제12조【사회봉사 대상자의 벌금 납입】

① 사회봉사 대상자는 사회봉사의 이행을 마치기 전에 벌금의 전부 또는 일부를 낼 수 있다.
② 사회봉사 집행 중에 벌금을 내려는 사회봉사 대상자는 보호관찰소의 장으로부터 사회봉사집행확인서를 발급받아 주거지를 관할하는 지방검찰청의 검사에게 제출하여야 한다.
③ 제2항의 사회봉사집행확인서를 제출받은 검사는 미납한 벌금에서 이미 집행한 사회봉사시간에 상응하는 금액을 공제하는 방법으로 남은 벌금을 산정하여 사회봉사 대상자에게 고지한다.
④ 검사는 사회봉사 대상자가 벌금을 전부 또는 일부 낸 경우 그 사실을 지체 없이 사회봉사를 집행 중인 보호관찰소의 장에게 통보하여야 한다.
⑤ 사회봉사 대상자가 미납벌금의 일부를 낸 경우 검사는 법원이 결정한 사회봉사시간에서 이미 납입한 벌금에 상응하는 사회봉사시간을 공제하는 방법으로 남은 사회봉사시간을 다시 산정하여 사회봉사 대상자와 사회봉사를 집행 중인 보호관찰소의 장에게 통보하여야 한다.

시행령

제11조【미납 벌금액과 남은 사회봉사시간의 산정】

① 검사가 법 제12조 제3항에 따라 사회봉사시간에 상응하는 벌금액을 산정하는 경우 및 같은 조 제5항에 따라 납부한 벌금액에 상응하는 사회봉사시간을 산정하는 경우에는 법원이 해당 사회봉사를 허가할 때에 적용한 벌금액과 사회봉사시간의 비율에 따른다.
② 법 제12조 제3항에 따라 산정된 남은 벌금액 중 1천원 미만 및 같은 조 제5항에 따라 산정된 남은 사회봉사시간 중 1시간 미만은 집행하지 아니한다.

제12조【벌금 납입에 따른 검사의 통보】

① 검사는 사회봉사 대상자가 벌금의 전부를 낸 경우 그 사실을 지체 없이 서면으로 사회봉사를 집행 중인 보호관찰소의 장에게 통보하여야 한다.
② 사회봉사 대상자가 미납벌금의 일부를 낸 경우 법 제12조 제5항에 따른 검사의 통보는 사회봉사 허가 사건번

호, 허가받은 사회봉사시간, 이행한 사회봉사시간, 납부한 벌금액, 납부한 벌금액에 상응하는 사회봉사시간 및 남은 사회봉사시간 등을 적은 서면으로 하여야 한다.

제13조 【사회봉사 이행의 효과】
이 법에 따른 사회봉사를 전부 또는 일부 이행한 경우에는 집행한 사회봉사시간에 상응하는 벌금액을 낸 것으로 본다.

제14조 【사회봉사 허가의 취소】
① 사회봉사 대상자가 다음 각 호의 어느 하나에 해당하는 경우 보호관찰소 관할 지방검찰청의 검사는 보호관찰소의 장의 신청에 의하여 사회봉사 허가의 취소를 법원에 청구한다.
  1. 정당한 사유 없이 제8조 제1항의 신고를 하지 아니하는 경우
  2. 제11조(사회봉사의 집행기간)의 기간 내에 사회봉사를 마치지 아니한 경우
  3. 정당한 사유 없이 「보호관찰 등에 관한 법률」 제62조 제2항의 준수사항을 위반하거나 구금 등의 사유로 사회봉사를 계속 집행하기에 적당하지 아니하다고 판단되는 경우
② 제1항의 취소신청이 있는 경우 보호관찰관은 사회봉사의 집행을 중지하여야 한다. 다만, 제1항의 취소신청에 따라 사회봉사의 집행이 중지된 기간은 제11조의 기간에 포함하지 아니한다.
③ 제1항의 청구를 받은 법원은 사회봉사 대상자의 의견을 듣거나 필요한 자료의 제출을 요구할 수 있다.
④ 법원은 제1항의 청구가 있는 날부터 14일 이내에 사회봉사 취소 여부를 결정한다. 다만, 사회봉사 대상자의 의견을 듣거나 필요한 자료의 제출 요구 등에 걸리는 기간은 위 기간에 포함하지 아니한다.
⑤ 법원은 제4항의 결정을 검사와 사회봉사 대상자에게 서면으로 알려야 한다.
⑥ 제5항의 고지를 받은 검사는 보호관찰소의 장에게 지체 없이 서면으로 알려야 한다.
⑦ 사회봉사 허가가 취소된 사회봉사 대상자는 취소통지를 받은 날부터 7일 이내에 남은 사회봉사시간에 해당하는 미납벌금을 내야 하며, 그 기간 내에 미납벌금을 내지 아니하면 노역장에 유치한다.
⑧ 사회봉사의 취소를 구하는 보호관찰소의 장의 신청 또는 검사의 취소청구가 받아들여지지 아니하는 경우 보호관찰관은 지체 없이 사회봉사를 집행하여야 한다.

제15조 【사회봉사의 종료】 ★
① 사회봉사는 다음 각 호의 어느 하나에 해당하는 경우에 종료한다.
  1. 사회봉사의 집행을 마친 경우
  2. 사회봉사 대상자가 벌금을 완납한 경우

3. 제14조에 따라 사회봉사 허가가 취소된 경우
4. 사회봉사 대상자가 사망한 경우

② 보호관찰소의 장은 사회봉사 대상자가 제1호 또는 제4호에 해당되면 사회봉사 대상자의 주거지를 관할하는 지방검찰청의 검사에게 지체 없이 통보하여야 한다.

제16조 【즉시항고】

신청인과 검사는 제6조 제1항의 사회봉사 허가 여부 결정 및 제14조 제4항의 사회봉사 허가의 취소 여부 결정에 대하여는 즉시항고 할 수 있다.

제17조 【사회봉사 대상자에 대한 준용】

① 사회봉사 대상자에 대하여는 「보호관찰 등에 관한 법률」 제34조부터 제38조까지(원호, 응급구조, 갱생보호사업자 등의 원조와 협력, 보호관찰 대상자 등의 조사, 경고), 제54조(직무상 비밀과 증언 거부), 제55조(보호관찰사건의 이송), 제59조(사회봉사명령·수강명령의 범위) 및 제62조 제2항(사회봉사·수강명령 대상자의 준수사항)을 준용한다.

② 이 법에 따른 결정에 대하여는 이 법에 특별한 규정이 있는 경우를 제외하고는 「형사소송법」을 준용한다.

참고 **사회봉사와 사회봉사명령 비교**

구분	근거법률	집행근거	집행분야 지정	국·공립기관 등의 협력과 위탁 집행	집행지휘
사회봉사	「벌금 미납자의 사회봉사 집행에 관한 특례법」	본인의 신청	보호관찰관	협력집행	검사
사회봉사명령	「형법」 및 「보호관찰 등에 관한 법률」	법원의 명령	법원	위탁집행	법원

09 범죄피해자 보호법

• 법 2017.3.14. 시행 | 시행령 2022.8.9. 시행

제1장 | 총칙

제1조 【목적】

이 법은 범죄피해자 보호·지원의 기본 정책 등을 정하고 타인의 범죄행위로 인하여 생명·신체에 피해를 받은 사람을 구조함으로써 범죄피해자의 복지 증진에 기여함을 목적으로 한다.

제2조 【기본이념】

① 범죄피해자는 범죄피해 상황에서 빨리 벗어나 인간의 존엄성을 보장받을 권리가 있다.
② 범죄피해자의 명예와 사생활의 평온은 보호되어야 한다.
③ 범죄피해자는 해당 사건과 관련하여 각종 법적 절차에 참여할 권리가 있다.

제3조 【정의】 ★★

① 이 법에서 사용하는 용어의 뜻은 다음과 같다.

범죄피해자	타인의 범죄행위로 피해를 당한 사람과 그 배우자(사실상의 혼인관계를 포함한다), 직계친족 및 형제자매
범죄피해자 보호·지원	범죄피해자의 손실 복구, 정당한 권리 행사 및 복지 증진에 기여하는 행위. 다만, 수사·변호 또는 재판에 부당한 영향을 미치는 행위는 포함되지 아니한다.
범죄피해자 지원법인	범죄피해자 보호·지원을 주된 목적으로 설립된 비영리법인
구조대상 범죄피해	대한민국의 영역 안에서 또는 대한민국의 영역 밖에 있는 대한민국의 선박이나 항공기 안에서 행하여진 사람의 생명 또는 신체를 해치는 죄에 해당하는 행위(「형법」 제9조, 제10조 제1항, 제12조, 제22조 제1항에 따라 처벌되지 아니하는 행위를 포함하며, 같은 법 제20조 또는 제21조 제1항에 따라 처벌되지 아니하는 행위 및 과실에 의한 행위는 제외한다)로 인하여 사망하거나 장해 또는 중상해를 입은 것 • 포함 : 형사미성년자, 심신상실자, 강요된 행위, 긴급피난 • 제외 : 정당행위, 정당방위, 과실에 의한 행위

장해	범죄행위로 입은 부상이나 질병이 치료(그 증상이 고정된 때를 포함한다)된 후에 남은 신체의 장해로서 대통령령으로 정하는 경우
중상해	범죄행위로 인하여 신체나 그 생리적 기능에 손상을 입은 것으로서 대통령령으로 정하는 경우

② 제1항 제1호에 해당하는 사람 외에 범죄피해 방지 및 범죄피해자 구조 활동으로 피해를 당한 사람도 범죄피해자로 본다.

시행령

제2조【장해의 기준】

① 「범죄피해자 보호법」(이하 "법"이라 한다) 제3조 제1항 제5호에서 "대통령령으로 정하는 경우"란 별표 1에 해당하는 신체상의 장해를 말한다.

② 범죄피해로 인한 신체상의 장해 부위가 2개인 경우에는 별표 1에 따른 부위별 등급을 정한 후 별표 2에 따라 종합평가등급을 정한다.

③ 신체상의 장해 부위가 3개 이상인 경우에는 먼저 최상급 부위 2개에 대하여 별표 2에 따른 종합평가등급을 정한 후 그 등급과 나머지 부위 중 최상급 부위 1개를 별표 2에 따라 다시 종합평가하여 등급을 정한다.

제3조【중상해의 기준】

법 제3조 제1항 제6호에서 "대통령령으로 정하는 경우"란 다음 각 호의 어느 하나에 해당하고, 해당 부상이나 질병을 치료하는 데에 필요한 기간이 2개월 이상인 경우를 말한다.

1. 사람의 생명 및 기능과 관련이 있는 주요 장기에 손상이 발생한 경우
2. 신체의 일부가 절단 또는 파열되거나 중대하게 변형된 경우
3. 제1호 및 제2호에서 규정한 사항 외에 신체나 그 생리적 기능이 손상되어 1주 이상 입원치료가 필요한 경우로서 제1호 또는 제2호에 준하는 경우
4. 범죄피해로 인한 중증의 정신질환으로서 3일 이상 입원치료가 필요한 경우

제3조의2【민감정보 및 고유식별정보의 처리】

법무부장관, 각급 검찰청의 검사장·지청장, 검사, 경찰관서의 장, 법 제24조에 따른 범죄피해구조본부심의회(이하 "본부심의회"라 한다), 법 제24조에 따른 범죄피해구조심의회(이하 "지구심의회"라 한다) 또는 범죄피해자 지원법인[제2호의 사무에 관하여는 법 제7조 제2항에 따른 보호시설(이하 "보호시설"이라 한다)의 운영을 위탁받은 법인·기관·단체를 포함한다]은 다음 각 호의 사무를 수행하기 위하여 불가피한 경우 「개인정보 보호법」 제23조에 따른 건강에 관한 정보, 같은 법 시행령 제18조 제1호 또는 제2호에 따른 유전정보 또는 범죄경력자료에 해당하는 정보, 같은 영 제19조에 따른 주민등록번호, 여권번호, 운전면허의 면허번호 또는 외국인등록번호가 포함된 자료를 처리할 수 있다.

1. 법 제7조 제1항에 따른 상담, 의료제공, 구조금 지급, 법률구조, 취업 관련 지원 및 주거지원에 관한 사무
2. 법 제7조 제3항에 따른 상담 및 치료 프로그램의 운영과 같은 조 제4항에 따른 보호시설 입소 및 퇴소에 관한 사무
3. 법 제8조에 따른 형사절차상 권리행사 보장 및 형사절차 관련 정보 제공에 관한 사무
4. 법 제9조 제2항에 따른 범죄피해자 보호를 위한 조치에 관한 사무
5. 법 제33조에 따라 등록된 범죄피해자 지원법인의 범죄피해자 보호·지원에 관한 사무

6. 그 밖에 범죄피해와 관련한 민사상 손해배상청구 시 필요한 정보의 제공 등 범죄피해자의 피해회복 지원에 관한 사무

제4조 【국가의 책무】
국가는 범죄피해자 보호·지원을 위하여 다음 각 호의 조치를 취하고 이에 필요한 재원을 조달할 책무를 진다.
1. 범죄피해자 보호·지원 체제의 구축 및 운영
2. 범죄피해자 보호·지원을 위한 실태조사, 연구, 교육, 홍보
3. 범죄피해자 보호·지원을 위한 관계 법령의 정비 및 각종 정책의 수립·시행

제5조 【지방자치단체의 책무】
① 지방자치단체는 범죄피해자 보호·지원을 위하여 적극적으로 노력하고, 국가의 범죄피해자 보호·지원 시책이 원활하게 시행되도록 협력하여야 한다.
② 지방자치단체는 제1항에 따른 책무를 다하기 위하여 필요한 재원을 조달하여야 한다.

제6조 【국민의 책무】
국민은 범죄피해자의 명예와 사생활의 평온을 해치지 아니하도록 유의하여야 하고, 국가 및 지방자치단체가 실시하는 범죄피해자를 위한 정책의 수립과 추진에 최대한 협력하여야 한다.

제2장 | 범죄피해자 보호·지원의 기본정책

제7조 【손실 복구 지원 등】
① 국가 및 지방자치단체는 범죄피해자의 피해정도 및 보호·지원의 필요성 등에 따라 상담, 의료제공(치료비 지원을 포함한다), 구조금 지급, 법률구조, 취업 관련 지원, 주거지원, 그 밖에 범죄피해자의 보호에 필요한 대책을 마련하여야 한다.
② 국가는 범죄피해자와 그 가족에게 신체적·정신적 안정을 제공하고 사회복귀를 돕기 위하여 일시적 보호시설(이하 "보호시설"이라 한다)을 설치·운영하여야 한다. 이 경우 국가는 보호시설의 운영을 범죄피해자 지원법인, 「의료법」에 따른 종합병원, 「고등교육법」에 따른 학교를 설립·운영하는 학교법인, 그 밖에 대통령령으로 정하는 기관 또는 단체에 위탁할 수 있다.
③ 국가는 범죄피해자와 그 가족의 정신적 회복을 위한 상담 및 치료 프로그램을 운영하여야 한다.

④ 보호시설의 설치·운영 기준, 입소·퇴소의 기준 및 절차, 위탁운영의 절차, 감독의 기준 및 절차와 제3항에 따른 상담 및 치료 프로그램의 운영 등에 관한 사항은 대통령령으로 정한다.

시행령

제4조 【주거지원 신청】

① 범죄피해자가 법 제7조 제1항에 따라 국민임대주택 우선 입주 등의 주거지원을 받으려는 경우에는 그 주소지를 관할하는 지구심의회에 신청하여야 한다.

② 범죄피해자에 대한 주거지원의 종류, 신청에 필요한 서류, 선정 방법·절차 및 그 밖에 필요한 사항은 법무부장관이 정하여 관보에 고시한다.

제5조 【보호시설의 설치·운영 기준】

법 제7조 제4항에 따른 보호시설의 설치·운영 기준은 별표 3과 같다.

제6조 【입소·퇴소의 기준 및 절차】

① 범죄피해자 중 집중적인 심리치료나 임시 거처가 필요하다고 판단되어 검사, 경찰관서의 장, 범죄피해자지원법인 또는 보호시설의 장이 추천한 사람은 보호시설에 입소할 수 있다.

② 제1항에 따라 보호시설에 입소한 사람은 본인의 의사에 따라 퇴소할 수 있으며, 보호시설의 장은 입소한 사람이 다음 각 호에 해당하는 경우에는 퇴소를 명할 수 있다.

　1. 보호의 목적이 달성된 경우

　2. 입소자가 거짓이나 그 밖의 부정한 방법으로 입소한 경우

　3. 보호시설 안에서 중대한 질서 문란행위를 한 경우

　4. 그 밖에 법무부장관이 정한 보호시설 운영규칙을 현저히 위반한 경우

제7조 【보호시설의 위탁운영 절차】

① 법무부장관이 법 제7조 제2항에 따라 보호시설의 운영을 위탁하려는 경우에는 제5조에 따른 설치·운영 기준에 적합한 법인·기관 또는 단체를 선정하여 위탁하여야 한다.

② 보호시설의 운영을 위탁받으려는 법인·기관 또는 단체는 법무부령으로 정하는 바에 따라 법무부장관에게 신청하여야 한다.

③ 법무부장관은 보호시설의 운영을 위탁할 법인·기관 또는 단체를 선정한 경우에는 그 법인·기관 또는 단체의 명칭, 위탁기간 및 그 밖에 필요한 사항을 정하여 관보에 고시하여야 한다.

제8조 【보호시설의 운영위탁에 대한 감독】

① 법무부장관은 제7조 제2항에 따라 보호시설의 운영을 위탁받은 법인·기관 또는 단체(이하 "수탁법인 등"이라 한다)에 대하여 그 업무에 관한 사항을 보고하게 하거나 자료의 제출 등을 명할 수 있으며, 소속 공무원으로 하여금 수탁법인등에 출입하여 장부·서류 등을 조사하게 할 수 있다.

② 법무부장관은 수탁법인 등이 다음 각 호의 어느 하나에 해당할 때에는 그 시정을 명령할 수 있다.

　1. 보호시설이 제5조에 따른 설치·운영기준에 미달하는 경우

　2. 그 밖에 수탁법인등의 사무처리가 위법하거나 부당하다고 인정되는 경우

③ 수탁법인 등은 위탁이 종료되거나 중지된 경우에는 보관 중인 보호시설의 운영과 관련된 모든 자료를 1개월 내에 법무부장관에게 제출하거나 법무부장관이 선정한 법인·기관 또는 단체에 인계하여야 한다.

제9조 【상담 및 치료 프로그램의 운영】

보호시설의 장은 법 제7조 제3항에 따라 입소자의 심신의 안정을 위하여 입소자의 특성 등을 고려한 상담

및 치료 계획을 수립·실시하고 그 내용을 기록·유지하여야 한다.

제8조 【형사절차 참여 보장 등】

① 국가는 범죄피해자가 해당 사건과 관련하여 수사담당자와 상담하거나 재판절차에 참여하여 진술하는 등 형사절차상의 권리를 행사할 수 있도록 보장하여야 한다.

② 국가는 범죄피해자가 요청하면 가해자에 대한 수사 결과, 공판기일, 재판 결과, 형 집행 및 보호관찰 집행 상황 등 형사절차 관련 정보를 대통령령으로 정하는 바에 따라 제공할 수 있다.

시행령

제10조 【범죄피해자에 대한 형사절차 관련 정보의 제공】

① 법 제8조에 따라 범죄피해자에게 제공할 수 있는 형사절차 관련 정보(이하 "형사절차 관련 정보"라 한다)의 세부사항은 다음 각 호와 같다.

1. 수사 관련 사항 : 수사기관의 공소 제기, 불기소, 기소중지, 참고인중지, 불송치, 수사중지, 이송 등 결과
2. 공판진행 사항 : 공판기일, 공소 제기된 법원, 판결 주문(主文), 선고일, 재판의 확정 및 상소 여부 등
3. 형 집행 상황 : 가석방·석방·이송·사망 및 도주 등
4. 보호관찰 집행 상황 : 관할 보호관찰소, 보호관찰·사회봉사·수강명령의 개시일 및 종료일, 보호관찰의 정지일 및 정지 해제일 등

② 형사절차 관련 정보는 범죄피해자에게 제공하는 것을 원칙으로 한다. 다만, 범죄피해자의 명시적인 동의가 있는 경우에는 범죄피해자 지원법인에도 해당 정보를 제공할 수 있다.

③ 범죄피해자가 형사절차 관련 정보를 요청한 경우 해당 국가기관은 이를 제공하여야 한다. 다만, 형사절차 관련 정보의 제공으로 사건 관계인의 명예나 사생활의 비밀 또는 생명·신체의 안전이나 생활의 평온을 해칠 우려가 있는 경우에는 형사절차 관련 정보를 제공하지 아니할 수 있다.

④ 형사절차와 관련된 정보를 제공할 때에는 서면, 구두, 팩스, 그 밖에 이에 준하는 방법으로 해야 한다.

제8조의2 【범죄피해자에 대한 정보 제공 등】

① 국가는 수사 및 재판 과정에서 다음 각 호의 정보를 범죄피해자에게 제공하여야 한다.

1. 범죄피해자의 해당 재판절차 참여 진술권 등 형사절차상 범죄피해자의 권리에 관한 정보
2. 범죄피해 구조금 지급 및 범죄피해자 보호·지원 단체 현황 등 범죄피해자의 지원에 관한 정보
3. 그 밖에 범죄피해자의 권리보호 및 복지증진을 위하여 필요하다고 인정되는 정보

② 제1항에 따른 정보 제공의 구체적인 방법 및 절차 등에 필요한 사항은 대통령령으로 정한다.

시행령

제10조의2 【범죄피해자에 대한 정보 제공 등】

① 검사 또는 사법경찰관리는 범죄피해자를 조사할 때에 범죄피해자에게 법 제8조의2 제1항 각 호의 정보를

제공해야 한다. 다만, 범죄피해자에 대한 조사를 하지 않은 경우에는 다음 각 호의 구분에 따른 시기에 정보를 제공해야 한다.

1. 사법경찰관리 : 사건 송치 또는 불송치 시
2. 검사 : 사건 처분 시

② 검사 또는 사법경찰관리는 범죄피해자의 피해상황·연령 또는 지능 등을 참작하여 범죄피해자의 보호자(친권자, 후견인, 피해자를 보호·양육하거나 그러한 의무가 있는 자 또는 업무·고용 등의 관계로 사실상 피해자를 보호·감독하는 자를 말한다) 또는 범죄피해자와 신뢰관계에 있는 자에게 정보를 제공하는 것으로 제1항에 따른 정보 제공을 갈음할 수 있다.

③ 제1항 및 제2항에도 불구하고 검사 또는 사법경찰관리는 범죄피해자가 정보 수령을 명시적으로 거부한 경우, 범죄피해자의 소재가 불명한 경우 등 정보 제공이 곤란한 사유가 있는 경우에는 정보를 제공하지 아니할 수 있다.

④ 제1항 및 제2항에 따라 정보를 제공할 때에는 서면을 교부하는 방법을 원칙으로 한다. 다만, 범죄피해자가 출석 요구에 불응하는 경우 등 서면을 교부하는 것이 곤란한 사유가 있는 경우에는 구두, 전화, 팩스, 우편, 그 밖에 이에 준하는 방법으로 할 수 있다.

제9조【사생활의 평온과 신변의 보호 등】★

① 국가 및 지방자치단체는 범죄피해자의 명예와 사생활의 평온을 보호하기 위하여 필요한 조치를 하여야 한다.

② 국가 및 지방자치단체는 범죄피해자가 형사소송절차에서 한 진술이나 증언과 관련하여 보복을 당할 우려가 있는 등 범죄피해자를 보호할 필요가 있을 경우에는 적절한 조치를 마련하여야 한다.

제10조【교육·훈련】

국가 및 지방자치단체는 범죄피해자에 대한 이해 증진과 효율적 보호·지원 업무 수행을 위하여 범죄 수사에 종사하는 자, 범죄피해자에 관한 상담·의료 제공 등의 업무에 종사하는 자, 그 밖에 범죄피해자 보호·지원 활동과 관계가 있는 자에 대하여 필요한 교육과 훈련을 실시하여야 한다.

제11조【홍보 및 조사연구】

① 국가 및 지방자치단체는 범죄피해자에 대한 이해와 관심을 높이기 위하여 필요한 홍보를 하여야 한다.

② 국가 및 지방자치단체는 범죄피해자에 대하여 전문적 지식과 경험을 바탕으로 한 적절한 지원이 이루어질 수 있도록 범죄피해의 실태 조사, 지원정책 개발 등을 위하여 노력하여야 한다.

제3장 | 범죄피해자 보호 · 지원의 기본계획 등

제12조 【기본계획 수립】

① 법무부장관은 제15조에 따른 범죄피해자 보호위원회의 심의를 거쳐 범죄피해자 보호 · 지원에 관한 기본계획(이하 "기본계획"이라 한다)을 5년마다 수립하여야 한다.

② 기본계획에는 다음 각 호의 사항이 포함되어야 한다.

    1. 범죄피해자 보호 · 지원 정책의 기본방향과 추진목표

    2. 범죄피해자 보호 · 지원을 위한 실태조사, 연구, 교육과 홍보

    3. 범죄피해자 보호 · 지원 단체에 대한 지원과 감독

    4. 범죄피해자 보호 · 지원과 관련된 재원의 조달과 운용

    5. 그 밖에 범죄피해자를 보호 · 지원하기 위하여 법무부장관이 필요하다고 인정한 사항

시행령

제11조 【범죄피해자기본계획의 수립 등】

① 법무부장관은 법 제12조에 따른 범죄피해자 보호 · 지원에 관한 기본계획(이하 "기본계획"이라 한다)을 기본계획 개시연도의 전년도 9월 30일까지 수립하여야 한다.

② 법무부장관은 제1항에 따라 수립된 기본계획을 기본계획 개시연도의 전년도 10월 31일까지 관계 중앙행정기관의 장과 특별시장 · 광역시장 · 도지사 · 특별자치도지사(이하 "시 · 도지사"라 한다)에게 통보하여야 한다.

제13조 【연도별 시행계획의 수립】

① 법무부장관, 관계 중앙행정기관의 장과 특별시장 · 광역시장 · 도지사 · 특별자치도지사(이하 "시 · 도지사"라 한다)는 기본계획에 따라 연도별 시행계획(이하 "시행계획"이라 한다)을 수립 · 시행하여야 한다.

② 관계 중앙행정기관의 장과 시 · 도지사는 다음 연도의 시행계획과 전년도 추진 실적을 매년 법무부장관에게 제출하여야 한다. 이 경우 법무부장관은 그 시행계획이 부적합하다고 판단할 때에는 그 시행계획을 수립한 장에게 시행계획의 보완 · 조정을 요구할 수 있다.

③ 제1항 및 제2항에서 정한 사항 외에 시행계획의 수립과 시행에 필요한 사항은 대통령령으로 정한다.

시행령

제12조 【연도별 시행계획의 수립 등】

① 법무부장관, 관계 중앙행정기관의 장 및 시 · 도지사는 매년 법 제13조에 따른 연도별 시행계획(이하 "시행계획"이라 한다)을 전년도 12월 31일까지 수립하여야 한다. 이 경우 관계 중앙행정기관의 장 및 시 · 도지사는 수립한 시행계획을 법무부장관에게 제출하여야 한다.

② 관계 중앙행정기관의 장 및 시·도지사는 매년 2월말까지 법무부장관에게 전년도 시행계획에 따른 추진실적을 제출하여야 한다.

제14조【관계 기관의 협조】

① 법무부장관은 기본계획과 시행계획을 수립·시행하기 위하여 필요하면 관계 중앙행정기관의 장, 지방자치단체의 장 또는 관계 공공기관의 장에게 협조를 요청할 수 있다.

② 중앙행정기관의 장 또는 시·도지사는 시행계획을 수립·시행하기 위하여 필요하면 관계 중앙행정기관의 장, 지방자치단체의 장 또는 공공기관의 장에게 협조를 요청할 수 있다.

③ 제1항과 제2항에 따른 협조요청을 받은 기관의 장이나 지방자치단체의 장은 특별한 사유가 없으면 협조하여야 한다.

제15조【범죄피해자보호위원회】

① 범죄피해자 보호·지원에 관한 기본계획 및 주요 사항 등을 심의하기 위하여 법무부장관 소속으로 범죄피해자보호위원회(이하 "보호위원회"라 한다)를 둔다.

② 보호위원회는 다음 각 호의 사항을 심의한다.

　1. 기본계획 및 시행계획에 관한 사항

　2. 범죄피해자 보호·지원을 위한 주요 정책의 수립·조정에 관한 사항

　3. 범죄피해자 보호·지원 단체에 대한 지원·감독에 관한 사항

　4. 그 밖에 위원장이 심의를 요청한 사항

③ 보호위원회는 위원장을 포함하여 20명 이내의 위원으로 구성한다.

④ 제1항부터 제3항까지의 규정에서 정한 사항 외에 보호위원회의 구성 및 운영 등에 관한 사항은 대통령령으로 정한다.

📖 시행령

제13조【범죄피해자보호위원회의 구성】★

① 법 제15조에 따른 범죄피해자보호위원회(이하 "보호위원회"라 한다)의 위원장은 법무부장관이 된다.

② 보호위원회의 위원은 다음 각 호의 사람이 된다.

　1. 기획재정부차관, 교육부차관, 법무부차관, 행정안전부차관, 보건복지부차관, 여성가족부차관, 법원행정처차장, 대검찰청차장검사 및 경찰청차장

　2. 범죄피해자 보호·지원에 관한 전문지식과 경험이 풍부한 사람 중에서 법무부장관이 위촉하는 10명 이내의 민간위원

③ 제2항 제2호에 따라 위촉된 위원의 임기는 2년으로 하고, 두 차례만 연임할 수 있으며, 보궐위원의 임기는 전임자의 임기의 남은 기간으로 한다.

④ 법무부장관은 제2항 제2호에 따른 위원이 다음 각 호의 어느 하나에 해당하는 경우에는 해당 위원을 해촉할 수 있다.

1. 심신장애로 인하여 직무를 수행할 수 없게 된 경우
2. 직무와 관련한 형사사건으로 기소된 경우
3. 직무태만, 품위손상, 그 밖의 사유로 인하여 위원으로 적합하지 아니하다고 인정되는 경우
4. 위원 스스로 직무를 수행하는 것이 곤란하다고 의사를 밝히는 경우

제14조 【보호위원회 위원장의 직무 등】

① 보호위원회 위원장은 보호위원회를 대표하고 보호위원회의 업무를 총괄하며, 보호위원회의 회의를 소집하고 그 의장이 된다.
② 보호위원회 위원장이 부득이한 사유로 직무를 수행할 수 없을 때에는 위원장이 미리 지정한 위원이 그 직무를 대행한다.
③ 보호위원회의 회의는 재적위원 과반수의 출석으로 개의하고, 출석위원 과반수의 찬성으로 의결한다.
④ 보호위원회의 사무 처리를 위하여 보호위원회에 간사 1명을 두며, 간사는 법무부 소속 공무원 중에서 법무부장관이 지명한다.
⑤ 제1항부터 제4항까지에서 규정한 사항 외에 보호위원회의 운영에 필요한 사항은 보호위원회의 의결을 거쳐 위원장이 정한다.

제15조 【실무위원회】

① 보호위원회에 다음 각 호의 사항을 처리하기 위하여 실무위원회를 둔다.
   1. 보호위원회에 상정할 안건의 사전 검토
   2. 보호위원회에 상정할 안건의 전문적인 조사·연구
   3. 그 밖에 실무위원회의 위원장이 심의를 요청한 사항
② 실무위원회는 위원장 1명을 포함하여 20명 이내의 위원으로 구성한다.
③ 실무위원회의 위원장은 법무부차관이 된다.
④ 실무위원회의 위원은 다음 각 호의 사람이 된다.
   1. 기획재정부·교육부·법무부·행정안전부·보건복지부·여성가족부·법원행정처·대검찰청 및 경찰청 소속의 실장·국장급 공무원 중에서 해당 기관의 장이 지명하는 사람 각 1명
   2. 범죄피해자 보호·지원에 관한 전문지식과 경험이 풍부한 사람 중에서 법무부장관이 위촉하는 10명 이내의 민간위원
⑤ 실무위원회의 구성 및 운영에 관하여는 제13조 제3항·제4항과 제14조 제1항·제3항을 준용한다.
⑥ 실무위원회는 실무위원회의 효율적인 운영을 위하여 필요한 경우 그 소속으로 분과위원회를 둘 수 있으며, 분과위원회의 설치 및 운영 등에 필요한 사항은 실무위원회의 의결을 거쳐 실무위원회의 위원장이 정한다.

제4장 | 구조대상 범죄피해에 대한 구조

제16조 【구조금의 지급요건】 ★

국가는 구조대상 범죄피해를 받은 사람(이하 "구조피해자"라 한다)이 다음 각 호의 어느 하나에 해당하면 구조피해자 또는 그 유족에게 범죄피해 구조금(이하 "구조금"이라 한다)을 지급한다.

1. 구조피해자가 피해의 전부 또는 일부를 배상받지 못하는 경우
2. 자기 또는 타인의 형사사건의 수사 또는 재판에서 고소·고발 등 수사단서를 제공하거나 진술, 증언 또는 자료제출을 하다가 구조피해자가 된 경우

제17조【구조금의 종류 등】

① 구조금은 유족구조금·장해구조금 및 중상해구조금으로 구분하며, 일시금으로 지급한다.
② 유족구조금은 구조피해자가 사망하였을 때 제18조에 따라 맨 앞의 순위인 유족에게 지급한다. 다만, 순위가 같은 유족이 2명 이상이면 똑같이 나누어 지급한다.
③ 장해구조금 및 중상해구조금은 해당 구조피해자에게 지급한다.

관련판례

범죄피해자 보호법 제17조 제2항에 규정한 유족구조금의 법적 성격
범죄피해자 보호법에 의한 범죄피해 구조금 중 위 법 제17조 제2항의 유족구조금은 사람의 생명 또는 신체를 해치는 죄에 해당하는 행위로 인하여 사망한 피해자 또는 그 유족들에 대한 손실보상을 목적으로 하는 것으로서, 범죄행위로 인한 손실 또는 손해를 전보하기 위하여 지급된다는 점에서 불법행위로 인한 소극적 손해의 배상과 같은 종류의 금원이라고 봄이 타당하다(대법원 2017.11.9. 2017다228083).

제18조【유족의 범위 및 순위】★★

① 유족구조금을 지급받을 수 있는 유족은 다음 각 호의 어느 하나에 해당하는 사람으로 한다.
   1. 배우자(사실상 혼인관계를 포함한다) 및 구조피해자의 사망 당시 구조피해자의 수입으로 생계를 유지하고 있는 구조피해자의 자녀
   2. 구조피해자의 사망 당시 구조피해자의 수입으로 생계를 유지하고 있는 구조피해자의 부모, 손자·손녀, 조부모 및 형제자매
   3. 제1호 및 제2호에 해당하지 아니하는 구조피해자의 자녀, 부모, 손자·손녀, 조부모 및 형제자매
② 제1항에 따른 유족의 범위에서 태아는 구조피해자가 사망할 때 이미 출생한 것으로 본다.
③ 유족구조금을 받을 유족의 순위는 제1항 각 호에 열거한 순서로 하고, 같은 항 제2호 및 제3호에 열거한 사람 사이에서는 해당 각 호에 열거한 순서로 하며, 부모의 경우에는 양부모를 선순위로 하고 친부모를 후순위로 한다.
④ 유족이 다음 각 호의 어느 하나에 해당하면 유족구조금을 받을 수 있는 유족으로 보지 아니한다.
   1. 구조피해자를 고의로 사망하게 한 경우
   2. 구조피해자가 사망하기 전에 그가 사망하면 유족구조금을 받을 수 있는 선순위 또는 같은 순위의 유족이 될 사람을 고의로 사망하게 한 경우

3. 구조피해자가 사망한 후 유족구조금을 받을 수 있는 선순위 또는 같은 순위의 유족을 고의로 사망하게 한 경우

제19조【구조금을 지급하지 아니할 수 있는 경우】★

① 범죄행위 당시 구조피해자와 가해자 사이에 다음 각 호의 어느 하나에 해당하는 친족관계가 있는 경우에는 구조금을 지급하지 아니한다. ※ 전부 지급배제사유 : 친족관계

  1. 부부(사실상의 혼인관계를 포함한다)

  2. 직계혈족

  3. 4촌 이내의 친족

  4. 동거친족

② 범죄행위 당시 구조피해자와 가해자 사이에 제1항 각 호의 어느 하나에 해당하지 아니하는 친족관계가 있는 경우에는 구조금의 일부를 지급하지 아니한다. ※ 일부 지급배제사유

③ 구조피해자가 다음 각 호의 어느 하나에 해당하는 행위를 한 때에는 구조금을 지급하지 아니한다. ※ 전부 지급배제사유 : 해당 범죄 유발 등

  1. 해당 범죄행위를 교사 또는 방조하는 행위

  2. 과도한 폭행·협박 또는 중대한 모욕 등 해당 범죄행위를 유발하는 행위

  3. 해당 범죄행위와 관련하여 현저하게 부정한 행위

  4. 해당 범죄행위를 용인하는 행위

  5. 집단적 또는 상습적으로 불법행위를 행할 우려가 있는 조직에 속하는 행위(다만, 그 조직에 속하고 있는 것이 해당 범죄피해를 당한 것과 관련이 없다고 인정되는 경우는 제외한다)

  6. 범죄행위에 대한 보복으로 가해자 또는 그 친족이나 그 밖에 가해자와 밀접한 관계가 있는 사람의 생명을 해치거나 신체를 중대하게 침해하는 행위

④ 구조피해자가 다음 각 호의 어느 하나에 해당하는 행위를 한 때에는 구조금의 일부를 지급하지 아니한다. ※ 일부 지급배제사유

  1. 폭행·협박 또는 모욕 등 해당 범죄행위를 유발하는 행위

  2. 해당 범죄피해의 발생 또는 증대에 가공(加功)한 부주의한 행위 또는 부적절한 행위

⑤ 유족구조금을 지급할 때에는 제1항부터 제4항까지의 규정을 적용할 때 "구조피해자"는 "구조피해자 또는 맨 앞의 순위인 유족"으로 본다.

⑥ 구조피해자 또는 그 유족과 가해자 사이의 관계, 그 밖의 사정을 고려하여 구조금의 전부 또는 일부를 지급하는 것이 사회통념에 위배된다고 인정될 때에는 구조금의 전부 또는 일부를 지급하지 아니할 수 있다.

⑦ 제1항부터 제6항까지의 규정에도 불구하고 구조금의 실질적인 수혜자가 가해자로 귀착될 우려가 없는 경우 등 구조금을 지급하지 아니하는 것이 사회통념에 위배된다고 인정할 만한 특별한 사정이 있는 경우에는 구조금의 전부 또는 일부를 지급할 수 있다.

제20조【다른 법령에 따른 급여 등과의 관계】★

구조피해자나 유족이 해당 구조대상 범죄피해를 원인으로 하여「국가배상법」이나 그 밖의 법령에 따른 급여 등을 받을 수 있는 경우에는 대통령령으로 정하는 바에 따라 구조금을 지급하지 아니한다.

시행령

제16조【다른 법령에 따른 급여 등과의 관계】

법 제16조에 따른 구조피해자(이하 "구조피해자"라 한다) 또는 그 유족이 다음 각 호의 어느 하나에 해당하는 보상 또는 급여 등을 받을 수 있을 때에는 법 제20조에 따라 그 받을 금액의 범위에서 법 제16조에 따른 구조금(이하 "구조금"이라 한다)을 지급하지 아니한다.

1. 「국가배상법」제2조 제1항에 따른 손해배상 급여
2. 「산업재해보상보험법」에 따른 장해급여·유족급여·상병보상연금
3. 「자동차손해배상 보장법」제30조에 따른 손해보상
4. 「의사상자 등 예우 및 지원에 관한 법률」제8조에 따른 보상금
5. 「선원법」제10장에 따른 재해보상
6. 「어선원 및 어선 재해보상보험법」에 따른 상병급여·장해급여·일시보상급여·유족급여
7. 「근로기준법」제8장에 따른 재해보상
8. 「의용소방대 설치 및 운영에 관한 법률」제17조에 따른 보상
9. 「국가공무원법」제77조, 「지방공무원법」제68조 및 「공무원연금법」제28조 제3호, 「공무원 재해보상법」 제8조 제3호, 같은 조 제5호 가목, 같은 호 나목 1) 및 다목 1), 「군인 재해보상법」제7조 제3호 가목·나목, 같은 조 제4호 나목 1)·2) 및 「군인연금법」제7조 제2호 나목에 따른 급여
10. 「사립학교법」제60조의2 및 「사립학교교직원 연금법」제33조에 따른 급여

관련판례

범죄피해자 보호법 제20조, 같은 법 시행령 제16조의 규정 취지 및 국가배상법에 따른 손해배상 급여와 범죄피해자 보호법에서 정한 유족구조금과의 관계
범죄피해자 보호법 제20조와 시행령 제16조는 수급권자가 동일한 범죄로 범죄피해자 보호법 소정의 구조금과 국가배상법에 의하여 국가 또는 지방자치단체의 부담으로 되는 같은 종류의 급여를 모두 지급받음으로써 급여가 중복하여 지급되는 것을 방지하기 위한 조정조항이라 할 것이다.
따라서 구조대상 범죄피해를 받은 구조피해자가 사망한 경우, 사망한 구조피해자의 유족들이 국가배상법에 의하여 국가 또는 지방자치단체로부터 사망한 구조피해자의 소극적 손해에 대한 손해배상금을 지급받았다면 지구심의회는 유족들에게 같은 종류의 급여인 유족구조금에서 그 상당액을 공제한 잔액만을 지급하면 되고, 유족들이 지구심의회로부터 범죄피해자 보호법 소정의 유족구조금을 지급받았다면 국가 또는 지방자치단체는 유족들에게 사망한 구조피해자의 소극적 손해액에서 유족들이 지급받은 유족구조금 상당액을 공제한 잔액만을 지급하면 된다고 봄이 타당하다(대법원 2017.11.9. 2017다228083).

제21조 【손해배상과의 관계】

① 국가는 구조피해자나 유족이 해당 구조대상 범죄피해를 원인으로 하여 손해배상을 받았으면 그 범위에서 구조금을 지급하지 아니한다.

② 국가는 지급한 구조금의 범위에서 해당 구조금을 받은 사람이 구조대상 범죄피해를 원인으로 하여 가지고 있는 손해배상청구권을 대위한다.

③ 국가는 제2항에 따라 손해배상청구권을 대위할 때 대통령령으로 정하는 바에 따라 가해자인 수형자나 보호감호대상자의 작업장려금 또는 근로보상금에서 손해배상금을 받을 수 있다.

시행령

제17조 【손해배상금 수령의 신고】

구조금 지급신청을 한 사람이 해당 범죄피해를 원인으로 하여 손해배상을 받은 때에는 다음 각 호의 사항을 기재한 서면(전자문서를 포함한다)을 구조금 지급을 신청한 지구심의회에 제출하여야 한다.

1. 손해배상을 받은 사람의 성명·주소 및 구조피해자와의 관계
2. 손해배상을 한 사람의 성명·주소·직업 및 가해자와의 관계
3. 손해배상을 받은 날짜
4. 수령한 손해배상금액 및 그 내역

제18조 【손해배상청구권의 대위행사】

① 지구심의회는 구조피해자에게 구조금을 지급하기로 결정함과 동시에 법 제21조 제2항에 따른 손해배상청구권을 대위하여 가해자에게 행사할 것인지를 결정하여야 한다.

② 지구심의회가 제1항에 따라 손해배상청구권을 대위행사할 필요가 있다고 결정하는 경우 지방검찰청 검사장은 「국가를 당사자로 하는 소송에 관한 법률」에 따른 국가소송을 수행하여야 한다.

③ 제2항에 따른 소송 또는 가해자의 임의변제 등으로 손해배상금을 수령하는 경우에는 수령한 금액을 「범죄피해자보호기금법」에 따른 범죄피해자보호기금에 납입하여야 한다.

제19조 【작업장려금·근로보상금에 대한 손해배상청구권의 대위행사】

① 지구심의회는 법 제21조 제3항에 따라 가해자인 수형자 또는 보호감호대상자의 작업장려금 또는 근로보상금에 대하여 손해배상청구권을 대위행사할 것인지와 대위행사하는 경우 100분의 50을 넘지 않는 범위에서 작업장려금 또는 근로보상금 중 공제할 비율을 심의·결정한다.

② 제1항에 따라 손해배상청구권을 대위행사할 때에는 지구심의회의 위원장은 구조금을 지급한 사실 및 손해배상청구권의 대위행사를 결정한 사실과 대위행사할 금액 및 작업장려금 또는 근로보상금에 대한 공제비율을 가해자가 수용된 교도소·구치소 또는 보호감호소의 장(이하 "교도소장 등"이라 한다)에게 통지하여야 한다.

③ 제2항에 따라 통지를 받은 교도소장등은 가해자의 동의를 받아 그가 받는 작업장려금 또는 근로보상금을 공제하여 법무부장관이 정하는 바에 따라 「범죄피해자보호기금법」에 따른 범죄피해자보호기금에 납입하여야 한다.

제22조 【구조금액】

① 유족구조금은 구조피해자의 사망 당시(신체에 손상을 입고 그로 인하여 사망한 경우에는

신체에 손상을 입은 당시를 말한다)의 월급액이나 월실수입액 또는 평균임금에 24개월 이상 48개월 이하의 범위에서 유족의 수와 연령 및 생계유지상황 등을 고려하여 대통령령으로 정하는 개월 수를 곱한 금액으로 한다.

② 장해구조금과 중상해구조금은 구조피해자가 신체에 손상을 입은 당시의 월급액이나 월실수입액 또는 평균임금에 2개월 이상 48개월 이하의 범위에서 피해자의 장해 또는 중상해의 정도와 부양가족의 수 및 생계유지상황 등을 고려하여 대통령령으로 정한 개월 수를 곱한 금액으로 한다.

③ 제1항 및 제2항에 따른 월급액이나 월실수입액 또는 평균임금 등은 피해자의 주소지를 관할하는 세무서장, 시장·군수·구청장(자치구의 구청장을 말한다) 또는 피해자의 근무기관의 장(長)의 증명이나 그 밖에 대통령령으로 정하는 공신력 있는 증명에 따른다.

④ 제1항 및 제2항에서 구조피해자의 월급액이나 월실수입액이 평균임금의 2배를 넘는 경우에는 평균임금의 2배에 해당하는 금액을 구조피해자의 월급액이나 월실수입액으로 본다.

📖 시행령

제20조【월급액 또는 월실수입액】

① 법 제22조에 따른 월급액 또는 월실수입액은 이를 산정하여야 할 사유가 발생한 날 이전 3개월 동안 해당 구조피해자에게 지급된 임금 또는 실수입액의 월평균액으로 한다. 해당 구조피해자가 취업한 후 3개월 미만인 경우에는 그 기간 동안의 월평균액으로 한다.

② 법 제22조에 따라 구조금액을 산정하는 경우에 월급액이나 월실수입액을 증명할 수 없거나 월급액이나 월실수입액이 제21조에 따른 평균임금에 미치지 못하는 경우에는 평균임금을 기준으로 구조금액을 정한다.

제21조【평균임금의 기준】

① 법 제22조에 따른 평균임금은 매년 6회 이상 주기적으로 임금통계를 공표하는 임금조사기관이 조사한 남자 또는 여자 보통 인부의 전국규모 통계에 의한 일용노동임금에 따른다. 다만, 전국규모 통계가 없을 때에는 서울특별시 지역 통계에 의한 일용노동임금에 따른다.

② 제1항의 임금은 먼저 공신력 있는 건설임금단가 통계에 따르되, 공신력 있는 건설임금단가 통계가 없을 때에는 정부임금단가 통계에 따르며, 정부임금단가 통계도 없을 때에는 공신력 있는 방법으로 조사한 남자 또는 여자 보통 인부의 일용노동임금에 따른다.

제22조【유족구조금의 금액】

법 제22조 제 1항에 따른 유족구조금의 산정에서 구조피해자의 월급액이나 월실수입액 또는 평균임금(이하 "월급액등"이라 한다)에 곱하는 "대통령령으로 정한 개월 수"란 다음 각 호의 구분에 따른 개월 수에 별표 4의 배수를 곱한 개월 수를 말한다. 다만, 유족구조금액은 평균임금의 48개월분을 초과할 수 없다.

1. 법 제18조 제1항 제1호의 유족 : 40개월
2. 법 제18조 제1항 제2호의 유족 : 32개월
3. 법 제18조 제1항 제3호의 유족 : 24개월

제23조【장해구조금의 금액】

법 제22조 제2항에 따른 장해구조금의 산정에서 구조피해자의 월급액등에 곱하는 "대통령령으로 정한 개월 수"란 다음 각 호의 구분에 따른 장해등급별 개월 수에 별표 5의 배수를 곱한 개월 수를 말한다. 다만, 장해구조금액은 평균임금의 40개월분을 초과할 수 없다.

1. 1급 : 40개월
2. 2급 : 36개월
3. 3급 : 32개월
4. 4급 : 28개월
5. 5급 : 24개월
6. 6급 : 20개월
7. 7급 : 16개월
8. 8급 : 12개월
9. 9급 : 8개월
10. 10급 : 4개월
11. 11급 또는 12급 : 3개월
12. 13급 또는 14급 : 2개월

제24조【중상해구조금의 금액】

① 법 제22조 제2항에 따른 중상해구조금의 산정에서 구조피해자의 월급액등에 곱하는 "대통령령으로 정한 개월 수"란 「의료법」 제3조 제2항 제3호의 병원급 의료기관에 속하는 의사가 발행한 진단서 등에 의하여 해당 중상해의 치료에 필요하다고 인정되는 개월 수에 별표 5의 배수를 곱한 개월 수를 말한다. 다만, 중상해 구조금액은 평균임금의 40개월분을 초과할 수 없다.

② 제1항의 진단서 등에 기재된 치료기간이 일 단위인 경우 30일을 1개월로 환산한 비율로 개월 수를 정한다.

③ 제1항의 진단서 등에 기재된 치료기간이 주 단위인 경우 일 단위로 환산한 후 제2항의 방법에 따른다.

제25조【구조금 지급에 관한 특례】

① 이미 장해구조금을 지급받은 사람이 해당 범죄행위로 인하여 사망한 경우에는 유족구조금을 지급하되, 그 금액은 법 제22조 제1항에 따른 유족구조금에서 이미 지급한 장해구조금을 공제한 금액으로 한다.

② 이미 중상해구조금을 지급받은 사람이 해당 범죄행위로 인하여 사망하거나 장해를 입은 경우에는 유족구조 금 또는 장해구조금을 지급하되, 그 금액은 법 제22조 제1항에 따른 유족구조금 또는 같은 조 제2항에 따른 장해구조금에서 이미 지급한 중상해구조금을 공제한 금액으로 한다.

제23조【외국인에 대한 구조】

이 법은 외국인이 구조피해자이거나 유족인 경우에는 해당 국가의 상호보증이 있는 경우에만 적용한다.

제24조【범죄피해구조심의회 등】

① 구조금 지급에 관한 사항을 심의 · 결정하기 위하여 각 지방검찰청에 범죄피해구조심의회(이 하 "지구심의회"라 한다)를 두고 법무부에 범죄피해구조본부심의회(이하 "본부심의회"라 한 다)를 둔다.

② 지구심의회는 설치된 지방검찰청 관할 구역(지청이 있는 경우에는 지청의 관할 구역을 포함 한다)의 구조금 지급에 관한 사항을 심의 · 결정한다.

③ 본부심의회는 다음 각 호의 사항을 심의 · 결정한다.

1. 제27조에 따른 재심신청사건
2. 그 밖에 법령에 따라 그 소관에 속하는 사항

④ 지구심의회 및 본부심의회는 법무부장관의 지휘 · 감독을 받는다.

⑤ 지구심의회 및 본부심의회 위원 중 공무원이 아닌 위원은 「형법」 제127조(공무상 비밀의 누설)

및 제129조부터 제132조까지(수뢰·사전수뢰, 제3자 뇌물제공, 수뢰 후 부정처사·사후수뢰, 알선수뢰)의 규정을 적용할 때에는 공무원으로 본다.
⑥ 지구심의회 및 본부심의회의 구성 및 운영 등에 관한 사항은 대통령령으로 정한다.

시행령

제26조【지구심의회의 기능】
지구심의회는 다음 각 호의 사항을 심의·의결한다.
1. 구조피해자의 장해·중상해 해당 여부와 장해등급 판정
2. 주거지원 등 범죄피해자 보호·지원에 관한 사항
3. 구조피해자에 대한 구조금 지급 여부 및 구조금액
4. 구조피해자에 대한 긴급구조금 지급 여부 및 긴급구조금액
5. 가해자에 대한 손해배상청구권의 대위행사 여부와 가해자인 수형자 또는 보호감호대상자의 작업장려금 또는 근로보상금 중 공제비율

제27조【지구심의회의 구성】
① 지구심의회는 해당 지구심의회가 설치된 지방검찰청의 차장검사를 위원장으로 하고, 해당 지방검찰청 소속 공무원, 변호사의 자격을 갖춘 사람, 의사 및 범죄피해자보호업무에 관한 경험과 식견을 갖춘 사람 중에서 법무부장관이 임명하거나 위촉하는 위원 4명으로 구성한다.
② 제1항에 따라 위촉된 위원의 임기는 2년으로 하고, 두 차례만 연임할 수 있다.
③ 법무부장관은 제1항에 따른 위원이 다음 각 호의 어느 하나에 해당하는 경우에는 해당 위원을 해임하거나 해촉할 수 있다.
  1. 심신장애로 인하여 직무를 수행할 수 없게 된 경우
  2. 직무와 관련된 비위사실이 있는 경우
  3. 직무태만, 품위손상, 그 밖의 사유로 인하여 위원으로 적합하지 아니하다고 인정되는 경우
  4. 제27조의2 제1항 각 호의 어느 하나에 해당하는 데에도 불구하고 회피하지 아니한 경우
  5. 위원 스스로 직무를 수행하는 것이 곤란하다고 의사를 밝히는 경우

제27조의2【위원의 제척·기피·회피】
① 지구심의회 위원(이하 이 조에서 "위원"이라 한다)이 다음 각 호의 어느 하나에 해당하는 경우에는 지구심의회의 심의·의결에서 제척된다.
  1. 위원이나 그 배우자 또는 배우자이었던 사람이 해당 안건의 당사자가 되거나 그 안건의 당사자와 공동권리자 또는 공동의무자인 경우
  2. 위원이 해당 안건의 당사자와 친족이거나 친족이었던 경우
  3. 위원이 해당 안건에 관하여 증언, 진술, 자문 또는 감정을 한 경우
  4. 위원이나 위원이 속한 법인·단체 등이 해당 안건의 당사자의 대리인이거나 대리인이었던 경우
② 해당 안건의 당사자는 위원에게 공정한 심의·의결을 기대하기 어려운 사정이 있는 경우에는 지구심의회에 기피 신청을 할 수 있고, 지구심의회는 의결로 이를 결정한다. 이 경우 기피 신청의 대상인 위원은 그 의결에 참여하지 못한다.
③ 위원이 제1항 각 호에 따른 제척 사유에 해당하는 경우에는 스스로 해당 안건의 심의·의결에서 회피하여야 한다.

제28조【위원장의 직무】

① 지구심의회의 위원장은 지구심의회를 대표하고, 지구심의회의 업무를 총괄한다.

② 지구심의회의 위원장이 부득이한 사유로 직무를 수행할 수 없을 때에는 위원장이 지명한 위원이 그 직무를 대행하고, 지명이 없는 경우에는 지구심의회가 설치된 기관의 소속 공무원인 위원 중에서 선임자가 그 직무를 대행한다.

제29조【지구심의회의 관할】

지구심의회의 관할구역은 각 지구심의회가 설치된 지방검찰청의 관할 구역(지청이 있는 경우에는 지청의 관할 구역을 포함한다)으로 한다.

제30조【관할의 지정 등】

① 구조금 지급신청이 신청인의 주소지를 관할하는 지구심의회를 포함하여 둘 이상의 지구심의회에 접수된 경우에는 신청인의 주소지를 관할하는 지구심의회의 관할로 한다.

② 관할이 불명확한 사건에 대해서는 법무부장관이 신청인이나 지구심의회의 청구에 의하여 또는 직권으로 그 사건을 관할할 지구심의회를 지정한다.

③ 지구심의회는 제1항 및 제2항에 따라 사건을 처리할 수 없게 되거나 사건이 그 관할에 속하지 아니한다고 인정될 때에는 그 사건을 관할 지구심의회로 이송하여야 한다.

④ 지구심의회는 그 관할에 속하는 사건에 관하여 현저한 손해 또는 지연을 방지하기 위하여 필요하다고 인정될 때에는 사건을 다른 지구심의회로 이송할 수 있다.

⑤ 제1항부터 제4항까지의 규정에 따라 사건을 다른 지구심의회로 이송한 지구심의회는 신청인에게 지체 없이 그 사실을 통지하여야 한다.

제31조【회의】

① 지구심의회 위원장은 지구심의회의 회의를 소집하고, 그 의장이 된다.

② 지구심의회의 회의는 위원장을 포함한 재적의원 과반수의 출석으로 개의하고, 출석위원 3분의 2 이상의 찬성으로 의결한다.

③ 구조금의 액수에 관한 의견이 세 가지 이상으로 나누어져 각각 3분의 2에 이르지 못한 때에는 3분의 2에 이를 때까지 최소액의 의견 수에 순차로 다액의 의견 수를 더하여 그 중 최다액의 의견을 따른다.

제32조【사무직원】

① 지구심의회에 그 사무를 담당할 간사와 서기를 둔다.

② 간사와 서기는 지구심의회가 설치된 지방검찰청 소속 공무원 중에서 지구심의회 위원장의 추천으로 해당 지방검찰청 검사장이 임명한다.

③ 간사는 지구심의회 위원장의 명에 따라 지구심의회의 사무를 처리하며, 회의에 출석하여 발언할 수 있다.

④ 서기는 간사를 보조한다.

제33조【위원수당】

지구심의회의 회의에 출석한 위원에게는 예산의 범위에서 수당을 지급한다. 다만, 공무원인 위원이 그 소관업무와 직접적으로 관련하여 출석한 경우에는 그러하지 아니하다.

제34조【법무부장관의 지휘·감독】

① 법무부장관은 각 지구심의회를 지휘·감독하기 위하여 필요한 명령이나 조치를 할 수 있다.

② 법무부장관은 제1항의 직무를 수행하기 위하여 필요하다고 인정할 때에는 소속 직원 또는 각급 검찰청의 검사로 하여금 각 지구심의회의 업무 처리를 감사하게 할 수 있다.

제35조【본부심의회의 구성 및 회의】

① 본부심의회의 위원장은 법무부차관이 된다.

② 위원은 법무부 소속 공무원, 법관, 변호사, 의사 및 범죄피해 구조업무에 관한 경험과 식견을 갖춘 사람 중에서 법무부장관이 6명을 임명하거나 위촉하되, 법무부 소속 공무원, 법관, 변호사 및 의사 각 1명이 포함되어야 한다.

③ 본부심의회 위촉위원의 임기는 2년으로 하고, 두 차례만 연임할 수 있다.

④ 위원의 해임·해촉, 위원의 제척·기피·회피, 위원장의 직무, 회의, 위원 수당, 법무부장관의 지휘·감독에 관하여는 제27조 제3항, 제27조의2, 제28조, 제31조, 제33조 및 제34조 제1항을 준용한다. 이 경우 "지구심의회"는 "본부심의회"로 본다.

제25조 【구조금의 지급신청】

① 구조금을 받으려는 사람은 법무부령으로 정하는 바에 따라 그 주소지, 거주지 또는 범죄 발생지를 관할하는 지구심의회에 신청하여야 한다.

② 제1항에 따른 신청은 해당 구조대상 범죄피해의 발생을 안 날부터 3년이 지나거나 해당 구조 대상 범죄피해가 발생한 날부터 10년이 지나면 할 수 없다.

제26조 【구조결정】

지구심의회는 제25조 제1항에 따른 신청을 받으면 신속하게 구조금을 지급하거나 지급하지 아니 한다는 결정(지급한다는 결정을 하는 경우에는 그 금액을 정하는 것을 포함한다)을 하여야 한다.

시행령

제36조 【구조결정에 필요한 조사 및 증명절차】

① 지구심의회 위원장 또는 위원장의 명을 받은 사람은 법 제26조에 따른 구조금 지급결정(이하 "구조결정"이라 한다)에 필요한 조사를 할 수 있으며, 관계 공무원이나 관계 기관에 사실을 조회하거나 필요한 자료의 제출을 요청할 수 있다.

② 지구심의회는 제1항에 따른 조회의 회신, 제출자료, 신청인 및 그 밖의 관련인 진술 등 믿을 수 있는 증거자료 에 의하여 구조결정을 하여야 한다.

③ 제1항에 따른 요청을 받은 공무원이나 관계 기관의 장은 정당한 사유가 없으면 요청에 따라야 한다.

제27조 【재심신청】

① 지구심의회에서 구조금 지급신청을 기각(일부기각된 경우를 포함한다) 또는 각하하면 신청인 은 결정의 정본이 송달된 날부터 2주일 이내에 그 지구심의회를 거쳐 본부심의회에 재심을 신청할 수 있다.

② 제1항의 재심신청이 있으면 지구심의회는 1주일 이내에 구조금 지급신청 기록 일체를 본부심 의회에 송부하여야 한다.

③ 본부심의회는 제1항의 신청에 대하여 심의를 거쳐 4주일 이내에 다시 구조결정을 하여야 한다.

④ 본부심의회는 구조금 지급신청을 각하한 지구심의회의 결정이 법령에 위반되면 사건을 그 지구심의회에 환송할 수 있다.

⑤ 본부심의회는 구조금 지급신청이 각하된 신청인이 잘못된 부분을 보정하여 재심신청을 하면 사건을 해당 지구심의회에 환송할 수 있다.

시행령

제37조 【재심신청】

① 신청인이 법 제27조 제1항에 따라 재심을 신청하는 경우 본부심의회의 결정이 있을 때까지 법 제31조에 따른 소멸시효는 중단된다.

② 법 제27조 제3항에 따른 구조결정을 하기 위하여 필요한 조사 및 증명절차에 관하여는 제36조를 준용한다. 이 경우 "지구심의회"는 "본부심의회"로 본다.

③ 본부심의회가 구조결정을 한 경우에는 결정 내용을 지구심의회에 통보하고, 해당 신청사건의 기록 전부를 해당 지구심의회에 송부하여 결정 내용에 따라 처리하도록 하여야 한다.

제28조 【긴급구조금의 지급 등】

① 지구심의회는 제25조 제1항에 따른 신청을 받았을 때 구조피해자의 장해 또는 중상해 정도가 명확하지 아니하거나 그 밖의 사유로 인하여 신속하게 결정을 할 수 없는 사정이 있으면 신청 또는 직권으로 대통령령으로 정하는 금액의 범위에서 긴급구조금을 지급하는 결정을 할 수 있다.

② 제1항에 따른 긴급구조금 지급신청은 법무부령으로 정하는 바에 따라 그 주소지, 거주지 또는 범죄 발생지를 관할하는 지구심의회에 할 수 있다.

③ 국가는 지구심의회가 긴급구조금 지급 결정을 하면 긴급구조금을 지급한다.

④ 긴급구조금을 받은 사람에 대하여 구조금을 지급하는 결정이 있으면 국가는 긴급구조금으로 지급된 금액 내에서 구조금을 지급할 책임을 면한다.

⑤ 긴급구조금을 받은 사람은 지구심의회에서 결정된 구조금의 금액이 긴급구조금으로 받은 금액보다 적을 때에는 그 차액을 국가에 반환하여야 하며, 지구심의회에서 구조금을 지급하지 아니한다는 결정을 하면 긴급구조금으로 받은 금액을 모두 반환하여야 한다.

시행령

제38조 【긴급구조금 지급】

① 법 제28조 제1항에 따른 긴급구조금 지급금액의 상한은 긴급구조금 지급 결정 시 예상되는 구조금액의 2분의 1에 해당하는 금액으로 한다.

② 삭제 <2017.12.19.>

③ 법 제28조 제3항에도 불구하고 지구심의회의 회의를 소집할 시간적 여유가 없거나 그 밖의 부득이한 사유가 있으면 지구심의회의 위원장은 직권으로 긴급구조금의 지급결정을 할 수 있다.

④ 지구심의회 위원장은 제3항에 따른 긴급구조금의 지급결정을 하였을 때에는 지구심의회의 사후 추인을 받아야 한다.

제29조【결정을 위한 조사 등】

① 지구심의회는 구조금 지급에 관한 사항을 심의하기 위하여 필요하면 신청인이나 그 밖의 관계인을 조사하거나 의사의 진단을 받게 할 수 있고 행정기관, 공공기관이나 그 밖의 단체에 조회하여 필요한 사항을 보고하게 할 수 있다.

② 지구심의회는 신청인이 정당한 이유 없이 제1항에 따른 조사에 따르지 아니하거나 의사의 진단을 거부하면 그 신청을 기각할 수 있다.

시행령

제39조【결정 및 통지】

① 지구심의회가 구조금을 지급하거나 지급하지 아니한다는 결정을 한 때에는 구조결정서를, 긴급구조금을 지급하거나 지급하지 아니한다는 결정을 한 때에는 긴급구조결정서를 작성하고 회의에 출석한 위원이 기명·날인하여야 한다.

② 제1항에 따른 결정서에는 다음 각 호의 사항이 포함되어야 한다.

1. 신청인의 성명·주소 및 생년월일 2. 결정주문
3. 결정이유 4. 결정일

③ 지구심의회는 구조결정 또는 긴급구조결정을 한 때에는 결정서 원본을 보관하고 신청인에게 결정통지서를 송부하여야 한다.

제40조【구조금 지급 보류 등】

제39조에 따라 구조금을 지급한다는 결정이 있은 후 신청인이 구조금을 수령하기 전에 신청인이 가해자로부터 손해배상을 받았거나 그 밖의 사정변경으로 구조금 전액을 지급하는 것이 상당하지 아니한 사유가 발견되었을 경우 지구심의회는 구조금 지급을 보류하고 구조금 지급 여부 및 구조금액을 다시 심의할 수 있다.

제30조【구조금의 환수】

① 국가는 이 법에 따라 구조금을 받은 사람이 다음 각 호의 어느 하나에 해당하면 지구심의회 또는 본부심의회의 결정을 거쳐 그가 받은 구조금의 전부 또는 일부를 환수할 수 있다.

1. 거짓이나 그 밖의 부정한 방법으로 구조금을 받은 경우
2. 구조금을 받은 후 제19조에 규정된 사유가 발견된 경우
3. 구조금이 잘못 지급된 경우

② 국가가 제1항에 따라 환수를 할 때에는 국세징수의 예에 따르고, 그 환수의 우선순위는 국세 및 지방세 다음으로 한다.

제31조 【소멸시효】 ★
구조금을 받을 권리는 그 구조결정이 해당 신청인에게 송달된 날부터 2년간 행사하지 아니하면 시효로 인하여 소멸된다.

제32조 【구조금 수급권의 보호】 ★
구조금을 받을 권리는 양도하거나 담보로 제공하거나 압류할 수 없다.

제5장 | 범죄피해자 보호 · 지원사업의 지원 및 감독

제33조 【범죄피해자 지원법인의 등록 등】
① 범죄피해자 지원법인이 이 법에 따른 지원을 받으려면 자산 및 인적 구성 등 대통령령으로 정하는 요건을 갖추고 대통령령으로 정하는 절차에 따라 법무부장관에게 등록하여야 한다.
② 범죄피해자 지원법인의 설립 · 운영에 관하여 이 법에 규정이 없는 사항에 대하여는 「민법」과 「공익법인의 설립 · 운영에 관한 법률」을 적용한다.

📖 **시행령**

제41조 【범죄피해자 지원법인의 등록요건 및 절차】
① 법 제33조 제1항에 따른 범죄피해자 지원법인의 등록요건은 다음 각 호와 같다.
  1. 다음 각 목의 활동 중 세 종류 이상의 활동을 법인의 목적으로 할 것
    가. 범죄피해자에 대한 법률 · 심리상담 등 각종 상담
    나. 범죄피해로 인하여 정상적인 가정생활이나 사회생활이 어려운 사람들에 대한 경제적 지원
    다. 수사기관 및 법정에 범죄피해자와 동행
    라. 범죄피해자의 병원후송 · 응급진료 및 치료
    마. 이 법 및 이 영에 따른 구조금 신청과 「법률구조법」에 따른 법률구조법인의 구조 신청에 대한 안내 등 법률구조 지원
    바. 범죄피해자 보호 · 지원을 위한 조사 · 연구 및 교육 · 홍보
    사. 범죄피해자를 위한 대피시설 또는 보호시설 등의 운영
    아. 그 밖에 범죄피해자 보호 · 지원과 관련된 활동
  2. 법인의 임원 · 직원 중 10명 이상이 다음 각 목의 어느 하나에 해당할 것
    가. 변호사 · 의사 등의 자격 또는 면허가 있는 사람으로서 법률 · 의료 등 해당 전문분야에서 범죄피해자 보호 · 지원과 관련한 활동이 가능한 사람
    나. 「법률구조법」에 따른 법률구조법인 등 범죄피해자 보호 · 지원 관련 기관에서 5년 이상 근무한 사람

   다. 정부·지방자치단체 또는 공공단체 등에서 범죄피해자 보호·지원과 관련된 업무에 5년 이상 종사한
     사람
  3. 범죄피해자 보호·지원업무를 위한 목적사업을 수행하는 데에 필요한 사무실과 시설 등 자산을 보유할 것
② 법 제33조 제1항에 따라 범죄피해자 지원법인으로 등록하려는 법인은 법무부령으로 정하는 신청서와 첨부서
  류를 법무부장관에게 제출하여야 한다.
③ 법무부장관은 제2항에 따라 등록을 신청한 법인이 제1항의 등록요건을 갖춘 경우에는 법무부령으로 정하는
  바에 따라 등록을 하고, 범죄피해자 지원법인에 등록증을 교부하여야 한다.
④ 법무부장관은 제3항에 따라 등록증을 교부한 경우에는 지체 없이 관보에 게재하여야 한다.

제42조 【변경등록】
① 제41조에 따라 등록된 범죄피해자 지원법인(이하 "등록법인"이라 한다)이 목적사업을 변경하거나 정관을
  변경한 경우에는 그 변경한 날부터 14일 이내에 변경 사실을 증명할 수 있는 서류를 갖추어 법무부장관에게
  변경등록을 신청하여야 한다.
② 법무부장관은 제1항에 따른 서류가 제출된 경우로서 종전의 등록증의 기재사항이 변경되는 경우에는 서류를
  접수한 날부터 10일 이내에 새로운 등록증을 등록법인에 교부하여야 한다.

제54조의2 【규제의 재검토】
법무부장관은 제41조에 따른 범죄피해자 지원법인의 등록요건 및 절차에 대하여 2014년 1월 1일을 기준으로
3년마다(매 3년이 되는 해의 1월 1일 전까지를 말한다) 그 타당성을 검토하여 개선 등의 조치를 하여야 한다.

제34조 【보조금】
① 국가 또는 지방자치단체는 제33조에 따라 등록한 범죄피해자 지원법인(이하 "등록법인"이라
  한다)의 건전한 육성과 발전을 위하여 필요한 경우에는 예산의 범위에서 등록법인에 운영
  또는 사업에 필요한 경비를 보조할 수 있다.
② 국가는 제7조 제2항 후단에 따른 위탁기관(범죄피해자 지원법인을 제외한다. 이하 "위탁기관"
  이라 한다)의 보호시설 운영에 필요한 경비를 보조할 수 있다.
③ 법무부장관으로부터 보조금을 받으려는 등록법인과 위탁기관은 대통령령으로 정하는 바에
  따라 사업의 목적과 내용, 보조사업에 드는 경비 등 필요한 사항을 적은 신청서와 첨부서류를
  법무부장관에게 제출하여야 한다.
④ 제3항에 따른 보조금의 지급 기준 및 절차에 관한 사항은 대통령령으로 정한다.

시행령

제42조의2 【보조금의 교부】
국가 및 지방자치단체는 법 제34조 제1항에 따라 등록법인에 다음 각 호의 경비에 관한 보조금을 교부할 수
있다.
1. 범죄피해자 보호·지원을 위한 직접적인 활동에 필요한 경비
2. 범죄피해자 보호·지원을 위한 체제의 구축, 실태조사, 연구, 교육, 홍보 등 범죄피해자 보호·지원 부대활동에
  필요한 경비
3. 등록법인의 통상적인 운영에 필요한 경비

제43조【보조금의 교부신청서】

① 법 제34조 제3항에 따른 등록법인과 위탁기관(이하 "등록법인등"이라 한다)이 같은 항에 따라 제출하는 보조금의 교부신청서에는 다음 각 호의 사항이 포함되어야 한다.

   1. 등록법인등의 명칭   2. 대표자의 성명과 주소

   3. 사업의 목적과 내용   4. 보조사업에 필요한 경비와 교부받으려는 보조금액

   5. 그 밖에 법무부장관이 정하는 사항

② 제1항의 교부신청서에는 다음 각 호의 사항을 기재한 사업계획서를 첨부하여야 한다.

   1. 주된 사업의 개요

   2. 자산과 부채에 관한 사항

   3. 최근 1년간의 범죄피해자 보호·지원 관련 사업활동 실적

   4. 범죄피해자 보호·지원사업의 수행계획에 관한 사항

   5. 교부받으려는 보조금액의 산출에 관한 사항

   6. 범죄피해자 보호·지원사업에 사용되는 경비의 사용방법

   7. 범죄피해자 보호·지원사업의 효과

   8. 범죄피해자 보호·지원과 관련하여 최근 3년간 국가 또는 지방자치단체로부터 지급받은 보조금의 내역

③ 제1항에 따른 보조금의 교부신청서는 해당 회계연도 4월 30일까지 법무부장관에게 제출하여야 한다.

제44조【보조금의 교부결정 등】

① 법무부장관은 제43조에 따른 보조금의 교부신청서를 받으면 다음 각 호의 사항을 조사하여 보조금의 교부 여부를 결정하여야 한다.

   1. 삭제 ＜2015.4.14.＞   2. 삭제 ＜2015.4.14.＞

   3. 사업수행 능력   4. 보조금 신청사업의 타당성

   5. 범죄피해자 보호·지원과 관련하여 최근 3년간 국가 또는 지방자치단체로부터 지급받은 보조금의 내역

② 보조금의 교부를 신청한 등록법인등이 다른 중앙행정기관으로부터 보조금을 교부받고 있는 경우 동일한 사업에 대해서는 보조금을 중복하여 교부하지 아니한다.

③ 법무부장관은 보조금을 교부하는 경우에는 보조금의 교부 목적을 달성하기 위하여 필요한 조건을 붙일 수 있다.

④ 법무부장관은 보조금의 교부를 결정한 때에는 그 교부 결정의 내용을 신속히 보조금의 교부를 신청한 등록법인등에 통지하여야 한다.

⑤ 법무부장관은 보조금의 교부 결정을 위하여 필요한 경우 관계 민간 전문가에게 자문할 수 있다.

제45조【보조금의 교부목적인 사업계획의 변경】

① 법 제34조에 따라 보조금을 교부받은 등록법인등이 보조금의 교부 목적인 사업계획을 변경하려면 그 이유를 기재한 서류와 수입·지출예산서를 갖추어 법무부장관의 승인을 받아야 한다.

② 법무부장관은 제1항의 승인을 할 때에는 그 사업계획의 변경 정도에 따라 종전의 보조금액, 보조금의 교부방법 또는 그 밖의 조건을 변경할 수 있다.

제35조【보조금의 목적 외 사용금지 및 반환】

① 등록법인 또는 위탁기관은 제34조에 따라 교부받은 보조금을 범죄피해자 보호·지원 또는 보호시설 운영을 위한 용도로만 사용할 수 있다.

② 법무부장관은 등록법인 또는 위탁기관이 제34조 제3항에 따른 신청서 등에 거짓 사실을 적거나 그 밖의 부정한 방법으로 보조금을 받은 경우 또는 교부받은 보조금을 다른 용도에 사용한 경우에는 교부한 보조금의 전부 또는 일부를 반환하게 할 수 있다.

③ 보조금의 반환에 관하여는 「보조금 관리에 관한 법률」을 준용한다.

제36조【감독 등】

① 법무부장관은 필요하다고 인정하면 등록법인 또는 위탁기관에 대하여 그 업무·회계 및 재산에 관한 사항을 보고하게 하거나 자료의 제출이나 그 밖에 필요한 명령을 할 수 있으며, 소속 공무원으로 하여금 그 운영 실태를 조사하게 할 수 있다.

② 법무부장관은 등록법인 또는 위탁기관의 임직원이 다음 각 호의 어느 하나에 해당하면 해당 등록법인 또는 위탁기관의 대표자에게 이를 시정하게 하거나 해당 임원의 직무정지 또는 직원의 징계를 요구할 수 있으며, 해당 법인의 등록을 취소하거나 보호시설의 운영 위탁을 취소할 수 있다.

 1. 제1항에 따라 법무부장관이 요구하는 보고서 또는 자료를 거짓으로 작성하거나 그 보고 또는 제출을 거부한 경우

 2. 제1항에 따른 검사를 거부, 방해 또는 기피한 경우

 3. 법무부장관의 시정명령, 직무정지 또는 징계요구에 대한 이행을 게을리한 경우

③ 법무부장관은 제2항에 따라 등록법인의 등록을 취소할 경우 청문을 하여야 한다.

제37조【등록법인 오인 표시의 금지】

누구든지 등록법인이 아니면서 등록법인으로 표시하거나 등록법인으로 오인하게 할 수 있는 명칭을 사용하여서는 아니 된다.

제38조【재판 등에 대한 영향력 행사 금지】

범죄피해자 보호·지원 업무에 종사하는 자는 형사절차에서 가해자에 대한 처벌을 요구하거나 소송관계인에게 위력을 가하는 등 수사, 변호 또는 재판에 부당한 영향을 미치기 위한 행위를 하여서는 아니 된다.

제39조【비밀누설의 금지】

범죄피해자 보호·지원 업무에 종사하고 있거나 종사하였던 자는 그 업무를 수행하는 과정에서 알게 된 타인의 사생활에 관한 비밀을 누설하여서는 아니 되며, 범죄피해자를 보호하고 지원하는 목적으로만 그 비밀을 사용하여야 한다.

제40조 【수수료 등의 금품 수수 금지】
범죄피해자 보호·지원 업무에 종사하고 있거나 종사하였던 자는 범죄피해자를 보호·지원한다는 이유로 수수료 등의 명목으로 금품을 요구하거나 받아서는 아니 된다. 다만, 다른 법률에 규정이 있는 경우에는 그러하지 아니하다.

제6장 | 형사조정

제41조 【형사조정 회부】 ★
① 검사는 피의자와 범죄피해자(이하 "당사자"라 한다) 사이에 형사분쟁을 공정하고 원만하게 해결하여 범죄피해자가 입은 피해를 실질적으로 회복하는 데 필요하다고 인정하면 당사자의 신청 또는 직권으로 수사 중인 형사사건을 형사조정에 회부할 수 있다.
② 형사조정에 회부할 수 있는 형사사건의 구체적인 범위는 대통령령으로 정한다. 다만, 다음 각 호의 어느 하나에 해당하는 경우에는 형사조정에 회부하여서는 아니 된다.
  1. 피의자가 도주하거나 증거를 인멸할 염려가 있는 경우
  2. 공소시효의 완성이 임박한 경우
  3. 불기소처분의 사유에 해당함이 명백한 경우(다만, 기소유예처분의 사유에 해당하는 경우는 제외한다)

시행령

제46조 【형사조정 대상 사건】
법 제41조 제2항에 따라 형사조정에 회부할 수 있는 형사사건은 다음 각 호와 같다.
1. 차용금, 공사대금, 투자금 등 개인 간 금전거래로 인하여 발생한 분쟁으로서 사기, 횡령, 배임 등으로 고소된 재산범죄 사건
2. 개인 간의 명예훼손·모욕, 경계 침범, 지식재산권 침해, 임금체불 등 사적 분쟁에 대한 고소사건
3. 제1호 및 제2호에서 규정한 사항 외에 형사조정에 회부하는 것이 분쟁 해결에 적합하다고 판단되는 고소사건
4. 고소사건 외에 일반 형사사건 중 제1호부터 제3호까지에 준하는 사건

제47조 【당사자】
형사조정의 당사자는 피의자와 타인의 범죄행위로 피해를 당한 사람이 되는 것을 원칙으로 한다.

제42조 【형사조정위원회】
① 제41조에 따른 형사조정을 담당하기 위하여 각급 지방검찰청 및 지청에 형사조정위원회를 둔다.

② 형사조정위원회는 2명 이상의 형사조정위원으로 구성한다.

③ 형사조정위원은 형사조정에 필요한 법적 지식 등 전문성과 덕망을 갖춘 사람 중에서 관할 지방검찰청 또는 지청의 장이 미리 위촉한다.

④ 「국가공무원법」 제33조 각 호의 어느 하나에 해당하는 사람은 형사조정위원으로 위촉될 수 없다.

⑤ 형사조정위원의 임기는 2년으로 하며, 연임할 수 있다.

⑥ 형사조정위원회의 위원장은 관할 지방검찰청 또는 지청의 장이 형사조정위원 중에서 위촉한다.

⑦ 형사조정위원에게는 예산의 범위에서 법무부령으로 정하는 바에 따라 수당을 지급할 수 있으며, 필요한 경우에는 여비, 일당 및 숙박료를 지급할 수 있다.

⑧ 제1항부터 제7항까지에서 정한 사항 외에 형사조정위원회의 구성과 운영 및 형사조정위원의 임면 등에 관한 사항은 대통령령으로 정한다.

시행령

제48조【형사조정위원회의 구성·운영 등】

① 법 제42조에 따른 형사조정위원회(이하 "형사조정위원회"라 한다)의 위원장은 대외적으로 형사조정위원회를 대표하고 형사조정위원회의 업무를 총괄하며, 법 제42조에 따른 형사조정위원(이하 "형사조정위원"이라 한다) 중에서 3명 이내의 형사조정위원을 지정하여 각 형사조정사건에 대한 형사조정위원회(이하 "개별 조정위원회"라 한다)를 구성한다.

② 형사조정위원회의 사무 처리를 위하여 간사 1명을 둘 수 있다. 이 경우 간사는 관할 지방검찰청 또는 지청 소속 공무원 중에서 지방검찰청 또는 지청의 장이 지명한다.

③ 개별 조정위원회 조정장은 형사조정위원 중에서 호선한다.

④ 개별 조정위원회의 조정장은 조정절차를 주재한다.

제49조【형사조정위원의 임면 관할】

지방검찰청 또는 지청의 장은 형사조정위원이 다음 각 호의 어느 하나에 해당하면 해촉하여야 한다.

1. 법 제46조에 따라 준용되는 법 제38조부터 제40조까지의 어느 하나에 위반되는 행위를 한 때

2. 심신상의 장애로 직무수행이 불가능하거나 현저히 곤란하다고 인정될 때

3. 그 밖에 형사조정위원으로서 중립성과 공정성을 잃는 등 부적당한 행위를 하였다고 인정될 때

제50조【형사조정위원의 제척·기피·회피】

① 형사조정위원이 다음 각 호의 어느 하나에 해당하면 해당 형사조정 업무에서 제척된다.

1. 형사조정위원 또는 그 배우자나 배우자이었던 사람이 당사자인 때

2. 형사조정위원이 당사자와 친족의 관계에 있거나 있었을 때

3. 형사조정위원이 당사자의 대리인으로 되거나 대리인이었을 때

4. 형사조정위원이 해당 사건에 관하여 참고인진술·증언 또는 감정을 하였을 때

② 당사자는 형사조정위원이 제1항 각 호의 사유에 해당하거나 공정하지 아니한 형사조정을 할 염려가 있을 때에는 관할 지방검찰청 또는 지청의 장에게 형사조정위원의 기피를 신청할 수 있다.

③ 관할 지방검찰청 또는 지청의 장은 제2항에 따른 기피신청이 이유 있다고 인정할 때에는 인용결정을 하여야 하며, 해당 위원은 그 형사조정절차에 관여하지 못한다.

④ 관할 지방검찰청 또는 지청의 장은 제2항에 따른 기피신청이 절차에 어긋나거나 형사조정을 지연시킬 목적으로 하는 것이 분명한 경우에는 결정으로 기각한다.

⑤ 형사조정위원은 제2항의 사유가 있는 경우에는 관할 지방검찰청 또는 지청의 장의 허가를 받아 이를 회피할 수 있다.

제43조 【형사조정의 절차】

① 형사조정위원회는 당사자 사이의 공정하고 원만한 화해와 범죄피해자가 입은 피해의 실질적인 회복을 위하여 노력하여야 한다.

② 형사조정위원회는 형사조정이 회부되면 지체 없이 형사조정 절차를 진행하여야 한다.

③ 형사조정위원회는 필요하다고 인정하면 형사조정의 결과에 이해관계가 있는 사람의 신청 또는 직권으로 이해관계인을 형사조정에 참여하게 할 수 있다.

④ 제1항부터 제3항까지에서 정한 사항 외에 형사조정의 절차에 관한 사항은 대통령령으로 정한다.

시행령

제51조 【형사조정기일】

① 형사조정기일은 매회 당사자에게 통지하여야 한다.

② 형사조정기일의 통지는 우편, 전화, 팩스 또는 그 밖의 상당한 방법으로 할 수 있다.

제52조 【형사조정절차의 개시】

① 형사조정절차를 개시하기 위해서는 당사자의 동의가 있어야 한다.

② 제1항의 동의권자가 제1회 형사조정절차 개시 이전까지 출석하여 또는 전화, 우편, 팩스, 그 밖의 방법으로 형사조정절차에 동의하지 않을 뜻을 명확히 한 경우에는 형사조정위원회는 담당 검사에게 사건을 회송해야 한다.

제44조 【관련 자료의 송부 등】

① 형사조정위원회는 형사사건을 형사조정에 회부한 검사에게 해당 형사사건에 관하여 당사자가 제출한 서류, 수사서류 및 증거물 등 관련 자료의 사본을 보내 줄 것을 요청할 수 있다.

② 제1항의 요청을 받은 검사는 그 관련 자료가 형사조정에 필요하다고 판단하면 형사조정위원회에 보낼 수 있다. 다만, 당사자 또는 제3자의 사생활의 비밀이나 명예를 침해할 우려가 있거나 수사상 비밀을 유지할 필요가 있다고 인정하는 부분은 제외할 수 있다.

③ 당사자는 해당 형사사건에 관한 사실의 주장과 관련된 자료를 형사조정위원회에 제출할 수 있다.

④ 형사조정위원회는 제1항부터 제3항까지의 규정에 따른 자료의 제출자 또는 진술자의 동의를 받아 그 자료를 상대방 당사자에게 열람하게 하거나 사본을 교부 또는 송부할 수 있다.

⑤ 관련 자료의 송부나 제출 절차 및 열람 등에 대한 동의의 확인 방법 등에 관한 사항은 대통령령으로 정한다.

시행령

제53조【관련 자료의 송부 등】

① 법 제44조 제1항에 따라 형사조정위원회가 형사사건을 회부한 검사에게 관련 자료의 사본을 보내줄 것을 요청할 때에는 서면에 의한다.

② 제1항의 요청을 받은 검사는 요청받은 날부터 7일 이내에 직접 배달하거나 우편, 팩스 또는 그 밖의 방법으로 자료를 제출해야 한다. 다만, 자료가 법 제44조 제2항 단서에 해당하는 경우에는 그 사유를 형사조정위원회에 통지하고 해당 자료를 제출하지 않을 수 있다.

③ 당사자는 조정기일 전날까지 법 제44조 제3항에 따른 자료를 형사조정위원회에 직접 배달하거나 우편, 팩스 또는 그 밖의 방법으로 제출할 수 있다.

④ 법 제44조 제4항에 따라 형사조정위원회가 자료의 제출자 또는 진술자의 동의를 받을 때에는 서면에 의한다.

제45조【형사조정절차의 종료】

① 형사조정위원회는 조정기일마다 형사조정의 과정을 서면으로 작성하고, 형사조정이 성립되면 그 결과를 서면으로 작성하여야 한다.

② 형사조정위원회는 조정 과정에서 증거위조나 거짓 진술 등의 사유로 명백히 혐의가 없는 것으로 인정하는 경우에는 조정을 중단하고 담당 검사에게 회송하여야 한다.

③ 형사조정위원회는 형사조정 절차가 끝나면 제1항의 서면을 붙여 해당 형사사건을 형사조정에 회부한 검사에게 보내야 한다.

④ 검사는 형사사건을 수사하고 처리할 때 형사조정 결과를 고려할 수 있다. 다만, 형사조정이 성립되지 아니하였다는 사정을 피의자에게 불리하게 고려하여서는 아니 된다.

⑤ 형사조정의 과정 및 그 결과를 적은 서면의 서식 등에 관한 사항은 법무부령으로 정한다.

시행령

제54조【형사조정절차의 종료】

개별 조정위원회는 당사자 사이에 합의가 성립되지 아니하는 경우 또는 성립된 합의 내용이 위법하거나 선량한 풍속, 그 밖의 사회질서에 위반된다고 인정되는 경우에는 조정 불성립 결정을 하고 담당 검사에게 사건을 회송하여야 한다.

제46조【준용규정】

형사조정위원이나 형사조정위원이었던 사람에 관하여는 제38조부터 제40조까지의 규정을 준용한다.

제7장 | 보칙

제46조의2 【경찰관서의 협조】

범죄피해자 지원법인의 장 또는 보호시설의 장은 피해자나 피해자의 가족구성원을 긴급히 구조할 필요가 있을 때에는 경찰관서(지구대·파출소 및 출장소를 포함한다)의 장에게 그 소속 직원의 동행을 요청할 수 있으며, 요청을 받은 경찰관서의 장은 특별한 사유가 없으면 이에 따라야 한다.

10 소송촉진 등에 관한 특례법

• **특례법** 2023.9.29. 시행 | **특례규칙** 2022.1.21. 시행

제1장 | 총칙

제1조【목적】
이 법은 소송의 지연을 방지하고, 국민의 권리·의무의 신속한 실현과 분쟁처리의 촉진을 도모함을 목적으로 한다.

제2조【특례의 범위】
이 법은 제1조의 목적을 달성하기 위하여 법정이율과 독촉절차 및 형사소송에 관한 특례를 규정한다.

제2장 | 법정이율에 관한 특례

제3조【법정이율】
① 금전채무의 전부 또는 일부의 이행을 명하는 판결(심판을 포함한다. 이하 같다)을 선고할 경우, 금전채무 불이행으로 인한 손해배상액 산정의 기준이 되는 법정이율은 그 금전채무의 이행을 구하는 소장(訴狀) 또는 이에 준하는 서면(書面)이 채무자에게 송달된 날의 다음 날부터는 연 100분의 40 이내의 범위에서 「은행법」에 따른 은행이 적용하는 연체금리 등 경제 여건을 고려하여 대통령령으로 정하는 이율에 따른다. 다만, 「민사소송법」 제251조에 규정된 소(訴)에 해당하는 경우에는 그러하지 아니하다.
② 채무자에게 그 이행의무가 있음을 선언하는 사실심(事實審) 판결이 선고되기 전까지 채무자가 그 이행의무의 존재 여부나 범위에 관하여 항쟁(抗爭)하는 것이 타당하다고 인정되는 경우에는 그 타당한 범위에서 제1항을 적용하지 아니한다.

제3장 | 삭제 <1990.1.13.>

제4조
삭제 <1990.1.13.>

제5조
삭제 <1990.1.13.>

제6조
삭제 <1990.1.13.>

제7조
삭제 <1990.1.13.>

제8조
삭제 <1990.1.13.>

제9조
삭제 <1990.1.13.>

제10조
삭제 <1990.1.13.>

제11조
삭제 <1990.1.13.>

제12조
삭제 <1990.1.13.>

제13조
삭제 <1990.1.13.>

제14조
삭제 <1990.1.13.>

제15조
삭제 <1990.1.13.>

제16조
삭제 <1990.1.13.>

제4장 | 삭제 <1990.1.13.>

제17조
삭제 <1990.1.13.>

제18조
삭제 <1990.1.13.>

제19조
삭제 <1990.1.13.>

제20조
삭제 <1990.1.13.>

제5장 │ 독촉절차에 관한 특례

제20조의2 【공시송달에 의한 지급명령】

① 다음 각 호의 어느 하나에 해당하는 자가 그 업무 또는 사업으로 취득하여 행사하는 대여금, 구상금, 보증금 및 그 양수금 채권에 대하여 지급명령을 신청하는 경우에는 「민사소송법」 제462조 단서 및 같은 법 제466조 제2항 중 공시송달에 관한 규정을 적용하지 아니한다.

1. 「은행법」에 따른 은행
2. 「중소기업은행법」에 따른 중소기업은행
3. 「한국산업은행법」에 따른 한국산업은행
4. 「농업협동조합법」에 따른 조합과 그 중앙회 및 농협은행
5. 「농업협동조합의 구조개선에 관한 법률」에 따른 농업협동조합자산관리회사
6. 「수산업협동조합법」에 따른 조합과 그 중앙회 및 수협은행
6의2. 「상호저축은행법」에 따른 상호저축은행
7. 「신용협동조합법」에 따른 신용협동조합 및 신용협동조합중앙회
8. 「새마을금고법」에 따른 금고 및 중앙회
9. 「보험업법」에 따른 보험회사
10. 「여신전문금융업법」에 따른 여신전문금융회사
11. 「기술보증기금법」에 따른 기술보증기금
12. 「신용보증기금법」에 따른 신용보증기금
13. 「산림조합법」에 따른 지역조합·전문조합과 그 중앙회
14. 「지역신용보증재단법」에 따른 신용보증재단 및 신용보증재단중앙회
15. 「한국주택금융공사법」에 따른 한국주택금융공사
16. 「한국자산관리공사 설립 등에 관한 법률」에 따른 한국자산관리공사
17. 「예금자보호법」에 따른 예금보험공사 및 정리금융회사
18. 「자산유동화에 관한 법률」에 따라 제1호부터 제6호까지, 제6호의2, 제7호부터 제17호까지의 어느 하나에 해당하는 자가 청구 채권의 자산보유자인 유동화전문회사
19. 「주택도시기금법」에 따른 주택도시보증공사
20. 「중소기업진흥에 관한 법률」에 따른 중소벤처기업진흥공단
21. 그 밖에 제1호부터 제6호까지, 제6호의2, 제7호부터 제20호까지에 준하는 자로서 대법원규칙으로 정하는 자

② 제1항의 채권자는 지급명령을 공시송달에 의하지 아니하고는 송달할 수 없는 경우 청구원인을 소명하여야 한다.

③ 제2항에 따른 청구원인의 소명이 없는 때에는 결정으로 그 신청을 각하하여야 한다. 청구의 일부에 대하여 지급명령을 할 수 없는 때에 그 일부에 대하여도 또한 같다.

④ 제3항의 결정에 대하여는 불복할 수 없다.

⑤ 제1항에 따라 지급명령이 공시송달의 방법으로 송달되어 채무자가 이의신청의 기간을 지킬 수 없었던 경우 「민사소송법」 제173조 제1항에서 정한 소송행위의 추후보완 사유가 있는 것으로 본다.

제6장 | 형사소송에 관한 특례

제21조 【판결 선고기간】
판결의 선고는 제1심에서는 공소가 제기된 날부터 6개월 이내에, 항소심 및 상고심에서는 기록을 송부 받은 날부터 4개월 이내에 하여야 한다.

제22조 【약식명령기간】
약식명령은 「형사소송법」 제450조(보통의 심판)의 경우를 제외하고는 그 청구가 있은 날부터 14일 이내에 하여야 한다.

제23조 【제1심 공판의 특례】
제1심 공판절차에서 피고인에 대한 송달불능보고서가 접수된 때부터 6개월이 지나도록 피고인의 소재를 확인할 수 없는 경우에는 대법원규칙으로 정하는 바에 따라 피고인의 진술 없이 재판할 수 있다. 다만, 사형, 무기 또는 장기 10년이 넘는 징역이나 금고에 해당하는 사건의 경우에는 그러하지 아니하다.

특례규칙

제18조 【주소의 보고와 보정】
① 재판장은 피고인에 대한 인정신문을 마친 뒤 피고인에 대하여 그 주소의 변동이 있을 때에는 이를 법원에 보고할 것을 명하고, 피고인의 소재가 확인되지 않는 때에는 그 진술없이 재판할 경우가 있음을 경고하여야 한다.
② 피고인에 대한 송달이 불능인 경우에 재판장은 그 소재를 확인하기 위하여 소재조사촉탁, 구인장의 발부 기타 필요한 조치를 취하여야 한다.
③ 공소장에 기재된 피고인의 주소가 특정되어 있지 아니하거나 그 기재된 주소에 공소제기 당시 피고인이 거주하지 아니한 사실이 인정된 때에는 재판장은 검사에게 상당한 기간을 정하여 그 주소를 보정할 것을 요구하여야 한다.

제19조【불출석피고인에 대한 재판】

① 피고인에 대한 송달불능보고서가 접수된 때로부터 6월이 경과하도록 제18조 제2항 및 제3항의 규정에 의한 조치에도 불구하고 피고인의 소재가 확인되지 아니한 때에는 그 후 피고인에 대한 송달은 공시송달의 방법에 의한다.

② 피고인이 제1항의 규정에 의한 공판기일의 소환을 2회 이상 받고도 출석하지 아니한 때에는 법 제23조의 규정에 의하여 피고인의 진술 없이 재판할 수 있다.

제23조의2【재심】

① 제23조 본문에 따라 유죄판결을 받고 그 판결이 확정된 자가 책임을 질 수 없는 사유로 공판절차에 출석할 수 없었던 경우 「형사소송법」 제424조(재심청구권자)에 규정된 자는 그 판결이 있었던 사실을 안 날부터 14일 이내(재심청구인이 책임을 질 수 없는 사유로 위 기간에 재심청구를 하지 못한 경우에는 그 사유가 없어진 날부터 14일 이내)에 제1심 법원에 재심을 청구할 수 있다.

② 제1항에 따른 청구가 있을 때에는 법원은 재판의 집행을 정지하는 결정을 하여야 한다.

③ 제2항에 따른 집행정지 결정을 한 경우에 피고인을 구금할 필요가 있을 때에는 구속영장을 발부하여야 한다. 다만, 「형사소송법」 제70조(구속의 사유)의 요건을 갖춘 경우로 한정한다.

④ 재심청구인은 재심청구서에 송달 장소를 적고, 이를 변경하는 경우에는 지체 없이 그 취지를 법원에 신고하여야 한다.

⑤ 재심청구인이 제4항에 따른 기재 또는 신고를 하지 아니하여 송달을 할 수 없는 경우에는 「형사소송법」 제64조(공시송달의 방식)에 따른 공시송달을 할 수 있다.

⑥ 재심 개시 결정이 확정된 후 공판기일에 재심청구인이 출석하지 아니한 경우에는 「형사소송법」 제365조(피고인의 출정)를 준용한다.

⑦ 이 법에 따른 재심에 관하여는 「형사소송법」 제426조, 제427조, 제429조부터 제434조까지, 제435조 제1항, 제437조부터 제440조까지의 규정을 준용한다.

제24조

삭제 <2012.1.17.>

제25조【배상명령】

① 제1심 또는 제2심의 형사공판 절차에서 다음 각 호의 죄 중 어느 하나에 관하여 유죄판결을 선고할 경우, 법원은 직권에 의하여 또는 피해자나 그 상속인(이하 "피해자"라 한다)의 신청에 의하여 피고사건의 범죄행위로 인하여 발생한 직접적인 물적(物的) 피해, 치료비 손해 및 위자료의 배상을 명할 수 있다.

    1. 「형법」 제257조 제1항, 제258조 제1항 및 제2항, 제258조의2 제1항(제257조 제1항의 죄로 한정한다)·제2항(제258조 제1항·제2항의 죄로 한정한다), 제259조 제1항, 제262조(존속폭행치사상의 죄는 제외한다), 같은 법 제26장, 제32장(제304조의 죄는 제외한다), 제38장부터 제40장까지 및 제42장에 규정된 죄

    2. 「성폭력범죄의 처벌 등에 관한 특례법」 제10조부터 제14조까지, 제15조(제3조부터 제9조까지의 미수범은 제외한다), 「아동·청소년의 성보호에 관한 법률」 제12조 및 제14조에 규정된 죄

    3. 제1호의 죄를 가중처벌하는 죄 및 그 죄의 미수범을 처벌하는 경우 미수의 죄

② 법원은 제1항에 규정된 죄 및 그 외의 죄에 대한 피고사건에서 피고인과 피해자 사이에 합의된 손해배상액에 관하여도 제1항에 따라 배상을 명할 수 있다.

③ 법원은 다음 각 호의 어느 하나에 해당하는 경우에는 배상명령을 하여서는 아니 된다.

    1. 피해자의 성명·주소가 분명하지 아니한 경우

    2. 피해 금액이 특정되지 아니한 경우

    3. 피고인의 배상책임의 유무 또는 그 범위가 명백하지 아니한 경우

    4. 배상명령으로 인하여 공판절차가 현저히 지연될 우려가 있거나 형사소송 절차에서 배상명령을 하는 것이 타당하지 아니하다고 인정되는 경우

제25조의2 【배상신청의 통지】

검사는 제25조 제1항에 규정된 죄로 공소를 제기한 경우에는 지체 없이 피해자 또는 그 법정대리인(피해자가 사망한 경우에는 그 배우자·직계친족·형제자매를 포함한다)에게 제26조 제1항에 따라 배상신청을 할 수 있음을 통지하여야 한다.

제26조 【배상신청】

① 피해자는 제1심 또는 제2심 공판의 변론이 종결될 때까지 사건이 계속(係屬)된 법원에 제25조에 따른 피해배상을 신청할 수 있다. 이 경우 신청서에 인지(印紙)를 붙이지 아니한다.

② 피해자는 배상신청을 할 때에는 신청서와 상대방 피고인 수만큼의 신청서 부본(副本)을 제출하여야 한다.

③ 신청서에는 다음 각 호의 사항을 적고 신청인 또는 대리인이 서명·날인하여야 한다.

    1. 피고사건의 번호, 사건명 및 사건이 계속된 법원

    2. 신청인의 성명과 주소

    3. 대리인이 신청할 때에는 그 대리인의 성명과 주소

    4. 상대방 피고인의 성명과 주소

    5. 배상의 대상과 그 내용

    6. 배상 청구 금액

④ 신청서에는 필요한 증거서류를 첨부할 수 있다.

⑤ 피해자가 증인으로 법정에 출석한 경우에는 말로써 배상을 신청할 수 있다. 이때에는 공판조서에 신청의 취지를 적어야 한다.

⑥ 신청인은 배상명령이 확정되기 전까지는 언제든지 배상신청을 취하할 수 있다.

⑦ 피해자는 피고사건의 범죄행위로 인하여 발생한 피해에 관하여 다른 절차에 따른 손해배상청구가 법원에 계속 중일 때에는 배상신청을 할 수 없다.

⑧ 배상신청은 민사소송에서의 소의 제기와 동일한 효력이 있다.

제27조【대리인】

① 피해자는 법원의 허가를 받아 그의 배우자, 직계혈족 또는 형제자매에게 배상신청에 관하여 소송행위를 대리하게 할 수 있다.

② 피고인의 변호인은 배상신청에 관하여 피고인의 대리인으로서 소송행위를 할 수 있다.

제28조【피고인에 대한 신청서 부본의 송달】

법원은 서면에 의한 배상신청이 있을 때에는 지체 없이 그 신청서 부본을 피고인에게 송달하여야 한다. 이 경우 법원은 직권 또는 신청인의 요청에 따라 신청서 부본상의 신청인 성명과 주소 등 신청인의 신원을 알 수 있는 사항의 전부 또는 일부를 가리고 송달할 수 있다.

제29조【공판기일 통지】

① 법원은 배상신청이 있을 때에는 신청인에게 공판기일을 알려야 한다.

② 신청인이 공판기일을 통지받고도 출석하지 아니하였을 때에는 신청인의 진술 없이 재판할 수 있다.

특례규칙

제20조【배상신청인 등의 좌석】
법 제26조의 규정에 의하여 피해배상을 신청한 자(다음부터 "배상신청인"이라 한다) 또는 그 대리인은 법관의 정면에 위치한다.

제21조【배상신청인등의 확인】
재판장은 공판을 개정한 때에는 배상신청인 및 그 대리인을 호명하여 출석여부와 배상신청인의 성명, 연령, 주거 및 직업 등을 확인하여야 한다.

제22조【배상신청인의 퇴석】
① 출석한 배상신청인은 언제든지 재판장의 허가를 받고 퇴석할 수 있다.

② 재판장은 공판기일의 심리가 배상명령과 관계없는 경우에는 출석한 배상신청인을 퇴석하게 할 수 있다.

제23조【공판조서의 기재요건】
공판조서에 배상신청인의 성명, 출석여부 및 신청서의 진술에 관한 사항을 기재하여야 한다.

제30조【기록의 열람과 증거조사】
① 신청인 및 그 대리인은 공판절차를 현저히 지연시키지 아니하는 범위에서 재판장의 허가를 받아 소송기록을 열람할 수 있고, 공판기일에 피고인이나 증인을 신문할 수 있으며, 그 밖에 필요한 증거를 제출할 수 있다.
② 제1항의 허가를 하지 아니한 재판에 대하여는 불복을 신청하지 못한다.

🔖 **특례규칙**

제24조【증거조사】
① 법원은 필요한 때에는 언제든지 피고인의 배상책임 유무와 그 범위를 인정함에 필요한 증거를 조사할 수 있다.
② 법원은 피고사건의 범죄사실에 관한 증거를 조사할 경우 피고인의 배상책임 유무와 그 범위에 관련된 사실을 함께 조사할 수 있다.
③ 피고사건의 범죄사실을 인정할 증거는 피고인의 배상책임 유무와 그 범위를 인정할 증거로 할 수 있다.
④ 제3항에 규정된 증거 이외의 증거를 조사할 경우 증거조사의 방식 및 증거능력에 관하여는 「형사소송법」의 관계규정에 의한다.

제31조【배상명령의 선고 등】
① 배상명령은 유죄판결의 선고와 동시에 하여야 한다.
② 배상명령은 일정액의 금전 지급을 명함으로써 하고 배상의 대상과 금액을 유죄판결의 주문에 표시하여야 한다. 배상명령의 이유는 특히 필요하다고 인정되는 경우가 아니면 적지 아니한다.
③ 배상명령은 가집행할 수 있음을 선고할 수 있다.
④ 제3항에 따른 가집행선고에 관하여는 「민사소송법」 제213조 제3항(가집행선고의 판결주문 기재), 제215조(가집행선고의 실효, 가집행의 원상회복과 손해배상), 제500조(재심 또는 상소의 추후보완신청으로 말미암은 집행정지) 및 제501조(상소제기 또는 변경의 소제기로 말미암은 집행정지)를 준용한다.
⑤ 배상명령을 하였을 때에는 유죄판결서의 정본을 피고인과 피해자에게 지체 없이 송달하여야 한다.

제32조【배상신청의 각하】
① 법원은 다음 각 호의 어느 하나에 해당하는 경우에는 결정으로 배상신청을 각하하여야 한다.
  1. 배상신청이 적법하지 아니한 경우

2. 배상신청이 이유 없다고 인정되는 경우

3. 배상명령을 하는 것이 타당하지 아니하다고 인정되는 경우

② 유죄판결의 선고와 동시에 제1항의 재판을 할 때에는 이를 유죄판결의 주문에 표시할 수 있다.

③ 법원은 제1항의 재판서에 신청인 성명과 주소 등 신청인의 신원을 알 수 있는 사항의 기재를 생략할 수 있다.

④ 배상신청을 각하하거나 그 일부를 인용한 재판에 대하여 신청인은 불복을 신청하지 못하며, 다시 동일한 배상신청을 할 수 없다.

제33조 【불복】

① 유죄판결에 대한 상소가 제기된 경우에는 배상명령은 피고사건과 함께 상소심으로 이심된다.

② 상소심에서 원심의 유죄판결을 파기하고 피고사건에 대하여 무죄, 면소 또는 공소기각의 재판을 할 때에는 원심의 배상명령을 취소하여야 한다. 이 경우 상소심에서 원심의 배상명령을 취소하지 아니한 경우에는 그 배상명령을 취소한 것으로 본다.

③ 원심에서 제25조 제2항에 따라 배상명령을 하였을 때에는 제2항을 적용하지 아니한다.

④ 상소심에서 원심판결을 유지하는 경우에도 원심의 배상명령을 취소하거나 변경할 수 있다.

⑤ 피고인은 유죄판결에 대하여 상소를 제기하지 아니하고 배상명령에 대하여만 상소 제기기간에 「형사소송법」에 따른 즉시항고를 할 수 있다. 다만, 즉시항고 제기 후 상소권자의 적법한 상소가 있는 경우에는 즉시항고는 취하된 것으로 본다.

특례규칙

제25조 【즉시항고와 기록송부】

① 피고인이 법 제33조 제5항의 규정에 의하여 즉시항고를 제기한 때에는 원심법원은 소송기록과 증거물을 14일 이내에 항고법원에 송부하여야 한다. 다만, 피고인에 대하여 사형을 선고한 판결이 확정된 때에는 그러하지 아니하다.

② 제1항의 규정은 재항고의 경우에 이를 준용한다.

제34조 【배상명령의 효력과 강제집행】

① 확정된 배상명령 또는 가집행선고가 있는 배상명령이 기재된 유죄판결서의 정본은 「민사집행법」에 따른 강제집행에 관하여는 집행력 있는 민사판결 정본과 동일한 효력이 있다.

② 이 법에 따른 배상명령이 확정된 경우 피해자는 그 인용된 금액의 범위에서 다른 절차에 따른 손해배상을 청구할 수 없다.

③ 지방법원이 민사지방법원과 형사지방법원으로 분리 설치된 경우에 배상명령에 따른 청구에

관한 이의의 소는 형사지방법원의 소재지를 관할하는 민사지방법원을 제1심 판결법원으로 한다.

④ 청구에 대한 이의의 주장에 관하여는 「민사집행법」 제44조 제2항(이의는 그이유가 변론이 종결된 뒤에 생긴 것이어야 한다)에 규정된 제한에 따르지 아니한다.

📖 **특례규칙**

제26조【재판 정본의 보관】

① 배상명령이 확정된 때에는 제1심판결법원은 확정된 유죄판결등의 정본을 보관하여야 한다.

② 배상명령이 제1심판결법원 이외의 법원에서 확정된 때에는 그 법원은 확정된 재판의 정본을 제1심판결법원에 지체 없이 송부하여야 한다.

③ 제1심판결법원이 제2항의 규정에 의하여 확정된 재판의 정본을 송부받은 때에는 형사공판사건부의 비고란에 그 취지를 기재하여야 한다.

④ 제1항의 규정에 의한 정본의 보존기간은 「법원재판사무처리규칙」 제29조 [별표 2]에 규정된 [영구]로 한다.

제27조【재판 정본의 교부】

① 배상명령이 확정된 경우, 제1심판결법원 또는 소송기록을 보관한 상급심법원은 「민사집행법」이 규정한 집행력 있는 정본의 부여절차에 의하여 확정된 유죄판결 등의 정본을 교부한다.

② 가집행선고부 배상명령이 있는 때에는 소송기록을 보관한 법원이 제1항에 규정된 절차에 의하여 유죄판결 등의 정본을 교부한다.

제35조【소송비용】

배상명령의 절차비용은 특별히 그 비용을 부담할 자를 정한 경우를 제외하고는 국고의 부담으로 한다.

제36조【민사상 다툼에 관한 형사소송 절차에서의 화해】

① 형사피고사건의 피고인과 피해자 사이에 민사상 다툼(해당 피고사건과 관련된 피해에 관한 다툼을 포함하는 경우로 한정한다)에 관하여 합의한 경우, 피고인과 피해자는 그 피고사건이 계속 중인 제1심 또는 제2심 법원에 합의 사실을 공판조서에 기재하여 줄 것을 공동으로 신청할 수 있다.

② 제1항의 합의가 피고인의 피해자에 대한 금전 지급을 내용으로 하는 경우에 피고인 외의 자가 피해자에 대하여 그 지급을 보증하거나 연대하여 의무를 부담하기로 합의하였을 때에는 제1항의 신청과 동시에 그 피고인 외의 자는 피고인 및 피해자와 공동으로 그 취지를 공판조서에 기재하여 줄 것을 신청할 수 있다.

③ 제1항 및 제2항에 따른 신청은 변론이 종결되기 전까지 공판기일에 출석하여 서면으로 하여야 한다.

④ 제3항에 따른 서면에는 해당 신청과 관련된 합의 및 그 합의가 이루어진 민사상 다툼의 목적인 권리를 특정할 수 있는 충분한 사실을 적어야 한다.

⑤ 합의가 기재된 공판조서의 효력 및 화해비용에 관하여는 「민사소송법」 제220조(화해, 청구의 포기·인낙조서의 효력) 및 제389조(화해비용)를 준용한다.

특례규칙

제28조【화해신청서의 기재사항】

법 제36조 제3항의 서면에는 다음 각 호의 사항을 기재하고 신청인 또는 대리인이 기명날인 또는 서명하여야 한다.

1. 형사피고사건의 번호, 사건명 및 사건이 계속된 법원
2. 신청인의 성명 및 주소
3. 대리인이 신청할 때에는 그 성명 및 주소
4. 신청인이 당해 형사피고사건의 피고인일 때는 그 취지
5. 신청인이 법 제36조 제2항에서 규정하는 피고인의 금전지불을 보증하거나 연대하여 의무를 부담하기로 한 사람일 때는 그 취지
6. 당해 신청과 관련된 합의 및 그 합의가 이루어진 민사상 다툼의 목적인 권리를 특정함에 충분한 사실

제29조【공판기일에서의 절차】

법 제36조 제3항에 따라 신청인이 공판기일에 출석한 경우 그 성질에 반하지 않는 한 제20조 내지 제22조의 규정을 준용한다.

제30조【공판조서의 기재사항 등】

① 법 제36조 제1항 또는 제2항의 규정에 의한 신청이 있는 경우 공판조서에는 그 신청사실을 기재하여야 한다.

② 법 제36조 제1항 또는 제2항의 규정에 의한 신청에 따른 합의를 공판조서에 기재하는 조치를 취한 경우에 해당기일조서에는 합의가 있다는 취지만을 기재하고, 다음 각 호의 사항을 기재한 화해조서를 작성한다.

1. 사건의 표시
2. 법관과 법원사무관등의 성명
3. 신청인의 성명 및 주소
4. 출석한 신청인 및 대리인의 성명
5. 당해 신청과 관련된 합의 및 그 합의가 이루어진 민사상 다툼의 목적인 권리를 특정함에 충분한 사실

③ 화해조서의 말미에는 법원사무관등과 재판장이 기명날인한다.

④ 법원사무관등은 제2항의 화해조서의 정본을 화해가 있는 날로부터 7일 안에 신청인에게 송달하여야 한다.

제37조【화해기록】

① 제36조 제1항 또는 제2항에 따른 신청에 따라 공판조서에 기재된 합의를 한 자나 이해관계를 소명한 제3자는 「형사소송법」 제55조(피고인의 공판조서열람권)에도 불구하고 대법원규칙으로 정하는 바에 따라 법원서기관, 법원사무관, 법원주사 또는 법원주사보(이하 "법원사무관등"이라 한다)에게 다음 각 호의 사항을 신청할 수 있다.

1. 다음 각 목에 해당하는 서류(이하 "화해기록"이라 한다)의 열람 또는 복사

> 가. 해당 공판조서(해당 합의 및 그 합의가 이루어진 민사상 다툼의 목적인 권리를 특정할
>   수 있는 충분한 사실이 기재된 부분으로 한정한다)
> 나. 해당 신청과 관련된 제36조 제3항에 따른 서면
> 다. 그 밖에 해당 합의에 관한 기록
> 2. 조서의 정본·등본 또는 초본의 발급
> 3. 화해에 관한 사항의 증명서의 발급
> ② 제1항에 따라 신청하는 자는 대법원규칙으로 정하는 바에 따라 수수료를 내야 한다.
> ③ 제1항 각 호의 신청에 관한 법원사무관등의 처분에 대한 이의신청은 「민사소송법」 제223조(법
>   원사무관 등의 처분에 대한 이의)의 예에 따르고, 화해기록에 관한 비밀보호를 위한 열람 등의
>   제한 절차는 같은 법 제163조(비밀보호를 위한 열람 등의 제한)의 예에 따른다.
> ④ 화해기록은 형사피고사건이 종결된 후에는 그 피고사건의 제1심 법원에서 보관한다.

🔲 **특례규칙**

제31조【화해기록의 작성 및 보관】
① 법 제37조에 따른 화해기록은 형사피고사건기록과 구별하여 별책으로 편성한다.
② 항소심에서 제1항의 화해기록을 작성한 경우에는 형사피고사건이 확정되거나 상고장이 접수된 후 14일
   이내에 그 화해기록을 당해 피고사건의 제1심 법원으로 송부한다.
③ 법 제37조 제4항에 따라 제1심 법원이 화해기록을 보관할 경우에 그 보존방식과 보존기간 등은 민사소송절차
   에서의 제소전화해사건기록의 보존에 준한다.

> **제38조【화해 절차 당사자 등에 관한 「민사소송법」의 준용】**
> 제36조 및 제37조에 따른 민사상 다툼에 관한 형사소송 절차에서의 화해 절차의 당사자 및 대리인
> 에 관하여는 그 성질에 반하지 아니하면 「민사소송법」 제1편 제2장 제1절(선정당사자 및 특별대
> 리인에 관한 규정은 제외한다) 및 제4절(소송대리인)을 준용한다.

🔲 **특례규칙**

제32조【준용규정】
법 제36조 및 제37조에서 규정하는 민사상 다툼에 관한 형사소송절차에서의 화해절차에 있어서는 「민사소송규
칙」 제1편 제3장(제13조 제2항 및 제14조를 제외한다) 및 제38조의 규정을 준용한다.

> **제39조【집행문 부여의 소 등에 대한 관할 특칙】**
> 제36조에 따른 민사상 다툼에 관한 형사소송 절차에서의 화해에 관련된 집행문 부여의 소, 청구에
> 관한 이의의 소 또는 집행문 부여에 대한 이의의 소에 대하여는 「민사집행법」 제33조(집행문 부여의

소), 제44조(청구에 관한 이의의 소) 제1항 및 제45조(집행문 부여에 대한 이의의 소)에도 불구하고 해당 피고사건의 제1심 법원의 관할에 전속한다.

제40조【위임규정】

배상명령의 절차에 관하여 이 법에 특별한 규정이 없는 사항은 대법원규칙으로 정하는 바에 따르고, 제36조부터 제39조까지의 규정에서 정하는 것 외에 민사상 다툼에 관한 형사소송 절차에서의 화해에 관하여 필요한 사항은 대법원규칙으로 정한다.

11 아동 · 청소년의 성보호에 관한 법률

• 2023.10.12. 시행

제1장 | 총칙

제1조 【목적】

이 법은 아동 · 청소년대상 성범죄의 처벌과 절차에 관한 특례를 규정하고 피해아동 · 청소년을 위한 구제 및 지원 절차를 마련하며 아동 · 청소년대상 성범죄자를 체계적으로 관리함으로써 아동 · 청소년을 성범죄로부터 보호하고 아동 · 청소년이 건강한 사회구성원으로 성장할 수 있도록 함을 목적으로 한다.

제2조 【정의】 ★

이 법에서 사용하는 용어의 뜻은 다음과 같다.

아동 · 청소년	19세 미만의 자. 다만, 19세에 도달하는 연도의 1월 1일을 맞이한 자는 제외한다.
아동 · 청소년대상 성범죄	가. 제7조(아동 · 청소년에 대한 강간 · 강제추행 등), 제7조의2(예비, 음모), 제8조(장애인인 아동 · 청소년에 대한 간음 등), 제8조의2(13세 이상 16세 미만 아동 · 청소년에 대한 간음 등), 제9조부터 제15조까지(강간 등 상해 · 치상, 강간 등 살인 · 치사, 아동 · 청소년이용음란물의 제작 · 배포 등, 아동 · 청소년 매매행위, 아동 · 청소년의 성을 사는 행위 등, 아동 · 청소년에 대한 강요행위 등, 알선영업행위 등) 및 제15조의2(아동 · 청소년에 대한 성착취 목적 대화 등)의 죄 나. 아동 · 청소년에 대한 「성폭력범죄의 처벌 등에 관한 특례법」 제3조부터 제15조까지(특수강도강간 등, 특수강간 등, 친족관계에 의한 강간 등, 장애인에 대한 강간 · 강제추행 등, 13세 미만의 미성년자에 대한 강간, 강제추행 등, 강간 등 상해 · 치상, 강간 등 살인 · 치사, 업무상 위력 등에 의한 추행, 공중밀집장소에서의 추행, 성적 목적을 위한 다중이용장소 침입행위, 통신매체를 이용한 음란행위, 카메라 등을 이용한 촬영, 허위영상물 등의 반포 등, 촬영물 등을 이용한 협박 · 강요, 미수범)의 죄 다. 아동 · 청소년에 대한 「형법」 제297조(강간), 제297조의2(유사강간) 및 제298조부터 제301조까지(강제추행, 준강간, 준강제추행, 미수범, 강간 등 상해 · 치상), 제301조의2(강간 등 살인 · 치사), 제302조(미성년자 등에 대한 간음), 제303조(업무상 위력 등에 의한 간음), 제305조(미성년자에 대한 간음, 추행), 제339조(강도강간) 및 제342조(미수범)(제339조의 미수범에 한정한다)의 죄 라. 아동 · 청소년에 대한 「아동복지법」 제17조 제2호(아동에게 음란한 행위를 시키거나 이를 매개하는 행위 또는 아동에게 성적 수치심을 주는 성희롱 등의 성적 학대행위)의 죄

아동·청소년대상 성폭력범죄	아동·청소년대상 성범죄에서 제11조부터 제15조까지 및 제15조의2의 죄를 제외한 죄
성인대상 성범죄	「성폭력범죄의 처벌 등에 관한 특례법」 제2조에 따른 성폭력범죄. 다만, 아동·청소년에 대한 「형법」 제302조 및 제305조의 죄는 제외한다.
아동·청소년의 성을 사는 행위	아동·청소년, 아동·청소년의 성(性)을 사는 행위를 알선한 자 또는 아동·청소년을 실질적으로 보호·감독하는 자 등에게 금품이나 그 밖의 재산상 이익, 직무·편의제공 등 대가를 제공하거나 약속하고 다음 각 목의 어느 하나에 해당하는 행위를 아동·청소년을 대상으로 하거나 아동·청소년으로 하여금 하게 하는 것 가. 성교 행위 나. 구강·항문 등 신체의 일부나 도구를 이용한 유사 성교 행위 다. 신체의 전부 또는 일부를 접촉·노출하는 행위로서 일반인의 성적 수치심이나 혐오감을 일으키는 행위 라. 자위행위
아동·청소년 성착취물	아동·청소년 또는 아동·청소년으로 명백하게 인식될 수 있는 사람이나 표현물이 등장하여 제4호 각 목의 어느 하나에 해당하는 행위를 하거나 그 밖의 성적 행위를 하는 내용을 표현하는 것으로서 필름·비디오물·게임물 또는 컴퓨터나 그 밖의 통신매체를 통한 화상·영상 등의 형태로 된 것
피해아동·청소년	제2호 나목부터 라목까지, 제7조, 제7조의2, 제8조, 제8조의2, 제9조부터 제15조까지 및 제15조의2의 죄의 피해자가 된 아동·청소년(제13조 제1항의 죄의 상대방이 된 아동·청소년을 포함한다)
성매매 피해아동·청소년	피해아동·청소년 중 제13조 제1항의 죄의 상대방 또는 제13조 제2항·제14조·제15조의 죄의 피해자가 된 아동·청소년
등록정보	법무부장관이 「성폭력범죄의 처벌 등에 관한 특례법」 제42조 제1항의 등록대상자에 대하여 같은 법 제44조 제1항에 따라 등록한 정보

관련판례

[1] 아동·청소년의 성보호에 관한 법률 제2조 제5호, 제11조 제2항 및 제3항 중 아동·청소년이용음란물 가운데 "아동·청소년으로 인식될 수 있는 사람이나 표현물이 등장하여 그 밖의 성적 행위를 하는 내용을 표현하는 것" 부분은 헌법에 위반되지 아니한다(헌재 2015.6.25. 2013헌가17).

[2] 아동·청소년의 성을 사는 행위를 알선하는 행위를 업으로 하여 알선영업행위죄가 성립하기 위해서는 알선행위를 업으로 하는 사람이 아동·청소년을 알선의 대상으로 삼아 그 성을 사는 행위를 알선한다는 것을 인식하여야 하지만, 이에 더하여 알선행위로 아동·청소년의 성을 사는 행위를 한 사람이 행위의 상대방이 아동·청소년임을 인식하여야 한다고 볼 수는 없다(대법원 2016.2.18. 2015도15664).

제3조【해석상 · 적용상의 주의】

이 법을 해석 · 적용할 때에는 아동 · 청소년의 권익을 우선적으로 고려하여야 하며, 이해관계인과 그 가족의 권리가 부당하게 침해되지 아니하도록 주의하여야 한다.

제4조【국가와 지방자치단체의 의무】

① 국가와 지방자치단체는 아동 · 청소년대상 성범죄를 예방하고, 아동 · 청소년을 성적 착취와 학대 행위로부터 보호하기 위하여 필요한 조사 · 연구 · 교육 및 계도와 더불어 법적 · 제도적 장치를 마련하며 필요한 재원을 조달하여야 한다.

② 국가는 아동 · 청소년에 대한 성적 착취와 학대 행위가 국제적 범죄임을 인식하고 범죄 정보의 공유, 범죄 조사 · 연구, 국제사법 공조, 범죄인 인도 등 국제협력을 강화하는 노력을 하여야 한다.

제5조【사회의 책임】

모든 국민은 아동 · 청소년이 이 법에서 정한 범죄의 피해자가 되거나 이 법에서 정한 범죄를 저지르지 아니하도록 사회 환경을 정비하고 아동 · 청소년을 보호 · 지원 · 교육하는 데에 최선을 다하여야 한다.

제6조【홍보영상의 제작 · 배포 · 송출】

① 여성가족부장관은 아동 · 청소년대상 성범죄의 예방과 계도, 피해자의 치료와 재활 등에 관한 홍보영상을 제작하여 「방송법」 제2조 제23호의 방송편성책임자에게 배포하여야 한다.

② 여성가족부장관은 「방송법」 제2조 제3호 가목의 지상파방송사업자(이하 "방송사업자"라 한다)에게 같은 법 제73조 제4항에 따라 대통령령으로 정하는 비상업적 공익광고 편성비율의 범위에서 제1항의 홍보영상을 채널별로 송출하도록 요청할 수 있다.

③ 방송사업자는 제1항의 홍보영상 외에 독자적인 홍보영상을 제작하여 송출할 수 있다. 이 경우 여성가족부장관에게 필요한 협조 및 지원을 요청할 수 있다.

제2장 │ 아동 · 청소년대상 성범죄의 처벌과 절차에 관한 특례

제7조【아동 · 청소년에 대한 강간 · 강제추행 등】

① 폭행 또는 협박으로 아동 · 청소년을 강간한 사람은 무기 또는 5년 이상의 징역에 처한다.

② 아동·청소년에 대하여 폭행이나 협박으로 다음 각 호의 어느 하나에 해당하는 행위를 한 자는 5년 이상의 유기징역에 처한다.

　　1. 구강·항문 등 신체(성기는 제외한다)의 내부에 성기를 넣는 행위

　　2. 성기·항문에 손가락 등 신체(성기는 제외한다)의 일부나 도구를 넣는 행위

③ 아동·청소년에 대하여 「형법」 제298조(강제추행)의 죄를 범한 자는 2년 이상의 유기징역 또는 1천만원 이상 3천만원 이하의 벌금에 처한다.

④ 아동·청소년에 대하여 「형법」 제299조(준강간, 준강제추행)의 죄를 범한 자는 제1항부터 제3항까지의 예에 따른다.

⑤ 위계 또는 위력으로써 아동·청소년을 간음하거나 아동·청소년을 추행한 자는 제1항부터 제3항까지의 예에 따른다.

⑥ 제1항부터 제5항까지의 미수범은 처벌한다.

제7조의2 【예비, 음모】

제7조의 죄를 범할 목적으로 예비 또는 음모한 사람은 3년 이하의 징역에 처한다.

제8조 【장애인인 아동·청소년에 대한 간음 등】

① 19세 이상의 사람이 장애 아동·청소년(「장애인복지법」 제2조 제1항에 따른 장애인으로서 신체적인 또는 정신적인 장애로 사물을 변별하거나 의사를 결정할 능력이 미약한 13세 이상의 아동·청소년을 말한다. 이하 같다)을 간음하거나 장애 아동·청소년으로 하여금 다른 사람을 간음하게 하는 경우에는 3년 이상의 유기징역에 처한다.

② 19세 이상의 사람이 13세 이상의 장애 아동·청소년을 추행한 경우 또는 13세 이상의 장애 아동·청소년으로 하여금 다른 사람을 추행하게 하는 경우에는 10년 이하의 징역 또는 5천만원 이하의 벌금에 처한다.

제8조의2 【13세 이상 16세 미만 아동·청소년에 대한 간음 등】

① 19세 이상의 사람이 13세 이상 16세 미만인 아동·청소년(제8조에 따른 장애 아동·청소년으로서 16세 미만인 자는 제외한다. 이하 이 조에서 같다)의 궁박한 상태를 이용하여 해당 아동·청소년을 간음하거나 해당 아동·청소년으로 하여금 다른 사람을 간음하게 하는 경우에는 3년 이상의 유기징역에 처한다.

② 19세 이상의 사람이 13세 이상 16세 미만인 아동·청소년의 궁박한 상태를 이용하여 해당 아동·청소년을 추행한 경우 또는 해당 아동·청소년으로 하여금 다른 사람을 추행하게 하는 경우에는 10년 이하의 징역 또는 5천만원 이하의 벌금에 처한다.

제9조 【강간 등 상해 · 치상】
제7조의 죄를 범한 사람이 다른 사람을 상해하거나 상해에 이르게 한 때에는 무기 또는 7년 이상의 징역에 처한다.

제10조 【강간 등 살인 · 치사】
① 제7조의 죄를 범한 사람이 다른 사람을 살해한 때에는 사형 또는 무기징역에 처한다.
② 제7조의 죄를 범한 사람이 다른 사람을 사망에 이르게 한 때에는 사형, 무기 또는 10년 이상의 징역에 처한다.

제11조 【아동 · 청소년성착취물의 제작 · 배포 등】
① 아동 · 청소년성착취물을 제작 · 수입 또는 수출한 자는 무기 또는 5년 이상의 징역에 처한다.
② 영리를 목적으로 아동 · 청소년성착취물을 판매 · 대여 · 배포 · 제공하거나 이를 목적으로 소지 · 운반 · 광고 · 소개하거나 공연히 전시 또는 상영한 자는 5년 이상의 유기징역에 처한다.
③ 아동 · 청소년성착취물을 배포 · 제공하거나 이를 목적으로 광고 · 소개하거나 공연히 전시 또는 상영한 자는 3년 이상의 유기징역에 처한다.
④ 아동 · 청소년성착취물을 제작할 것이라는 정황을 알면서 아동 · 청소년을 아동 · 청소년성착취물의 제작자에게 알선한 자는 3년 이상의 유기징역에 처한다.
⑤ 아동 · 청소년성착취물을 구입하거나 아동 · 청소년성착취물임을 알면서 이를 소지 · 시청한 자는 1년 이상의 유기징역에 처한다.
⑥ 제1항의 미수범은 처벌한다.
⑦ 상습적으로 제1항의 죄를 범한 자는 그 죄에 대하여 정하는 형의 2분의 1까지 가중한다.

관련판례

아동 · 청소년으로 하여금 아동 · 청소년이용음란물을 제작하게 한 후 이를 전송받아 보관한 경우, 아동 · 청소년이용음란물 제작죄 외에 아동 · 청소년이용음란물 소지죄가 별도로 성립하는지 여부(소극)
아동 · 청소년이용음란물을 제작한 자가 그 음란물을 소지하게 되는 경우 청소년보호법 위반(음란물소지)죄는 청소년성보호법 위반(음란물제작 · 배포등)죄에 흡수된다고 봄이 타당하다. 다만 아동 · 청소년이용음란물을 제작한 자가 제작에 수반된 소지행위를 벗어나 사회통념상 새로운 소지가 있었다고 평가할 수 있는 별도의 소지행위를 개시하였다면 이는 청소년성보호법 위반(음란물제작 · 배포등)죄와 별개의 청소년성보호법 위반(음란물소지)죄에 해당한다(대법원 2021.7.8. 2021도2993).

제12조【아동ㆍ청소년 매매행위】

① 아동ㆍ청소년의 성을 사는 행위 또는 아동ㆍ청소년성착취물을 제작하는 행위의 대상이 될 것을 알면서 아동ㆍ청소년을 매매 또는 국외에 이송하거나 국외에 거주하는 아동ㆍ청소년을 국내에 이송한 자는 무기 또는 5년 이상의 징역에 처한다.
② 제1항의 미수범은 처벌한다.

제13조【아동ㆍ청소년의 성을 사는 행위 등】

① 아동ㆍ청소년의 성을 사는 행위를 한 자는 1년 이상 10년 이하의 징역 또는 2천만원 이상 5천만원 이하의 벌금에 처한다.
② 아동ㆍ청소년의 성을 사기 위하여 아동ㆍ청소년을 유인하거나 성을 팔도록 권유한 자는 3년 이하의 징역 또는 3천만원 이하의 벌금에 처한다.
③ 장애 아동ㆍ청소년을 대상으로 제1항 또는 제2항의 죄를 범한 경우에는 그 죄에 정한 형의 2분의 1까지 가중처벌한다.

제14조【아동ㆍ청소년에 대한 강요행위 등】

① 다음 각 호의 어느 하나에 해당하는 자는 5년 이상의 유기징역에 처한다.
  1. 폭행이나 협박으로 아동ㆍ청소년으로 하여금 아동ㆍ청소년의 성을 사는 행위의 상대방이 되게 한 자
  2. 선불금(先拂金), 그 밖의 채무를 이용하는 등의 방법으로 아동ㆍ청소년을 곤경에 빠뜨리거나 위계 또는 위력으로 아동ㆍ청소년으로 하여금 아동ㆍ청소년의 성을 사는 행위의 상대방이 되게 한 자
  3. 업무ㆍ고용이나 그 밖의 관계로 자신의 보호 또는 감독을 받는 것을 이용하여 아동ㆍ청소년으로 하여금 아동ㆍ청소년의 성을 사는 행위의 상대방이 되게 한 자
  4. 영업으로 아동ㆍ청소년을 아동ㆍ청소년의 성을 사는 행위의 상대방이 되도록 유인ㆍ권유한 자
② 제1항 제1호부터 제3호까지의 죄를 범한 자가 그 대가의 전부 또는 일부를 받거나 이를 요구 또는 약속한 때에는 7년 이상의 유기징역에 처한다.
③ 아동ㆍ청소년의 성을 사는 행위의 상대방이 되도록 유인ㆍ권유한 자는 7년 이하의 징역 또는 5천만원 이하의 벌금에 처한다.
④ 제1항과 제2항의 미수범은 처벌한다.

제15조【알선영업행위 등】

① 다음 각 호의 어느 하나에 해당하는 자는 7년 이상의 유기징역에 처한다.

1. 아동·청소년의 성을 사는 행위의 장소를 제공하는 행위를 업으로 하는 자
2. 아동·청소년의 성을 사는 행위를 알선하거나 정보통신망(「정보통신망 이용촉진 및 정보 보호 등에 관한 법률」제2조 제1항 제1호의 정보통신망을 말한다. 이하 같다)에서 알선정 보를 제공하는 행위를 업으로 하는 자
3. 제1호 또는 제2호의 범죄에 사용되는 사실을 알면서 자금·토지 또는 건물을 제공한 자
4. 영업으로 아동·청소년의 성을 사는 행위의 장소를 제공·알선하는 업소에 아동·청소년을 고용하도록 한 자

② 다음 각 호의 어느 하나에 해당하는 자는 7년 이하의 징역 또는 5천만원 이하의 벌금에 처한다.
1. 영업으로 아동·청소년의 성을 사는 행위를 하도록 유인·권유 또는 강요한 자
2. 아동·청소년의 성을 사는 행위의 장소를 제공한 자
3. 아동·청소년의 성을 사는 행위를 알선하거나 정보통신망에서 알선정보를 제공한 자
4. 영업으로 제2호 또는 제3호의 행위를 약속한 자

③ 아동·청소년의 성을 사는 행위를 하도록 유인·권유 또는 강요한 자는 5년 이하의 징역 또는 3천만원 이하의 벌금에 처한다.

제15조의2 【아동·청소년에 대한 성착취 목적 대화 등】

① 19세 이상의 사람이 성적 착취를 목적으로 정보통신망을 통하여 아동·청소년에게 다음 각 호의 어느 하나에 해당하는 행위를 한 경우에는 3년 이하의 징역 또는 3천만원 이하의 벌금에 처한다.
1. 성적 욕망이나 수치심 또는 혐오감을 유발할 수 있는 대화를 지속적 또는 반복적으로 하거나 그러한 대화에 지속적 또는 반복적으로 참여시키는 행위
2. 제2조 제4호 각 목의 어느 하나에 해당하는 행위를 하도록 유인·권유하는 행위

② 19세 이상의 사람이 정보통신망을 통하여 16세 미만인 아동·청소년에게 제1항 각 호의 어느 하나에 해당하는 행위를 한 경우 제1항과 동일한 형으로 처벌한다.

제16조 【피해자 등에 대한 강요행위】

폭행이나 협박으로 아동·청소년대상 성범죄의 피해자 또는 「아동복지법」 제3조 제3호에 따른 보호자를 상대로 합의를 강요한 자는 7년 이하의 징역에 처한다.

제17조

삭제 <2020.6.9.>

제18조 【신고의무자의 성범죄에 대한 가중처벌】

제34조 제2항 각 호의 기관·시설 또는 단체의 장과 그 종사자가 자기의 보호·감독 또는 진료를 받는 아동·청소년을 대상으로 성범죄를 범한 경우에는 그 죄에 정한 형의 2분의 1까지 가중처벌한다.

제19조 【「형법」상 감경규정에 관한 특례】 ★

음주 또는 약물로 인한 심신장애 상태에서 아동·청소년대상 성폭력범죄를 범한 때에는 「형법」 제10조 제1항(심신상실)·제2항(심신미약) 및 제11조(청각 및 언어 장애인)를 적용하지 아니할 수 있다.

제20조 【공소시효에 관한 특례】 ★

① 아동·청소년대상 성범죄의 공소시효는 「형사소송법」 제252조(시효의 가산점) 제1항에도 불구하고 해당 성범죄로 피해를 당한 아동·청소년이 성년에 달한 날부터 진행한다.

② 제7조의 죄(아동·청소년에 대한 강간·강제추행 등)는 디엔에이(DNA)증거 등 그 죄를 증명할 수 있는 과학적인 증거가 있는 때에는 공소시효가 10년 연장된다.

③ 13세 미만의 사람 및 신체적인 또는 정신적인 장애가 있는 아동·청소년에 대하여 다음 각 호의 죄를 범한 경우에는 제1항과 제2항에도 불구하고 「형사소송법」 제249조부터 제253조까지 및 「군사법원법」 제291조부터 제295조까지에 규정된 공소시효를 적용하지 아니한다.

  1. 「형법」 제297조(강간), 제298조(강제추행), 제299조(준강간, 준강제추행), 제301조(강간 등 상해·치상), 제301조의2(강간 등 살인·치사) 또는 제305조(미성년자에 대한 간음, 추행)의 죄

  2. 제9조(강간 등 상해·치상) 및 제10조(강간 등 살인·치사)의 죄

  3. 「성폭력범죄의 처벌 등에 관한 특례법」 제6조 제2항(장애인에 대한 강제추행), 제7조 제2항(13세 미만의 미성년자에 대한 강제추행)·제5항(위계·위력에 의한 13세 미만의 미성년자에 대한 강간, 강제추행), 제8조(강간 등 상해·치상), 제9조(강간 등 살인·치사)의 죄

④ 다음 각 호의 죄를 범한 경우에는 제1항과 제2항에도 불구하고 「형사소송법」 제249조부터 제253조까지 및 「군사법원법」 제291조부터 제295조까지에 규정된 공소시효를 적용하지 아니한다.

  1. 「형법」 제301조의2(강간 등 살인·치사)의 죄(강간 등 살인에 한정한다)

  2. 제10조 제1항(강간 등 살인) 및 제11조 제1항(아동·청소년 성착취물의 제작 등)의 죄

  3. 「성폭력범죄의 처벌 등에 관한 특례법」 제9조 제1항(강간 등 살인·치사)의 죄

제21조【형벌과 수강명령 등의 병과】 ★

① 법원은 아동·청소년대상 성범죄를 범한 「소년법」 제2조의 소년(19세 미만인 소년)에 대하여 형의 선고를 유예하는 경우에는 반드시 보호관찰을 명하여야 한다.

② 법원은 아동·청소년대상 성범죄를 범한 자에 대하여 유죄판결을 선고하거나 약식명령을 고지하는 경우에는 500시간의 범위에서 재범예방에 필요한 수강명령 또는 성폭력 치료프로그램의 이수명령(이하 "이수명령"이라 한다)을 병과하여야 한다. 다만, 수강명령 또는 이수명령을 부과할 수 없는 특별한 사정이 있는 경우에는 그러하지 아니하다.

③ 아동·청소년대상 성범죄를 범한 자에 대하여 제2항의 수강명령은 형의 집행을 유예할 경우에 그 집행유예기간 내에서 병과하고, 이수명령은 벌금 이상의 형을 선고하거나 약식명령을 고지할 경우에 병과한다. 다만, 이수명령은 아동·청소년대상 성범죄자가 「전자장치 부착 등에 관한 법률」 제9조의2 제1항 제4호(특정범죄 치료 프로그램의 이수)에 따른 성폭력 치료 프로그램의 이수명령을 부과 받은 경우에는 병과하지 아니한다.

④ 법원이 아동·청소년대상 성범죄를 범한 사람에 대하여 형의 집행을 유예하는 경우에는 제2항에 따른 수강명령 외에 그 집행유예기간 내에서 보호관찰 또는 사회봉사 중 하나 이상의 처분을 병과할 수 있다.

⑤ 제2항에 따른 수강명령 또는 이수명령은 형의 집행을 유예할 경우에는 그 집행유예기간 내에, 벌금형을 선고할 경우에는 형 확정일부터 6개월 이내에, 징역형 이상의 실형을 선고할 경우에는 형기 내에 각각 집행한다. 다만, 수강명령 또는 이수명령은 아동·청소년대상 성범죄를 범한 사람이 「성폭력범죄의 처벌 등에 관한 특례법」 제16조에 따른 수강명령 또는 이수명령을 부과 받은 경우에는 병과하지 아니한다.

⑥ 제2항에 따른 수강명령 또는 이수명령이 형의 집행유예 또는 벌금형과 병과된 경우에는 보호관찰소의 장이 집행하고, 징역형 이상의 실형과 병과된 경우에는 교정시설의 장이 집행한다. 다만, 징역형 이상의 실형과 병과된 수강명령 또는 이수명령을 모두 이행하기 전에 석방 또는 가석방되거나 미결구금일수 산입 등의 사유로 형을 집행할 수 없게 된 경우에는 보호관찰소의 장이 남은 수강명령 또는 이수명령을 집행한다.

⑦ 제2항에 따른 수강명령 또는 이수명령은 다음 각 호의 내용으로 한다.
  1. 일탈적 이상행동의 진단·상담
  2. 성에 대한 건전한 이해를 위한 교육
  3. 그 밖에 성범죄를 범한 사람의 재범예방을 위하여 필요한 사항

⑧ 보호관찰소의 장 또는 교정시설의 장은 제2항에 따른 수강명령 또는 이수명령 집행의 전부 또는 일부를 여성가족부장관에게 위탁할 수 있다.

⑨ 보호관찰, 사회봉사, 수강명령 및 이수명령에 관하여 이 법에 규정한 사항 외의 사항에 대하여는 「보호관찰 등에 관한 법률」을 준용한다.

참고	형벌과 수강명령 등의 병과		
소년	• 선고유예 : 필요적 보호관찰(제1항)		
성인	• 유죄판결 선고 : 500시간의 범위에서 수강명령 또는 이수명령 필요적 병과(제2항)		
	구분	수강명령	이수명령
	병과	• 집행유예 시 집행유예기간 내에서 병과(제3항) • 집행유예기간 내에서 보호관찰 또는 사회봉사 중 하나 이상의 처분 병과 가능(제4항).	• 벌금 이상의 형을 선고하거나 약식명령 고지 시 병과(제3항)
	집행	• 집행유예 시 집행유예기간 내 : 보호관찰소장 집행(제5항, 제6항)	• 벌금형을 선고할 경우에는 형 확정일부터 6개월 이내 : 보호관찰소장 집행(제5항·제6항) • 징역형 이상의 실형(實刑)을 선고할 경우에는 형기 내 : 교정시설의 장 집행(제5항·제6항)

제21조의2【재범여부 조사】

① 법무부장관은 제21조 제2항에 따라 수강명령 또는 이수명령을 선고받아 그 집행을 마친 사람에 대하여 그 효과를 평가하기 위하여 아동·청소년대상 성범죄 재범여부를 조사할 수 있다.

② 법무부장관은 제1항에 따른 재범여부 조사를 위하여 수강명령 또는 이수명령의 집행을 마친 때부터 5년 동안 관계 기관의 장에게 그 사람에 관한 범죄경력자료 및 수사경력자료를 요청할 수 있다.

제22조【판결 전 조사】 ★

① 법원은 피고인에 대하여 제21조에 따른 보호관찰, 사회봉사, 수강명령 또는 이수명령을 부과하거나 제56조에 따른 취업제한 명령을 부과하기 위하여 필요하다고 인정하면 그 법원의 소재지 또는 피고인의 주거지를 관할하는 보호관찰소의 장에게 피고인의 신체적·심리적 특성 및 상태, 정신성적 발달과정, 성장배경, 가정환경, 직업, 생활환경, 교우관계, 범행동기, 병력, 피해자와의 관계, 재범위험성 등 피고인에 관한 사항의 조사를 요구할 수 있다.

② 제1항의 요구를 받은 보호관찰소의 장은 지체 없이 이를 조사하여 서면으로 해당 법원에 알려야 한다. 이 경우 필요하다고 인정하면 피고인이나 그 밖의 관계인을 소환하여 심문하거나 소속 보호관찰관에게 필요한 사항을 조사하게 할 수 있다.

③ 법원은 제1항의 요구를 받은 보호관찰소의 장에게 조사진행상황에 관한 보고를 요구할 수 있다

제23조【친권상실청구 등】

① 아동·청소년대상 성범죄 사건을 수사하는 검사는 그 사건의 가해자가 피해아동·청소년의 친권자나 후견인인 경우에 법원에「민법」제924조의 친권상실선고 또는 같은 법 제940조의 후견인 변경 결정을 청구하여야 한다. 다만, 친권상실선고 또는 후견인 변경 결정을 하여서는 아니 될 특별한 사정이 있는 경우에는 그러하지 아니하다.

② 다음 각 호의 기관·시설 또는 단체의 장은 검사에게 제1항의 청구를 하도록 요청할 수 있다. 이 경우 청구를 요청받은 검사는 요청받은 날부터 30일 내에 해당 기관·시설 또는 단체의 장에게 그 처리 결과를 통보하여야 한다.

  1. 「아동복지법」제10조의2에 따른 아동권리보장원 또는 같은 법 제45조에 따른 아동보호전 문기관

  2. 「성폭력방지 및 피해자보호 등에 관한 법률」제10조의 성폭력피해상담소 및 같은 법 제12 조의 성폭력피해자보호시설

  3. 「청소년복지 지원법」제29조 제1항에 따른 청소년상담복지센터 및 같은 법 제31조 제1호 에 따른 청소년쉼터

③ 제2항 각 호 외의 부분 후단에 따라 처리 결과를 통보받은 기관·시설 또는 단체의 장은 그 처리 결과에 대하여 이의가 있을 경우 통보받은 날부터 30일 내에 직접 법원에 제1항의 청구를 할 수 있다.

제24조【피해아동·청소년의 보호조치 결정】

법원은 아동·청소년대상 성범죄 사건의 가해자에게「민법」제924조에 따라 친권상실선고를 하는 경우에는 피해아동·청소년을 다른 친권자 또는 친족에게 인도하거나 제45조 또는 제46조의 기관·시설 또는 단체에 인도하는 등의 보호조치를 결정할 수 있다. 이 경우 그 아동·청소년의 의견을 존중하여야 한다.

제25조【수사 및 재판 절차에서의 배려】

① 수사기관과 법원 및 소송관계인은 아동·청소년대상 성범죄를 당한 피해자의 나이, 심리 상태 또는 후유장애의 유무 등을 신중하게 고려하여 조사 및 심리·재판 과정에서 피해자의 인격이 나 명예가 손상되거나 사적인 비밀이 침해되지 아니하도록 주의하여야 한다.

② 수사기관과 법원은 아동·청소년대상 성범죄의 피해자를 조사하거나 심리·재판할 때 피해자 가 편안한 상태에서 진술할 수 있는 환경을 조성하여야 하며, 조사 및 심리·재판 횟수는 필요한 범위에서 최소한으로 하여야 한다.

③ 수사기관과 법원은 제2항에 따른 조사나 심리·재판을 할 때 피해아동·청소년이 13세 미만이 거나 신체적인 또는 정신적인 장애로 의사소통이나 의사표현에 어려움이 있는 경우 조력을

위하여 「성폭력범죄의 처벌 등에 관한 특례법」 제36조부터 제39조까지를 준용한다. 이 경우 "성폭력범죄"는 "아동·청소년대상 성범죄"로, "피해자"는 "피해아동·청소년"으로 본다.

제25조의2 【아동·청소년대상 디지털 성범죄의 수사 특례】

① 사법경찰관리는 다음 각 호의 어느 하나에 해당하는 범죄(이하 "디지털 성범죄"라 한다)에 대하여 신분을 비공개하고 범죄현장(정보통신망을 포함한다) 또는 범인으로 추정되는 자들에게 접근하여 범죄행위의 증거 및 자료 등을 수집(이하 "신분비공개수사"라 한다)할 수 있다.
  1. 제11조(아동·청소년이용음란물의 제작·배포 등) 및 제15조의2(아동·청소년에 대한 성착취 목적 대화 등)의 죄
  2. 아동·청소년에 대한 「성폭력범죄의 처벌 등에 관한 특례법」 제14조 제2항(카메라 등을 이용한 신체 촬영) 및 제3항(촬영물 또는 복제물의 반포 등)의 죄
② 사법경찰관리는 디지털 성범죄를 계획 또는 실행하고 있거나 실행하였다고 의심할 만한 충분한 이유가 있고, 다른 방법으로는 그 범죄의 실행을 저지하거나 범인의 체포 또는 증거의 수집이 어려운 경우에 한정하여 수사 목적을 달성하기 위하여 부득이한 때에는 다음 각 호의 행위(이하 "신분위장수사"라 한다)를 할 수 있다.
  1. 신분을 위장하기 위한 문서, 도화 및 전자기록 등의 작성, 변경 또는 행사
  2. 위장 신분을 사용한 계약·거래
  3. 아동·청소년성착취물 또는 「성폭력범죄의 처벌 등에 관한 특례법」 제14조 제2항의 촬영물 또는 복제물(복제물의 복제물을 포함한다)의 소지, 판매 또는 광고
③ 제1항에 따른 수사의 방법 등에 필요한 사항은 대통령령으로 정한다.

제25조의3 【아동·청소년대상 디지털 성범죄 수사 특례의 절차】

① 사법경찰관리가 신분비공개수사를 진행하고자 할 때에는 사전에 상급 경찰관서 수사부서의 장의 승인을 받아야 한다. 이 경우 그 수사기간은 3개월을 초과할 수 없다.
② 제1항에 따른 승인의 절차 및 방법 등에 필요한 사항은 대통령령으로 정한다.
③ 사법경찰관리는 신분위장수사를 하려는 경우에는 검사에게 신분위장수사에 대한 허가를 신청하고, 검사는 법원에 그 허가를 청구한다.
④ 제3항의 신청은 필요한 신분위장수사의 종류·목적·대상·범위·기간·장소·방법 및 해당 신분위장수사가 제25조의2 제2항의 요건을 충족하는 사유 등의 신청사유를 기재한 서면으로 하여야 하며, 신청사유에 대한 소명자료를 첨부하여야 한다.
⑤ 법원은 제3항의 신청이 이유 있다고 인정하는 경우에는 신분위장수사를 허가하고, 이를 증명하는 서류(이하 "허가서"라 한다)를 신청인에게 발부한다.
⑥ 허가서에는 신분위장수사의 종류·목적·대상·범위·기간·장소·방법 등을 특정하여 기재

하여야 한다.

⑦ 신분위장수사의 기간은 3개월을 초과할 수 없으며, 그 수사기간 중 수사의 목적이 달성되었을 경우에는 즉시 종료하여야 한다.

⑧ 제7항에도 불구하고 제25조의2 제2항의 요건이 존속하여 그 수사기간을 연장할 필요가 있는 경우에는 사법경찰관리는 소명자료를 첨부하여 3개월의 범위에서 수사기간의 연장을 검사에게 신청하고, 검사는 법원에 그 연장을 청구한다. 이 경우 신분위장수사의 총 기간은 1년을 초과할 수 없다.

제25조의4 【아동ㆍ청소년대상 디지털 성범죄에 대한 긴급 신분위장수사】

① 사법경찰관리는 제25조의2 제2항의 요건을 구비하고, 제25조의3 제3항부터 제8항까지에 따른 절차를 거칠 수 없는 긴급을 요하는 때에는 법원의 허가 없이 신분위장수사를 할 수 있다.

② 사법경찰관리는 제1항에 따른 신분위장수사 개시 후 지체 없이 검사에게 허가를 신청하여야 하고, 사법경찰관리는 48시간 이내에 법원의 허가를 받지 못한 때에는 즉시 신분위장수사를 중지하여야 한다.

③ 제1항 및 제2항에 따른 신분위장수사 기간에 대해서는 제25조의3 제7항 및 제8항을 준용한다.

제25조의5 【아동ㆍ청소년대상 디지털 성범죄에 대한 신분비공개수사 또는 신분위장수사로 수집한 증거 및 자료 등의 사용제한】

사법경찰관리가 제25조의2부터 제25조의4까지에 따라 수집한 증거 및 자료 등은 다음 각 호의 어느 하나에 해당하는 경우 외에는 사용할 수 없다.

1. 신분비공개수사 또는 신분위장수사의 목적이 된 디지털 성범죄나 이와 관련되는 범죄를 수사ㆍ소추하거나 그 범죄를 예방하기 위하여 사용하는 경우
2. 신분비공개수사 또는 신분위장수사의 목적이 된 디지털 성범죄나 이와 관련되는 범죄로 인한 징계절차에 사용하는 경우
3. 증거 및 자료 수집의 대상자가 제기하는 손해배상청구소송에서 사용하는 경우
4. 그 밖에 다른 법률의 규정에 의하여 사용하는 경우

제25조의6 【국가경찰위원회와 국회의 통제】

① 「국가경찰과 자치경찰의 조직 및 운영에 관한 법률」 제16조 제1항에 따른 국가수사본부장(이하 "국가수사본부장"이라 한다)은 신분비공개수사가 종료된 즉시 대통령령으로 정하는 바에 따라 같은 법 제7조 제1항에 따른 국가경찰위원회에 수사 관련 자료를 보고하여야 한다.

② 국가수사본부장은 대통령령으로 정하는 바에 따라 국회 소관 상임위원회에 신분비공개수사 관련 자료를 반기별로 보고하여야 한다.

제25조의7 【비밀준수의 의무】

① 제25조의2부터 제25조의6까지에 따른 신분비공개수사 또는 신분위장수사에 대한 승인·집행·보고 및 각종 서류작성 등에 관여한 공무원 또는 그 직에 있었던 자는 직무상 알게 된 신분비공개수사 또는 신분위장수사에 관한 사항을 외부에 공개하거나 누설하여서는 아니 된다.
② 제1항의 비밀유지에 관하여 필요한 사항은 대통령령으로 정한다.

제25조의8 【면책】

① 사법경찰관리가 신분비공개수사 또는 신분위장수사 중 부득이한 사유로 위법행위를 한 경우 그 행위에 고의나 중대한 과실이 없는 경우에는 벌하지 아니한다.
② 제1항에 따른 위법행위가 「국가공무원법」 제78조 제1항에 따른 징계 사유에 해당하더라도 그 행위에 고의나 중대한 과실이 없는 경우에는 징계 요구 또는 문책 요구 등 책임을 묻지 아니한다.
③ 신분비공개수사 또는 신분위장수사 행위로 타인에게 손해가 발생한 경우라도 사법경찰관리는 그 행위에 고의나 중대한 과실이 없는 경우에는 그 손해에 대한 책임을 지지 아니한다.

제25조의9 【수사 지원 및 교육】

상급 경찰관서 수사부서의 장은 신분비공개수사 또는 신분위장수사를 승인하거나 보고받은 경우 사법경찰관리에게 수사에 필요한 인적·물적 지원을 하고, 전문지식과 피해자 보호를 위한 수사방법 및 수사절차 등에 관한 교육을 실시하여야 한다.

제26조 【영상물의 촬영·보존 등】

① 아동·청소년대상 성범죄 피해자의 진술내용과 조사과정은 비디오녹화기 등 영상물 녹화장치로 촬영·보존하여야 한다.
② 제1항에 따른 영상물 녹화는 피해자 또는 법정대리인이 이를 원하지 아니하는 의사를 표시한 때에는 촬영을 하여서는 아니 된다. 다만, 가해자가 친권자 중 일방인 경우는 그러하지 아니하다.
③ 제1항에 따른 영상물 녹화는 조사의 개시부터 종료까지의 전 과정 및 객관적 정황을 녹화하여야 하고, 녹화가 완료된 때에는 지체 없이 그 원본을 피해자 또는 변호사 앞에서 봉인하고 피해자로 하여금 기명날인 또는 서명하게 하여야 한다.

④ 검사 또는 사법경찰관은 피해자가 제1항의 녹화장소에 도착한 시각, 녹화를 시작하고 마친 시각, 그 밖에 녹화과정의 진행경과를 확인하기 위하여 필요한 사항을 조서 또는 별도의 서면에 기록한 후 수사기록에 편철하여야 한다.

⑤ 검사 또는 사법경찰관은 피해자 또는 법정대리인이 신청하는 경우에는 영상물 촬영과정에서 작성한 조서의 사본을 신청인에게 교부하거나 영상물을 재생하여 시청하게 하여야 한다.

⑥ 제1항부터 제4항까지의 절차에 따라 촬영한 영상물에 수록된 피해자의 진술은 공판준비기일 또는 공판기일에 피해자 또는 조사과정에 동석하였던 신뢰관계에 있는 자의 진술에 의하여 그 성립의 진정함이 인정된 때에는 증거로 할 수 있다.

⑦ 누구든지 제1항에 따라 촬영한 영상물을 수사 및 재판의 용도 외에 다른 목적으로 사용하여서는 아니 된다.

제27조 【증거보전의 특례】

① 아동·청소년대상 성범죄의 피해자, 그 법정대리인 또는 경찰은 피해자가 공판기일에 출석하여 증언하는 것에 현저히 곤란한 사정이 있을 때에는 그 사유를 소명하여 제26조에 따라 촬영된 영상물 또는 그 밖의 다른 증거물에 대하여 해당 성범죄를 수사하는 검사에게 「형사소송법」 제184조 제1항에 따른 증거보전의 청구를 할 것을 요청할 수 있다.

② 제1항의 요청을 받은 검사는 그 요청이 상당한 이유가 있다고 인정하는 때에는 증거보전의 청구를 하여야 한다.

제28조 【신뢰관계에 있는 사람의 동석】

① 법원은 아동·청소년대상 성범죄의 피해자를 증인으로 신문하는 경우에 검사, 피해자 또는 법정대리인이 신청하는 경우에는 재판에 지장을 줄 우려가 있는 등 부득이한 경우가 아니면 피해자와 신뢰관계에 있는 사람을 동석하게 하여야 한다.

② 제1항은 수사기관이 제1항의 피해자를 조사하는 경우에 관하여 준용한다.

③ 제1항 및 제2항의 경우 법원과 수사기관은 피해자와 신뢰관계에 있는 사람이 피해자에게 불리하거나 피해자가 원하지 아니하는 경우에는 동석하게 하여서는 아니 된다.

제29조 【서류·증거물의 열람·등사】

아동·청소년대상 성범죄의 피해자, 그 법정대리인 또는 변호사는 재판장의 허가를 받아 소송계속 중의 관계 서류 또는 증거물을 열람하거나 등사할 수 있다.

제30조【피해아동 · 청소년 등에 대한 변호사선임의 특례】

① 아동 · 청소년대상 성범죄의 피해자 및 그 법정대리인은 형사절차상 입을 수 있는 피해를 방어하고 법률적 조력을 보장하기 위하여 변호사를 선임할 수 있다.

② 제1항에 따른 변호사에 관하여는 「성폭력범죄의 처벌 등에 관한 특례법」 제27조 제2항부터 제6항까지를 준용한다.

제31조【비밀누설 금지】

① 아동 · 청소년대상 성범죄의 수사 또는 재판을 담당하거나 이에 관여하는 공무원 또는 그 직에 있었던 사람은 피해아동 · 청소년의 주소 · 성명 · 연령 · 학교 또는 직업 · 용모 등 그 아동 · 청소년을 특정할 수 있는 인적사항이나 사진 등 또는 그 아동 · 청소년의 사생활에 관한 비밀을 공개하거나 타인에게 누설하여서는 아니 된다.

② 제45조 및 제46조의 기관 · 시설 또는 단체의 장이나 이를 보조하는 자 또는 그 직에 있었던 자는 직무상 알게 된 비밀을 타인에게 누설하여서는 아니 된다.

③ 누구든지 피해아동 · 청소년의 주소 · 성명 · 연령 · 학교 또는 직업 · 용모 등 그 아동 · 청소년을 특정하여 파악할 수 있는 인적사항이나 사진 등을 신문 등 인쇄물에 싣거나 「방송법」 제2조 제1호에 따른 방송(이하 "방송"이라 한다) 또는 정보통신망을 통하여 공개하여서는 아니 된다.

④ 제1항부터 제3항까지를 위반한 자는 7년 이하의 징역 또는 5천만원 이하의 벌금에 처한다. 이 경우 징역형과 벌금형은 병과할 수 있다.

제32조【양벌규정】

법인의 대표자나 법인 또는 개인의 대리인, 사용인, 그 밖의 종업원이 그 법인 또는 개인의 업무에 관하여 제14조 제3항, 제15조 제2항 · 제3항 또는 제31조 제3항의 어느 하나에 해당하는 위반행위를 하면 그 행위자를 벌하는 외에 그 법인 또는 개인에게도 해당 조문의 벌금형을 과하고, 제11조 제1항부터 제6항까지, 제12조, 제14조 제1항 · 제2항 · 제4항 또는 제15조 제1항의 어느 하나에 해당하는 위반행위를 하면 그 행위자를 벌하는 외에 그 법인 또는 개인을 5천만원 이하의 벌금에 처한다. 다만, 법인 또는 개인이 그 위반행위를 방지하기 위하여 해당 업무에 관하여 상당한 주의와 감독을 게을리하지 아니한 경우에는 그러하지 아니하다.

제33조【내국인의 국외범 처벌】

국가는 국민이 대한민국 영역 외에서 아동 · 청소년대상 성범죄를 범하여 「형법」 제3조에 따라 형사처벌하여야 할 경우에는 외국으로부터 범죄정보를 신속히 입수하여 처벌하도록 노력하여야 한다.

제3장 | 아동 · 청소년대상 성범죄의 신고 · 응급조치와 피해아동 · 청소년의 보호 · 지원

제34조【아동 · 청소년대상 성범죄의 신고】

① 누구든지 아동·청소년대상 성범죄의 발생 사실을 알게 된 때에는 수사기관에 신고할 수 있다.

② 다음 각 호의 어느 하나에 해당하는 기관·시설 또는 단체의 장과 그 종사자는 직무상 아동·청소년대상 성범죄의 발생 사실을 알게 된 때에는 즉시 수사기관에 신고하여야 한다.

1. 「유아교육법」 제2조 제2호의 유치원

2. 「초·중등교육법」 제2조의 학교, 같은 법 제28조와 같은 법 시행령 제54조에 따른 위탁 교육기관 및 「고등교육법」 제2조의 학교

2의2. 특별시·광역시·특별자치시·도·특별자치도 교육청 또는 「지방교육자치에 관한 법률」 제34조에 따른 교육지원청이 「초·중등교육법」 제28조에 따라 직접 설치·운영하거나 위탁하여 운영하는 학생상담지원시설 또는 위탁 교육시설

2의3. 「제주특별자치도 설치 및 국제자유도시 조성을 위한 특별법」 제223조에 따라 설립된 국제학교

3. 「의료법」 제3조의 의료기관

4. 「아동복지법」 제3조 제10호의 아동복지시설 및 같은 법 제37조에 따른 통합서비스 수행기관

5. 「장애인복지법」 제58조의 장애인복지시설

6. 「영유아보육법」 제2조 제3호의 어린이집, 같은 법 제7조에 따른 육아종합지원센터 및 같은 법 제26조의2에 따른 시간제보육서비스지정기관

7. 「학원의 설립·운영 및 과외교습에 관한 법률」 제2조 제1호의 학원 및 같은 조 제2호의 교습소

8. 「성매매방지 및 피해자보호 등에 관한 법률」 제9조의 성매매피해자등을 위한 지원시설 및 같은 법 제17조의 성매매피해상담소

9. 「한부모가족지원법」 제19조에 따른 한부모가족복지시설

10. 「가정폭력방지 및 피해자보호 등에 관한 법률」 제5조의 가정폭력 관련 상담소 및 같은 법 제7조의 가정폭력피해자 보호시설

11. 「성폭력방지 및 피해자보호 등에 관한 법률」 제10조의 성폭력피해상담소 및 같은 법 제12조의 성폭력피해자보호시설

12. 「청소년활동 진흥법」 제2조 제2호의 청소년활동시설

13. 「청소년복지 지원법」 제29조 제1항에 따른 청소년상담복지센터 및 같은 법 제31조 제1호에 따른 청소년쉼터

13의2. 「학교 밖 청소년 지원에 관한 법률」 제12조에 따른 학교 밖 청소년 지원센터

14. 「청소년 보호법」 제35조의 청소년 보호·재활센터

15. 「국민체육진흥법」 제2조 제9호가목 및 나목의 체육단체

16. 「대중문화예술산업발전법」 제2조 제7호에 따른 대중문화예술기획업자가 같은 조 제6호에 따른 대중문화예술기획업 중 같은 조 제3호에 따른 대중문화예술인에 대한 훈련·지도·상담 등을 하는 영업장(이하 "대중문화예술기획업소"라 한다)

③ 다른 법률에 규정이 있는 경우를 제외하고는 누구든지 신고자 등의 인적사항이나 사진 등 그 신원을 알 수 있는 정보나 자료를 출판물에 게재하거나 방송 또는 정보통신망을 통하여 공개하여서는 아니 된다.

제35조【신고의무자에 대한 교육】

① 관계 행정기관의 장은 제34조 제2항 각 호의 기관·시설 또는 단체의 장과 그 종사자의 자격취득 과정에 아동·청소년대상 성범죄 예방 및 신고의무와 관련된 교육내용을 포함시켜야 한다.

② 여성가족부장관은 제34조 제2항 각 호의 기관·시설 또는 단체의 장과 그 종사자에 대하여 성범죄 예방 및 신고의무와 관련된 교육을 실시할 수 있다.

③ 제2항의 교육에 필요한 사항은 대통령령으로 정한다.

제36조【피해아동·청소년의 보호】

아동·청소년대상 성범죄를 저지른 자가 피해아동·청소년과 「가정폭력범죄의 처벌 등에 관한 특례법」 제2조 제2호의 가정구성원인 관계에 있는 경우로서 피해아동·청소년을 보호할 필요가 있는 때에는 같은 법 제5조, 제8조, 제29조 및 제49조부터 제53조까지의 규정을 준용한다.

제37조【피해아동·청소년 등의 상담 및 치료】

① 국가는 피해아동·청소년 등의 신체적·정신적 회복을 위하여 제46조의 상담시설 또는 「성폭력방지 및 피해자보호 등에 관한 법률」 제27조의 성폭력 전담의료기관으로 하여금 다음 각 호의 사람에게 상담이나 치료프로그램(이하 "상담·치료프로그램"이라 한다)을 제공하도록 요청할 수 있다.

1. 피해아동·청소년

2. 피해아동·청소년의 보호자 및 형제·자매

3. 그 밖에 대통령령으로 정하는 사람

② 제1항에 따라 상담·치료프로그램 제공을 요청받은 기관은 정당한 이유 없이 그 요청을 거부할 수 없다.

제38조【성매매 피해아동·청소년에 대한 조치 등】 ★

① 「성매매알선 등 행위의 처벌에 관한 법률」 제21조 제1항(성매매를 한 사람의 처벌)에도 불구하고 제13조 제1항(아동·청소년의 성을 사는 행위를 한 자의 처벌)의 죄의 상대방이 된 아동·청소년에 대하여는 보호를 위하여 처벌하지 아니한다.

② 검사 또는 사법경찰관은 성매매 피해아동·청소년을 발견한 경우 신속하게 사건을 수사한 후 지체 없이 여성가족부장관 및 제47조의2에 따른 성매매 피해아동·청소년 지원센터를 관할하는 특별시장·광역시장·특별자치시장·도지사·특별자치도지사(이하 "시·도지사"라 한다)에게 통지하여야 한다.

③ 여성가족부장관은 제2항에 따른 통지를 받은 경우 해당 성매매 피해아동·청소년에 대하여 다음 각 호의 어느 하나에 해당하는 조치를 하여야 한다.
  1. 제45조에 따른 보호시설 또는 제46조에 따른 상담시설과의 연계
  2. 제47조의2에 따른 성매매 피해아동·청소년 지원센터에서 제공하는 교육·상담 및 지원 프로그램 등의 참여

④ 삭제 <2020.5.19.>

제39조

삭제 <2020.5.19>

제40조

삭제 <2020.5.19>

제41조【피해아동·청소년 등을 위한 조치의 청구】 ★

검사는 성범죄의 피해를 받은 아동·청소년을 위하여 지속적으로 위해의 배제와 보호가 필요하다고 인정하는 경우 법원에 제1호의 보호관찰과 함께 제2호부터 제5호까지의 조치를 청구할 수 있다. 다만, 「전자장치 부착 등에 관한 법률」 제9조의2 제1항 제2호 및 제3호에 따라 가해자에게 특정지역 출입금지 등의 준수사항을 부과하는 경우에는 그러하지 아니하다.

1. 가해자에 대한 「보호관찰 등에 관한 법률」에 따른 보호관찰
2. 피해를 받은 아동·청소년의 주거 등으로부터 가해자를 분리하거나 퇴거하는 조치
3. 피해를 받은 아동·청소년의 주거, 학교 등으로부터 100미터 이내에 가해자 또는 가해자의 대리인의 접근을 금지하는 조치
4. 「전기통신기본법」 제2조 제1호의 전기통신이나 우편물을 이용하여 가해자가 피해를 받은 아동·청소년 또는 그 보호자와 접촉을 하는 행위의 금지

5. 제45조에 따른 보호시설에 대한 보호위탁결정 등 피해를 받은 아동·청소년의 보호를 위하여 필요한 조치

제42조 【피해아동·청소년 등에 대한 보호처분의 판결 등】 ★
① 법원은 제41조에 따른 보호처분의 청구가 이유 있다고 인정할 때에는 6개월의 범위에서 기간을 정하여 판결로 보호처분을 선고하여야 한다.
② 제41조 각 호의 보호처분은 병과할 수 있다.
③ 검사는 제1항에 따른 보호처분 기간의 연장이 필요하다고 인정하는 경우 법원에 그 기간의 연장을 청구할 수 있다. 이 경우 보호처분 기간의 연장 횟수는 3회 이내로 하고, 연장기간은 각각 6개월 이내로 한다.
④ 보호처분 청구사건의 판결은 아동·청소년대상 성범죄 사건의 판결과 동시에 선고하여야 한다.
⑤ 피해자 또는 법정대리인은 제41조 제1호 및 제2호의 보호처분 후 주거 등을 옮긴 때에는 관할 법원에 보호처분 결정의 변경을 신청할 수 있다.
⑥ 법원은 제1항에 따른 보호처분을 결정한 때에는 검사, 피해자, 가해자, 보호관찰관 및 보호처분을 위탁받아 행하는 보호시설의 장에게 각각 통지하여야 한다. 다만, 보호시설이 민간에 의하여 운영되는 기관인 경우에는 그 시설의 장으로부터 수탁에 대한 동의를 받아야 한다.
⑦ 보호처분 결정의 집행에 관하여 필요한 사항은 「가정폭력범죄의 처벌 등에 관한 특례법」 제43조를 준용한다.

제43조 【피해아동·청소년 등에 대한 보호처분의 변경과 종결】
① 검사는 제42조에 따른 보호처분에 대하여 그 내용의 변경 또는 종결을 법원에 청구할 수 있다.
② 법원은 제1항에 따른 청구가 있는 경우 해당 보호처분이 피해를 받은 아동·청소년의 보호에 적절한지 여부에 대하여 심사한 후 보호처분의 변경 또는 종결이 필요하다고 인정하는 경우에는 이를 변경 또는 종결하여야 한다.

제44조 【가해아동·청소년의 처리】 ★
① 10세 이상 14세 미만의 아동·청소년이 제2조 제2호 나목 및 다목의 죄와 제7조(아동·청소년에 대한 강간·강제추행 등)의 죄를 범한 경우에 수사기관은 신속히 수사하고, 그 사건을 관할 법원 소년부에 송치하여야 한다.

② 14세 이상 16세 미만의 아동·청소년이 제1항의 죄를 범하여 그 사건이 관할 법원 소년부로 송치된 경우 송치 받은 법원 소년부 판사는 그 아동·청소년에게 다음 각 호의 어느 하나에 해당하는 보호처분을 할 수 있다.
  1. 「소년법」 제32조 제1항 각 호의 보호처분
  2. 「청소년 보호법」 제35조의 청소년 보호·재활센터에 선도보호를 위탁하는 보호처분
③ 사법경찰관은 제1항에 따른 가해아동·청소년을 발견한 경우 특별한 사정이 없으면 그 사실을 가해아동·청소년의 법정대리인 등에게 통지하여야 한다.
④ 판사는 제1항 및 제2항에 따라 관할 법원 소년부에 송치된 가해아동·청소년에 대하여 「소년법」 제32조 제1항 제4호(보호관찰관의 단기 보호관찰) 또는 제5호(보호관찰관의 장기 보호관찰)의 처분을 하는 경우 재범예방에 필요한 수강명령을 하여야 한다.
⑤ 검사는 가해아동·청소년에 대하여 소년부 송치 여부를 검토한 결과 소년부 송치가 적절하지 아니한 경우 가해아동·청소년으로 하여금 재범예방에 필요한 교육과정이나 상담과정을 마치게 하여야 한다.
⑥ 제5항에 따른 교육과정이나 상담과정에 관하여 필요한 사항은 대통령령으로 정한다.

제45조 【보호시설】

「성매매방지 및 피해자보호 등에 관한 법률」 제9조 제1항 제2호의 청소년 지원시설, 「청소년복지 지원법」 제29조 제1항에 따른 청소년상담복지센터 및 같은 법 제31조 제1호에 따른 청소년쉼터 또는 「청소년 보호법」 제35조의 청소년 보호·재활센터는 다음 각 호의 업무를 수행할 수 있다.
1. 제46조 제1항 각 호의 업무
2. 성매매 피해아동·청소년의 보호·자립지원
3. 장기치료가 필요한 성매매 피해아동·청소년의 다른 기관과의 연계 및 위탁

제46조 【상담시설】

① 「성매매방지 및 피해자보호 등에 관한 법률」 제17조의 성매매피해상담소 및 「청소년복지 지원법」 제29조 제1항에 따른 청소년상담복지센터는 다음 각 호의 업무를 수행할 수 있다.
  1. 제7조부터 제18조까지의 범죄 신고의 접수 및 상담
  2. 성매매 피해아동·청소년과 병원 또는 관련 시설과의 연계 및 위탁
  3. 그 밖에 아동·청소년 성매매 등과 관련한 조사·연구
② 「성폭력방지 및 피해자보호 등에 관한 법률」 제10조의 성폭력피해상담소 및 같은 법 제12조의 성폭력피해자보호시설은 다음 각 호의 업무를 수행할 수 있다.
  1. 제7조, 제8조, 제8조의2, 제9조부터 제11조까지 및 제16조의 범죄에 대한 신고의 접수 및 상담

2. 아동·청소년대상 성폭력범죄로 인하여 정상적인 생활이 어렵거나 그 밖의 사정으로 긴급히 보호를 필요로 하는 피해아동·청소년을 병원이나 성폭력피해자보호시설로 데려다 주거나 일시 보호하는 업무

3. 피해아동·청소년의 신체적·정신적 안정회복과 사회복귀를 돕는 업무

4. 가해자에 대한 민사상·형사상 소송과 피해배상청구 등의 사법처리절차에 관하여 대한변호사협회·대한법률구조공단 등 관계 기관에 필요한 협조와 지원을 요청하는 업무

5. 아동·청소년대상 성폭력범죄의 가해아동·청소년과 그 법정대리인에 대한 교육·상담 프로그램의 운영

6. 아동·청소년 관련 성보호 전문가에 대한 교육

7. 아동·청소년대상 성폭력범죄의 예방과 방지를 위한 홍보

8. 아동·청소년대상 성폭력범죄 및 그 피해에 관한 조사·연구

9. 그 밖에 피해아동·청소년의 보호를 위하여 필요한 업무

제47조 【아동·청소년대상 성교육 전문기관의 설치·운영】

① 국가와 지방자치단체는 아동·청소년의 건전한 성가치관 조성과 성범죄 예방을 위하여 아동·청소년대상 성교육 전문기관(이하 "성교육 전문기관"이라 한다)을 설치하거나 해당 업무를 전문단체에 위탁할 수 있다.

② 제1항에 따른 위탁 관련 사항, 성교육 전문기관에 두는 종사자 등 직원의 자격 및 설치기준과 운영에 관하여 필요한 사항은 대통령령으로 정한다.

제47조의2 【성매매 피해아동·청소년 지원센터의 설치】

① 여성가족부장관 또는 시·도지사 및 시장·군수·구청장(자치구의 구청장을 말한다. 이하 같다)은 성매매 피해아동·청소년의 보호를 위하여 성매매 피해아동·청소년 지원센터(이하 "성매매 피해아동·청소년 지원센터"라 한다)를 설치·운영할 수 있다.

② 성매매 피해아동·청소년 지원센터는 다음 각 호의 업무를 수행한다.

1. 제12조부터 제15조까지의 범죄에 대한 신고의 접수 및 상담

2. 성매매 피해아동·청소년의 교육·상담 및 지원

3. 성매매 피해아동·청소년을 병원이나 「성매매방지 및 피해자보호 등에 관한 법률」 제9조에 따른 지원시설로 데려다 주거나 일시 보호하는 업무

4. 성매매 피해아동·청소년의 신체적·정신적 치료·안정회복과 사회복귀를 돕는 업무

5. 성매매 피해아동·청소년의 법정대리인을 대상으로 한 교육·상담프로그램 운영

6. 아동·청소년 성매매 등에 관한 조사·연구

7. 그 밖에 성매매 피해아동·청소년의 보호 및 지원을 위하여 필요한 업무로서 대통령령으로 정하는 업무

③ 국가와 지방자치단체는 제2항에 따른 성매매 피해아동·청소년 지원센터의 업무에 대하여 예산의 범위에서 그 경비의 일부를 보조하여야 한다.

④ 성매매 피해아동·청소년 지원센터의 운영은 여성가족부령으로 정하는 바에 따라 비영리법인 또는 단체에 위탁할 수 있다.

제48조
삭제 <2020.5.19.>

제4장 | 성범죄로 유죄판결이 확정된 자의 신상정보 공개와 취업제한 등

제49조【등록정보의 공개】★

① 법원은 다음 각 호의 어느 하나에 해당하는 자에 대하여 판결로 제4항의 공개정보를 「성폭력범죄의 처벌 등에 관한 특례법」 제45조 제1항의 등록기간(법무부장관의 등록정보 10~30년간 보존·관리)동안 정보통신망을 이용하여 공개하도록 하는 명령(이하 "공개명령"이라 한다)을 등록대상 사건의 판결과 동시에 선고하여야 한다. 다만, 피고인이 아동·청소년인 경우, 그 밖에 신상정보를 공개하여서는 아니 될 특별한 사정이 있다고 판단하는 경우에는 그러하지 아니하다.

1. 아동·청소년대상 성범죄를 저지른 자
2. 「성폭력범죄의 처벌 등에 관한 특례법」 제2조 제1항 제3호·제4호, 같은 조 제2항(제1항 제3호·제4호에 한정한다), 제3조부터 제15조까지의 범죄를 저지른 자
3. 제1호 또는 제2호의 죄를 범하였으나 「형법」 제10조 제1항에 따라 처벌할 수 없는 자로서 제1호 또는 제2호의 죄를 다시 범할 위험성이 있다고 인정되는 자

② 제1항에 따른 등록정보의 공개기간(「형의 실효 등에 관한 법률」 제7조에 따른 기간을 초과하지 못한다)은 판결이 확정된 때부터 기산한다.

③ 다음 각 호의 기간은 제1항에 따른 공개기간에 넣어 계산하지 아니한다.

1. 공개명령을 받은 자(이하 "공개대상자"라 한다)가 신상정보 공개의 원인이 된 성범죄로 교정시설 또는 치료감호시설에 수용된 기간. 이 경우 신상정보 공개의 원인이 된 성범죄와 다른 범죄가 「형법」 제37조(판결이 확정되지 아니한 수개의 죄를 경합범으로 하는 경우로 한정한다)에 따라 경합되어 같은 법 제38조에 따라 형이 선고된 경우에는 그 선고형 전부를 신상정보 공개의 원인이 된 성범죄로 인한 선고형으로 본다.

2. 제1호에 따른 기간 이전의 기간으로서 제1호에 따른 기간과 이어져 공개대상자가 다른 범죄로 교정시설 또는 치료감호시설에 수용된 기간

3. 제1호에 따른 기간 이후의 기간으로서 제1호에 따른 기간과 이어져 공개대상자가 다른 범죄로 교정시설 또는 치료감호시설에 수용된 기간

④ 제1항에 따라 공개하도록 제공되는 등록정보(이하 "공개정보"라 한다)는 다음 각 호와 같다.

    1. 성명

    2. 나이

    3. 주소 및 실제거주지(「도로명주소법」 제2조 제5호의 도로명 및 같은 조 제7호의 건물번호까지로 한다)

    4. 신체정보(키와 몸무게)

    5. 사진

    6. 등록대상 성범죄 요지(판결일자, 죄명, 선고형량을 포함한다)

    7. 성폭력범죄 전과사실(죄명 및 횟수)

    8. 「전자장치 부착 등에 관한 법률」에 따른 전자장치 부착 여부

⑤ 공개정보의 구체적인 형태와 내용에 관하여는 대통령령으로 정한다.

⑥ 공개정보를 정보통신망을 이용하여 열람하고자 하는 자는 실명인증 절차를 거쳐야 한다.

⑦ 실명인증, 공개정보 유출 방지를 위한 기술 및 관리에 관한 구체적인 방법과 절차는 대통령령으로 정한다.

관련판례

청소년 성매수자에 대한 신상공개 규정이 이중처벌금지원칙에 위반되는지 여부(소극)

헌법 제13조 제1항에서 말하는 '처벌'은 원칙적으로 범죄에 대한 국가의 형벌권 실행으로서의 과벌을 의미하는 것이고, 국가가 행하는 일체의 제재나 불이익처분을 모두 그 '처벌'에 포함시킬 수는 없다. 이 제도가 당사자에게 일종의 수치심과 불명예를 줄 수 있다고 하여도, 이는 어디까지나 신상공개제도가 추구하는 입법목적에 부수적인 것이지 주된 것은 아니다. 또한, 공개되는 신상과 범죄사실은 이미 공개재판에서 확정된 유죄판결의 일부로서, 개인의 신상 내지 사생활에 관한 새로운 내용이 아니고, 공익목적을 위하여 이를 공개하는 과정에서 부수적으로 수치심 등이 발생된다고 하여 이것을 기존의 형벌 외에 또 다른 형벌로서 수치형이나 명예형에 해당한다고 볼 수는 없다. 그렇다면, 신상공개제도는 헌법 제13조의 이중처벌금지원칙에 위배되지 않는다(헌재 2003.6.26. 2002헌가14).

제50조 【등록정보의 고지】 ★

① 법원은 공개대상자 중 다음 각 호의 어느 하나에 해당하는 자에 대하여 판결로 제49조에 따른 공개명령 기간 동안 제4항에 따른 고지정보를 제5항에 규정된 사람에 대하여 고지하도록 하는 명령(이하 "고지명령"이라 한다)을 등록대상 성범죄 사건의 판결과 동시에 선고하여야

한다. 다만, 피고인이 아동·청소년인 경우, 그 밖에 신상정보를 고지하여서는 아니 될 특별한 사정이 있다고 판단하는 경우에는 그러하지 아니하다.

1. 아동·청소년대상 성범죄를 저지른 자
2. 「성폭력범죄의 처벌 등에 관한 특례법」 제2조 제1항 제3호·제4호, 같은 조 제2항(제1항 제3호·제4호에 한정한다), 제3조부터 제15조까지의 범죄를 저지른 자
3. 제1호 또는 제2호의 죄를 범하였으나 「형법」 제10조 제1항에 따라 처벌할 수 없는 자로서 제1호 또는 제2호의 죄를 다시 범할 위험성이 있다고 인정되는 자

② 고지명령을 선고받은 자(이하 "고지대상자"라 한다)는 공개명령을 선고받은 자로 본다.

③ 고지명령은 다음 각 호의 기간 내에 하여야 한다.

1. 집행유예를 선고받은 고지대상자는 신상정보 최초 등록일부터 1개월 이내
2. 금고 이상의 실형을 선고받은 고지대상자는 출소 후 거주할 지역에 전입한 날부터 1개월 이내
3. 고지대상자가 다른 지역으로 전출하는 경우에는 변경정보 등록일부터 1개월 이내

④ 제1항에 따라 고지하여야 하는 고지정보는 다음 각 호와 같다.

1. 고지대상자가 이미 거주하고 있거나 전입하는 경우에는 제49조 제4항의 공개정보. 다만, 제49조 제4항 제3호에 따른 주소 및 실제거주지는 상세주소를 포함한다.
2. 고지대상자가 전출하는 경우에는 제1호의 고지정보와 그 대상자의 전출 정보

⑤ 제4항의 고지정보는 고지대상자가 거주하는 읍·면·동의 아동·청소년이 속한 세대의 세대주와 다음 각 호의 자에게 고지한다.

1. 「영유아보육법」에 따른 어린이집의 원장 및 육아종합지원센터·시간제보육서비스지정기관의 장
2. 「유아교육법」에 따른 유치원의 장
3. 「초·중등교육법」 제2조에 따른 학교의 장
4. 읍·면사무소와 동 주민센터의 장(경계를 같이 하는 읍·면 또는 동을 포함한다)
5. 「학원의 설립·운영 및 과외교습에 관한 법률」 제2조 제2호에 따른 교습소의 장, 같은 조 제3호에 따른 개인과외교습자 및 제2조의2에 따른 학교교과교습학원의 장
6. 「아동복지법」 제52조 제1항에 따른 아동복지시설 중 다음 각 목의 시설의 장
    가. 아동양육시설
    나. 아동일시보호시설
    다. 아동보호치료시설
    라. 공동생활가정
    마. 지역아동센터
7. 「청소년복지 지원법」 제31조에 따른 청소년복지시설의 장
8. 「청소년활동 진흥법」 제10조 제1호에 따른 청소년수련시설의 장

제51조 【고지명령의 집행】 ★

① 고지명령의 집행은 여성가족부장관이 한다.

② 법원은 고지명령의 판결이 확정되면 판결문 등본을 판결이 확정된 날부터 14일 이내에 법무부장관에게 송달하여야 하며, 법무부장관은 제50조 제3항에 따른 기간 내에 고지명령이 집행될 수 있도록 최초등록 및 변경등록 시 고지대상자, 고지기간 및 같은 조 제4항 각 호에 규정된 고지정보를 지체 없이 여성가족부장관에게 송부하여야 한다.

③ 법무부장관은 고지대상자가 출소하는 경우 출소 1개월 전까지 다음 각 호의 정보를 여성가족부장관에게 송부하여야 한다.

1. 고지대상자의 출소 예정일
2. 고지대상자의 출소 후 거주지 상세주소

④ 여성가족부장관은 제50조 제4항에 따른 고지정보를 관할구역에 거주하는 아동·청소년이 속한 세대의 세대주와 다음 각 호의 자에게 우편·이동통신단말장치 등 여성가족부령으로 정하는 바에 따라 송부하고, 읍·면 사무소 또는 동(경계를 같이 하는 읍·면 또는 동을 포함한다) 주민센터 게시판에 30일간 게시하는 방법으로 고지명령을 집행한다.

1. 「영유아보육법」에 따른 어린이집의 원장 및 육아종합지원센터·시간제보육서비스지정기관의 장
2. 「유아교육법」에 따른 유치원의 장
3. 「초·중등교육법」 제2조에 따른 학교의 장
4. 읍·면사무소와 동 주민센터의 장(경계를 같이 하는 읍·면 또는 동을 포함한다)
5. 「학원의 설립·운영 및 과외교습에 관한 법률」 제2조 제2호에 따른 교습소의 장, 제2조 제3호에 따른 개인과외교습자 및 제2조의2에 따른 학교교과교습학원의 장
6. 「아동복지법」 제52조 제1항에 따른 아동복지시설 중 다음 각 목의 시설의 장
   가. 아동양육시설   나. 아동일시보호시설
   다. 아동보호치료시설   라. 공동생활가정
   마. 지역아동센터
7. 「청소년복지 지원법」 제31조에 따른 청소년복지시설의 장
8. 「청소년활동 진흥법」 제10조 제1호에 따른 청소년수련시설의 장

⑤ 여성가족부장관은 제4항에 따른 고지명령의 집행 이후 관할구역에 출생신고·입양신고·전입신고가 된 아동·청소년이 속한 세대의 세대주와 관할구역에 설립·설치된 다음 각 호의 자로서 고지대상자의 고지정보를 송부받지 못한 자에 대하여 제50조 제4항에 따른 고지정보를 우편·이동통신단말장치 등 여성가족부령으로 정하는 바에 따라 송부한다.

1. 「영유아보육법」에 따른 어린이집의 원장 및 육아종합지원센터·시간제보육서비스지정기관의 장
2. 「유아교육법」에 따른 유치원의 장
3. 「초·중등교육법」 제2조에 따른 학교의 장

4. 「학원의 설립·운영 및 과외교습에 관한 법률」 제2조 제2호에 따른 교습소의 장, 제2조 제3호에 따른 개인과외교습자 및 제2조의2에 따른 학교교과교습학원의 장

5. 「아동복지법」 제52조 제1항에 따른 아동복지시설 중 다음 각 목의 시설의 장

　가. 아동양육시설　　　　　　　나. 아동일시보호시설

　다. 아동보호치료시설　　　　　라. 공동생활가정

　마. 지역아동센터

6. 「청소년복지 지원법」 제31조에 따른 청소년복지시설의 장

7. 「청소년활동 진흥법」 제10조 제1호에 따른 청소년수련시설의 장

⑥ 여성가족부장관은 고지명령의 집행에 관한 업무 중 제4항 및 제5항에 따른 송부 및 게시판 게시 업무를 고지대상자가 실제 거주하는 읍·면사무소의 장 또는 동 주민센터의 장에게 위임할 수 있다.

⑦ 제6항에 따른 위임을 받은 읍·면사무소의 장 또는 동 주민센터의 장은 송부 및 게시판 게시 업무를 집행하여야 한다.

⑧ 삭제 <2023.4.11.>

⑨ 고지명령의 집행 및 고지절차 등에 필요한 사항은 여성가족부령으로 정한다.

관련판례

[1] 아동·청소년의 성보호에 관한 법률에서 정한 공개명령 및 고지명령 제도의 의의와 법적 성격(=일종의 보안처분)

아동·청소년의 성보호에 관한 법률이 정한 공개명령 및 고지명령 제도는 아동·청소년대상 성폭력범죄 등을 효과적으로 예방하고 그 범죄로부터 아동·청소년을 보호함을 목적으로 하는 일종의 보안처분으로서, 그 목적과 성격, 운영에 관한 법률의 규정 내용 및 취지 등을 종합해 보면, 공개명령 및 고지명령 제도는 범죄행위를 한 자에 대한 응보 등을 목적으로 그 책임을 추궁하는 사후적 처분인 형벌과 구별되어 그 본질을 달리한다(대법원 2012.5.24. 2012도2763).

[2] 아동·청소년의 성보호에 관한 법률 제49조 제1항 단서, 제50조 제1항 단서에서 공개명령 또는 고지명령 선고의 예외사유로 규정한 피고인이 아동·청소년인 경우의 판단 기준 시점(=사실심 판결 선고시)

아동·청소년의 성보호에 관한 법률 제49조 제1항 단서, 제50조의 제1항 단서는 피고인이 아동·청소년인 경우, 그 밖에 신상정보를 공개하여서는 아니 될 특별한 사정이 있다고 판단되는 경우를 공개명령 또는 고지명령 선고에 관한 예외사유로 규정하고 있는데, 공개명령 및 고지명령의 성격과 본질, 관련 법률의 내용과 취지 등에 비추어 공개명령 등의 예외사유로 규정되어 있는 위 피고인이 아동·청소년인 경우에 해당하는지는 사실심 판결의 선고시를 기준으로 판단하여야 한다(대법원 2012.5.24. 2012도2763).

제51조의2

삭제 <2023.4.11.>

제52조 【공개명령의 집행】

① 공개명령은 여성가족부장관이 정보통신망을 이용하여 집행한다.

② 법원은 공개명령의 판결이 확정되면 판결문 등본을 판결이 확정된 날부터 14일 이내에 법무부 장관에게 송달하여야 하며, 법무부장관은 제49조 제2항에 따른 공개기간 동안 공개명령이 집행될 수 있도록 최초등록 및 변경등록 시 공개대상자, 공개기간 및 같은 조 제4항 각 호에 규정된 공개정보를 지체 없이 여성가족부장관에게 송부하여야 한다.

③ 공개명령의 집행·공개절차·관리 등에 관한 세부사항은 대통령령으로 정한다.

제52조의2 【고지정보 및 공개정보의 정정 등】

① 누구든지 제51조에 따라 집행된 고지정보 또는 제52조에 따라 집행된 공개정보에 오류가 있음을 발견한 경우 여성가족부장관에게 그 정정을 요청할 수 있다.

② 여성가족부장관은 제1항에 따른 정정 요청을 받은 경우 법무부장관에게 그 사실을 통보하고, 법무부장관은 해당 정보의 진위와 변경 여부를 확인하기 위하여 고지대상자 또는 공개대상자 의 주소지를 관할하는 경찰관서의 장에게 직접 대면 등의 방법으로 진위와 변경 여부를 확인 하도록 요구할 수 있다.

③ 법무부장관은 제2항에 따라 고지정보 또는 공개정보에 오류가 있음을 확인한 경우 대통령령 으로 정하는 바에 따라 변경정보를 등록한 후 여성가족부장관에게 그 결과를 송부하고, 여성 가족부장관은 제51조 제4항 또는 같은 조 제5항에 따른 방법으로 집행된 고지정보 나 제52조 제1항에 따른 방법으로 집행된 공개정보에 정정 사항이 있음을 알려야 한다.

④ 여성가족부장관은 제3항에 따른 처리 결과를 제1항에 따라 고지정보 또는 공개정보의 정정을 요청한 자에게 알려야 한다.

⑤ 제1항에 따른 고지정보 또는 공개정보의 정정 요청의 방법 및 절차, 제2항에 따른 법무부장관 에 대한 통보, 조회 또는 정보 제공의 요청, 확인 요구 방법 및 절차, 제4항에 따른 처리 결과 통지 방법 등에 필요한 사항은 대통령령으로 정한다.

제53조 【계도 및 범죄정보의 공표】

① 여성가족부장관은 아동·청소년대상 성범죄의 발생추세와 동향, 그 밖에 계도에 필요한 사항 을 연 2회 이상 공표하여야 한다.

② 여성가족부장관은 제1항에 따른 성범죄 동향 분석 등을 위하여 성범죄로 유죄판결이 확정된 자에 대한 자료를 관계 행정기관에 요청할 수 있다.

제53조의2 【아동 · 청소년성착취물 관련 범죄 실태조사】

① 여성가족부장관은 아동 · 청소년성착취물과 관련한 범죄 예방과 재발 방지 등을 위하여 정기적으로 아동 · 청소년성착취물 관련 범죄에 대한 실태조사를 하여야 한다.

② 제1항에 따른 실태조사의 주기, 방법과 내용 등에 관하여 필요한 사항은 여성가족부령으로 정한다.

제54조 【비밀준수】

등록대상 성범죄자의 신상정보의 공개 및 고지 업무에 종사하거나 종사하였던 자는 직무상 알게 된 등록정보를 누설하여서는 아니 된다.

제55조 【공개정보의 악용금지】

① 공개정보는 아동 · 청소년 등을 등록대상 성범죄로부터 보호하기 위하여 성범죄 우려가 있는 자를 확인할 목적으로만 사용되어야 한다.

② 공개정보를 확인한 자는 공개정보를 활용하여 다음 각 호의 행위를 하여서는 아니 된다.

　1. 신문 · 잡지 등 출판물, 방송 또는 정보통신망을 이용한 공개

　2. 공개정보의 수정 또는 삭제

③ 공개정보를 확인한 자는 공개정보를 등록대상 성범죄로부터 보호할 목적 외에 다음 각 호와 관련된 목적으로 사용하여 공개대상자를 차별하여서는 아니 된다.

　1. 고용(제56조 제1항의 아동 · 청소년 관련기관 등에의 고용은 제외한다)

　2. 주택 또는 사회복지시설의 이용

　3. 교육기관의 교육 및 직업훈련

제56조 【아동 · 청소년 관련기관등에의 취업제한 등】

① 법원은 아동 · 청소년대상 성범죄 또는 성인대상 성범죄(이하 "성범죄"라 한다)로 형 또는 치료감호를 선고하는 경우에는 판결(약식명령을 포함한다. 이하 같다)로 그 형 또는 치료감호의 전부 또는 일부의 집행을 종료하거나 집행이 유예 · 면제된 날(벌금형을 선고받은 경우에는 그 형이 확정된 날)부터 일정기간(이하 "취업제한 기간"이라 한다) 동안 다음 각 호에 따른 시설 · 기관 또는 사업장(이하 "아동 · 청소년 관련기관등"이라 한다)을 운영하거나 아동 · 청소년 관련기관등에 취업 또는 사실상 노무를 제공할 수 없도록 하는 명령(이하 "취업제한 명령"이라 한다)을 성범죄 사건의 판결과 동시에 선고(약식명령의 경우에는 고지)하여야 한다. 다만, 재범의 위험성이 현저히 낮은 경우, 그 밖에 취업을 제한하여서는 아니 되는 특별한 사정이 있다고 판단하는 경우에는 그러하지 아니한다.

1. 「유아교육법」 제2조 제2호의 유치원
2. 「초·중등교육법」 제2조의 학교, 같은 법 제28조와 같은 법 시행령 제54조에 따른 위탁 교육기관 및 「고등교육법」 제2조의 학교
2의2. 특별시·광역시·특별자치시·도·특별자치도 교육청 또는 「지방교육자치에 관한 법률」 제34조에 따른 교육지원청이 「초·중등교육법」 제28조에 따라 직접 설치·운영하거나 위탁 하여 운영하는 학생상담지원시설 또는 위탁 교육시설
2의3. 「제주특별자치도 설치 및 국제자유도시 조성을 위한 특별법」 제223조에 따라 설립된 국제학교
3. 「학원의 설립·운영 및 과외교습에 관한 법률」 제2조 제1호의 학원, 같은 조 제2호의 교습소 및 같은 조 제3호의 개인과외교습자(아동·청소년의 이용이 제한되지 아니하는 학원·교습소로서 교육부장관이 지정하는 학원·교습소 및 아동·청소년을 대상으로 하는 개인과외교습자를 말한다)
4. 「청소년 보호법」 제35조의 청소년 보호·재활센터
5. 「청소년활동 진흥법」 제2조 제2호의 청소년활동시설
6. 「청소년복지 지원법」 제29조 제1항에 따른 청소년상담복지센터, 같은 법 제30조 제1항에 따른 이주배경청소년지원센터 및 같은 법 제31조에 따른 청소년복지시설
6의2. 「학교 밖 청소년 지원에 관한 법률」 제12조의 학교 밖 청소년 지원센터
7. 「영유아보육법」 제2조 제3호의 어린이집, 같은 법 제7조에 따른 육아종합지원센터 및 같은 법 제26조의2에 따른 시간제보육서비스지정기관
8. 「아동복지법」 제3조 제10호의 아동복지시설, 같은 법 제37조에 따른 통합서비스 수행기관 및 같은 법 제44조의2에 따른 다함께돌봄센터
9. 「성매매방지 및 피해자보호 등에 관한 법률」 제9조의 성매매피해자등을 위한 지원시설 및 같은 법 제17조의 성매매피해상담소
9의2. 성교육 전문기관 및 성매매 피해아동·청소년 지원센터
10. 「주택법」 제2조 제3호의 공동주택의 관리사무소. 이 경우 경비업무에 직접 종사하는 사람에 한정한다.
11. 「체육시설의 설치·이용에 관한 법률」 제3조에 따라 설립된 체육시설 중 아동·청소년의 이용이 제한되지 아니하는 체육시설로서 문화체육관광부장관이 지정하는 체육시설
12. 「의료법」 제3조의 의료기관(같은 법 제2조의 의료인, 같은 법 제80조의 간호조무사 및 「의료기사 등에 관한 법률」 제2조의 의료기사로 한정한다)
13. 「게임산업진흥에 관한 법률」에 따른 다음 각 목의 영업을 하는 사업장
    가. 「게임산업진흥에 관한 법률」 제2조 제7호의 인터넷컴퓨터게임시설제공업
    나. 「게임산업진흥에 관한 법률」 제2조 제8호의 복합유통게임제공업
14. 「경비업법」 제2조 제1호의 경비업을 행하는 법인. 이 경우 경비업무에 직접 종사하는 사람에 한정한다.

15. 영리의 목적으로 「청소년기본법」 제3조 제3호의 청소년활동의 기획·주관·운영을 하는 사업장(이하 "청소년활동기획업소"라 한다)

16. 대중문화예술기획업소

17. 아동·청소년의 고용 또는 출입이 허용되는 다음 각 목의 어느 하나에 해당하는 기관·시설 또는 사업장(이하 이 호에서 "시설등"이라 한다)으로서 대통령령으로 정하는 유형의 시설등

    가. 아동·청소년과 해당 시설등의 운영자·근로자 또는 사실상 노무 제공자 사이에 업무상 또는 사실상 위력 관계가 존재하거나 존재할 개연성이 있는 시설등

    나. 아동·청소년이 선호하거나 자주 출입하는 시설등으로서 해당 시설등의 운영 과정에서 운영자·근로자 또는 사실상 노무 제공자에 의한 아동·청소년대상 성범죄의 발생이 우려되는 시설등

18. 가정을 방문하거나 아동·청소년이 찾아오는 방식 등으로 아동·청소년에게 직접교육서비스를 제공하는 사람을 모집하거나 채용하는 사업장(이하 "가정방문 등 학습교사 사업장"이라 한다). 이 경우 아동·청소년에게 직접교육서비스를 제공하는 업무에 종사하는 사람에 한정한다.

19. 「장애인 등에 대한 특수교육법」 제11조의 특수교육지원센터 및 같은 법 제28조에 따라 특수교육 관련서비스를 제공하는 기관·단체

20. 「지방자치법」 제161조에 따른 공공시설 중 아동·청소년이 이용하는 시설로서 행정안전부장관이 지정하는 공공시설

21. 「지방교육자치에 관한 법률」 제32조에 따른 교육기관 중 아동·청소년을 대상으로 하는 교육기관

22. 「어린이 식생활안전관리 특별법」 제21조 제1항의 어린이급식관리지원센터

23. 「아이돌봄 지원법」 제11조에 따른 서비스제공기관

24. 「건강가정기본법」 제35조에 따른 건강가정지원센터

25. 「다문화가족지원법」 제12조에 따른 다문화가족지원센터

② 제1항에 따른 취업제한 기간은 10년을 초과하지 못한다.

③ 법원은 제1항에 따라 취업제한 명령을 선고하려는 경우에는 정신건강의학과 의사, 심리학자, 사회복지학자, 그 밖의 관련 전문가로부터 취업제한 명령 대상자의 재범 위험성 등에 관한 의견을 들을 수 있다.

④ 제1항 각 호(제10호는 제외한다)의 아동·청소년 관련기관등의 설치 또는 설립 인가·신고를 관할하는 지방자치단체의 장, 교육감 또는 교육장은 아동·청소년 관련기관등을 운영하려는 자에 대한 성범죄 경력 조회를 관계 기관의 장에게 요청하여야 한다. 다만, 아동·청소년 관련기관등을 운영하려는 자가 성범죄 경력 조회 회신서를 지방자치단체의 장, 교육감 또는 교육장에게 직접 제출한 경우에는 성범죄 경력 조회를 한 것으로 본다.

⑤ 아동·청소년 관련기관등의 장은 그 기관에 취업 중이거나 사실상 노무를 제공 중인 자 또는

취업하려 하거나 사실상 노무를 제공하려는 자(이하 "취업자등"이라 한다)에 대하여 성범죄의 경력을 확인하여야 하며, 이 경우 본인의 동의를 받아 관계 기관의 장에게 성범죄의 경력 조회를 요청하여야 한다. 다만, 취업자등이 성범죄 경력 조회 회신서를 아동·청소년 관련기관등의 장에게 직접 제출한 경우에는 성범죄 경력 조회를 한 것으로 본다.

⑥ 제4항 및 제5항에 따라 성범죄 경력 조회 요청을 받은 관계 기관의 장은 성범죄 경력 조회 회신서를 발급하여야 한다.

⑦ 제1항 제7호의 육아종합지원센터 및 같은 항 제22호의 어린이급식관리지원센터의 장이 제5항에 따라 취업자등에 대하여 성범죄 경력 조회를 한 경우, 그 취업자등이 직무를 집행함에 있어서 다른 아동·청소년 관련기관등에 사실상 노무를 제공하는 경우에는 제5항에도 불구하고 다른 아동·청소년 관련기관등의 장이 성범죄 경력 조회를 한 것으로 본다.

⑧ 제5항에도 불구하고 교육감 또는 교육장은 다음 각 호의 아동·청소년 관련기관등의 취업자등에 대하여는 본인의 동의를 받아 성범죄의 경력을 확인할 수 있다. 이 경우 아동·청소년 관련기관등의 장이 성범죄 경력 조회를 한 것으로 본다.

1. 제1항 제1호의 유치원
2. 제1항 제2호의 학교 및 위탁 교육기관
3. 제1항 제2호의2의 학생상담지원시설 및 위탁 교육시설
4. 제1항 제19호의 특수교육지원센터 및 특수교육 관련서비스를 제공하는 기관·단체
5. 제1항 제21호의 아동·청소년을 대상으로 하는 교육기관

⑨ 제4항부터 제6항까지에 따른 성범죄경력 조회의 요청 절차·범위 등에 관하여 필요한 사항은 대통령령으로 정한다.

제57조 【성범죄의 경력자 점검·확인】

① 여성가족부장관 또는 관계 중앙행정기관의 장은 다음 각 호의 구분에 따라 성범죄로 취업제한 명령을 선고받은 자가 아동·청소년 관련기관등을 운영하거나 아동·청소년 관련기관등에 취업 또는 사실상 노무를 제공하고 있는지를 직접 또는 관계 기관 조회 등의 방법으로 연 1회 이상 점검·확인하여야 한다.

1. 교육부장관 : 제56조 제1항 제2호의 기관 중 「고등교육법」 제2조의 학교
2. 행정안전부장관 : 제56조 제1항 제20호의 공공시설
3. 여성가족부장관 : 제56조 제1항 제4호의 청소년 보호·재활센터, 같은 항 제6호의 이주배경청소년지원센터 및 같은 항 제18호의 가정방문 등 학습교사 사업장
4. 삭제 <2023.4.11.>
5. 경찰청장 : 제56조 제1항 제14호의 경비업을 행하는 법인

② 제1항 각 호에 해당하지 아니하는 아동·청소년 관련기관등으로서 교육부, 행정안전부, 문화체육관광부, 보건복지부, 여성가족부, 국토교통부 등 관계 중앙행정기관이 설치하여 운영하는

아동·청소년 관련기관등의 경우에는 해당 중앙행정기관의 장이 제1항에 따른 점검·확인을 하여야 한다.

③ 시·도지사 또는 시장·군수·구청장은 성범죄로 취업제한 명령을 선고받은 자가 다음 각 호의 아동·청소년 관련기관등을 운영하거나 아동·청소년 관련기관등에 취업 또는 사실상 노무를 제공하고 있는지를 직접 또는 관계 기관 조회 등의 방법으로 연 1회 이상 점검·확인하여야 한다. 다만, 제2항에 해당하는 아동·청소년 관련기관등의 경우에는 그러하지 아니하다.

1. 제56조 제1항 제5호의 청소년활동시설
2. 제56조 제1항 제6호의 청소년상담복지센터 및 청소년복지시설
2의2. 제56조 제1항 제6호의2의 학교 밖 청소년 지원센터
3. 제56조 제1항 제7호의 어린이집, 육아종합지원센터 및 시간제보육서비스지정기관
4. 제56조 제1항 제8호의 아동복지시설, 통합서비스 수행기관 및 다함께돌봄센터
5. 제56조 제1항 제9호의 성매매피해자등을 위한 지원시설 및 성매매피해상담소
5의2. 제56조 제1항 제9호의2의 아동·청소년대상 성교육 전문기관 및 성매매 피해아동·청소년 지원센터
6. 제56조 제1항 제10호의 공동주택의 관리사무소
7. 제56조 제1항 제11호의 체육시설
8. 제56조 제1항 제12호의 의료기관
9. 제56조 제1항 제13호 각 목의 인터넷컴퓨터게임시설제공업 또는 복합유통게임제공업을 하는 사업장
10. 제56조 제1항 제15호의 청소년활동기획업소
11. 대중문화예술기획업소
12. 제56조 제1항 제17호의 아동·청소년의 고용 또는 출입이 허용되는 시설등으로서 대통령령으로 정하는 유형의 시설등
13. 삭제 <2023.4.11.>
14. 제56조 제1항 제22호의 어린이급식관리지원센터
15. 제56조 제1항 제23호의 서비스제공기관
16. 제56조 제1항 제24호의 건강가정지원센터
17. 제56조 제1항 제25호의 다문화가족지원센터

④ 교육감은 성범죄로 취업제한 명령을 선고받은 자가 다음 각 호의 아동·청소년 관련기관등을 운영하거나 아동·청소년 관련기관등에 취업 또는 사실상 노무를 제공하고 있는지를 직접 또는 관계 기관 조회 등의 방법으로 연 1회 이상 점검·확인하여야 한다. 다만, 제2항에 해당하는 아동·청소년 관련기관등의 경우에는 그러하지 아니하다.

1. 제56조 제1항 제1호의 유치원
2. 제56조 제1항 제2호의 기관 중 「초·중등교육법」 제2조의 학교 및 같은 법 제28조에 따른

위탁 교육기관

   3. 제56조 제1항 제2호의2의 학생상담지원시설 및 위탁 교육시설

   4. 제56조 제1항 제2호의3의 국제학교

   5. 제56조 제1항 제3호의 학원, 교습소 및 개인과외교습자

   6. 제56조 제1항 제19호의 특수교육지원센터 및 특수교육 관련서비스를 제공하는 기관·단체

   7. 제56조 제1항 제21호의 아동·청소년을 대상으로 하는 교육기관

⑤ 제1항 각 호 및 제2항에 따른 중앙행정기관의 장, 시·도지사, 시장·군수·구청장 또는 교육감은 제1항부터 제4항까지의 규정에 따른 점검·확인을 위하여 필요한 경우에는 아동·청소년 관련기관등의 장 또는 관련 감독기관에 해당 자료의 제출을 요구할 수 있다.

⑥ 여성가족부장관, 관계 중앙행정기관의 장, 시·도지사, 시장·군수·구청장 또는 교육감은 제1항부터 제4항까지의 규정에 따른 점검·확인 결과를 대통령령으로 정하는 바에 따라 인터넷 홈페이지 등을 이용하여 공개하여야 한다.

제58조 【취업자의 해임요구 등】

① 제57조 제1항 각 호 및 같은 조 제2항에 따른 중앙행정기관의 장, 시·도지사, 시장·군수·구청장 또는 교육감은 제56조 제1항에 따른 취업제한 기간 중에 아동·청소년 관련기관 등에 취업하거나 사실상 노무를 제공하는 자가 있으면 아동·청소년 관련기관 등의 장에게 그의 해임을 요구할 수 있다.

② 제57조 제1항 각 호 및 같은 조 제2항에 따른 중앙행정기관의 장, 시·도지사, 시장·군수·구청장 또는 교육감은 제56조 제1항에 따른 취업제한 기간 중에 아동·청소년 관련기관 등을 운영 중인 아동·청소년 관련기관 등의 장에게 운영 중인 아동·청소년 관련기관 등의 폐쇄를 요구할 수 있다.

③ 제57조 제1항 각 호 및 같은 조 제2항에 따른 중앙행정기관의 장, 시·도지사, 시장·군수·구청장 또는 교육감은 아동·청소년 관련기관 등의 장이 제2항의 폐쇄요구를 정당한 사유 없이 거부하거나 1개월 이내에 요구사항을 이행하지 아니하는 경우에는 관계 행정기관의 장에게 해당 아동·청소년 관련기관 등의 폐쇄, 등록·허가 등의 취소를 요구할 수 있다.

④ 제3항에 따른 폐쇄, 등록·허가 등의 취소요구에 대하여는 대통령령으로 정하는 바에 따른다.

제59조 【포상금】

① 여성가족부장관은 제8조, 제8조의2, 제11조 제1항·제2항·제4항 및 제13조부터 제15조까지에 해당하는 범죄를 저지른 사람을 수사기관에 신고한 사람에 대하여는 예산의 범위에서 포상금을 지급할 수 있다.

② 제1항에 따른 포상금의 지급 기준, 방법과 절차 및 구체적인 지급액 등에 필요한 사항은 대통령령으로 정한다.

제60조 【권한의 위임】

① 제57조 제1항 각 호 및 같은 조 제2항에 따른 중앙행정기관의 장(교육부장관은 제외한다)은 제67조에 따른 권한의 일부를 대통령령으로 정하는 바에 따라 그 일부를 시·도지사 또는 시장·군수·구청장에게 위임할 수 있다.
② 제67조에 따른 교육부장관 또는 교육감의 권한은 대통령령으로 정하는 바에 따라 그 일부를 교육감·교육장에게 위임할 수 있다.
③ 제57조, 제58조 및 제67조에 따른 식품의약품안전처장의 권한은 대통령령으로 정하는 바에 따라 그 일부를 지방식품의약품안전청장에게 위임할 수 있다.
④ 제57조, 제58조 및 제67조에 따른 경찰청장의 권한은 대통령령으로 정하는 바에 따라 그 일부를 시·도경찰청장에게 위임할 수 있다.

제5장 | 보호관찰

제61조 【보호관찰】 ★

① 검사는 아동·청소년대상 성범죄를 범하고 재범의 위험성이 있다고 인정되는 사람에 대하여는 형의 집행이 종료한 때부터 「보호관찰 등에 관한 법률」에 따른 보호관찰을 받도록 하는 명령(이하 "보호관찰명령"이라 한다)을 법원에 청구하여야 한다. 다만, 검사가 「전자장치 부착 등에 관한 법률」 제21조의2에 따른 보호관찰명령을 청구한 경우에는 그러하지 아니하다.
② 법원은 공소가 제기된 아동·청소년대상 성범죄 사건을 심리한 결과 보호관찰명령을 선고할 필요가 있다고 인정하는 때에는 검사에게 보호관찰명령의 청구를 요청할 수 있다.
③ 법원은 아동·청소년대상 성범죄를 범한 사람이 금고 이상의 선고형에 해당하고 보호관찰명령 청구가 이유 있다고 인정하는 때에는 2년 이상 5년 이하의 범위에서 기간을 정하여 보호관찰명령을 병과하여 선고하여야 한다.
④ 법원은 보호관찰을 명하기 위하여 필요한 때에는 피고인의 주거지 또는 소속 법원(지원을 포함한다. 이하 같다) 소재지를 관할하는 보호관찰소(지소를 포함한다. 이하 같다)의 장에게 범죄 동기, 피해자와의 관계, 심리상태, 재범의 위험성 등 피고인에 관하여 필요한 사항의 조사를 요청할 수 있다. 이 경우 보호관찰소의 장은 지체 없이 이를 조사하여 서면으로 해당 법원에 통보하여야 한다.

⑤ 보호관찰 기간은 보호관찰을 받을 자(이하 "보호관찰 대상자"라 한다)의 형의 집행이 종료한 날부터 기산하되, 보호관찰 대상자가 가석방된 경우에는 가석방된 날부터 기산한다.

제62조 【보호관찰 대상자의 보호관찰 기간 연장 등】 ★

① 보호관찰 대상자가 보호관찰 기간 중에 「보호관찰 등에 관한 법률」 제32조에 따른 준수사항을 위반하는 등 재범의 위험성이 증대한 경우에 법원은 보호관찰소의 장의 신청에 따른 검사의 청구로 제61조 제3항에 따른 5년을 초과하여 보호관찰의 기간을 연장할 수 있다.

② 제1항의 준수사항은 재판장이 재판정에서 설명하고 서면으로도 알려 주어야 한다.

제63조 【보호관찰 대상자의 신고 의무】

① 보호관찰 대상자는 출소 후의 거주 예정지, 근무 예정지, 교우 관계, 그 밖에 보호관찰을 위하여 필요한 사항으로서 대통령령으로 정하는 사항을 출소 전에 미리 교도소·소년교도소·구치소·군교도소 또는 치료감호시설의 장에게 신고하여야 한다.

② 보호관찰 대상자는 출소 후 10일 이내에 거주지, 직업 등 보호관찰을 위하여 필요한 사항으로서 대통령령으로 정하는 사항을 보호관찰관에게 서면으로 신고하여야 한다.

제64조 【보호관찰의 종료】

「보호관찰 등에 관한 법률」에 따른 보호관찰 심사위원회는 보호관찰 대상자의 관찰성적이 양호하여 재범의 위험성이 없다고 판단하는 경우 보호관찰 기간이 끝나기 전이라도 보호관찰의 종료를 결정할 수 있다.

제6장 │ 벌칙

제65조 【벌칙】

① 다음 각 호의 어느 하나에 해당하는 자는 5년 이하의 징역 또는 5천만원 이하의 벌금에 처한다.

  1. 제25조의7을 위반하여 직무상 알게 된 신분비공개수사 또는 신분위장수사에 관한 사항을 외부에 공개하거나 누설한 자

    2. 제54조를 위반하여 직무상 알게 된 등록정보를 누설한 자

    3. 제55조 제1항 또는 제2항을 위반한 자

    4. 정당한 권한 없이 등록정보를 변경하거나 말소한 자

② 제42조에 따른 보호처분을 위반한 자는 2년 이하의 징역 또는 2천만원 이하의 벌금에 처한다.

③ 제21조 제2항에 따라 징역형 이상의 실형과 이수명령이 병과된 자가 보호관찰소의 장 또는 교정시설의 장의 이수명령 이행에 관한 지시에 불응하여 「보호관찰 등에 관한 법률」 또는 「형의 집행 및 수용자의 처우에 관한 법률」에 따른 경고를 받은 후 재차 정당한 사유 없이 이수명령 이행에 관한 지시에 불응한 경우에는 1년 이하의 징역 또는 1천만원 이하의 벌금에 처한다.

④ 다음 각 호의 어느 하나에 해당하는 자는 1년 이하의 징역 또는 500만원 이하의 벌금에 처한다.

    1. 제34조 제3항을 위반하여 신고자 등의 신원을 알 수 있는 정보나 자료를 출판물에 게재하거나 방송 또는 정보통신망을 통하여 공개한 자

    2. 제55조 제3항을 위반한 자

⑤ 제21조 제2항에 따라 벌금형과 이수명령이 병과된 자가 보호관찰소의 장의 이수명령 이행에 관한 지시에 불응하여 「보호관찰 등에 관한 법률」에 따른 경고를 받은 후 재차 정당한 사유 없이 이수명령 이행에 관한 지시에 불응한 경우에는 1천만원 이하의 벌금에 처한다.

12 보안관찰법

• **법** 2020.8.5. 시행 | **시행령** 2021.1.5. 시행

제1조【목적】

이 법은 특정범죄를 범한 자에 대하여 재범의 위험성을 예방하고 건전한 사회복귀를 촉진하기 위하여 보안관찰처분을 함으로써 국가의 안전과 사회의 안녕을 유지함을 목적으로 한다.

제2조【보안관찰해당범죄】★

이 법에서 "보안관찰해당범죄"라 함은 다음 각 호의 1에 해당하는 죄를 말한다.

1. 형법 제88조(내란목적살인죄)·제89조(미수범)(제87조의 미수범을 제외한다)·제90조(예비, 음모, 선동, 선전)(제87조에 해당하는 죄를 제외한다)·제92조 내지(외환유치, 여적, 모병이적, 시설제공이적, 시설파괴이적, 물건제공이적)·제98조(간첩)·제100조(미수범)(제99조의 미수범을 제외한다) 및 제101조(예비, 음모, 선동, 선전)(제99조에 해당하는 죄를 제외한다)

2. 군형법 제5조 내지(반란, 반란 목적의 군용물 탈취, 미수범) 제8조(예비, 음모, 선동, 선전)·제9조 제2항(반란을 알고도 적을 이롭게 할 목적으로 불고지) 및 제11조 내지(군대 및 군용시설 제공, 군용시설 등 파괴, 간첩, 일반이적, 미수범) 제16조(예비, 음모, 선동, 선전)

3. 국가보안법 제4조(목적수행), 제5조(자진지원·금품수수)(제1항 중 제4조 제1항 제6호에 해당하는 행위를 제외한다), 제6조(잠입·탈출), 제9조(편의제공) 제1항·제3항(제2항의 미수범을 제외한다)·제4항

 시행령

제2조【정의】

이 영에서 사용하는 용어의 정의는 다음과 같다.

보안관찰해당범죄	법 제2조 각 호의 1 또는 법 부칙 제2조 제2호에 규정된 죄
보안관찰처분대상자	보안관찰해당범죄 또는 이와 경합된 범죄로 금고 이상의 형의 선고를 받고 그 형기합계가 3년 이상인 자로서 형의 전부 또는 일부의 집행을 받은 사실이 있는 자
피보안관찰자	법 제4조 제1항의 규정에 의한 보안관찰처분을 받은 자
주거지 관할검사	주거지를 관할하는 지방검찰청 또는 지청의 검사
거주예정지 관할검사	거주예정지를 관할하는 지방검찰청 또는 지청의 검사
교도소등의 소재지 관할검사	교도소등의 소재지를 관할하는 지방검찰청 또는 지청의 검사

제3조 【보안관찰처분대상자】

이 법에서 "보안관찰처분대상자"라 함은 보안관찰해당범죄 또는 이와 경합된 범죄로 금고 이상의 형의 선고를 받고 그 형기합계가 3년 이상인 자로서 형의 전부 또는 일부의 집행을 받은 사실이 있는 자를 말한다.

시행령

제3조 【형기계산】

법 제3조에 규정된 형기합계를 계산함에 있어 소년법 제60조 제1항의 규정에 의한 부정기형이 선고된 경우에는 그 단기를 형기로 한다.

제4조 【보안관찰처분】

① 제3조에 해당하는 자중 보안관찰해당범죄를 다시 범할 위험성이 있다고 인정할 충분한 이유가 있어 재범의 방지를 위한 관찰이 필요한 자에 대하여는 보안관찰처분을 한다.
② 보안관찰처분을 받은 자는 이 법이 정하는 바에 따라 소정의 사항을 주거지 관할경찰서장(이하 "관할경찰서장"이라 한다)에게 신고하고, 재범방지에 필요한 범위안에서 그 지시에 따라 보안관찰을 받아야 한다.

시행령

제4조 【보안관찰】

① 피보안관찰자의 주거지를 관할하는 경찰서장(이하 "관할경찰서장"이라 한다)은 피보안관찰자의 동태를 관찰하고 사회에 복귀하도록 선도하여 보안관찰해당범죄를 다시 범하지 아니하도록 예방하여야 한다.
② 관할경찰서장은 보안관찰부를 작성·비치하고 매월 1회 이상 피보안관찰자의 동태를 관찰하여 그 결과를 보안관찰부에 기재하여야 한다.

제5조 【동태보고 등】

① 관할경찰서장은 매 3월마다 법 제18조 제2항의 규정에 의하여 신고된 사항을 포함한 피보안관찰자의 주요동태를 주거지 관할검사에게 보고하여야 한다.
② 관할경찰서장은 피보안관찰자에게 다음 각 호의 1에 해당하는 사유가 발생한 때에는 지체 없이 이를 주거지 관할검사에게 보고하여야 한다.
  1. 죄를 범한 때
  2. 보안관찰처분과 관련한 각종 지시에 위반한 때
  3. 일정한 주거가 없게 된 때
  4. 10일 이상 주거지를 무단이탈하거나 소재불명이 된 때
  5. 사망한 때
  6. 법 제17조 제3항의 규정에 의한 보안관찰처분집행중지 사유가 발생한 때
  7. 법 제22조의 규정에 의한 경고를 한 때

8. 법 제25조 제3항 후단의 규정에 의한 보안관찰처분기간의 진행정지 사유가 발생한 때

9. 기타 신원에 중대한 사유가 발생한 때

제5조 【보안관찰처분의 기간】 ★★

① 보안관찰처분의 기간은 2년으로 한다.

② 법무부장관은 검사의 청구가 있는 때에는 보안관찰처분심의위원회의 의결을 거쳐 그 기간을 갱신할 수 있다.

제6조 【보안관찰처분대상자의 신고】 ★

① 보안관찰처분대상자는 대통령령이 정하는 바에 따라 그 형의 집행을 받고 있는 교도소, 소년교도소, 구치소, 유치장 또는 군교도소(이하 "교도소등"이라 한다) 에서 출소 전에 거주예정지 기타 대통령령으로 정하는 사항을 교도소등의 장을 경유하여 거주예정지 관할경찰서장에게 신고하고, 출소 후 7일 이내에 그 거주예정지 관할경찰서장에게 출소사실을 신고하여야 한다. 제20조 제3항에 해당하는 경우에는 법무부장관이 제공하는 거주할 장소(이하 "거소"라 한다)를 거주예정지로 신고하여야 한다.

② 보안관찰처분대상자는 교도소등에서 출소한 후 제1항의 신고사항에 변동이 있을 때에는 변동이 있는 날부터 7일 이내에 그 변동된 사항을 관할경찰서장에게 신고하여야 한다. 다만, 제20조 제3항에 의하여 거소제공을 받은 자가 주거지를 이전하고자 할 때에는 미리 관할경찰서장에게 제18조 제4항 단서에 의한 신고를 하여야 한다.

③ 교도소등의 장은 제3조에 해당하는 자가 생길 때에는 지체 없이 보안관찰처분심의위원회와 거주예정지를 관할하는 검사 및 경찰서장에게 통고하여야 한다.

시행령

제6조 【보안관찰처분대상자의 신고】

① 보안관찰처분대상자가 법 제6조 제1항의 규정에 의하여 출소 전에 신고할 때에는 다음 각 호의 사항을 기재한 신고서 5부를 작성하여 교도소, 소년교도소, 구치소, 유치장 또는 군교도소(이하 "교도소등"이라 한다)의 장에게 제출하여야 한다.

1. 원적·본적·주거(실제로 생활하는 거처. 이하 같다)·성명·생년월일·성별·주민등록번호

2. 가족 및 교우관계

3. 입소전의 직업·본인 및 가족의 재산상황

4. 학력·경력

5. 종교 및 가입한 단체

6. 병역관계

7. 출소예정일

8. 출소 후의 거주예정지 및 그 도착예정일

9. 보안관찰해당범죄사실의 요지 · 판결법원 · 판결연월일 · 죄명 · 적용법조 · 형명 · 형기

10. 보안관찰해당범죄외의 전과관계

11. 법 제20조 제3항에 해당하는 경우에는 거소제공 결정일자와 제공된 사회복지시설등의 명칭 및 그 소재지

② 교도소등의 장은 제1항의 규정에 의하여 접수한 신고서 1부씩을 법 제12조의 규정에 의한 보안관찰처분심의 위원회(이하 "위원회"라 한다)와 거주예정지관할 검사 및 경찰서장에게 각각 송부하여야 한다.

③ 교도소등의 장은 제2항의 규정에 의하여 신고서를 송부할 때에는 보안관찰해당범죄에 대한 판결문사본 · 행형성적 기타 필요한 서류를 각각 첨부하여야 한다.

제7조 【신고의무의 고지】

교도소등의 장은 수용되어 있는 보안관찰처분대상자가 출소할 때에는 법 제6조 제1항 및 제2항의 규정에 의하여 거주예정지 관할경찰서장에게 신고할 것을 고지하여야 한다.

제8조 【출소통보등】

① 교도소등의 장은 법 제6조 제1항의 규정에 의하여 보안관찰처분대상자 신고를 한 자가 출소한 때에는 지체 없이 다음 각 호의 사항을 거주예정지 관할경찰서장에게 통보하여야 한다.

1. 원적 · 본적 · 주거 · 성명 · 생년월일 · 성별 · 주민등록번호

2. 출소일 및 출소사유

3. 거주예정지 및 그 도착예정일시

4. 행장의 양부

5. 건강상태

6. 사상전향 여부

7. 기타 필요한 사항

② 거주예정지 관할경찰서장은 출소한 보안관찰처분대상자가 법 제6조 제1항의 규정에 의한 신고기간 내에 신고를 하지 아니한 때에는 지체 없이 이를 거주예정지 관할검사에게 보고하여야 한다.

제9조 【출소사실 신고 등】

① 출소한 보안관찰처분대상자는 법 제6조 제1항에 따라 출소사실을 신고할 때에는 출소일 · 출소교도소 · 출소 사유와 그 밖에 필요한 사항을 기재한 신고서를 작성 · 제출해야 하며, 신고서에는 2명 이상의 신원보증인이 서명 · 날인해야 한다. 이 경우 신원보증인이 없는 경우에는 그 사유를 명확히 기재해야 한다.

② 보안관찰처분대상자는 교도소등에서 출소한 후 제6조 제1항의 신고사항중에 변동이 있는 때에는 그 변동사 항을 기재한 신고서를 작성하여 관할경찰서장에게 제출하여야 한다.

③ 제1항 및 제2항의 신고서를 접수한 거주예정지 관할경찰서장 또는 관할경찰서장은 신고인에게 신고필증을 교부하여야 하며, 지체 없이 이를 그 거주예정지 또는 주거지 관할검사에게 보고하여야 한다.

④ 거주예정지 관할경찰서장 또는 관할경찰서장은 보안관찰처분대상자가 신고한 거주예정지를 변경하거나 주 거지를 이전한 때에는 그 사실여부를 확인한 후 보안관찰처분대상자신고서 · 출소사실신고서 기타 관계서류 를 변경된 거주예정지 또는 신주거지 관할경찰서장에게 송부하여야 한다.

⑤ 제4항의 규정에 의하여 관계서류를 송부받은 변경된 거주예정지 또는 신주거지 관할경찰서장은 지체 없이 이를 주거지 관할검사에게 보고하여야 한다.

제10조 【보안관찰처분대상자 발생통고 등】

① 교도소등의 장은 법 제6조 제3항의 규정에 의한 통고를 할 때에는 다음 각 호의 사항을 기재한 통고서를 작성하여 위원회와 거주예정지 관할검사 및 경찰서장에게 송부하여야 한다.

1. 원적 · 본적 · 주거 · 성명 · 생년월일 · 성별 · 주민등록번호

2. 출소예정일

3. 출소 후의 거주예정지
4. 보안관찰해당범죄사실의 요지·판결법원·판결연월일·죄명·적용법조·형명·형기
5. 보안관찰해당범죄외의 전과관계
6. 기타 필요한 사항

② 교도소등의 장은 수용되어 있는 보안관찰처분대상자에 대하여 다음 각 호의 1에 해당하는 사유가 발생한 때에는 지체 없이 이를 위원회와 거주예정지 관할검사 및 경찰서장에게 통보하여야 한다.

1. 죄를 범한 때
2. 사망한 때
3. 도주한 때
4. 다른 교도소등에 이송된 때
5. 가석방 구신결정 또는 형집행정지 결정이 있은 때
6. 기타 신원에 중대한 사유가 발생한 때

제11조 【보안관찰처분대상자의 동태보고】

관할경찰서장은 그 관할구역내에 거주하는 보안관찰처분대상자에 대하여 다음 각 호의 1에 해당하는 사유가 발생한 때에는 지체 없이 이를 주거지 관할검사에게 보고하여야 한다.

1. 죄를 범한 때
2. 사망한 때
3. 소재가 불명하거나 도주한 때
4. 보안관찰해당범죄를 범할 우려가 있을 때
5. 국외여행을 할 때
6. 기타 신원에 중대한 사유가 발생한 때

제7조 【보안관찰처분의 청구】 ★

보안관찰처분청구는 검사가 행한다.

제8조 【청구의 방법】

① 제7조의 규정에 의한 보안관찰처분청구는 검사가 보안관찰처분청구서(이하 "처분청구서"라 한다)를 법무부장관에게 제출함으로써 행한다.
② 처분청구서에는 다음 사항을 기재하여야 한다.
1. 보안관찰처분을 청구 받은 자(이하 "피청구자"라 한다)의 성명 기타 피청구자를 특정할 수 있는 사항
2. 청구의 원인이 되는 사실
3. 기타 대통령령으로 정하는 사항
③ 검사가 처분청구서를 제출할 때에는 청구의 원인이 되는 사실을 증명할 수 있는 자료와 의견서를 첨부하여야 한다.

④ 검사는 보안관찰처분청구를 한 때에는 지체 없이 처분청구서등본을 피청구자에게 송달하여야 한다. 이 경우 송달에 관하여는 민사소송법 중 송달에 관한 규정을 준용한다.

시행령

제12조【보안관찰처분청구서 등】
① 법 제8조 제1항의 규정에 의한 보안관찰처분청구서에는 피청구자의 성명 기타 피청구자를 특정할 수 있는 사항·청구의 원인이 되는 사실·청구연월일을 기재하고 검사가 서명·날인하여야 한다. 이 경우 법 제20조 제3항의 규정에 의하여 거소를 제공한 때에는 거소제공 결정연월일 및 제공된 사회복지시설 등의 명칭과 그 소재지를 함께 기재하여야 한다.
② 법 제8조 제3항의 의견서에는 청구취지와 적용법조에 관한 의견을 기재하여야 한다.

제9조【조사】
① 검사는 제7조의 규정에 의한 보안관찰처분청구를 위하여 필요한 때에는 보안관찰처분대상자, 청구의 원인이 되는 사실과 보안관찰처분을 필요로 하는 자료를 조사할 수 있다.
② 사법경찰관리와 특별사법경찰관리(이하 "사법경찰관리"라 한다)는 검사의 지휘를 받아 제1항의 규정에 의한 조사를 할 수 있다.

시행령

제13조【조사】
검사 또는 사법경찰관리(특별사법경찰관리를 포함한다. 이하 같다)는 법 제9조의 규정에 의한 조사를 위하여 필요한 경우에는 다음의 조치를 할 수 있다.
1. 보안관찰처분대상자 또는 그 관계인에 대한 출석요구, 자료제출 요구
2. 감정·통역이나 번역의 위촉
3. 공무소 기타 공·사단체에 대한 조회와 자료 제출 요구

제10조【심사】
① 법무부장관은 처분청구서와 자료에 의하여 청구된 사안을 심사한다.
② 법무부장관은 제1항의 규정에 의한 심사를 위하여 필요한 때에는 법무부소속공무원으로 하여금 조사하게 할 수 있다.
③ 제2항의 규정에 의하여 조사의 명을 받은 공무원은 다음 각 호의 권한을 가진다.
  1. 피청구자 기타 관계자의 소환·심문·조사
  2. 국가기관 기타 공·사단체에의 조회 및 관계자료의 제출요구

제11조 【보안관찰처분의 면제】

① 법무부장관은 보안관찰처분대상자중 다음 각 호의 요건을 갖춘 자에 대하여는 보안관찰처분을 하지 아니하는 결정(이하 "면제결정"이라 한다)을 할 수 있다.
  1. 준법정신이 확립되어 있을 것
  2. 일정한 주거와 생업이 있을 것
  3. 대통령령이 정하는 신원보증이 있을 것
② 법무부장관은 제1항의 요건을 갖춘 보안관찰처분대상자의 신청이 있을 때에는 부득이한 사유가 있는 경우를 제외하고는 3월내에 보안관찰처분면제여부를 결정하여야 한다.
③ 검사는 제1항 제1호 및 제2호의 요건을 갖춘 보안관찰처분대상자의 정상을 참작하여 위험성이 없다고 인정되는 때에는 법무부장관에게 면제결정을 청구할 수 있다.
④ 면제결정을 받은 자가 그 면제결정요건에 해당하지 아니하게 된 때에는 검사의 청구에 의하여 법무부장관은 면제결정을 취소할 수 있다.
⑤ 면제결정과 면제결정청구, 면제결정취소청구 및 그 결정에 대하여는 보안관찰처분청구 및 심사결정에 관한 규정을 준용한다.
⑥ 보안관찰처분의 면제결정을 받은 자는 그때부터 이 법에 의한 보안관찰처분대상자 또는 피보안관찰자로서의 의무를 면한다.

시행령

제14조 【보안관찰처분 면제결정 신청 등】

① 법 제11조 제2항에 따른 보안관찰처분면제결정 신청을 하려는 보안관찰처분대상자는 관할경찰서장에게 다음 각 호의 서류를 첨부한 보안관찰처분면제결정신청서(전자문서로 된 신청서를 포함한다)를 제출해야 한다. 이 경우 관할경찰서장은 「전자정부법」 제36조 제1항에 따른 행정정보의 공동이용을 통하여 보안관찰처분대상자의 주민등록표 등본을 확인해야 하며, 보안관찰처분대상자가 확인에 동의하지 않는 경우에는 이를 첨부하도록 해야 한다.
  1. 삭제 <2019.10.8.>
  2. 주거가 일정함을 인정할 수 있는 서류(주민등록표 등본으로 주거를 확인할 수 없는 경우로 한정한다)
  3. 재직증명서 기타 생업이 일정함을 인정할 수 있는 서류
  4. 2인 이상의 신원보증인의 신원보증서
② 관할경찰서장은 제1항의 규정에 의한 신청서를 접수한 때에는 20일 이내에 전과관계를 증명할 수 있는 서류와 의견서를 첨부하여 검사에게 송부하여야 한다.
③ 검사는 제2항의 규정에 의하여 신청서와 관계서류를 송부받은 때에는 20일 이내에 의견서를 첨부하여 법무부장관에게 송부하여야 한다.
④ 제1항 제4호의 규정에 의한 신원보증인이 될 수 있는 자는 보안관찰처분대상자가 아닌 자로서 다음 각 호의 1에 해당하는 자이어야 한다.
  1. 주거지의 읍·면·동·리·통·반의 장
  2. 신청인이 근무하는 직장의 장

3. 법 제20조 제3항의 규정에 의하여 거소제공을 받은 때에는 그 제공된 사회복지시설등의 장

4. 기타 학식과 덕망이 있는 자(선거에 의하여 취임하는 공무원을 제외한다)

⑤ 검사는 법 제11조 제3항의 규정에 의한 보안관찰처분면제결정 청구를 함에 있어서는 보안관찰처분면제결정 청구서에 보안관찰처분대상자가 법 제11조 제1항 제1호 및 제2호에 해당한다는 의견서와 기타 필요한 서류를 첨부하여 법무장관에게 제출하여야 한다.

제12조 【보안관찰처분심의위원회】 ★

① 보안관찰처분에 관한 사안을 심의·의결하기 위하여 법무부에 보안관찰처분심의위원회(이하 "위원회"라 한다)를 둔다.

② 위원회는 위원장 1인과 6인의 위원으로 구성한다.

③ 위원장은 법무부차관이 되고, 위원은 학식과 덕망이 있는 자로 하되, 그 과반수는 변호사의 자격이 있는 자이어야 한다.

④ 위원은 법무부장관의 제청으로 대통령이 임명 또는 위촉한다.

⑤ 위촉된 위원의 임기는 2년으로 한다. 다만, 공무원인 위원은 그 직을 면한 때에는 위원의 자격을 상실한다.

⑥ 위원 중 공무원이 아닌 위원도 이 법 기타 다른 법률의 규정에 의한 벌칙의 적용에 있어서는 공무원으로 본다.

⑦ 위원장은 위원회의 회무를 총괄하고 위원회를 대표하며, 위원회의 회의를 소집하고 그 의장이 된다.

⑧ 위원장이 사고가 있을 때에는 미리 그가 지정한 위원이 그 직무를 대행한다.

⑨ 위원회는 다음 각 호의 사안을 심의·의결한다.

1. 보안관찰처분 또는 그 기각의 결정

2. 면제 또는 그 취소결정

3. 보안관찰처분의 취소 또는 기간의 갱신결정

⑩ 위원회의 회의는 위원장을 포함한 재적위원 과반수의 출석으로 개의하고 출석위원 과반수의 찬성으로 의결한다.

⑪ 위원회의 운영·서무 기타 필요한 사항은 대통령령으로 정한다.

🔲 **시행령**

제15조 【위원회에의 회부·의결】

① 법무부장관은 법 제12조 제9항 각 호의 1에 해당하는 결정의 신청을 받은 때에는 이를 심사한 후 지체 없이 위원회에 그 사안을 회부하여야 한다.

② 위원회는 제1항의 규정에 의하여 사안을 회부받은 때에는 이를 심의·의결하고 그 결과를 위원장과 출석위원 전원이 서명·날인한 문서로써 법무부장관에게 통보하여야 한다.

제16조 【위원회의 직원】

① 위원회에 간사 2인과 서기 약간 인을 둔다.

② 간사 및 서기는 법무부소속 직원중에서 법무부장관이 임명한다.

③ 간사는 위원장의 명을 받아 위원회의 서무를 처리하고 회의에 참석하여 발언할 수 있으며, 서기는 간사를 보조한다.

제17조【회의록】

① 서기는 위원장의 명을 받아 위원회의 회의록을 작성·비치하여야 한다.

② 회의록에는 회의의 전말을 기재하고 위원장이 서명·날인하여야 한다.

제18조【수당】

위원회에 출석한 위원에 대하여는 예산의 범위안에서 수당을 지급할 수 있다. 다만, 공무원인 위원이 그 소관업무와 직접적으로 관련하여 위원회에 출석하는 경우에는 그러하지 아니하다.

제19조【위원회의 운영세칙】

이 영에 규정한 사항 외에 위원회의 운영에 관하여 필요한 사항은 위원회의 의결을 거쳐 위원장이 정한다.

제13조【피청구자의 자료제출등】

① 피청구자는 처분청구서등본을 송달받은 날부터 7일 이내에 법무부장관 또는 위원회에 서면으로 자기에게 이익된 사실을 진술하고 자료를 제출할 수 있다.

② 위원회는 필요하다고 인정하는 경우에는 피청구자 및 기타 관계자를 출석시켜 심문·조사하거나 공무소 기타 공·사단체에 대하여 조회할 수 있으며, 관계자료의 제출을 요구할 수 있다.

제14조【결정】

① 보안관찰처분에 관한 결정은 위원회의 의결을 거쳐 법무부장관이 행한다.

② 법무부장관은 위원회의 의결과 다른 결정을 할 수 없다. 다만, 보안관찰처분대상자에 대하여 위원회의 의결보다 유리한 결정을 하는 때에는 그러하지 아니하다.

📖 시행령

제20조【결정서】

보안관찰처분결정서에는 보안관찰처분청구를 한 검사의 직위·성명과 피청구자의 성명·연령·직업·주거·결정주문 및 이유와 적용법조를 기재하여야 한다.

제21조【결정의 고지】

보안관찰처분에 관한 결정의 고지는 검사가 피청구자 또는 신청인에게 결정서등본을 송달하는 방법으로 한다. 다만, 법 제11조 제3항의 규정에 의한 청구를 기각하는 결정에 대하여는 고지하지 아니한다.

제15조【의결서등】

① 위원회의 의결은 이유를 붙이고 위원장과 출석위원이 기명날인하는 문서로써 행한다.

② 법무부장관의 결정은 이유를 붙이고 법무부장관이 기명·날인하는 문서로써 행한다.

제16조 【결정의 취소 등】
① 검사는 법무부장관에게 보안관찰처분의 취소 또는 기간의 갱신을 청구할 수 있다.
② 법무부장관은 제1항의 규정에 의한 청구를 받은 때에는 위원회의 의결을 거쳐 이를 심사 · 결정하여야 한다.
③ 제1항 및 제2항의 규정에 의한 청구와 그 청구의 심사 · 결정에 대하여는 보안관찰처분청구 및 심사결정에 관한 규정을 준용한다.

제17조 【보안관찰처분의 집행】
① 보안관찰처분의 집행은 검사가 지휘한다.
② 제1항의 지휘는 결정서등본을 첨부한 서면으로 하여야 한다.
③ 검사는 피보안관찰자가 도주하거나 1월 이상 그 소재가 불명한 때에는 보안관찰처분의 집행중지결정을 할 수 있다. 그 사유가 소멸된 때에는 지체 없이 그 결정을 취소하여야 한다.

시행령

제22조 【지휘 · 감독】
검사는 법을 집행함에 있어서는 경찰서장 · 사법경찰관리 · 교도소등의 장을 지휘 · 감독하고 필요한 지시를 할 수 있다.

제23조 【보안관찰처분 집행중지결정의 신청 등】
① 관할경찰서장은 법 제17조 제3항의 규정에 의한 사유가 발생한 때에는 주거지 관할검사에게 주거지 리 · 통 · 반의 장의 확인서 기타 피보안관찰자가 도주 또는 소재불명임을 인정할 수 있는 자료를 첨부하여 보안관찰처분집행중지결정을 신청하여야 한다. 이 경우 주거지 관할검사는 「전자정부법」 제36조 제1항에 따른 행정정보의 공동이용을 통하여 피보안관찰자의 주민등록표 등본을 확인하여야 한다.
② 검사는 법 제17조 제3항 전단의 규정에 의하여 보안관찰처분의 집행중지결정을 할 때에는 피보안관찰자의 성명 기타 피보안관찰자를 특정할 수 있는 사항, 보안관찰처분 결정일 및 그 기간갱신일, 집행중지사유, 집행중지결정일 기타 필요한 사항을 기재한 보안관찰처분 집행중지결정서를 작성하여야 한다.
③ 검사는 보안관찰처분의 집행중지결정을 한 때에는 관할경찰서장에게 보안관찰처분 집행중지결정의 집행지 휘를 하고 지체 없이 이를 법무부장관에게 보고하여야 한다.
④ 검사는 법 제17조 제3항 후단의 규정에 의하여 보안관찰처분의 집행중지결정을 취소할 때에는 피보안관찰자의 성명 기타 피보안관찰자를 특정할 수 있는 사항, 집행중지결정일, 집행중지결정취소사유, 취소결정일 기타 필요한 사항을 기재한 보안관찰처분집행중지 취소결정서를 작성하여야 한다.
⑤ 피보안관찰자는 검사의 보안관찰처분 집행중지결정에 이의가 있거나 그 집행중지결정의 사유가 소멸된 때에는 관할경찰서장을 거쳐 검사에게 보안관찰처분 집행중지결정의 취소신청을 할 수 있다.
⑥ 검사는 제5항의 취소신청이 이유 있다고 인정하는 때에는 보안관찰처분의 집행중지결정을 취소하고 지체 없이 이를 신청인에게 고지하여야 한다. 신청이 이유 없다고 인정하여 기각하는 때에는 그 취지를 고지하여야 한다.
⑦ 검사는 제4항 및 제6항의 규정에 의한 취소를 한 때에는 관할경찰서장에게 보안관찰처분 집행중지결정의 취소지휘 또는 보안관찰처분의 잔기간집행지휘를 하고 지체 없이 이를 법무부장관에게 보고하여야 한다.

제18조 【신고사항】 ★

① 보안관찰처분을 받은 자(이하 "피보안관찰자"라 한다)는 보안관찰처분결정고지를 받은 날부터 7일 이내에 다음 각 호의 사항을 주거지를 관할하는 지구대 또는 파출소의 장(이하 "지구대·파출소장"이라 한다)을 거쳐 관할경찰서장에게 신고하여야 한다. 제20조 제3항에 해당하는 경우에는 법무부장관이 제공하는 거소를 주거지로 신고하여야 한다.

1. 등록기준지, 주거(실제로 생활하는 거처), 성명, 생년월일, 성별, 주민등록번호
2. 가족 및 동거인 상황과 교우관계
3. 직업, 월수, 본인 및 가족의 재산상황
4. 학력, 경력
5. 종교 및 가입한 단체
6. 직장의 소재지 및 연락처
7. 보안관찰처분대상자 신고를 행한 관할경찰서 및 신고일자
8. 기타 대통령령이 정하는 사항

② 피보안관찰자는 보안관찰처분결정고지를 받은 날이 속한 달부터 매3월이 되는 달의 말일까지 다음 각 호의 사항을 지구대·파출소장을 거쳐 관할경찰서장에게 신고하여야 한다.

1. 3월간의 주요활동사항
2. 통신·회합한 다른 보안관찰처분대상자의 인적사항과 그 일시, 장소 및 내용
3. 3월간에 행한 여행에 관한 사항(신고를 마치고 중지한 여행에 관한 사항을 포함한다)
4. 관할경찰서장이 보안관찰과 관련하여 신고하도록 지시한 사항

③ 피보안관찰자는 제1항의 신고사항에 변동이 있을 때에는 7일 이내에 지구대·파출소장을 거쳐 관할경찰서장에게 신고하여야 한다. 피보안관찰자가 제1항의 신고를 한 후 제20조 제3항에 의하여 거소제공을 받거나 제20조 제5항에 의하여 거소가 변경된 때에는 제공 또는 변경된 거소로 이전한 후 7일 이내에 지구대·파출소장을 거쳐 관할경찰서장에게 신고하여야 한다.

④ 피보안관찰자가 주거지를 이전하거나 국외여행 또는 10일 이상 주거를 이탈하여 여행하고자 할 때에는 미리 거주예정지, 여행예정지 기타 대통령령이 정하는 사항을 지구대·파출소장을 거쳐 관할경찰서장에게 신고하여야 한다. 다만, 제20조 제3항에 의하여 거소제공을 받은 자가 주거지를 이전하고자 할 때에는 제20조 제5항에 의하여 거소변경을 신청하여 변경결정된 거소를 거주예정지로 신고하여야 한다.

⑤ 관할경찰서장은 제1항 내지 제4항의 규정에 의한 신고를 받은 때에는 신고필증을 교부하여야 한다.

🔖 시행령

제24조 【피보안관찰자의 신고사항등】

① 법 제18조 제1항 제8호의 규정에 의하여 피보안관찰자가 신고하여야 할 사항은 다음과 같다.

1. 국외여행관계
2. 보안관찰처분 결정일자 또는 그 기간갱신일자
3. 보안관찰처분대상자 신고후에 범한 전과관계
4. 법 제20조 제3항에 해당하는 경우에는 거소제공결정일자와 제공된 사회복지시설등의 명칭 및 그 소재지

② 피보안관찰자는 법 제18조 제4항의 규정에 의한 신고를 할 때에는 다음 각 호의 구분에 따라 관련사항을 기재한 신고서를 작성·제출하여야 한다.

1. 주거지 이전의 경우
   가. 이전예정지   나. 이전예정일
   다. 이전사유   라. 기타 필요한 사항
2. 국외여행의 경우
   가. 여행대상국   나. 여행목적
   다. 여행기간   라. 동행자
   마. 여권의 종류 및 여권번호   바. 기타 필요한 사항
3. 국내여행의 경우
   가. 여행목적지   나. 여행목적
   다. 여행기간   라. 동행자
   마. 기타 필요한 사항

③ 관할경찰서장은 제2항 제1호 및 제3호의 규정에 의한 신고서를 접수한 때에는 지체 없이 그 사실을 이전예정지 또는 여행목적지 관할경찰서장에게 통보하여야 한다.

④ 관할경찰서장은 피보안관찰자가 주거지를 이전한 때에는 지체 없이 신주거지 관할경찰서장에게 보안관찰부 기타 관계서류를 송부하여야 한다.

⑤ 제4항의 규정에 의하여 관계서류를 송부받은 신거주지 관할경찰서장은 지체 없이 그 주거지 이전의 사실을 신주거지 관할검사에게 보고하여야 한다.

제19조 【지도】

① 검사 및 사법경찰관리는 피보안관찰자의 재범을 방지하고 건전한 사회복귀를 촉진하기 위하여 다음 각 호의 지도를 할 수 있다.
   1. 피보안관찰자와 긴밀한 접촉을 가지고 항상 그 행동 및 환경 등을 관찰하는 것
   2. 피보안관찰자에 대하여 신고사항을 이행함에 적절한 지시를 하는 것
   3. 기타 피보안관찰자가 사회의 선량한 일원이 되는데 필요한 조치를 취하는 것

② 검사 및 사법경찰관은 피보안관찰자의 재범방지를 위하여 특히 필요한 경우에는 다음 각 호의 조치를 할 수 있다.
   1. 보안관찰해당범죄를 범한 자와의 회합·통신을 금지하는 것
   2. 집단적인 폭행, 협박, 손괴, 방화등으로 공공의 안녕질서에 직접적인 위협을 가할 것이 명백한 집회 또는 시위장소에의 출입을 금지하는 것
   3. 피보안관찰자의 보호 또는 조사를 위하여 특정장소에의 출석을 요구하는 것

 시행령

제25조 【지도의 방법】

① 검사 및 사법경찰관리는 피보안관찰자의 재범을 방지하고 건전한 사회복귀를 촉진하기 위하여 피보안관찰자와의 면접과 통신, 가족 및 그 관계인과의 협의, 거소제공된 사회복지시설등의 장 및 관계기관과의 협조에 의하여 계속적으로 관찰·지도하여야 하며, 피보안관찰자 및 그 관계인의 신뢰와 협력을 얻도록 노력하여야 한다.

② 검사 및 사법경찰관은 법 제19조 제2항의 규정에 의하여 피보안관찰자의 재범방지를 위한 조치를 할 때에는 피보안관찰자에게 조치의 취지를 설명하고 조치사항을 기재한 서면을 교부하여야 한다.

③ 사법경찰관은 제2항의 조치를 할 때에는 긴급을 요하는 경우를 제외하고는 미리 주거지 관할검사에게 보고하여야 한다.

④ 제2항의 조치는 피보안관찰자의 재범방지를 위하여 특히 필요하다고 인정되는 구체적 사항으로서 피보안관찰자의 자유를 부당하게 제한하지 아니하도록 하여야 한다.

제20조 【보호】

① 검사 및 사법경찰관리는 피보안관찰자가 자조의 노력을 함에 있어, 그의 개선과 자위를 위하여 필요하다고 인정되는 적절한 보호를 할 수 있다.

② 제1항의 보호의 방법은 다음과 같다.

1. 주거 또는 취업을 알선하는 것
2. 직업훈련의 기회를 제공하는 것
3. 환경을 개선하는 것
4. 기타 본인의 건전한 사회복귀를 위하여 필요한 원조를 하는 것

③ 법무부장관은 보안관찰처분대상자 또는 피보안관찰자 중 국내에 가족이 없거나 가족이 있어도 인수를 거절하는 자에 대하여는 대통령령이 정하는 바에 의하여 거소를 제공할 수 있다.

④ 사회복지사업법에 의한 사회복지시설로서 대통령령이 정하는 시설의 장은 법무부장관으로부터 보안관찰처분대상자 또는 피보안관찰자에 대한 거소제공의 요청을 받은 때에는 정당한 이유 없이 이를 거부하여서는 아니 된다.

⑤ 법무부장관은 제3항에 의하여 거소제공을 받은 자에게 국내에 인수를 희망하는 가족이 생기거나 기타 거소변경의 필요가 있는 때에는 본인의 신청 또는 검사의 청구에 의하여 이미 제공한 거소를 변경할 수 있다. 이 경우 법무부장관은 3월 이내에 거소의 변경여부를 결정하여야 한다.

시행령

제26조 【거소제공의 방법】

① 법 제20조 제3항의 규정에 의한 거소제공은 검사의 청구에 의하여 법무부장관이 결정한다.

② 교도소등의 장은 수용중인 보안관찰처분대상자 또는 피보안관찰자 중 거소제공이 필요한 자(이하 "거소제공

대상자"라 한다)가 생긴 때에는 특별한 사유가 있는 경우를 제외하고는 출소예정일 2월전까지 교도소등의 소재지 관할검사에게 거소제공의 청구를 신청하여야 한다.

③ 관할경찰서장은 그 관할구역 내에 거소제공대상자가 생긴 때에는 지체 없이 주거지 관할검사에게 거소제공의 청구를 신청하여야 한다.

④ 교도소등의 장 및 관할경찰서장은 제2항 또는 제3항의 규정에 의한 신청을 하는 때에는 거소제공대상자의 성명 기타 거소제공대상자임을 특정할 수 있는 사항, 거소제공의 필요사유, 행형성적 또는 최근의 동태를 기재한 신청서와 거소제공에 필요한 자료를 제출하여야 한다.

⑤ 검사는 법무부장관에게 거소제공을 청구하는 때에는 청구서와 거소제공에 필요한 자료를 제출하여야 한다.

⑥ 법무부장관은 거소제공대상자에 대하여 거소제공이 필요하다고 인정하는 때에는 사회복지사업법에 의한 사회복지시설 기타 본인의 건전한 사회복귀를 위하여 도움이 되는 적절한 시설을 지정하여야 한다.

⑦ 검사는 법무부장관이 제6항의 규정에 의하여 거소제공의 결정을 한 때에는 지체 없이 교도소등의 장 또는 관할 경찰서장, 사회복지시설등의 장에게 결정내용 및 결정일을 통보하여야 한다.

⑧ 거소제공대상자에 대한 거소제공결정의 고지는 검사가 거소제공결정서등본을 송달하는 방법으로 한다.

⑨ 교도소등의 장은 거소제공대상자가 출소하는 때에 지체 없이, 관할경찰서장은 거소제공결정의 통보를 받은 때에 지체 없이 거소제공결정을 받은 보안관찰처분대상자 또는 피보안관찰자를 지정된 사회복지시설등의 장에게 인계하고 즉시 이를 검사에게 보고하여야 한다.

제27조 【거소변경의 절차】

① 거소제공을 받은 자는 법 제20조 제5항의 규정에 의하여 거소변경을 신청하는 때에는 관할경찰서장에게 거소변경 신청서와 거소변경이 필요함을 인정할 수 있는 서류를 제출하여야 한다.

② 관할경찰서장은 제1항의 규정에 의하여 신청서와 관계서류를 접수한 때에는 20일 이내에 의견서와 거소변경에 필요한 자료를 첨부하여 주거지 관할 검사에게 송부하여야 한다.

③ 검사는 제2항의 규정에 의하여 신청서와 관계서류를 송부받은 때에는 20일 이내에 의견서와 거소변경에 필요한 자료를 첨부하여 법무부장관에게 송부하여야 한다.

④ 검사는 법 제20조 제5항의 규정에 의하여 거소변경의 청구를 하는 때에는 법무부장관에게 거소변경 청구서와 의견서 및 거소변경에 필요한 자료를 제출하여야 한다.

⑤ 제26조 제6항 내지 제9항의 규정은 법무부장관이 거소변경결정을 하는 경우에 이를 준용한다.

제28조 【임시거소의 제공】

① 검사는 긴급을 요하여 법무부장관의 거소제공결정 또는 거소변경결정을 기다릴 여유가 없는 때에는 사회복지시설등의 장과 협의하여 거소제공대상자에게 임시거소를 제공할 수 있다.

② 검사는 제1항의 규정에 의한 임시거소의 제공을 한 때에는 지체 없이 이를 법무부장관에게 보고하여야 한다.

제29조 【사회복지시설의 범위 등】

① 법 제20조 제4항의 사회복지시설은 사회복지사업법에 의한 사회복지시설중 기거와 침식을 제공할 수 있는 시설로 한다.

② 법무부장관은 제1항의 시설을 거소로 지정하는 때에는 보건복지부장관의 의견을 들어야 한다.

③ 사회복지시설등의 장은 보호하고 있는 보안관찰처분대상자 또는 피보안관찰자에 대하여 다음 각 호의 1에 해당하는 사유가 발생한 때에는 지체 없이 이를 관할경찰서장에게 통보하여야 한다.

1. 죄를 범한 때   2. 사망한 때
3. 소재가 불명하거나 도주한 때   4. 인수할 가족이 생긴 때
5. 기타 신원에 중대한 사유가 발생한 때

제21조 【응급구호】

검사 및 사법경찰관리는 피보안관찰자에게 부상·질병 기타 긴급한 사유가 발생하였을 때에는 대통령령이 정하는 바에 따라 필요한 구호를 할 수 있다.

📖 **시행령**

제30조 【응급구호의 범위】

① 법 제21조의 규정에 의한 응급구호는 다음 각 호의 1에 해당하는 경우에 실시할 수 있다.
  1. 질병·부상 기타 긴급한 사유의 발생으로 피보안관찰자의 생명·신체에 중대한 위험이 예상될 때
  2. 기타 응급구호를 함이 적절하다고 인정되는 긴급한 사유가 있는 때
② 사법경찰관리는 제1항의 규정에 의한 응급구호를 행한 때에는 지체 없이 이를 검사에게 보고하여야 한다.

제22조 【경고】

검사 및 사법경찰관리는 피보안관찰자가 의무를 위반하였거나 위반할 위험성이 있다고 의심할 상당한 이유가 있는 때에는 그 이행을 촉구하고 형사처벌등 불이익한 처분을 받을 수 있음을 경고할 수 있다.

📖 **시행령**

제31조 【경고의 방법】

법 제22조의 규정에 의한 검사 및 사법경찰관리의 경고는 경고일시, 경고이유, 경고내용 및 그에 위반하는 경우 형사처벌 등 불이익한 처분을 받을 수 있음을 기재한 서면에 의하여야 한다. 다만, 긴급을 요하는 때에는 구두로 경고할 수 있다.

제23조 【행정소송】

이 법에 의한 법무부장관의 결정을 받은 자가 그 결정에 이의가 있을 때에는 행정소송법이 정하는 바에 따라 그 결정이 집행된 날부터 60일 이내에 서울고등법원에 소를 제기할 수 있다. 다만, 제11조의 규정에 의한 면제결정신청에 대한 기각결정을 받은 자가 그 결정에 이의가 있을 때에는 그 결정이 있는 날부터 60일 이내에 서울고등법원에 소를 제기할 수 있다.

제24조 【행정소송법의 준용】

제23조의 소송에 관하여 이 법에 규정한 것을 제외하고는 행정소송법을 준용한다. 다만, 행정소송법 제18조의 규정은 준용하지 아니한다.

제25조【기간의 계산】

① 보안관찰처분의 기간은 보안관찰처분 결정을 집행하는 날부터 계산한다. 이 경우 초일은 산입한다.

② 제18조 제1항 내지 제4항의 규정에 의한 신고를 하지 아니한 기간은 보안관찰처분 기간에 산입하지 아니한다.

③ 보안관찰처분의 집행중지결정이 있거나 징역·금고·구류·노역장유치 중에 있는 때, 「사회보호법」에 의한 감호의 집행 중에 있는 때 또는 「치료감호법」에 의한 치료감호의 집행 중에 있는 때에는 보안관찰처분의 기간은 그 진행이 정지된다.

제26조【군법피적용자에 대한 특칙등】

① 군사법원법 제2조 제1항 각 호의 1에 게기된 자에 대한 보안관찰처분에 관하여는 국방부장관은 법무부장관의, 군검찰부 군검사는 검사의, 군사법경찰관리는 사법경찰관리의 이 법에 의한 직무를 행한다.

② 군사법원법 제2조 제1항 각 호의 1에 게기된 자에 대한 보안관찰처분을 심의·의결하기 위하여 국방부에 군보안관찰처분심의위원회를 둔다.

③ 군보안관찰처분심의위원회의 구성과 운영에 관하여는 제12조의 규정을 준용한다.

④ 국방부장관 또는 군검찰부 군검사는 보안관찰처분대상자가 군사법원법 제2조 제1항 각 호의 1에 게기된 자가 아님이 명백한 때에는 당해 사안을 법무부장관 또는 검사에게 이송한다. 이 경우 이송 전에 한 심사 또는 조사는 이송 후에도 그 효력에 영향이 없다.

⑤ 법무부장관 또는 검사는 보안관찰처분대상자가 군사법원법 제2조 제1항 각 호의 1에 게기된 자임이 명백한 때에는 당해 사안을 국방부장관 또는 군검찰부 군검사에게 이송한다. 이 경우 이송 전에 한 심사 또는 조사는 이송 후에도 그 효력에 영향이 없다.

제27조【벌칙】

① 보안관찰처분대상자 또는 피보안관찰자가 보안관찰처분 또는 보안관찰을 면탈할 목적으로 은신 또는 도주한 때에는 3년 이하의 징역에 처한다.

② 정당한 이유 없이 제6조 제1항·제2항 및 제18조 제1항 내지 제4항의 규정에 의한 신고를 하지 아니하거나 허위의 신고를 한 자 또는 그 신고를 함에 있어서 거주예정지나 주거지를 명시하지 아니한 자는 2년 이하의 징역 또는 100만원 이하의 벌금에 처한다.

③ 정당한 이유 없이 제19조 제2항의 조치에 위반한 자는 1년 이하의 징역 또는 50만원 이하의 벌금에 처한다.

④ 제20조 제4항에 위반한 자는 6월 이하의 징역 또는 50만원 이하의 벌금에 처한다.

⑤ 보안관찰처분에 관한 업무에 종사하는 공무원이 정당한 이유 없이 그 직무수행을 거부 또는 그 직무를 유기하거나 허위의 보고를 한 때에는 2년 이하의 징역 또는 5년 이하의 자격정지에 처한다.

⑥ 보안관찰처분대상자 또는 피보안관찰자를 은닉하거나 도주하게 한 자는 2년 이하의 징역에 처한다. 다만, 친족이 본인을 위하여 본문의 죄를 범한 때에는 벌하지 아니한다.

⑦ 보안관찰처분의 업무에 종사하는 공무원 또는 제11조의 신원보증을 한 자가 정당한 사유 없이 보안관찰처분대상자에 관하여 이 법에 의하여 지득한 사실을 공표하거나 누설한 때에는 2년 이하의 징역 또는 5년 이하의 자격정지에 처한다.

[헌법불합치, 2017헌바479, 2021.6.24. 보안관찰법(1989.6.16. 법률 제4132호로 전부개정된 것) 제6조 제2항 전문 및 제27조 제2항 중 제6조 제2항 전문에 관한 부분은 각 헌법에 합치되지 아니한다. 위 법률조항들은 2023.6.30.을 시한으로 개정될 때까지 계속 적용한다]

13 사면법

· **법** 2022.7.1. 시행 | **시행규칙** 2008.3.27. 시행

제1조【목적】
이 법은 사면, 감형 및 복권에 관한 사항을 규정한다.

제2조【사면의 종류】
사면은 일반사면과 특별사면으로 구분한다.

제3조【사면 등의 대상】
사면, 감형 및 복권의 대상은 다음 각 호와 같다.

일반사면	죄를 범한 자
특별사면 및 감형	형을 선고받은 자
복권	형의 선고로 인하여 법령에 따른 자격이 상실되거나 정지된 자

제4조【사면규정의 준용】
행정법규 위반에 대한 범칙 또는 과벌의 면제와 징계법규에 따른 징계 또는 징벌의 면제에 관하여는 이 법의 사면에 관한 규정을 준용한다.

제5조【사면 등의 효과】 ★
① 사면, 감형 및 복권의 효과는 다음 각 호와 같다.

일반사면	형 선고의 효력이 상실되며, 형을 선고받지 아니한 자에 대하여는 공소권이 상실된다. 다만, 특별한 규정이 있을 때에는 예외로 한다.
특별사면	형의 집행이 면제된다. 다만, 특별한 사정이 있을 때에는 이후 형 선고의 효력을 상실하게 할 수 있다.
일반에 대한 감형	특별한 규정이 없는 경우에는 형을 변경한다.
특정한 자에 대한 감형	형의 집행을 경감한다. 다만, 특별한 사정이 있을 때에는 형을 변경할 수 있다.
복권	형 선고의 효력으로 인하여 상실되거나 정지된 자격을 회복한다.

② 형의 선고에 따른 기성의 효과는 사면, 감형 및 복권으로 인하여 변경되지 아니한다.

제6조 【복권의 제한】
복권은 형의 집행이 끝나지 아니한 자 또는 집행이 면제되지 아니한 자에 대하여는 하지 아니한다.

제7조 【집행유예를 선고받은 자에 대한 사면 등】
형의 집행유예를 선고받은 자에 대하여는 형 선고의 효력을 상실하게 하는 특별사면 또는 형을 변경하는 감형을 하거나 그 유예기간을 단축할 수 있다.

제8조 【일반사면 등의 실시】
일반사면, 죄 또는 형의 종류를 정하여 하는 감형 및 일반에 대한 복권은 대통령령으로 한다. 이 경우 일반사면은 죄의 종류를 정하여 한다.

제9조 【특별사면 등의 실시】
특별사면, 특정한 자에 대한 감형 및 복권은 대통령이 한다.

제10조 【특별사면 등의 상신】 ★
① 법무부장관은 대통령에게 특별사면, 특정한 자에 대한 감형 및 복권을 상신한다.
② 법무부장관은 제1항에 따라 특별사면, 특정한 자에 대한 감형 및 복권을 상신할 때에는 제10조의2에 따른 사면심사위원회의 심사를 거쳐야 한다.

제10조의2 【사면심사위원회】 ★
① 제10조 제1항에 따른 특별사면, 특정한 자에 대한 감형 및 복권 상신의 적정성을 심사하기 위하여 법무부장관 소속으로 사면심사위원회를 둔다.
② 사면심사위원회는 위원장 1명을 포함한 9명의 위원으로 구성한다.
③ 위원장은 법무부장관이 되고, 위원은 법무부장관이 임명하거나 위촉하되, 공무원이 아닌 위원을 4명 이상 위촉하여야 한다.
④ 공무원이 아닌 위원의 임기는 2년으로 하며, 한 차례만 연임할 수 있다.

⑤ 사면심사위원회의 심사과정 및 심사내용의 공개범위와 공개시기는 다음 각 호와 같다. 다만, 제2호 및 제3호의 내용 중 개인의 신상을 특정할 수 있는 부분은 삭제하고 공개하되, 국민의 알권리를 충족할 필요가 있는 등의 사유가 있는 경우에는 사면심사위원회가 달리 의결할 수 있다.
  1. 위원의 명단과 경력사항은 임명 또는 위촉한 즉시
  2. 심의서는 해당 특별사면 등을 행한 후부터 즉시
  3. 회의록은 해당 특별사면 등을 행한 후 5년이 경과한 때부터
⑥ 위원은 사면심사위원회의 업무를 처리하면서 알게 된 비밀을 누설하여서는 아니 된다.
⑦ 위원은 「형법」이나 그 밖의 법률에 따른 벌칙을 적용할 때에는 공무원으로 본다.
⑧ 제1항부터 제7항까지에서 규정한 사항 외에 사면심사위원회에 관하여 필요한 사항은 법무부령으로 정한다.

시행규칙

제2조【사면심사위원회의 기능】
사면심사위원회(이하 "위원회"라 한다)는 「사면법」 제10조 제1항에 따른 법무부장관의 특별사면, 특정한 자에 대한 감형 및 복권(이하 "특별사면등" 이라 한다)의 상신이 적정하게 이루어질 수 있도록 심사·자문함을 목적으로 한다.

제3조【위원의 임명 및 위촉】
위원회의 위원은 다음 각 호의 자 중에서 법무부장관이 임명하거나 위촉한다.
1. 법무부차관, 법무부 기획조정실장·법무실장·검찰국장·범죄예방정책국장·교정본부장·감찰관, 대검찰청 기획조정부장·공판송무부장
2. 판사, 변호사, 법학교수, 그 밖에 학식과 경험이 풍부한 자

제4조【공무원인 위원의 승계】
제3조 제1호의 직위에 있는 자가 위원으로 임명된 경우 인사이동 등의 사유로 그 직위가 변동되었을 때에는 법무부장관이 달리 임명하지 아니하는 한 그 직위의 후임자가 위원직을 승계하는 것으로 본다.

제5조【위원의 회피】
① 위원은 특별사면등의 심사대상자와 가족 또는 친족관계에 있거나 있었던 경우 또는 그 밖의 사정으로 공정한 심사가 어렵다고 판단되는 경우에는 그 심사대상자에 대한 심사를 회피하여야 한다.
② 제1항에 따른 회피는 위원장에게 구두 또는 서면으로 신청하여야 한다.
③ 위원장은 제2항에 따른 회피신청이 이유가 있다고 인정하는 경우에는 이를 허용하여야 한다.

제6조【위원장의 직무】
① 위원장은 위원회를 대표하고, 위원회의 업무를 총괄한다.
② 위원장이 부득이한 사유로 직무를 수행할 수 없을 때에는 위원장이 미리 지명한 위원이 그 직무를 대행한다.

제7조【회의】
① 위원회의 회의는 위원장이 소집한다.
② 위원회의 회의는 재적위원 과반수의 출석으로 개의하고, 출석위원 과반수의 찬성으로 의결한다.
③ 위원회는 필요한 경우에는 위원이 아닌 자를 회의에 출석하게 하여 그 의견을 들을 수 있다.

제8조 【간사 등】
① 위원회의 사무를 처리하기 위하여 위원회에 간사 1명과 서기 약간 명을 둔다.
② 간사는 법무부 형사기획과장이 된다. 다만, 법무부장관은 법무부 소속의 다른 공무원을 간사로 임명할 수 있다.
③ 간사는 위원장의 명을 받아 위원회의 사무를 처리하고 회의에 참석하여 발언할 수 있다.
④ 서기는 간사를 보조한다.

제9조 【심사 및 의견제출】
위원회는 법무부장관의 요청에 따라 특별사면등 상신의 적정성 여부를 심사하고 그에 관한 의견을 법무부장관에게 제출한다.

제10조 【심의서】
① 위원회의 심사가 종료된 때에는 심의서를 작성하여야 한다.
② 심의서에는 위원회에서 특별사면등 상신의 적정성에 관하여 심사한 결과에 따라 심사대상자별로 적정 또는 부적정 의견을 기재한다.
③ 심사과정에서 제시된 개별 위원의 의견은 심의서에 표시하지 아니한다.
④ 심의서에는 위원장 및 출석위원 전원이 서명 또는 기명·날인한다.
⑤ 위원이 부득이한 사유로 서명 또는 기명·날인할 수 없는 경우에는 그 사유를 기재하고 위원장이 서명 또는 기명·날인한다.

제11조 【회의록】
① 위원회를 개최하였을 때에는 간사가 회의록을 작성하여야 한다.
② 회의록에는 회의 개요, 심사대상, 위원회의 심사의견, 그 밖의 주요 논의사항 등을 기재한다.
③ 위원회 심사과정에서 심사대상에 대한 특별사면등 상신의 적정성에 관하여 각 위원의 의견이 일치하지 아니한 경우에는 회의록에 개별 위원의 의견을 기재하여야 한다.
④ 회의록에는 위원장과 간사가 서명 또는 기명·날인한다.

제12조 【위원의 해임 및 해촉】
법무부장관은 위원회의 위원이 다음 각 호의 어느 하나에 해당하는 경우에는 해임하거나 해촉할 수 있다.
1. 「사면법」 제10조의2 제6항을 위반하여 심사내용이나 그 밖에 업무처리 중 알게 된 비밀을 누설한 경우
2. 제5조 제1항에 따른 회피 의무를 위반한 경우
3. 위원회의 직무수행과 관련하여 법령을 위반하였다고 의심할 만한 상당한 이유가 있는 경우
4. 그 밖에 위원으로서의 직무를 정상적으로 수행하기 어려운 것이 명백한 경우

제13조 【수당 등】
위원회의 위원에게는 예산의 범위에서 수당과 여비를 지급할 수 있다. 다만, 공무원인 위원이 그 소관업무와 직접적으로 관련되어 위원회에 출석하는 경우에는 그러하지 아니하다.

제14조 【운영세칙】
이 규칙에서 규정한 것 외에 위원회의 운영에 필요한 사항은 위원장이 정한다.

제11조 【특별사면 등 상신의 신청】
검찰총장은 직권으로 또는 형의 집행을 지휘한 검찰청 검사의 보고 또는 수형자가 수감되어 있는 교정시설의 장의 보고에 의하여 법무부장관에게 특별사면 또는 특정한 자에 대한 감형을 상신할 것을 신청할 수 있다.

제12조【특별사면 등의 제청】

① 형의 집행을 지휘한 검찰청의 검사와 수형자가 수감되어 있는 교정시설의 장이 특별사면 또는 특정한 자에 대한 감형을 제청하려는 경우에는 제14조에 따른 서류를 첨부하고 제청 사유를 기재한 보고서를 검찰총장에게 제출하여야 한다.

② 교정시설의 장이 제1항의 보고서를 제출하는 경우에는 형의 집행을 지휘한 검찰청의 검사를 거쳐야 한다.

제13조【검사의 의견 첨부】

검사가 제12조 제2항의 서류를 접수하였을 때에는 제14조 제3호에 따른 사항을 조사하여 그에 대한 의견을 첨부하여 검찰총장에게 송부하여야 한다.

제14조【특별사면 등 상신 신청의 첨부서류】

특별사면 또는 특정한 자에 대한 감형의 상신을 신청하는 신청서에는 다음 각 호의 서류를 첨부하여야 한다.

1. 판결서의 등본 또는 초본
2. 형기 계산서
3. 범죄의 정상, 사건 본인의 성행, 수형 중의 태도, 장래의 생계, 그 밖에 참고가 될 사항에 관한 조사서류

제15조【복권 상신의 신청】

① 검찰총장은 직권으로 또는 형의 집행을 지휘한 검찰청 검사의 보고 또는 사건 본인의 출원에 의하여 법무부장관에게 특정한 자에 대한 복권을 상신할 것을 신청할 수 있다.

② 제1항에 따른 상신의 신청은 형의 집행이 끝난 날 또는 집행이 면제된 날부터 3년이 지나지 아니하면 하지 못한다.

제16조【복권 상신 신청의 첨부서류】

복권의 상신을 신청하는 신청서에는 다음 각 호의 서류를 첨부하여야 한다.

1. 판결서의 등본 또는 초본
2. 형의 집행이 끝나거나 집행이 면제된 것을 증명하는 서류
3. 형의 집행이 끝난 후 또는 집행이 면제된 후의 사건 본인의 태도, 현재와 장래의 생계, 그 밖에 참고가 될 사항에 관한 조사서류

4. 사건 본인이 출원한 경우에는 그 출원서

제17조 【특정한 자격에 대한 복권의 출원】
특정한 자격에 대한 복권을 출원하는 경우에는 회복하려는 자격의 종류를 분명히 밝혀야 한다.

제18조 【본인에 의한 복권의 출원】
복권을 사건 본인이 출원하는 경우에는 형의 집행을 지휘한 검찰청의 검사를 거쳐야 한다.

제19조 【검사의 의견 첨부】
검사가 제18조의 서류를 접수하였을 때에는 제16조 제3호에 따른 사항을 조사하여 그에 대한 의견을 첨부하여 검찰총장에게 송부하여야 한다.

제20조 【상신 신청의 기각】
① 법무부장관은 특별사면, 특정한 자에 대한 감형 또는 복권 상신의 신청이 이유 없다고 인정할 때에는 그 사유를 검찰총장에게 통지한다.
② 검찰총장은 제1항에 따라 통지받은 사유를 관계 검찰청의 검사, 교정시설의 장 또는 사건 본인에게 통지하여야 한다.

제21조 【사면장 등의 송부】
법무부장관은 대통령으로부터 특별사면, 특정한 자에 대한 감형 또는 복권의 명이 있을 때에는 검찰총장에게 사면장, 감형장 또는 복권장을 송부한다.

제22조 【사면장 등의 부여】
검찰총장은 사면장, 감형장 또는 복권장을 접수하였을 때에는 관계 검찰청의 검사를 거쳐 지체 없이 이를 사건 본인에게 내준다. 이 경우 사건 본인이 수감되어 있을 때에는 교정시설의 장을 거친다.

제23조【교정시설의 장 등에의 통지】

① 검사는 집행정지 중 또는 가출소 중에 있는 자에 대한 사면장, 감형장 또는 복권장을 접수하였을 때에는 그 사실을 사건 본인이 수감되어 있던 교정시설의 장과 감독 경찰관서에 통지하여야 한다.

② 검사는 집행유예 중에 있는 자가 특별사면 또는 감형되거나 복권된 경우에는 그 사실을 감독 경찰관서에 통지하여야 한다.

제24조【사면장 등 부여의 촉탁】

① 사건 본인이 형의 집행을 지휘한 검찰청의 관할구역이 아닌 곳에 거주하는 경우에는 사면장, 감형장 또는 복권장의 부여를 그의 거주지를 관할하는 검찰청의 검사에게 촉탁(囑託)할 수 있다.

② 제1항의 경우에 제23조에 따른 통지는 촉탁 받은 검찰청의 검사가 한다.

제25조【판결원본에의 부기 등】

① 사면, 감형 또는 복권이 있을 때에는 형의 집행을 지휘한 검찰청의 검사는 판결원본에 그 사유를 덧붙여 적어야 한다.

② 특별사면, 특정한 자에 대한 감형 및 복권에 관한 서류는 소송기록에 철한다.

제26조【사면장 등 부여의 보고】

검사가 사면장, 감형장 또는 복권장을 사건 본인에게 내주었을 때에는 지체 없이 법무부장관에게 보고하여야 한다.

제27조【군사법원에서 형을 선고받은 자의 사면 등】

군사법원(「군사법원법」 제11조에 따라 군사법원에 재판권이 있는 사건을 심판하는 고등법원을 포함한다. 이하 이 조에서 같다)에서 형을 선고받은 자에 대하여는 이 법에 따른 법무부장관의 직무는 국방부장관이 수행하고, 검찰총장과 검사의 직무는 형을 선고한 군사법원에서 군검사의 직무를 수행한 군법무관이 수행한다.

14 스토킹범죄의 처벌 등에 관한 법률

• 법 2024.1.12. 시행 | 시행령 2021.10.21. 시행

제1장 | 총칙

제1조 【목적】

이 법은 스토킹범죄의 처벌 및 그 절차에 관한 특례와 스토킹범죄 피해자에 대한 보호절차를 규정함으로써 피해자를 보호하고 건강한 사회질서의 확립에 이바지함을 목적으로 한다.

제2조 【정의】

이 법에서 사용하는 용어의 뜻은 다음과 같다. <2024.1.12. 시행예정>

스토킹행위	상대방의 의사에 반(反)하여 정당한 이유 없이 다음 각 목의 어느 하나에 해당하는 행위를 하여 상대방에게 불안감 또는 공포심을 일으키는 것 가. 상대방 또는 그의 동거인, 가족(이하 "상대방등"이라 한다)에게 접근하거나 따라다니거나 진로를 막아서는 행위 나. 상대방등의 주거, 직장, 학교, 그 밖에 일상적으로 생활하는 장소(이하 "주거등"이라 한다) 또는 그 부근에서 기다리거나 지켜보는 행위 다. 상대방등에게 우편·전화·팩스 또는 「정보통신망 이용촉진 및 정보보호 등에 관한 법률」 제2조 제1항 제1호의 정보통신망(이하 "정보통신망"이라 한다)을 이용하여 물건이나 글·말·부호·음향·그림·영상·화상(이하 "물건등"이라 한다)을 도달하게 하거나 정보통신망을 이용하는 프로그램 또는 전화의 기능에 의하여 글·말·부호·음향·그림·영상·화상이 상대방등에게 나타나게 하는 행위 라. 상대방등에게 직접 또는 제3자를 통하여 물건등을 도달하게 하거나 주거등 또는 그 부근에 물건등을 두는 행위 마. 상대방등의 주거등 또는 그 부근에 놓여져 있는 물건등을 훼손하는 행위 바. 다음의 어느 하나에 해당하는 상대방등의 정보를 정보통신망을 이용하여 제3자에게 제공하거나 배포 또는 게시하는 행위 　1) 「개인정보 보호법」 제2조 제1호의 개인정보 　2) 「위치정보의 보호 및 이용 등에 관한 법률」 제2조 제2호의 개인위치정보 　3) 1) 또는 2)의 정보를 편집·합성 또는 가공한 정보(해당 정보주체를 식별할 수 있는 경우로 한정한다) 사. 정보통신망을 통하여 상대방등의 이름, 명칭, 사진, 영상 또는 신분에 관한 정보를 이용하여 자신이 상대방등인 것처럼 가장하는 행위
스토킹범죄	지속적 또는 반복적으로 스토킹행위를 하는 것

피해자	스토킹범죄로 직접적인 피해를 입은 사람
피해자등	피해자 및 스토킹행위의 상대방

제2장 | 스토킹범죄 등의 처리절차

제3조【스토킹행위 신고 등에 대한 응급조치】
사법경찰관리는 진행 중인 스토킹행위에 대하여 신고를 받은 경우 즉시 현장에 나가 다음 각 호의 조치를 하여야 한다. <2024.1.12. 시행예정>
1. 스토킹행위의 제지, 향후 스토킹행위의 중단 통보 및 스토킹행위를 지속적 또는 반복적으로 할 경우 처벌 서면경고
2. 스토킹행위자와 피해자등의 분리 및 범죄수사
3. 피해자등에 대한 긴급응급조치 및 잠정조치 요청의 절차 등 안내
4. 스토킹 피해 관련 상담소 또는 보호시설로의 피해자등 인도(피해자등이 동의한 경우만 해당한다)

제4조【긴급응급조치】
① 사법경찰관은 스토킹행위 신고와 관련하여 스토킹행위가 지속적 또는 반복적으로 행하여질 우려가 있고 스토킹범죄의 예방을 위하여 긴급을 요하는 경우 스토킹행위자에게 직권으로 또는 스토킹행위의 상대방이나 그 법정대리인 또는 스토킹행위를 신고한 사람의 요청에 의하여 다음 각 호에 따른 조치를 할 수 있다. <2024.1.12. 시행예정>
1. 스토킹행위의 상대방등이나 그 주거등으로부터 100미터 이내의 접근 금지
2. 스토킹행위의 상대방등에 대한 「전기통신기본법」 제2조 제1호의 전기통신을 이용한 접근 금지
② 사법경찰관은 제1항에 따른 조치(이하 "긴급응급조치"라 한다)를 하였을 때에는 즉시 스토킹행위의 요지, 긴급응급조치가 필요한 사유, 긴급응급조치의 내용 등이 포함된 긴급응급조치결정서를 작성하여야 한다.

제5조【긴급응급조치의 승인 신청】
① 사법경찰관은 긴급응급조치를 하였을 때에는 지체 없이 검사에게 해당 긴급응급조치에 대한 사후승인을 지방법원 판사에게 청구하여 줄 것을 신청하여야 한다.

② 제1항의 신청을 받은 검사는 긴급응급조치가 있었던 때부터 48시간 이내에 지방법원 판사에게 해당 긴급응급조치에 대한 사후승인을 청구한다. 이 경우 제4조 제2항에 따라 작성된 긴급응급조치결정서를 첨부하여야 한다.

③ 지방법원 판사는 스토킹행위가 지속적 또는 반복적으로 행하여지는 것을 예방하기 위하여 필요하다고 인정하는 경우에는 제2항에 따라 청구된 긴급응급조치를 승인할 수 있다.

④ 사법경찰관은 검사가 제2항에 따라 긴급응급조치에 대한 사후승인을 청구하지 아니하거나 지방법원 판사가 제2항의 청구에 대하여 사후승인을 하지 아니한 때에는 즉시 그 긴급응급조치를 취소하여야 한다.

⑤ 긴급응급조치기간은 1개월을 초과할 수 없다.

제6조 【긴급응급조치의 통지 등】

① 사법경찰관은 긴급응급조치를 하는 경우에는 스토킹행위의 상대방등이나 그 법정대리인에게 통지하여야 한다. <2024.1.12. 시행예정>

② 사법경찰관은 긴급응급조치를 하는 경우에는 해당 긴급응급조치의 대상자(이하 "긴급응급조치대상자"라 한다)에게 조치의 내용 및 불복방법 등을 고지하여야 한다.

제7조 【긴급응급조치의 변경 등】

① 긴급응급조치대상자나 그 법정대리인은 긴급응급조치의 취소 또는 그 종류의 변경을 사법경찰관에게 신청할 수 있다.

② 스토킹행위의 상대방등이나 그 법정대리인은 제4조 제1항 제1호의 긴급응급조치가 있은 후 스토킹행위의 상대방등이 주거등을 옮긴 경우에는 사법경찰관에게 긴급응급조치의 변경을 신청할 수 있다. <2024.1.12. 시행예정>

③ 스토킹행위의 상대방이나 그 법정대리인은 긴급응급조치가 필요하지 아니한 경우에는 사법경찰관에게 해당 긴급응급조치의 취소를 신청할 수 있다.

④ 사법경찰관은 정당한 이유가 있다고 인정하는 경우에는 직권으로 또는 제1항부터 제3항까지의 규정에 따른 신청에 의하여 해당 긴급응급조치를 취소할 수 있고, 지방법원 판사의 승인을 받아 긴급응급조치의 종류를 변경할 수 있다.

⑤ 사법경찰관은 제4항에 따라 긴급응급조치를 취소하거나 그 종류를 변경하였을 때에는 스토킹행위의 상대방등 및 긴급응급조치대상자 등에게 다음 각 호의 구분에 따라 통지 또는 고지하여야 한다. <2024.1.12. 시행예정>

1. 스토킹행위의 상대방등이나 그 법정대리인 : 취소 또는 변경의 취지 통지

2. 긴급응급조치대상자 : 취소 또는 변경된 조치의 내용 및 불복방법 등 고지

⑥ 긴급응급조치(제4항에 따라 그 종류를 변경한 경우를 포함한다. 이하 이 항에서 같다)는

다음 각 호의 어느 하나에 해당하는 때에 그 효력을 상실한다. <2024.1.12. 시행예정>

1. 긴급응급조치에서 정한 기간이 지난 때
2. 법원이 긴급응급조치대상자에게 다음 각 목의 결정을 한 때(스토킹행위의 상대방과 같은 사람을 피해자로 하는 경우로 한정한다)
   가. 제4조 제1항 제1호의 긴급응급조치에 따른 스토킹행위의 상대방등과 같은 사람을 피해자 또는 그의 동거인, 가족으로 하는 제9조 제1항 제2호에 따른 조치의 결정
   나. 제4조 제1항 제1호의 긴급응급조치에 따른 주거등과 같은 장소를 피해자 또는 그의 동거인, 가족의 주거등으로 하는 제9조 제1항 제2호에 따른 조치의 결정
   다. 제4조 제1항 제2호의 긴급응급조치에 따른 스토킹행위의 상대방등과 같은 사람을 피해자 또는 그의 동거인, 가족으로 하는 제9조 제1항 제3호에 따른 조치의 결정

제8조 【잠정조치의 청구】

① 검사는 스토킹범죄가 재발될 우려가 있다고 인정하면 직권 또는 사법경찰관의 신청에 따라 법원에 제9조 제1항 각 호의 조치를 청구할 수 있다.
② 피해자 또는 그 법정대리인은 검사 또는 사법경찰관에게 제1항에 따른 조치의 청구 또는 그 신청을 요청하거나, 이에 관하여 의견을 진술할 수 있다.
③ 사법경찰관은 제2항에 따른 신청 요청을 받고도 제1항에 따른 신청을 하지 아니하는 경우에는 검사에게 그 사유를 보고하여야 하고, 피해자 또는 그 법정대리인에게 그 사실을 지체 없이 알려야 한다. <2024.1.12. 시행예정>
④ 검사는 제2항에 따른 청구 요청을 받고도 제1항에 따른 청구를 하지 아니하는 경우에는 피해자 또는 그 법정대리인에게 그 사실을 지체 없이 알려야 한다. <2024.1.12. 시행예정>

제9조 【스토킹행위자에 대한 잠정조치】

① 법원은 스토킹범죄의 원활한 조사·심리 또는 피해자 보호를 위하여 필요하다고 인정하는 경우에는 결정으로 스토킹행위자에게 다음 각 호의 어느 하나에 해당하는 조치(이하 "잠정조치"라 한다)를 할 수 있다. <2024.1.12. 시행예정>

1. 피해자에 대한 스토킹범죄 중단에 관한 서면 경고
2. 피해자 또는 그의 동거인, 가족이나 그 주거등으로부터 100미터 이내의 접근 금지
3. 피해자 또는 그의 동거인, 가족에 대한 「전기통신기본법」 제2조 제1호의 전기통신을 이용한 접근 금지
3의2. 「전자장치 부착 등에 관한 법률」 제2조 제4호의 위치추적 전자장치(이하 "전자장치"라 한다)의 부착
4. 국가경찰관서의 유치장 또는 구치소에의 유치

② 제1항 각 호의 잠정조치는 병과할 수 있다.

③ 법원은 제1항 제3호의2 또는 제4호의 조치에 관한 결정을 하기 전 잠정조치의 사유를 판단하기 위하여 필요하다고 인정하는 때에는 검사, 스토킹행위자, 피해자, 기타 참고인으로부터 의견을 들을 수 있다. 의견을 듣는 방법과 절차, 그 밖에 필요한 사항은 대법원규칙으로 정한다. <2024.1.12. 시행예정>

④ 제1항 제3호의2에 따라 전자장치가 부착된 사람은 잠정조치기간 중 전자장치의 효용을 해치는 다음 각 호의 행위를 하여서는 아니된다. <2024.1.12. 시행예정>

  1. 전자장치를 신체에서 임의로 분리하거나 손상하는 행위

  2. 전자장치의 전파를 방해하거나 수신자료를 변조하는 행위

  3. 제1호 및 제2호에서 정한 행위 외에 전자장치의 효용을 해치는 행위

⑤ 법원은 잠정조치를 결정한 경우에는 검사와 피해자 또는 그의 동거인, 가족, 그 법정대리인에게 통지하여야 한다. <2024.1.12. 시행예정>

⑥ 법원은 제1항 제4호에 따른 잠정조치를 한 경우에는 스토킹행위자에게 변호인을 선임할 수 있다는 것과 제12조에 따라 항고할 수 있다는 것을 고지하고, 다음 각 호의 구분에 따른 사람에게 해당 잠정조치를 한 사실을 통지하여야 한다. <2024.1.12. 시행예정>

  1. 스토킹행위자에게 변호인이 있는 경우 : 변호인

  2. 스토킹행위자에게 변호인이 없는 경우: : 법정대리인 또는 스토킹행위자가 지정하는 사람

⑦ 제1항 제2호·제3호 및 제3호의2에 따른 잠정조치기간은 3개월, 같은 항 제4호에 따른 잠정조치기간은 1개월을 초과할 수 없다. 다만, 법원은 피해자의 보호를 위하여 그 기간을 연장할 필요가 있다고 인정하는 경우에는 결정으로 제1항 제2호·제3호 및 제3호의2에 따른 잠정조치에 대하여 두 차례에 한정하여 각 3개월의 범위에서 연장할 수 있다. <2024.1.12. 시행예정>

제10조 【잠정조치의 집행 등】

① 법원은 잠정조치 결정을 한 경우에는 법원공무원, 사법경찰관리, 구치소 소속 교정직공무원 또는 보호관찰관으로 하여금 집행하게 할 수 있다. <2024.1.12. 시행예정>

② 제1항에 따라 잠정조치 결정을 집행하는 사람은 스토킹행위자에게 잠정조치의 내용, 불복방법 등을 고지하여야 한다.

③ 피해자 또는 그의 동거인, 가족, 그 법정대리인은 제9조 제1항 제2호의 잠정조치 결정이 있은 후 피해자 또는 그의 동거인, 가족이 주거등을 옮긴 경우에는 법원에 잠정조치 결정의 변경을 신청할 수 있다. <2024.1.12. 시행예정>

④ 제3항의 신청에 따른 변경 결정의 스토킹행위자에 대한 고지에 관하여는 제2항을 준용한다. <2024.1.12. 시행예정>

⑤ 제1항부터 제4항까지에서 규정한 사항 외에 제9조 제1항 제3호의2에 따른 잠정조치 결정의 집행 등에 관하여는 「전자장치 부착 등에 관한 법률」 제5장의2에 따른다. <2024.1.12. 시행예정>

제11조【잠정조치의 변경 등】
① 스토킹행위자나 그 법정대리인은 잠정조치 결정의 취소 또는 그 종류의 변경을 법원에 신청할 수 있다.
② 검사는 수사 또는 공판과정에서 잠정조치가 계속 필요하다고 인정하는 경우에는 직권이나 사법경찰관의 신청에 따라 법원에 해당 잠정조치기간의 연장 또는 그 종류의 변경을 청구할 수 있고, 잠정조치가 필요하지 아니하다고 인정하는 경우에는 직권이나 사법경찰관의 신청에 따라 법원에 해당 잠정조치의 취소를 청구할 수 있다. <2024.1.12. 시행예정>
③ 법원은 정당한 이유가 있다고 인정하는 경우에는 직권 또는 제1항의 신청이나 제2항의 청구에 의하여 결정으로 해당 잠정조치의 취소, 기간의 연장 또는 그 종류의 변경을 할 수 있다.
④ 법원은 제3항에 따라 잠정조치의 취소, 기간의 연장 또는 그 종류의 변경을 하였을 때에는 검사와 피해자 및 스토킹행위자 등에게 다음 각 호의 구분에 따라 통지 또는 고지하여야 한다. <2024.1.12. 시행예정>
1. 검사, 피해자 또는 그의 동거인, 가족, 그 법정대리인 : 취소, 연장 또는 변경의 취지 통지
2. 스토킹행위자 : 취소, 연장 또는 변경된 조치의 내용 및 불복방법 등 고지
3. 제9조 제6항 각 호의 구분에 따른 사람 : 제9조 제1항 제4호에 따른 잠정조치를 한 사실
⑤ 잠정조치 결정(제3항에 따라 잠정조치기간을 연장하거나 그 종류를 변경하는 결정을 포함한다. 이하 제12조 및 제14조에서 같다)은 스토킹행위자에 대해 검사가 불기소처분을 한 때 또는 사법경찰관이 불송치결정을 한 때에 그 효력을 상실한다. <2024.1.12. 시행예정>

제12조【항고】
① 검사, 스토킹행위자 또는 그 법정대리인은 긴급응급조치 또는 잠정조치에 대한 결정이 다음 각 호의 어느 하나에 해당하는 경우에는 항고할 수 있다.
1. 해당 결정에 영향을 미친 법령의 위반이 있거나 중대한 사실의 오인이 있는 경우
2. 해당 결정이 현저히 부당한 경우
② 제1항에 따른 항고는 그 결정을 고지받은 날부터 7일 이내에 하여야 한다.

제13조【항고장의 제출】
① 제12조에 따른 항고를 할 때에는 원심법원에 항고장을 제출하여야 한다.
② 항고장을 받은 법원은 3일 이내에 의견서를 첨부하여 기록을 항고법원에 보내야 한다.

제14조【항고의 재판】
① 항고법원은 항고의 절차가 법률에 위반되거나 항고가 이유 없다고 인정하는 경우에는 결정으

로 항고를 기각하여야 한다.

② 항고법원은 항고가 이유 있다고 인정하는 경우에는 원결정을 취소하고 사건을 원심법원에 환송하거나 다른 관할법원에 이송하여야 한다. 다만, 환송 또는 이송하기에 급박하거나 그 밖에 필요하다고 인정할 때에는 원결정을 파기하고 스스로 적절한 잠정조치 결정을 할 수 있다.

제15조【재항고】

① 항고의 기각 결정에 대해서는 그 결정이 법령에 위반된 경우에만 대법원에 재항고를 할 수 있다.

② 제1항에 따른 재항고의 기간, 재항고장의 제출 및 재항고의 재판에 관하여는 제12조 제2항, 제13조 및 제14조를 준용한다.

제16조【집행의 부정지】

항고와 재항고는 결정의 집행을 정지하는 효력이 없다.

제17조【스토킹범죄의 피해자에 대한 전담조사제】

① 검찰총장은 각 지방검찰청 검사장에게 스토킹범죄 전담 검사를 지정하도록 하여 특별한 사정이 없으면 스토킹범죄 전담 검사가 피해자를 조사하게 하여야 한다.

② 경찰관서의 장(국가수사본부장, 시·도경찰청장 및 경찰서장을 의미한다. 이하 같다)은 스토킹범죄 전담 사법경찰관을 지정하여 특별한 사정이 없으면 스토킹범죄 전담 사법경찰관이 피해자를 조사하게 하여야 한다.

③ 검찰총장 및 경찰관서의 장은 제1항의 스토킹범죄 전담 검사 및 제2항의 스토킹범죄 전담 사법경찰관에게 스토킹범죄의 수사에 필요한 전문지식과 피해자 보호를 위한 수사방법 및 수사절차 등에 관한 교육을 실시하여야 한다.

제17조의2【피해자 등에 대한 신변안전조치】 <2024.1.12. 시행예정>

법원 또는 수사기관이 피해자등 또는 스토킹범죄를 신고(고소·고발을 포함한다. 이하 이 조에서 같다)한 사람을 증인으로 신문하거나 조사하는 경우의 신변안전조치에 관하여는 「특정범죄신고 자 등 보호법」 제13조 및 제13조의2를 준용한다. 이 경우 "범죄신고자등"은 "피해자등 또는 스토킹범죄를 신고한 사람"으로 본다.

제17조의3 【피해자등의 신원과 사생활 비밀 누설 금지】 <2024.1.12. 시행예정>

① 다음 각 호의 어느 하나에 해당하는 업무를 담당하거나 그에 관여하는 공무원 또는 그 직에 있었던 사람은 피해자등의 주소, 성명, 나이, 직업, 학교, 용모, 인적사항, 사진 등 피해자등을 특정하여 파악할 수 있게 하는 정보 또는 피해자등의 사생활에 관한 비밀을 공개하거나 다른 사람에게 누설하여서는 아니 된다.

1. 제3조에 따른 조치에 관한 업무
2. 긴급응급조치의 신청, 청구, 승인, 집행 또는 취소·변경에 관한 업무
3. 잠정조치의 신청, 청구, 결정, 집행 또는 취소·기간연장·변경에 관한 업무
4. 스토킹범죄의 수사 또는 재판에 관한 업무

② 누구든지 피해자등의 동의를 받지 아니하고 피해자등의 주소, 성명, 나이, 직업, 학교, 용모, 인적 사항, 사진 등 피해자등을 특정하여 파악할 수 있게 하는 정보를 신문 등 인쇄물에 싣거나 「방송법」 제2조 제1호에 따른 방송 또는 정보통신망을 통하여 공개하여서는 아니 된다.

제17조의4 【피해자에 대한 변호사 선임의 특례】 <2024.1.12. 시행예정>

① 피해자 및 그 법정대리인은 형사절차상 입을 수 있는 피해를 방어하고 법률적 조력을 보장받기 위하여 변호사를 선임할 수 있다.

② 제1항에 따라 선임된 변호사(이하 이 조에서 "변호사"라 한다)는 검사 또는 사법경찰관의 피해자 및 그 법정대리인에 대한 조사에 참여하여 의견을 진술할 수 있다. 다만, 조사 도중에는 검사 또는 사법경찰관의 승인을 받아 의견을 진술할 수 있다.

③ 변호사는 피의자에 대한 구속 전 피의자심문, 증거보전절차, 공판준비기일 및 공판절차에 출석하여 의견을 진술할 수 있다. 이 경우 필요한 절차에 관한 구체적 사항은 대법원규칙으로 정한다.

④ 변호사는 증거보전 후 관계 서류나 증거물, 소송계속 중의 관계 서류나 증거물을 열람하거나 복사할 수 있다.

⑤ 변호사는 형사절차에서 피해자 및 법정대리인의 대리가 허용될 수 있는 모든 소송행위에 대한 포괄적인 대리권을 가진다.

⑥ 검사는 피해자에게 변호사가 없는 경우 국선변호사를 선정하여 형사절차에서 피해자의 권익을 보호할 수 있다.

제3장 | 벌칙

제18조 【스토킹범죄】
① 스토킹범죄를 저지른 사람은 3년 이하의 징역 또는 3천만원 이하의 벌금에 처한다.
② 흉기 또는 그 밖의 위험한 물건을 휴대하거나 이용하여 스토킹범죄를 저지른 사람은 5년 이하의 징역 또는 5천만원 이하의 벌금에 처한다.
③ 삭제 <2023.7.11.>

제19조 【형벌과 수강명령 등의 병과】
① 법원은 스토킹범죄를 저지른 사람에 대하여 유죄판결(선고유예는 제외한다)을 선고하거나 약식명령을 고지하는 경우에는 200시간의 범위에서 다음 각 호의 구분에 따라 재범 예방에 필요한 수강명령(「보호관찰 등에 관한 법률」에 따른 수강명령을 말한다. 이하 같다) 또는 스토킹 치료프로그램의 이수명령(이하 "이수명령"이라 한다)을 병과할 수 있다.
  1. 수강명령 : 형의 집행을 유예할 경우에 그 집행유예기간 내에서 병과
  2. 이수명령 : 벌금형 또는 징역형의 실형을 선고하거나 약식명령을 고지할 경우에 병과
② 법원은 스토킹범죄를 저지른 사람에 대하여 형의 집행을 유예하는 경우에는 제1항에 따른 수강명령 외에 그 집행유예기간 내에서 보호관찰 또는 사회봉사 중 하나 이상의 처분을 병과할 수 있다.
③ 제1항에 따른 수강명령 또는 이수명령의 내용은 다음 각 호와 같다.
  1. 스토킹 행동의 진단·상담
  2. 건전한 사회질서와 인권에 관한 교육
  3. 그 밖에 스토킹범죄를 저지른 사람의 재범 예방을 위하여 필요한 사항
④ 제1항에 따른 수강명령 또는 이수명령은 다음 각 호의 구분에 따라 각각 집행한다.
  1. 형의 집행을 유예할 경우 : 그 집행유예기간 내
  2. 벌금형을 선고하거나 약식명령을 고지할 경우 : 형 확정일부터 6개월 이내
  3. 징역형의 실형을 선고할 경우 : 형기 내
⑤ 제1항에 따른 수강명령 또는 이수명령이 벌금형 또는 형의 집행유예와 병과된 경우에는 보호관찰소의 장이 집행하고, 징역형의 실형과 병과된 경우에는 교정시설의 장이 집행한다. 다만, 징역형의 실형과 병과된 이수명령을 모두 이행하기 전에 석방 또는 가석방되거나 미결구금일수 산입 등의 사유로 형을 집행할 수 없게 된 경우에는 보호관찰소의 장이 남은 이수명령을 집행한다.
⑥ 형벌에 병과하는 보호관찰, 사회봉사, 수강명령 또는 이수명령에 관하여 이 법에서 규정한 사항 외에는 「보호관찰 등에 관한 법률」을 준용한다.

시행령

제2조 【스토킹범죄를 저지른 사람의 재범 예방을 위한 시책 마련】
법무부장관은 「스토킹범죄의 처벌 등에 관한 법률」(이하 "법"이라 한다) 제19조 제1항에 따른 수강명령과 스토킹 치료프로그램 이수명령의 실시에 필요한 프로그램의 개발과 관련 전문인력의 양성 등 스토킹범죄를 저지른 사람의 재범 예방을 위한 시책을 마련해야 한다.

제20조 【벌칙】 <2024.1.12. 시행예정>
① 다음 각 호의 어느 하나에 해당하는 사람은 3년 이하의 징역 또는 3천만원 이하의 벌금에 처한다.
　1. 제9조 제4항을 위반하여 전자장치의 효용을 해치는 행위를 한 사람
　2. 제17조의3제1항을 위반하여 피해자등의 주소, 성명, 나이, 직업, 학교, 용모, 인적사항, 사진 등 피해자등을 특정하여 파악할 수 있게 하는 정보 또는 피해자등의 사생활에 관한 비밀을 공개하거나 다른 사람에게 누설한 사람
　3. 제17조의3제2항을 위반하여 피해자등의 주소, 성명, 나이, 직업, 학교, 용모, 인적 사항, 사진 등 피해자등을 특정하여 파악할 수 있게 하는 정보를 신문 등 인쇄물에 싣거나 「방송법」 제2조 제1호에 따른 방송 또는 정보통신망을 통하여 공개한 사람
② 제9조 제1항 제2호 또는 제3호의 잠정조치를 이행하지 아니한 사람은 2년 이하의 징역 또는 2천만원 이하의 벌금에 처한다.
③ 긴급응급조치(검사가 제5조 제2항에 따른 긴급응급조치에 대한 사후승인을 청구하지 아니하거나 지방법원 판사가 같은 조 제3항에 따른 승인을 하지 아니한 경우는 제외한다)를 이행하지 아니한 사람은 1년 이하의 징역 또는 1천만원 이하의 벌금에 처한다.
④ 제19조 제1항에 따라 이수명령을 부과받은 후 정당한 사유 없이 보호관찰소의 장 또는 교정시설의 장의 이수명령 이행에 관한 지시에 따르지 아니하여 「보호관찰 등에 관한 법률」 또는 「형의 집행 및 수용자의 처우에 관한 법률」에 따른 경고를 받은 후 다시 정당한 사유 없이 이수명령 이행에 관한 지시를 따르지 아니한 경우에는 다음 각 호에 따른다.
　1. 벌금형과 병과된 경우에는 500만원 이하의 벌금에 처한다.
　2. 징역형의 실형과 병과된 경우에는 1년 이하의 징역 또는 1천만원 이하의 벌금에 처한다.

제21조
삭제 <2023.7.11.>

MEMO

MEMO